列夫·托尔斯泰大传

通往内心世界的自由之路

Лев Толстой
Бегство из рая

[俄] 巴维尔·巴辛斯基 著
何守源 译

时代出版传媒股份有限公司
北京时代华文书局

图书在版编目（CIP）数据

列夫·托尔斯泰大传 /（俄）巴辛斯基著；何守源译．-- 北京：北京时代华文书局，2016.4
ISBN 978-7-5699-0878-7

Ⅰ．①列… Ⅱ．①巴… ②何… Ⅲ．①托尔斯泰，L.N.（1828 ～ 1910）－传记 Ⅳ．① K835.125.6

中国版本图书馆 CIP 数据核字 (2016) 第 076366 号

Лев толстой: бегство из рая

列夫·托尔斯泰大传

著　　者 | [俄] 巴维尔 · 巴辛斯基
译　　者 | 何守源

出 版 人 | 杨红卫
选题策划 | 陈丽杰　李　争
责任编辑 | 李　争
装帧设计 | 孙丽莉　段文辉
责任印制 | 刘　银　訾　敬

出版发行 | 时代出版传媒股份有限公司 http：//www.press-mart.com
北京时代华文书局 http：//www.bjsdsj.com.cn
北京市东城区安定门外大街 136 号皇城国际大厦 A 座 8 楼
邮编：100011　电话：010 - 64267955　64267677
印　　刷 | 北京中科印刷有限公司　010 - 69590320
（如发现印装质量问题，请与印刷厂联系调换）
开　　本 | 787mm×1092mm　1/16
印　　张 | 30.5
字　　数 | 510 千字
版　　次 | 2016 年 7 月第 1 版　2016 年 7 月第 1 次印刷
书　　号 | ISBN 978-7-5699-0878-7

定　　价 | 128. 00 元

没有人生目标，就没有坚定的方向；而没有方向，就没有生活。

——托尔斯泰

目录

译者序

他是人类的良知

列夫·托尔斯泰是19世纪下半叶俄罗斯文坛涌现出来的最杰出的巨匠，其在意识形态内的卓越建树，极大地丰富了世界文学艺术宝库，并在政治、宗教等上层建筑领域产生了国际影响。托尔斯泰是一位作家，但他在推动世界文明进程方面发挥的作用，一般的政治家、军事家、经济学家均难望项背。俄罗斯另一位独步时代文坛的小说家、诺贝尔文学奖获得者亚历山大·索尔仁尼琴说："我想成为一座丰碑，用以纪念陷入深重灾难的俄罗斯人民。"列夫·托尔斯泰无疑就是一座丰碑：不是竖在文明坟场之侧的墓碑，而是一座承前启后的里程碑，折射出来的是人类历史新纪元的曙光。

托尔斯泰的创作活动分三个阶段：早期（成长期：1851—1862）、中期（巅峰期：1863—1880）和晚期（理性批判期：1881—1910），各阶段思想认识不同，作品主题迥异。早期作品的特点是：忠实还原俄罗斯宗法制社会形态下的贵族地主生活，记录自己的成长足迹，代表作品有《一个地主的早晨》、自传三部曲（《童年》、《少年》、《青年》）和反应个人军旅生涯的《塞瓦斯托波尔故事》等。托尔斯泰最著名的长篇小说《战争与和平》、《安娜·卡列尼娜》，写成于创作巅峰期。其时托尔斯泰的生活渐入佳境，雅斯纳雅·波良纳领地给他的家庭带来了丰厚的收入，促使他结束放荡不羁的精神追求、飘摇无定的生存状态，开启了他建设家园、潜心事业的人生黄金期。《战争与和平》、《安娜·卡列尼娜》艺术成就之高，综观古今文坛，罕有其匹；其对世界文学影响之巨，超越流派藩篱、突破时代限制，堪称彪炳天下的不朽经典。进入创作晚期的托尔斯泰人生观、世界观发生了颠覆性变化，这一方面与其年事渐高、从生理到心理均已进入衰退期，以及夫妻矛盾导致的萧墙之隙导致其身心俱疲有关；另一方面也缘于俄国改革乏力积重难返、内忧外患日益凸显的社会现实。这一时期托尔斯泰的文学创作已呈落日晚景之象，除《复活》（1889—1899）外再无大部头小说作品问世，所发中短篇小说诸如《克莱采奏鸣曲》、《谢尔盖神父》、《魔鬼》、《舞会之后》等，均以鞭挞土地资源垄断造成的贫富分化现象、抨击建立在私有制生产关系基础上的家庭的腐朽性与没落性为主题。除小说作品外，托尔斯泰晚期还编写过不少剧本，其中不乏好评如潮的佳作。

论文学创作成就，托尔斯泰无疑是罕见的天才之一。他的天才来源于他强烈的道德自律意识，还有善良敏感的个性。他是誉满天下的作家、家资充盈的贵族，但他古道热肠、乐善好施。1891年，一场农业歉收导致国内流民塞道盈途、饿殍填壑露野，托尔斯泰挺身而出，不仅开办粥棚赈济饥民，还不惜以身犯险，撰写《论饥荒》一文批评当局刻意隐瞒灾情、措置失当引发次生灾难的问题。心怀天下，悲悯苍生，博大的胸怀铸就了托尔斯泰的诗魂；而他日常生活中表露无余的细腻和敏感，使他的作品字里行间洋溢着清新隽永的氛围感。托尔斯泰的笔触牵动的不是读者的想象，而是事件参与者的脚步：揽读书页，读者会在不知不觉间融入托尔斯泰精心编织的故事情节，与托尔斯泰塑造的各色人物同呼吸、共命运，体验一种超越自我的真实。这，就是托尔斯泰作品不朽力量之所在。

托尔斯泰的成就不仅表现在文学创作方面。19世纪晚期，他以大量见解独到、针砭时弊、对国际政治走向及民众宗教信仰产生深远影响的论著，跻身那个时代最伟大的社会改革家、宗教思想家之列。托尔斯泰早年放浪形骸、生活不够检点，读过叔本华《作为意志和表象的世界》一书后，他开始奉行简约主义，食只求裹腹、衣仅能蔽体，坚信苦行才是灵魂自我救赎的正途。强烈的道德自完意识，以及与时代脉紧密契合的民本思想，使托尔斯泰成为专制暴政的天然敌人。他是米哈伊尔·巴枯宁、彼得·克鲁泡特金等俄国著名无政府主义者的忠实拥趸，崇尚建立在自然法则之上的契约化社会。彻底的反强权思维不仅让他站到了政府的对立面，更使他与教会分庭抗礼、长年交恶，直至1891年被东正教主教公会驱逐出教。人格太过高大，以致不见容于铁腕治国的当局；信仰太过虔诚，容不得教会亵渎上帝的圣光：这，就是列夫·托尔斯泰的人生悲剧。

托尔斯泰在社会经济生活方面的改良实践主要表现在：他信奉美国政治经济学家亨利·乔治创立的地理主义学说，视国家资源为少数人垄断为恶之渊薮，长期致力于农奴解放与启蒙教育运动。他在法国无政府主义者彼埃尔-约瑟夫·普鲁东的影响下在雅斯纳雅·波良纳开办农奴子弟脱盲学校13所，亲自捉刀编写《识字课本》，为社会文明尚处于蒙昧阶段、国民素质与欧美发达国家有天壤之别的俄罗斯带来了一缕黎明的曙光。

托尔斯泰与中国、印度这两个亚洲大国颇有渊源。八国联军侵华，托尔斯泰坚定地站在中国人民一边，指称俄国沙皇尼古拉二世、德国皇帝威廉二世是戕害中华民族的刽子手。托尔斯泰仰慕中华文明，孔子、老子的经典著述是他案头常备的读物，他在有生之年与中国西学大师辜鸿铭先生有过多次书信往还，探讨学术问题、了解中国现状。至于他和印度的关系，他的“勿以暴力抗恶”信条直接为圣雄甘地所利用，缔造了世界上最大的民主国家，为印度这个文明古国赋予新的生命，不世之功，早已证诸青史。

巴维尔·巴辛斯基所著《列夫·托尔斯泰大传》撷取托尔斯泰晚年生活片断，落墨重点放在托尔斯泰的晚期创作活动上，援引大量鲜为人知的细节性材料，展现托尔斯泰与家庭的关系特别是他与妻子索菲亚的矛盾、托尔斯泰与皇室和教会的龃龉摩擦。读完此书，我们对一代文豪走上天涯不归路、落拓江湖寂然殒落的命运，会有更加深刻的认识和理解。

19世纪后半叶的俄罗斯有两个沙皇：一个是顶着皇冠的亚历山大三世，另一个是顶着良知的托尔斯泰。传记作者巴维尔·巴辛斯基所下的定语，道出了列夫·托尔斯泰生前的荣光。

何守源
2016年6月

第一章

离家出走

1910年10月27—28日晚间[①]，图拉省克拉皮文县发生了一件非同寻常的事。驰誉世界的作家、思想家，已届82岁高龄的列夫·尼古拉耶维奇·托尔斯泰伯爵离家出走，离开了他那同样充满传奇色彩的祖传庄园——雅斯纳雅·波良纳，随行的只有他的私人医生——马科维茨基。

谣言纷起

那个时代人们对小道消息的热爱，与当今社会相去无几。一时间舆情鼎沸，关于老伯爵的种种传言传遍了整个俄罗斯，乃至全世界。10月29日，来自图拉的新闻雪片般飞出彼得堡电报电话局，直待第二天见诸报端。“收到震惊世人的消息，列·尼·托尔斯泰带着他的私人医生，莫名其妙地离开了雅斯纳雅·波良纳。行前他还留下了一笺信札，声称将一去不返。”

这条留给酣梦中的妻子本人的短札次日才由他们的小女儿萨沙转呈，也瞒过了托尔斯泰的旅伴马科维茨基。隐情昭然天下的那一刻，他才通过新闻渠道了解到有这回事。

当时反应最积极、报道最勤快的，当数莫斯科的一份报纸——《俄罗斯导报》。10月30日，这份报纸刊载了驻图拉特派记者的专稿，绘声绘色地讲述了雅斯纳雅·波良纳发生的一切。

① 本书使用旧俄历纪年。——作者注

"图拉，29日，特稿（急件）。记者刚从雅斯纳雅·波良纳采访归来，现在向大家披露列夫·托尔斯泰离家出走的细节。

"列夫·尼古拉耶维奇昨日凌晨5点即已动身，当时天还没有亮。

"列夫·尼古拉耶维奇先到马厩，命马夫套好马车。

"马夫亚德里安奉命行事，做好了出发前的一切准备工作。

"马匹套好之后，列夫·尼古拉耶维奇带上前一夜收拾好的行李，与马科维茨基医生一起赶往谢金诺火车站。

"饲养员费尔卡举着火把，赶着马车为他们带路。

"在谢金诺火车站，列夫·尼古拉耶维奇买了莫斯科—库尔斯克一线某站的车票，登上了第一班抵达的火车。

"天亮后，列夫·尼古拉耶维奇不辞而别的消息传遍了雅斯纳雅·波良纳，这在他的家人中引起了不小的骚动。女主人索菲娅·安德烈耶芙娜深感绝望，其情之凄切，非笔墨所能形容。"

这篇报道并没有占据头条位置，而是放在了第三条。头条发布五花八门的商品广告，这在当时是所有报纸奉行的通例。那一期的内容是："销售小鲟鱼，每俄磅20戈比。"

收到发自图拉的晚间电报，《俄罗斯导报》派出自己的记者，赶赴托尔斯泰位于莫斯科市哈莫夫尼卡巷内的宅邸（现辟为托尔斯泰故居博物馆，位于文化公园、伏龙芝大街两地铁站之间）。这份报纸猜测，老伯爵离开雅斯纳雅·波良纳，目的地也许就是这处别墅。不过根据后来的报道，这只是他们一厢情愿的想法："托尔斯泰伯爵的府邸门可罗雀、一片寂然，谁也不知道列夫·托尔斯泰是否会造访老宅。紧锁的大门里面，一切都像是沉沉睡去。"

步托尔斯泰之后尘，记者、青年剧评家康丝坦丁·奥尔洛夫奉《俄罗斯导报》之命，追寻失踪的伯爵。这位记者的父亲，便是托尔斯泰研究者、教师、民意党人弗拉基米尔·费多罗维奇·奥尔洛夫，《梦》《世间没有罪人》等作品中屡有述及。康斯坦丁·奥尔洛夫在科泽尔斯克赶上了伯爵一行，并一路尾随到阿斯塔波沃。在那里，他给索菲娅·安德烈耶夫娜及其子女拍发了一份电报，言明她的丈夫、他们的父亲命悬一线，滞留火车站站长奥佐林办公室中养病等情行。

如果奥尔洛夫不拍那份电报，家人就无从打探沉疴在身的列夫·尼古拉耶维奇的下落，直到铺天盖地的消息在各大报刊上蔓延开来。事情发展到这一步，又让家人情何以堪？马科维茨基一直对《俄罗斯导报》的做法心存芥蒂，认为奥尔洛夫尾随他人，行事暗昧；相反，托尔斯泰的长女塔季亚娜·利沃芙娜·苏霍金娜在回忆录中写道，新闻记者奥尔洛夫的所作所为，令她感铭至深、终生难忘。

“父亲气息奄奄，正在走向生命的尽头，而我竟然连他身在哪里都不知道。想到也许见不到弥留之际的他，我辗转反侧、夜不能寐。”塔季亚娜·利沃芙娜回忆父亲“出走”（这是她的原话）之后，她及他们全家人经受的精神煎熬，“好在有那么一位与我们素昧平生的人，能在这个危难关头挺身而出，以悲天悯人之姿，对我们这些托尔斯泰的家人表达深刻的理解和深切的关怀。他给我们发来了这样一份电报：‘列夫·尼古拉耶维奇在阿斯塔波沃火车站站长处；高烧40度。’”

我们得承认，当时的报界对托尔斯泰的家人，尤其对索菲娅·安德烈耶芙娜的态度，比对这位雅斯纳雅·波良纳的逃兵要微妙得多，也客气得多。托尔斯泰的一言一行、一举一动，都在无处不在的报界的严密监视之下，并被无情地暴露在世人面前；即便大家心知肚明，这位老人在“离家出走”之前曾经给夫人留言，希望她不要费心去找他：“即使知道我的行踪，也请不要找我。”

“列夫·托尔斯泰在别列大去过一趟小餐馆，还吃了一个煎蛋。”报界津津有味地咀嚼着素食主义者托尔斯泰不守清规乱吃荤腥的事。凡与托尔斯泰有一星半点瓜葛的人：马车夫、费尔克、佣人、雅斯纳雅·波良纳的佃农、火车站售票员及小店主、托尔斯泰从科泽尔斯克赶往奥普季纳修道院时乘坐过的马车的车夫、当时客居此地的修士，都成了记者嗅探的对象；无论谁掌握了这位一心遁世的82岁老人旅途颠连中的蛛丝马迹，他们都不会放过。

“别找他了！”《奥德萨新闻》面对托尔斯泰的家人厚颜无耻地宣称，“他不属于你们，他属于全人类！”

“相信他的行踪很快就会暴露。”《彼得堡报》的声明，字里行间透露着冷漠无情。

列夫·尼古拉耶维奇不喜欢媒体（尽管他们挖空心思地追踪他），并且毫不掩饰自己的态度。不过这位大作家的夫人——索菲娅·安德烈耶芙娜，面对此番困局却能应付裕如。她知道，依托报刊平台，可以达到借他人之杯、浇胸中块垒的目的，所以对记者的采访反应积极，乐于当着各家媒体的面，抖搂托尔斯泰的怪诞言论及行迹，并且不忘历数自己的功德（这是这位作家夫人的弱点）。

基于上述原因，索菲娅·安德烈耶芙娜与记者的关系相当融洽。弗拉斯·达罗舍维奇在10月31日出版的《俄罗斯导报》上发表的一篇专文，表达了全体记者的唏嘘感喟："老列夫选择孤身一人迎接末日；老鹰飞得太高，我们又何处寻踪？！"

（寻得还不够吗？绞尽脑汁、掘地三尺，可谓无所不用其极！）

他将索菲娅·安德烈耶芙娜比作佛祖年轻的妻子耶输陀罗，以此洗脱夫人在作家出走这件事上的责任；因为尽人皆知，佛祖的出家，与耶输陀罗毫不相干。当然，也有一些不留口德的人，拿古希腊大哲学家苏格拉底的配偶，冥顽不灵的悍妇冉蒂佩影射这位作家夫人。

那篇文章的结论是：托尔斯泰乃超凡入圣之人，不能拿凡人的标准衡量这位巨人的行为；索菲娅·安德烈耶芙娜是一位平凡的女性，在与作为凡夫俗子的丈夫相处的日子里，尽到了一切人妻人母之责；不过，当这位巨人在他那"超人世界"里畅游的时候，她实在难望其项背，遑论并驾齐驱了。正是这一点，铸就了她的悲剧。

"索菲娅·安德烈耶芙娜非常孤独。她身边的那个小孩子寂然不见了。她的老小孩，她的神奇小孩。她为他操了不少的心：穿得暖吗？吃得饱吗？身体健康吗？她的点滴眷顾，现在都成了空茫。"

索菲娅·安德烈耶芙娜读了那篇文章，感到非常满意。先是奥尔洛夫的电报，后是达罗舍维奇的杰作，这些都使她对《俄罗斯导报》心怀感激，并且足以抵消时时见诸报端的非议，包括同出奥尔洛夫之手、对托尔斯泰夫人的外表妄加臧否的文字："索菲娅·安德烈耶芙娜游移的目光，表露出其内心深处经受的折磨。她披着一身的罩衫，一颗头战栗不休。"莫斯科家中凄清的夜宿，租用从图拉到阿斯塔波沃的火车又浪费了一大笔钱——492卢布27戈比，以及瓦西里·罗扎诺夫读了让人感觉如芒刺在背的隐喻：列夫·尼古拉耶维奇终于摆脱了他那个家，"恰似囚犯逃出富丽堂皇的囚室"。与博得的令名比起来，这些都算不得什么。

遍览当时有关托尔斯泰离家出走的新闻报道，标题中很少使用"出走"这个词；充斥各大报刊版面的，是"无端离家""消失""逃跑""TOLSTOY QUITS

HOME（托尔斯泰离开家庭）”等或多或少带有一点贬义的用语。

事态的发展，逐渐背离了新闻界轻撩慢拨读者神经的初衷。托尔斯泰悄无声息地离开雅斯纳雅·波良纳，无论从哪个角度看都是逃跑，而不是冠带出游。

噩梦

首先，托尔斯泰出走是在晚间，当时伯爵夫人还在酣睡中。

其次，托尔斯泰刻意隐瞒了自己的行踪。她迟至11月2日，才从奥尔洛夫的电报中了解到他的下落。

最后，选择怎样的出走路线，最后落脚到什么地方，这些托尔斯泰本人未必成竹在胸。他只想离开那个家，至于去哪里、怎么走，他心中没底，也一直在回避这个问题（个中秘辛，不仅记者不清楚，索菲娅也是云遮雾罩，不明就里）。

出走事件发生前后数小时里，托尔斯泰伯爵的女儿萨莎和她的朋友费奥克利托娃影影绰绰了解到，老人意欲前往夏莫尔金修道院，拜访他的妹妹玛利亚修女。不过大晚上不辞而别，这样的解释似乎又不成立。

“‘你留在家里好了，萨莎。’他跟我是这么说的，‘过几天我决定好了去哪里，再带你走。我这会儿只想去夏莫尔金修道院看看玛丽亚。’”亚历山德拉·利沃芙娜·托尔斯塔娅[①]在回忆录中写道。

这天夜里，托尔斯泰最先叫醒的是他的私人医生——马科维茨基。不过，他并没有向医生透露这些信息。对萨莎说过的关于此次出行永不踏入雅斯纳雅·波良纳半步一类的话，他也没再跟医生说起，这一点让人匪夷所思。马科维茨基起初以为，伯爵要去的地方是科奇塔，大女婿马·斯·苏霍京位于图拉、奥尔洛夫两省交界处的庄园。近两年托尔斯泰没少光顾那里，有一回还是为了逃避雅斯纳雅·波良纳纷至沓来的访客偕夫人一起去的。他说，他去那里的目的，就是“度假”。他的长女——塔季亚娜·利沃芙娜就是那处庄园的女主人。虽然父母闹矛盾的时候，她一直站在父亲一边，但她不赞成父亲动不动就抛别母亲的行为，这是

① 即萨莎，列·尼·托尔斯泰伯爵的小女儿。——译者注

她与萨莎不同的地方。科奇塔不是天涯海角，在那个地方小住一段时间，也不算蓄意逃避索菲娅·安德烈耶芙娜。去夏莫尔金，这种可能性应该很小。被都会驱逐的托尔斯泰伯爵造访东正教堂，这跟离家出走一样有失颜面。好在他去看的是妹妹，不怕受到冷遇。

可怜的马科维茨基一头雾水，根本没想到托尔斯泰这么决绝。他只当这是一次最寻常不过的走亲访友，无非是去科奇塔居留一段时间，所以随身只带了一点钱。他更不知道，托尔斯泰急着上路，临行才发现，夹在笔记本中的50卢布现金不见了，皮包中的小物小件也丢失不少。夏莫尔金这个名字，马科维茨基还是在托尔斯泰与萨莎告别时才听到的。

选谁充当旅途伴侣，托尔斯泰拿捏得很准。只有马科维茨基这种临危不乱、处变不惊的人，才能应付这样的突发事件。马科维茨基建议直奔别萨拉宾，工人古萨罗夫一家就住在那里。对此，“列夫·尼古拉耶维奇一言未发。”

托尔斯泰一行到了谢金诺小站。去图拉的火车还有20分钟过站，而去戈尔巴乔沃的火车还要一个半小时。去夏莫尔金搭乘戈尔巴乔沃方向的火车，路途要短一些；可托尔斯泰担心索菲娅睡醒后，探知情形一路赶上来，所以宁肯舍近求远，走图拉一线。马科维茨基不认同托尔斯泰的办法：图拉更好找，不如去戈尔巴乔沃……

话说回来，即便不从“走”的字面意思（步行）理解，而是从转义的角度看，这次行动与“出走”相去甚远。不过这个词的想象空间很大，所以为普通人津津乐道——肩上背个大袋子；手里拄根小棍子，徒步走在大路上，周围是浓得划不开的沉沉夜色——要知道，托尔斯泰体质虽好，但毕竟是82岁的老人了，且饱受晕厥、记忆减退、心律不齐、腿部静脉曲张诸多病症的困扰，如何经得住颠沛流离之苦？常人不理解其中的艰辛，以为托尔斯泰的出走，只是拎个包上路那么简单。

伊万·布宁在《走出牢笼的托尔斯泰》一书中，对老人告别信中的一段话称赏有加：“我所做的一切，我这个年纪的老人都喜欢做：离群索居，安度晚年。”

老人都喜欢这么做？

索菲娅·安德烈耶芙娜也注意到丈夫的这一番说辞。从获知丈夫连夜出走消息后最初的震惊中恢复过来，她开始写信祈求托尔斯泰回心转意、折返家门，并将说服丈夫的希望寄托在信件的转交人身上。她在写给托尔斯泰的第二封信（托尔斯泰未及读完）上说，“你说老人都离群索居，你哪里看到了？农家老人都知道过循规蹈矩的生活，儿孙绕膝、颐养天年，更别说贵族家庭及其他。难道老人最后都要抛家别子，在没有家人照顾的情况下度过风烛残年？”

她说的这些话确实有失偏颇。农民包括农村妇女老来离家，这种现象屡见不鲜——朝圣远游者有之、单独居住者亦有之。失去劳动能力、无法再为家计奔忙，他们只能选择孤身老去，免得碍手碍脚、给家人增加负担。家庭不和睦、家人中出现沽酒买醉或败德乱伦等行为不检点的异类，老人也会一走了之。当然，为了逃避老妻才出走，并且有女儿暗中撑腰这种事，现实生活中还是鲜有其例。

10月27日晚间至28日，托尔斯泰循着旧路，魂归故居。

马科维茨基的记录：

“凌晨3点钟光景，列夫·托尔斯泰身披一袭长袍，脚蹬一双便鞋，裤子都没穿好就叫醒了我。他面容憔悴，情绪激动，眉宇间分明却带着刚毅果决的神色。

“‘我决定离开这儿，你跟我走。我去楼上，您收拾一下过来，小心别吵醒索菲娅·安德烈耶芙娜。除了必需品，我们不带别的累赘，萨莎过几天再送过来。’”

“刚毅果决”跟冷酷无情是两码事。这是面对陷阱，准备纵身一跃时的神情。马科维茨基以他职业的眼光，察觉到了一些异常：“有些神经质。脉搏达到每分钟100次。”82岁高龄的老人出行，需要准备哪些“必需品”？托尔斯泰根本顾不上考虑这些。他唯一关心的事，就是萨莎把他的日记本藏好，别让索菲娅看出一点破绽。他只拿了一支自来水羽管笔、几本札记薄；至于日常生活用品，全靠马科维茨基、萨莎、萨莎的朋友芭芭拉·费奥克利托娃打点。“必需品”摞一块儿还真不少，没有大旅行箱根本盛不下；可深更半夜的找箱子，难免会弄出声响，惊醒索菲娅。

托尔斯泰夫妇的卧室之间隔着三道门。这些门晚上都敞开着，托尔斯泰伯爵一有动静，索菲娅就会醒过来。她解释说这是为了照顾丈夫的起居，关上门听不见声音。索菲娅言不由衷，她的胸中另有块垒：她怕老人乘着夜深人静，瞅着机会逃跑。这种担心不无缘由。夫妻间尴尬关系的形成，索菲娅又如何变得瞻前顾后，开始在雅斯纳雅·波良纳自己的家里过上这种如坐针毡的生活的，时间都很明确具体：1910年7月15日。那一天，她跟丈夫起了争执。一番大吵后，她一宿没有合眼，次日凌晨就迫不及待地给他写了一封信：

“亲爱的列沃奇卡[1]，我之所以选择了写信而不是直接交流的方式，是因为一夜失眠后我连说话的力气都没有了。我的情绪很不稳定，说得越多，越没有头绪；而我现在只想平心静气地说出自己的心声，用理智解决咱们之间的分歧。我昨晚想了一夜，思路渐渐明晰：你用一只手爱抚我，另一只手却赫然亮出了刀子；并且我已经预感到了，你的刀子已深深扎入我的内心。这把刀子悬在我的头上，不知道哪一天会劈下来：收回对我的一切承诺，我如果不乖乖就范，你就悄无声息地走人，丢下我孑然一身……从今往后，我都会跟昨晚一样，为你担惊受怕。你在外面逾期不归，哪怕只是多滞留了几天，我也会怀疑你一去不返。设身处地地替我想想，列沃奇卡，你的出走、你的威胁，在我都是晴天霹雳，都会要了我的命。”

萨莎、芭芭拉、马科维茨基齐心协力收拾行装，托尔斯泰伯爵本人则将通往索菲娅卧室的全部三道门关了个严严实实（黑灯瞎火、偷偷摸摸、时刻留神索菲娅房间的动静，那情形，就跟酝酿一场巨大的阴谋差堪仿佛）。大提箱顺利到手，不过空间不够大，最后还剩下毛围巾、大衣，一并打了个包；路上吃的干粮，都一股脑儿塞到篮子里去了。托尔斯泰等不及这一切收拾齐备，就急匆匆地赶往马夫房，叫醒马车夫准备车驾。

这是出行，还是逃跑？

托尔斯泰在日记中写道：

“……我独自一个人赶往马厩，想让马夫及早套好车；杜尚[2]、萨莎、瓦丽娅[3]还在做一些扫尾工作。夜色如墨，伸手不见五指。我看不清脚下的路，一忽儿摸到楔房边，一忽儿又钻进了树丛，弄得浑手浑脚都是刺；我撞上了一株大树，和身倒在地上，帽子都找不见了；我挣扎着爬起来，折回家里另找了一顶帽子戴上，又带了一支手电，才得抵达马厩，吩咐车夫收拾马车。萨莎、杜尚、瓦丽娅都赶了过来……我当他们是追出来的家人，吓得哆嗦了好一阵子。”

这篇日记是事件发生一昼夜之后写的。文中提到的“树丛”，其实就是他日夕侍弄、倾注过大量心力的苹果园。

---

① 列沃奇卡，“列夫”的昵称。——译者注

② 杜尚，即托尔斯泰的私人医生马科维茨基。——译者注

③ 瓦丽娅，萨莎的朋友芭芭拉的昵称。——译者注

老人的行为还正常吗？

“往马车上架行李，我们用了将近半个小时。”亚历山德拉·利沃芙娜回忆，“父亲心急火燎的，一再催促我们抓紧时间。我们的手抖个不住，挽绳拴不对，箱子没盖好。”

亚历山德拉·利沃芙娜也留意到父亲的决绝。“我每天，甚至每时每刻都在等他上路，可当他果真说出‘我这一走，永不回来’的话时，我不禁心头一震，感觉一切太过突然。他穿着一身工装立在门口的身影，他那烛光下闪烁着熠熠光辉、透射出几许内心的坚毅与果敢的美好面孔，让我永生难忘。”

“那张脸刚毅平和、神采焕然。”费奥克利托娃如是描述。不要被这些美妙的词汇迷惑。10月的后半夜，黑黢黢的乡村；无论佃农还是贵族的家里，都看不到一星半点的灯光；此时此刻，一位身着浅色服装、一张满是皱纹的脸上摇曳着一抹烛光的老人突然出现在路上，谁见了都会战栗！

托尔斯泰的精神力量异乎寻常，这一点毋庸否认。有这股强大的力量作支撑，无论陷身何处，他都不会进退失据。雅斯纳雅·波良纳的常客、音乐家亚历山大·戈登维塞尔提到一桩轶事，说某一年的隆冬季节，他曾经陪伴托尔斯泰驾着一挂雪橇，穿村过野辗转90俄里，给陷入困境的农户运送物资救急。

“我们刚走到扎谢卡火车站附近，灰暗的天空中开始飘雪。雪越下越大，掩没了路面、掩盖了沟渠，我们只能在白茫茫的原野上四处乱闯。好在没过多久，一条林间小路出现在我们眼前。我们顺着树林的方向赶了过去，希望找到护林员，给我们指一下路。可我们还没踏上小路，三四只高大凶猛的牧羊犬突然冲出林地，团团围住我们的马匹雪橇，吠声震天。说实在的，我当时头皮发炸、毛骨悚然……列·尼·托尔斯泰却气定神闲，只是将挽绳交给我，说了一句‘抓好’便下了雪橇。他吼声如雷，扬起两只空空的大手，扑向群狗。刚才还龇牙裂嘴大逞凶顽的狗突然间静了下来，夹起尾巴给托尔斯泰让出了一条道。托尔斯泰优哉游哉地从‘夹道欢迎’的狗群中穿了过去，钻进护林员的小屋。那一刻，胸前垂着一大把花白胡须的托尔斯泰不再是80岁老人，而更像是传说中的古代英雄……”

1910年10月28日夜间发生的一切，表明他控制局面的能力并未减退。他的“同谋”和助手拖着行李，在那样的夜晚摸索前行，而他已经安顿好车驾，候在半路上了。“……脚底湿滑，夜色如墨，我们寸步难行。”亚历山德拉·利沃芙娜回忆，“楔房的旁边，一条浅蓝色的光柱摇晃着，向我们这边慢慢移过来。那是父亲，他接我们来了。”

“‘啊！是你们！这会儿我走得挺顺当。我们已经准备好马车了。我在前面走，给你们打个亮。哎呀，你们为什么让萨莎拿最重的东西？’他用责备的口吻对芭芭拉·米哈伊诺芙娜说。他拿走芭芭拉的篮子，她腾出手帮我提旅行箱。父亲节约电池，手中的电筒时开时关，给人的感觉是更加黑暗。”

这支手电，还是萨莎得知父亲在花园里迷路以后，百般哄劝让他带在身边的。

在帮车夫驾辕的时候，“他那两只手哆哆嗦嗦的，总是不听使唤，绳子怎么也穿不进扣环里。”最后不得不放弃努力，“退到车棚的一个角落，坐在旅行箱上休息，情绪一落千丈。”

从雅斯纳雅到阿斯塔波沃，托尔斯泰的情绪就没有稳定过，直到1910年11月7日撒手人寰。从起初的决绝、自以为是，到越来越怀疑自身行为的合理性，疲惫感、负罪感与日俱增。从25年前动念要离家出走，他一直在等待这一天的到来。但这只是一个朦胧的意念，真正实施起来，他心身两方面都没有做好充分的准备。想是一回事，做是另一回事：甫出家门，托尔斯泰就在自家的花园里迷了路；这些问题，无论托尔斯泰本人，还是他的支持者们，都始料未及。

那托尔斯泰为什么从最初的情绪昂扬，变成车棚中的垂头丧气？行装打点好了（只用了2个小时，效率高得惊人！）、马匹差不多都套好了轭；在距理想中的“自由”数分钟之遥的最后关头，老人的心情陡然跌至谷底！

除了身体困倦这一原因（没睡好、激动、迷路、提着重物摸黑趟泥水），还有另外一些情况需要考虑。倘若索菲娅·安德烈耶芙娜在他们正收拾得热火朝天的时候醒过来，大家该如何收场？不过索菲娅折腾得再厉害，丑闻也只局限于萧墙之内；大家虽然难堪，但这样的闹剧在雅斯纳雅·波良纳上演也不是头一回了。最大的问题还在路上：各色人等闻风而动，你每走一步，都有陌生的面孔出现在身边，这是托尔斯泰最不能忍受的。他成了茫茫雪原上一枚小小的雪球，滚得越远，裹胁在周围的大小雪球越多。

车夫安德里昂·博尔欣必须叫醒，没有车哪里也去不了；36岁的饲养员费尔卡（菲利普·鲍里索夫）也是不可或缺的人物：他得举着火把骑在马背上，为车驾导航。托尔斯泰蜷缩在车棚的一角，一拨又一拨人马在他的脑子里闪徊。雪球越来越多、越滚越大，今日一发，明日便不可收拾。宪兵、记者、省长、神甫……这些人暂时还蒙在鼓里呼呼大睡，可一旦听到了风声，谁知道会不会蜂拥而至。部长、大主教、斯托雷平、尼古拉二世，难料不会自觉不自觉地参与到这场闹剧中来。

我们有理由相信，托尔斯泰对他出走的后果心知肚明：他不可能悄然成行。《活尸》中费佳·普罗塔索夫这样的小人物，装个自杀身亡都能掀起轩然大波，何况名动天下的托尔斯泰伯爵！除了《活》，他创作的《谢尔盖神父》《费达罗·库兹米奇老人的临终书简》等杰作都牵扯到这方面的话题。如果说他做过这方面的考虑，那他最有可能的想法是：融入芸芸众生之中，将声名的负累抛诸九霄云外。无论过去扮演的是什么角色，沙皇也好，无所不能的奇迹大师也好，声名远播的大作家也好，这些都不重要；重要的是，你是风中的一粒流沙、人海中的一抹微澜，普通到如同尘埃。

托尔斯泰身披普通农民才穿的那种缩腰棉布外套，外罩一件粗呢大氅，头上戴顶陈旧的编织小帽，枯坐在车棚内侧那个旅行箱上。梦想之旅就要变为现实，他全身心沉浸其中，已然无暇他顾。问题出在时间上：凌晨5点，黎明前最黑暗的一刻；俄罗斯最难熬的10月，裹着阵阵砭人肌骨的清寒，为这次仓皇出逃式的旅行平添了几许悲怆。园篱已闭、家邦未远，雅斯纳雅·波良纳还在脚下，征马还在槽前，可回家的路已然斩断——这种悬而未决、进退维谷的状态，最难忍受。而他的妻子，那位与他相濡以沫58载、为他生过13个孩子并将存活下来的7个抚养成人并繁衍出23名后代的妻子；那个一肩挑起雅斯纳雅·波良纳的风雨、将偌大一处产业经营得井井有条的妻子；那个在他的每部著作中都倾注过巨大心力，为他抄写手稿、装饰版面，给他的文字加工润色甚至整章整段代他捉刀，就连他最主要的两部小说都留下了斧凿之痕的妻子；那个9年前当他偶感风寒、命悬一线、淹蹇克里米亚旅途中时，曾经彻夜不眠不休看护他、尽外人难尽之责的妻子——就要睡醒了。当她在黑暗中睁开双眼，看到的只是紧闭的房门和抖得乱七八糟的家当，她一下子就会明白过来：最可怕的噩梦，发生了；那个她最在意的人，走了！

走得了吗？如果此时此刻索菲娅·安德烈耶芙娜骤然出现在车棚里，逮着丈夫正给马上嚼子，一双手兀自抖个不停绳头都拿捏不稳，那将是怎样的一番景象？即使没有天才想象力，你也不难想到，当下要上演的，肯定不会是托尔斯泰式的温情剧，而是果戈理式的闹剧了！怪不得托尔斯泰对果戈理的小说《马车》毁誉参半，意见多有保留。小说中小县贵族皮法戈尔·皮法戈罗维奇·切尔塔库茨基为了逃避应酬，居然躲到了车棚里，最后不仅被逮个正着，还闹出了一场笑话。他认为这篇小说矫揉造作、牵强附会，穿插的笑话不少，引人发笑的地方却不多。省长上门，还得去车棚里翻找主人；再说主人隐藏得也够深的：瘦小的身子骨龟缩在什么坐垫上，头顶着一大块皮具。命运之神光顾车棚，里面的人却毫无思想准备，弄了个灰头土脸！

萨莎在回忆录中写道：

“一开始父亲还不停地催促车夫，后来退到车棚一隅，坐在旅行箱上，惴惴不安地呢喃：‘我感觉他们要追出来了。这下好了，不闹出点事，咱们是脱不开身了。’”

托尔斯泰的弱点

直到逃跑的那一刻，托尔斯泰依然故我，表现出性情中温良敦厚的一面。作家、哲学家、“性情圆熟的老大人”，托尔斯泰还是一身俄罗斯旧贵族的风范，传统美德在他的身上表露无遗。这些美德如璀璨的钻石（可惜湮没在物欲横流的现代社会里），折射出诸多人性的光辉：从身体到灵魂，讲求自洁自律；人前不说假话，人后不说坏话；谨言慎行，避免伤害他人感情。托尔斯泰年轻时狂放不羁，做过许多失心悖德、与家庭教养背道而驰的荒唐事，为此他一直愧悔不已。比及老年，托尔斯泰在懿德日隆的同时，性格中疾恶如仇的一面日益凸显，忍受不了秽行污迹、流言蜚语。

在处理与夫人索菲娅之间的摩擦这个问题上，托尔斯泰的做法可谓无懈可击。他怜悯她、爱护她的令名，即便明知她的想法、做法有欠缺，也不会在任何场合指责她；他委曲求全，对她不合理的甚至是荒唐的要求，都尽力满足；他忍受夫人的各种小脾气，不小的脾气比方以自杀相要挟等，他也忍了。他的宽容，有时简直到了“令人发指”的地步，连他身边的人都觉得看不下去，但这不是首鼠两端、不讲原则。恰恰相反，这是一位注重操守、德行高迈的老人，为了息事宁人，一次又一次做出的让步和牺牲。

就是这样一位老人，在一个月黑风高的夜里做出了离家出走的事；而对于索菲娅来说，这才是莫大的打击。如她本人在日记中所写，这不再是插在胸口的刀子，而是兜头砍下来的斧子！

所以，车棚里的托尔斯泰最强烈的感受，就是恐惧。害怕索菲娅半夜惊醒，察探到情况后一直追出来，将他们一网打尽……到时候夫妻同室操戈、冷脸相向，一场令人痛彻心扉的争执，在所难免。其实不用添这个乱子，雅斯纳雅·波良纳最近一段时间已经够热闹的了。

无论情形有多危难，他从来都没有闪避过……他把一切磨难都当作上帝对他的考验，带着一颗感恩的心，承受来自各方的打击。可这一回，他承受不住了。他强烈希望好运能降临到他的头上，帮助他躲过眼前的一击。

他心身俱疲，已经无力担当。

是的。出走体现的不仅是托尔斯泰性格中勇敢的一面，也有怯懦的一面。关于这一点，他在给故交玛丽亚·亚历山德罗芙娜·施米茨——虔诚的新教徒和坚定不移的托尔斯泰主义者，昔日上流社会的名媛、今日寄居60俄里外奥乌辛尼科沃一间小犀中的托尔斯泰崇拜者——的信中抖搂得一清二楚。托尔斯泰骑马外出的时候，经常顺路看望她。因为他很清楚，他的造访不仅给她带来快乐，也给她带来了人生的意义。10月26日，就在离家出走前两天，正在他举棋未定、心神烦乱的时候，他还向她提起过自己的忧虑。玛丽亚当时的态度是完全赞成：

“亲爱的列夫·尼古拉耶维奇！”她嚷道，“你只是一时软弱，过后会好的。”

“你说得对，”他附和道，“一时软弱。”

这段轶事连同玛丽亚·亚历山德罗芙娜说过的原话，一并收录在塔娅亚娜·利沃芙娜的日记中，有案可稽。不过在当天陪托尔斯泰散步的马科维茨基的日记中，见不到有关这次对话的片言只字。玛丽亚·亚历山德罗芙娜后来面对《俄罗斯导报》的采访时也说，列夫·尼古拉耶维奇那天没提起出走的话题，“没有吐露片言只字。”

10月26日当天，马科维茨基也发现“托尔斯泰很虚弱，注意力很不集中”。在去施米茨家的路上，托尔斯泰还干了一桩“坏事”（他本人的措辞）：骑马趟过麦田。这个季节里地面潮湿，马踏过会留下深深的蹄印，破坏庄稼。

舍不得践踏秧苗，却舍得践踏老妻？！很遗憾，托尔斯泰的思维就是如此。那些同情托尔斯泰，认定他的行为体现了人生至性、与家庭伦理无关的人们，也持这样的态度和观点。托尔斯泰摆脱了思想境界不在一个层面的妻子，可以理解，天才就是这样；至于索菲娅·安德烈耶芙娜，要说可怜是有那么一点，这就是嫁给天才的代价。

这就是对托尔斯泰离家出走这一事件的普遍看法。这一看法也在俄罗斯文化圈内大行其道，这与伊万·布宁这名吹鼓手吹出的风不无关系。

为了寻找最后的归宿，托尔斯泰离开了自己的家；一代思想的巨人，终于摆脱了物质生活的羁绊。"托尔斯泰的解放"，多么壮美的结局！也有不大中听的说法：托尔斯泰离开雅斯纳雅·波良纳，找一块无人知晓的角落迎接自己的末日；恰似嗅到死亡气息的猛兽，逃出笼子，奔向原野。托尔斯泰出走没几天，这个耐人寻味的比喻，就出现在亚历山大·库普宁主办的刊物上。

托尔斯泰的行为，并非意蕴丰富的壮举；遑论风烛残年的老人，最后做什么困兽挣扎。这是一位25年前就动念离开家庭，只因顾念妻子的情面而宿志未酬的老人，耗尽心血之后才踏出这一步。在生命力渐渐消失之际，家庭矛盾却愈演愈烈，他看不到自己的出路，看不到家庭的出路。在健康状况不容乐观的情况下，他踏上了颠沛流离之路。他选择的时间也不适合出行：10月的末尾，凄冷潮湿，面临的是销骨的冬日酷寒；在支持他出走的家庭阵营中，除了萨莎，谁都不知道他此行抱着什么目的，他所说的"彻底离开"是什么意思。跨出家门意味着死亡，但托尔斯泰还是选择了出走。雅斯纳雅·波良纳，他自己的庄园里，他已经待不下去了。

离家出走，原为一心赴死？这是著名产科医生、多次奔赴雅斯纳雅·波良纳为索菲亚·安德烈耶芙娜提供手术服务的维·费·斯涅基烈夫教授所持的观点。此人不仅医术精湛，且智慧超卓、极具修养。托尔斯泰去世后，索菲娅饱受物议。在不少人的眼里，她是将丈夫逼出家门的不良之人，是托尔斯泰之死的幕后推手。为了安慰这位不幸的贵妇人，斯涅基烈夫于1911年4月10日复活节礼拜日给她写了一封长信，其中分析了托尔斯泰离家出走的原因，并将其归结为以下两点：

其一，从生理学的角度看，托尔斯泰的出走属于自杀综合征的一种表现，他想加快死亡的进程。

"毕其一生，他都以自己强健的体魄与非凡的禀赋为依托，将肉体与精神锻冶成一个密不可分的整体。他的一切行为都达到了灵肉合一的完美境界，要将两者完全割裂开来，那是不可能的事。看看他的举手投足、坐卧起行，处处体现着个人的意志。换一种说法，他的每一个动作、每一样作为都经过深思熟虑，体现某种用意、传递某种思想……死亡既是肉体的毁灭，又是灵魂的消亡。对于灵肉浑然一体的人来说，灵魂出窍本身不是一件简单的事，没法做到平心静气、安之若素……对于即将飞升天堂的灵魂来说，摆脱一身皮囊的羁绊，总需要一个艰苦的过程……”

其二，从纯医学角度出发，斯涅基烈夫将托尔斯泰的死归咎于肺炎。“这种病的可怕之处，还在于能导致狂躁等类并发症。”斯涅基烈夫在信中写道，“如果把托尔斯泰连夜出走的行为与肺炎潜伏期病人的临床表现联系起来，笼罩在这一事件上的重重迷雾都会散开——急不可耐、在家门口迷路等，不可能发生在一个健康人身上。”

换句话说，托尔斯泰出走之夜，肌体已感染病毒，大脑受到损害。

斯涅基烈夫的一番话中，科学的成分和存心安慰伯爵夫人的成分各占多少，此处不便置喙。不过有一点是清楚的：托尔斯泰出走前夜精神状态极差，身体也不大好。马科维茨基的记载证实了这一点，托尔斯泰也在日记中写道：他一夜“噩梦”连连，梦到跟妻子“争斗”；有些梦乱得理不出头绪，他当时在读的妥思陀耶夫斯基的小说《卡拉玛佐夫兄弟》中的人物居然出现在他的梦里，不过换上了业已作古的熟人的面孔，如尼·尼·斯特拉霍夫。

出走前不到一个月时间内，托尔斯泰一度发病，与死神擦肩而过。10月3日，他全身抽搐，双手乱刨乱抓，这种表现与濒死之人极为相似。时任托尔斯泰秘书的瓦连京·布尔加乔夫回忆当时的情景，写下这么一段文字：

“列夫·尼古拉耶维奇睡着了。直到7点钟还不见他醒来，大家只好开饭。舀完汤，索菲娅·安德烈耶芙娜起身察看了一遍列夫·尼古拉耶维奇的动静，回来的时候说，当她走近丈夫的卧室时，听到房间里传出擦火柴的声音。她推门进入屋内，看到列夫·尼古拉耶维奇坐在床上；看到她进门，还问了时间，问大家有没有吃饭。索菲娅·安德烈耶芙娜当时有一种不祥的预感：“老人的眼神有些异常：‘两只眼睛黯淡无光，没有一点生气……这是发病的征兆。一旦出现这样的眼神，我知道他又要昏过去了，这种情况以前就出现过多次。’”

列夫·尼古拉耶维奇的儿子谢尔盖·利沃维奇、侍仆伊里亚·瓦西里耶维奇、马科维茨基、布尔加科夫、托尔斯泰传记首席作者巴·伊·比留科夫一齐赶到老人的房间里。

“老人仰躺在床上，右手在被子上摸来摸去，5根指头屈曲虬结，仿佛握着一支羽管笔。他紧闭着双眼，眉毛拧成一团，两瓣嘴唇不停地颤抖着，看上去非常难受……然后……然后托尔斯泰开始抽搐，他横在床上的躯体抖抖索索、战栗不休，两条腿整个失去控制，直挺挺伸在被子外面。杜尚抱住老人的双肩，我和比留科夫为老人捶腿。老人前后抽搐了5次，其中第4次最为严重：他的头从枕头上滑了下来，身子在床上打了个横，一双腿耷拉到另一侧床沿的下面。

“索菲娅跪倒在地板上，将丈夫的腿抱在怀里，一张脸贴在腿上。她一直跪在那里，直到我们将老人的身体扳转到床上睡好。

“索菲娅·安德烈耶芙娜吓得不轻，令人心生怜悯。我亲眼看到她仰望着天花板，一只手慌乱地划着十字，嘴里喃喃祷告着：‘上帝！这一回别让他走！这一回别让他走！’而这一切不是做给别人看的，是我在打字室偶尔撞见的。”

抽搐过后，列夫·尼古拉耶维奇开始说胡话，数一些互不关联的毫无意义的数字，症状跟在阿斯塔波沃发病时的情形完全一样：

“4、60、37、38、39……”

“托尔斯泰发病期间，索菲娅·安德烈耶芙娜反应强烈、令人动容。”比留科夫在传记中写道，“她受到了惊吓，张皇失措、楚楚可怜。当时在房间里的男人都攒聚在床的周围把持托尔斯泰，防止他抽搐时从床上摔下来；而她跪在地上不停地祷告着，翻来覆去念叨一句话：‘上帝，可怜我，原谅我的罪过！不要让他死，是我把他害成了这样！保佑他熬过这一回，不要把他从我的身边夺走！’”

托尔斯泰发病时，索菲娅确实有过负罪感，她本人的日记中也有述及：

“抱着丈夫那两条战栗不休的腿，对失去他的担忧，使我深感绝望。愧悔自责、狂热的爱情和祈福的话语，如滔滔江河，在我的心头奔涌。只要他能活下来，让我有机会修复由于自己的过激行为给他造成的伤害，使我良心稍安，我愿意付出一切代价。”

此事发生前不久，索菲娅跟萨莎、费奥克利托娃有过一次大吵，并将女儿逐出了家门。萨莎回到与雅斯纳雅·波良纳相距不远的契里亚琴卡，她自己的家就在那里。托尔斯泰对这件事一直耿耿于怀。萨莎跟他走得最近，是全部子女中他最宠爱的一个。这个女儿对他提供的帮助和支持，堪与布尔加乔夫等量齐观。母女交恶是托尔斯泰发病的原因之一，对此索菲娅和萨莎心照不宣，所以灾难过后的第二天，她们就讲和了。

萨莎在回忆录中写道：

“一走进前厅，我就听说母亲在找我。

“‘她在哪里？’我问身边的人。

“‘在门廊里。’

“我走出前厅，看到母亲穿着一件长裙，站在台阶上等我。

“‘你愿意跟我说话吗？’

“‘愿意。我还要向你道歉，对不起！’

“她抱住我，一面亲吻一面念叨：对不起！对不起！我也吻了她，试图用温言软语安抚她的情绪。

“我们站在门口说着话。有人从我们眼前走过，好奇地打量着我们。我感到不大自在，请求母亲进屋再谈。”

托尔斯泰离家出走，只是为了响应死亡的召唤，为自己寻找归宿——这是不是一个毫无事实依据的谎言，一则只有铁石心肠的人才能编造出来的神话？这一点值得怀疑。站在托尔斯泰本人的立场上，设身处地想一想当时的境况。他出走的动因，也许正是为了求生，为了躲避抽搐而死的命运。

索菲娅·安德烈耶芙娜的行为使老人的心头蒙上了一层厚重的云翳，伦理观念的煎熬和恐惧夹杂在一起的云翳。马车渐行渐远，恐惧旋走旋消，离乡背井的托尔斯泰，却一直在耳边回响着良知的声音。

马科维茨基在日记中写道：他们一行驶离家门，穿过村子，踏上通往远方的公路，托尔斯泰一路“沉默寡言，神色黯然，情绪还不大稳定。他断断续续地嘀咕着一些道歉的话，似乎对抛下索菲娅心有不忍”。现在面临的问题是：

“下一步去哪里？”

当他们登上火车，在一间单独的二等车厢中坐定之后，火车启动了，他知道索菲娅再不会追上来，一时如释重负，高高兴兴地说了一句话，说他很好。不过好情绪没有持续多长时间。大家热完咖啡，刚喝下不久，托尔斯泰又念叨起来：

“不知道索菲娅·安德烈耶芙娜现在怎么样了，我可怜她。”

这是托尔斯泰最后的日子里打不开的心结，一直折磨他到失去意识的那一刻。对晚年托尔斯泰伦理道德观念有所了解的人都知道，他无法摆脱良心的谴责。不畏不避，将压在自己肩上的十字架背到最后一步，这是托尔斯泰观念的基石；可他的出走行为，分明就是推卸这个责任。声称托尔斯泰离家出走是寻死，为了与大自然融为一体，为了释放不死的灵魂，就他25年素怀的愿望来说，持这种观点不无道理。但愿望和现实是两回事，注重伦理的人，不会为一己之私牺牲他人的利益。

从雅斯纳雅·波良纳到夏莫尔金，托尔斯泰还有机会改变初衷、折返家园，但他并没有回心转意，而是不断地催促旅伴，在离家的路上越走越远。当时他已经骑虎难下，内心深处经受的煎熬，只有他自己知道。

托尔斯泰当时的心态，从他写给妻子的三封信上可见一斑。第一封是告别信，他着意强调了离家出走的道德原因："我已无法忍受这种奢靡的生活，唯望跟别的老人一样，避开尘世纷扰，独自度过余生。"

这封信字里行间渗透着托尔斯泰对妻子的爱惜之情。他写道："谢谢你48年的忠诚陪伴，并请原谅我的一切过失；如果说你有什么对不起我的地方，我也一并表示谅解。"

这封信情真辞切、扣人心弦。除此之外还有一个特点，考虑到有可能公诸世，托尔斯泰在这封信上下了不少功夫，起稿三次，字斟句酌，可谓用心良苦。这封信是托尔斯泰留给妻子的"精神遗产"，她完全可以拿出来向世人展示，借以剖白自己（事实上她也这么做了）。托尔斯泰此信之大旨，无非是撇清妻子与他出走这件事的干系：他只想离开雅斯纳雅·波良纳，而不是要摆脱她；贵族生活与他的世界观背道而驰，他已经过不下去了。

也许托尔斯泰的心里还暗藏着一段机宜：有这封信充当挡箭牌，索菲娅·安德烈耶芙娜心下稍安，不会再抓住他不放，到处打听他的下落，并做出有伤体面的事。后来得知妻子痛不欲生，几次三番要投湖自尽的消息，加上妻子雪上加霜的来信："亲爱的列沃奇卡，快点回家来吧！别让我第二次自杀！"——他知道，即便走到天涯海角，他也走不出妻子的阴影。他于是决定敞开胸臆，将第一封信中未予明确表达的意思说出来。

托尔斯泰写于夏莫尔金的第一封回信用词相当尖刻，最后并没有寄出去。"我们现在见面有害无益，这层意思我在第一封信中已经做了明确表达。众所周知，亦如我所想，我见不见你，遑论回不回雅斯纳雅·波良纳，跟你自杀没有任何关系！"

正式发出的信措辞温婉多了："我理解你悲痛欲绝的心情，我也知道你不会真正跨出那一步。这跟你是否遵从我的意愿、满足我的要求无关，是你淡泊宁静、理智平和的人生观不允许你走极端。没有这些，我们多少年的共同生活就无从谈起。以你目前的状况，我再回到你的身边，这无异于放弃生活。我觉得，我没有权利做出这样的举动。再见，亲爱的索妮娅，上帝保佑你。生命不是笑谈，我们不能肆意践踏；生命的意义，不是用时间的长短来度量的。我们剩下的日子，也许比度过的岁月加在一起还重要；让我们善自珍重，过好余生。”

只为不死在家里，托尔斯泰才选择了出走？如果在托尔斯泰的心目中，对丧失自控能力和大脑意识的荒唐死法的恐惧完全等同于自杀，那他选择走这条路就是合情合理的。

托尔斯泰不想死得这么窝囊，他想在人生的最后一刻，依然保持清醒的头脑。对他来说，这比摆脱贵族生活的藩篱、实现融入大众行列的愿望来得更强烈。

在夏莫尔金，当萨莎问及父亲对抛下妻子不管的行为是否有过歉疚时，托尔斯泰反问道：“在只有一条路可走的情况下，谁会后悔自己的选择？”

托尔斯泰在跟自己的妹妹——夏莫尔金修道院的修女玛利亚聊天时，曾经对自己的行为做过详细解释。当时在场的还有另一个人，玛利亚的女儿，带有列·尼·托尔斯泰外甥女兼亲家双重身份的伊丽莎白·瓦列里亚诺芙娜·奥勃良斯卡娅（列·尼·托尔斯泰的女儿玛莎嫁给了伊·瓦·奥勃良斯卡娅的儿子尼古拉·列昂尼多维奇·奥勃朗斯基）。伊·瓦·奥勃良斯卡娅身后留有一部关于母亲的回忆录，1910年10月29日发生在玛丽亚·尼古拉耶芙娜修道室中的谈话，是其中最重要的内容之一。

“他身心两方面经受着怎样的磨难，一眼就看得出来……谈到他最近那次病情发作，他说：‘再有这么一次，我性命不保。就这样死去没有什么不好，因为我没有意识，感觉不到肉体的痛楚。但我想清醒地死去。’

“说到这里，他哭了……妈妈说出了自己对整个事件的看法，她说索菲娅·安德烈耶芙娜也有病。他思忖片刻，说道：

‘是的，是这样，但我有什么办法？解决问题是要花大气力的，这个我没有，我只能一走了之。现在我想利用这次机会，开启新的生活。’”

托尔斯泰的话一经他人特别是有个人利害关系的亲属转述，难免会变味，需要援引大量资料，用批判的眼光审视比对、探幽析微、去伪存真。即便托尔斯泰本人，也不一定洞观全局、了解事实真相。下面这段话出现在他本人的日记中，记录时间即在10月29日他与妹妹的谈话之后：

“一直在想办法摆脱我和她（索菲娅·安德烈耶芙娜。——作者注）之间的困局，实在又无法可想。无论如何，办法总是有的，但不一定是你想到的。”

深入民间

从托尔斯泰出走之日起，各大报纸即抓住这一事件大做文章，众说纷纭，莫衷一是。有些报纸如此诠释托尔斯泰的动机：他走出贵族之家，旨在走进民间，与普通民众打成一片；一言以蔽之——追求平民化的简朴生活。

这个观点在苏联时期大行其道，成为压倒一切的官方声音。专家学者穿凿附会，给托尔斯泰的行为贴上冠冕堂皇的政治标签：他用实际行动，向自己的阶级发出挑战；但是，由于思想觉悟还没有达到马克思主义高度，他只能走带有浓厚无政府主义色彩的民粹路线；简而言之，就是他希望通过此举，与群众打成一片。

“托尔斯泰是俄国革命的一面镜子。”列宁的一句话，给这位已成冢中枯骨的伟人戴上了一顶红色的帽子，他的形象一下子变得高大无比，围绕他的种种争鸣至此尘埃落定。剥去时代强加上去的政治外衣，平心而论，这一解释比无端生发出来的论调，诸如“逃亡说”更接近事实真相。到民间去，与普通民众建立亲密无间的关系，是托尔斯泰素怀的梦想。当他抛开一切负累，在基辅大道上踽踽独行的时候，当他孑然一身走在雅斯纳雅·波良纳的田间地头，混迹于辛勤劳作的农民当中时，他不再是身份高贵的伯爵，而是浩浩荡荡的朝觐大军中一位毫不起眼的“农民大叔”，此时此刻，他的内心深处充满感动和愉悦。他的足迹遍布雅斯纳雅·波良纳、科奇塔、皮罗戈夫、尼科尔斯科耶，以及邻近村镇的各个角落，每到一地，他都要找长者攀谈，且一拉起家常就是数小时。与农民促膝比肩度过的时光，托尔斯泰目之如圭臬，是他记忆宝库中最重要的财富。

迨至20世纪，托尔斯泰的“简朴化”沦为知识分子圈内的笑柄。大家借题发挥，编造出许多与之相关的笑料：“伯爵大人，马拉犁展览完了吗？现在能不能拿回去？急等着耕地呢！”事实上，托尔斯泰从来没有搞过装潢门面的那一套，耕地、刈草、收割庄稼，他不仅身体力行，还时常训导孩子参与农事（响应最积极的，当数他的女儿们）；当然，具体做活上有不到位的地方，但这无关宏旨。作为修身治家的重要组成部分，脱开这一切，晚年托尔斯泰就无从谈起。一位伟大的哲人、一位世不二出的天才艺术家，平静地走进民间，衣衫褴褛与民同耕，这体现了人性非同寻常的一面，其义不亚于仰观金字塔、俯瞰荒草塚。这位伟人的精神遗产不需要“翻译”，因为其光熠熠，足以烛耀整个世界。他的思想高翔于狭隘的俄罗斯贵族圈之上，体现的是全人类的价值。他用自己的双手，践行着圣教大义：“从满脸洒落的汗水里，寻求果腹的食粮。”

“……灵魂至圣至洁的作家——与我们同行……”托尔斯泰八十寿诞纪念活动中，亚历山大·布洛克在《俄罗斯上空的太阳》一文中写道，“我常想，只要托尔斯泰活着，什么问题都能迎刃而解，我们的天空永远不会黯淡下去。伟人用自己的双肩，担起天下道义，以一己之智慧，支撑我们的国家、哺育我们的人民，让我们真切地体会到，世间还有坚不可摧的东西……只要托尔斯泰活着，一把大胡子了挂着一缕晨曦，吆喝着他那匹白马，翻起露珠滚动着的大地；而值此一刻，吸血蝙蝠已然归巢，感谢上帝！托尔斯泰走过原野，恰似太阳从天边升起。有朝一日夕阳西坠，托尔斯泰殡天，最后一位天才舍身而去，到时候我们怎么办？”

这番话写在托尔斯泰撒手人寰前两年，竟至一语成谶。夕阳——舍身而去——殡天，布洛克看到的，正是托尔斯泰的晚景。不过他没有看到，托尔斯泰“舍身而去”“殡天”的事都发生在晚间，正是“吸血蝙蝠”最活跃的时段。看惯列宾名作《扶犁的托尔斯泰》的布洛克，对托尔斯泰之死不可能想得太远。

布洛克还不知道，托尔斯泰起初并没有起意远行，搞不辞而别、从公众的视野中消失那一套。他选中的是一间农舍，与自己的家相去不远……

1910年10月20—21日，图拉的一位农民、也是托尔斯泰的熟人米哈伊尔·彼得罗维奇·诺维科夫曾经登门拜访。他们俩1895年在莫斯科相识，当时26岁的诺维科夫在军部当书记员。一个同情革命的激进主义者对托尔斯泰主义产生兴趣，颇有几分逆风而动的味道，这在当时的俄国鲜有其例。托尔斯泰对这位热情洋溢、无所顾忌的年轻人印象颇深，在自己的日记中对这次来访做了记录，其间还夹杂着一些个人意见和看法。他给托尔斯泰讲了军方处置的一宗案例，说是雅罗斯拉夫新近处决了几个科尔津金厂里的工人。托尔斯泰认为这是谣言，警告他不要以讹传讹。未出数月，这个年轻人即遭逮捕，不过罪名不是盗窃军方机密，而是在私人书信往来中对国家“首脑”——尼古拉二世的个人品质妄加非议，这情形和差不多半世纪后发生在苏联的一幕何其相似：他跟索尔仁尼琴犯下了同样的“罪行”！这一场风波过后，诺维科夫被贬为庶民，守着一块薄田艰难度日。农闲时节，他也写一些散文杂感聊以自慰，与托尔斯泰偶有谋面。十月革命后，这个人给斯大林、高尔基写信反映农民负担过重、生计艰难的问题，结果又一次遭到逮捕，1937年被执行枪决。这个狂放不羁、胆大包天的农民，其实有着一颗精明睿智的头脑，和一双勤劳能干的手；他是尝到斯托雷平土地改革甜头，凭借自己的勤劳和智慧，点滴积累家庭财富而养活一大家子人的新农民中的佼佼者。

暮年托尔斯泰指望的，就是这个人。

10月20日，这位小农场主跑到托尔斯泰家里，宾主相谈甚欢，耽搁了一点时间（诺维科夫言语间还对托尔斯泰表达了不满，抱怨他不来自己家做客）。农夫提请主人留他过夜，说是怕在路上碰到喝醉的流浪汉；主人如他所愿，将他安顿到马科维茨基的房间里休息。他躺下不久，托尔斯泰突然走了进来。诺维科夫睡意蒙眬，一开始还以为看到的只是梦境，“他蹑手蹑脚地走了进来，听不到一点声响。”此次雅斯纳雅·波良纳之行，托尔斯泰的精神面貌给诺维科夫留下了深刻的印象，“……他气色很差；我一看到他心里就直犯嘀咕，如此孱弱委顿的一位老人，苟延残喘尚属不易，又是如何思考问题、如何到处游走的呢？”托尔斯泰在床边上坐了下来，对诺维科夫开诚布公地讲起自己的心思。那一夕夜谈的内容，在前不久出版的米哈伊尔·彼得罗维奇·诺维科夫的回忆录中有所披露。在凡夫俗子眼中，托尔斯泰当夜说过的话有些不可理喻。不过别忘了，托尔斯泰的谈吐一向因人而异：与农民交谈，他使用的是民间语言；哈莫夫尼卡那次与高尔基的邂逅，托尔斯泰就是用村夫野佬的口气进行交流的，因为在托尔斯泰看来，高尔基是“货真价实的民众”。

“当然，如果我在年轻的时候能发那么一点脾气，哪怕吼两句、跺几下脚，我的妻子也许会温顺一点，变得跟你的妻子一样听话。”托尔斯泰说，“可我素性软弱，生怕闹出一点乱子，家宅不宁，声名远播。只要冒出一点家庭矛盾的苗头，我总是归罪于自己，觉得一切都是因我而起。我觉得，不让爱我的人受一点委屈，这是我的责任。所以，无论谁对谁错，最后让步的总是我。”

“他每次跟我说起雅斯纳雅·波良纳的生活，总离不开沉重二字。”诺维科夫在回忆录中写道——他去托尔斯泰家做客，显然不止一次，“总说自己是游手好闲的寄生虫，没有尽到用自己的双手获取劳动果实养家糊口的义务。”

毋庸置疑，他的家人不会把他看成“游手好闲的人”、看成“寄生虫”。虽然他放弃了部分作品的版权，但1881年前完成的著述，版权统归索菲亚·安德烈耶芙娜所有（《童年》《少年》《青年》自传三部曲、《塞瓦斯托波尔故事集》、《战争与和平》、《安娜·卡列尼娜》，托尔斯泰创作的里程碑式文学作品，均在其列），给家庭带来的收益相当丰厚。至于诺维科夫，他大概也不作此想。托尔斯泰之所以离家出走，全是他本人满脑子的农民意识在作怪：在他看来，不跟泥土打交道，不出力不流汗，那就是地里的寄生虫。

“在这个家里，我的日子过得就像热锅上的蚂蚁。我决定到一个陌生的地方去，这样就没人找得到我了。也许我会钻进你家的小屋里等死，不过我知道你们家人会给我眼色看的。流浪汉走到哪里，都没人喜欢。这种事，我在你们农民家里见得多了。你看，我现在成了这样子，干不了活，一点用处都没有了……人老了都爱唠叨，一天到晚碍手碍脚。”

“我强行压制着情感的洪流，不让眼泪流出来……”诺维科夫写道，“让这样一位伟人在我的面前敞开胸襟、吐露肺腑之言，我有一种汗颜无地的感觉。我的心里又充溢着无边广大的幸福：作为一个人，他忘了我们地位有别、身份悬殊，将自己软弱的一面、自己的苦闷彷徨展示给我看，坦坦荡荡、无遮无掩；我崇敬他、爱戴他、追随他的左右，与这些美好的品质不无关系。我亲爱的大爷，此时此刻，让你在这样的家庭环境中度过最后一段日子，我于心何忍？”

诺维科夫的记录相当真实可信。不过托尔斯泰说这番话的时候，语中颇带谐谑自嘲的成分（农民会骂他可怜的流浪汉），无非是他对简单纯朴的“老农民”开的又一个不痛不痒的玩笑。有证据表明，托尔斯泰曾经跟女儿萨莎提到过这桩轶事，说的时候还有点忍俊不禁。

“为信的事，我到客厅里找他。他一看到我，马上乐呵呵地笑起来，带我先到书房，再到卧室。

“‘快走，快走！我给你讲个秘密！天大的秘密！’

“我跟在他的身后一路前行。看着他欢喜雀跃的神情，我也轻松了许多。

“‘看我都干了些什么！我跟诺维科夫讲了一点咱家的境况，诉了一下自己的苦，说是准备去他家里养老，这样大家就找不到我了。你猜诺维科夫说了什么？他说他嫂子是个酒鬼，每回闹得太不像话，他哥哥都会倒扯着两条腿，在院子里转那么几圈。这么稍微修理一下，嫂子能乖好几天。’说到这里，父亲开心地笑起来……我也哈哈大笑着，给他讲了另外一件趣事。我们的车夫伊万有一回接送奥尔加（列·尼·托尔斯泰的大儿媳，安德烈的第一任妻子。——作者注），她问起咱们家最近的情况怎么样，他回说不太妙，然后转身发表了一番宏论：‘伯爵夫人，我说得不对的地方，您请原谅。咱们那个家呀，还真得学学老农民那一套！三天不打，上房揭瓦；一天一顿，风调雨顺。婆娘就得这么整！’”

笑话不能当真，不过折射出了雅斯纳雅·波良纳的家庭气氛。

托尔斯泰日记中对这次晤面的记录非常简略，只有寥寥数句：“米哈伊尔·诺维科夫到访，聊起许多。他是一位很有智慧的农民。”

托尔斯泰知道，索菲娅·安德烈耶芙娜随时都有可能拿走他的钥匙，打开抽屉检查他的日记内容，所以下笔越来越谨慎，文字也越来越空洞了。为了对付无孔不入的夫人，他甚至启用了一本“私密日记”，专供自己一人使用，平时藏在靴筒中。10月24日的正式日记中有一条记载：“小日记丢失”，即指此事。其实小日记并没有丢失，是托尔斯泰夫人从靴子里翻找出来，拿回自己的房间了。据她讲，有一次她不小心将订单扯到靴子上，结果……私密日记是怎么发现的，这不重要；重要的是，雅斯纳雅·波良纳的上空阴云密布，托尔斯泰夫妻关系已相当紧张。萧墙有隙，家仆和附近的农民都引为笑谈。列·尼·托尔斯泰的出走有多方面原因，而这些“笑话”正好发挥了推波助澜的作用。

不过远避诺维科夫家终老残生，这可是托尔斯泰深思熟虑的结果。他在10月24日写过这么一封信：

米哈伊尔·彼得罗维奇：

关于你临行前我交代过的事，现另提几点请求。如果我决意起行，您能不能在村子里给我找一间房子；再小都不要紧，暖和点就行；另外最好是独房，少给你们添麻烦。还有，如果我给您拍电报的话，请注意落款署的是化名，托·尼古拉耶夫。

盼复。握手！

列夫·托尔斯泰

又及：信中所言之事，万勿外泄。

显而易见，托尔斯泰一直没有开玩笑。他在这封信中首次提到的化名，在此后不久离家出走的短暂旅程中，一直为萨莎和切尔特科夫所用，以便瞒天过海，蒙骗索菲娅和报界人士。那位一度气壮山河、公然叫板俄国强势人物、连写给沙皇本人及权焰熏天的波别多诺斯采夫的信中都不屑于使用假名的托尔斯泰，这一回变成了托·尼古拉耶夫！

收到这样的信，诺维科夫茫然失措，不知如何应对。拿出农夫的架势，在雅斯纳雅·波良纳的华宅里神侃是一码事，窝藏托尔斯泰这位世界级大师，他担不起责任。

“我犹豫了。一时的优柔寡断留下巨大的遗憾，我追悔莫及。”诺维科夫在回忆录中写道，“他等了我两个晚上，认定我不会明确答复、不会给他提供栖身之地，最后决定去南方，投奔别的熟人。当我的回信辗转送达他的手上时，他已抱病阿斯塔波夫火车站，卧床不起了。雅斯纳雅·波良纳与我家相距两站的车程，如果我回复及时的话，他不会经受那么多奔波劳顿之苦，不致身染重疾；他要求的‘干净温暖的小屋’，我已经收拾停当，只等着尊贵的客人入住；何况我家里能腾出一间小卧室，他随时都可以藏身其中，不用担心被外人发现。”

“大错已铸，我永远不会原谅自己！”

诺维科夫不必自责。托尔斯泰不是一枚绣花针，村落也不是多大的草垛。托尔斯泰名满天下，他的长相广为人知。就凭当时发达的情报信息网络，官方的和私人的，他的行迹很快就会暴露。

有意思的是，那间“干净温暖的小屋”，诺维科夫只在托尔斯泰去世之后才公之于世，他的回信中没有提及片言只语。这封信只是虚与委蛇，诺维科夫其实并没有接纳托尔斯泰的诚意。因此即使信到得再早，也于事无补。这个世界上没有托尔斯泰的藏身之地，这是诺维科夫试图在自己的信中表达的看法。

亲爱的列夫·尼古拉耶维奇，大札收悉。你的真诚、您对我的信任，使我感动莫名。你在信中提到的要求，我一时不便作答，以免唐突起意、虑事欠周。在您面前说话，我一向都是襟怀坦荡、不遮不掩的，此次请允许我谈谈自己的真实想法。在您有能力、有必要改变处境的时候，你没有采取任何措施。现在时过境迁，再折腾已经没有多大的意义。尽管我全力支持您摆脱纷扰、自在度日的想法，但考虑到您的身体状况，以及您一身系天下安危的地位，我不希望您实施这样的步骤。蜗居粗粝简陋，实不适合您居留；再说让您在这里受罪，那些关爱您的人肯定于心不忍。我家里有一间光线敞亮的斗室，我们全家人都热诚欢迎您搬过来住，也乐于为您尽膳宿奉养之义务；何况我们家没有小孩，平时也不会闹得您心烦。最小的孩子已经5岁了。推己及人，站在您的角度看问题，我家确实有条件给您提供房间；特别是4—10月间，您住我这儿不会给我们带来丝毫不便。我们怕的不是麻烦，而是……

爱您的农夫，米哈伊尔·诺维科夫

这封信还有附言，专门解释房子的事情：

“您身体太过虚弱，单独居住是不可能的，再说普通农户不建孤房。一些农户有两栋房，闲房虽然比较冷，但修缮一下还可以勉强住进去；问题是这种房子都与穿堂连为一体，没法隔离。来年开春，我年迈的婶娘也要给自己建一座6俄尺[①]见方的小屋。她是一位很有智慧的老人，乐于接纳您并照顾你的饮食起居。”

可以预见，以托尔斯泰当时只求与世无涉的极端心理，加上提议本身不无尴尬，他不会接受那样的条件。诺维科夫本人也心知肚明……晚秋时节，一位病怏怏的耄耋老者不在家里好好待着，却要跑出来到别人家借宿，这件事听起来也够荒唐的。再急也得等到开春！

可托尔斯泰一天也等不下去了。

诺维科夫的信迟宕多时，直至11月3日才转至阿斯塔波沃，由切尔特科夫读给

① 1俄尺≈0.71米。——译者注

病榻上的托尔斯泰听。列夫·尼古拉耶维奇从头到尾仔细听了一遍，嘱人在信封上写下这么一句话："谢谢！我已另择出路。"

"忧愁是最沉重的行李……"

从希金诺到戈尔巴乔沃，托尔斯泰一行乘坐的是二等车厢的小包间。两小时前，他们赶着四驾马车，离开了雅斯纳雅·波良纳，离开了生于斯、长于斯的家园。坐在车上的，除了身穿棉坎肩、厚呢长农夫外套、头戴两顶农夫小帽（头皮冷得难受）的垂垂老者托尔斯泰，还有披一袭破旧皮袄、戴一顶旧毡帽、一张脸绷得跟阴影中的岩石一样坚硬的杜尚·彼得罗维奇；车夫费尔卡骑在第三匹辕马上，一只手里举着熊熊燃烧的火把（萨莎的说法）或灯笼（马科维茨基的证言）。农民起床早，有些人家的窗户已经亮了起来，壁炉蒙蒙幢幢的火光在窗户纸上或明或暗地摇曳着。行出村头，马缰突然滑脱；马科维茨基下车捡拾缰头，顺便察看了一下托尔斯泰的装束，看他的腿上是不是盖了东西。托尔斯泰只顾赶路，心急火燎地吆喝马科维茨基动作放快点。邻近人家听到动静，有人赶了出来。这一干人生怕暴露身份，吓得大气都不敢喘。

在希金诺买票的时候，马科维茨基起初还想使点障眼法，避开戈尔巴乔沃买其他车站的票。可后来转念一想，谎言欺世的行为不仅人所不齿，且毫无意义。

在阿斯塔波沃，索菲娅·安德烈耶芙娜曾就丈夫一行的去向问题追问过马科维茨基，两人之间有过这么一段对话：

"你们准备去哪里？"

"远处。"

"再远总有个地方吧？"

"先去顿河罗斯托夫，然后在那里办出国护照。"

"然后呢？"

"去敖德萨。"

"还有？"

"康丝坦丁罗波尔。"

“还想去哪里？”

“保加利亚。”

“你们带钱了吗？”

“钱够用。”

“到底多少钱？”

“……”

这段对话源自唐科夫县地方医院医生阿·巴·谢苗诺夫斯基的回忆录。托尔斯泰发病当日，这位医生曾被电召至阿斯塔波沃出诊。他在回忆录中详细记载了自己与马科维茨基的谈话内容，披露了一些常人意想不到的事实。那位私人医生购票时先没有给钱，而是声明票是托尔斯泰买的。车站工作人员“肃然起敬”，如数提供了车票。

这位托尔斯泰同谋的办事能力，实在让人不敢恭维。一行人抵达希金诺之后，他马上向小吃铺的店主打听有没有由戈尔巴乔沃发往科泽尔斯克的火车，之后又在车站售票处核实了一遍（托尔斯泰出走次日，索菲娅·安德烈耶芙娜经向车站售票员打听，对丈夫的动向了如指掌）。在马科维茨基收拾行囊、将多余的东西分拣出来准备发还家里的时候，托尔斯泰在400步远处溜达，跟赶往学校的小学生聊天。没多久火车就进站了。

“咱们跟小孩一起走。”托尔斯泰说。

一上车，托尔斯泰的情绪稳定了下来，睡了半个小时，醒后要马科维茨基拿出《阅读圈》或《每日博览》——这是托尔斯泰自编的启蒙读本，内中辑录了大量的贤人哲语，可惜最终并没有找到。

托尔斯泰经受的最大折磨，是老人积年而成的习惯与旅途生活时有冲突。他将自己的生活需求降到最低限度，低到比在雅斯纳雅·波良纳还简单清苦的程度……即便如此，细节安排方面出现这样那样的漏洞疏忽，在所难免……

获悉丈夫不辞而别，索菲娅·安德烈耶芙娜还曾念叨：“可怜的列沃奇卡，谁给他抹黄油啊！”事实上，身为妻子发这样的感慨，绝不是空穴来风。

索菲娅在探望病中的托尔斯泰时，还没有忘记随身携带那只自己一针一线亲手制作出来的、丈夫平日里最喜欢用的枕头，着实令人动容。不过这是后话。

从花园丢帽这件事起，大大小小不顺心的事情接踵而至。雅斯纳雅·波良纳的

“逃难者”一路走得并不顺利，弄得马科维茨基焦头烂额。

列车一过戈尔巴乔沃，托尔斯泰就提出一个要求：换乘三等车厢，跟普通旅客结伴旅行。一坐到硬木凳上，他的胸襟豁然开朗，开心地说：

“太好了！终于自由了！”

马科维茨基可没他那么乐观。“苏欣尼奇—科泽尔斯克”区间列车客货混装，三等车厢只挂一节，穷人攘集、烟雾缭绕，空气十分污浊。由于太挤，部分旅客钻进了密封的货运车厢。趁着列车尚未出发，马科维茨基自作主张，找站长要求加挂一节客车。站长打发他去找另一位负责人协调加车事宜，后者指示他去找值班人员。当时值班人员也在三等车厢里看热闹，因为托尔斯泰在那节车厢的消息已经扩散开来了。这位值班员当下表示乐意提供帮助，只可惜负责车厢调度的另有其人；且此人恰好也在车上，此刻正混在人群中往托尔斯泰那边瞅。马科维茨基凑近当事人，重复了一遍自己的请求。

“他好像很不情愿，从牙缝里挤出几个字，嘱咐工人找列车长传达他的指令，加挂三等车厢。”马科维茨基在日记中写道，“过了六分钟，机车牵引着一节三等厢，从我们乘坐的列车旁边经过。列车长检票时宣布了加车的消息，挤在过廊、连接部的旅客，这么一来都能安顿个座位。发车铃响了第二次，车没有加挂；过了一分半钟，第二遍铃响了，要求的车始终不见踪影。我找值班员，得到的答复是没有闲置的三等车厢。火车启动了。经与列车长沟通，我才知道那节从我们眼前晃过的车厢，是为车站学校的学生配备的。”

……

“我在俄罗斯坐过的火车中，最拥挤、最糟糕的当数这一列。”马科维茨基回忆，“车厢入口开的不是地方，正对高高竖起的椅背，旅客进出需要绕着走；发车时车体剧烈抖颤，旅客稍不留心就会摔个嘴啃泥——不过车上无泥可啃，啃到的是坚硬的靠背。过廊狭窄，各排座椅间几乎没有空当，行李到处都是，挤得人透不过气来。”

马科维茨基建议托尔斯泰在自己的身下垫块方毯，托尔斯泰却断然拒绝，“他变得更加俭约朴实，连以前尚能领受的服务，这次都推远了。”

车厢里抽烟的旅客占大多数，呛得托尔斯泰喘不过气来。他穿上皮外套和防寒套鞋，戴上帽子，退到尾端露台上透气；看到那里也聚集了一拨吸烟客，他又折回到前露台上。那里旅客寥寥，只站着一对母子、一个农夫，不过强劲的逆风不停地刮着，秋寒彻骨……

在露台上滞留的这三四个小时，马科维茨基后来指称，给托尔斯泰本来孱弱的身体造成了“致命”的伤害。这么长时间暴露在寒风中，感冒几乎不可避免。

托尔斯泰一向富有亲和力。一倏返回车厢，他就跟一位50多岁的农民攀谈起来：家庭情况、农事收成、赶车拉运、烧砖打瓦，一时海阔天空，聊得备极周详。“Ein typischer Bauer”（德语：货真价实的农夫），马科维茨基如是说。

那个农夫很健谈。他谈酒类交易、指责某巴氏地主圈占森林、评论惩罚村民诸端事务，一副胸有成竹的样子。坐在旁边的土地丈量员听不下去了，站出来为巴氏地主辩护，说问题都出在农民身上。农夫固执己见，双方争论起来。

“我们干的活比农民多得多。”土地丈量员声言。

“这个没可比性。”托尔斯泰反驳道。

农夫点头称是，丈量员据理力争，并没有因为论辩对手变成了托尔斯泰本人而有所顾忌：“我认识您的哥哥，谢尔盖·尼古拉耶维奇。”丈量员说。马科维茨基看到，“他摇唇鼓舌，准备大讲一场；辨明事实真相对他来说，已经无关紧要了。”他只想罗织证据，证明自己的说法永远站得住脚。他们的辩题越来越广，从身边事务一直讲到亨利·乔治的单一税法、达尔文的进化论，直至教育科学。托尔斯泰谈兴大起，欠起身子宣讲了一个多小时；农民、商贩、工人、知识分子都围了上来，挤得车厢水泄不通。“还有两个犹太人！”马科维茨基特别标注了一笔。此君从奥匈帝国治下的少年时代起，就对犹太人深恶痛绝。有一位女中学生起初还在记录托尔斯泰的发言，后来也抛开纸笔加入了战团，跟托尔斯泰争辩起来……

“现在人类都能飞上天了！”她说。

“天空应该属于鸟类，”托尔斯泰反驳道，“人就应该在地上走！”

别列夫女子中学毕业生塔·塔曼斯卡娅是托尔斯泰此行的全程见证人。她在后来发表于《俄罗斯导报》的见闻录中写道：“……托尔斯泰穿着长及膝盖的罩衫，脚蹬一双高筒皮靴；他惯常戴的那种呢帽不见了，头上套的是一顶黑色丝绸小圆帽。”

看到大家在自己神一般崇拜的托尔斯泰面前那么放肆，马科维茨基心里很不是滋味。托尔斯泰掉了手套，点起灯在脚下绕来绕去地寻找。那位女中学生不失时机地评论道：

“看，列夫·尼古拉耶维奇，科学还是挺管用的嘛！”

烟草味加上辩论的火药味，托尔斯泰没法招架，再次来到露台上透气。土地丈量员和女中学生不依不饶，一直跟在后面喋喋不休地申说自己的论点。行至别列夫，女生请托尔斯泰签名留念，他欣然提笔写下了自己的大名：“列夫·托尔斯泰。”

那位农夫听托尔斯泰说要去夏莫尔金修道院，中途顺便拜访一趟奥普季纳修道院。

“老爹，你就应该去修道院。”农夫语重心长地说，“撇开俗世间的一切，你的灵魂便能得救。干脆去修道院里安身吧！”

车厢尾部，有人拉起了手风琴，旅客们翩翩起舞。托尔斯泰听得津津有味，时不时还要击节叹赏一番。

火车走得很慢。100俄里多的路程，跋涉了差不多六个半小时。列夫·尼古拉耶维奇“坐累了……俄罗斯蜗牛爬行一般的火车，是害死托尔斯泰的间接凶手”。马科维茨基在日记中写道。

傍晚5点钟前后，托尔斯泰一行抵达科泽尔斯克。

前方就是奥普季纳和夏莫尔金修道院。被遗弃的雅斯纳雅·波良纳现在是个什么光景，托尔斯泰一无所知。索菲娅自杀了两回，第一次投湖，大家发现后打捞了上来；第二次是徒步追赶托尔斯泰，又被大家劝了回去。厚重的纸板、锤子，她捞起什么就用什么捶打自己的胸膛，嘴里不停地喊叫着：“我的心，快碎了吧！”长刀子、短刀子、别针……逮着什么她就往自己的身上扎。大家把这些东西收拾得一干二净，她还不甘心，说要跳窗子、跳井。她还打发人到火车站探询托尔斯泰的去向，问他们买了去哪里的车票。获知他们去了戈尔巴乔沃，她吩咐仆人发了一份电报，不过署的不是自己的名字：“带回。萨莎。”仆人将此事原原本本告诉了萨莎，萨莎又追发了一道“安慰电”：“别担心。署名非‘亚历山德拉’的电报，均非本人所发。”

母女俩围绕这一事件，开始了一场斗法。

“我要找到他！”索菲娅·安德烈耶芙娜大叫大嚷，“你们就是这么保护我的吗？我要跳窗子，你们挡着我！我要去火车站，你们也挡着我！我就想知道他的下落！我要是不放他走，我会白天黑夜守着他的！睡觉也会睡在他门口！”

10月28日晚，萨莎收到了以切尔特科夫的名义转发的电报：“在奥普季纳客栈过夜。明日前往夏莫尔金。平安。托·尼古拉耶夫。”

第二章

失去的天堂

10月28日凌晨4：50，一行人抵达科泽尔斯克，第一个下车的是托尔斯泰。马科维茨基和挑夫忙着往候车室搬运行李的当儿，托尔斯泰消失了片刻工夫，回来后声称已经找好一辆出租马车，这就可以出发去奥普季纳修道院了。托尔斯泰提着装干粮的篮子，将马科维茨基和挑夫带到租来的轻便马车前。事有凑巧，那个车夫名叫费多尔·诺维科夫，与托尔斯泰起先准备投奔的农民同一个姓。这位车夫因缘际会，平生第一次成为记者的采访对象。他是这样描述自己的乘客的：

“我对他没有什么特别的印象，只是感觉到他的心跟别人不太一样。他不让我给他们开裙板，说了一句‘费多尔，我自己开，我有手’。他们没去教堂，直奔修道院去了。”

第二辆车上装的都是行李。一队人马行至半途，诺维科夫请求老爷容许他抽一袋烟（这位车夫有眼不识泰山，起初还将马科维茨基当成了“老爷”，以为托尔斯泰只是随行的老农民）。托尔斯泰表示应允，不过很感兴趣地打听起抽烟、喝酒的花销。经过估算，大家得出的结论是：抽烟一年能抽掉半匹马、喝酒一年能喝光两匹马。“坏习惯！”托尔斯泰不觉慨然叹息。“确实是坏习惯！”车夫随声附和。

奥普季纳修道院位于若兹德拉河对岸。托尔斯泰一登上渡轮，就跟摆渡的修士搭上了话头。他在热聊的过程中，不忘给马科维茨基透露他的发现：这个修士出身农民！在奥普季纳修道院的会客室，托尔斯泰问负责接待的米哈伊尔，一位赤发红胡子的修士，“能否接纳被教会驱逐的托尔斯泰伯爵？”米哈伊尔修士吃惊不小，不过给来客提供了修道院里最好的房间：宽敞明亮，带有两张床、一把大沙发。

“这里好舒适！”托尔斯泰赞叹道。

宾至如归

“我在这个家里，日子过得就像热锅上的蚂蚁！”托尔斯泰离家出走前，曾经在农夫米哈伊尔·诺维科夫面前叫苦连天。这一番感言，是针对自己生活了大半生、度过一生最美好时光的家宅而发。他本人、他的兄弟姐妹、他的大多数子嗣，都生于斯、长于斯。他一生最重要的成就，《哥萨克》《战争与和平》《安娜·卡列尼娜》《克莱采奏鸣曲》《权力与黑暗》等鸿篇巨制，绝大部分经典著述，200余部作品，也都与这个地方联系在一起。与这里的安静宁谧比起来，等级森严、极尽市井繁华的莫斯科几近地狱，彼得堡更是压得他喘不过气来。

对他来说，告别雅斯纳雅·波良纳，无异于告别俄罗斯。“没有我的雅斯纳雅·波良纳，很难想象俄罗斯是什么样子、跟我有什么关系。”托尔斯泰写道，“没有雅斯纳雅·波良纳，我可能会更客观地看待俄罗斯的现实、更准确地把握我的祖国最适用的法度，但我不会如此毫无保留地热爱这个国家。”

雅斯纳雅·波良纳改变了多少容颜，或者托尔斯泰经历了多少沧桑，这一块热土才会化身“地狱”，成为其眼中的畏途？

离开奥普季纳修道院，托尔斯泰一行辗转来到夏莫尔金。他直言不讳地告诉妹妹玛利亚修女，奥普季纳之行很愉快；只要不去教堂，他乐于遵守修道院的一切清规戒律。

对托尔斯泰来说，修道院的生活比家里好得多。无论托身农家小屋、偏僻寺院，还是寄居简陋客店，这位82岁的老人都甘之如饴；他唯独不能忍受的，就是自家备极舒适的幽园华宅。

至迟从1909年夏天起，他就有了居家不如在外的感觉。那年去科奇塔大女儿塔妮娅、大女婿马·苏霍京家做客，托尔斯泰乐而忘返，推三阻四总不想回雅斯纳雅·波良纳自己的家。1910年夏天，托尔斯泰栖身莫斯科郊区梅谢尔斯科耶村切尔特科夫家，迁延日久，直到雅斯纳雅·波良纳两度发电称索菲娅·安德烈耶芙娜身体违和、敦促速回之后，才很不情愿地踏上归程。

“看得出来，列夫·尼古拉耶维奇对这里的生活很满意，自我感觉殊佳。”述及梅谢尔斯科耶村度过的那段时光，托尔斯泰的秘书瓦连京·布尔加科夫在1910年6月16日的日记中写道，“活力四射，幽默风趣，辩才无碍。我想，从那个冗务缠身的家里逃出来，这里于他不啻休憩的圣地、养生的天堂。切尔特科夫家没有过多的讲究，托尔斯泰之所以恋栈此处，因为‘处处奢靡’、事事繁缛的雅斯纳雅·波良纳使他窒息。”

瓦连京·布尔加科夫太年轻、太“托尔斯泰主义”，无法深入透辟地理解身边发生的一切，对事物的评价也有失公允。他行文间给“处处奢靡”打上了引号，这不是一时的心血来潮。在他看来，雅斯纳雅·波良纳的生活与真正的“奢靡”相去甚远，看不惯的也只有托尔斯泰一个人。但凡了解托尔斯泰的人，没有一个提到他的生活“豪华奢靡”；但罔顾事实的流言却不胫而走，在俄罗斯人的心目中留下了难以磨灭的印象。在英国出生并接受教育的加拿大政治经济学家詹姆斯·麦弗尔如此描述雅斯纳雅·波良纳的生活：“在饮食习惯上，除了具有进餐比较勤这一典型的俄罗斯民族特征外，伙食与英国中产阶级相比犹有不及。”

至于贵族阶层的养尊处优、与世隔绝，在托尔斯泰身上更是无从谈起。他家的大门永远是敞开的。穷人、醉汉、疯子，谁都可以直接找托尔斯泰，谈自己的心思、提自己的要求。雅斯纳雅·波良纳发生贫民闹事也不是一回两回，但没有人想过使用暴力手段伤害托尔斯泰的人身，这不能不说是一个奇迹。须知托尔斯泰从来不缺对手甚至敌人，他一生中收到的恐吓信、绞索（用意很明显：我要吊死你！）不在少数，但在托尔斯泰的率真坦荡的精神和诸多人格魅力的影响之下，无须警察干预，所有心怀不轨的恶徒和蓄意谋杀的恐怖分子已然折服。

1905—1908年，面对席卷全国的农民暴乱和横行无忌的烧杀抢掠，索菲娅·安德烈耶芙娜不得不求助图拉省调拨警察值守雅斯纳雅·波良纳，以策万全。就因为这个，列夫·托尔斯泰和小女儿萨莎万般抗议，认为女主人矫枉过正、四面树敌。

流连科奇塔、梅谢尔斯科耶之间的这些日子，与其说托尔斯泰想借此摒弃“贵族生活的牢笼”，毋宁说他逃出了“极端民主化”以及如日中天的个人影响招来的梦魇：他的信徒箪食壶浆，从四面八方涌到他们心目中的圣地，寻求与自己的偶像耳提面命、移席就教的机会。有些人本身没读过托尔斯泰的一个字，他们只想一瞻名声大架子不大的伟人的风采。当然，其间也不乏好出风头、堪堪跑过来与托尔斯泰争一日之短长的知识分子。至于诉苦的可怜人、讨钱的穷人乞丐，那更是纷至沓来，不绝于途。

列夫·托尔斯泰的姑妈亚历山德拉·安德烈耶芙娜·托尔斯塔娅拜谒沙皇亚历

山大三世时曾说过这样的话："咱们俄罗斯有声望的人只有两个：一个是列夫·托尔斯泰伯爵，另一个就是约安·克伦施塔茨基神甫。"沙皇被这句话给逗乐了，但对她的说法表示认可。克伦施塔德著名传教士、现今已入圣徒之列的约安奉教于气势恢宏、蔚为大观的安德烈耶夫斯基大教堂，个人会晤却另有其地：克伦施塔德设有专门的会客室，足以容纳所有慕名而来的信徒。托尔斯泰的信仰决定了他不会如此铺张：他不可能躲进小屋享受闲暇，弃客人于不顾；也不可能扮演奥普季纳修道院院长的角色，给访客提供一间斗室安歇，然后一走了之。

"今天，我亲爱的岳父回去了。"1909年7月3日，托尔斯泰的女婿马·苏霍京在科奇塔大发感慨，"我之所以特意加上了"亲爱的"这三个字，是因为他在与我们相处的这段日子里，表现得那么敦厚温良、善体人意，令人无限感怀。如果不是我的岳母无端起衅，在信中公然指责自己的丈夫在科奇塔找到了好去处，连家都不要了，他肯定不会急着动身。"

"爸爸7月3日离开了科奇塔。"托尔斯泰的大女儿塔季亚娜·苏霍金娜在日记中写道，"我感觉，他在我们家里住得很惯：没有闲杂人等的干扰、没有人催促他干这干那、没有人试图支配他的活动，他可以静下心来，专事思考和创作。他呼吸着自由的空气，感受着家人无处不在的爱与关怀。"

回到雅斯纳雅·波良纳以后的生活，马科维茨基在1909年7月26日的日记中是这样写的："有访客上门，一个年轻的流浪汉大言不惭地告诉托尔斯泰，他因为教训某位横行街头的混混，又拿刀捅了人，当局要流放他，他只好东躲西藏、浪迹天涯，最后沦落到这步田地。今天是什么日子，来了那么多无业游民……"

"把自己的生命置于他人之上，这是毫无理智的行为，是疯狂的表现。"托尔斯泰当天的日记中留下这样一段感言。在阿斯塔波沃，托尔斯泰命悬一线之际说过同样的话，这句话也是他留给世人的最后一份精神遗产："我只想告诉你们，这个世上受苦受难的人那么多，你们为什么只看到列夫。"

20世纪初的10年间，一波接着一波涌过雅斯纳雅·波良纳的"难民"潮，对托尔斯泰及周围人的生活产生了巨大影响，这也是不争的事实。

当然，找上托尔斯泰空门的"难民"，并非全是行踪无定的流浪汉，也有负笈而来的仁人志士——阿列克谢·彼什科夫，未来的马克西姆·高尔基，便是其中的佼佼者。1889年，高尔基乘坐戈里亚兹—察里津一线火车，在克鲁特站下车后一路步行到托尔斯泰的庄园，代表农业合作社同仁向主人筹措经费。雅斯纳雅·波良纳的朝圣者中不乏声气相投的仁人志士、不见容于政府的宗教异己分子、因为找不到生活的意义内心极度苦闷彷徨的大中学生、工人、公职人员，以及勤俭持家、没有沾染上酗酒一类恶习的农民。这些农民有感于托尔斯泰以天下苍生为念的悲悯情怀，从四面八方赶到这一隅之地，只求一睹“圣者”的尊容。

当然，也有动机不纯的访客。

1910年4月7日。一位在读女大学生想开办“自己的”学校，声称要做“对人民有益的人”。为了实现崇高的理想，她，需要钱。托尔斯泰苦口婆心地劝她先修完业再说，可她一句都听不进去。最后，托尔斯泰断然拒绝了她的要求。

4月18日。来了一位全身挂满勋章的老上校，他是一名虔诚的东正教徒和顽固的君主主义者，军队里的识字教官。此君跟托尔斯泰聊了很久，出门后便在塔季亚娜·利沃芙娜面前大卖关子：他有一个秘密……吞吐半天，他才交了底——他写了一首诗，抨击托尔斯泰与政府背道而驰、被教会扫地出门等不良行径。“现在怎么办？把那些诗稿都烧了？我辛辛苦苦打了2000多行的诗……”

4月19日。两个日本人登门拜访。

4月30日。退役炮兵中尉、现役流浪汉、曾多次为托尔斯泰誊写稿件的伊万诺夫上门，不过还带来了一位怪客，一位名叫特加奇的疯子革命家（55岁的年纪）。革命家用夹杂着俄语单词的外语演讲了一个半小时，托尔斯泰还给配备了一台录音机。

5月1日。托尔斯泰讲了一阵斯文诺克那边一位瞎子农夫的事。这位老农民育有六子，农事都得孩子像牵马一样牵着干，日子过得不能再苦了。每每三餐不继的时候，他都会找上托尔斯泰，讨些许周济度命。

5月22日。莫斯科大学学生若林斯基徒步考察高加索，途经雅斯纳雅·波良纳时拜访托尔斯泰，索取大作家的著作。列夫·尼古拉耶维奇与客人言笑宴宴，直聊到夜幕降临华灯初上。托尔斯泰对那位年轻人的见识相当欣赏，说他有“天才之资”。老人谈锋甚健，还讲了一桩不无讽刺意味的轶事，说是有位叫利茨商人古板得厉害，去莫斯科那么远的路，放着火车不坐，偏要骑马：“我又不是狗，还要跟着哨子跑！”

5月28日。晚饭刚吃完，就有远方的客人登门求见：一位年轻的农民奔波110俄里，拿着几页自己创作的诗歌要托尔斯泰点拨。这诗写得实在让人不敢恭维，句子都写不对，韵律节拍就更谈不上了。列夫·托尔斯泰讲了一点诗歌常识，建议年轻人别枉费精力，在自己不擅长的领域虚掷光阴。“韵文写不了，散文我还是可以的。”年轻人自信满满，“科乐佐夫又有什么呢？我有才华，有灵感。”

5月29日。来了两位符拉迪高加索基督教区的奥塞梯族人，读了不多一点托尔斯泰，就将作家奉为神人，极尽顶礼膜拜之能事。

6月12日。来了两位文弱女子。其中一位体质不佳，还想在雅斯纳雅·波良纳谋一份差事——本着基督徒自强不息的精神，想做些对社会有意义的事；另一位姑娘来自奥伦堡省，腿有残疾，行动不便，拜谒托尔斯泰的主要目的是咨询生命的意义，还带来一叠反映残疾人生活的小说手稿。两位姑娘都有写作爱好……

这是马科维茨基个人日记片段的摘录，从中可见1910年春夏两季雅斯纳雅·波良纳接待活动之一斑。托尔斯泰晚年心态发生巨大变化，基本放弃了文艺创作活动，对死亡、对上帝的思索，占据了他的全身心。他是独立思考精神极强的思想家，他需要一个无人打扰的工作生活环境。不绝于途的人流干扰他的创作、污染他的思维，太多污浊的东西积淀在他的精神家园里。他穷其一生探究到的真理，没有人能理解，他们也不想劳心费力地理解。他们麇集托尔斯泰门下，原本另有图谋。托尔斯泰不是神甫，没有人去他那里忏悔。他生活在现实之中，夕阳老景再加上俗世纷扰，他病弱的身躯如何担当。

托尔斯泰1908年7月9日的日记写道：“来的人多得不计其数。本应是赏心乐事，可联想到这一切背后的诞妄、罪愆、丑恶的奢侈，围绕我一个人的忙碌、贫穷和我周围的那些人不能承受的人生重荷，我的心头蒙上了一层厚重的荫翳。我感到痛苦，但没有人能理解我。无法排遣死的想法。”

托尔斯泰发此感慨的时间，大概在他八十寿诞前一个半月。由于腿病发作，这一天他在轮椅上度过，由此避开诸般应酬。

不知从何时起，他恋上了患病，健康不仅不能使他愉悦，他甚至感到恐惧和厌恶。问题不仅在于疾病拉近了他与死亡的距离；对于耄耋老者来说，人生就剩下死亡这一桩大事了。身体羸弱，加上时常抱病在床，托尔斯泰本来就有充足的理由避开访客、将处理和回复信件（雅斯纳雅·波良纳每天收到的各地来函在30～35封）一类冗务指派给萨莎或者秘书。可健康状况一有起色，有良知良觉的人绝对不忍心强加于人的各种负担，和着罪过、欲望、焦虑等精神垃圾，如同铺天盖地的苍蝇一般扑向托尔斯泰。

托尔斯泰1910年4月19日的日记写道："昨晚来了一位特殊的客人，以暗杀革命者为业的警方密探。他想从我这里寻求一点精神安慰，与我分担被世人诟詈唾弃造成的巨大压力。我的心情很沉重。有些情况下，我没有办法做到奉行神人之旨意善待所有人。"

舍亲就疏

言及雅斯纳雅·波良纳"凌驾于底层民众之上的贵族生活"时，布尔加科夫曾经拿切尔特科夫一家在梅谢尔斯科耶村的别墅说事，认为弥漫在那个家庭的"民主气息"使托尔斯泰流连忘返。其间提到的一个细节，引人注目。托尔斯泰1910年6月12日抵达梅谢尔斯科耶，切尔特科夫次日即向莫斯科各大报刊寄送了一封"谢客书"："没有明确具体的事务，一般访客列夫·尼古拉耶维奇不便接待，谨此谢过……访客成行前，务请先与本人联系，商定合适的晤面时间。"

索菲娅·安德烈耶芙娜读到公诸报端的声明以后，怒气填胸："切尔特科夫声称，见你一面还得经过他的允许，为什么？而你24号就要回来，这不明摆着是往自己的家里招揽访客嘛！"她迫不及待地从雅斯纳雅·波良纳致函自己的丈夫。

这封自命为托尔斯泰"遗嘱执行人"的切尔特科夫草撰的"谢客书"，有两个值得注意的地方。其一，如果切尔特科夫的动机与信中宣称的那样，确实希望救托尔斯泰于水火、将那些无所不至的追随者挡在门外，那他采取的手段未免太笨了：暴露托尔斯泰的行踪，雅斯纳雅·波良纳的朝圣者正好可以按图索骥，转投梅谢尔斯科耶，岂非名为拒之，实则纳之？其二，这封公开信极大地伤害了索菲娅·安德烈耶芙娜的自尊心。舍亲就疏、厚此薄彼，这是她不能接受的。身为托尔斯泰夫人，要说发表这样的声明，她最有资格，但她绝对不会做出这样不近人情的事。雅斯纳雅·波良纳是她的产业[①]，她对庄园的日常管理具有绝对处置

① 雅斯纳雅·波良纳是列·托尔斯泰的母亲玛丽亚·沃尔康斯基公爵小姐的陪嫁，列·托尔斯泰继承。——译者注

权，更别说丈夫的生活了。与切尔特科夫不同，她不是托尔斯泰的拥趸，对托尔斯泰的那些“阴暗追随者”（她自己下的定义）素无好感。但她没有厚颜无耻到发布声明，要求所有拜访托尔斯泰的客人先过她那一关，而没有她的通行证谁也不能涉足雅斯纳雅·波良纳。

托尔斯泰夫人对自己在丈夫心目中的地位，应该了如指掌。她在1908年9月13日的日记中写道：

“一位红发赤须、打着赤脚的农民来看托尔斯泰，他们就宗教话题聊了很久。引荐者切尔特科夫对这个人赞不绝口，说他虽然一贫如洗，但在左邻右舍中享有崇高的声望，云云。我想听他们说些什么，可托尔斯泰看我的眼神明明是嫌我多余，我只好退了出来。”

这件事当然使她备感委屈。三天后，她还不忘在日记中倒苦水：“智慧和幸福，列·尼古拉耶维奇哪一样都不缺。他想写就写、想种田就种田；想做皮鞋，劲头比谁都大；想教书，又能召集一班子学生……一件事情干腻了，变着法儿寻找别的乐趣。他只知率性而为，不知责任所系。我要是跟他一样，这日子还怎么过？孩子们谁管？他的生活谁照料？”

1905—1908年的革命大潮不仅引起圣彼得堡、莫斯科两地的武装暴动，在俄罗斯广大乡村，被维·格·柯罗连科直呼为“抢劫”的农民骚乱也是如潮涌动，此起彼伏。“抢劫”在雅斯纳雅·波良纳也发生过，但烈度不似图拉省内外其他地方那么强：丧失理智的暴民见了地主的庄园，不问青红皂白一把火夷为平地。索菲娅·安德烈耶芙娜的娘家——别尔斯家族在这场暴乱中损失惨重：1907年5月19日，社会革命党恐怖分子枪杀了她的弟弟，在交通部担任工程师职务的维亚切斯拉夫·别尔斯。弟弟的死给她带了巨大的精神打击，但自家人——托尔斯泰家族的命运更使她夙夜忧心。她不是怯生生的小女人。就在雅斯纳雅·波良纳的家里，她前不久还只身承受过命悬一线的大手术，期间她表现出来的那种无惧生死的大无畏精神，令人动容。此时此刻，她关心的不是自己，而是整个家庭。捍卫雅斯纳雅·波良纳的安全，保护驰誉天下、爱戴崇拜者繁如过江之鲫，同时又不无树大招风引人嫉恨之虞的托尔斯泰，是她不可推卸的责任。1908年八十华诞祝寿活动中，托尔斯泰收到的礼物五色杂陈，有表达良好祝愿的，也有暗藏杀机的。“居心叵测的人寄来的礼物和信件，不堪入目。”索菲娅·安德烈耶芙娜写道，“譬如有人寄来了半截绳子，还附有一封署名‘母亲’的信。信中写道‘对托尔斯泰这号人，什么也别指望了，只望政府早一天吊死他。当然，他也可以选择主动上吊’。据悉这位母亲的儿女因为参与革命活动，被沙皇政府送上了绞刑架，她将自己经受的苦难，全部归罪于托尔斯泰了。”

雅斯纳雅·波良纳也是暗流涌动，马科维茨基1907年9月5日的日记曾提及彼时的形势：“……农民好几天没上工了；五六个人牵头组织的罢工，其他人都是随大流，都丢下手头的活计回家去了；租金停交，马直接赶到园子里了事，一到夜间就赶上车，整车整车地偷菜；暴徒连续两个晚上向看门人开枪（是否属实？）；到处都是混乱、到处都有放纵的农民……索菲娅·安德烈耶芙娜请来了警察，让他们不带佩枪到处走一走，吓唬一下无法无天的暴民……列·尼古拉耶维奇屈从了夫人的意志。”

屈从，但不是认可。妻子通过图拉省省长达·德·柯贝科邀约两位警察巡守雅斯纳雅·波良纳，同时逐一核查访客的身份，托尔斯泰对此大为不满。

“跟索妮娅谈了一次话，很沉重。”托尔斯泰在9月15日的日记中唏嘘不已。其实，这样的交涉，他们两人间已经有过不止一次。警察对农民、对上门的客人态度相当恶劣，托尔斯泰无法容忍。当托尔斯泰提出发放免检通行证时，客人居然也站出来反对：“伯爵夫人没错，她只想把坏人挡在门外。”警察的眼光也是雪亮的，他们很清楚，征召他们的是伯爵夫人，而不是伯爵。

托尔斯泰只是心存芥蒂，他的小女儿萨莎可已经大光其火了：

“爸爸需要警察保护吗？看你们把他折磨成什么样子了！要不是看在爸爸的份上，我这就走人！”

萨莎的态度可以理解……她年轻，她理想化，她全力拥护父亲一向奉行的“不对抗主义”信仰，如老人在日记中所写：

“杀戮和虐待招致暴力和凶残。社会为什么会变成这样？如何化解仇恨和戾气？囚禁、流放、处死，恶并没有因此而消弭，严刑峻法带来的，恰恰是更大的恶。怎么办？出路只有一条：大家齐心协力，以上帝之法谋求生存。他们打打杀杀，他们劫掠抢夺，面对他们的暴行，我只会举起双手奔走呼吁，祈求他们放下屠刀，摒弃恶习，回家好好过日子。‘他们不会听你的劝导，他们照样横行无忌。’我还能怎么做？我什么都不做，我只等他们幡然悔悟的那一天。”

是的，他什么都不愿意做。以他吊民而不伐罪的慈悲心肠，他不会选择以暴易暴的策略，与暴民为敌。托尔斯泰的“不对抗主义”常常被诠释为逆来顺受甚至是为虎作伥，其实这是一种误解，托尔斯泰本人就曾为他的倡议反复正名。不接受，不报复，这就是“不对抗主义”的精髓。报复也是暴力，而暴力只能滋生新的暴力。

索菲娅·安德烈耶芙娜可不是列夫·托尔斯泰，她是这片领地的女主人。即便她的做法不无瑕疵，但她必须竭尽全力维持整个庄园的固有秩序。丈夫撂下的担子，她必须挑起来。她坚守一条信仰：不能让农民为所欲为。她手无缚鸡之力，无法与暴民抗衡，但她可以聘请警察。俄国大革命前风雨飘摇的那段日子，有一句格言似专为托尔斯泰夫人这种孤悬一隅、为保护私人财产不被劫掠一空、不屈不挠地与暴民周旋的小女人而定制：“所谓经营，就是与民对垒。”

她同样清楚，没有通行证的只有两种人：流浪汉、逃犯，这些人什么事都干得出来。如果她的丈夫有个三长两短，她首先罪责难逃。伟大的托尔斯泰一生安危系于她一身，她为什么不能善加呵护？她的羽翼之下，荫蔽的不止托尔斯泰一人，萨莎、塔妮娅·苏霍京娜夫妇及他们的女儿、她和列夫·托尔斯泰的外孙女塔涅契卡，都需要她一力照顾。更何况那位小外孙女，她和列·托尔斯泰都爱若掌上明珠、心尖之肉。

还有一个问题需要考虑：“资深”托尔斯泰主义者都不屑于揣着一纸通行证出行，因为在他们看来，认可通行证就是接受政府权威，就是承认暴力，这给雅斯纳雅·波良纳的甄别工作带来了不必要的麻烦。

只要托尔斯泰出门在外，这些问题就会烟消冰释。只要他在家一天，应付烦人的访客、确保他的安宁，就是索菲娅·安德烈耶芙娜义不容辞的责任。从一大早折腾到晚上，弄得她心烦意乱、筋疲力尽。在大家的心目中，雅斯纳雅·波良纳就是列夫·托尔斯泰的天下，谁都没有把真正的庄园主当一回事。有人找托尔斯泰诉苦，说警察无故刁难他们，硬要他们出示通行证，真是岂有此理！还有人因为盗伐树木、偷别人家的菜等事情，吃了官司，托他走走地方当局的门路，通融一下减免处罚。剪不断、理还乱，缠绕在列·托尔斯泰周遭的乱麻，最终还要一个人剪开来；这个角色，理所当然地要索菲娅·安德烈耶芙娜来扮演。日复一日地得罪人，激化了家庭矛盾，造成女主人与男主人及小女儿萨莎之间难以调和的矛盾。好好的一个家庭，就这样裂解成针锋相对的两大阵营。

“父亲对财产态度淡漠，但我的母亲却反其道而行之，始终对钱财看得很重，以为她和她的孩子们越富有，未来就越有保障。身为人妻人母，特别是作为一位母亲，为子女谋取福利，乃是与生俱来的本能。”托尔斯泰的儿子谢尔盖·利沃维奇在《往日纪事》一书中如是评价主人索·安德烈耶芙娜的行为。

在雅斯纳雅·波良纳，败坏托尔斯泰晚年生活的，还有另外一些微妙的情节。

谢尔盖神父为什么离家出走?

《谢尔盖神父》是托尔斯泰最具思想深度的艺术佳构之一。与《哈吉·穆拉特》一样，这部篇幅不大的小说，托尔斯泰的创作战线拉得很长，断断续续历时10年才告完成。这两部小说都是作者离世后才出版发行的，所以可视为托尔斯泰的“精神遗产”。

《谢尔盖神父》讲了一个主人公抛别往日生活、离开修道院走向寂灭的故事。这个主题，比他不疾不徐积淀岁月、不急于将自己的创作思维呈于纸端更别说公之于众更有意味。

在1890年2月写给切尔特科夫的一封信中，托尔斯泰首次提到《谢尔盖神父》的部分情节，从开头到世俗女子马科夫金娜投下大额赌注，找谢尔盖神父在他修道院斗室里过夜。这部分内容，大致占小说三分之一的篇幅。

幸亏切尔特科夫多方着力，这部小说才最终得以完稿付梓。收到陈述小说大旨的那封信后，担心托尔斯泰半途而废的切尔特科夫转录了一遍并在字里大量留白，然后与原函一并发还托尔斯泰本人。切尔特科夫多次使用这一手段，敦促作家填空补白、完成创作任务。坊间盛传切尔特科夫只关注作为教育家的托尔斯泰，扼杀他的文艺才华，经由此举，这些谣言不攻自破。

这篇小说中，首先说教被置于情节之上，这也是托尔斯泰小说的共同特点。小说线索是谢尔盖神父——昔日卡萨茨基公爵经受的异性诱惑，期间形形色色的女性粉墨登场，在这位以弘扬圣教宏旨为己务的神职人员前各施伎俩，诱其下水；先后登场的人物有红尘姊妹花、大美女马科夫金娜、商人之女玛丽亚等；另外还有一位游离于欲望场外的第三方人物：帕申卡，谢尔盖神父离开修道院后投奔的对象。毫无疑问，托尔斯泰的着眼点不在曲折迷离的故事情节上，而在帕申卡这位仅在小说结尾数页中出现、着墨不多的理想女性身上。

谢尔盖以损失左手食指的代价，挡住了欲魔的化身马科夫金娜的致命诱惑；但他渡过了沧海，却没能跨过小溪：有智力障碍的少女玛丽亚以其丰娆的身姿，将大名鼎鼎的神父纳入彀中。

抗拒赤裸裸的肉欲，却在温情脉脉的诱惑中泥足深陷（“你干什么？”——“玛丽亚，你是魔鬼！”——“罢了，有什么要紧呢！”：这是谢尔盖神父从挣扎到缴械的心路历程），这两者的穿插交错只是小说的线索，而不是主题。

小说的主题不是探究谢尔盖神父逃之夭夭的深层原因，而是此人想逃避谁，又何以选择这样的方式逃避。

与玛丽亚大错已铸，除了遁身世外，谢尔盖已经无路可走。不过出走的念头，在他的脑子里由来已久，与玛丽亚的风流韵事，在这里只不过发挥了导火线的作用。没有这条导火线，他还会有其他邂逅的由头，给世人留下一段茶余饭后的谈资。总而言之，谢尔盖神父不是因为修炼到超凡入圣的境界，所以才离开原来的修道院，寻找新的归宿；他是因为犯了凡夫俗子才犯的错误，不得不远走异乡。这就是《谢尔盖神父》所要表达的逻辑线索。

“他一度动念从这个世界彻底消失，还拟定了详细的行动计划，连一身行头都准备好了：农民穿戴的外套、裤子、帽子等。他为收拾这些东西给出了一个冠冕堂皇的理由：救济穷人。装备有了，剩下的工作就简单了。如何着装打扮、如何剃去那一头特征鲜明的赭发，这些细节性的东西，他都做了通盘考虑。他准备先乘坐火车逃出300俄里左右，然后下车徒步行走，穿村过巷。他曾经向老兵详细咨询过与出逃路线有关的问题，以及沿途搭乘交通工具的办法，老兵也给他做了详尽的说明。有一天半夜，他甚至连衣服都穿好了，可在出发前的那一刹那，他的决心又动摇了。片刻犹豫之后，他屈从了内心的魔鬼，他披在身上的那套农夫装，淡淡地映射出他遥远的思绪。”

其实在玛丽亚出现之前，谢尔盖心头的魔鬼一直存在。他的出走，本质上就是逃避这个挥之不去的心魔。但是没有玛丽亚的最后一推，他迈不出那最后一步。这个魔鬼，便是人类共有的虚荣心。不过在被欲望击倒前便坦然离去，那将带来德行圆满、声誉日隆的结果，意味着他最终战胜了那个盘结在他灵魂深处的魔鬼。谢尔盖神父追求的不是这个结果。他在等，等着那个独具魅力的小精灵出现，等待她吞噬他的道德节操。他的堕落不是偶然的，他一直在等待这一刻的到来。

“纷至沓来的信徒每天包围着他，留给他内省的时间太少、祈祷的空间太小了。得闲静下心来，他每每联想到自己的处境，深切感受到一种红尘污染净土的悲凉，‘一径清溪流过我的身心，寂然无声、不留痕迹……饥渴的人们源源不断地涌进来，为浇各自心头的块垒，推推搡搡、互不相让，直抢到我的心溪不剩涓滴、空留狼藉一地的污泥……’”

谢尔盖神父的苦恼在于意识到自己“是一支燃烧的蜡烛；这种意识越强烈，他越感到疲惫无助，上帝的神光越黯弱遥远。‘我所做的一切，有多少是对神的奉献，又有多少帮助到世人？’这个问题始终困扰着他，他不能或者不愿厘清思路，给自己一个有说服力的答案。他内心深处真切地感受到，那个魔鬼偷梁换柱，将他对神的虔敬全部转化成了媚俗行为。扰攘红尘和与世隔绝的生活一样，都使他心有不甘，透过这种矛盾心理看他的人生，虚假的一面昭然若揭。络绎不绝的朝圣者在给他带来烦恼的同时，也给他带来了尊荣；众星拱月的感觉是如此美好，他无力自拔。”

这个魔鬼化身黔首黎民，无形无影，无从捉摸；唯其没有面孔，所以才能以各种面目出现。但这个黑洞又无时不在吞噬晚年托尔斯泰的人生，《谢尔盖神父》便是最好的见证。在托尔斯泰看来，摆脱魔鬼的办法只有一个：跑到没有一张熟悉面孔的地方去，避开名利织就的泥潭、汇入芸芸众生的洪流。大隐隐于市。只有变身一粒沙子，隐迹于市井众生相堆聚起来的沙漠，才能避开无休无止的纠缠。托尔斯泰的出路远比想象的狭窄，因为在他的认知世界里，普希金所谓的“黔首黎民”概念是不存在的。

“推己及人，彰显善行。”托尔斯泰在1907年2月13日的日记中写道，“对别人的不轨行为，你应该抱有宽容之心，正如你对待自己的错误。世人都会忏悔自己的罪过，一如你有悔过之心。”

那些热衷于书信往还、不时奔走于雅斯纳雅·波良纳檐前屋后的人可不这么想。他们的眼里只有自己，他们把托尔斯泰当成自己的私人财富，理所当然地享受着托尔斯泰的无偿服务；将这些人与自己等量齐观，谁也达不到那样的地步。托尔斯泰在报纸上不止一次发布声明，放弃个人财产和个人著述版权收益，但他收到的信绝大部分还是要钱的。在那些人的眼里，托尔斯泰此举纯属耍手腕，其真正的用意还在借故推脱他们的要求。

第二大类来信内容集中在“劝善”方面：他们苦口婆心地劝导托尔斯泰放弃“邪念”，回归东正教与官方主流立场；或者拿托尔斯泰的著作说事，吹毛求疵、妄加物议，试图经由与作者本人商榷，将“托尔斯泰主义”扳回到“正确的轨道”上来。

只有极少数人为讨论上帝、人生等严肃问题给托尔斯泰写信，或者直投雅斯纳雅·波良纳门下。他对这类信件及访客的评价很简单：“好。”还有一些没有什么实质内容和具体要求，只为谋求一个与伟人交流的机会而一诉心中款曲，甚或只为让托尔斯泰知道世上有他或者她这么一个人——如同果戈理《钦差大臣》中的鲍布钦斯基和陀布钦斯基一样，只有一个简单的要求：希望赫列斯达柯夫在沙皇面前提一提他们的名字——这类来函来宾，托尔斯泰统统归入“好”方阵营。有一封“好”信是这么写的：

“以圣父、圣子、圣灵之名，阿门！我不揣冒昧，祈求仁慈的上帝赐予我些许智慧，让我有勇气给俄罗斯大地上最受尊崇、声名甚至远播海外的巨人写这封信——虽然我才疏位卑，低微如壑中小虫，但我还是想爬到你的脚下，列夫·尼古拉耶维奇。哪怕亲身爬不到，一封信也代表了我的心意。”

这些没有任何不良图谋的信，托尔斯泰一定会亲笔答复。托尔斯泰头痛的是另一类人的来函来访。有那么一类人，不管信仰还是反对托尔斯泰主义，他们都乐于写信或者直接找上门来，在托尔斯泰面前卖弄一番。这些人抱着一己之成见，容不得一星半点的异议，个个都是货真价实的精神强盗。托尔斯泰和他倡导的“不对抗主义”，一旦碰到这种情况，就得经受严峻的考验。

瓦连京·布尔加科夫曾经提到过，托尔斯泰1910年2月期间做了一个怪梦：“梦中的他手里提着从什么地方捡来的半截铁棒，在一个陌生的地方转悠。有一个人走近他的身后，对着周围一大群人窃窃私语：‘看，托尔斯泰来了！这个异教徒，把我们大家都害苦了！’他愤然转向，一棒子就将诽谤他的那个人打死了。这个梦没有持续多久，他就醒过来了。他的嘴唇翕动着，似在嘀咕什么。”

托尔斯泰之所以离开雅斯纳雅·波良纳，绝不仅仅是因为没法忍受家庭矛盾、不是为了追求简单宁静的生活。他厌倦了红尘浮华、世态炎凉，世人对他的拥戴、憎恨结成一道道穿不透的魔障，他日夜困身其中，无一时不感到痛苦、彷徨。他想改变现状，他想遁迹世外、抖落一身的光环，做一个普通的老人。1898年，也就是逃出雅斯纳雅·波良纳十余年前脱稿的《谢尔盖神父》，乍一看构思严谨、无懈可击，许多情节堪称神来之笔；事实上，小说反映的是托尔斯泰未雨绸缪而为自己安排的后路。他装傻充愣、他挖空心思，只为相机做一回现实版的谢尔盖神父。久为盛名所累的他，如果不想以圣人之姿从公众的视线中消失，就得实施令人发指的恶行，就得犯下足以毁灭一生清誉的罪过，亲手撕下披在自己身上的华丽伪装，将自己从神坛上扯下来。

很遗憾，或者值得庆幸的是，托尔斯泰没能步谢尔盖神父之后尘，亦如他不会自杀（《活尸》）、不会瞒天过海将自己装入别人的棺材（《费多尔·库兹米奇老人的临终书简》）一样。他出走的念头一直有，但他并没有先例可循。

多么美好的愿景！“卡萨茨基公爵旅途颠连8个月，由于未带通告证，终于于第9个月被抓进省城的收容院，与一班流浪汉朝夕相处。官府盘查他的证件，追问他的身份，他只说自己是上帝的奴仆，一无所有。他被当成流浪汉处理，发配西伯利亚服役。”

“在西伯利亚，他投身一家富裕户，在那家人开垦的荒地上为自己觅得安身之所。他帮助主人侍弄菜园，得闲还教孩子们念书识字，村里谁有个头痛脑热，他也会上门诊治。”

自甘下流

托尔斯泰一生中曾经有过那么一个阶段，其时他不仅不会动离开雅斯纳雅·波良纳的念头，甚至连短暂的别离都觉得不堪忍受，认为那是对他平静如水的美好生活的践踏。他曾经不辞劳苦，朝圣一般从莫斯科徒步返回雅斯纳雅·波良纳，恰如一路风尘奔赴谢尔盖圣三一大教堂、奥普季纳修道院、基辅佩切尔斯克大教堂朝圣一样。

1847年，过早失去父母的托尔斯泰兄弟分割家产，幼子列夫独得雅斯纳雅·波良纳。继承了这片处处留有最纯洁的人生经历、最美好的童年记忆的热土，时年18岁的列夫·托尔斯泰自感幸福无比，内心的快乐非笔墨所能形容。

“幸福的童年一去不返，但美好的记忆却永远镌刻在我心灵的堤岸，提高我的思想境界、滋养我的精神家园。这些记忆是我幸福人生取之不竭的源泉，我又怎能不倍加爱护、无限珍惜？

“做完教堂晚祷回到家里，你裹着一袭毛毯躺在床上或在房间里游走，你心灵的天空澄澈透亮，欢乐的梦想如片片轻云，游弋在深邃浩渺的苍穹——那云端承载的是什么？虚幻缥缈，无形无迹，但你知道纯洁甜蜜的爱情、丝丝缕缕的幸福全都潜藏在那里。你因缘际会，认识了一个叫卡尔·伊万诺维奇的人，一位被命运的重锤击倒在地、再也爬不起来的单身汉。你可怜他，关爱他，你为他流淌了好多眼泪，善念充斥着你的大脑：上帝，给他幸福吧！上帝，赐予我力量，让我有能力帮助他、减轻他的伤痛；只要他过得好，我愿意牺牲自己的一切……你将钟爱的陶瓷玩具搜集到一起——小兔子、小狗，然后一股脑儿塞进松软的枕头里，想象那些小家伙蜷缩在里面享受那份舒暖安逸的样子。你在心里暗暗祈祷着，渴望上帝赐予天下人幸福怡乐，让这个世界不再有贫穷；你祈祷上帝给你晴朗温和的好天气，让你第二天玩个尽兴。你辗转反侧，回忆、思考和幻想交织在一起，为你编结童年的梦。白日梦还没有做完，你已经进入了真正的梦乡；你的脸上挂着微笑、你的眼角滚动着泪珠。

“童年的清新纯洁、童年的无忧无虑、童年的炽热情感、童年的信仰追求……这些都去了哪里？会不会重新来过？人的一生中，还有比童年更美好的时光吗？除了天真无瑕的欢乐和对爱的渴望之外，别无所求的童年？”

那些从炽热的胸膛里流淌出来的祈祷，去了哪里？那颗善感的心和那双泪水奔涌的眼睛，又去了哪里？曾经有多少回，贴心天使扇动着一对洁白的翅膀翩然降临，微笑着拭去你眼角的泪，在你的周围播撒旖旎瑰丽的幻象。

“难道生活就是让我心灵的田园日渐荒芜，湮没我一度拥有的眼泪和狂欢？难道一切都会变成遥不可及的梦，在我冰冷的记忆深处永远封存？”[①]

这是托尔斯泰自传体小说《童年》第一稿中开篇的几段文字，字里行间浸透的感伤，令人感慨唏嘘。

---

① 以上几段引文为托尔斯泰《童年》的开篇，由本书译者翻译。

这些文字是列夫·托尔斯泰早年人生的生动写真——他走过的每一步，还有他对未来的构想。

写这些文字的时候，托尔斯泰的世界观正经历着一场逆转。往日里无限美好的东西，在他的眼里变成了丑恶的化身。托尔斯泰的人生轨迹，在这里已经初露端倪。

生活就是对幸福的追求。幸福的最高境界，乃是对上帝的信仰，和对人类的大爱。

信仰和爱——这甚至算不上什么美德，这是每个人都必须具备的最基本的精神需求。童年之所以美好，就是因为我们只有这两大需求。纯净的灵魂，总是容易满足。随着年龄渐长，身体需要潜滋暗长、侵蚀并掩盖精神需求。一个人在满足身体需要的路上走得越远，与幸福之间拉开的距离也就越大。肉欲是不幸的根源。

回归幸福之源头，需要禁欲、需要清修、需要付出巨大的努力。我们遍历精神磨砺，原为回到起点，拥抱与生俱来的纯洁。

这就是托尔斯泰人生哲学的基本内核，和他本人毕其一生践行的道德标准。问题在于，无论你追求的目标听起来有多么简单，实践起来却无不艰巨繁难、障碍重重。“人生的使命是寻求欢乐。”托尔斯泰写道，“欢乐在湛蓝的天空，欢乐在初升的太阳，欢乐在夜空中闪烁的繁星，欢乐在荧荧发亮的草木，欢乐在活蹦乱跳的动物，欢乐在熙来攘往的人群。用心观察身边的一切，感受蕴藏在天地万物中的欢乐。如果这些点滴欢乐从你的世界中消失，那就说明你的人生出了问题。找出症结，解决问题。”“一切取决于自己，一切取决于现在。”——农民哲学家瓦西里·基里洛维奇的这句名言，托尔斯泰时常挂在嘴边。可是人生要达到这样的境界，绝非一朝一夕之事。须知托尔斯泰毕其一生，都在向这个目标靠拢。从1847年到诀别人世的那一天，他的日记始终没有脱离这一主题。

这是回归天堂的漫长旅程，即《童年》中描绘的心灵天堂。托尔斯泰首提《童年》创作意图的时间是1851年1月；1852年夏天，这部自传体小说宣告完成。1847年，托尔斯泰在喀山大学附属医院治疗淋病（一种大家心照不宣的性病），期间他开始写日记并形成一种习惯，一直坚持到生命的最后。日记开篇记录的事件就很不光彩，充分暴露了当时的托尔斯泰与童年时代的“精神天堂”距离有多么遥远。身体的不洁还是次要的，灵魂的堕落才是托尔斯泰最大的耻辱：他需要洗心革面，完善自我。他一生孜孜以求的修身目标，《童年》一书中已见端倪。

纵观托尔斯泰一生，“爱”是他永恒的追求；而“信仰”“单纯”等道德规范，从他告别天真无邪的童年、离开雅斯纳雅·波良纳那一刻，就被抛诸脑后。“我生而受洗，东正教家庭环境又给了我信仰。”19世纪70年代末，托尔斯泰在其另一部自传性质的《忏悔录》中写道，“从蹒跚学步的幼儿时代起，圣教教义的灌输贯穿我的整个成长过程。迨至18岁那年从喀山大学辍学时，我却未能坚守信仰，家人为我辛苦构筑的信念大厦，似乎一夜间訇然倒塌、痕迹难觅。

“我一门心思想当个好人，可我当时太年轻了。欲望充斥我的大脑，我过的又是无拘无束的单身生活。每次当我想真诚表达自己的心声，说出自己对做一位道德完人的渴望时，得到的都是无情的嘲讽；与之形成鲜明对照的是，我的斑斑劣迹，换来的却是赞许和鼓励。功利欲、权欲、自私自利行为、情欲、傲慢、暴虐、报复心理，大家看重的就是这些东西。与这些人沆瀣一气，久则堕落而不自知。”

托尔斯泰发布这些感言的时候，思想观念正经历着一场逆转：他原先奉若圭臬的东西，现在看起来全是糟粕；而他原本视如敝屣的一切，事实上最足珍惜。

事实上，托尔斯泰的青年时代并非如他宣称的那样，过的是天马行空、无所羁绊的生活。他有三位杰出的长兄：尼古拉、谢尔盖和德米特里，均毕业于他曾经就读过的喀山大学；还有文静可爱的妹妹玛丽亚；2位姑母：佩拉吉娅·伊里尼奇娜·尤什科娃、塔季亚娜·亚历山德罗芙娜·耶戈尔斯卡娅，后者一度担当雅斯纳雅·波良纳的女主人，监护托尔斯泰一家未成年的孩子：德米特里、玛莎、列夫；年龄稍长而生活在喀山的兄长，概由佩拉吉娅·伊里尼奇娜·尤什科娃照料[①]。

与其说列夫·托尔斯泰青年时期形单影只，不如说他自我约束；不过他并没有因此放弃理想和追求，不想自甘堕落，与周围的人沆瀣一气。在他放浪形骸的表象下，掩盖着一颗童真的心。《童年》一书为他带来不朽声名，奠定他在文坛的地位，这绝不是偶然的。

《童年》创作期间撰写的日记，字里行间渗透着托尔斯泰的颓唐和迷惘，与他笔下天堂一般的童年生活形成鲜明的对照。不明情况的读者可能会产生这样的印

---

① 列夫·托尔斯泰一岁半丧母、九岁丧父。——译者注

象：作者一定是位善造靡靡之音的颓废主义者，而不是意气勃发、准备自愿参军开拔高加索山区参加对车臣叛乱分子作战行动的青年才俊。

1851年3月7日："精力不足。"

3月9日："精力不足。"

3月13—14日："自毁自弃……暴饮暴食……懒惰……欺骗自己……撒谎……"

3月16日："懒惰……怯懦……注意力分散……优柔寡断……"

4月3日："虚荣心泛滥……欺骗自己……虚弱……萎靡不振……不整洁……"

如果仅凭这些片言只字断定托尔斯泰精神状态不佳，那就大错特错了。点滴记录自己的过失，这充分说明托尔斯泰勤谨务实、一丝不苟。从起意写日记那一刻起，托尔斯泰就将规范个人行为、提高道德修养当作每日要务，自警自省，孜孜一生，维·费·斯涅基烈夫教授对此有过生动具体的描述："观察列夫·托尔斯泰的行为，扭头躬腰、举手投足——每一个细微的动作都中规中矩，体现着主人的思想用意和态度。"

托尔斯泰将自己有意识的修身与体育活动等量齐观："是的，'锻炼'你的精神，发现自己承受巨大负荷、抗御外界诱惑的能力日见增强，恰如运动员看到自己托举的重量日渐增加，白白的肌肉（肱二头肌）越来越结实、浮凸。"（摘自托尔斯泰1906年11月9日的日记）

从入主雅斯纳雅·波良纳到逃奔（是逃奔，这个词没有用错！）高加索，托尔斯泰的生活跟其他年轻富有的单身贵族并无二致。美酒、茨冈姑娘、妓女，就是他们打发光阴的方式（站在客观的立场上说话）。

"我把握不住自己，给一位站在不远处、看上去相当漂亮的粉红女郎打了一个暗号，然后推开了身后的门。她跟了进来。我看不清她的样子，肮脏、耻辱、悔恨在我的心头奔涌。为了她这么一个女人，我背叛了原则。"

这个原则指的是什么？他在日记中有明确的界定："依据东正教义，亵玩女人是罪恶的。"（1950年12月24日）

那些热衷于从托尔斯泰的日记中嗅探腐化堕落气息的人，也许并不完全了解他那个时代贵族生活的本来面目。幸有托尔斯泰及他的杰作《战争与和平》《安娜·卡列尼娜》，还有经过审查过滤的相关电影作品，我们才得窥当时社会风尚之一斑。康丝坦丁·列文是外省地主的典型；而混迹市井的堕落贵族，当以八面玲珑的斯捷潘·奥布朗斯基为代表。托尔斯泰接触到的贵族当然不止这两种类型，但他无意上下其手、在这类人身上耗费笔墨。譬如，他对自己的堂兄兼妹夫瓦列里昂·彼得罗维奇·托尔斯泰所知甚深，但并没有以之为原型塑造任何人物。1924年，列夫·托尔斯泰的表妹塔季亚娜·库兹明斯卡娅在写给文学评论家马·阿·察甫洛夫斯基的信中，对此人有这么一段描述："她（指玛丽亚·尼古拉耶芙娜）的丈夫不可理喻。背叛婚姻对他来说简直就是家常便饭。跟奶妈、跟清洁女工、跟很多不三不四的人他都有一腿。帕克罗夫在他家庄园的阁楼里，就曾发现过一二具婴儿的遗骸。"

托尔斯泰早年日记中不乏风流韵事的记载，道德沦丧、肉体不洁诸端不轨行为，散见各处。不过他之所以能够将自己的行径记录在案，是因为他守真向善，有《童年》映射出来的那颗纯洁的心。他的日记字里行间透露出来的思想感情，与不止不歇为救赎自己罪孽深重的灵魂而祈祷的那一类人有所不同。他是一条屡屡犯错的狗，但他知道忏悔，在损害主人利益的同时，违背了神性原则。

1851年3月7日："早上起不了床，辗转反侧，想出各种理由欺骗自己。有些事等着处理，我却只顾读小说；给自己找托词：我得喝咖啡，觉得只要手里端一只咖啡杯，就不用再操心别的事了。"

1851年7月3日："……玩牌输掉自带的200卢布，尼科林卡的150卢布，又借了500卢布，总共850卢布。从今往后要自省自律，严格要求自己。骑马去了一趟契尔乌林，喝得酩酊大醉，还跟女人睡了；秽污不堪，我内心痛悔不已……昨晚故态复萌，好在她没有答应。无耻。"

1851年8月26日："一大早就起来写小说；学鞑靼人练骑术；女人。"

在高加索老尤尔特村生活期间，"天堂"般的圣洁也会频频光顾托尔斯泰，但每次都是昙花一现：

"昨晚几乎一夜未睡，写日记，祈求上帝宽恕我的罪愆。祈祷时我体验到的那种安详和甜蜜，语言无法形容。我面对天界诸神，念诵着自编的祈祷文：天父，三位一体的神，慈悲的守护圣母，庇佑世人的天使……念完祷告辞，我还虔诚地祈祷了好久。我的祈祷不带任何功利目的，我渴求的是高尚的、美好的东西。虽然我知道自己的愿望是什么，可我表达不清楚。我想跟无所不至的神融为一体。我祈求上帝宽恕我的罪恶，但我又意识到不能贪求过多；既然上帝已经赐予我这幸福的瞬间，那说明我已经得到了恩庇。心有万念，口拙难言，我一直在祈求，但我又提不出任何明确具体的要求。我的心里充溢着对上帝的感念之情，祈祷、感恩，汇聚成一种无边浩大而又不可捉摸的感觉，既非苍白的文字，亦非狭隘的思想。恐惧感完全消失了。我的信仰、我的希望、我的爱，化为一个水乳交融的整体，分不清、辨不明。这就是我昨晚体验到的感觉——风烟俱净，只有上帝一念在心。感怀美好与崇高、荡涤邪欲与恶浊，天界的神光照亮我卑微的灵魂……

“早晨我的感觉相当好，”托尔斯泰日记的行文格调渐转低沉，“偶尔懒散一阵子，说了些小不诚实的话，不算大问题。”可这样的日子没有延续多久。没过几天，他便如此袒露心迹：“骑马去了一趟契尔乌林，喝得酩酊大醉，还跟女人睡了；秽污不堪，我内心痛悔不已……”

“永恒的幸福，在这里是追求不到的，苦难不容回避。”他深自悲观地下了结论，“为什么会这样？我找不到答案。”

伯爵远行

1847年4月11日刚完成遗产分割，列夫·托尔斯泰第二天就迫不及待地向喀山大学递交了退学申请，并于5月1日返回划归他名下的雅斯纳雅·波良纳。现在，这里不仅是生他养他的故园、他的私人财产，更是他的天道乐土：每遇心结难解或无法抵御外界诱惑的时候，他都会回到那里，纾解重重压力。告别大学校园、逃离军营、避开上流社会及文学圈，甚至可以弃移居莫斯科的大家庭于不顾。那份急不可耐的心情，跟少不更事的孩子没什么两样。

致：

喀山皇家大学

校长大人、五品功勋文官

伊万·米哈伊诺维奇·西蒙诺夫

自：

法律系二年级自费生

列夫·尼古拉耶维奇·托尔斯泰伯爵

申　请

迫于身体欠佳及家事烦冗等情，我无法继续学业，恳请大人准许消除我的学籍并退回个人一应手续。

手印（学生列夫·托尔斯泰伯爵撤留）

1847年4月12日

退学前夕，列夫·托尔斯泰曾因在历史课上逃学，受到关禁闭的处分。自那以后，作为一门学科的历史在他的心目中地位大降，变成了宵小之徒竞相表演的舞台，沐猴而冠、满纸荒唐。跟同窗加难友纳扎尔耶夫共处幽室的那阵子，托尔斯泰揪住历史，大放厥词：

“历史就是一部添油加醋的童话，数字、姓名、事件无非是点缀。伊戈尔死了，毒蛇咬了奥列加——这算啥？这不正是活生生的童话吗？约安1563年8月21日娶了台鲁克的女儿，这是他的第二次婚姻；时隔不久，1572年他又娶了一个老婆：安娜·阿列克谢耶芙娜·科尔托夫斯卡娅，不过这是他第四回娶老婆了……记一大堆乱七八糟的东西，有什么意思？我哪里出一点纰漏，0分马上就来了！”

这段出自纳扎尔耶夫回忆录、后经托尔斯泰传记作家比留科夫证实的说辞，真实性不容置疑：时间、地点均有据可考。此番经历在托尔斯泰的心里留下了厚重的阴影；自那以后，一旦触及限制人身自由的处罚一类的话题，托尔斯泰就会失去理智、暴跳如雷。

一场24小时的禁闭，托尔斯泰将大学教授的各类科学分支骂了个遍：

“大学给了我们什么？仔细回想一下，凭良心说话！我们在这座所谓的圣殿里参修多年，最后还不是打道回府，过原来的生活？我们学到的那些东西派得上用场吗？能帮上哪怕一个人的忙吗？”

1847年春天是托尔斯泰人生的一个转折点。他开始用日记的形式，点滴记录自己的人生；他离开大学，做了雅斯纳雅·波良纳的主人。最重要的是：他导演了一生之中的第一次出走。始于出走，终于出走，这就是他为自己设计的人生。

“列夫·尼古拉耶维奇急着离开喀山大学，连长兄谢尔盖和德米特里的毕业考试都等不到结束。”俄罗斯法学史家尼·巴·扎戈斯金在自己的回忆录中写道，“返回雅斯纳雅·波良纳中途，托尔斯泰曾在莫斯科老宅滞留数日。那时候交通不便，加上路途遥远，有同窗好友数人一直护送他到莫斯科。作别之日，大家聚集一处，饮酒作歌、互道珍重；在自己家举宴方罢，又挪到佩唐德家的楔房里。这一群朋友从潮水如涌的喀山渡口一路追随列夫·尼古拉耶维奇，这里是他们握手吻别的最后一站。”

这一幕读来似曾相识……

对，这正是托尔斯泰的小说《哥萨克》开篇描写的一幕！

“舍瓦列庄园一扇遮得严严实实的窗户后面，有人违规掌起了火烛。大门口，四轮马车、雪橇、出租马车挨挨挤挤停在一处，旁边还摆着一辆三驾邮车。看门人裹紧身子蜷缩在墙角，仿佛有意闪避访客……

“‘德米特里·安德里奇，驿站马车夫等不及了。’一位身穿皮大衣、肩扎大围巾的贵族青年走进大门，高声大嗓地说，‘12点马车就套好了，现在都4点了。’

“德米特里·安德里奇上上下下打量着瓦纽沙。扎缚停当的围巾、皱皱巴巴的皮靴、睡意蒙眬的眼睛，处处透露着另一种生活的气息——勤劳俭朴，一种既陌生又令人向往的生活。

“‘好吧，再见！’他摸索着身上松开的扣子，心不在焉地应承道。

“有人提醒他给驿站马车夫再斟一杯酒，可他没有理会，只顾戴上帽子，径直跨到屋间的中央。他们热烈拥吻，又四目相对，如是反复三回之后，那位穿着毛皮半大衣的青年才退到一边，端起桌上的一杯酒，一饮而尽……”

德米特里·奥列宁跑到高加索，很快就陷入金钱纠纷及男女关系丑闻，难以自拔。列·尼·托尔斯泰的情形与此类似：他奔赴高加索，退学后返回雅斯纳雅·波良纳，初衷还是过一种“勤劳俭朴”的道德人生。掩藏在这一系列人生轨迹后面的动因，就是寻找“人间天堂”，雅斯纳雅·波良纳、没有被现代文明污染过的高加索，就是他的净土乐园。此前，他曾经动过卜居西伯利亚的念头。他好几篇小说的主人公诸如谢尔盖神父、费多尔·库兹米奇、《伪券》中的斯捷潘·佩拉吉尤什金等，最后都去了那里，这绝非空穴来风。

托尔斯泰的人生，就这样拉开了序幕。躺在诊所里疗治难以启齿在性病……养成写日记的习惯，见证这个世界上有史以来修身立德的典范……因逃课而坐禁闭……退学……带着喜悦的心情，挑起贵族地主的担子……

最后是企图一逃而永逸的出走。

显而易见，托尔斯泰追求的人生境界，与其说是自由，不如说是放纵。

只要外界不施加压力，这类人乐挑天下最重的担子；一旦外界刺激超越了个人意志与力量能够承担的极限，逃跑是他们唯一的选择。

1847年，托尔斯泰数则开篇日记中反复提到："我能不能跳出环境设定的牢笼？在我看来，没有非凡的成就，这一点就无从谈起；因为不依赖环境的人，精神需求必定凌驾于物欲之上。唯其如此，人生的目标才能达成。"

当托尔斯泰的首席传记作者巴·伊·比留科夫问及作家，他对生活的最初印象是什么的时候，他做出了这样的回答：

"我最早的记忆是……我被绑在什么东西上面；我想腾出自己的双手，可又无能为力；我大哭大闹、大叫大嚷，连我自己都觉得自己的声音不堪忍受，只是停不下来。我知道有人当时站在我旁边，还俯着身子看我，同在想不起到底是谁了。这一切都发生在半明半暗中。对，站在我旁边的是两个人。被我的叫声惊扰，他们俩都很紧张，可就是没有动手解开拴我的绳索，所以我越闹越凶——在他们看来，拴我是理所当然的事；可我清楚地知道，他们不应该绑我。我拼尽全力嘶喊着，虽然我不想叫得那么难听，可我控制不了自己。我的痛苦跟大家对我的态度无关，我知道他们怜惜我，从来没想过不公正地待我、摧残我；我恨的是命运，我为自己可怜的际遇大放悲声。"

托尔斯泰声称，他儿时印象最深的第二件事是："拜访某位同母异父的哥哥，骠骑兵沃尔康斯基公爵。他一面跟大人聊天，一面将我抱到膝头爱抚。我挣扎着往下爬，可他一直不松手。忽然成了他的俘虏，我感到人身自由受到了限制，反抗两分多钟之后，我突然崩溃了，拳打脚踢，歇斯底里地大哭起来。"

还有一桩轶事：法语家庭教师圣托玛斯将小列夫锁在小屋里，拿根桦树条咋咋呼呼地打他："我又窘又恼，由恨托玛斯到恨他企图强加到我身上的暴力，心气难平。我一生反对任何形式的暴力，也许与这次经历有关。"

列夫·托尔斯泰父母早亡（一岁半丧母、不到九岁父亲又猝死），姑母对他的影响很大。从父亲离世的那一天起，失去庇荫的托尔斯泰一家的监护人的角色，即由塔季亚娜·亚历山德罗芙娜扮演。

说起这位姑母，不由得想起了她的丈夫，嫉妒心强得不可理喻的奥斯腾—萨肯伯爵。老伯爵有一次醋意大发，无缘无故地认为"他的宿敌打上门来，为了从他身边夺走他的爱妻[1]，团团围住他不放。他命悬一线，唯一的出路就是尽快逃出这些强贼的包抄，远走他乡。那时候正值炎炎夏日，有天一大早，伯爵起床后就向妻子宣布：赶紧走，不然命都没了；他这就吩咐马夫准备马车，妻子赶紧收拾一下行李。车马当时还真准备好了，老伯爵说风就是雨，将姑母赶到车上，一迭声催促车夫快走，走得越远越好。半路上，他从一只盒子里取出两把手枪，上好扳机后给姑母一把，自己留了一把，声言敌人一旦发觉他们已经出逃，一定会追上来，到时候免不了一场你死我活的厮杀……事有凑巧，就在狼狈逃窜的一行人从狭窄的村路拐上大道的当儿，一驾马车堪堪出现在他们眼前。伯爵大叫一声'完了'，当下命令伯爵夫人吞弹自杀；还怕事情处理不利索，自个儿掏枪瞄准夫人的胸膛，近距离开了一枪。也许被自己的行为吓愣了，也有可能是看清楚吓他的那辆车沿着与他们相反的方向走远了，伯爵停止施暴，将血迹斑斑的夫人抱下车，放到马路边上，自顾一颠一蹶地跑了。也是姑母命不当绝，很快就有几个农民闻声赶了过来，把她抬到当地牧师的家里。牧师尽其所能包扎好姑母的伤口，然后为她延医就诊。"

事件本身已经够荒唐了，托尔斯泰的描述更加耐人寻味：细节描述如此逼真，恰如全程陪伴丧失理智的伯爵姑父与怀孕的姑母亲历目见一般。

有趣的是，同样的一件事，列夫·托尔斯泰的妹妹玛丽亚·尼古拉耶芙娜的说法却大相径庭。玛丽亚对"出逃"这段情节只字未提，只说伯爵将自己的妻子骗到公园里，近距离开了一枪，看到妻子受伤，被自己的恶行吓醒的伯爵亲自护送妻子到牧师处包扎。

---

① 当时他的'爱妻'正身怀六甲。—作者注

如果“驾车出逃”情节只是小列夫的主观臆测，那么这个孩子的想象力朝哪个方向发展，不难判断。

小列沃奇卡淘气起来，也是别出心裁、不可理喻。他喜欢高高仰起他那颗小脑袋，在地板上退着转圈儿。有次他甚至亲自动手，剃掉了两边的眉毛，弄得一张小脸蛋儿见不了人。

“还有一次，我们乘坐三驾马车从彼罗戈沃赶赴雅斯纳雅·波良纳。”玛丽亚·尼古拉耶芙娜告诉彼留科夫，“车马中途歇息的时候，列沃奇卡溜下车，一个人到处溜达。小憩片刻之后我们要上路，可附近就是找不着他。台架上的车夫坐得高看得远，发现前面有个小背影晃来荡去，寻思小家伙一定是坐不住，想先行一步、边走边等，等马车赶上来再行乘坐。可他想错了。他驱车一路追赶，小列沃奇卡一路逃奔，直到跑出三俄里开外，等小家伙累瘫之后，马车夫才有机会拉他上车。列沃奇卡跑得汗水涔涔，大半天缓不过气来。”

这桩轶事如果不是玛丽亚·尼古拉耶娜讲述在先，并见于比留科夫1906年出版的传记作品第一卷中，读者拿来与托尔斯泰最后一次逃离雅斯纳雅·波良纳对照比较一下，很可能会得出前拉后扯、虚与委蛇的结论。比留科夫还听别人讲起这么一段故事：

“有一次，我们在莫斯科的家里准备共进午餐。当时祖母还活着，家里颇多规矩：譬如用餐时，我们这些后生小辈必须按时就席，静等祖母驾临之后，一家人才能开饭。可这次左等右等不见列沃奇卡的面，我们都觉得匪夷所思。大家就座后，视线看到列夫的位置空着，便问法语教师圣托玛斯，列沃奇卡是不是犯了什么错误正接受处罚不能吃饭。教师面露窘色，声明他没有采取任何留置措施，小少爷可能回房收拾什么东西去了，相信马上就会出现。祖母悬着的心放了下来，大家开始用餐。这当儿护工[①]突然闯了进来，在圣托玛斯的耳朵边上嘀咕了一句什么，这位法语教师一下子跳了起来，心急火燎地跑了出去……

“我们后来了解到的情况是：小列沃奇卡突发奇想，从数俄丈[②]的二楼窗户跳了出来（他现在提出的解释是：他想给家人来个大惊喜）。楼下正对的一间是厨

① 旧俄贵族家庭专司儿童看护工作的个人。——译者注
② 1俄丈=3俄尺（2.134米）。——译者注

房，当时厨子就站在窗户的后面，冷不丁看到列沃奇卡飞身而下，她一时没弄明白发生了什么大事，只顾急急跑出来通报管家。甫出大门，她一眼看到列沃奇卡躺在院子里，人事不省。也是他福大命大，从那么高的地方落下来，居然没伤骨头没伤肉；脑震荡是有一点，但比较轻微，长睡18小时之后，他醒过来了，完好如初……”

妹妹讲述这些陈年往事的时候，列·尼·托尔斯泰从旁补充：其实他根本没想过跳下去，他是往上跳的！他还说“七八岁大的时候，他最大的愿望就是飞到天上走一遭。他觉得这个愿望不难实现，只要蹲在地上抱紧双膝，有风没风都能上天，并且膝盖抱得越紧，越有希望一飞冲天。”

关于托尔斯泰无法忍受任何形式的外来暴力、崇尚个性自由和追求独立自主的性格特点，事迹累累、史不绝书。童年时代的“乖张任性”，又有多少保留了下来，一直延续到他生命的尽头？车马未动，自身先行，这是第一个特点。雅斯纳雅·波良纳“出逃”之夜，这一特点显露无遗；托尔斯泰与马科维茨基等人告别奥普季纳修道院的时候，他也是先走了一步。

托尔斯泰坚持每天徒步或者骑马出行，流连林间小径，迷路的事也偶有发生。这是离家出走情结的重复演练，源自灵魂深处，构成他的第二个特质。在人生最后一段岁月，他行踪无定，散步时选择的路线，陪护他的人屡屡感到莫名其妙。大家开始为他的安全担心，不敢放任他孤身出游。秘书布尔加科夫、音乐家戈登维塞尔、私人医生马科维茨基均注意到这个问题，并做过记录。可以这么说，出走、迷失是托尔斯泰的一大癖好，与别人迷恋女性、嗜赌、酗酒一样，他无法抗拒那种诱惑。

托尔斯泰的这一“怪癖”意味着什么？独自祈祷，向上帝吐露只有他一个人清楚的心声；频频外出散步，避开纷至沓来的访客，在大自然的怀抱中安享那份夕阳晚景。如果布尔加科夫、戈登维塞尔、马科维茨基等人守护在侧，他会专拣荒草湮没、迷离陡峻的小径走，蓄意为大家制造麻烦和恐慌，并且乐此不疲。

“我跟亲爱的布尔加科夫骑着马逛了一回森林，特别愉快，还差一点迷路了。”有一天吃饭的时候，他兴高采烈地向大家宣布。

在离家出走的前一天，10月27日，他跟马科维茨基打马出游，最后钻进一道深沟里，半天摸不出来。

医生最担心的，就是托尔斯泰跟往常一样，骑在马背上在谷底乱闯。他请求老伯爵下马徒步行走，以策安全。

“……这一回他很听话，真是奇迹。沟壑很深很陡，我本想分开牵两匹马出去，可又担心我离开后，他会赤膊上阵亲自牵他留下的一匹（托尔斯泰不喜欢别人伺候他），所以一把挽住了两根缰绳……我小心翼翼地溜到谷底，准备奋力一跳，牵马过溪。此时托尔斯泰突然大叫起来：他怕马踩着我。我跳得很利索，到对岸后等了他好久。我看到他卷起长衫的下摆别进腰间，尔后攀着小树、灌木的枝梢，一步一步地往下挪。如此艰难地抵近溪岸后，他趴下身子，从冰面上爬了过来，然后揪住悬垂的枝丫，缓缓爬上陡坡。他很累，上岸后打坐良久，不停地喘着粗气。我转过脸看着别处，让他身心放松休息一阵子。我想帮助他，又怕他局促不安……”

医生知道，以当时的情形，他如果对这位伟大的老人假以援手是不明智的，那只会使他感到羞耻和气恼。这跟一大早钻进他的书房里，就他的工作指手画脚一样。目睹世不二出的天才作家在沟坎上攀爬的情形，马科维茨基想到的，也许就是两个月前托尔斯泰在饭桌旁说过的话：

“我仔细观察过蚂蚁的生活。这些小家伙在树干上爬上爬下，我就不明白，它们到底在寻找什么？我发现，向上爬的蚂蚁肚腹都比较小，看上去很正常；而向下爬的蚂蚁都大腹便便，重量增加了不少。显而易见，它们在树上大有收获，肚子都填满了。它们在遍布树皮的苔藓间穿梭，在或深或浅的皲裂中疾驰，从来都没有迷失过方向……看那些树、看那些蚂蚁，我越老越对造物的神奇体会深刻。与这一切比起来，飞机又算得了什么！粗劣的玩具罢了！”

在老年托尔斯泰的大量照片中，我们捕捉不到他的动态。那个时代拍照是件很严肃的事，人物要正襟危坐，眼睛都不能眨，如是僵持数秒钟后，摄影师才会发信号捕捉镜头。所幸，当时拍摄的新闻纪录片向我们展示了一位活生生的托尔斯泰。他独自一人踝躞在“通衢”之上；他漫步在自家庄园的白桦林间，而林间小道的尽头，便是通往远方的公路。这是一位一生都在路上的步行者的身影，弯曲的双腿诉说着跋涉的艰难，蹒跚的脚步显露出年老的疲弱。老人的走姿与布袋偶有得一拼：两条腿向外甩得很开，仿佛与身体是相互分离的两部分。

须知这就是步行者的标准走姿。滑稽、疲惫、脚步踉跄，活像失去自控能力的醉汉。事实上，这样的走法最大限度地利用了双腿的运动惯性，走长路省时省力。

托尔斯泰短篇小说《一个人需要多少土地》的主人公——农民帕霍姆——由于高估了自己走路的能力，最后命丧黄泉。巴什基尔人给这位视土地如生命一般的老农提了一条建议，日落之前他能走多远，就能占有多大一块地盘。他走完一程又一程，总觉得前面的土地才是最好的。在贪婪心理的驱使下，他一直走到吐血而亡。这篇小说的道德寓意是：贪婪是横在每个人心口的一把刀，随时都有可能要了一个人的命。良田万顷不知足，终落得塚中枯骨居数尺，人没有必要贪得无厌。在农民的眼里，绕着自家的土地走一圈，跟田间劳动比起来简直不值一哂。这则故事，就是对这种观点的绝妙讽刺。托尔斯泰数十年如一日在自家的领地——雅斯纳雅·波良纳的边缘游走，深谙“看山跑死马、老路走丢人”的道理。

托尔斯泰还清楚地知道，长路跑不得（帕霍姆出于私心，在见巴什基尔人之前先到处跑了一遭，挑选最好的地段）。然而他在自己的小说作品中塑造的人物，总是穷其一生、颠沛流离。

漂泊者

奥列宁跑到了高加索，而《一个地方的早晨》中的聂赫留朵夫选择了离开大学，返回家乡；《两个骠骑兵》中的图尔宾伯爵行踪无定，忽而出现在省城“科市”，忽而又不见了；短篇小说《暴风雪》的主人公迷失在大草原中；包尔康斯基公爵投笔从戎，娜塔莎·罗斯托娃与阿拉托利·库拉金私奔，彼尔·别祖霍夫在硝烟弥漫的战场上、在一把火烧成废墟的莫斯科里游荡，这都是《战争与和平》中耳熟能详的情节；安娜·卡列尼娜抛夫弃子，最后落得客死异乡的下场，无路可走的沃伦斯基亦不得不投身塞尔维亚战场；《复活》的主人公，另一个聂赫留朵夫为探寻卡莎·玛丝洛娃的下落，孤身远走大草原；为了逃避荣誉的光环，谢尔盖神父远走他乡；而沙皇亚历山大抛却皇家威仪，扮成普通老人隐迹西伯利亚；《伪券》劣迹昭彰的主人公，也将西伯利亚当成了自己的藏身之所；《两个老头》中的那两位老人，选择在垂暮之年，徒步前往耶路撒冷朝圣；中篇小说《主人与仆人》中，商人瓦西里和他的仆从尼基塔，俱各迷失在茫茫荒原中；《狂人日记》的主人公外出打猎时走失，真切体验到死亡的威胁；哈吉·穆拉特突出重重包围，力竭身死。这一串名单，仅仅是托尔斯泰塑造的“出走人物”长卷的局部。

还有“出走”的极端形式——自杀。《记分员日记》中的聂赫留朵夫（托尔斯泰塑的第三位同名人物）、《活尸》中的费佳·普罗塔索夫、《魔鬼》中的叶甫根尼，都选择了这样的归宿；安娜·卡列尼娜卧轨自杀，而列文·康斯坦丁在鲜花铺地、人生步入佳境的那一刻，脑子里闪过自杀的念头。

托尔斯泰笔下选择出走的各色人等，只在一部作品中有美好的结局，那就是儿童读物《高加索的俘虏》，其余则多是旧愁未去、又添新愁，甚至自杀未见得克功奏效，解决当事人的问题。《记分员日记》中的聂赫留朵夫，在结束生命的那一刹那顿然醒悟过来：死亡只是无谓牺牲个人生命，于事无补。

“我以前认为，死亡能提升我的思想境界。我错了。不消一刻钟工夫，我将从这个世界消失，可我的观点认识并没有改变分毫。我看到的，一如既往；我听到的，一如既往；我想到的，也一如既往，一样的混沌、一样的矛盾、一样的轻浮，完整、明澈、理性化的精神追求变成一抹幻象，被肢解得支离破碎。希望如此容易破灭，为什么每个人还要孜孜以求？这个问题，只有上帝知道答案。想到明天我就会躺在冰冷的棺材里，外面的世界将从此与我无关；而我就这么狠心离去，我的姑妈日季谢娃又情何以堪……绵绵思绪，激荡着我的灵魂。”

《波利库什卡》的主人公因丢失主人财物，畏罪自杀，不过这不是小说主线。主人公死后，围绕那笔迷失的钱款，故事情节进一步展开。普罗塔索夫之死，并没有从根本上解决他的未亡人及其继任丈夫的问题。丧心背德、一女事二夫的恶行，至此昭然若揭；不过这与普罗塔索夫的死没有任何关系，也不会招致官府的调查。既如此说，普罗塔索夫的自杀又怎能为他不忠的妻子清除障碍，使她免于颜面扫地甚至流放西伯利亚？

如果死亡都不能解决生活的问题，那么颠来跑去还有什么意义？当世界不再是天堂，没有人能逃脱“混沌、矛盾、轻浮”的藩篱，迷茫、失落也就成了生命的归宿。每个人都是“漂泊者”，宛如风中飘摇的一株枯草，等待落地生根的那一天。

托尔斯泰“生根发芽”的地方不在别处，正在雅斯纳雅·波良纳。难怪他第一次出走选择的栖身之处，就是那里。不过他热情有余，经验不足，入主庄园之后左右支绌，事情并没有朝他设想的方向发展。《一个地方的早晨》，就是对他当时境遇的最佳诠释。托尔斯泰崇尚自由，不具备管理农奴的铁腕；而在1861年农奴制改革之前，要在铁板一块的俄罗斯建立农奴的天堂，这无异于痴人说梦。

托尔斯泰在自家庄园里实施的一系列改良，最后均以失败收场。唯一看得见实效的，就是他苦心经营的花园和林地。他是一位勤奋的地主，无论养蜂、养猪、酿造葡萄酒，还是饲喂马匹，他事必躬亲，无所不至，干起来每每带着几分诗人的狂热。经营一份产业，需要的是精打细算，需要的是人力资源的合理配置，热情在这里派不上用场。

托尔斯泰1847年5月从喀山回到雅斯纳雅·波良纳，次年秋天就熬不下去了，跑到莫斯科过起了“游手好闲的生活，没有职业，没有目标，整日无所事事”。1849年2月，在“强烈的求知欲”驱使下，他又跑到了彼得堡。在他的面前摆着两条路：入军籍，或者从政。最后“求知欲”战胜了虚荣心，他参加了彼得堡大学刑法与诉讼程序两门课的考试，为谋得一官半职打点基础。然而“春天的气息越来越浓，耐不得乡村生活诱惑的我，又回到了自家的庄园”。

就这样，托尔斯泰在自己的庄院里蹉跎了三年时光：忽而想去外交部谋个差事；忽而又想跻身近卫骑兵团，奔赴俄匈战争前线；春天一到，美不胜收的乡村风景又向他发出召唤，总让他觉得春光不可辜负；有一段时间，他还打过承租邮局的主意……

这段时间，在喀山读书期间养成的写日记的习惯，也被他抛诸脑后。好在他与大哥谢尔盖之间书信往还甚为频繁，这些信件为我们理解他的当时的精神状态提供了有益的借鉴。

1849年2月13日：“我在彼得堡给你写信，我准备长期留在这里，哪儿也不去了……我知道，在你的心目中我永远不会改变。‘信誓旦旦没一点用处。你都说过不下20遍了，还不是老样子。’‘不争气的小子。’——这就是你对我的真实看法。不，我真的变了，跟以前不一样了。以前我会对自己说：‘改变自己！’现在我已经明显地看到了自己的变化，语气也转化成了另外一种：‘我变了。’”

5月1日：“谢辽沙[①]！我想，你给我下的定义，还是‘不争气的小子’。你说对了。我都做了些什么呀，只有天知道！我挥霍了不少钱，还欠了外债。愚蠢！不可饶恕的愚蠢！”

---

① 谢辽沙，谢尔盖的昵称。——译者注

5月11日："上封信中我信口雌黄，说了许多蠢话，其中有一条就是参加近卫骑兵团；在此澄清一下，只有考试不通过且前方战事吃紧的情况下，我才会参军。"

那年春天，托尔斯泰"身无分文，背着一身的债务"，还带着一位喝得醉醺醺的德籍音乐家鲁道夫回到雅斯纳雅·波良纳。这段时间他迷上了音乐，甚至写了一篇与音乐有关的文章：《音乐基本原理与学习法则》，不过没有结篇。注意这个标题中的关键词：基本、法则。

在1851年4月偕同兄长尼古拉奔赴高加索之前，托尔斯泰辗转莫斯科、雅斯纳雅·波良纳两地，过着痛苦的双重生活。在雅斯纳雅，他的日程是这样安排的：散步、做操、听音乐、学习英语、读歌德、构思《童年》；莫斯科的生活就没有这么阳光了：打牌、交会茨冈人、结识女人、借钱、还是借钱……托尔斯泰一家的翼护天使，专心事神、一生未嫁，列夫·托尔斯泰的父亲一度衷情过的塔季亚娜·亚历山德罗芙娜·耶戈尔斯卡娅，虽然拒绝了父亲的求婚，但对他的子女呵护有加。一到晚上，托尔斯泰常去她家，喝茶，聊先祖，聊过去的美好时光。莫斯科的生活，"形同禽兽"——这是他按照自己的某些"原则"下的定义。

1850年12月24日："原则。不到情非得已的地步，不打牌。——尽量少谈论自己。大声说话，吐字清晰。——原则。每天锻炼身体。——奉行教义，不玩弄女性。"

1851年1月17日："原则……（1）碰到牌局，玩钱的情况下加入；（2）接触上流社会，光明正大地求偶、结婚；（3）谋求合适的职位。"

托尔斯泰的事业梦，以图拉省府录事的职位告结。依据彼得罗夫"职官表"，这是区区14品职位，属于最下等文官。这个官职另有一个芳名："不打脸"，非贵族出身的平民一旦"高就"此位，就能取得"世袭公民"的身份，从此远离皮肉之刑。"做一个普通办公室文员，而不是肩披绶带胸佩勋章的将军，实在是耻辱……"果戈理《死魂灵》中的话，道出了托尔斯泰的隐衷。

年少轻狂的托尔斯泰，虚荣心极度膨胀。他在《忏悔录》中将"虚荣"列为自己青年时代性格污点的第一位，不无原因。那他的虚荣心表现在哪里？谋求一官半职？参加俄匈战争？至少，他奔赴高加索的行为不在其列。

在第比利斯驻扎期间，托尔斯泰给塔·亚·耶戈尔斯卡娅写过一封信，声称他的高加索之旅是"大脑的一时冲动"。他的冲动到底有多厉害，这可以从他差一点跟未来妹夫瓦列里昂·托尔斯泰一起开拔西伯利亚这件事上看得出来。当时他只穿着一件工装上衣，已经跳上了四轮马车，仅仅因为没戴帽子，最终才未能成行（帽子！半个世纪之后，当托尔斯泰完成他一生中最后一次出逃的时候，也丢了帽子，并返回家里换戴了一顶新的。丢帽子是一个坏兆头，不信奉宗教的托尔斯泰，迷信方面还是很讲究的）。

耐人寻味的是，列夫·托尔斯泰的高加索之行，也跟野性难驯的妹夫、其时已与玛丽亚·尼古拉耶芙娜缔结婚姻的瓦列里昂·托尔斯泰有关。1851年新年，阔别4年之久的尼科林卡[①]和列夫两兄弟齐聚帕克罗夫，在瓦列里昂的庄园里共度佳节。倍受双重生活的煎熬、债台高筑、不擅经营、仕途迷茫，这位托尔斯泰家三兄弟中最小的一个自感走投无路，只想跟着兄长散散心，到处走一走。另外，大幻想家尼科林卡还挖空心思，设计了一条惊心动魄的行进路线：先乘车到萨拉托夫，再换乘轮船前往阿斯特拉罕。事实证明，列夫·托尔斯泰确实不虚此行。在喀山，他与一位名叫齐奈达·莫洛斯特沃娃的姑娘一见钟情；滞留西兹拉尼期间，他为这位姑娘写了一首内容轻佻的情诗："西兹拉尼的征尘，抚不平我心头的伤痕……"5月30日，托尔斯泰一行抵达斯塔罗格拉德科夫斯克镇。他在那里的日记表明，他的情绪发生了逆转："我怎么会在这里？我为什么来这里？真是不可理喻。"

从斯塔罗格拉德科夫斯克出发，托尔斯泰两兄弟来到老尤尔特村。连绵起伏的山峦，三分钟就能煮熟鸡蛋的温泉，用脚搓洗衣料的鞑靼人，激起了他们莫大的兴趣。列夫·托尔斯泰走得匆忙，连必备的个人身份验证资料都没有带。从图拉寄来的包裹，他是四个月后才收到的。之后他去了第比利斯，拜见了爱德华·弗拦基米罗维奇·布里梅尔少将——他麾下的高加索独立军团炮兵部队大本营就设在那里。图拉的资料不全，托尔斯泰不得不迁延时日，直待彼得堡发来补充证明。1952年2月，托尔斯泰正式入役。他在军队里官运依然没能亨通，没有谋到重要的职位；好在他去高加索的目的，原不为飞黄腾达。

虚荣作为个性污点，虽然常遭托尔斯泰本人诟病，但在有些情况下，还是能发挥一些积极作用、拔人于污泥浊水之中的。与莫斯科相较，贵族子弟在高加索的道

---

① 尼科林卡，尼古拉的昵称。——译者注

德人生有军人特有的粗鄙作铺垫，在腐化堕落方面是实有过之而无不及的。赌博还在继续，债务依旧堆积，女人照样勾引——区别只在于，这里你的手脚放得更开、更加肆无忌惮。“一个军官说，他对我的心思了如指掌，知道我在女人面前能要多大。他的寓意很明显：虽然自己的身量不高，照比例自然不是很大，但露两手还不在话下。”（摘自托尔斯泰1851年7月4日的日记）。

高加索兼具壮美与旖旎两方面特征的自然风光，晶莹剔透的空气，以及与大自然一样清澈透明的人际关系，和向世界、向家人彰显个人才华，洗去“不争气的小子”这个不光荣称号的愿望，变成了他创作的动力。在高加索，托尔斯泰脱胎换骨，实现了从迷茫青年到作家的转身，并且是多年不鸣、一鸣惊人式的转身。挟《童年》《青年》之威誉，托尔斯泰一举成功，跻身一流作家行列。

在《忏悔录》一书中，托尔斯泰对自己的写作生涯有客观公允的评说：“我之所以踏上写作之路，完全是受好大喜功、自私自尊等虚荣心的驱使。”每一位严肃的作家不妨扪心自问，谁的处女作又是在崇高的精神感召之下写成的？就算你有多么冠冕堂皇的创作动机，金钱、荣誉的考量还是不能排除。正因为高加索的生活比以前更加丰富多彩，更能激荡托尔斯泰的心灵，所以他的创作并非单纯出于虚荣，灵感在其中发挥了至关重要的作用。更重要的是，托尔斯泰终于找到了自己的乐土，暂时结束心灵的漂泊，得遂“落地生根”之心愿。

第三章

索涅契卡·别尔斯

托尔斯泰跟着米哈伊尔教友，钻进奥普季纳修道院为他准备的客房。“这里太好了！”扫一眼室内设施，他不禁大为叹赏。开有三面窗户的房间相当宽敞，光线从薄如蝉翼的窗帘中晒进来，照亮各个角落，窗台上点缀着几盆无花果；房间的一角，摆放着一尊硕大的救世主彩像，前面是一具老旧的沙发、一张圆桌；神台对过另摆着一张松软的沙发，紧靠沙发背便是一面茶色木质落地屏，将安放有一张舒适大床的卧室与外间隔离开来——这是修道院里最好的一间客舍。托尔斯泰躺下之后，又要了一个小茶几、一根蜡烛：他想临睡前先喝一杯茶。米哈伊尔教友还端来了安东诺夫特产苹果，列·尼·托尔斯泰尝过之后赞不绝口，并顺便问了一句：

“您这里没有蜂蜜吗，米哈伊尔教友？你没披法袍，所以我不揣冒昧用‘教友’称呼您。”

没多久，米哈伊尔端来了蜂蜜。

托尔斯泰的情绪很好，不过他高兴得太早了。奥普季纳之夜虽然少有人打扰，但他睡得并不安稳。马科维茨基知道伯爵有独居的习惯，所以另选了对面一间客舍安歇。

托尔斯泰就寝的那间客房外面，一群猫爬墙的爬墙、跳家具的跳家具，整整折腾了一宿。有个女人大半夜地跑出来，靠在走廊上大放悲声。她的哥哥，一位经营小商铺的修士，当天去世了。这个女人一大早找到托尔斯泰，扑通一声就跪了下来，泣告伯爵照看她的孩子。托尔斯泰承受不了别人的下跪。居家生活中，每遇访客对他下跪，他也会跪倒在地上，用这种方式阻止别人的顶礼膜拜。

一大早7点钟，托尔斯泰就起床出了客房。在走廊上，他与切尔特科夫的秘书阿廖沙·谢尔根科（著名作家彼得·阿列克谢耶维奇·谢尔根科24岁的儿子）不期而遇。他是托尔斯泰阵营中的干将，在伯爵夫妇的明争暗斗以及托尔斯泰晚年一系列秘密活动中，他一直扮演着圈内人的角色。托尔斯泰消失之后，雅斯纳雅·波良纳发生了诸多变故，而向作家本人通告事件原委这项既光荣又尴尬的任务，自然而然落到了他的头上。

托尔斯泰的下落，阿廖沙·谢尔根科如何得知？很简单。还在谢金诺火车站滞留期间，列夫·尼古拉耶维奇就给萨莎拍发了一份电报，内容是："我们可能前往奥普季纳……密切关注我的行踪，亲爱的，并随时告知我出走后家人的反应。情况越明确越好。"

这就是托尔斯泰伯爵和他的小女儿之间玩的一点小把戏。即便不发那份电报……谢金诺车站上下，从站长到售票员，也都知道托尔斯泰、马科维茨基一行旅途的终点是科泽尔斯克。在那个地方下车，除了投奔夏莫尔金修道院的妹妹，托尔斯泰无处可去。这么简单的逻辑，大家都能梳理清楚。另外，去夏莫尔金，奥普季纳是必经之地，托尔斯泰正值壮年时曾三次造访那个地方，更何况他的两位姑母——佩拉吉娅·伊里尼奇娜·尤什科娃和塔季亚娜·亚历山德罗芙娜·耶戈尔卡娅，去世后均埋骨此处。说不定索菲娅·安德烈耶芙娜也对托尔斯泰的去向了如指掌，因为她曾打发专人去了一趟火车站，打探丈夫买的是发往何处的车票。

投湖自杀

父亲走后，萨莎身上裹着一条毛毯，在圈椅里躺了很久。她不停地哆嗦着，仿佛罹患疟疾的病人。她一分一秒地估算着时间，因为她知道，谢金诺的火车上午8点才开。8点一到，她就在房间里踱起步来。她见到的第一个人是老仆人伊里亚·瓦西里耶维奇，他已经预感到家里出事了。

"列夫·尼古拉耶维奇跟我说过，他准备离开这个家。看他最近的穿扮，我猜他肯定……"

仆人们聚在一起窃窃私语，就主人的出走提出各种假设，可索菲娅·安德烈耶芙娜还在沉沉大睡。她起床很晚，一直睡到上午11点钟。起床后发现仆人神色有异，她急忙跑出去找萨莎。

"爸爸呢？"

“走了。”

“去哪儿了？”

“我不知道。”

萨莎拿出父亲留下的辞别信，索菲娅快速瞄了一眼……她的头、她的双手抖抖索索的，脸涨得通红。

信还没有读完她就抛到地上，歇斯底里地大叫起来：“他走了！彻底走了！再见，萨莎，我要投湖！”她扭转身子，发疯一般奔向湖沼。

这是亚历山德拉·利沃芙娜回忆录中的描述。瓦连京·布尔加科夫的日记对当时的情形有更详尽的说明。

“我11点赶到雅斯纳雅·波良纳的时候，索菲娅·安德烈耶芙娜正收拾起床。她瞟了一眼丈夫的房间，发现里面空无一人；她琴室、书房挨个儿找了一圈，还是不见丈夫的踪影。有人告诉她列夫·托尔斯泰已经走了，并将他的辞别信交给了她。

“‘我的上帝！’索菲娅·安德烈耶芙娜低声沉吟道。

“她撕开信封，读完开头一行就无法自持了：‘我的离去一定会给你带来苦痛……’她将信笺扔到书房的桌子上，跑回自己的房间，嘴里还嗫嗫嚅嚅地念叨着：‘我的上帝！……他怎么这样对我！……’

“‘您先把信读完，看里面都说些什么！’亚历山德拉·利沃芙娜和芭芭拉·米哈伊罗芙娜在后面喊，可她没有理睬。”

“这时一个仆人张皇失措地大叫着冲了进来，说是索菲娅·安德烈耶芙娜跑到花园里去了。

“‘您穿着靴子，快点追她！’亚历山德拉·利沃芙娜边穿雨靴，边对着我大叫。

“我拔腿跑进院子，一直向花园深处追去。索菲娅·安德烈耶芙娜穿着灰色长裙的背影，在椴树林间忽隐忽现。前面就是湖沼，她走得很快。我借助粗壮的树干掩着身子，挪近后拔足追了上去。

“‘别跑！’紧赶过来的亚历山德拉·利沃芙娜警告我。

“我望了望后面，追来的人还不少：除了厨师谢苗·尼古拉耶维奇、仆人瓦尼亚，还有另外几个人。

“索菲娅·安德烈耶芙娜拐了个弯儿，向湖岸跑去。灌木丛掩住了她的身子，我什么都看不到了。亚历山德拉·利沃芙娜直赶上来，跑到了我的前头。她跑得飞快，裙摆刮擦的声音清晰可闻：索菲娅·安德烈耶芙娜已到湖岸，谁还顾得上斯文！

“我们奔向湖岸的斜坡。索菲娅·安德烈耶芙娜回头看了一眼，发现了我们。她已经跑到了坡底，踩着木板走向尽头处的小栈桥（附近就是浴场），那里是洗涤床单被套一类生活用品的所在。看得出来，她加快了脚步。还没走出多远，她突然滑了一跤，仰面朝天倒在栈桥上……她伸胳膊，就近抓住一块木板的边缘，翻身滚落到水里。

“其时，亚历山德拉·利沃芙娜已经上了桥。跑到湿滑的地方，她也摔了一个跟头……我赶上桥头，看到亚历山德拉·利沃芙娜扑通一声跳进水里，跟着跳了下去。站在桥上的时候，我还看到了索菲娅·安德烈耶芙娜的踪影：她仰起头颅，嘴巴大张着，看来已经灌了几口水。她拼命挥舞着胳膊，可没挣扎几下，就整个儿沉入水下。

“不幸中的万幸，我和亚历山德拉·利沃芙娜触到了湖底。索菲娅·安德烈耶芙娜那一跤没有白摔。她要是跑到桥头再跳下去，就没这么幸运了。湖沼中央水很深，曾经淹死过人……近岸处水比较浅，仅及胸部。

“我和亚历山德拉·利沃芙娜将索菲娅·安德烈耶芙娜拖上水面，摸着一根木架先搁上去，再拉到桥上。

“仆人瓦尼亚·舒拉耶夫此时也赶了过来，我和他各把持一头，将全身湿透变得相当沉重的索菲娅·安德烈耶芙娜抬到岸上。

“亚历山德拉·利沃芙娜跑回房子里，在芭芭拉·米哈伊罗芙娜的帮助下，换穿干衣服。

“瓦尼亚、我和厨师连推带扶，悄无声息地带索菲娅·安德烈耶芙娜回家。她艰难地挪动着步子，一路抱怨我们不该救她。行至半路，她终因体力不支，瘫倒在地。

“‘我想坐会儿！……让我坐会儿！……’

“当时的情形，这是办不到的：她必须马上换衣服……

“我和瓦西亚手拉着手，胳膊一高一低拉成靠背椅的样子；众人七手八脚架起索菲娅·安德烈耶芙娜放到我们的‘临时座椅’上抬着往家里赶。还没走出几步，她就忍受不住了，百般要求我们放下她。”

有了自杀的先例，家里人开始监视索菲娅·安德烈耶芙娜的行踪。鸦片、折叠刀、大镇纸，凡是有危险的东西，都从她的身边拿走了。可她并不死心，声称只要一心寻死，办法总是有的。折腾了个把小时，她乘隙又跑了出去。布尔加科夫在通往湖沼的那条老路上追到了她，将她强行拽回屋里。

“孝子！真像亲孝子！……”她抗议道。

两次自寻死路，谁都会对索菲娅·安德烈耶芙娜心生怜悯。只有铁石心肠的人才会将她的行为诠释成演戏，吓唬身边的亲人，借以向列夫·托尔斯泰本人传递信息，让他回心转意、中道折回。

他信中所写，即使句句都是善言、字字充满深情，于她又有什么意义？她现在被自己的丈夫置于何地，他的行动比语言更雄辩地说明了问题；因为她清楚地知道，今天发生的一切，将来会载入史册。伟大的托尔斯泰抛别家园，远走他乡；而她将永远背负这份屈辱，以不光彩的面目出现在世人眼前。

就连野佬村妇都知道，丈夫离家出走，对妻子来说绝不是好事；弃妇好当，白眼难挡。难道她一直不是个称职的妻子？或者，她老来糊涂不中用了，这才招致丈夫的嫌弃？在她青春年少，拥有强健体魄和迷人外表的时候，他心有恻恻、顾念不舍，所以没有离开她？

夫妻之争，多数情况下弱者能博取周围人的同情与支持。伟大如托尔斯泰者，也没能跳出界外，遑论他的妻子。

列夫·托尔斯泰走后，索菲娅·安德烈耶芙娜陷入空前孤立的境地，大家都站在“不幸的逃难者”一边，连她的亲生女儿都对她冷眼相加。作为一位妻子，她很委屈；作为一个人，她受到了侮辱。托尔斯泰则不然，作为丈夫，他行事决绝、出手漂亮（除了同行的那两三个人，没有人看到托尔斯泰的悲伤和战栗）；作为一个人，他迈出了追求个性独立与精神自由的一生中那最后的一步（托尔斯泰还没有抵达目的地阿斯塔波沃，在随从的搀扶下为寻找一张普普通通、可以躺在上面稍事休息的床而奔走）。

索菲娅·安德烈耶芙娜的自杀图谋屡屡得逞，并且极具戏剧效果（是的，自杀的方式很多，动静小一点的也有，不过谁能冷静地选择自杀的方式？！）。在对此事妄加厥议之前，不妨先分析一下她当时的处境。全家人、全世界都站在丈夫的一边，而她只剩下孤寂一人，对影自怜。她的儿子中也有支持她的人，但出事的那一刻，她的身边没有一个。他们是接到萨莎拍发的电报，第二天才从外地赶回雅斯纳雅·波良纳的。她跟丈夫闹矛盾，多半出于儿子的原因。如果她不极力争取继承权，债台高筑的他们何以摆脱困境？可在她命悬一线的当儿，向她假以援手的，竟然是她的宿敌切尔特科夫打发过来的人，托尔斯泰的秘书布尔加科夫！

索菲娅·安德烈耶芙娜的心里想的是什么，她与切尔特科夫的积怨又是如何深化成仇恨的，我们无从得知也无权评判。当然，她投湖自杀的过程、包括她最后落水的情形，多少有一点戏剧性（据布尔加科夫所述，她曾回望撵来的人众，这个行为寓意深厚）。不过说她伪装自杀，借以达到个人目的，未免有失公允。受到惊吓后没命地往自己的房间跑；喝一整瓶鸦片剂；大冷天穿一件裙子躺在花园里：说这些是惺惺作态，别人能够理解。这一次情形就大不一样了。苟延残喘、招致今日之辱，也许她正为此愧悔交加。啊！她要是有一点先见之明，在他出走前自行了断，那该有多好！这么一来，至少舆论会倒向她这边。他害死了自己的妻子，48年奉他如仪、为他养大了那么多子孙、替他誊写手稿、当他卧病在床的时候亲手递汤送药的妻子！让世人看到真相的另一面，看到他的恶毒，和她经受的磨难。

索菲娅·安德烈耶芙娜内容丰富、极致翔实的回忆录——《我的人生》中单列一章，标题是“难夫难妻”。这个标题其实不恰切。如果在“难夫”和“难妻”之间加上“还是”两个字再打个问号，变成“难夫还是难妻”，也许才能准确传递作者的心态。她是资质平庸的女人，他是天才，他们的婚配是谁的悲剧？这个问题不能用语言而只能用行动来回答。现在，又是列夫·尼古拉耶维奇先声夺人，用自己的行动回答了这个问题；她还能干什么？承认自己的失败，给青史留下“不贤”的污名？自尊心不允许她这么做。喊冤叫屈、为自己辩解——这是她唯一的出路，也是她当着众媒体记者的面，在阿斯塔波沃采用的做法。事发之初，她出于一时之冲动，也曾想过用实际行动给丈夫漂亮的一击（这是她当时的想法）。即使不能死在丈夫的眼前，也要死给那些不分青红皂白、一味支持她的丈夫、专以打压她为务的人看。

别忘了，她的丈夫是全世界最伟大的小说家，《安娜·卡列尼娜》的作者。如果库尔斯克铁路不在数俄里之外，而在雅斯纳雅·波良纳附近穿过，那么毋庸置疑，索菲娅·安德烈耶芙娜自杀的故事就要换成另外一个版本。须知她曾经跟安娜·卡列尼娜一样，不堪忍受“一切都是谎言，一切都是欺骗，一切都是邪恶”的现实，动过卧轨自杀的念头并曾付诸实施。就在只身赶往火车站的路上，她与自己的妹夫库兹明斯基不期而遇，被后者强行带回了家，这才幸免一死。

托尔斯泰离开后，索菲娅·安德烈耶芙娜的行为大失水准，流言蜚语一时蜂起。萧墙之隙，好听的本来不多。那样的场合，谁又顾得上讲风度？

缥缈天堂

让我们回到托尔斯泰夫妇从前的时光。

首先涉及列夫·托尔斯泰1851—1855年间在高加索、罗马尼亚、克里米亚的军旅生活。托尔斯泰是优秀的士兵、称职的军官，不过表现平平、行为稍显乖张。他作战勇敢、体质强健，做战友、做牌友，无可挑剔，另外还有那么一点诗才，写过讽刺诗《切尔尼河之战歌》。这首诗歌流传甚广，不仅是将士们冲锋陷阵的战歌，还在传唱的过程中不断完善、流为民歌。他的乖张主要体现在平时落落寡合，想得多、主意多，另外还吝惜军饷，即使是军队内部约定俗成的合理支出，他都不肯花那个钱。主要的是：他不大“讨喜”，如《高加索》中的叶罗什卡所说。这个语义丰富的口语词汇，转写成书面语言，内涵损失了不少。不“讨”什么“喜”？女人不大喜欢，还是命运不够垂青？兼而有之！托尔斯泰不怎么会讨女人的欢心，官运素来不佳，打牌上手就输。这些具体的表现，还不能涵盖“不讨喜”这一俚语的全部含义，不过《高加索》中的奥列宁公爵及哥萨克小兵叶罗什卡可是心照不宣。

正是这些“鹤立鸡群”的潜质，成就了世界文学史上最杰出的作家，用他那枝生花妙笔，再现生活中缺失的一切。自幼丧失父母的托尔斯泰，写出了俄罗斯文学史上最温馨、最富有诗情画意的童年；不是战争狂热分子，却以一部《十二月的塞瓦斯托波尔》，将困守塞瓦斯托波尔的将士浴血奋战的场景刻画得惟妙惟肖，以至女皇、皇储（即后来的亚历山大三世）、最挑剔的文学批评家伊万·屠格涅夫读毕下泪，年轻的沙皇亚历山大二世亲自安排将这部出自青年才俊的短篇小说集译成法文；根据传闻，爱才心切的沙皇甚至打发皇室传令员亲赴克里米亚，将托尔斯泰调整到不必亲冒矢石的区域。

种种信息来源显示，托尔斯泰是一位坦率正直的军官，不过也仅限于此。无论虚构的英雄事迹，还是征服高加索的辉煌战绩与俄土战争的失利，在他都是过眼烟云，不可能让他热血沸腾。不过，托尔斯泰是有目标有追求的人，只要是自己想干的事，他都会全身心地投入。

那么，青年托尔斯泰的追求是什么？爱情，幸福。他最大的愿望，就是回到雅斯纳雅·波良纳，娶妻生子，过上安定的生活。创作固然有趣，但吸引力还没有大到足以与乡村地主生活相匹敌的程度。花前月下，贤妻美眷，还有宁静舒爽的庭园、挂满列祖列宗肖像的家宅，这才是他最向往的生活。文坛声誉能满足他的虚荣心，但不能赐予他内在的精神力量；且要在文坛立足，仅凭一己才华是远远不够的：编辑、出版商的品位难以捉摸，书报检查更需要虚与周旋——而这一切，与他的理想，他想象中的完美，他的“天堂”，相去甚远。

雅斯纳雅·波良纳再加上一桩美满的婚姻，这才是他最切近的幸福。1852年1月，他在给姑母塔·亚·耶戈尔斯卡娅的一封信中，表达了自己对天堂生活的构想：

> “时光匆匆过去，我回到雅斯纳雅·波良纳：不再年轻，却也不老——庄园里的一切事务都打理得井井有条，我们无嗔无惧，过着心静如水的生活。您年龄渐长，但您的心还是那么鲜活、您的身体还是那么健康。我每天早起忙一点俗务，剩余的时间我们一起度过。吃完晚餐，我先给您朗读一段动听的故事，然后团坐在一起，侃侃而谈。我给您讲我的高加索军旅生涯，而您讲以往的生活，讲我的父亲，讲我的母亲；讲到惊心动魄的地方，我们吓得瞪大了眼睛、张开了嘴巴。我们回忆去世的亲人，您泣不成声，我也泪水涟涟——但这是平和的泪水、净化心灵的泪水。其时我已经结婚，拥有一位贤淑、善良、可爱的妻子，跟我一样深爱着您的妻子。我们的孩子叫您‘姑婆’，而您也住在楼上我祖母住过的那间大屋里。人变了，但生活没变、我们每个人扮演的角色没变：您成了祖母，比我的亲祖母还要善良的祖母；我成了爸爸，不过我暂时还没有当爸爸的打算；妈妈的角色，由我的妻子扮演……”

在这幅乍看充满田园生活乐趣、清新雅致的画面中，托尔斯泰以男权社会代言人的身份，指点江山、处分人事，在自己拥有绝对支配权的领地里安插各色人等。他给大家指派的角色也颇有说服力：自己取代父亲的位置，扮演尼古拉·伊里奇·托尔斯泰的角色，打理雅斯纳雅·波良纳这块得自外祖父尼古拉·谢尔盖耶维奇·沃尔康斯基的热土，构建人间天堂；远房表亲塔·亚·耶戈尔斯卡娅只能占据老祖母的位置，充任佩拉吉娅·尼古拉耶芙娜，戈尔恰科夫公爵家的千金小姐。这位前辈个性强势、动辄责罚仆役，但对自己的儿子尼古拉备极关爱；儿子英年早逝后，她一直没能从丧子之痛中走出来，没多久即郁郁而终。自己成了爸爸，未来的妻子，扮演玛丽亚·尼古拉耶芙娜，沃尔康斯卡娅公爵小姐（娘家姓氏）[1]，自然是妈妈。

最后一项安排寓意深远。如果索妮娅·别尔斯婚前有机会读到这封信，她对自己成为托尔斯塔娅伯爵夫人后扮演的角色，当有明确的认识：那就是既当妻子又当妈。

列夫·托尔斯泰对自己的父亲记忆深刻。他崇拜父亲，把父亲当成人生的标杆。母亲没有给他留下一点印象，不过他的景仰之情，并不因之稍减。《战争与和平》的中心人物之一，玛丽亚公爵小姐的原型就是他的母亲。他对母亲的膜拜绵延一生，且老来益盛甚。他想不起母亲的面容，家里也没有留下她的照片或者肖像画，但这并不妨碍他对母亲的思念；也许正因为隔着这一层神秘，母亲才会在他的心目中逐渐演化为行走在大地上的女神——圣母玛利亚。难怪拉斐尔的摹品——德累斯顿《西斯廷圣母》像——1862年起即悬于他的卧室、1885年又移至书房，直至今日还作为雅斯纳雅·波良纳博物馆的一道风景，挂在原来的地方。

母亲是托尔斯泰眼里完美女性的化身，潜意识中，他常以理想化的母亲形象跟未来的妻子作对比，并渴望自己的终身伴侣具备母亲的优秀品质。当然，他的妻子将来也会成为称职的母亲，而他们的孩子也将在这个“家庭天堂”里度过美好的

---

[1] 俄罗斯人起名规则：俄人表示名称的词有阳、中、阴三性，个人姓氏（相当于形容词）的词形、读音亦随之发生变化；譬如“沃尔康……”家族成员，男性使用“沃尔康斯基”，女性使用“沃尔康斯卡娅”；俄人姓名由三部分构成：本名+父名+姓氏（女性出嫁后，姓氏随夫），其中父名=父亲本名+后缀（子、女形式有别）。举例：尼古拉·谢尔盖耶维奇·沃尔康斯基生子取名谢尔盖，全名即为谢尔盖·尼古拉耶维奇·沃尔康斯基；生女取名玛丽亚，全名即为玛丽亚·尼古拉耶芙娜·沃尔康斯卡娅；该女嫁入托尔斯泰家，姓氏随即变为“托尔斯塔娅”。——译者注

童年，恰似玛丽亚·尼古拉耶芙娜、尼古拉·伊里奇的孩子们。“孩子是我们的影子。”他在写给耶戈尔斯卡娅的信中说。妻子还应该是善于持家理事的女主人：“我不止一次地幻想过……我的妻子忙忙碌碌操持家务的情景……”他对尚未出现在他生活中的妻子的全部要求，《一个地主的早晨》中有生动具体的描述：

> “我和我的妻子，我那爱到无以复加、爱到旷古绝今的妻子，将永远生活在这一片乡村天堂里，生活在大自然谱写的美好诗篇里，儿女绕膝，或许还有一两位慈祥的长辈。我们夫妻恩爱，并将父爱、母爱的恩泽遍施给每一个孩子。我们都清楚地知道，人生的要义，就是善行；而夫妻之义，就在相携相扶，向善的目标进发。我把握全局，客观公正地安排庄园大小事务，经营农场、管理资金、照料手工作坊；而我那端庄曼妙的妻子则穿着一袭白裙，修长的双腿越过泥泞的乡间小道，进学堂、访诊所、探望由于自身的原因导致处境堪怜的农夫，吊孤抚贫、起死肉骨……老人小孩用满含热爱与崇拜的眼神看着她，仿佛在他们眼前走过的不是一个人，而是慈善天使，而是虚无缥缈的梦。做完一天的善事，她拖着疲惫的身躯回到家里，却故意隐瞒了给那个穷苦的农夫接济了一点钱的事。我什么都知道，我内心深处没有丝毫怪罪她的意思。我紧紧地拥抱着她，亲吻她那双清澈柔美的大眼睛、她由于羞涩而泛起一抹微红的面庞、她笑意嫣然的红唇。”

书中塑造的贤妻良母形象，索菲娅·安德烈耶芙娜绝大部分做到了。年轻的时候她裹着一身朴素的短裙，只要村里哪家的妇女生了病，她都会上门探视并尽力诊治。《一个地主的早晨》中的聂赫留朵夫念及自己的妻子，总是掺杂着一些色欲的成分。妻子应该做一个天使，但这个天使不是无形无迹的天使；她有“修长的双腿”“端庄曼妙的头脸”“笑意嫣然的红唇”。史载索菲娅·安德烈耶芙娜并不是大美人，但青年时代的她风姿绰约、朝气蓬勃，却也为世人所称道。

在写给耶戈尔斯卡娅的信中，托尔斯泰还给众位的长兄分配了各自的角色：“这个家庭舞台上，时不时还会出现三张新面孔——他们是我的弟兄；最关键的是，弟兄中有一位叫作尼科林卡，他会成为我们家的座上常客：老单身汉，秃顶，赋闲在家，一如既往的真诚、善良；他的身边或蹲或坐着几个孩子，他信口开河编造一些上不着天下不着地的故事，哄大家开心；此情此景，透着往日时光的绵长韵味。我能想象到孩子们快活地亲吻着他青筋暴突的大手（这双手确实值得他们亲吻），而他童心大发，与孩子们纠缠在一起，玩得不亦乐乎……”

温馨美满的家庭生活舞台上，最后一位不可或缺的人物就是玛丽亚·尼古拉耶芙娜。她是父亲的两姐妹亚历山德拉和佩拉吉娅·伊里尼奇娜的化身。她跟两位姑母的区别，就在于她“不会那么不幸”。

问题是，托尔斯泰笔下的愿景，有多少出自心底，又有多少纯属虚与委蛇？也许，在高加索服役的托尔斯泰心在莫兹多克，只是用绚丽的文字安慰姑母和自己，抒发拳拳思乡之情？

5年后，他在寄给兄长谢尔盖的一封信中写过这样一段话：“如果你认为我是无病呻吟、事实上丝毫不恋栈家庭的那种人，那你就大错特错了。我素性热爱家庭，年龄越大，感情越浓烈。我从来没有怀疑过我的家庭观念，就像从来不怀疑自己的呼吸与生命。”

托尔斯泰家四弟兄（尼古拉、谢尔盖、德米特里、列夫）中，只有最小的列夫才真正体验过家庭生活的甜蜜。然而，即便是这仅有的家庭，在经过48年风雨婚姻的洗涮之后，照样演变成一场悲剧。不过不容否认，列夫·托尔斯泰婚后最初15年的生活，可说是相当幸福美满的。尼古拉、德米特里终生未娶；谢尔盖跟买来的茨冈女子过了一辈子：不能说他们没有感情，但维系这种关系的纽带是荣誉感，而不是爱情。唯一的小妹玛丽亚也是情路坎坷，先是带着孩子离开丈夫，后又在欧洲非法生育一子；老后又遁入教会，青灯孤影，了却残生。列夫·托尔斯泰的子女除去早年夭亡的以外，个个精明强干，在上流社会享有良好的声誉。今天，列夫·托尔斯泰散居世界各地的后代多达350余人，相互间一直保持着密切的联系；他与索菲娅·安德烈耶芙娜的婚姻，可谓根深叶茂、籽实离离。

不过，如果我们回到“天堂”这一话题，列夫·托尔斯泰素怀的家庭梦想，最终变成现实了吗？

细研托尔斯泰写给表姑耶戈尔斯卡娅的信，他用如诗如画的笔触，描绘出一幅未来家园的壮锦，读来令人心旌摇曳。一家之主，“父”与“神”的统一体，沃尔康斯基—托尔斯泰家族三代男主人的写真：外祖父尼古拉·谢尔盖耶维奇（《战争与和平》人物角色包尔康斯基老人的原型），父亲尼古拉·伊里奇（尼古拉·罗斯托夫的原型）与儿子列夫·尼古拉耶维奇。虽然在兄长的眼里，他还是一个“小不起眼的角色”，但他是雅斯纳雅·波良纳的主人，这为他创造“父—神”王国奠定了基础；圣母——王国之“天后”，亦即他的夫人，虽然暂时告缺，但他业已为她安排了位置，把她想象成至纯至美的女性典范；至于神性的化身，自然是表姑耶戈尔斯卡娅，家庭守护神、家族荣誉的守护神；孩子个个是小天使，而大天使就是他的兄长。

这幅家庭成员全景图中还缺一张面孔：耶稣基督的面孔。1852年的托尔斯泰并不怎么笃信宗教，跟耶稣的关系还没有确定下来。他在自传《忏悔录》中公开表示，那一阶段的他还是个无神论者。事实并非如此。高加索服役期间的日记，字里行间渗透着他对天主——宇宙的缔造者和救世主的尊崇。他对作为一种宗教的基督教的看法，则另当别论。

1854年7月7日，身处罗马尼亚的托尔斯泰在日记中写道：“我是怎样的人？我是退役中校4个儿子中最小的一个，7岁即成孤儿，长于女性亲友之手；自幼疏于调教，17岁便告别校园，修业有限、学识不高；没有丰盈的家财、没有社会地位；而最关键的问题是，我年少轻狂、不懂规矩；由于行为不大检点，我一步步将自己推向堕落的渊薮，最后不得不远走高加索，一为躲债、二为笃行；所幸数年的军旅生涯熬到头，我攀上了父亲的司令官故交，于26岁那年移职多瑙军团，谋到准尉初级军阶；我当时身无分文，仅靠微薄的薪水艰难度日（产业收入都用来还赌债了）；没有靠山、没有社交能力、没有身份，更无一技之长——除了极度膨胀的自尊心，我一无所有。”

6天后，这篇坦露心迹的日记又有了补白：“我的祷告。相信唯一而万能的天主，相信灵魂不灭和因果轮回；树立对圣教的信仰、奉行教义。”

信仰天主，做虔诚的基督徒、东正教徒，因为这些宗教弘扬天主的意旨。不过这只是他的追求，还没有融入他的认知体系，没有上升到信念的高度。跌宕红尘30年，1881年的托尔斯泰性格大变，他给自己的日记定了一个新名目：“基督徒手记”。这是他皈依圣教的象征，也是他与“奉主父之名，弘扬圣德”的教会决裂的佐证。

波德科辽辛综合征

托尔斯泰与索妮娅·别尔斯的婚姻充满喜剧意味，情节之跌宕起伏，堪比果理的伦理大戏《婚事》。紧锣密鼓地筹备婚礼，大婚前夕又心怀异志，只想一走了之，恰如《婚事》的主人公波德科辽辛在临去教堂举办婚礼前，无缘无故地跳窗逃走一样。

不过话说回来，伟大的托尔斯泰，岂是藉藉无名的波德科辽辛之流可比？！且看列夫·托尔斯泰的妹妹玛丽亚寄自法国疗养地热埃的一封信，便知端倪。

旅居热埃期间，玛丽亚·尼古拉耶芙娜想过给哥哥列夫撮合一门亲事，对方就是俄罗斯科学院副院长马·阿·东杜科夫-科尔萨科夫的侄女。这位副院长沾了普希金的光，因他的一首讽刺短诗而声名远播：

科学院里象牙阁，
坐着东杜科夫老公爵。
人人都在背后讲，
东杜科夫没才学。
那他为何不下台？
这事谁也管不着！

其时，托尔斯泰游历欧洲，住在布鲁塞尔。他拜访过公爵一家，并结识了公爵的侄女叶卡捷琳娜·亚历山德罗芙娜·东杜科娃-科尔萨科娃。一心寻觅佳偶的托尔斯泰对这位公爵小姐相当满意，玛丽亚·尼古拉耶芙娜也认为，她跟自己的哥哥是天生一对地造一双，再般配不过了。

玛丽亚收到过哥哥的来信。托尔斯泰在这封没有保存下来的信中，请妹妹通过公爵夫人亦即叶卡捷琳娜的姑母打听一下，姑娘对他是否有意；他听说姑娘跟一位名叫加尔丹的先生互有过从，是否确有其事。玛丽亚在回信中说：

"看在上帝的份上，不要逃避幸福。比她好的女孩子，你去哪里找？有了自己的家庭，你才会安定下来，扎根雅斯纳雅·波良纳，并打理好自己的事业。

"快来吧，列沃奇卡！感情方面的事，我们女人理解更深刻、更透彻——顾虑是婚姻的大敌，想得越多，成功的可能性越小……我们一大家人，总得有个幸福的人吧！别再犹豫了，马上过来……我写这封信的时候心怀恐惧，担心你不声不响地回了俄罗斯。”

玛丽亚·尼古拉耶芙娜为什么在信中用到“心怀恐惧”这样的措辞？她为什么一再祈求哥不要“逃避幸福”？

“我最担心的，莫过于你犯波德科辽辛综合征。一旦犯了这病，你一定会怀疑我对这件事太过上心的动机。要说叶卡捷琳娜·亚历山德罗芙娜对你有多爱，这我说不准，不过她会爱上你、做你的妻子的。她已经过了花心的年龄，完全具备贤妻良母好内助的素质。她这边没有任何问题，问题是你有没有做好娶妻成家的思想准备，接纳一位跟别人一样拥有自身尊严和情感追求的女人，关心她、呵护她，摒弃长期单身生活养成的唯我独尊、一意孤行的习惯，不会在某个清爽宜人的早晨醒过来，用仇视的目光看身边的伴侣，后悔自己陷入婚姻的‘圈套’……这太可怕了。另外，看在上帝的份上，不要瞎琢磨、钻牛角尖；再好的事想得多了，总能看出许多障碍和破绽，弄到最后疑心生暗鬼，吓得自己落荒而逃。”

波德科辽辛综合征是智慧的考量，与处事轻率无关。对托尔斯泰、对波德科辽辛来说，婚姻是一项浩大的工程，大到不堪重负的程度。随着大婚之期的临近，内心愈觉彷徨无定，只想一走了之。

“波德科辽辛。一辈子跟别人拴在一起，永无出头之日；上天无路、入地无门，连忏悔的余地都没有。这一辈子再没指望了，一切都结束了……喂，车夫！”

“婚姻比生死还重要、还难缠。”托尔斯泰在1896年12月20日的日记中写道，“自然死亡是好事，自寻死路是坏事；而婚姻究其本质，跟找死没有什么区别。只要那种不可抗拒的魔力不得消除，婚姻就永远是一场灾难。”

关于婚姻，晚年托尔斯泰常发厥论。他还喜欢引用先知巴威尔的言论：“结婚再坏，也比烧死强。”借他人之杯，浇胸中块垒。

这些见解还隐含着另外一个命题：婚姻是一场单向旅行，一旦出发，就没有回头路可走。结婚只有一次、妻子只有一个，一生成败，系于一人——无论波德科辽辛，还是青年托尔斯泰，最令他们愁肠百结的事，无过于此。

挑剔的新郎

除了童年时期朦朦胧胧地爱过索涅契卡·科罗辛娜之外，托尔斯泰第一次认真地爱上一个女人，那还是他在高加索服役期间。1851年，托尔斯泰在赶赴高加索途中参加了一场舞会，结识了妹妹玛莎的女同学，喀山大学罗迪奥诺夫学院的齐奈达·莫洛斯特沃娃。齐奈达相貌平平，以气度优雅、理想主义色彩浓厚见长。当列夫随长兄尼古拉初到喀山之时，齐奈达与喀山省府特勤官尼·维·蒂涅打得火热，双方关系已发展到谈婚论嫁的地步。尽管如此，她在当地上流社会领袖举办的家庭舞会上，一直与列夫·托尔斯泰大跳玛祖卡舞。郎有情，妾未必无意。齐奈达后来坦承，“他这个人很有趣，不过相处起来不太轻松。”其实这俩人之前就有一段小故事，追根溯源，那还得从托尔斯泰的大学时代说起。

“还记得大主教花园里的那条小路吗，齐奈达？当时表白的话就挂在我的嘴边，而你也有些情不能自已。这破冰之旅本应由我开启，可我记得我什么也没有说。我的内心充溢着幸福之感，只怕一不小心，就会破坏自己的……不，我们的幸福。”

乍看，这是一封寄给心上人的情书，实则不然。这是托尔斯泰日记中的一段文字，写于高加索的老尤尔特村。此时此刻的他，心里一定是五味杂陈：“难道我再也无缘见到她？……没机会写一封信，向她表明心迹？我至今不知道她的父名，也许变为这一点缺憾，从此与幸福失之交臂。太可笑了。”

对自己的命运负责，这是托尔斯泰长大成熟的标志。不过年轻人感言多、感慨少，他的话很大程度上不必当真。过了差不多一年时间，当随军驻扎在高加索的托尔斯泰风闻莫洛斯特沃娃与尼·维·蒂涅结婚的消息后，记录下来的心理反应倒是别有洞天：“我很沮丧；不过最不可思议的是，面对突如其来的情感变故，我居然能处之泰然。”

托尔斯泰的自我中心主义世界观，至此初显端倪：事物的价值不在自身意义的大小，而在认识主体的主观感受和评价。令他深感沮丧的，不是齐奈达嫁给了别人，而是他对这件事漠不关心的态度。难道他的情感世界有缺陷？难道他是一只冷血动物？难道他天生不具备爱的能力，只能做爱情路上的观光客？

不妨拿托尔斯泰早些时候写成、后于1909年做过补注的日记，与上述言论作一番比较：“饭后去找萨莎（指小女儿——作者注），她病了。要不是她忙着看书，我会给她写点有趣的东西。我拿过她手上的书一看，是高尔基的作品。我读了几行，感觉很糟糕。满纸荒唐，读着让人不舒服。”

托尔斯泰“结婚工程”的下一个“牺牲品”（这回是名副其实的牺牲品）是贵族地主瓦勒里·阿尔辛尼耶夫的女儿，她是托尔斯泰的“邻居”，她家的领地在苏达科沃，与雅斯纳雅·波良纳相距8俄里，主人瓦·马·阿尔辛尼耶夫去世后，托尔斯泰奉命监管这一家的遗孤。1856年5月末，托尔斯泰从莫斯科返回雅斯纳雅·波良纳，期间访问过苏达科沃。瓦勒里家最大的孩子，一位姑娘，已经长到了20岁，“仪容端方，楚楚动人。”托尔斯泰在日记中写道，“我对她的爱情是认真的吗？她对我的爱会不会天长地久？这两个问题一直困扰着我，我始终找不到明确的答案。”

托尔斯泰的朋友、图拉的地主德·阿·季亚科夫粉墨登场，为这对恋人作阀、撮合婚事。季亚科夫年长托尔斯泰5岁，已婚，沉稳练达，是一位非常优秀的地主。此时的托尔斯泰性格大变，作为功成名就的作家，他经受了两场战争及创作事业的磨砺，青春的喧哗已渐渐远去，他的身上已经刻满了成熟男人的棱角。

1855年11月，托尔斯泰离开克里米亚，到彼得堡寻求进身之阶。此后他再没有返回军队，1年后即办理了退役手续。1855年秋至1856年夏这段时间，他结识了许多俄罗斯一流作家，并跻身那个时代最具影响力的文学圈：涅克拉索夫主编的《现代人》杂志作家圈。在彼得堡生活期间，他寄居屠格涅夫的公寓，交往涅克拉索夫、帕纳耶夫、德鲁日宁、奥斯特罗夫斯基、麦可夫等人，但志趣相投的朋友只有奥斯特罗夫斯基和费特两人。对当时俄罗斯文坛盛行的模式化、概念化人物塑造手法颇多微词而不愿流俗并敢领天下先的托尔斯泰，与这两位特立独行的作家产生了共鸣。他跟屠格涅夫的关系，从一开始就是貌合神离，后来还闹出了不少风波。也许是一山不容二虎的缘故吧，两位文学巨匠往来交恶、关系一度紧张到用决斗这种方式解决问题的程度……

托尔斯泰最终离开了《现代人》杂志，摆脱了他呼之为“魔圈”的文坛精英麇集地。他的一部中篇：《哥萨克》，两部长篇：《战争与和平》《安娜·卡列尼娜》，均交由马·尼·卡特科夫在《俄罗斯导报》上发表。初为自由主义者，后蜕变为保守主义者，卡特科夫这位评论家兼报业巨子一直为有激进倾向的《现代人》圈内作家所诟病，屠格涅夫甚至不惜挥动如椽巨笔，专门创作了一首“散文诗”《坏蛋》，刻画此君的丑态。不过客观公正地讲，托尔斯泰转投卡特科夫门下，这跟他的信念没有任何关系，而是基于非常现实的考虑：他赌台球输了千数卢布，正需要钱，而《哥萨克》在《俄罗斯导报》能卖出好价钱。

与“邻家姑娘”阿尔辛尼耶娃的婚姻大事，托尔斯泰非常上心。两人的“罗曼史”延续半年之久，中篇小说《家庭幸福》中都能找到这段韵事的影子：托尔斯泰以女主人公的视角，编织与瓦勒里娅共同生活的家庭梦想。

连最苛刻的批评家诸如伊万·布宁等人都给予很高评价的弗·阿·日丹诺夫的杰作《托尔斯泰的爱情》（1928），这本书展示了托尔斯泰与瓦勒里娅爱情从萌动到寂灭的过程。这位作者笔下的托尔斯泰不尽完美，理智总是凌驾于情感之上、热衷于掂量爱情的牢固性——好在这只是掂量爱情的分量，而不是怀疑爱情本身。婚姻大事，谁都不会掉以轻心。瓦勒里娅出身于普通乡村地主家庭，在偏远农村接受过有限的教育，经历单纯、孤陋寡闻。对她来说，顶着诸多耀眼光环的列·尼·托尔斯泰是不可多得的佳偶：伯爵身份，军官资历，作家声望；一本《童年》风靡全国，早已成为贵族女子案头必备的艺术佳构——这一切加在一起，足以征服任何一位待字闺中的名媛丽姝……

美好的夏日结束之后，瓦勒里娅前往莫斯科投奔姑母，正好赶上了亚历山大二世的登基加冕礼。其仪式之隆重，看得她心旌大动。她将自己的所见所闻写成一封长信，带着意味深长的少女心思，寄给托尔斯泰的姑母耶戈尔斯卡娅，期冀同在雅斯纳雅·波良纳的托尔斯泰咂摸她的手迹。只可惜事与愿违，托尔斯泰看完她的信勃然大怒，回函中一顿夹枪带棒，将她驳得体无完肤：

> “您写这样的信，用心何在？我根本见不得这些，这您很清楚。给姑妈写的？你这不是显摆自己吗？‘瞧，我多荣耀！’还要追到别人跟前，把这话硬生生地撂到别人的脸上！这种行为很恶劣，你知道吗？对您来说，布衣荆钗，比锦衣华服好几百万倍，这您应该明白。

“好虚荣、攀haute volee[1]，而不是朴素地爱一个人，这是不诚实的行为，危害性很大。位置越高，越容易藏污纳垢。另外，您自己就不是身居高位的人，仅凭一张漂亮的脸蛋、一身华贵的衣服混迹其间，也不是什么光彩体面的事……至于您提到的侍从武官——我清楚地知道那40个人里面，只有2个不是混蛋，有什么看头——听您说您的衣服全揉皱了，我简直乐不可支！那位陌生的爵士真是蠢到家了，他就不应该帮您！换成我，我会挤到您跟前，将您的白裙糊成脏抹布……我倒是很想来莫斯科，看您的笑话，对您发脾气，但我忍住了。您尽情追欢逐乐去吧，别忘了跳得越高、摔得越响；而我还是保持自己的本色，做您最温顺、也最让您厌烦的列·托尔斯泰。”

看来，“罗曼史”还没有正式开始，就到寿终正寝的时候了。不过托尔斯泰结婚的意志很坚定，他在日记中写道：“跟季亚科夫散了一阵步。他跟我讲了许多修建楔房的技术知识，不过讲得最多的，还是促成我和瓦勒里娅的婚事。听他一席话，我也觉得，这是我目前唯一能做的一件事了……”

在亲朋好友的引导和帮助下，波德科辽辛征服了波德科辽辛综合征，最终跨入婚姻的殿堂。托尔斯泰患的是同样的病，不过病根在于人为设置门槛，让婚姻承载家庭幸福的重荷。他孜孜不倦地品评瓦勒里娅的行为，研究她的品性，在日记中连篇累牍地写下自己的印象，将皮巧林式的理智与波德科辽辛式的狐疑发挥到极致。

6月16日。“瓦[2]很可爱。”

6月18日。“瓦喋喋不休地讲盛装、讲加冕礼。看来，轻浮不是她一时的冲动，而是她的性格缺陷。”

6月26日。“瓦穿着一袭白裙。很可爱。今天是我一生中最快乐的一天……”

6月28日。“瓦又穿了一身粗鄙可憎的时装……我昨晚伤得她不轻，她

① 崇高的地位（法语）。——作者注

② 指瓦勒里娅。——译者注

道了一通自己的委屈，我心里也很不好受。不过事情很快就过去了……她欢快如初。”

7月25日。“第一回看到她不穿裙子的样子，谢辽沙就是这么说的。本色着装，比精心打扮起来的她好十倍；而最主要的，就是她此刻展现出来的，是那种天然的美……天生丽质。这一晚过得真幸福。”

7月30日。“瓦举止失当、不顾行藏。我很不高兴。”

7月31日。“瓦这个人，一个字，蠢！”

8月1日。“瓦失了分寸，反应过激，表现得很愚蠢。”

8月10日。“我跟瓦聊起了婚事。她一点儿也不愚蠢，很聪慧，并且善良得出奇。”

8月12日。“她特别单纯，很可爱我只想弄清楚，我是不是真的爱她。”

8月16日。“最近一段时间，对瓦勒林卡[①]想得越来越多了。”

8月24日。“瓦着实让人反感透顶。”

为了进一步考验自己跟瓦勒里娅的关系，托尔斯泰只身前往彼得堡，并于1856年11—12月间给恋人写了一封长信，一封通篇充斥着劝导训诫、不带一句缠绵悱恻情话的情书，那表白的语气还犹犹豫豫，显得相当勉强。

“晚上的时间不要白白浪费……这也不是要您干多大的事，主要是为了让您养成良好的习惯，消除懒惰一类恶习……您最大的缺点是意志薄弱，单有这一点，各样毛病就跟着来了。锻炼自控能力，跟先前染上的各种不良习惯做不妥协的斗争……看在上帝的份上，傍晚时分出去散散步，别老是宅在家里，多为自己的身体健康着想。”

……

“您说只要我肯给您写信，您愿意付出一切代价。上帝保佑，您可以这么想，但不要这么说。有些代价是不能付出的，譬如善。别说为我这样

① 瓦勒里娅的昵称。——译者注

蝇营狗苟不值一哂的小角色，即便是天下至大，您也不能拿牺牲善来换取。好好琢磨一下我说的话。不以善行为念的人，得不到善报……严格要求自己，拿出勇气来！”

这封信中有两处地方值得注意：其一，托尔斯泰坦露心迹，向瓦勒里娅表达了自己的爱情：“……我喜欢您，爱上了您……”其二，也是最重要的地方……托尔斯泰凭空虚构了一段爱情故事，男女主人公分别是赫拉帕维茨基和邓比茨卡娅。“他们倾心相爱”，正准备缔结美好姻缘，这时才发现他们“个性倾向上格格不入”。他在信中对他们未来的家庭生活有过详尽的描述，事无巨细，全做了周到安排；庄园有多大、房屋有几间，甚至连收入支出这笔账都算得清清楚楚。他这是想拉瓦勒里娅入彀，直接参与他的“家庭建设方案”。当然，在写这些正面内容的同时，他没有忘记数落瓦勒里娅的缺点，连她的法国朋友、钢琴演奏师莫蒂埃·德·范登都受到了株连。瓦勒里娅跑到莫斯科“丢人现眼”，就是仰仗此君邀约之功。他在信中写道：“在追求完美的路上，永远不要停下脚步。”他还对瓦勒里娅的衣食住行提出了明确具体要求，如“自己动手穿长袜、裹束腰，别事事等仆人伺候”……这类只有未婚夫妻间能说的话，信里比比皆是。

1857年初，托尔斯泰留下一笺冷冰冰的辞别信，独自去了国外，给他和瓦勒里娅的恋情画上了句号：“我对不起自己，更对不起您，我说这番话，绝不是在您面前虚与委蛇。可有什么办法呢？再见了，亲爱的瓦勒里娅·符拉迪米罗芙娜，基督保佑您！我们都有光辉灿烂的前景，愿上帝引领您一路前行，直抵人生幸福的彼岸。因为我清楚，您有一千种理由得到幸福。您的列·托尔斯泰伯爵。”

时隔一年，瓦勒里娅嫁给了一位名叫塔雷津的骑兵大尉，为他生了4个孩子，后又改嫁他人。1909年，她病殁于巴西勒，并葬在那里。

“图切娃、斯维尔别耶娃、谢尔巴托娃、奇切林娜、奥尔苏菲耶娃、列宾德尔——这些姑娘我都爱过。”跟阿尔辛尼耶娃分手一年后，托尔斯泰在日记中写道。平心而论，他从来没有相信过与这些人的爱情。他迷恋过的女性不止这些，还包括利沃娃姐妹、蒙丹男爵小姐、东杜科夫-科尔萨科夫公爵小姐、特鲁别茨卡娅公爵小姐等。

阿尔辛尼耶娃之后，托尔斯泰交往时间最长的贵族女子就是叶卡捷琳娜·费多罗芙娜·图切娃，其父便是他最崇拜的大诗人费多罗夫·图切夫。

1857年12月29—31日。“爱上了图切娃，爱得那么安静。”

1858年1月1日。“卡[①]非常可爱。”

1月7日。“图切娃，简直是胡闹！”

1月8日。“不对，不是胡闹。她安安静静地走进了我的心中，我爱她甚于爱任何女人。”

1月19日。“图[②]占据了我的全身心。非常烦恼。这不是爱情，我没有她那么优美。”

1月20日。“跟马·苏霍金讲到卡·图切娃，语气很不好。大脑里总是抹不掉她的影子。真无聊！可我很清楚，我只是渴求她的爱情，却对她缺少悲悯之心。”

1月21日。“卡·图切娃之所以爱别人，那是遵从上帝的意旨。总之她不是好姑娘。问题是我没法释怀，我对她心存怨怼。”

1月26日。“带着满腔热忱去见图切娃。她冷淡、猥琐、一身贵胄女子自命不凡的傲气。胡闹！”

2月1日。“对图切娃凭空生出了依赖心理。”

2月8日—3月10日。“见了图切娃。非此非彼，她只是怕生。”

3月28日。“见了图，对她很冷淡。太遗憾，她让人柔肠百转，有时候甚至令人反感。”

3月31日。“绝对不喜欢图切娃。”

1858年9月，有意与图切娃缔结姻缘的托尔斯泰，决定发起最后一搏。“我甚至放弃了对爱情的幻想，唯愿跟她走到一起，就此平平淡淡地过一生。可她态度生硬，一副拒人于千里之外的模样。”

这一年临近结束的时候发生的一件事，虽说与托尔斯泰的婚恋没有任何联系，却从一个侧面印证了一条颠扑不破的真理：不守规矩的爱情和不切实际的家庭梦想，从来都得不到社会的认可。12月的某一天，托尔斯泰赶到上沃罗切克的森林地带猎熊。选好猎位后，他本应踩实周边区域的积雪，为自己营建辗转腾挪的空间，

---

① 叶卡捷琳娜的爱称。——译者著

② 图切娃。——译者注

可他并没有这么做。为此他付出了惨重的代价，并且差一点丢掉了生命。一头雌熊从树丛中钻出来，冲入空地直直扑向托尔斯泰。他第一枪没打准，第二枪又打得太准了：子弹射入雌熊的口腔，恰巧塞进了牙缝里。雌熊一扑未中，转过身一口咬住了托尔斯泰的头，还抓掉了他的一小块脸皮。幸亏有猎人及时赶到射杀了雌熊，他才捡回一条命。托尔斯泰最后剥走熊皮，先是在雅斯纳雅·波良纳铺了一段时间，后来带往哈莫夫尼卡留存。

心如撞鹿

在回归田园的道路上，托尔斯泰需要克服重重障碍、跨过多道心理门槛。

托尔斯泰在《忏悔录》中坦承，虚荣是他最大的弱点之一。这个缺点不容易对付，不过并不妨碍他设计恬淡和美的家庭生活愿景。他驰骋疆场多年，但身无寸进；他信心满满地投入庄园的建设，但收效甚微。他现在的理想，就是为雅斯纳雅·波良纳物色到一位优秀的女主人，重整旗鼓，开始第二轮尝试。他在文学领域内获得的巨大成功，除为他带来丰厚的收入外，还可以提升他的乡村生活质量，给枯寂无聊的季节增添别样的色彩。晴耕雨读，犁笔锄史，感受岁月的美好、创造不凡的业绩，人生如此，夫复何求？

“天堂”路上的另一块绊脚石是“邪淫”。这块绊脚石太大了，大到几近不可逾越、大到遮蔽了托尔斯泰的灵魂。情欲是他在自己的日记中每每涉及的主题，他无法抗拒诱惑，他的内心时时经受着煎熬。

表面看来，他是情场老手，谙熟男欢女爱之道；而事实上，他的爱情观未必高出普通人多少。他的欲望、他的情感体验，所有年轻力壮的单身男人都曾有过。士兵的农家妻子、欧洲各国旅馆里的女服务员，只要能勾搭上手，他都敬谢不敏；娼寮也是他频频光顾的地方，虽然与妓女的交往给他带来的快乐很少，而带来的沮丧和自责很多。追欢逐乐不是他生活的目标，而是播撒在他人生路上的棘刺，干扰他的行程。“女人让我神魂颠倒”“女人干扰我的思绪”“女人蹉跎了我一生中最好的岁月”——这样的字眼，他年轻时的日记中随处可见。论禀性，托尔斯泰是天生的卫道士，性爱在他的眼里是黑暗的、可耻的。问题在于，性爱的诱惑无处不在，雅斯纳雅·波良纳、莫斯科、彼得堡，或是在国外，无论他走到哪里，女人都顽固地盘结在他的心头。他在塞瓦斯托波尔之围中“心境美好如天堂”，难说这正是因为连天的炮火驱散了他对女人的欲望，对死亡的恐惧战胜了“心如撞鹿”的感觉？

“心如撞鹿”，这是托尔斯泰在日记中使用过的词，强烈的情欲体验，无法自控的感觉。托尔斯泰能想到用这个词，证明他精神世界的一个角落里还残存着一点理性，他能看到自己心头的那只“鹿”。逐鹿床笫之乐的人，是不会分析自己的情感体验的，托尔斯泰式的性爱更倾向于“内省”“反思”，而不是赤裸裸的放纵。

托尔斯泰1857年旅居国外期间所写的日记，活画出一副好色之徒的模样。他在国外的行程是这样安排的：借道巴黎直达瑞士，遍游日内瓦、伯尔尼诸地，沿途青山秀水，风景美不胜收。不过他的日记很少涉及大自然：除了在巴黎逗留期间，旁观死囚上绞刑架的过程给他留下了深刻印象之外，剩下的内容基本上都与过眼的女人有关。

“热情洋溢的贵族女子，紧张到晕眩”“跟一位英国姑娘打情骂俏”“蓝眼睛的瑞士妙人儿”“女服务员让我失魂落魄”“到处都是酥胸浮凸的美女”“美女如云”“美瞳迷离的美女。特别想跟女人春风一度。漂亮的女人”“散步的女人——身材高挑”“女孩。两位结伴玩耍的姑娘，其中一位长着一双迷人的大眼睛。刹那间我春心萌动，但很快就意识到自己猥琐，脸红了。一座庄严肃穆的教堂里正在做弥撒，管风琴演奏着祥和的宗教音乐；大厅内不乏姿容艳丽的女子；长相平平的、有几分姿色的妇人，更是摩肩接踵……在十字路口一幢老房子前面碰到一位年轻美丽的德国女人，附近还有两位娇俏女子盘寰”“碰到一位娇小玲珑的女子，不过我躲开了”。

对托尔斯泰的行为，且慢过早做出道德评判。巴黎、瑞士、日内瓦湖……还有，这是托尔斯泰第一次游历欧洲，又赶上了春天的好时光，他的日记时间跨度恰在3—5月间。托尔斯泰的每一次“出逃”，冥冥中似有季节这个万能推手在操纵：这次“境外游”与6年前遁迹高加索的行为，都发生在春天。在国内，他跟阿尔辛尼耶娃情债未了，这次出国，他心中负疚多多。不过，结婚的愿望一直缠绕着他；在德累斯顿，他甚至轻易坠入情网，爱上了叶卡捷琳娜·利沃芙娜公爵小姐（“她很美丽、很聪慧、很纯洁、很柔婉”）；但她一泓静水般的外表下面隐藏着别样的深渊，那是他无法理解也万难接受的——“我真是个不可理喻的怪物！”在日内瓦，他差一点爱上了自己的堂姑母——亚历山德拉·安德烈耶芙娜·托尔斯塔娅，沙皇的宫中女官，比别的女人更了解他、体贴他，就精神层面看是他当之无愧的知己。可惜她比他年长10岁，如果他们是同龄人，那就好办了……

此时的托尔斯泰还是个藉藉无名的小辈，不比晚年蛰居雅斯纳雅·波良纳的那位文坛泰斗，誉满天下、呼风唤雨；不过他个性复杂，有出人头地的潜质。屠格涅夫在巴黎见过托尔斯泰一面后，在写给朋友巴·维·安伦科夫的信中说：“……他是个怪人，跟我接触过的任何人不一样，许多地方我看不透他。他兼具诗人、偏执狂、豪门贵族多种特征——有点像卢梭，但比卢梭诚实——品质高尚，却又刻薄成性。”

“美好”“玲珑”“美艳”是扰攘红尘中时隐时现的迷人面孔，托尔斯泰无法抗拒这些面孔的诱惑。但这个世界是多面的，美丽的外表只是一副面具、一种幻象，其后往往掩藏着魔鬼的身影。他的日记鞭辟入里，对美色的危险性有过深刻的剖析。及至暮年，托尔斯泰曾经考虑过整理他那些记录一生足迹的日记，删削其中荒诞不经的内容，以备身后公开出版。经过再三斟酌，他最后还是决定保持原状，作为上帝包容世间之恶、宽恕一切罪人的证据。

天道昭彰、报应不爽，这一点在托尔斯泰身上很快就得到了验证。1857年7月，他在巴登参与轮盘赌，输得“一个戈比都没有剩下”，不得不写信求屠格涅夫汇500法郎救急。时隔不久，国内又传出丑闻：他的小妹玛莎探知他的际遇，带着孩子离开了丈夫。“这个消息一下子把我震懵了，我气都喘不过来。”托尔斯泰在日记中写道。

当年7月末到8月初的日记中，托尔斯泰反复提到“身体欠佳”。他生病了，生的还是“老毛病”：1847年在喀山就曾罹患过、并催生他的第一篇日记的那种病——花柳病。

屠格涅夫收到托尔斯泰的求助信后，当即赶到了巴登。他发现托尔斯泰的处境非常糟糕：抱病在身、输光了身上所有的钱、妹妹的命运令他愁肠百结。更有甚者，由于谢尔盖不愿掺和小弟家的事务，列夫·托尔斯泰外出期间，雅斯纳雅·波良纳庄园的一切事务概由妹夫瓦列里昂打理。托尔斯泰带着满心伤痕，垂头丧气地回到俄罗斯。

这一次，他没能逃脱魔鬼的掌心。

魔鬼

1889年，托尔斯泰仅用10天时间创作了一部中篇小说，小说就叫《魔鬼》。这部小说不仅不在他的发表计划之内，为了防范妻子，他甚至将手稿藏到沙发套内，以免妻子瞄到，招致不必要的麻烦。这部小说是托尔斯泰心迹最真诚的坦露，可信度比之《童年》，实有过之而无不及。

这具“柜中骷髅”（说得更准确些：沙发套中的骷髅）深藏不露20年之久，直到女主人最终窥破端倪。

“今天，索菲娅・安德烈耶芙娜心绪不佳，好发脾气。”马科维茨基在1909年5月13日的日记中写道，“为小说的事，她反反复复地数落托尔斯泰，口气很严厉，语言也很尖刻……他辩解说，曾几何时写过那样一部的小说，他实在想不起了。”

想不起来了？就在前一个月的19日，托尔斯泰的日记中明明写着：“读了一遍《魔鬼》，心情异常沉重。”

《魔鬼》触及托尔斯泰夫妇家庭生活中最晦暗的一页，内容跟托尔斯泰婚前行为不检点有关。他爱上了雅斯纳雅・波良纳的一位农妇阿克辛妮娅・巴泽金娜，两人的关系维持了很久并育有一子。这段情弊，索菲娅・安德烈耶芙娜了如指掌。

托尔斯泰的女婿苏霍金写于1909年4月26日的日记中有这么一段话：

“列夫・尼古拉耶维奇驱车前往切尔特科夫家，中途还看望了一个农妇——她家晚间死过一个不知名的流浪汉。死者打的地铺，地面上就铺着一层干草，死后脸上还覆了几块破布。列・托尔斯泰命人撤去布屑，看到死者仪容端庄，表情安详。现场还围了好几个农民，托尔斯泰问其中的一位：

“‘你是谁？’

“‘我是这里的村长，大人。’

“‘你叫什么名字？’

“‘季莫菲・阿尼康诺夫[①]。’

① “阿尼康金”，雅斯纳雅·波良纳的人都这么叫托尔斯泰与阿克辛妮娅·巴泽金娜的私生子，季莫菲·巴泽金。村民指称，“很有头脑的农民，幽默风趣、巧舌如簧，跟托尔斯泰的婚生子很像。季莫菲的职业，就是给托尔斯泰的儿子们赶马车，平时很少在自己的家里住。”——作者注

“‘哦，好！好！’托尔斯泰嘴里应承着，身子退到穿堂里。女主人跟在他的身后，也到了外面。

“‘这个阿尼康诺夫什么来历？’列·托尔斯泰问道。

“‘名叫季莫菲，阿克辛妮娅的儿子，大人。’

“‘哦，好！好！’托尔斯泰漫不经心地回应道，似乎心有惴惴焉。

“我们登上四轮马上车，继续赶路。

“‘你们原先的村长是另一个人，舒卡耶夫。’托尔斯泰高向车夫发话道。

“‘他不干了，大人。’

“‘为什么不干了？’

“‘他管不住自己的，大人。经常喝得醉醺醺的。’

“‘现在这个村长不喝酒吗？’

“‘也喝的，大人。’

“这事发生的前前后后，我一直留心观察着托尔斯泰的反应，发现他应付裕如，无半点心虚自责或者局促不安的模样。事实真相是，这位季莫菲——托尔斯泰的私生子——长相跟乃父差堪仿佛，只是更加高大英俊一些。季莫菲是出色的马车夫，跟另外3名合法弟兄共同生活，但相处一直不太融洽：他贪杯好酒，为家人所不容。托尔斯泰忘了年轻时与阿克辛妮娅春闱欢接的往事，那些他在日记中连篇累牍写过的癫狂，还是着意披上一层伪装，掩盖过去，与往事作别，我在这里不便置喙。”

季莫菲·巴泽金生于1860年，先于托尔斯泰和索菲娅·安德烈耶芙娜结婚两年。年轻的女主人在雅斯纳雅·波良纳走动的时候，他已经长成满地乱跑的小小少年郎。索·亚历山德罗芙娜日记中有一段述及婚后第四个月头上做过的一个怪梦，内容与这个孩子有关：

“我在一座巨大的花园中游弋，雅斯纳雅·波良纳的姑娘媳妇们突然闯了进来。她们的穿着打扮与贵族小姐有得一比，个个油头粉面、花枝招展。她们踏着虚空鱼贯而入，一个接一个从我的眼前走过。走在最后的一位，是身着黑色长裙的阿克辛妮娅。我跟她说了不多几句话，心头便腾起一股无名怒火。也不知道从什么地方逮到的，但她的孩子就在我的手上。完全丧失理智的我将孩子撕成碎片，头、四肢全都揪了下来，抛撒在周围冰冷的泥土中。后来列沃奇卡来了，我告诉他我将被发配到西伯利亚服苦役。他躬下身子，将散落一地的手脚收拢到一起，安慰我说什么都不用担心，我只是拆毁了一件玩具。”

这只是一个普通的噩梦，发生在局外人身上，充其量只是一场虚惊，但索菲娅·安德烈耶芙娜不是局外人。她的梦境中之所以出现如此恐怖而又逼真的场景，女人的嫉妒只是诱因之一。她的日记写于1863年1月，其时她已经珠胎暗结，并且为她的初生胎起好了名字：生男叫谢尔盖、生女叫塔季亚娜。不对，这只是她一个人的初生胎，她的丈夫早就体验过初为人父的喜悦了。每念及此，作为人妻人母的索菲娅·安德烈耶芙娜内心深处经受的煎熬，只有她一个人知道。

托尔斯泰伯爵有一非婚生儿子遗落民间，且不出雅斯纳雅·波良纳这块地盘的谣言流传甚广，先是传进了索菲娅·安德烈耶芙娜的耳朵，尔后随着他们自己的孩子长大成人并纷纷步父亲后尘下地劳作，他们也从农夫的言谈中了解到相关真相。

雅斯纳雅·波良纳是天堂，但从一开始就徘徊着驱不散的荫翳；雅斯纳雅·波良纳是净土，但到处留有魔鬼抹不去的足迹。

托尔斯泰与农妇阿克辛妮娅的暧昧情弊，始于回国一年之后。1858年5月圣临节，一切就那么在一瞬间发生了。“美好的圣临节。四方云集的农妇多执稠李，一双弯曲僵硬的手，握着叶繁花暗的青枝。瓦西里·达维德金吞吞吐吐的声音，在清澈的空气里回荡。我看到阿克辛妮娅翩若惊鸿的身影一闪而过，令人意乱情迷。这些日子我一直在等这个影子，最近还干过在深林中潜伏这样的蠢事。这只是徒劳无功的守候，因为她是别人家的媳妇，我真是蠢到了极点，畜生不如。想到自己的种种不堪，我的脸一下子红到了耳根……我爱上了她，生命中从未体验到的爱。她占据了我的全身心，我很痛苦，却无力自拔。明天！明天倾尽全力！”

1858年夏天，托尔斯泰经历了一生中最晦暗的日子。“感觉自己垂垂老矣，整日无精打采。这个夏天好漫长。”托尔斯泰在日记中写道。他沉溺在与阿克辛妮娅的肉体之欲中，双方关系持续了两年之久，对他的道德形象造成了不小的冲击，也冲淡了他正当的社会关系。他们的情感发展到那一步，以致在他的心目中，这个普通农家妇女比外省乃至首都大家闺秀更加美好。他从这个女人身上得到了贵胄女子没有的东西——她不是一具简单的女性躯壳，而是一位妻子；她不是农奴的妻子，而是他本人的妻子。

如果说这场不道德的恋情开始的头一年，托尔斯泰回想阿克辛妮娅的时候多少还带点“嫌恶，不忍直视她赤裸的肩膀”，10月份他们已经打得火热，而他开始对他们之间的这种不正当关系安之若素了。半年后，他自知泥足深陷，再也无法从这段孽情中解脱出来。“我找了她很久，可到处看不到她的身影。我已经习惯了有她的日子，每次见她，我不再心如撞鹿，那感受就如同夫妻交会。很奇怪，我想重温初识时的那种心潮澎湃、那份极致快乐，但我找不到了。”

这是托尔斯泰内心世界的真实披露。耽于肉欲、背离道德人生，他构建“家庭天堂”的美梦，被击得七零八落。

这样的事，缘何能够发生？年轻贵族与女农奴苟合，女农奴的丈夫为了养家糊口，跑到城市里挣钱、服劳役，难耐青灯孤枕的女人经不起诱惑。这样的丑事，到处都有发生。

他跟平民（农奴）女子之间的风流韵事，这还不算第一桩。《哥萨克》中声名远播的哥萨克女郎玛丽亚娜不是凭空虚构的人物，现实生活中有她的原型，名叫所罗门妮达。托尔斯泰写于高加索的日记中，曾经提到此人：“喝得醉醺醺的叶皮什卡（小说中的‘叶罗什卡’。——作者注）昨天晚上告诉我，跟所罗门妮达的事进展顺利。我想得到她。”

从塞瓦斯托波尔归来，托尔斯泰时而住在莫斯科，时而住在雅斯纳雅·波良纳，“浸淫声色犬马”，“锐气渐失”。“情欲非常可怕，削肉蚀骨。”“在花园里漫无目的地行走，很想逮着一个女人，扑倒在树丛里。心志尽失，天下没有任何事情能如此强烈地刺激我、干扰我的工作。想尽一切办法找个女人，爱两个月”。“很好的农家妇女，风姿绰约、楚楚动人。堕落的欲望比堕落本身更可耻，我对自己的龌龊深感痛心。”

他如愿以偿地“堕落”了：不唯抱得美人归，还超额完成了时间任务：原定两个月的纵欲，变成了两年的风流。

为什么对哥萨克女子所罗门妮达的倾慕催生了诗意盎然的文学杰作《哥萨克》，而对雅斯纳雅·波良纳农妇的爱恋独独变成了难以摆脱“魔障”？

究其原因，还在于托尔斯泰的“家庭规划”。在写给耶戈尔斯卡娅的信及在《一个地主的早晨》这部小说中，他备极详尽地描绘了自己的家庭生活梦想，并着手物色雅斯纳雅·波良纳的女主人，可与自己并肩携手共建未来的人生伴侣。他不是本着务实的态度，从一个经营者的角度出发勾勒庄园的蓝图……他是天才艺术家，他驾驭着想象的翅膀飞遍庄园的各个角落，雅斯纳雅·波良纳的未来图景细腻逼真、栩栩如生，宛若现实生活一般。阿克辛妮娅在他的心目中，就是现状与未来之间的纽带，是天堂路上的驿站。

可他骤然发现，阿克辛妮娅不是过眼烟云，不是满足生理需要的器具，不是招之即来、挥之即去的发泄对象。她入驻到他的灵魂深处，盘踞在他家庭梦想的核心位置，顽固地扮演着妻子的角色。

在《魔鬼》一书中描写的地主叶甫根尼·伊尔捷列夫（联系《童年》主人公尼科林卡·伊尔捷列夫，姓氏完全相同），无疑就是托尔斯泰本人，只是细节上做了变通处理，叙述有所保留而已。对此，托尔斯泰似乎无心掩饰。叶甫根尼毕业于大学法律系，而托尔斯泰也曾在彼得堡参加过非在校生资格考试，想通过自学的方式获取法律文凭；叶甫根尼在弟兄分家时得到一处田产，这种事实实在在地发生在托尔斯泰身上；叶甫根尼从俄罗斯帝国部委入手，开启自己的仕途生涯（内务部），托尔斯泰年轻时也曾抱有这样的梦想；叶甫根尼返回自己的庄园以后，想过"摒弃父亲的一切做法——他不擅经营，是太阳底下最糟糕的地主——复辟祖父时代的生活方式"，而列夫·托尔斯泰的父亲不是"糟糕的地主"，但他一味守成，沿袭了岳父沃尔康斯基公爵管理庄园的那一套；恰如写给耶戈尔斯卡娅的信中所说，他作为儿子、作为外孙，发扬光大的正是外祖父的荣光。叶甫根尼孔武有力，"中等个子，身板结实、肌肉发达、血气方刚、红光满面，两瓣绛唇包裹着白得发亮的牙齿"，而托尔斯泰是运动迷，锻炼一向抓得很紧，举杠铃、翻单杠这一套玩意儿，他坚持了一辈子。

这些性格上的相似点还是次要的；主要的是，对叶甫根尼经营自己的庄园的严重干扰因素，便是情欲。"他不是纵情声色的浪子，但也不是清教徒，这一点连他自己都不否认。他说过，只要是为了满足最低生理需求、维护精神自由，适度的放荡是合情合理的……"

"他"对谁发表过这番高论？这个"他"不是别人，正是托尔斯泰自己。别忘了他白纸黑字写在日记中的那句话："天下没有任何事情能如此强烈地刺激我、干扰我的工作"（指情欲）。

与青年时代的托尔斯泰一样，叶甫根尼是知识分子，是有抱负有"规划"的人。他想把自己的庄园打造成人间天堂、经营典范，他想找一位德才兼备的仕女结成伉俪，共筑爱巢。他的这一系列构想非关钱财，也不是一时心血来潮，这是他的信念、他的理想。

很不幸，"枯燥的乡村生活使他备感苦闷难熬。难道他必须逃离这里、去光怪陆离的城市里寻求慰藉？他该去向何方？"

就在百无聊赖之际，斯捷潘妮达闯入叶甫根尼的世界。光看她的名字，就与所罗门妮达、阿克辛妮娅就有脱不开的干系：这三个名字发音有重叠。这些名字很平民化，但不是很大众化，"男性化"[①]是其共有的特性。

小说结尾，性格趋于成熟的叶甫根尼如此评价斯捷潘妮达："她是魔鬼。不折不扣的魔鬼。她企图违背我的意志，强行占有我。"换一种说法，就是："上帝啊！不对，这个世界上就没有上帝，有的只是魔鬼。她，就是魔鬼的化身。她强行占有我。我不想这样，不能这样。魔鬼，就是魔鬼！"小说初稿中的叶甫根尼饮弹自尽，二稿中改成了杀死斯捷潘妮达。无论自杀还是杀人，都证明当时的叶甫根尼精神状态已近疯癫。围绕这个问题，小说末尾的点评可谓振聋发聩："如果说叶甫根尼·伊尔捷列夫疯了，那么世人都是疯子——看到别人的疯狂、看不到自己的痴癫，这样的人才是真正的疯子。"

通过叶甫根尼的情史，结合作者自己与阿克辛妮娅的情路历程，托尔斯泰试图诠释一条宇宙真理：男人逐情，如飞蛾扑火，这是宿命。不明白这个道理的人，比伊尔捷列夫还疯。

《魔鬼》的创作时间比《克莱采奏鸣曲》（1888年）晚，依此类推，自然也不会早于《〈克莱采奏鸣曲〉后记》（以下简称《后记》）的完稿时间。在《后记》中，托尔斯泰为男女之爱、为婚姻下了这样的结论："在这个世界上，符合基督教义的婚姻从来不曾有过，也不会有……"

《克莱采奏鸣曲》的成稿时间先于《魔鬼》，不过单就故事情节来看，反倒像是《魔鬼》的续集。杀死斯捷潘妮达之后，叶甫根尼被判定系在精神失常的状态下实施犯罪，从而得到从轻发落，仅被处以教会监管的处罚。从羁押所到修道院，叶甫根尼风光难再，变成了一个十足的酒鬼。而《克莱采奏鸣曲》中犯下杀妻罪行的

① "斯捷潘""所罗门""阿克辛"等，多用于男性命名。——译者注

主角波兹德内舍夫也是仰仗陪审团的恩典，最后重获自由。他在案件审理期间常“以茶代酒”，与同道中人一起狂饮浓茶。他是一个灵魂支离破碎的心理疾病患者，但他坚信，这个世界上就他一个明白人，别人的精神都不正常。波兹德内舍夫发现（这个发现对他来说，未免有些姗姗来迟），天下女人都一样，无论她是自己的妻子，还是别人的妻子。所谓婚姻，就是披着合法外衣的犯罪。

晚年托尔斯泰对婚姻所持的态度，并非全盘否定。不过他认为，男人应该娶最先“得手”的女人为妻。这个观点他一直坚持到死，并且不止一次地在公开场合宣讲过，哪怕有索菲娅·安德烈耶芙娜本人在场，他也不闪不避。

这就是托尔斯泰—伊尔捷列夫—波兹德内舍夫悟出来的“大道”。如果托尔斯泰从1850年起直到生命的最后一刻均持此见，亦即将自己的妻子与普通街头女郎等量齐观，他不可能维持与索菲娅·安德烈耶芙娜长达50年的婚姻，也就不会有《战争与和平》《安娜·卡列尼娜》等旷世杰作。

也许是震惊于自己的发现，陷入疑惧的托尔斯泰在1859年1月1日的日记中写道：“应该在年内结婚，迟则不及。”

别尔斯一家

1860年5月末，托尔斯泰在日记中披露：“没有看见她（阿克辛妮娅。——作者注）。到了晚上……我跟她的关系如胶似漆，太可怕了。”这段时间，雅斯纳雅·波良纳整个庄园的事务也不尽顺利，托尔斯泰进退维谷、深感绝望：“我的庄园运转不灵，我感到压力重重。”（写给费特的信）

7月，托尔斯泰带着妹妹玛丽亚一同去了国外，目的地是索登。中途经过莫斯科，他在日记中做了一个简短的标记：“莫斯科。别尔斯家。”他们的哥哥尼科林卡（即长兄尼古拉——译者注）在索登感染肺结核，于12月20日客死法国的吉埃尔，这件事给托尔斯泰带来了巨大的精神打击。

“何必碌碌终日、蝇营狗苟，看看尼·尼·托尔斯泰，一条鲜活的生命，说没就没了，什么也没有留下。”他在写给费特的信中说。

生命是走向死亡的旅程。死，不可避免，不可理喻，托尔斯泰的心灵受到了强烈的震撼。他万念俱灰，甚至决定放弃他的文学创作事业。“明天，你就要面对死亡，面对集世间所有卑劣、虚伪、自欺欺人之大成的死亡，你将归于尘土、化身尘土。”“带着满腔热忱追求真理、宣扬真理，愚不可及。”这是你唯一能够留给世人的一抹幻象，“不过不能用小说的形式表达你的思想。艺术就是谎言，我已经无法容忍美丽的谎言”。

同时他还疑神疑鬼，认为自己也患有肺结核。他辗转欧洲各地，被臆想的病魔吓得食不甘味、寝不安枕。吉埃尔—巴黎—尼斯—佛罗伦萨—利沃尔诺—那不勒斯—罗马—伦敦—布鲁塞尔—莱茵河法兰克福—埃森—魏玛—德累斯顿—柏林：这就是托尔斯泰的旅行路线。他边“一路逃奔”，边研究欧洲各国学校教育工作现状，5月份回到雅斯纳雅·波良纳的时候，他的工作着力点已经发生了很大的改变，兴趣转投儿童教育事业——并美其名曰他的“最后一位情人”。

1862年与索菲娅·安德烈耶芙娜喜结连理之前，托尔斯泰又是怎样的一个人？

（1）他本来体魄强健，但一直认为自己患有什么隐疾；

（2）他怕死，怕得要命；

（3）他追欢逐乐，却又怕与异性的肉体接触；

（4）他是公认的俄罗斯文坛领军人物之一，威望仅在屠格涅夫之下。但他宁愿放弃既得的成就，投身国民教育事业；

（5）他虽多方着力，但在生产经营活动领域表现平平，没能成为优秀的地主；

（6）他是个古道热肠的人，但“讲究章法”，遇事绝不冲动；

（7）他是个自我中心主义者，内省多于俯仰他人的意见，这一点是毫无疑问的。但他对身外世界保持着高度的敏感性，关切民间疾苦；

（8）他不是基督徒，但他信仰上帝；

（9）结婚是他最大的愿望。

了解了托尔斯泰复杂的精神内涵，有幸接受他递过来的花篮的女士，就会知道这只篮子有多棘手了。也难怪托尔斯泰“待价而沽”，总不肯轻易将自己交于妇人之手。最后，他将目光投向了别尔斯一家……

托尔斯泰跟别尔斯一家颇有渊源，从一开始就相处欢洽。托尔斯泰跟他未来妻子的母亲是儿时的玩伴，自小就爱慕有加。根据传闻，托尔斯泰对偶像变岳母的现实起初还不能适应，在强烈的失落感驱使之下，甚至将柳芭契卡[①]从雅斯纳雅·波良纳的阳台上推了下来。

柳波芙·亚历山德罗芙娜·别尔斯出嫁前的姓氏是伊斯拉维娜，其父亚历山大·米哈伊洛维奇·伊斯林尼耶夫与尼古拉·伊里奇·托尔斯泰毗邻而居。他是一位标准的俄罗斯贵族，《童年》中父亲的角色，事实上由他扮演，而不是列夫的亲生父亲尼古拉·伊里奇。

伊斯林尼耶夫家的领地克拉斯诺与雅斯纳雅·波良纳相距35俄里，两家的主人经常在一起行猎，这家人携妻带子再搬上仆役到另一家做客，一住就是个把月，这样的事也屡见不鲜。没地方睡觉不要紧，随便找个角落，铺一叶草席、一块毛毡，一大队人马就安顿下来了。

柳波芙·亚历山德罗芙娜不是严格意义上的婚生子女。她的母亲，科兹洛芙斯卡娅公爵小姐，离开了合法丈夫，跑到克拉斯诺村与伊斯林尼耶夫私相嫁娶，她是两人爱情的结晶。这件事在上流社会掀起了一阵轩然大波，因为科兹洛芙斯卡娅的身份非同一般，她婚前曾做过宫廷侍从女官。科兹洛夫斯基公爵对女儿的行为极不满意，因为他从中作梗，这桩婚姻未被认可，伊斯林尼耶夫这个姓氏的冠名权从而被剥夺，他们的子女改姓“伊斯拉维纳”。[②]

托尔斯泰夫人母亲这一系是纯粹的俄罗斯贵族，家族史源远流长，传奇色彩浓厚。良好的家世，不可能不打动《童年》的作者。别尔斯—伊斯拉维纳家族的人，每每从《童年》的情节中捕捉到自己的影子，所以奉这本书如世之圭臬、人间至宝。索涅契卡·别尔斯更是得闲便览，对通篇内容稔熟到出口成诵、倒背如流的程度。

在没有与别尔斯一家建立正式姻亲关系之前，托尔斯泰即以作家的身份先声夺人，在这家人中发展出了诸多拥趸；另一方面，他跟未来岳母的关系非同一般，指代对方老早就用上了“你”字，“柳芭契卡”“列沃奇卡”是他们相互间常用的称谓：妻子还没着落，岳母这一关早过了，这样的婚姻水到渠成。换个角度看问题，对于雅斯纳雅·波良纳的二号人物耶戈尔斯卡娅姑妈来说，柳波芙·亚历山德罗芙

---

① 柳芭契卡，柳波芙——托尔斯泰岳母的爱称。——译者注

② 女子姓“伊斯拉维娜”。—译者注

娜也不是外人：她们是一个瞅着一个长大的。有了这层关系，姑婆—侄媳之间起不了多大的隔阂。

托尔斯泰不够圆滑，社交能力低下。他对自己的长相有自知之明：长脸大鼻子、眉毛散乱、一双灰蓝色的小眼睛深陷在眼窝里，这副尊容，跟“英俊”二字实在不搭界。在别人的家里他常感局促，但一到别尔斯家，他就有宾至如归的感觉，一切都显得那么简单。

托尔斯泰在莫斯科逗留期间，曾以拜访故交旧友的名义徒步前往别尔斯一家位于帕克罗夫的别墅，在那里吃了饭，住了一夜。次日一大早，柳芭契卡那位忠恳善良的丈夫，安德烈·叶甫斯塔菲耶维奇·别尔斯，用自己的四轮轻便马车搭送托尔斯泰回莫斯科，以便后者继续未竟的行程：赶赴克里米亚。

安德烈·叶甫斯塔菲耶维奇是克里姆林宫的宫廷医生。他家也是古老的贵族，不过是德裔。他的母亲出身于俄罗斯名门望族，父亲在莫斯科开药店，属于富商大贾这个阶层。1812年的那场莫斯科大火[①]，本来将他的家业烧了个罄尽，好在经过多年的苦心经营，元气差不多完全恢复了。他的两个儿子亚历山大和安德烈，均毕业于莫斯科最好的私立德裔寄宿中学，后入莫斯科大学医学系学习。毕业后，安德烈·叶甫斯塔菲耶维奇以家庭保健医生的身份，跟随谢尔盖·尼古拉耶维奇·屠格涅夫及其妻芭芭拉·彼得罗芙娜、其子瓦涅奇卡（后成俄罗斯古典文学研究大师）奔赴巴黎，回国后供职于枢密院，克里姆林宫专为其分配了宅邸。在尼古拉·巴甫罗维奇执政期间，他获得了御医总监的头衔，羽翼渐丰，开始张罗恢复贵族名爵、启用族徽（所有资料均在1812年付之一炬）。最后这一家人得偿所愿，顺利晋身贵族之列，不过族徽中少了标志性的“熊”（“别尔斯”德语原文的意思就是“熊”）。

安德烈·叶甫斯塔菲耶维奇年轻时可是少女杀手，他跟芭芭拉·彼得罗芙娜·屠格涅娃也有一腿，并诞下一女。此女身世复杂，既是屠格涅夫的妹妹，也是托尔斯泰的妻妹。芭芭拉·热托娃身后留有一部相当有趣的回忆录。根据传闻，俄罗斯无政府主义精神领袖彼得·阿列克谢耶维奇·克鲁泡特金公爵也是其家聘用的

① 1812年，拿破仑大军攻入莫斯科，市民自发燃放大火，将这座千年古都烧得面目全非。

家庭医生——别尔斯的骨肉。

安德烈·叶甫斯塔菲耶维奇勤谨务实、心思纤巧之人，他排行居中的女儿——索菲娅就继承了父亲的日耳曼性格，实用主义外加诗韵主义，有时敏感到歇斯底里的程度。他是个刚毅果决、持家有道之人，家人偶感沉闷压抑，在所难免；不过他在自己的这位“宝贝女儿”面前，可是父爱泛滥、关怀备至的。事实证明，他也是一位优秀的岳父大人。女儿出嫁后，他写给女婿、女儿的那些信，读来暖意融融，令人展颜。

1862年12月24日：“我亲爱的朋友，你们旅途顺利吗？我在想，你们团聚的场面到底有多热闹。烦请向塔季亚娜·亚历山德罗芙娜转致我的问候，并躬问谢尔盖·尼古拉耶维奇（列夫·托尔斯泰的兄长。——作者注）大安。拥抱你，我亲爱的索妮娅，代吻你的丈夫。妈妈亲吻你并祝福你们。我们一整天都在谈论你们。再见，爱你们的老爸。”

12月27日：“你结结实实地吻过你那善良可爱的丈夫了吗？——替我吻一下，再好好揪一下他那把大胡子！”

一对新人去雅斯纳雅·波良纳未久，安德烈·叶甫斯塔菲耶维奇即一再敦促他们来莫斯科居住，允诺为他们在克里姆林宫内张罗一间宿舍，或者在周边区域租一套廉价舒适的住宅。他的姿态拿捏得恰到好处，既表达了殷殷期盼之情，又没有丝毫强人所难的语气。他声称，只要他们能来，他乐于亲自上阵，为他们采办生活用品。他说这话绝不是开空头支票，因为乐于此道，平时家中一应日常补给，都是他赤膊上阵亲自办理的。首先，作为一名经验老到的医师，他从索菲娅信中述及身体欠安诸情状中，推知女儿已经身怀六甲。他百般抚慰女婿列夫·托尔斯泰，对女儿只提了一些日常饮食起居方面的注意事项，诸如不能长时间滑雪橇、不能吃不易消化的食物以免挤压子宫、对付呕吐吃一点法国产非处方药“tranche de citron”，其义即为“柠檬片”——不过，千万不能误吞柠檬皮！

订婚后时隔不久，别尔斯一家就将子女中不大不小、居于中间的女儿遣送到了雅斯纳雅·波良纳。这桩看上去非常美满的婚姻还留下了一段插曲：大女儿丽莎直到妹妹出嫁的那一刻，还以列夫·尼古拉耶维奇的心上人自居，认为她才是最爱他、最配他的那个女人。

别尔斯夫妇育有三个女儿，从大到小依次是丽莎、索菲娅、塔妮娅。显而易见，这三姊妹同时爱上了托尔斯泰！爱上了一个对自己的“尊容”——鼻子不像鼻子、耳朵不像耳朵、眉毛不像眉毛——不抱任何幻想的男人。但是对于一位祖上靠经营药店白手起家、父亲充其量只是一位小不起眼的御医、在上流社会眼里连娶非婚生贵族女子柳芭契卡·伊斯拉维娜的资格都没有（“你，亚历山大，活生生把自己的女儿塞给了一个音乐家！”——这里所谓的“音乐家”，也就是街头卖唱的艺人、杂耍师傅之流。这番话出自柳波芙的祖母达丽娅·米哈伊罗芙娜·伊斯林尼耶娃之口。她继承谢列梅捷夫家族一脉，自恃身世显赫，对儿子的行径大为不满）的“小家碧玉”来说，托尔斯泰是超凡入圣的男子、不可多得的佳偶。托尔斯泰本人的心目中，她们个个奉礼如仪、“乖巧可爱”（托尔斯泰日记中的措辞）。

那个时候的托尔斯泰，还没有穿著名的“托尔斯泰套装”——这套标志性的服饰，连同肥腿裤都是索菲娅·安德烈耶芙娜的杰作。他衣着考究、打扮光鲜，一身行头均来自莫斯科和彼得堡制作精良、收费高昂的制衣店。著名作家、青年军官，如果不是性情落落寡合，他说不定还能得到皇室的恩宠。天纵之才、皇家红人，头上顶着这么一道耀眼的光环，到了御医家里，蓬荜生辉的效果自然就有了。即使已经做了托尔斯泰的妻子，当自己的丈夫对沙皇专制政体妄加厥议、公然站到统治者的对立面时，她依然痴情不改，对丈夫亦步亦趋。当然，托尔斯泰能让“乖巧可爱”的别尔斯三姐妹倾倒，仰仗的肯定不是中尉军衔，那到底是什么呢？凭借能弹会唱的本事？还是以母亲同龄人的成熟厚重，与她们平起平坐，像对待大人一样邀她们“共舞”？抑或是因为他“礼贤仕女”，甘愿当牛做马，让三姐妹中最小的塔妮娅当马骑，听凭小丫头呼来唤去满屋子乱跑？

“我们这里没马骑了。”安德烈·叶甫斯塔菲耶维奇写信给住在雅斯纳雅·波良纳的托尔斯泰夫妇，引诱他们到莫斯科居住，“塔妮卡（塔妮娅的爱称。——译者注）一门心思等着骑你丈夫的脊背，几乎望眼欲穿了。”

看得出来，托尔斯泰是别尔斯三姊妹的偶像。这三位心性不一的姑娘，为了一个共同的目标：欣赏衣冠楚楚、身份高贵的托尔斯泰，凑到一起来了。托尔斯泰辗转军营、故乡或者出国考察时，每次顺路造访克里姆林宫、帕克罗夫，别尔斯一家都会欣喜欲狂。回味托尔斯泰做客期间的一言一行、等待这位贵宾再一次大驾光临，几乎是别尔斯一家人最大的愿望。

托尔斯泰理解别尔斯一家人对他的钟爱，并在温馨馥郁的氛围中汲取生命的营养。没有爱的阳光雨露时时滋润，任何人灵魂深处绽放的艺术之花，都会枯萎、凋落。

生日收到这样一封别致的“邀请函”，岂非快事一桩：

> “我代表全家人向您，亲爱的列夫·托尔斯泰伯爵，送上一份生日的祝福，并诚邀您今天过府一叙、宴饮留宿。如果您方便出行，用不了小半天时间，我上午就可以将您载到莫斯科。希望善良的列夫·托尔斯泰不吝一悟，以慰家人切切盼望之情。——不久前，您的造访曾给这个家带来无尽的乐趣，诚望今次得遂所愿。
>
> 至诚至爱的：别尔斯”

这封信的背面还有一段话，不过准新郎看后高不高兴，那就另当别论了：

“根据老习俗，这一天列沃奇卡和柳芭契卡还应该跳舞助兴。考虑到年龄偏大，我们不妨选择一些安静的方式庆祝生日：同去帕克罗夫，举办一场家宴，大家坐下来畅聊往日生活的点点滴滴，回顾年轻时光、体味美好童年。柳·别尔斯。”

准丈母娘嫌女婿老，这话列·尼·托尔斯泰听着可不大顺耳，何况他的婚姻人事，在1862年8月就尘埃落定。他追求到手的，不是大女儿丽莎，而是二女儿索菲娅。

托尔斯泰以老朋友的身份，本可以堂而皇之地出入别尔斯家的大门。不过起始阶段他的拜访时断时续，并无章法。

托尔斯泰求婚的过程跌宕起伏、精彩纷呈，总体上可以划分为几个阶段。1856年5月，托尔斯泰从塞瓦斯托波尔军营回乡省亲，中途在莫斯科盘桓数日，乘间拜访了他儿时的玩伴柳波芙·亚历山德罗芙娜·别尔斯，探知她育有三位豆蔻年华妙如玉的女儿。事有凑巧，那天女仆有事告假，三位女儿（丽莎12岁、索菲娅11岁、塔妮娅9岁）奉命端传膳端菜、伺候尊贵的客人（席间除了托尔斯泰，还有姑娘们的外祖父康丝坦丁·亚历山大罗维奇·伊斯拉文）。小女孩逮着这样的机会，个个欣喜欲狂！

三个女儿中，表现最好的当数中间的索菲娅。虽然大家心照不宣，但她自幼尽得父母之偏爱，却是不争的事实。大女儿丽莎个性机敏聪颖、好学上进，但她不怎么讨大人的欢心；小女儿塔妮娅仗着众人的宠爱，惯得调皮娇气、胡天胡地，是个不折不扣的“捣蛋鬼”。大的头埋在书里、小的头塞在蜜罐里，家里一有大小事情，能支应的就只有中间的一个了。

从任何一个角度看，别尔斯一家人都很正统。父亲百般娇惯女孩子，培养闺中淑女、未来贤妻良母的责任，女主人自然责无旁贷。塔妮娅惯得是有点儿过头，不过丽莎、索菲娅家教甚严，做事循规蹈矩，持家理事方面的技能也得到了很好的训练。“除了上课，我们两姊妹还得学着干一些缝缝补补的活儿……”索菲娅·安德烈耶芙娜在回忆录中写道，“日常家务劳动，我和丽莎也要参与。年龄一满11周岁，我们就得早睡早起，先给爸爸煮咖啡，然后取出仓房里的食材，转交给我家的女厨师做早餐。这一切常规任务完成之后，9点钟左右我们又得准备上课……父亲很惯我们，我们需要的东西，他买；我们不是十分需要的东西，他也买。母亲的态度跟他大相径庭，她在培养子女方面有自己的一套。她怕我们的生活太过‘奢侈’，天长日久就会耽于物质享受。她给我们安排一些强制性的任务，诸如缝制自己穿用的衬衫之类衣物，修修补补、播弄什物、料理家务……什么都让我们干。另外她还比较古板。在她看来，女孩子在没有制服仆人陪同的情况下，私自东游西逛或者乘车出行是不可想象的。”

“在柳芭契卡·别尔斯家吃了饭，伺候我们的是那几个孩子。”托尔斯泰在5月26日的日记中写道，“多么可爱、多么天真烂漫的女孩！”

十多天前，他曾经发过宏愿：“不放过享受的机会，但绝不主动追求。自立规矩：永不踏足酒肆娼寮……”可就在同年的4月，他去彼得堡处理公务及文学创作方面的一些事务，期间在日记中写下这样的话：“跟屠格涅夫起了争执。我召妓了。”

毋庸讳言，托尔斯泰这样阅历丰富的成熟男人，与那些举案齐眉、绕着桌子服侍他的“天真可爱的孩子们”之间存在巨大的心理落差。6年后，这三位姑娘中的一位长大成人，成了他的贤伉俪。我们不妨从她的回忆录中摘录一段文字，领略索菲娅少女时代的一瓣心香：

“我15岁那年，堂姐柳芭·别尔斯有一回来我们家做客。其时，她姐姐娜塔莎出阁不久，她神秘兮兮地给我们讲了一番婚姻的奥妙。我当时还是一个懵懵懂懂的小姑娘，直听得毛骨悚然，扑倒在床上号啕大哭。妈妈听到动静，跑过来问我怎么回事。我哀哀泣告道：‘妈妈，您帮帮我，让我忘记……’”

“……那一刻我暗下决心，”索菲娅·安德烈耶芙娜接着写道，“有朝一日，如果我不得不踏上婚姻之路，我一定要嫁一位跟我一样纯洁的男人。”

关于夫妻间忠实与纯洁的话题，索菲娅·安德烈耶芙娜的叙述疑云重重。她1904年开始撰写回忆录，其时她对丈夫的为人已经有了足够全面深入的了解，包括他日记中“天真可爱的女孩”与妓女等字眼毗邻而居的事实。另外，托尔斯泰的小说《复活》也已创作完成，其主人公——她的丈夫击节叹赏的玛丝洛娃——就是一名妓女。索菲娅·安德烈耶芙娜不喜欢这部小说，原因不在艺术性方面存在的瑕疵，而在“两性”方面的放纵和道德沦丧。“读着小说中妓女生活细节的描述，想到我们的丈夫、我们的儿子、我们的父亲都是这些欲望禽兽的帐下客，着实令人作呕。而我们，纯洁无瑕的姑娘，却一个个沦为这些禽兽的替代品。列夫·尼古拉耶维奇对这类人的刻画细致入微、纤毫毕现，让我想起了他青年时代在勾栏院中的风流韵事，对此他不仅在自己的日记中不止一次提到过，还在我面前公然炫耀过。那段时间（指托尔斯泰创作《复活》期间。——作者注），我一直尽心竭力地抄写列夫·尼古拉耶维奇日记，制作博物馆和雅斯纳雅·波良纳两地收藏的副本。誊写那些不堪寓目的文字，在我真是莫大的煎熬。”

可是，1856年春天的帕克罗夫，坐在满心欢喜的索菲娅面前的，可不是日记曝光之后的托尔斯泰、不是写过《复活》的托尔斯泰，而是顶着《童年》光环的托尔斯泰，是《评论》《现代人》等爱国报刊的撰稿人。他写的“塞瓦斯托波尔战纪”，连沙皇都爱不释手。

这是托尔斯泰恋情的前奏曲。两年后的1858年12月，托尔斯泰再度造访别尔斯庄园，他的日记中出现了两年前用过的字眼：“可爱的女孩！”不过托尔斯泰言尽于此，并没有对三姊妹中的哪一位表现出特别的兴趣。“可爱的女孩”，这只是一个笼统的概念，是针对三姊妹群体而发的感言。不过此处出现了一个惊叹号：这个符号，在托尔斯泰的日记中并不多见。这年索菲娅14岁，出落得亭亭玉立、仪态万方，但托尔斯泰并不对她特别垂青，他的心另有所属：他爱的是她们的妈妈，柳波芙·别尔斯。

翻开1858年的日记，托尔斯泰的心事，跃然纸上：

“……图切娃……冷淡、猥琐，一身贵胄女子自命不凡的傲气。胡闹！”“亚历山德林·托尔斯塔娅老了，在我的眼里不再是女人。”“去了一趟图切娃家，如坐针毡……”“农妇在花园里刨东西，我心跳气喘……”“娜杰日达·尼古拉耶芙娜身边没人。她应该还在生我的气，不过这会儿笑得真甜蜜。她要是没患鹅掌风就好了。”“跟姑妈的关系一如既往的好，在一起生活很愉快。”“今天看到娇小玲珑的阿克辛妮娅了。好可爱……我堕入了情网，爱她爱得史前例，爱得忘记了一切。”“占有了阿克辛妮娅……但她让我的心凉了半截。”“屠格涅夫对玛申卡不好。”“看见瓦列里娅了——心静如水。我甚至懒得反思我们之间的情感纠葛。”

这些日记片断中有三处值得关注的地方。托尔斯泰只对与自己关系切近的人动情——姑妈耶戈尔斯卡娅、妹妹玛莎（当时恋上了屠格涅夫，一厢情愿地希望自己的恋情能够开花结果）。不过他不会滥施温情。无论是谁，只要得罪了他的家人，他的爱就会转化为恨。“坏蛋”，这是他给屠格涅夫下的定义。其人唯一的罪错就是，处处留情，并且首鼠两端。他用情还有一个特点：稍有姿色的农妇都能入他的法眼，阿克辛妮娅只是其中的一个典型。他感情世界的第三个特征就是：只要掺和上求偶心理，对女人的态度就会变得冷酷严苛——叶卡捷琳娜·图切娃、瓦列里娅·阿尔辛尼耶娃，就是例子。

托尔斯泰对女人有真情吗？这个问题很复杂，遽难定论。

从一个方面看，晚年托尔斯泰的“惧内”，路人皆知。家人常拿这个话题取笑他，索菲娅·安德烈耶芙娜还因此大光其火。关于女性的解放问题，托尔斯泰说过一些以当时的文化氛围来衡量而相当激进的话，包括未婚女子上学、当助产士不应受到任何限制之类论调。他有一句流传甚广的名言：关于女人的真话，他只会站在坟墓旁边说——跳到棺材里，说出真相，阖上盖子。从另一个方面看，他对女儿倾心呵护，爱得无以复加，除了经常交流享受父女天伦之外，还对女儿的婚后福祉百般照拂，不能容忍女婿行为不端。

托尔斯泰跟女性的关系，不能用“惧内”——怕女人一言以蔽之。他创作的琳琅满目的女性形象：娜塔莎·罗斯托娃、玛丽亚·包尔康斯卡娅、吉蒂·列文娜、卡秋莎·玛丝洛娃等，如果个个打上“可怖”的烙印，岂非大谬？

不过，托尔斯泰对待女性的态度，也不能用一个“爱”字来概括。从青春萌动的那一刻起，直到咽下最后一口气，他的一生都在对女人的恐惧、兴趣和对性爱的忏悔中度过。

进入20世纪，托尔斯泰的“惧内”为他的同性恋倾向制造了口实。不幸的是，他的言论也暴露出自己蓝调的一面。我们这里引用他的大段表述，借以探究他的内心世界。

“我从来没有真正爱过女人。13或者14岁那年，我情窦初开，对女性有了强烈的渴慕之情；但不我认为那就是爱情，因为我眷恋的对象，是一位身高马大的女服务员（当然，她的脸蛋儿长得很好）。13—15岁，正是意乱情迷的岁月，这个年龄段的孩子（少年）欲望强烈，却无处发泄。我常常爱上男人：爱过的第一拨男人是两位普希金，第二拨是萨布罗夫，第三拨是齐宾和季亚科夫，第四拨是奥勃良斯基、布洛斯菲尔德、伊斯拉文，还有歌德……我爱男人的前提是，知道我们有педрастии[1]的可能。不过话说回来，我没有动过跟他们发生关系的念头。此间最不可思议的，当时我对歌德的感情：除了买过他的书，我跟此人没有任何瓜葛；不过当他进入我所在的房间时，我的全身都像着了火一般。对伊斯拉文的爱，葬送了我在彼得堡逗留的8个月时间。我有意无意地赔着小心，只求博得他的好感。我爱过的人都明白我的用心，我发现他们瞅我的眼神很沉重。饱受道德良知的谴责或者发生这样那样的不愉快事件之后，我会对他们心生厌恨。须知，我的这种厌恨，完全是因爱而生。对我的几位长兄，我从来没有产生过这样的感情。我对女人怀有强烈的嫉妒心理。我知道理想的爱情是什么样子——为了心仪的对象，愿意牺牲自己的一切。我体验过这样的爱情。那些欣赏我、对我态度冷漠的人。随着年龄渐长，我的激情越来越淡薄了。我跟身边男人的关系，恰似往日的倒影：即使明知别人爱我，我也会对他们冷眼相加。外表越出众，对我的吸引力越大，譬如季亚科夫。我们那次从皮拉戈沃回来，旅途中一起度过的夜晚，我永远忘不了。当我们一起钻进栖居的洞穴时，我想吻他、想放声大哭。我的情感中夹杂着欲望的成分，为什么会这样，我想不明白。跟男人缠绵，这种事我从来没有想过，也不会想；那样的行为，我深恶痛绝。”

这段灵魂的独白写于1851年。当时的托尔斯泰年仅20余岁，他能如此毫不留情地剖析自己的感情世界，令人侧目。

① 语义不确，原文如此。——作者注

1858年，就在盛赞别尔斯姊妹是“可爱的女孩”，并以他很少使用的“！”加重语气的同一时期，托尔斯泰在日记中提到他做过的一个怪梦，梦中出现了他当时还健在的长兄尼古拉·托尔斯泰：“……在梦里，我看见尼古拉穿着女人的蓝裙子，手捧一束鲜花在舞厅里走动。”托尔斯泰对梦很迷信，不仅日记中出现许多与梦有关的内容，还在自己的小说中连篇累牍地写梦境，甚至创作过“纪梦体”小说（《年轻沙皇的梦》《梦中所见……》等）。

这个“蓝裙之梦”，只是他潜研白银时代文艺创作、入境过深蔚然成梦的结果。相同类型的梦，他1859年初还做过一个：“梦里看到遍地的草莓，看到一条林间小径。这时候她出现了。虽然从来没有见过她，但我一下子就认出了她。栎树的繁叶覆盖着切佩日的大地，我看不到一根枯树杈、一片小树叶……”

这位“陌生女郎”，在托尔斯泰的梦中出现，竟比出现在布洛克的诗中早半个世纪！借此为证，我们不得不对“新郎托尔斯泰”刮目相看。

当托尔斯泰对别尔斯一家的拜访频繁到超出一般社交礼仪的范畴，明显带上了求婚的色彩，三姊妹中的老大认定列夫·尼古拉耶维奇认准的是自己。其实这也是最合理的解释：当托尔斯泰开始区别对待这三位“可爱的女孩”时，长到适婚年龄的只有她一个。再说，长不嫁、幼不出，这是约定俗成的规矩。

很可惜，规矩有时候不管用。别尔斯姑奶奶，三姊妹父亲的亲姑姑，偏爱索菲娅的玛丽亚·伊万诺芙娜·布弗尔特说得好：“Sophie a la tête abonnée.”这个法语句子带有文字游戏的味道，字面含义有两重：“索菲娅头顶加冠”、“索菲娅名花有主”。早嫁的应该是索菲娅，姑祖母一语成谶。

大姐丽莎的身上缺少某种让托尔斯泰怦然心动的东西。她是一位端庄可爱的女孩，但个性比较封闭。她日日以书为伴，最大的爱好就是读书。

“丽莎，跟我们玩！”小妹和弟弟萨沙千呼万唤，可她的目光离不开书页：

“等等，我还没读完呢！”

“这一读，不知道能读到什么时候。”塔·安·库兹明斯卡娅回忆，“我们撇下她，独自玩耍去了。我们这些小孩子的生活，她不感兴趣。她有自己的思想，有独特的眼光，她跟我们生活在两个世界。书是她最好的朋友，只要适合她这个年龄段阅读的书，她几乎都读过了。”

丽莎端庄的仪容，对托尔斯泰应该有吸引力。须知他之所以反感阿尔辛尼耶娃，就是因为她冶艳轻佻、崇尚打扮、出入舞厅、不学无术。丽莎和阿尔辛尼耶娃，是女人中的两个极端。托尔斯泰真实看重的确实是丽莎，甚至邀好共襄大业，编辑他的教育杂志《雅斯纳雅·波良纳》。做妻子、做他创作事业的贤内助，这位姑娘可说是无可挑剔。恰在这一时期，他跟别尔斯一家的交往进入第二阶段；三姊妹各展风采，与托尔斯泰进行独立交流：丽莎，他的合作对象；索菲娅，他的音乐伴侣，鼓弦而歌、品味佳词丽音、时不时还指点一二，这是他们俩在一起消磨时光的方式；塔妮娅年纪尚幼，着调不着调的歌乱唱几首、瞎胡闹一阵子，这就打发了。

托尔斯泰跟自己的妹妹柳波芙·别尔斯的好友玛丽亚谈过自己的心中款曲：

“玛丽亚，我喜欢别尔斯一家人。如果有朝一日我娶妻成家，我的选择只能是她们三姊妹中的一位。”

他还没有打定娶谁的主意，但已经打定了娶谁家女儿的主意。玛丽亚·尼古拉耶芙娜为自己的孩子延请的家庭教师听到了两兄妹的对话，原原本本地透露给了同为家庭教师，但在别尔斯家供职的亲妹妹。别尔斯一家对这个消息反应不一。当时适合做嫁娘的，只有丽莎一个人；索菲娅年未及笄，在姐姐的印象中只是一个“身体健康、面色红润、长着一双深褐色大眼睛、黑发结成小辫”的大女孩；塔妮娅更不济事，她当时还稚气未脱，完全是个小孩子。

综观托尔斯泰这个阶段撰写的日记，他对这三姊妹都怀有浓厚的兴趣。这个年龄段的女孩子发育很快，可以说一天一个样子，托尔斯泰看得是惊心动魄。即使与索菲娅喜结连理之后，托尔斯泰对妻妹塔妮娅的观察和欣赏还不止不歇，个中心得，他都融入对以其为原型创造的文学形象娜塔莎·罗斯托娃的刻画上了。毫无疑问，娜塔莎·罗斯托娃是托尔斯泰与别尔斯一家诸丽姝交往过程的艺术还原，真切再现了双方的情感互动。“我抓住了塔妮娅，再在她身上糅合一点索菲娅的影子，娜塔莎就这么诞生了。”列夫·尼古拉耶维奇用开玩笑的口吻说。

妻子、妻妹均在场的时候，他还曾开过这样的玩笑：“如果你们俩是马，那一定是良马！养马场有了你们这对儿宝贝，肯定能卖出好价钱！”这位文艺大师的荒唐，在多数情况下索菲娅都采取了视而不见的态度。不过新婚三月，托尔斯泰就在自己的日记中写下这样的字句：“塔妮娅里里外外可让我看了个清楚！”隔三日，他又写道：“塔妮娅感觉太灵敏了，怕痒。”——这些话，索菲娅看了必会甘之如饴！

塔季亚娜·安德烈耶芙娜·库兹明斯卡娅的家庭生活很不如意，究其原因，托尔斯泰兄弟难辞其咎。他们是成熟而富有魅力的男人，鹤立鸡群、出类拔萃，与他们相比，任何人都会黯然失色。列夫·尼古拉耶维奇是托氏兄弟中的佼佼者，他为自己选择了索菲娅。他的兄长谢尔盖·尼古拉耶维奇也不是平庸之辈，索菲娅出嫁后的第二年，别尔斯三姊妹中最小的一个——待字闺中的塔妮娅爱上了他。可是这位谢尔盖·尼古拉耶维奇，小说《战争与和平》主角之一安德烈·包尔康斯基公爵的原型，正与一位名叫玛莎的茨冈女子打得火热，在皮拉戈沃秘密搭建起他们的爱巢，并且生下了孩子。他这里与塔妮娅眉目传情（“她的爱情是如此甜蜜美好，如沙漠甘泉一般滋润着我的灵魂。”——这是他对塔妮娅的描述），那里又与茨冈女子纠缠不休，自己左右摇摆，姑娘媳妇两头受罪。最后他决定不离不弃，守着茨冈女人过一辈子，这边算是做得仁至义尽了，可辜负了一颗青春少女的心。经此巨创，塔妮娅从此一蹶不振。

频频出入别尔斯家，又放出口风要跟这家人联姻，丽莎自信满满地认为，她就是托尔斯泰的新娘。她的两位宝贝妹妹、她家的那位家庭教师玛丽亚·尼古拉耶芙娜轮番上阵，“给她吹尽了耳边风，指称托尔斯泰对她的感情有多深厚，诸如此类。”玛丽亚·尼古拉耶芙娜更是左右逢源，才在丽莎这边煽了风，又跑到哥哥那边点火，声言能娶到丽莎这样的好女孩，那可是男人的造化，云云。总而言之，丽莎和托尔斯泰，天生一对、地造一双！

丽莎起初还能做到心静如水，但经不住众人的撺掇，心思慢慢地活了起来。根据塔季亚娜的说法，“在女人的自尊，或者爱情的驱使之下……她变得活力四射、温柔善良，在梳妆台旁逗留的时间也多了起来。经常看到她静静地坐在大镜子前面，似乎正在跟镜子探讨一个问题：‘我长得好看吗？别人怎么看我的？’她改变发型，一双严肃的大眼睛望着远方，目光闪闪灼灼、如梦如幻。”

塔妮娅对大姐体恤有加，索菲娅却只顾拿她当笑话。因为她很清楚，若论女性魅力，她远在大姐之上。到她家打尖的客人，小到14岁的孩子、大到30岁的壮汉，看到她没有不动心的。就在帕克罗夫，前不久还发生过一桩颇有戏剧意味的轶事。他们家的老朋友，彼耶尔费利耶夫家人一行曾到她家做客，随行的有他家年方14岁的男孩萨沙，“身体尚显幼小、思想更加幼稚。”库兹明斯卡娅写道，“他黏在索菲娅身边，一双眼睛始终围绕着索菲娅打转，目光中饱含崇拜爱慕之情。迨至后来，小家伙情绪失控，竟然一把揪住了姑娘的裙袖，挑在指端团弄起来。索菲娅方寸大乱，不知道小男孩意欲何为。”

“pourquoi touchez la robe de m-lle Sophie?[①]”萨沙的母亲，阿纳斯塔西娅·谢尔盖耶芙娜呵斥道。

“我爱她。”

场上爆发出一阵嘻嘻哈哈的笑声，大家的目光齐刷刷地投向了小男孩眼中的女神。她臊得无地自容，仿佛犯傻的不是萨沙，而是她自己。

这种事从来不会发生在丽莎身上。一位35岁的教授尼尔·亚历山德罗维奇·波波夫，一个“气度从容、行动迟缓、一双灰眼睛炯炯有神”的男子，也爱上了索菲娅。拜倒在她石榴裙下的，还有一位身份很尴尬的人：她家的俄语老师，瓦西里·伊万诺维奇·波格丹诺夫。结局很简单，这位老师被扫地出门。此外，宫廷药剂师的儿子、著名游击战专家兼诗人杰尼斯·达维多夫的儿子等，都对她情有独钟。索菲娅有名有姓的追求者还有一位，著名产科医生的儿子亚尼欣。

索菲娅的身上带着某种与生俱来的气质，能在一瞬间打动所有接近她的男人，无论少长，莫能自持。这种气质，一言以蔽之，便是“女性色彩”，具体表现在翩若惊鸿一般的灵活、突如其来的哀伤和过早显露出来的母性气息上。索菲娅是par excellence（最杰出的——译者注）女性，家庭舞台上最优秀的演员。她对男人的性格弱点洞若观火，所以扮演男性角色也很拿手。

“不知道为什么，我总感觉到丽莎对自家人的态度有那么一点居高临下的味道，更不屑于料理家务。”库兹明斯卡娅写道，“让她伺候婴幼儿，那纯粹是打着鸭子上架，尿布、奶瓶啥的，她一见就烦。索菲娅的性格跟姐姐相反：她喜欢跟小孩子待在一起，有病呵护、有事帮忙，还有那份闲情逸致教小弟弟们吹口琴；妈妈做家务，她也喜欢搭一把手，整天忙得不亦乐乎。”

那时的索菲娅很有个性，很多男子也许会望而却步。不过婚恋观理想化色彩浓厚的托尔斯泰，碰到这样的姑娘，可谓正中下怀。

“在她活泼的外表下面，深藏着一颗多愁善感的心。”库兹明斯基写道：“索菲

① 你为什么抓索菲娅的裙子（法语）？——作者注

娅自控能力很强，从来都不会纵情怡乐……她似乎对幸福缺乏信心，感觉她与幸福之间横着一道鸿沟，不敢恣意攫取、不肯尽情享受……对她的性情了如指掌的父亲，唏嘘不已：'可怜的索菲娅，她这辈子永远不会享福！'"

托尔斯泰需要的，正是这种人格复杂的女人。别忘了，他是个痴迷音乐的人，而索菲娅本身就是一首歌。虽然她对音乐的感受能力有欠缺、本身也没有表演才华，但她的天性、她的情趣、她的举手投足，处处浸润在跳荡的音符里。

发生在帕克罗夫的一件微不足道的事，却使别尔斯高三姊妹在托尔斯泰的心目中高下立判。那是一个春天，丽莎、索菲娅、塔妮娅、彼佳四姐弟偕同托尔斯泰、波波夫教授、法语教师乔治·帕科一起外出散步。托尔斯泰按照以往的习惯，带大家走的是一条人迹罕至的荒僻小径。行不多远，他们的眼前出现一条河流。这下子怎么办？塔妮娅故伎重施，首先跳上了托尔斯泰的脊背，托尔斯泰一马当先，将他呼为"百灵鸟夫人"、唱起歌来声若钟磬的小姑娘背到了对岸；丽莎一手提着裙摆、一手扯住帕科递过来的树枝，小心翼翼地蹚水过河；而索菲娅的人缘比她好多了，波波夫主动要求背她。看着可怜兮兮的大姐，塔妮娅的心里直犯嘀咕："她怎么就没人背呢？谁也不把她当自己人。"

"索菲娅·安德烈耶芙娜，您别贸然下水。找个地方等我，我过来背您！"

"不行！"索菲娅大叫道。她的脸涨得通红，显而易见被对方的"荒唐提议"吓坏了。只见她毫不犹豫地跳进水里，拼命地向前奔跑着，激起的水花四散飞溅。

"波波夫是榆木脑袋！"塔妮娅暗自思忖，"索菲娅能背吗？她都那么大了。如果是列夫·尼古拉耶维奇，那就另当别论了！"

谁能从这件小事上看出什么深长的意义？不能。不过，索菲娅和塔妮娅不这么看。她们俩展开了一场"枕上激辩"，躺在被窝里讨论起白天发生的一切（丽莎不跟她们睡同一间房）。正所谓"真理愈辩愈明"，她们俩遽然发现，托尔斯泰其实受到了很大的触动。

"我拒绝波波夫的好意，他很赞赏。"索菲娅说，"'您的做法很得体，完全符合我对您的期望。'这是他当时对我说的话。他还问我这段时间都忙什么、玩什么。"

世间有些事，只可意会、不可言传。托尔斯泰心里的天平，完完全全倒向了索菲娅这一边。尽管塔妮娅少不更事，但她还是把握得了个中秘辛。一个保持在"游戏局内”，另一个则被“淘汰出局”，这就是她二位姐姐的区别。

“索菲娅，tu aimes le comte?”有一天，塔妮娅突然向姐姐发难。

“je ne sais pas[1]。”索妮娅平静地回答，似乎她早就在等这个问题。顿了顿，她又追加了一句：“他两个哥哥都得肺结核死了。”

托尔斯泰与别尔斯一家的关系，进入第三阶段。从这一刻起，他跟这家人的过从只能有一个结局：娶索菲娅为妻。

到目前为止，托尔斯泰还没有爱上索菲娅，反之亦然。事实上，索菲娅的心当时另有所属，她差一点爱上了弟弟的朋友、士官生米特罗芬·波利万诺夫：“他身材颀长、皮肤白皙，是一位德才兼备、内外双修的好青年。”索妮娅祈祷上帝成全她和波利万诺夫，恰如塔妮娅为抛一瓣心香寄表兄、博得萨沙·库兹明斯基的好感而祈祷一样。

朦胧的憧憬、芳心的悸动，如果没有托尔斯泰掺和，他们的爱情也许会发芽、开花、结果。对于别尔斯一家人来说，萨沙·库兹明斯基是自己人，米李亚[2]是御马总监的儿子，两家人都有经商的传统，门当户对、声气相投。托尔斯泰和索妮娅身份背景不同，婚姻的基础未必牢靠。索菲娅不是伯爵小姐，也没有丰厚的嫁妆。

与谢尔盖·尼古拉耶维奇的恋情无疾而终之后，塔妮娅嫁给了库兹明斯基。这位表兄兼丈夫事业有成：先在司法系统供职，后步步升迁，官一直做到了枢密院；不过他们的夫妻感情、家庭生活，却实在是差强人意。先有谢尔盖·尼古拉耶维奇之厄，再有塔妮娅的痴心不改——对自己的初恋情人、对光焰照人的托尔斯泰整个家族的倾慕、对雅斯纳雅·波良纳的过度依恋，将自己完全摆放到娜塔莎·罗斯托娃[3]的位置，如此等等；这一切，都是身为人夫人父的库兹明斯基一生中挥之不去的伤痛。

在托尔斯泰的情感取向问题上，索菲娅和塔妮娅的嗅觉比丽莎以及她们的双亲灵敏多了。柳波芙·亚历山德罗芙娜、安德烈·叶甫斯塔菲耶维奇起初认为，如果托尔斯泰追求他们的女儿，丽莎将是不二之选。托尔斯泰即将与丽莎·别尔斯结婚

---

① “你爱伯爵吗？”
“不知道。”（法语）——作者注

② 米特罗芬的爱称。——译者注

③ 《战争与和平》的女主角之一。——译者注

的消息，在莫斯科上流社会圈子里传得沸沸扬扬。可作为当事一方的托尔斯泰，一开始就不看好丽莎，意识到他们的关系没有未来。

1861年9月22日，托尔斯泰的日记中出现了这么一段话："丽莎·别尔斯纠缠我；我跟她是不可能的。"此后很长一段时间，他的日记中再没有落下片言只字。直到1862年5月去萨马尔草原马奶酒浴场疗养，托尔斯泰这才重拾修写日记的习惯。他病了，病得很重，"神色晦暗、双目无神"。夺走他两位哥哥性命的肺结核，幽灵一般缠绕着他。尽管安·叶·别尔斯一再向他保证，他患的只是普通的"湿症"，与肺结核无关，但他的顾虑并没有打消。

1862年春天托尔斯泰出奔巴什基尔的行为，让人联想到他为了躲避阿尔辛尼耶娃而远走彼得堡的往事，不由让人怀疑他是故伎重施。一上轮船，托尔斯泰的"活力又开始一点点地恢复""感觉到生命力在体内的流动""……呼吸到新鲜、自由的空气"——他在日记中如此描述自己的境况，影射那段与丽莎旷日持久的情感纠葛。丽莎当时心意已笃，单等托尔斯泰上门提亲。这种事在托尔斯泰身上并不是第一次发生，他与图切娃的关系，也曾发展到一言定终身的地步，但由于缺少爱的滋润，一段姻缘无果而终。"我的上帝，她如果成了我的妻子，那将是一场多么美丽的悲剧！"托尔斯泰在向索菲娅提亲前一周，在日记中写道。"我恨丽莎，恨到无以复加。"过了两天，在与索菲娅的关系盖棺论定之后，他又大发感慨，"先前不相信爱情的我，已然坠入情网。"

索菲娅的反应倒是非常冷静。她不再是那个坐在桌子的这一头听托尔斯泰朗读《童年》，内心充满激动与羞涩，脸上浮动阵阵飞红的青葱少女。她坚定地认为，托尔斯泰伯爵就是个肺痨病患者，能够给她带来的家庭幸福非常有限。说不定会在她儿女绕膝尽享天伦之前，他就会撒手人寰，留下她一个人孤零零地度过漫长的余生。她已经学会了用批判的眼光看托尔斯泰，除了光彩照人的一面，还能看清他的性格污点，譬如嗜赌。

而列夫·尼古拉耶维奇的反应又是如何？在向索菲娅正式求婚的前夕，他寝食难安、精神备受煎熬。托尔斯泰第一次体验到恐惧，常人面对自己的偶像时体验到的那种恐惧：他怕遭到拒绝。他追求的是一位"16岁的小孩子"，相形之下，他愈感自己垂垂老矣。他将求婚信装在口袋里，捏出了汗、揉成了团，却不敢当着索菲娅的面拿出来。他甚至动过找塔妮娅做中间人，求她转交信件的念头。他柔肠百结，“是的，我老了，但我爱得真诚”——也爱得疯狂：“我疯了。这种状况再持续下去，我会拿一把枪结束自己的生命的。”

慨然应允

列夫·尼古拉耶维奇与索妮娅·别尔斯的爱情故事，几乎原封不动地搬进了《战争与和平》，这是合情合理、水到渠成的事。列文、吉蒂的婚恋，从大框架到细节，均与托尔斯泰、索菲娅的罗曼史如出一辙。

托尔斯泰的艺术天分，他无与伦比的创作技巧，在这里得到淋漓尽致的发挥和完美的体现。本属日常琐事，但是经他一支生花妙笔随意点染，在不损失细节真实的前提下，便有了摄人心魄的力量，成就了一部历久弥新的经典，个中秘辛，何人能解？男女交合再平常不过，却能催生新的生命。托尔斯泰的创作过程，与这一神奇的过程有得一比。其间区别，仅在托尔斯泰罗织的情节更加平滑自然，场景推移、事件演进，衔接得更加紧密，恰似行云流水，不留斧凿之痕。

托尔斯泰的力量，也许就在于落笔之前已有成竹在胸；列文的婚姻，《战争与和平》《安娜·卡列尼娜》中描写家庭生活画面的篇章，概莫能外。半个世纪之后，俄罗斯文坛涌现出来的象征主义、未来主义诸流派作家，无不期冀有这么一位能够融生活与艺术于一炉、使艺术成为社会现实还原工具的“文艺之神”横空出世。其实在这些激进派别甚嚣尘上之前，他们的主张早就被托尔斯泰实践过了。事实上，托尔斯泰的亲身经历，无论是直接体验还是间接观察，比形诸纸端的情节更加绚丽多彩、曲折离奇。譬如《安娜·卡列尼娜》中最荡人心魄的一幕：列文在牌桌上书写向吉蒂示爱的词句，类似的事件确曾发生，小说就地取材，只是对芜杂的过程做了一些删削修剪，仅此而已。

首先，小说中没有出现丽莎式的大姐，没有嫡亲姊妹角逐情场的尴尬。这一点，与托尔斯泰的情路历程大相径庭。

其次，小说还回避了托尔斯泰求爱过程中存在第三者的事实。托尔斯泰前往伊维茨村，作客别尔斯姐妹的外公伊斯林尼耶夫家，在牌桌上写下“В. м. и. п. с. с. ж. н. м. м. с. и. н. с.”（“您的年龄，您对幸福的渴求，让我痛感自己的老迈，深恐幸福遥不可期”）这段肺腑之言的时候，房间里并不是只有他们两个人。

腿脚勤快、无处不在的塔妮娅，未来的娜塔莎·罗斯托娃，为逃避大人们逼她唱歌，此刻就躲藏在钢琴的下面。不像《安娜·卡列尼娜》中的吉蒂，托尔斯泰的良苦用心，索菲娅未必领会得了：他写的那一长串字母，索菲娅读得一头雾水，根本没理出头绪。“姐姐读着什么，全神贯注、神采飞扬……显而易见，列夫·尼古拉耶维奇对她有所表示。”塔·安·库兹明斯卡娅在回忆录中写道。实事求是地讲，索菲娅事后向妹妹袒露了真相。她声称，le comte（伯爵，指托尔斯泰——译者注）的牌桌谜语到底是什么意思，她始终没有悟透。

当然，托尔斯泰无意打哑谜，他的本意是向索妮娅传递爱的信号。诱引她与自己交头接耳、俯身于小小一张牌桌上，借此击碎丽莎一厢情愿的梦想。要说这是一场做出来给大家看的戏、一番相关各方心照不宣的阴谋，毫不为过。与宅心仁厚的列文不同，托尔斯泰的表现远非无懈可击。他故意让丽莎心存幻想，却撇开她追求她的同胞妹妹——这种行为，说得好听一点，有悖comme il faut[①]，给当事人带来的不仅仅是沉重的精神打击，作为待字闺中的良家女子，个人声誉也会受到损害。

除了“幸福遥不可期”之类冠冕堂皇的誓言，托尔斯泰的牌桌表白还包含其他内容。他说，别尔斯一家人对他与丽莎的关系有误解，希望索菲娅和塔妮娅挺身而出，廓清事实（索菲娅此刻就潜藏在附近，只是他们俩未能察觉）。

由此可见，如果索菲娅一开始就能准确判断那些字母代表的单词，那么她肯定能够领悟托尔斯泰的深意，他们在爱情问题上针对丽莎的攻守同盟关系就能确定下来。

毋庸讳言，这样的做法对丽莎来说，既有失公正，也显得太过残忍。数月后，已晋身雅斯纳雅·波良纳女主人的托尔斯塔娅伯爵夫人在日记中如是忏悔：“可怜的丽莎备受煎熬，身心俱疲；我也不好受，心情抑郁、烦躁不安。可怕的经历……”

1862年8月前往伊维茨的中途，别尔斯姊妹曾在雅斯纳雅·波良纳小住了几日。作为临时居所，主人家给姑娘们腾出了“拱顶屋”——由一间仓库改建的托尔斯泰办公室。鉴于床位不够，主人提议搬一把安乐椅，凑合一宿。

---

① comme il faut：合乎礼仪（法语）。——译者注

"我睡椅子！"索菲娅当仁不让，预先做了声明。

"我马上给您收拾好！"主人殷勤招呼道。

话音甫落，托尔斯泰即亲自动手，为索菲娅……铺"床"。提及这段轶事，塔·安·库兹明斯卡娅回忆录中的文字不无揶揄：（托尔斯泰）"这边揪扯床单、那边摆放枕头，一副笨手笨脚的样子，看一眼就知道不是干这些活的行家里手。可他慈母般的情怀，依然令人动容。"可在索菲娅·安德烈耶芙娜的回忆录中，这温馨的一幕却另有解释。

"我正跟姑妈的侍女杜妮娅莎一起铺床单，列夫·尼古拉耶维奇突然走了进来。杜妮娅莎告诉他，三个人睡沙发，还有一个人没处安顿。'安乐椅也可以睡人的。'列夫·尼古拉耶维奇嘴里应承着，扯过一把长椅就动手铺床单。他没有干惯家务，动作很不协调。为我们这点事累他劳心费力，我的心头掠过一丝羞耻，夹杂着融融暖意，还有先前从未体验过的亲密与恬适感……"

托尔斯泰走后，丽莎找了半天索妮娅的茬儿。不过木已成舟的事，她就是闹得再凶，也是起不了任何作用的。

命运的逆转，或许连索菲娅本人也始料未及。1862年夏天她创作了一部题目叫作《娜塔莎》的中篇小说，犹豫再三后交给托尔斯泰雅正。很可惜，这部小说的下场跟索妮娅少女时代的日记一样，她结婚后即全部付之一炬。联想到托尔斯泰《战争与和平》中跟罗斯托夫一家的命运有关的情节、甚至小说主角之一的姓名，都深深打上了《娜塔莎》的烙印，这部小说的毁灭尤其让人扼腕叹息。实际上，还在与托尔斯泰订下白头之约以前，索菲娅就开始草撰俄罗斯上流社会家庭生活之细辛，这些文字成为日后托尔斯泰创作他的鸿篇巨制时取之不竭的灵感源泉。

关于小说《娜塔莎》的内容，我们可以从塔·安·库兹明斯卡娅的回忆录中揣测一二。

小说有两个主人公：杜布利茨基和斯米尔诺夫。杜布利茨基是一位其貌不扬、但精力充沛思维活跃、人生观处在不断发展变化之中的中年人；而斯米尔诺夫年仅23岁，风华正茂，拥有崇高的理想和积极向上的人生态度，开朗平和、信任他人，正在为事业奔波。

小说的女主人公爱伦娜年轻美丽，长着一双迷人的大眼睛。她有一位名叫齐奈达的姐姐，金发女郎，可性情相当冷漠；另外还有一位妹妹，娜塔莎，是一个玲珑纤巧、活泼好动的15岁小女孩。

杜布利茨基驱车到三姊妹的家中做客，心中原没有任何谈情说爱的想法。

斯米尔诺夫爱上了爱伦娜，而她对他也颇有好感。斯米尔诺夫向爱伦娜求婚，她举棋不定、没有遽然答应。她的父母反对这桩婚姻，理由是他太年轻，还不谙世事。斯米尔诺夫带着满心的伤痛，回到供职的地方。其间各色人等粉墨登场，演绎异彩纷呈的世界。其后是齐奈达与杜布利茨基的暧昧情事，以及娜塔莎的各种闹腾、她对表兄的爱恋等。

杜布利茨基开始频频出入三姊妹的家，爱伦娜对他渐生好感。她心思烦乱，不肯承认对他的那番朦胧心思就是爱情。姐姐、斯米尔诺夫是两道驱不散的阴影，总是盘结在她的心头。她努力压制涌动的心潮，但情感的闸门是关不住的。杜布利茨基喜欢的是她，不是她姐姐，只此一点，就足以摇曳一颗少女的芳心。

她也意识到，杜布利茨基摇摆不定的人生观是横亘在他们之间的一大障碍，他敏锐的洞察力和阅人的智慧更让她无以自处。她喜欢拿他跟斯米尔诺夫作对比，告诫自己“斯米尔诺夫单纯，他对我的爱才是纯真无瑕、不带任何附加条件的爱”。

斯米尔诺夫再次登门造访。看到他相思成病、意气消沉，爱伦娜心有不忍；但此时的她不同昔往，已经对杜布利茨基芳心大动。爱伦娜陷入两难境地，只想托身修道院，青灯孤影，了却尘缘。

小说结局很美满：爱伦娜促成姐姐齐奈达与杜布利茨基的婚姻，自嫁斯米尔诺夫。

通情达理的《娜塔莎》作者安排杜布利茨基与长姊喜结良缘，自己选择了个性中庸、对女人来说更安全可靠的斯米尔诺夫。现实生活中的索菲娅并不是这么理想化。她毁掉了亲手创作的人生脚本《娜塔莎》，为自己选择了文艺天才终身伴侣的角色。不过她时刻没有忘记，这样的选择，对她来说意味着牺牲。与天才结缘，一生注定在阴影中飞翔，幸福婚姻的标志——夫妻平等、比翼双飞等，均将化为泡影。“非对待婚姻”是托尔斯泰的造化，早在索菲娅闯入他的生活之前，他已经为这样的结局埋下了伏笔。这粒矛盾的种子生根、发芽，多年以后突然发难，将托尔斯泰构建“家庭天堂”的梦想击得粉碎。

托尔斯泰读《娜塔莎》的感受是复杂的。这篇小说在给他带来困惑的同时，也打动了他的心。从读完这篇小说那一天起，他的情感天平不可逆转地偏到索菲娅这一侧。

一颗饱经沧桑的心，没有些许“嫉妒”做火种，很难引燃爱情的火焰。

索菲娅·安德烈耶芙娜回忆，托尔斯泰归还她的《娜塔莎》手稿时，态度相当“生硬冷淡”。他提出一项不情之请：要她出示个人日记，不过她断然拒绝了。最后托尔斯泰采取了息事宁人的态度，没有就小说一事再生事端。“她勇于坚持自己认定的真理，纯真朴实。”托尔斯泰在日记中如此评价索菲娅。

杜布利茨基这一人物形象触到了托尔斯泰的软肋，这一点自不待言。“我一口气读完了全篇，期间心静如水，并没有感到受了多大的刺激。不过‘外表特别不招人待见’‘观点左右摇摆’一类用语，读来如芒刺在背。她只是在写小说，我没有必要对号入座。我的心平静下来了。”

索菲娅“不可能”跟他建立幸福的家庭。他又老又丑，而她年轻漂亮。“傻瓜，她写的不是你……”“她不会拿你说事，老鬼！”“杜布利茨基，你要知难而退！年轻浪漫、丰神俊朗的士官生才是她的最爱、她的佳偶。”“扯淡——去修道院清修吧，那里才是你的归宿！远离红尘，看淡一切，别人的爱情和幸福只是天边浮云……”“哦，杜布利茨基，不要再心存幻想了！”“上帝啊，你帮帮我，给我指一条明路！圣母玛丽亚，帮帮我！”“我居然堕入了情网，我也会有刻骨铭心的爱情，真是匪夷所思！”

早从15岁起前后历时20年，结婚一直是托尔斯泰魂牵梦绕的愿望。与索菲娅喜结连理之后，他们的携手走过了半个世纪的人生旅程。而他从属意索菲娅到娶得嫁人归，追求的过程不逾旬月。再说，他的求偶过程也备极轻松。直到最后一刻，别尔斯一家人还猜不透他的心思，拿捏不准他相中的哪一个。12月16日正式提亲，23日举办婚礼，当晚他就带着年轻的新娘转道雅斯纳雅·波良纳了。

由于事出迫促节奏太快，无论是托尔斯泰，还是索菲娅，根本没来得及体验新婚的况味。

与索菲娅的婚恋相较，乃父乃母的婚姻就像一部诗意盎然、跌宕起伏的古典传奇。那里有古老的相亲风俗：女郎用一杯水、一截甩过如意郎君头顶美其名曰“缘分桥”的棍子，占卜双方姻缘的深浅。柳芭契卡·伊斯拉维娜的床下就放过这两样“信物”，如果当夜“缘分桥”和安德烈·叶甫斯塔菲耶维奇同时出现在她的梦中，则说明他们是天作之合；种种迹象表明，她确实做了这样的梦。索菲娅的梦境是怎样的，我们无从得知。不过托尔斯泰在日记中曾提到过自己的“绮梦”：“我梦到了一条病怏怏的猎犬”——跟“祥瑞”“吉利”之类标志新婚喜庆的词汇不搭界的怪梦。

索菲娅对婚后生活情况的记录，也看不到多少甜蜜的成分：“他们带我去商店购物，我漫不经心地试了几件衬衣、裙子之类。列夫·尼古拉耶维奇来了。他情绪激动，吻了我，还拥抱了我。壮年男子不洁的身躯，使我感到极度难堪和不适。我情绪低落，心志俱失，仿佛大病一场；除了腌黄瓜和黑麦面包，什么都吃不下去……”

12月16日，托尔斯泰怀揣表白信札来到别尔斯家，向索菲娅·安德烈耶芙娜求婚。“这封信很简短，写在一块普通信笺对折两次裁成的小纸片上，揉得皱巴巴的，上面布满污垢。在下定决心发付我之前，这张字条在列夫·尼古拉耶维奇的口袋里躺了足有一个星期。”索菲娅·安德烈耶芙娜在回忆录中写道。

“索菲娅·安德烈耶芙娜！

“我已经无力遏制自己的感情。三个星期以来，我每天都这样鼓励自己：‘马上向她表白！’然后揣着一颗五味杂陈的心，一路逡巡到你们家里。忧郁、忏悔、恐惧裹挟着对幸福的期盼，让我愁思千转。每天晚上回到家里，我又对空嗟叹，深为自己的畏葸不前而懊恼：我为什么张不开嘴？我应该怎么说话、说些什么话？我随身装着写给您的信，以备口头表达不清楚时交给您，以明心迹。你们一家人都认为我爱的是令姊丽莎，这是误会。您的大作之所以在我的大脑里留下了难以磨灭的印象，那是因为您的字里行间表达了对温馨浪漫的爱情的渴求，而我，杜布利茨基，本不配幻想享此幸福……但我并未因此而心生妒意、痛恨您的意中人。面对纯洁无瑕的您，恰如面对稚气未脱的孩子，我的心里充满欣喜。在伊维茨，我曾经对您写过这样的话：‘您的年龄，您对幸福的渴求，让我痛感自己的老迈，深恐幸福遥不可期……’

“其实，无论当时还是以后，我都在自欺欺人。那时我还能抛却一切，回到自己的修道院里，用工作填塞我空虚的心灵。可现在情势，我已经无力承受情感的煎熬。我跟您的关系发展到这一步，再欲回归普通亲友间正常交往的轨道，在我也已不复可能。我现在泥足深陷、进退维谷，作为一位有道德有修养的体面人，以手扪心，给我指一条明路。看在上帝的份上，请不要草率作答；因为今日之愈，必为明日之悔。如果一个月前有人告诉我，我将受今日之厄，我一定会捧腹大笑；但我现在笑不出来，因为我真真切切地感受到了这种难以名状的情愫，痛苦与幸福相伴、绝望与期冀并存，令人须臾不能释怀。作为一位体面人，请您负责任地告诉我，您愿不愿意做我的妻子？只有在毫无保留的情况下，您才可以爽爽快快地说一声‘愿意’；否则，只要您的心里存有一丝半缕的顾虑，那就请说一声‘不’。

“看在上帝的份上，请慎重考虑这件事。我害怕听到一个‘不’字，但我对这样的结局早有预料并做好了心理准备，所以能够承受打击。与其付出真爱而得不到相应的回报，还不如及早一拍两散。”

索菲娅除了理性、务实一类性格特点外，还有一个长处是她的长姊望尘莫及的：她多谋善断，拥有坚忍不拔的毅力和随机应变的能力。收到伯爵的表白信之后，她不声不响地回到闺房，将自己反锁在里面。后来姐姐丽莎过来找她，将房门敲得震天响，一迭连声地催促她开门：

“索菲娅！”丽莎叫道，“开门！快点！”

房门打开了。索菲娅手里攥着信纸，一声不吭。

“告诉我，伯爵信里写的是什么！”丽莎吼了起来。

“Il m’a fait la proposition[①].”

“拒绝他！马上！”

索菲娅回到妈妈的房间。托尔斯泰就坐在那里，等她的答复。

“我想，我应该答应。”她说。

过了没几分钟，得着消息的家人纷纷向这对新人表示祝贺。丽莎孤零零地坐在闺房里，号啕大哭。

索菲娅的“背叛”如一记重锤，击得士官生波利万诺夫晕头转向。他又羞又恼，巨大的打击令他难以自持。列夫·尼古拉耶维奇与索菲娅在克里姆林教堂举办婚礼的时候，波利万诺夫承担为新娘握持花冠的任务，可谓“旧恨未了、又添新愁”——索菲娅·安德烈耶芙娜在自己的回忆录中，如此描述她的那位昔日追随者。

---

① 他向我求婚（法语）。——作者注

索菲娅出阁的那一天，别尔斯一家除了男主人，都出来洒泪作别。托尔斯泰伯爵越过长女娶次女，安德烈·叶甫斯塔菲耶维奇心中不快；再加上身体偶有不适，他没有参加女儿的送行活动。一对新人不得不找到他的房间里，专门向他辞行。

托尔斯泰的婚车很考究，新车新铺排，内部空间相当宽敞，足够大人伸展身子躺下来休息。列夫·尼古拉耶维奇的日记中谈到了当时的情形，兹引证如下：

“结婚当日，我满腹疑惧，只想一走了之。婚礼排场很大，她哭得泪人儿似的。我们上了车。她什么都懂，很干练。我们到了比留列沃，她像一只受了惊吓的兔子，楚楚可怜，气色也不大好，像是病了。雅斯纳雅·波良纳到了。谢辽沙（指兄长谢尔盖。——作者注）温言软语地接待了我们，姑妈也打点好了接待仪式。晚上睡得很沉。不是她。”

不是谁？不是出现在托尔斯泰梦里的那位切佩日女郎——“虽然从来没有见过她，但我一下子就认出了她”？索菲娅又是怎样的女郎？“她像一只待宰的羔羊”，这是托尔斯泰形容他的新娘接受提亲之后的状态时使用的原话。

他还写到了新婚燕尔之际，当他们单独相处时他的眼前出现的幻觉：“这一周不知道是怎么过来的。除了钢琴旁边的拥吻，还有魔鬼撒旦的暗影，我什么都记不得了……”

1862年12月24日晚上，列夫·尼古拉耶维奇·托尔斯泰伯爵和索菲娅·安德烈耶芙娜·托尔斯塔娅伯爵夫人乘着婚车，风尘仆仆赶到了他们的天堂：雅斯纳雅·波良纳。

第四章

戴便帽的列夫·托尔斯泰

托尔斯泰在奥普季纳修道院逗留的时间乍看并不长，10月29日——星期六下午3点钟就离开了。考虑到自28日起他在客舍度过了整整1天1夜，这个时间已经足够长了。须知托尔斯泰有他自己的时间观念，他的日程安排本来就很紧。

托尔斯泰起床很早，7点钟就醒了。从8点开始，他就在修道院里忙上了，几乎跟上班一样准时。一位名叫达丽娅·奥卡叶莫娃的寡妇携家带口向他寻求资助，他将求助信转发给自己的儿子谢尔盖·利沃维奇，吩咐他妥为办理；他应科尔尼·楚科夫斯基之请，向切尔特科夫的年轻秘书阿列克谢·谢尔根科口授了一封向"职能部门"投递的免死陈情书；他还两度约请与修道院老教士晤面。

虽然我们不清楚托尔斯泰为什么要着意强调"老教士"，但他看重一位名叫"约瑟夫"的老牧师，广受信众推崇的安甫罗西神父的高足。安甫罗西（去世后约瑟夫顶替他的位置）是列夫·托尔斯泰的妹妹玛丽亚·尼古拉耶芙娜·托尔斯塔娅的精神导师，她的静修室就是这位修士一手规划建造的，位于夏莫尔金村附近的修道院内。

与东正教嫌隙最大的作家，却与教堂始终保持着密切往还甚至拥有血肉联系，这实在令人费解。托尔斯泰逃离雅斯纳雅·波良纳之后，选择的避难所不是别处，而是奥普季纳和夏莫尔金，这一点很能说明问题。

托尔斯泰的选择不是出于理智，而是出于情感。忙人无智，他这一次可是仓皇出逃的！家事不谐，他成了家庭种种矛盾的焦点。切尔特科夫、索菲娅、"托尔斯泰主义者"、各有块垒待浇的追随者、登门求助者……无时不在给他制造麻烦。他软弱，他不完美，他有病在身，他对自己有清醒的认识。他是在走投无路的情况下，做出这个人性化色彩十足的决定的。投奔自己的妹妹，在修道院里寻觅一块净土。夏莫尔金修道院去不得——那里只有修女，但他想好了变通处理办法：在村子里找间空房暂住。这样也好，跟农民朝夕相处，这本来是他梦寐以求的。不过理智地看问题，82岁的老人住农舍，还在那么偏远的地方，可行吗？

托尔斯泰去世后，《新时代》记者阿列克谢·克修宁曾经遍访夏莫尔金各住户，打听"逃亡者"租房的情况。

"冬天雪地很滑。"农民向伯爵述说农村生活的种种不便，"进城要赶18俄里路，这种天气怎么走？"

"雪不妨事，对付得了的。"托尔斯泰给叫苦的农民撑腰打气，"春天一到，雪都会化掉。"

春天会来，但要等到这个漫长的冬季过去。而此时的托尔斯泰，由于乘坐火车时在凛冽的寒风中暴露过久，已经感染风寒。

综观情势，托尔斯泰除了寄身奥普季纳，实无它路可走。至少他需要休整数日，待惊魂稍定之后，才能考虑其他脱困的良策。托尔斯泰，一位数十年如一日蛰伏雅斯纳雅·波良纳的作家，没有真正品尝过流浪的滋味、不知旅途艰险为何物的贵族，一朝离开故土，必然迷失方向。毋庸置疑，托尔斯泰此番行动预定的目标，就是出走奥普季纳。托尔斯泰两兄妹见面后在夏莫尔金修道院里的谈话内容，他的外甥、玛丽亚的女儿伊·瓦·奥勃良斯卡娅作为现场证人，在自己的回忆录中有如下说明：

"饮茶期间，妈妈问及（舅舅）对奥普季纳修道院的印象，他说很喜欢那里（事实上他以前就到过那里，并且不止一次）。他说：

"'能在那里颐养天年，我求之不得。只要不强迫我画十字做礼拜，别的都好说；再苦的差事我都能干。'"

这一段对话，夏莫尔金修道院女院长在写给卡卢日主教维尼亚明的报告中，原原本本地做了转述：

"傍晚6点钟，托尔斯泰伯爵来到夏莫尔金修道院，拜会他的妹妹玛丽亚。他们见面的情景十分感人，令人唏嘘：伯爵拥吻完妹妹，一头扎到她的肩膀上，号啕大哭至少5分钟。尔后他们避开外人，独自交谈了好长时间。期间讲到了自己的苦衷：夫妻失和。紧接着吃晚饭，托尔斯泰兄妹的陪餐人员有他的私人医生，以及一位修女。菜式总共有四道：马铃薯、蘑菇、粥、菜汤；吃饭的人团坐在一起，共进晚餐。托尔斯泰吃得不少，讲得也不少：

“‘妹妹，我去过奥普季纳，那里太好了！要是能披上一领法袍，在那里干最粗重最下贱的活，我都会乐不可支。不过有一个先决条件：别强迫我祈祷，这种事我做不来。’

“妹妹满口应承：

“‘太好了，哥哥。不过你也得满足一个条件：别宣讲你的那一套。’

“伯爵说：

“我还能教谁？在那里我只是一个学生，我碰到的每一个人都可以当我的老师！是的，妹妹，我负担很重。而你呢？难道你过的不是天堂生活？我现在随时准备关锁好门窗，躺在自己的屋子里等死。80岁了，到死的时候了！”

列夫·尼古拉耶维奇死后不久，玛丽亚本人在写给索菲娅的信中，委婉地道出了哥哥希望在奥普季纳或者夏莫尔金修道院安度晚年的心愿：

“列沃奇卡刚到我这里来的时候，显得心事重重，情绪非常压抑。当他讲到你投湖自杀这一节时，忍不住大放悲声，弄得我一看到他，眼泪就止不住流下来。他很少跟我讲自己的打算，只说要在这里住很久，计划租一间农民的房子。我觉得，他只是想避开外界纷扰，过一段时间的独居生活（我上次来你们家，他就提到这些想法），雅斯纳雅·波良纳压得他透不过气来，还有种种不合他的信念、他又不得不虚与委蛇的东西。他唯一的愿望，就是营造符合个人品位的生活氛围，一个人自由自在地生活，再没人打扰他。”

在1911年1月16日写给托尔斯泰的法文译者夏尔·萨洛蒙的信中，玛丽亚·尼古拉耶芙娜说：“您也许会问这样的问题：我的哥哥投奔奥普季纳，所为何事？寻找有修为的老神父和笃信天主、德行高迈的民间智者，进行精神交流，纾解内心苦痛？我并不这么认为。他的困局是多方面原因造成的，非常人所可解。他只想找一个清静的地方，淡泊度日。”

显而易见，托尔斯泰想卜居奥普季纳。他喜欢这个地方。他的选择，实与“教堂忏悔”“回归东正教”等大旨无关。

东正教堂里来了一尊“佛”。听上去有点滑稽，不过别忘了，这是俄罗斯大地上土生土长的“佛”。相距不远的修道院里，还住着“佛”的妹妹，与“佛”关系最亲近的人，也是“佛”留存人世的唯一知音。

“我住在这里感觉太好了！”托尔斯泰告诉同在夏莫尔金的阿廖沙·谢尔根科，“妹妹完全理解我。”

这尊“佛”无意讲经布道。他累了，他渴望平静、渴望一个人的生活；他也渴望与二三智者如奥普季纳教堂里的老神甫交游，啜香茗而论天下，享受夕阳晚景下的从容。

他能得偿所愿吗？

“不能！”从前一天的晚上直到次日早上，那些视托尔斯泰如洪水猛兽的东正教卫道士们奔走呼号，“住在教堂里，却不做礼拜，天下哪有这样的事！他是什么人？他应该双膝着地，爬着拜见神甫！”

请听各位主教在这件事上发出的声音。托尔斯泰离开奥普季纳修道院两天后，1910年10月31日出版的《俄罗斯导报》汇集各路主教的意见，表明教会就托尔斯泰进入教堂圣地一事所持的态度。

玛卡利亚主教：“首先要搞清楚他投奔的是哪一类教堂，东正教堂还是佛教的寺院。如果他选择的是东正教堂，都应该会像拥抱迷途知返的孩子一样接纳他，虽然我们得坚持一条原则，就是他必须大旗鼓地宣布放弃自己的异端邪说，声势要大到跟当初被逐出教会时一样。”

阿尔辛尼尼亚主教：“托尔斯泰承认教会、栖身教堂，这无疑会给我们的宗教事业带来巨大的益处。”

尼坎主教：“要知道，托尔斯泰不仅背叛了教会，还背叛了基督。”

叶甫洛金主教：“我经过深思熟虑后认为，教堂应该接纳列夫·尼古拉耶维奇，不管他来的目的是忏悔自己的罪愆，还是寻求精神庇护所。”

看得出来，在教堂可否接纳托尔斯泰这件事情上，俄罗斯教会上层人士的意见也不统一：托姆—阿尔泰教区玛卡利亚主教坚持原则、态度明朗，霍尔姆—柳布林教区的主宰者叶甫洛金主教（世俗名瓦西里·格奥尔吉耶夫斯基，后成为西欧东正教都主教，1946年在巴黎去世，葬于先贤祠）的意见则更具人情味。

叶甫洛金主教是普希金、列斯科夫的拥趸，喜爱梅尔尼科夫—彼切尔斯基、托尔斯泰两位同时代作家。

开明主教的观点，与修道院旅馆管理员、见习修士米哈伊尔的想法暗合。《科泽尔斯克奥普季纳约翰先知—主耶稣修道院编年史》中对托尔斯泰与教友米哈伊尔之间的对话，有以下详细的记载：

“来了两个人，我听到他们的敲门声。”米哈伊尔神父说，“打开房门，我看到托尔斯泰站在外面。‘我能进来吗？’他恂恂谨谨地问道。‘请进。’我应了一声。他又犹犹豫豫地追问了一句：‘也许你们并不欢迎我，我是托尔斯泰。’‘此话从何说起！凡是投奔我主的人，我们都欢迎！’这时他悬着的一颗心才放了下来，正式打了一个招呼：‘您好，兄弟！’我报以相同的礼节：‘您好，伯爵大人！’他接着说：‘我叫你一声“兄弟”，你不会感到受了委屈吧？普天之下皆兄弟。’我回答道：‘不会。天下人确实都是兄弟。’我给他们找了最好的房间，他们就这样在修道院里安顿了下来。第二天一大早，我就打发听差去找修道院长，传递托尔斯泰伯爵到访的消息。”

米哈伊尔在这里扮演了一个福音传播者的角色：接纳受苦受难的人，为他们提供一切生活上的便利。在叶甫洛金主教的眼里，托尔斯泰是一个人；在米哈伊尔的眼里，托尔斯泰伯爵同样是一个人。不要忘了，20世纪初叶夏莫尔金修道院虽然名闻遐迩，从蚁民到贵介，莫不心向往之，但修道院本身的规模并不大，仍旧无法摆脱乡村宗教设施的局限性，而且首先是神职人员眼界上的局限性。若兹德拉河构成一道天然屏障，出入修道院的人必须换乘车船。春水泛滥的季节，修道院孤悬滚滚洪流间，内外交通，完全阻断。1910年，修道院在藉神职人员总共50名：院长瓦尔索诺菲以下，有老神父约瑟夫1人，司祭6人，神甫8人，实习修士17人，见习修士17人；最近的城镇是科泽尔斯克，县级建制。就是这么一个宁静如水的修道院，被逐出教外的托尔斯泰突然到访，这可不是寻常之事！

曾几何时，托尔斯泰还是奥普季纳修道院的座上嘉宾。这位著名作家的身影一出现，从大司祭到普通修士，全院上下，莫不趋之若鹜。

1881年间，托尔斯泰有过一次徒步往返奥普季纳的经历。据他的亲随谢尔盖·阿尔布佐夫讲，还有索菲娅·安德烈耶芙娜在回忆录中指证（她的信息可能来源于丈夫、仆役），这座修道院有区别对待信众的传统：来者身份不同，享受的待遇也不同。

阿尔布佐夫首先讲到托尔斯泰每次出发前的准备工作：“……伯爵在我的帮助下，依照农夫的着装规则，一丝不苟地裹好脚布，上端开口处用细绳子扎紧，再穿上树皮鞋……然后我们打点好行李包，各自挎到肩头。伯爵的袋子里通常装有1

件衬衣、2双短袜、2条毛巾、数块手帕、2件粗麻布工装上衣、1面床单、1个小枕头、1双皮鞋。”

半路经过一个小村落，喝得醉醺醺的村长缠上了托尔斯泰：他把伯爵看成了等闲之辈甚至无业无证的流浪汉，想敲诈一点钱财。待他看清楚证件上的身份信息后，当下就怔住了，赶紧换上一副面孔伺候托尔斯泰，一副猫跳狗窜的样子。

托尔斯泰主仆二人抵达修道院的时候天色已晚，正好赶上吃晚饭。“饭厅的钟声摇响了，我们肩上搭着布袋，循声走了进去。看到我们的邋遢样子，执事人员不让我们凑近干净的餐桌，而是安顿到穷苦人就餐的区域……饭后，我们找客栈的三等房间过夜；神甫看到我们脚上套着树皮鞋，便拒绝给我们提供单间，而是将我们打发到大通铺房里；那里到处是泥巴、虫子，让人无处下脚。”

索菲娅·安德烈耶芙娜的陈述更加不堪。“在修道院的客栈里，树皮鞋、蓝衬衣、外穿褶腰罩衫的列夫·尼古拉耶维奇被当作普通的农夫，管理员叶菲姆神父总是对他呼来唤去：

“‘这间房才是给流浪汉准备的地方，就睡这儿！你肚子填饱了，我还没吃饭呢！坐这儿！’

“倒是跟班谢尔盖还享受了一点神甫的礼遇，因为他戴了一顶看上去不错的小圆帽。”

托尔斯泰掏了1卢布膳宿费，对方这才给他提供了一处小隔间，除了臭虫乱爬之外，还睡着一位鼾声如雷的皮鞋匠。

“伯爵吓得跳了起来，”阿尔布佐夫回忆，“对我说：‘谢尔盖，叫醒这个人，让他轻点儿打鼾。’

“我走近皮鞋匠委身的沙发，摇醒了他：

“‘亲爱的，您打鼾太厉害，吓着我家老人了。他不习惯住在一个房间里的人打鼾。’

“‘怎么的，就为了你家老人，你让我醒一个晚上？’”

仅仅过了两天，情况就发生了戏剧性的变化。

一位雅斯纳雅·波良纳庄园农奴出身的神甫看到自己的旧主人落魄至此，吃了一惊：

“大人，您怎么就知道逆来顺受！”

大司祭、老神甫安甫罗西等掌院人士急忙传下话来，务必马上找到托尔斯泰。“来了两位神甫搬行李，说是要带我们去一等客房。那里铺了天鹅绒地毯，装饰得富丽堂皇。”阿尔布佐夫在回忆录中写道，“伯爵辞之再三，最后还是顺从了主人的意思。”

托尔斯泰进见大司祭，宾主相谈甚欢，一坐就是3个小时；尔后伯爵往见安甫罗西，在他的静修室内又座谈4个小时。据阿尔布佐夫回忆，在此期间安甫罗西神甫的门外一直聚集着30名左右的信众。“有人抱怨，他们都等了五六天了，就是见不到安甫罗西的面，得不到他的祝福。我问安甫罗西神甫不接待他们的原因是什么，他们说这不怪安甫罗西，接待人员不理他们的诉求，不向神甫报告情况。”

托尔斯泰之后，安甫罗西神甫接待了阿尔布佐夫。问及伯爵奔波劳顿之苦，神甫言语间颇多关切。返回客栈的时候，修道院以最高规格接待了主仆二人：“一位神甫掀门而入，问大人是否可以用餐……神甫向我打听，我们真的是一路步行赶过来的吗？听到肯定的答复，他诧异莫名。”他们吃饭的地方也挪了，变成了“一等餐厅”。神甫们推杯换盏，伺候得不亦乐乎（伺候托尔斯泰。——作者注）。

修道院里搞官绅崇拜，这种现象司空见惯、不足为奇。1887年，康丝坦丁·康丝坦丁诺维奇·罗曼诺夫大公莅临奥普季纳修道院，《编年史》中如此铺陈这一盛事：“闻知大公驾到，举院出迎；院长腾出了自己的房间，供大公临时栖驾。是夜宾士济济一堂，气氛之热烈，宛若节日。院方循例准备了大餐，并邀院长与宴。不过以生活俭朴著称的院长拒绝了大家的盛意，声称次日还要布道，需要斋戒净心。艾萨克神父的质朴虔诚给大公留下了深刻的印象，席间他一再表示，品行高洁如院长者，世间鲜有其例。”

寺院的接待活动有自己的一套规矩，院长完全可以拿宗教活动说事，不参加大公的接待晚宴。事实上，他是想利用大公吃饭的间隙，去一趟自己的房间。

1910年5月，康丝坦丁大公再度造访奥普季纳修道院，这次还带了孩子。大公让孩子先行一步，本人则在地主卡什金位于普雷斯克村的庄园里小住了几日。为了迎接尊贵的客人，修道院整修了客房，四壁贴上了大理石。“遵从大公本人的意愿，教堂修院没有举办接待仪式。”《编年史》讲述，“不过各处钟磬齐鸣，以志喜庆……”5月21日是大公的命名日，“院长会同年事已高的司祭费奥多西亚驱车赶往普雷斯克村，给大公带去了丰厚的大礼：一尊圣母玛丽亚教堂供奉的金镂银裳圣母雕像、一部《奥普季纳修道院纪事》。”

表面的有失公允，潜藏着深层的理性。托尔斯泰伯爵衣衫褴褛，混迹底层人士之间，这分明是给修道院出了一道难题。上帝看子民是平等的，神甫则不然。院长首先得为教堂的秩序负责，特别是在人流如潮的夏季。

“化装出行”的托尔斯泰破坏了教堂的管理原则，是对教堂礼仪规范的公然践踏。

1881年托尔斯泰的教堂之行，重演了1977年的那一幕。这次虽然不存在身份认同问题，但他一再坚持住三等客房：他有选择的权利。同行的还有一位著名批评家尼·尼·斯特拉霍夫。托尔斯泰驾临修道院的消息不胫而走，院方坚持让他换住好一点的房子。安甫罗西神甫约见了他，双方恳谈甚久。据托尔斯泰后来坦承，他对这次谈话的内容非常满意。

就是这样一位托尔斯泰，仅仅过了4年，怎么就跟教会的关系发展到水火不容的地步？他为什么捂住费加罗—阿尔布佐夫的嘴巴[①]，专找最糟糕的客房过夜，忍受臭虫的叮咬和房客的鼾声？为什么他的仆人并不赞同他的做法，多年之后还在回忆录中对自家主人的奥普季纳修道院之行大放厥词？他为什么要将修道院的主事人置于尴尬的境地？

原因是多方面的。首先，托尔斯泰的理想就是混同于普通民众，他想彻底抛弃自己的贵族身份，体验普通人的生活、用普通人的眼光看世界。他厌恶奢华奢靡的生活，无法承受修道院提供的特别服务。托尔斯泰的“怪诞”，多出于此：孤介耿直，与社会习俗格格不入。世人目之为狂傲之人，其实大谬不然。其次，作为一名作家，托尔斯泰有他的创作诉求。他想品尝人生百味，为他将来书写《谢尔盖神父》《费多尔·库兹米奇老人的临终书简》等华章打基础。他要的是真知灼见，他要的是有血有肉的人生。

对奥普季纳修道院里的人来说，托尔斯泰是外人。他们真切地感受到这一点，但他们必须按自己的一套原则办事，不会迎合托尔斯泰的创作意图。

他要只是一位有怪癖的贵族，那还好说。问题是，他还是一位名垂大荒的作

① 指不让随行的仆从暴露自己的身份一事。——译者注

家，他的一举一动、一言一行都是热门话题，不消片刻工夫就会传遍俄罗斯、甚至全世界。他曾经在修道院的小商店里遇到一位买不起福音书的老妇，慷慨解囊替她买了一本。就这么简简单单的一件事，经新闻记者一解读，变成了托尔斯泰与教会分庭抗礼、传福音于大众的神话。伟人的平常之举，都被赋予不平凡的意义。

1910年10月，再入教堂的托尔斯泰除了“伯爵”“作家”，更多了一重身份：教会放逐者。根据1901年东正教主教公会的决议，托尔斯泰被宣布为“不受教会欢迎的人”。现在我们回过头去，用历史的眼光看待这一段公案，教会未必全盘否定托尔斯泰这个人。但对处在时代条件下的普通教堂来说，放逐就是放逐，不存在回旋的余地。

这种情形，与婚姻差堪仿佛：丈夫抛家弃子在外面鬼混，妻子在忍无可忍的情况下提请离婚并得到法院的判决。这位从丈夫变成前夫的男人仍然可以回到前任妻子的身边生活，但他们两者的关系不再是夫妻，而是情人；即便以后破镜重圆，婚可以复，而心已不复。

托尔斯泰1910年秋天在奥普季纳修道院的遭际，就是破镜难圆的翻版。他说的每一句话都透着隔阂，他做的每一件事都隐含尴尬。

凭感觉，他认为自己会吃闭门羹。但米哈伊尔没有这么做。他以一颗赤子的拳拳之心，不仅对他敞开了大门，还为他找了最好的房间。“我是被逐出教会的托尔斯泰，我特意过来拜访你们的老神甫。明天一早我就动身，去夏莫尔金。”托尔斯泰陪着小心解释，米哈伊尔则心静如常，只顾殷勤地端来了苹果、蜂蜜，满足托尔斯泰的一切要求。

托尔斯泰的心里涌过一阵阵热流……此刻，他也许想到了自己的亲姑母，在这里走完漫长人生最后一步的亚历山德拉·伊里尼奇娜·奥斯滕-萨肯，在托尔斯泰弟兄父母辞世之后，担当起悼亡恤孤的责任，将他们抚养成人。她，一位上流社会的仕女典范，一颗真正的“宫廷明星”，拜患有精神疾病的丈夫之赐，累于不幸的婚姻，一生度尽苦厄，最后终老于斯、埋葬于斯。“姑母是虔诚的基督徒。她最大的爱好，除了阅读圣徒的行传，就是与朝圣者、修士、修女交流……亚历山德拉·伊里尼奇娜姑妈不仅守斋、祈祷，表现得像一个基督徒，更拥有基督徒圣洁的灵魂。她不事奢华、事必躬亲，不肯消受别人的服侍，却孜孜不懈地帮助别人。”这是托尔斯泰对姑母的评价。

1941年，年满30周岁的列夫·托尔斯泰首访奥普季纳，参加姑母亚历山德拉·伊里尼奇娜的葬礼。不久，托尔斯泰弟兄在这位对他们有养育之恩的亲人墓前竖了一道小小的碑，还镌刻了一段碑文，一首情真词切的悼亡诗：

摆脱尘世的羁绊，
你踏上了寂寂归程。
在永恒安详的天界，
托寄你漂泊的灵魂。
带着彼岸重逢的梦想，
深怀身后长生的虔诚，
晚辈将缅怀刻入石碑，
期冀哀思散入坟茔。

这座修道院里还埋葬着托尔斯泰的另一位姑母：伊丽莎白·亚历山德罗芙娜·耶戈尔斯卡娅，与他最热爱的姑母塔季亚娜·亚历山德罗芙娜·耶戈尔斯卡娅是同胞姐妹。他葬于此地的两位姑母都不是修女，但她们都选择在这里度过人生最后的一段时光。这里，就是她们灵魂永恒的安息地。

此番奥普季纳修道院之行，托尔斯泰与一位特殊的访客——近卫军团退役士兵帕哈姆神父——在教堂里不期而遇。得悉托尔斯泰到访，帕哈姆迎了出来。

“教堂后院那幢建筑是什么？”

“客栈。”

“我好像在那里住过。阁下何人？”

“我是罪孽深重的帕哈姆神父。您是伯爵大人吗？”

“我是列夫·尼古拉耶维奇·托尔斯泰，我找约瑟夫神父。听说他病了，不知道是否方便见我。”

“没什么大病，只是身体虚弱。去吧，伯爵大人，他正在恭候大驾。”

“您原先在哪支部队里高就？”

帕哈姆说出了某支彼得堡驻军的名称。

“哦，这个我知道……再见了，兄弟。原谅我这么称呼您，我现在见人就这称呼。我们都是同一个沙皇陛下麾下的兄弟。”

托尔斯泰还跟另外一个人，一位客栈服务生，有过一面之缘。“列夫·尼古拉耶维奇跟我搭话了。”小男孩自豪地说，“他问我家在哪里，远不远；还问了我的父母是谁；最后他亲切地抚摸了我，跟我讲：‘你来这里干什么？想当小神甫吗？’”

从托尔斯泰跨入奥普季纳修道院的那一刻起，大家都像照顾自己的父亲一样热情接待他：船夫、客栈管理员、小男孩……时代的象征、俄罗斯最伟大的作家之一，同时又是一位不修边幅其貌不扬的老人，如此质朴简单、如此平易近人，令人想起慈祥和悦的邻家大爷：这样的一个人，谁不欢迎？他不仅拥有一枝如椽巨笔，更有感动天下苍生的力量：他关心民间疾苦，嘘寒问暖、巨细无遗。同样的两颗心之间，从来都没有距离。

抵达修道院之前，托尔斯泰的旅程是称心快意的。

奥普季纳到了！最后一次造访这块让他魂牵梦绕的地方，托尔斯泰心潮难平。为什么他拜会约瑟夫神甫的愿望没能达成，却意外地得到其他各色人等的热情款待？安甫罗西邀请的客人，约瑟夫为什么拒而不见？

圣教卫道士和对方营垒中的人就这件事竞相发声，一方说：“太傲慢了！”；另一方也说：“太傲慢了！”

主流观点认为，这是宗教与世俗两种意识形态之间的对冲：一方不请，另一方不去，鸿沟就这样自然形成了。如果神甫首先伸出橄榄枝，向这位世纪老人敞开大门；或者托尔斯泰本人打消一切顾虑，主动登门就教，那么双方就能达成非正式的和解：非为东正教公会，非为沙皇、斯托雷平（时任俄罗斯首相）——尽管他们向欧洲人士表示对事态的变化感兴趣，亦非为圣教奥义、主教本人和俄罗斯政府；为了出入教堂的普通客人如米哈伊尔、帕哈姆，为了小男孩基柳什卡——长大成人后，每每想起与伟人的这次邂逅，他一定为骄傲莫名，为了那些麇集码头，目送气喘吁吁的托尔斯泰老人登上渡轮、逐流远去，知道另一种永恒的化身将就此消失的普通僧侣，这样的和解是最完美的结局。

“列夫·尼古拉耶维奇好可怜啊，我的上帝！”僧侣间窃窃私语，“是的，列夫·尼古拉耶维奇太不幸了。”

而此时的托尔斯泰正倚栏而立，与一位头发花白、表情和蔼、戴着一副眼镜的神甫聊天，很关切地问起他的视力问题。托尔斯泰回想到自己年轻的时候经历过的一段轶事。那会儿他还在喀山读大学，有个鞑靼小贩向他推销眼镜，说法一套一套的：

“买副眼镜吧！”

“我用不着。”

“怎么会用不着呢！这年月，有身份的人谁不戴眼镜！”

“转机来得太突然了，”马科维茨基写道，“可说是电光石火一瞬间的事。”十月革命前俄罗斯社会头号公案：托尔斯泰与教会的矛盾纠葛，似乎已按俄罗斯人特有的轻疏散漫风格，被相关各方“置诸脑后”；虽然依当时之势，托尔斯泰已然等不了多久……

托尔斯泰归葬雅斯纳雅·波良纳之后，一位名叫帕拉夏的傻子曾经来到他的墓园，站在墓壕的边缘，和着民歌的调子唱响了一曲换歌：

不懂事的孩子，你去了哪里？
不懂事的孩子，你要去何方？
——你脚下的路，现在是什么样？
如今你走了，我们这些愚人指望谁？
你把我们留给了谁……
你把我们抛给了谁……

这个傻瓜的行为，招来村妇们的一通耻笑：看！那个傻子正在给伯爵举办葬仪！平心而论，这个傻瓜比10月29日奥普季纳修道院里粉墨登场的各色人要聪敏得多、明智得多。这个世界上，这样的傻瓜太少了，以至没有人会主动伸出自己的手，将托尔斯泰和老神甫牵到一起。

所有人都抱着明哲保身的态度过日子，所有人都认为真理握在自己的手里。修道院长、修士大司祭克谢诺丰特病了，数日前才做过手术，从莫斯科赶回修道院。没有得到卡卢日主教的允准，院长不敢跟托尔斯泰这样有名的异教徒暗通款曲。

“10月28日下午5点，列夫·尼古拉耶维奇·托尔斯泰伯爵在据称为随行医生的另一名先生的陪同下，从别列夫行至本人受命管理的修道院……我认为向主教大人禀明这一情况，是我义不容辞的责任。同月29日上午7点，从火车站那边赶来一位年轻人，他们聚集在伯爵下榻的客舍内，长时间写着什么；尔后伯爵的医生会同那位马车夫，驱车前往科泽尔斯克。同日上午8点，托尔斯泰外出散步，两次均为孤身一人。其中第二次，有人看到他在教堂篱墙外一间被称为‘领事室’的空房外徘徊——那是安甫罗西神甫生前的居所，他不止一次光顾过的地方，还去了已故作家康·列昂节夫的墓地。他在圣堂及修道院外踯躅良久，但始终没有跨进大门，也没有会晤院中诸神甫及我本人。当日1点，托尔斯泰伯爵结束散步，饭毕3点左右即辞别本院，赶往夏莫尔金修道院拜会彼处修行的舍妹玛丽亚修女。他在客栈记录簿上写了留言，内容是‘列夫·托尔斯泰感念接待’。”

这是克谢诺丰特院长写给维尼亚明主教的报告中包含的一部分内容。通过这份报告可以得出一个结论，托尔斯泰不仅去过修道院的隐修区，更曾在教堂的周围驻足流连。悉心研读马科维茨基、谢尔根科、克修宁、托尔斯泰诸人的日记，我们找不到任何证据，证明托尔斯泰曾经跨过那道神圣的门槛，进入教堂的内部。托尔斯泰只是在“圈子外打转”，瓦·瓦·罗赞诺夫的表述，可谓恰中肯綮。

隐修区以及附设的客栈，就在与教堂相距不远的地方。“列夫·尼古拉耶维奇在修道院一带散步，一路踱到西南角之后，顺着南墙走进附近的大树林。”马科维茨基在回忆录中写道，“正午12点，他折回修道院，时隔不久便又步出客栈，拐向左边的小路。抵近教堂大门之后，他踝躞良久，最后又原路返回。行不几步，老伯爵似乎心有不甘，向右一拐再次走近教堂的大门，但始终没有跨出那最后一步。此后他绕过教堂的高塔，怅然回到修道院的客栈。”

这一幕看上去只是一位老人在随意走动……托尔斯泰的手上还拿着一把折叠式小杌子——这是他外出散步时的标配设备，从雅斯纳雅·波良纳带出来的。这一天上午，托尔斯泰一反常态，“几乎没怎么散步。”马科维茨基注意到托尔斯泰的异常反应，“看得出来，他跟神甫接触的愿望很强烈。”

心有块垒的托尔斯泰，最终没能开启破冰之旅。第二次散步归来后，他宣称：

“我不会主动找神甫，除非他们约见我。”

这就是“托尔斯泰的骄傲”。约瑟夫能打发自己的秘书到教堂的篱墙外迎候，托尔斯泰却不肯屈尊向前，敲响那间斗室的小门。即便马科维茨基的转述有错讹，托尔斯泰不见邀请不进门的用意还是昭然若揭。我们换一个角度看问题，约瑟夫的情形又是怎样？他理解托尔斯泰的苦衷吗？

是的，他理解。下面这段摘自《奥普季纳修道院编年史》由约瑟夫神甫的秘书手书的文字就是见证：

“约瑟夫神甫病了，我在他的身边盘桓。瓦尔萨诺菲神甫来了，他说米哈伊尔神甫打发人过来提醒，列夫·托尔斯泰的车驾正向我们这边赶。我问他：‘你怎么知道他是冲我们来的？’他答道，‘托尔斯泰亲口说的。’约瑟夫神甫嘱咐他：‘他来了，你们要热情接待，言语恭敬一点，态度亲和一点。虽说他是教会驱逐出去的人，但他能主动上门，我们就不能怠慢。’语毕，他即打发我到围栏的外面探视。看到列夫·尼古拉耶维奇的车驾出现在不远处，我回告神甫，托尔斯泰就在附近徘徊，可能来也可能不来。约瑟夫神甫叹息道：‘他这是进退两难啊！他怕吃我们的闭门羹。如果他是冲我们来的，你去叫他进来。’我奉命迎了出去，发现伯爵已经走了。我能看到他的渺渺背影，但凭我的两条腿，如何追得马背上的他……”

最后一节陈述与事实不符，关于这一点，马科维茨基的日记有案可稽。托尔斯泰第二次是徒步外出，回到客栈后胃口不错，吃了好多东西（修道院的菜汤和煮得稀烂的葵花油荞麦粥很合列夫·尼古拉耶维奇的口味，他吃得不少），饭毕他还付过账（“饭钱多少呢？”——“悉听尊便。”——“3卢布够吗？”）。最后，他在修道院的贵宾薄上签了名，步行赶往码头。谢尔根科、马科维茨基驾着两辆马车，已经先期上了渡轮。据马科维茨基清点统计，赶来送行的僧侣共有15名。

托尔斯泰不需要赶。只要传唤一声，他就会慷慨赴命。他之所以没有主动找约瑟夫神甫，是因为他觉得神甫身在病中、不便打扰。在夏莫尔金，他明明白白地告诉了妹妹玛丽亚·尼古拉耶芙娜自己的苦衷。他还说，有鉴于“被逐者”的身份，他担心神甫会关门拒纳。贵族体谅他人的涵养，不允许他贸然行事。另一方面，约瑟夫不清楚托尔斯泰的来意，也不好横生枝节。托尔斯泰有意与他一晤的说法是有的，但仅限于传闻，伯爵本人并没有正式提请过。再说他也不知道托尔斯泰急着要走，这次逗留的时间本来很短——除了最信任的几个亲友，外人根本不知道托尔斯泰的行程安排；而新闻记者的介入，那是迟至第二天的事。

1910年12月，一位女修道院长当着马科维茨基的面质问帕哈姆：明知伯爵想拜会约瑟夫，为什么不引见？“他当时也没打定主意，有些举棋不定。”帕哈姆辩白道，“他不想扮演不受欢迎的访客这样的角色。”而此时的托尔斯泰，已经溘然长逝久矣。

一代伟人，落魄夕暮，令人抚案沉吟。大家的行为或中规中矩，或宽厚仁慈，看上去无可指摘，但细加体味，这其中又蕴含着多少不近人情的冷漠和软弱，没有人的做法真正经得起推敲。谁都不肯跨出相向而行的第一步，导致的结果只有一个：俄罗斯最伟大的作家之一在人生的最后一站，宛然一片凋落的枯叶，在教堂的篱墙外飘零。

在夏莫尔金，托尔斯泰曾经向妹妹表示，他想折回奥普季纳，争取见约瑟夫神甫一面。可惜他的愿望没有达成。冥冥中有一股看不见的力量，将他推上了不归路。

幡然悔悟

托尔斯泰的人生有三大转折点：婚姻、19世纪70年代末80年代初世界观的变化与离家出走。不过，最后一次转折如昙花一现，从离家到阿斯塔波沃车站一病不起，前后历时不逾10天。托尔斯泰赍志以殁，暮年壮怀，势成空谷回音。故此，他一生中最重要的事件只有两桩：结婚，世界观的突变。

托尔斯泰的一生波澜壮阔，阅历至为丰富、不过平心而论，高加索之行、塞瓦斯托波尔之役、深受其人爱戴的长兄尼科林卡的辞世、情爱险途、子女接连不断的夭亡（包括他最爱的瓦尼亚、玛莎的死），均未能从根本上撼动他的精神基石。然而，生活的砥砺与内心的感悟，却在无形中改变着他。两大转折点对托尔斯泰，可说是浴火重生。

托尔斯泰婚前婚后、世界观转变前后判若两人：不是渐变，而是突变；不是小打小闹的改变，而是全然改观！他眼中的世界，无复往日。芸芸众生、身边万象，许多东西在他心目中变换了位置，重要性此消彼长。

婚前的托尔斯泰是个不幸的人，是个路人侧目的异类。同时与多名女性发生不正当关系；输掉口袋里最后1戈比钱、输到债台高筑；与别人的妻子同居，俨然出双入对的正式夫妻；寄居屠格涅夫家，却对主人横挑鼻子竖挑眼，闹到差一点决斗的地步。

看得出来，托尔斯泰的单身生活过得一团糟，四面树敌、到处起衅。他也缺乏那种道德君子特有的罪己精神，只知怨天尤人，不懂自省自责。而大婚前夕的他幡然悔悟，在日记中对自己过去的行为大肆挞伐："蠢货""猪""畜生""魔鬼""疯子"……什么难听的字眼，他都用上了。

"反躬自问，我常常感觉到自己是个不可理喻的人：我爱过什么吗？没有……""感觉自己污秽不堪、令人作呕……""最近跟瓦辛卡（指彼耶尔费利耶夫。——作者注）一起大快朵颐，还唱了歌，躺在一起胡天胡地。"

大事做不来，小事做不好……婚礼马上就要开始了，他这才发现干净的衬衣跟其他生活用品混在一起，全都打包留在车上了，弄得自己无衣可穿，延宕日程安排。大家都聚在教堂里，可左右等不到新郎。索菲娅心绪烦乱，已经开始往坏的方面想：她的新郎波德科辽辛综合征发作，说不定已经跑了。她的忐忑并非空穴来风，托尔斯泰前科累累，是个逃婚的行家：为了躲避她的长姊丽莎，他曾经远遁萨马尔大草原；恰如抛下阿尔辛尼耶娃，只身前往彼得堡逍遥一般……托尔斯泰本人的日记，从另一个角度印证了索妮娅的顾虑："婚礼当日满脑子的恐惧、怀疑，想一走了之。"结合托尔斯泰一生迷信，视早上反穿衬衣为不祥之兆等个性特点，婚礼在即却没有衬衣可穿，他完全有可能捕风捉影、小题大做，闹出一些非常事体来。

约定举办婚礼的这一天，托尔斯泰一大早就赶到别尔斯家。他一进门谁也不问，便径直钻进了姑娘们的闺房。丽莎不在家，塔妮娅偷偷溜了出来，向妈妈报告"新晋姐夫"突访未婚妻的事。别尔斯夫人觉得这位准女婿做事没有章法，心底大为不满。她当下赶到女儿的房间，发现那堆宝贝埋在零零碎碎的箱箧什物间，索妮娅还在嘤嘤啜泣。调查结果显示：列夫·尼古拉耶维奇一夜未眠，天一亮就颠儿颠儿地跑上门来，"拷问索菲娅是不是真心爱他。""或许因为托尔斯泰揪住波利万诺夫不放，弄得她下不了台。"他还提出了摆脱困局的建议："与其脚踩两只船，不如趁早一拍两散。"索菲娅真是百口莫辩！起初她还极力解释，后来情绪失去了控制，哭将起来。

过程有点曲折，但托尔斯泰还是穿上了干净衬衣，最后也娶到了意中人。这样的结局，只能用大团圆来形容。

托尔斯泰的婚礼上，宾客印象最深的是新郎、新娘年龄上的差距；加上新娘那对哭到红肿的眼睛，大家的心里都犯起了嘀咕：“这不是逼婚吗？”“新娘那么年轻，新郎那么老……”“人家可是伯爵，听说富可敌国……”

索菲娅告别家人的时候泪洒当场，托尔斯泰大为不满。“他不知道，我这么爱生我养我的父母和我的娘家，自然会倾心关爱他、关爱我和他养育的孩子。”索菲娅·安德烈耶芙娜在回忆录中写道，“我后来的表现，不就是活生生的证明吗？”

他们在路上颠簸了一天一夜……与男人同乘轻车斗辇，空间太过狭小，年轻的新妇无以自处：“怎一个羞字了得！”她在回忆录中大发感慨。除了尴尬，这一路怎么趟过来的，在什么地方逗留过、沿途说过什么话，她都不记得了。

在雅斯纳雅·波良纳度过的初夜，据托尔斯泰本人讲，“心情沉重”。喝早咖啡的时候，新婚夫妻双方都感到“很不自在”。

可是，奇迹就在这一瞬间发生了。1862年9月25日的日记中，托尔斯泰写下了这么一段话：“无比幸福……若得长生如此日，夫复何求。”

孜孜不倦的索菲娅

过惯克里姆林宫优雅生活的索菲娅，对乡村贵族世家的一套做派兼托尔斯泰此前养成的单身习性很不适应。仅餐桌上不配备银质餐具这一点，就让她诧异莫名；而这里的一切，实际上跟金银细软沾不上边……托尔斯泰兄弟常年卧草铺，床单也不苫一条，庄院里到处弥漫着浓烈刺鼻的干草味。每处房间的周围院落应该是有的，不过全让茂密的枯草淹没了。小径大路上布满枯枝败叶，仆人穿得跟乞丐相差无几。仆人扮相不好倒也罢了，主人也强不到哪里去：托尔斯泰大白天穿着一件下摆箍到脚踝处的大氅，这东西新的时候好像是睡衣。

再看托尔斯泰家的老厨子尼古拉·米哈伊洛维奇，本来是当艺术家的料，因为丢了他的看家宝贝长笛的口承，被老沃尔康斯基打入厨房。此人厨艺尚可，关键一个“脏”字就让索菲娅恶心欲呕，另外有事没事还好喝两盅。说来这人的饭菜还让女主人落了泪：有一回索菲娅刚想下嘴喝一口浓汤，赫然发现菜汤里漂着一只“非常难看”的虫子。更有不堪之事：她的小嘴巴，居然让锈迹斑斑的铁叉匙给戳破了。白天的罪受够了，还要受晚上的罪：托尔斯泰耷拉在旧枕头（没有枕套）上的那颗头颅，实在算不上赏心悦目。

雅斯纳雅·波良纳的日常生活笼罩在一股淡淡的戾气之下，这是“孤儿浇离综合征”的自然表征：父母早亡，亲情缺失，给男主人打上了性情孤僻、行为乖张的烙印；而索菲娅最不缺少的，就是父母的爱。难怪低地花园连同幽深的角落、沉默的小桥、孤寂的凉亭那么容易打动丈夫的柔肠，因为那是他的父母生前经常踽踽独行的地方。18岁的索菲娅·安德烈耶芙娜面对的，就是这么复杂的一个人。填平各自成长道路上的鸿沟、体察丈夫的苦衷、接受丈夫的缺陷，她需要的不仅仅是务实、宽容、讲究策略等优秀品质，还需要拓展视野、把握另一类生活的律动。

“不知疲倦的索菲娅”，诚如亚历山德拉·安德烈耶芙娜·托尔斯塔娅所称，用她的勤劳和智慧，不仅在应对各种挑战时表现得沉着练达、左右逢源，还打造出一个全新的、体现个人品位的雅斯纳雅·波良纳。如果说《战争与和平》中的少女娜塔莎·罗斯托娃是塔妮娅的化身，那么婚后的娜塔莎已经换成了另一个人：索菲娅。

索菲娅美色天成，不事雕琢，兼具八面玲珑的性格、善于审时度势把握全局的超凡智慧。别尔斯夫妇持家有道，对孩子的要求很严格，女儿身上不存在任何教养上的瑕疵。母性强烈、育儿有方、对丈夫的创作活动抱有浓厚的兴趣并始终鼎力支持……索菲娅贤内助的角色体现在丈夫的创作上，而不是生产经营活动上。托尔斯泰一度着迷农事，养蜂、繁育日本猪、建造葡萄酒厂，四面出击，忙得不亦乐乎。索菲娅·安德烈耶芙娜不屑此道，并且毫不掩饰她对体力劳动的厌恶。

索菲娅的家居生活记事保存了下来，内中有她的“好恶”详目：

我之所好：
内心平静；
幻想；
关爱亲友；
爱孩子；
喜欢各种花草；
太阳和许多发光的东西；
树林；
喜欢种植、修剪、培育树木；

绘画写生、拍照、扮演人物角色；

创作——哪怕只是缝一件衣服绣一朵花；

喜欢音乐，但有选择性和局限性；

喜欢人性中简单纯朴的一面和个人才华；

穿着打扮；

闲暇、热闹、异彩纷呈的场面、美好的事物；

诗歌；

恩爱和温情；

卓有成效的工作；

开朗、正直的品质。

我之所恶：

人与人之间的敌意、不满；

空虚，哪怕只是暂时的空寂无聊；

秋天；黑暗和夜晚；

男人（顺眼的男人也有，但只是凤毛麟角）；

赌博；

罪孽深重、心理阴暗的人；

鬼鬼祟祟、处事不公的人；

荒漠；

恶俗喧嚣的歌曲；

吃饭的过程；

家务活动；

极度反感：愚蠢、狡猾、矫揉造作、谎言；

孤独；

嘲弄讽刺、中伤他人、笑话、漫画；

消极怠惰；

很难忍受丑陋的事物和不雅观的行为。

很难想象托尔斯泰会以这样的方式吐露心迹：他的文笔更加细腻、更具“女性化”特征。他是个喜欢换位思考的人，待人以宽、律己以严，总是设身处地地为他人着想。对他来说，“自我”与“外界”之间没有明显的分野；即便有，他也会想尽一切办法弥合裂隙，达到“物我两利、和谐共存”的精神境界。总而言之，“我之所恶”之类念头托尔斯泰不会动，更别说使用这样的措辞了。

毋庸讳言，托尔斯泰夫妇个性差异巨大，是完全不同的两类人。

她是“资产阶级女性的典型”。这一阶层的人拥有的长处和缺点，在她的身上表露无遗。索菲娅·安德烈耶芙娜最喜欢的小说——夏洛蒂·勃朗特的小说——《简·爱》的主人公，其实就是她本人的真实写照。

是的，索菲娅·安德烈耶芙娜是实用主义者，但她也是虔诚的基督徒。在她少女时代日记的残篇中，有这么一段有趣的文字：

“……性格的优劣、品行的高低，均取决于大脑、神经、血脉、内脏等身体器官的构造……取决于晴和的气候、充足的营养、温暖的住所。物质、信念、精神……我的上帝，人的世界是如此的纷繁复杂！这么重大的课题，谁又能研究清楚？这个世界上真的存在不解之谜吗？”

少女时代的索菲娅常去莫斯科郊外的新耶路撒冷教堂，耶稣受难雕像对她的灵魂造成的震撼，丝毫不亚于旁人：“全尺寸场景，逼真的细节；耶稣披着黑色丝绒长袍、双手套在铁箍中……目睹雕像，每每令人觳觫震慄、难以自持。我想，任何一种形式的偶像崇拜都应该源于精神、止于抽象，基督教对耶稣的膜拜，更应如此。”

索菲娅·安德烈耶芙娜是虔诚的基督徒，一生奉教如仪，并以教育孩子恪守教义为己命，对丈夫离经叛道的行为深感齿冷。不过，她的信仰与丈夫的迷信大相径庭。上帝是存在的，但圣灵的世界太遥远了。神的恩泽，不会普及众生；神的旨意，也不是凡夫俗子能够参透的。对神灵心存敬畏，但生活上要谨守世俗的法则；教堂的作用，就是在这两个世界之间搭起一座桥梁。

托尔斯泰的性格跟索菲娅有天壤之别。他是“贵族习气”的集大成者，冈察洛夫代表作《奥勃罗莫夫》中那位贵族地主的现实版。

托尔斯泰是宗教的信徒，但他的宗教太理想化、太具功利色彩了。他的上帝没有驻跸星汉之外的天庭，而是逡巡于云端、匿迹于草莽，上帝游弋在我们每个人的周围、活跃在我们每个人的心中。故此神的意旨无处不至、无物不及，生活的法则因之也变得隐秘神圣、高深莫测。万物之中有神性，万物就是神；领悟有血有肉、有象有形的生活法则，就要摒弃抽象的意念，用心灵去感悟、用智慧去参详。

在处理家庭事务方面，索菲娅·安德烈耶芙娜注重实干、讲求实效。她提前一个月编制用度预算，禁绝一切不合理开支。然而，她的务实并不意味着事事从简。她喜欢社交活动、喜欢舞会、喜欢时装，这些方面的铺排，她从来不会削减。相反，她的丈夫考虑问题常常脱离现实，上流社会的娱乐活动、哈莫夫尼卡家中的奢华生活，压得他喘不过气来。他舍不得浪费一张纸，开个电灯都嫌消耗电——当然，他并不是刻薄悭吝之人：他珍惜物力，不忍虚耗他人的劳动成果。

索菲娅·安德烈耶芙娜将她的资产阶级情调带到了雅斯纳雅·波良纳。她敏感，她小题大做，她胸无城府，点滴心思都写在脸上。

列夫·尼古拉耶维奇敏感度不比妻子低，但他喜怒不形于色。他不会疼爱孩子，忍受不了女人的歇斯底里。遗憾的是，索菲娅正好长于此道。

索菲娅·安德烈耶芙娜率性直爽，有话说在当面，遇事不会藏头露尾。列夫·尼古拉耶维奇凡事小心，说句话字斟句酌，生怕一言不慎伤害他人感情。托尔斯泰发明了一种家庭游戏叫"古代骑兵队"：令人头痛的客人辞别后，他领着全家人举手过头，一面摆手一面绕桌子转圈儿，驱散晦气。这种把戏，也只有托尔斯泰想得出来。让他当着客人的面直言不满、下逐客令，这比登天还难。

索菲娅·安德烈耶芙娜崇拜大自然，但她不喜欢乡村、不喜欢农民。她毕其一生，骨子里都是城里人的性格。只要身在莫斯科或者彼得堡，她不会错过任何一场音乐会、戏剧演出或者展览会；而托尔斯泰是彻头彻尾的乡巴佬，从来没喜欢过哪座城市，包括莫斯科。托尔斯泰认为，人情冷漠，两个人见面连招呼都不打，城市真不是人待的地方！世界观发生巨变之后的托尔斯泰，对音乐会依然比较抵触，但对戏剧的态度却发生了戏剧性的变化：他不仅变成了戏剧迷，还成了知名剧作家，创作了剧本《权力与黑暗》。他否定特效在舞台艺术中的作用和意义，极力反对使用布景呈现环境；他的戏剧创作观，可说与时代潮流完全背道而驰。

两个没有任何共同语言的人如何做到相亲相爱、长相厮守的，常人难以想象。

但他们爱得情真意切！他们的爱不仅囊括饮食男女等夫妻伦理，更是处处迸射着幸福的光华。索菲娅·安德烈耶芙娜偶尔怀疑；托尔斯泰的爱随着岁月的流沙沉淀春情的萌动，"心如撞鹿"的感觉再也找不到之后，已然烟消云散，但那是一种误解。托尔斯泰晚年日记中常常流露出对妻子的拳拳爱心，感情之真挚，非浮词妄语可比。

1863年4月复活节假日期间，索菲娅·安德烈耶芙娜致函身在莫斯科的姐妹：“现在不遇到节日，我的心情就郁闷不堪。每逢佳节倍思亲，不能跟你们大家欢聚一堂，这就是我不喜欢过节的原因。我们这里没有复活节彩蛋、没有通宵达旦的十二信使传福音纪念活动、没有基督棺覆布、没有挺着一个大肚子还要抱甜面包柱的特里芬诺芙娜（别尔斯家的女管家。——作者注）、没有等待曙光透进屋内的那种急切心情……这里什么也没有。节前最后一个周末的晚上，我的心情是如此的压抑，忍不住叫嚣起来，还说了好多难听的话。要是这个世上没有节日，那该多好！我感到对不起列沃奇卡，可我控制不了自己……复活节期间我情绪稍有好转，跟列夫玩起了找茬游戏，历数自己经过见过的不顺眼的人和事……我们的教堂执事康丝坦丁神甫信口开河，尽说些没眉没眼的事；如果你不是修炼到家的基督徒，他的话还真听不下去，如此等等。”

托尔斯泰信仰不坚不纯，索菲娅对此所持的立场是：不予计较。当时的她还没有让丈夫的“新基督主义”弄得焦头烂额，她的坏心情多半源自思念家人、眷恋克里姆林宫里无拘无束的生活，另外还有莫斯科别有情趣的复活节气氛。信中她还向塔妮娅提了一个要求：“另外，亲爱的塔妮娅，请给我写信，详细说说你们那边都穿戴些什么，什么布料最流行，还有佩什么花、戴什么帽子……”

托尔斯泰的思维有其离经叛道的地方，但这并没有冲淡雅斯纳雅·波良纳庄园的宗教气息。古老的偶像崇拜、对托尔斯泰生母的纪念活动，在这块乡间净土上大行其道。耶戈尔斯卡娅姑妈和她的老伴当娜塔莉·彼得罗芙娜的房间里，挂满了黑黢黢的神像。紧邻的楔房里住着一位老怪物——托尔斯泰已故老祖母的侍女佩拉吉娅·尼古拉耶芙娜。她一年四季穿着一件女式旧短袄，一绺绺棉团从各处破缝里探头探脑地冒出来，似乎早想远走高飞。她最大的爱好是收留流浪狗，这些狗跟屋主人同吃同住，俨然跨越物种界限的“一家人”。她的官衔很高，大家都叫她“狗总督”。阿加菲娅·米哈伊罗芙娜·耶戈尔斯卡娅姑妈也是形单影只，自己没有家，尽操心些别人家的事。别看她老来孤独，其实她也有自己的尊严。有关此人的行状，托尔斯泰夫妇的长女塔季亚娜·利沃芙娜有这么一段转述：

“有一回，来我们家作客的塔季亚娜·安德烈耶芙娜·别尔斯姨妈病了。照惯例，她打发我去找阿加菲娅·米哈伊罗芙娜。

“‘我刚刚洗了澡，才进门，喝完茶躺在暖炕上休息。’阿加菲娅·米哈伊罗芙娜说，‘有人突然敲我的窗子，我喝问道：“谁？”“塔季亚娜·安德烈耶芙娜打发我过来找您。她病了，请您过去看看。”我刚睡暖和，不想从被窝里钻出来，穿上冰冷的衣服，大冷天的到处跑。“告诉她我不能来，就说阿加菲娅·米哈伊罗芙娜才洗完澡。”我借故搪塞道。信使走了，我躺在暖炕上，心思却安定不下来：“这样做太不讲究了。只顾自己一人舒服，不管病中的他人。”我爬下炕，脚已经塞进鞋子里了，这时又听到了敲窗子的声音。“还有什么事吗？”我问道。“塔季亚娜·安德烈耶芙娜请您务必过去看一下——他们给您买了新裙子。”“啊？买什么裙子！告诉他们，我说过不能来，就是不能来。”我脱掉毡鞋，又爬回被窝里。我躺了大半天，可就是阖不上眼。我照顾病人，不是为了争一件裙子……我那么爱塔季亚娜·安德烈耶芙娜，她居然这么侮辱我……’”

虔诚的阿加菲娅·米哈伊罗芙娜偶尔也会做出“亵渎神灵”的举动：当她的祷告得不到上帝的眷顾、心中的愿望始终没法达成的时候，她会把墙上的神像取下来，再里外翻转扣着放回去。不过她自称有“通灵之能”，她讲过的一件事给托尔斯泰留下了深刻的印象，以致这位大作家念念不忘直到生命的最后一刻：

“有一天，我一个人躺在屋子里。四周静悄悄的，只有墙上的挂钟发出有节奏的嘀嗒声，宛然一刻不歇地扣问我的来历：你是谁？你是啥？你是谁？你是啥？你是谁？你是啥？……我听懂了墙上的疑问，不禁陷入了沉思：‘我是谁？我是啥？’我辗转难眠，在这个问题上纠缠了整整一夜。”

阿加菲娅·米哈伊罗芙娜悲天悯人，苍蝇舍不得打、蟑螂舍不得踩，见了老鼠也要投放一点食物，弄得一间屋子变成了老鼠窝。“阿加菲娅·米哈伊罗芙娜去世的时候，我们一家人恰巧都不在雅斯纳雅·波良纳。她走得很从容，没有折腾、没有恐惧。咽下最后一口气之前，她托人向我们转致她的谢意，感谢我们对她的奉养、对她的关爱。据说她出殡的时候，一村子的狗都发出阵阵哀号，声闻墓地。”

“托尔斯泰的家里经常住着一些奇奇怪怪的人，比方一位名叫沃伊科夫的修道士，就在他那里住了很久。”苏霍京娜—托尔斯塔娅接着写道，“他跟我们家有一些渊源，他的哥哥是我的诸位伯父、我父亲、我姑母的看护人。沃伊科夫身上穿着法袍、手里却端着酒杯，他嗜酒如命的习惯，与他的修士身份很不相称。家里还养着一个侏儒，职责是砍柴，不过正业更像是特型演员：但凡有化装游乐一类活动，他都会赤膊上阵，是雅斯纳雅·波良纳当之无愧的小个子巨星。另外一个怪人叫玛丽亚·杰拉西莫芙娜，一位无家可归的老妪，兼我的姑母玛丽亚·尼古拉耶芙娜的教母。”

雅斯纳雅·波良纳的生活与克里姆林宫相去甚远。仆役簇拥下乘着轿式马车到处游弋的岁月，在索菲娅的灵魂深处打下的印记太过深刻，以至终生难以磨灭。在雅斯纳雅·波良纳，她也算开了眼界：见到了耍狗熊的茨冈人。

“米哈伊洛·伊万尼奇，给老爷们行礼！”

狗熊哼哼哧哧地立起来，又是打躬又是作揖，套在爪子上的铁链发出呛啷啷的响声。

“表演小屁孩子偷豌豆！”

狗熊俯下身子，向想象中的豌豆地匍匐前进。

“小姐化妆！”

狗熊学人的样子一屁股坐在地上，一只爪子高高举起，另一只爪子转圈儿抹着那张大嘴巴，似大家闺秀在对镜梳妆。

“装死！”

狗熊唧唧歪歪哼了两声，躺到地上不动了。

“只要套上链锁，谁都会乖乖地听话，包括狗熊。”列夫·托尔斯泰的大儿子谢尔盖·利沃维奇说，“最有意思的是，给狗熊敬一大碗酒，那家伙就会四仰八叉地躺到地上；看那副嘴脸，好像还笑眯眯的。”

这一切在托尔斯泰家的孩子眼里不啻天堂，但对于他们的母亲、当时只有十八九岁的索菲娅·安德烈耶芙娜来说，心里还真如打翻了五味瓶，个中甘苦，只有她自己清楚。既来之，则安之，嫁到这个地方，就得适应这里的一切：这就是她的务实灵活之处。

“我们燕尔新婚的头些日子，很多人上门道贺：有仆人，有农民，也有学生。”索菲娅·安德烈耶芙娜在日记中写道，“好在妈妈给我装了300卢布应急使用的钱，免得我一进门就向丈夫伸手要钱，这些钱基本上都用来打发络绎不绝的贺客了。尽管乡民的举止行藏不尽入眼，但大家都那么热情、那么爱我们，我当时的感觉，只能用幸福两个字来形容。贺客中有尼古拉·德米特里耶夫大叔的老妻——阿丽娜·伊格拉季耶芙娜和他们的女儿芭芭拉；有饲养员安娜·彼得罗芙娜和她的两个女儿：阿努什卡，杜什卡；有村长瓦西里—叶尔米林；有糖果点心商马克西姆·伊万诺维奇；有清扫工佩拉吉娅·尼古拉耶芙娜；有身型枯瘦、不苟言笑的阿加菲娅·米哈伊罗芙娜；有乐天知命、脸上总是堆着笑容的洗衣工阿克辛妮娅·马克西莫芙娜和她的漂亮女儿：波莉娅、玛尔弗娅；再有就是马车夫、园丁；以及一些相干不相干的闲杂人等，贺完我们的新婚后干脆不走了，在我们家住了好久。”

这些在索菲娅·安德烈耶芙娜眼里无法理解、不可理喻的陌路人，却为她的丈夫——《童年》《青年》《波利库什卡》，以及后续创作的情调恬淡闲适、富有诗情画意的《阿廖沙·戈尔肖克》的作者列夫·托尔斯泰驰骋想象，提供了丰富的精神营养。托尔斯泰夫人与阿廖沙·戈尔肖克的原型，雅斯纳雅·波良纳庄园内的一位白痴农夫的关系，就很能说明问题。“譬如，我们这里生活着一位名叫阿廖沙·戈尔肖克的白痴，有一回他来我们家，有人指使他发出各种奇奇怪怪的声音，大家听得乐不可支、都可着嗓门儿哈哈大笑起来。我觉得这种行为很可耻，很想大哭一场。”就在托尔斯泰创作《阿廖沙·戈尔肖克》的当儿，索菲娅·安德烈耶芙娜记下了自己的心声。

心中没有天主的世俗人士阅读索菲娅·安德烈耶芙娜的回忆录，看到的也许是一位娇生惯养的城市女性突然来到“蛮荒之地”，面对狗熊和装神弄鬼的江湖艺人、面对“狗总督”、面对没有灵性的白痴，小题大做、故作无病之呻吟。然而，事实远不止此……

索菲娅的丈夫是货真价实的贵族，但他并不恪守“贵族之道”。他的身上体现出来的，是原始的、充满乡野粗蛮之气的贵族习性。“论出身、论教养、论行为，父亲都是地地道道的贵族。”列夫·托尔斯泰的儿子伊里亚·利沃维奇写道，“别看他总是一身农民打扮，别看他厌弃贵族做派，他骨子里还是一个贵族：生下来是贵族，到死还是贵族。”

索菲娅是一位知识女性，她懂法语、德语，通过自学考试的方式获得了大学文凭；她提笔能作画、举手会弹琴，文学才华更是有目共睹——她亲自捉刀，创作了童话故事《长翅膀的骨骼玩偶》，此外还将丈夫的哲学著述翻译成了法文；比及晚年，她迷上了写生，在该领域内也取得了非凡的成就。

不过说到专长，索菲娅的优势还在治家和育儿上，也难怪她的姑祖母早有定见：“索菲娅头顶加冠。”这一顶“冠”是治家有方的象征，托尔斯泰婚后发出的第一封信，恰好也用到了这个典故：

“……上帝保佑，希望你有朝一日也能跟我一样，拥有完美无缺、无与伦比的幸福。”1862年9月25日，托尔斯泰在写给塔涅契卡·别尔斯的一封信中说，“她（指索菲娅。——作者注）现在可是戴着紫色的羽冠君临一切的人——也没什么值得大书特书的地方。她以前不是一大早就唱歌跳舞吗？现在也差不多，一切安好。”

这是托尔斯泰夫妇婚后生活的第一天。3天后就是托尔斯泰的34岁生日，再过1个月光景，索菲娅将满18周岁。索菲娅在丈夫面前还是一副低眉顺目的样子：他是大人物，他是天才！他还是——拥有大庄园大产业的地主，并且还不止一处：100俄里外的尼古拉庄园，尼古拉去世后也留给了小弟列夫。他的头上顶着形形色色的光环：作家、教育家、狩猎家、全俄农奴制改革理事；而最关键的是，他身体强壮，是个不折不扣的男子汉。如果哪个不知好歹的过路人胆敢偷窥索菲娅戏水，他会马上跳出来，不仅吆五喝六地大肆驱赶，还要结结实实地教训人家一番。这时候的托尔斯泰血气方刚，他要是发起火来，真没人敢撄其锋。还在结婚以前，警察曾光顾雅斯纳雅·波良纳，搜查禁书及赫尔岑的新作。所幸托尔斯泰当时身在萨马尔草原，否则两下碰面，依列夫·尼古拉耶维奇的脾气，主事的肯定得吃枪子儿！

托尔斯泰的赫赫威仪，加上孔武有力的体魄，唬得索菲娅大气不敢喘：“他才华卓绝、心思绵密、阅历丰富、胸有城府——他首先从精神上盖过了我。”“他力气不小、又深谙风花雪月之事，对待女人跟野兽没什么区别——我除了勉力服从，别无选择。”

她的优势确实少得可怜：一项是青春年少，另一项是姑祖母扣到她头上的那顶“帽子”。她年轻漂亮，自然能得到额外的荣宠。综观托尔斯泰1862—1863年间的信，字字见情，句句如火，完全像一个被幸福冲昏了头脑的大孩子。

“塔妮娅，你知道吗？索菲娅居然取笑我，说我是眼里只有自己的人。她可不能这么叫我，真是太冤了！以前你们俩叫我‘德雷辛卡’，这不挺好的嘛……塔妮娅，你怎么就去了彼得堡？那里不适合你，很寂寞无聊的。那里……”

遵照他们夫妇间的约定：家信必须采用“鸳鸯体”，夫妇执笔各写一半，信中剩下的内容是索菲娅写的。

在这对夫妻新婚之初力量与魅力的拉锯战中，索菲娅占尽优势。托尔斯泰头一年的书信、日记写得云山雾罩，明显是被甜蜜的爱情弄得晕头转向了。

“……我一面写信，一面听楼上妻子说话的声音。我爱她，甚于爱世间的一切。”托尔斯泰在写给姑妈亚·安·托尔斯塔娅的信中说，“我来到这个世上34年，时至今日方知道什么是真正的爱情和幸福……我的心里老是闪过这样的疑问：这一切是我应得的吗？我有权利享受如此幸福的生活吗？我总是怀疑，我偷来了本不属于我的东西、我不配拥有的东西。可她真真切切地就在我的身边，我听到她发出的声音，我的感觉是如此美好。”

“费杜什卡，我的大叔，或者干脆叫您我亲爱的朋友阿法纳西亚·阿法纳西耶维奇——我结婚两周了，我的心里一直充溢着浩瀚的幸福感。我彻底改变了，变成了一个崭新的人。”

致叶·彼·卡瓦列夫斯基的信：“……结婚整一个月了，时光在幸福中静静流淌。我此前不知道，人生居然会这么幸福。”

致玛·尼·托尔斯塔娅的信：“很久没给你写信了，亲爱的米莎。看我，现在都跟猪一样了。幸福的人都是利己主义者。”

致伊·彼·鲍里索夫：“家里一切安好。我们过得这么幸福，只望此生永续，再无尽头。”

托尔斯泰与他的最后一位“情人”——农村教育事业，已经挥手作别：不全是因为他主创的教育杂志《雅斯纳雅·波良纳》没有产生多大的社会影响；也不全是因为农民的孩子经常下地劳动，正常的教学秩序得不到保证。娇妻比教室重要，未尝不是个中主因。只要托尔斯泰的学校还在开办，总有一些农村教师会登门就教。他们登堂入室，在托尔斯泰家的客厅里大大咧咧地抽烟。结婚不久就怀上身孕的索菲娅，实在忍受不了乌烟瘴气的环境。

“只要我在场，年轻的客人们就表现出各种不自在。”索菲娅·安德烈耶芙娜在回忆录中写道，“他们敌视我，把我当成彻底改变列夫·尼古拉耶维奇、把他从他们的身边硬生生夺走的罪人。”

托尔斯泰式的两难选择，就在这个时候出现了：他应该属于家庭，还是属于全人类？第一回合索菲娅完胜，因为这一阶段托尔斯泰本身对教育事业热情大减，他的兴趣完全转移到了养蜂、养猪、养马、开办葡萄酒厂一类农事活动上。托尔斯泰的矛盾人生，即此初露端倪。他波谲云诡的一生，绝不是偶然事件的组合，而是命运预作的安排。

在写给费特的信中，他声称自己已然变成了一个“崭新的人”。“崭新”一词，在这里又意味什么？诚然，婚前婚后的托尔斯泰判若两人，但他的变化并没有就此止息。他当时的状态，充其量只是漫长人生的中间地带，青年托尔斯泰和老年托尔斯泰之间的漫长过渡，是为了追寻幸福的含义四处颠连（逃离喀山大学校园、遁迹高加索、奔赴塞瓦斯托波尔、出国、远赴萨马尔草原，等等）直到世界观发生巨变前的休整蛰伏。

这一时期托尔斯泰是个幸福的人，生活美满，了无缺憾。这样的生活维持了15年，命运之神待他不薄。再好的天气也有刮风下雨的日子，朝夕相处的夫妻，难保不生出点事端。回到雅斯纳雅·波良纳的第五天，托尔斯泰夫妇就吵了一架。“今天闹出事情了。”他在9月30日的日记中写道。两人恶言相向，起因很简单：夫妻二人在哺育孩子的问题上意见不一……不过，与年少轻狂之期日日经受的情感煎熬、与世界观转化之后深沉的悲哀比起来，这点龃龉摩擦，实在是人生盛宴上偶然的一次塞牙。《战争与和平》《安娜·卡列尼娜》等传世经典成于这一时期，实属必然。

托尔斯泰创作这些小说的原动力来自爱情：不是冠冕堂皇的爱人类、不是爱亲友，而是爱女人。是女性的魅力驯服了托尔斯泰的野性，将他漂泊的灵魂带到鲜花铺地的彼岸；是女性的魅力使索菲娅那顶与生俱来的桂冠与新郎婚礼上佩戴的花环交相辉映，箍紧托尔斯泰那颗不羁的头颅。温柔的枷锁，能禁锢万丈雄心。

索菲娅入主雅斯纳雅·波良纳之后施行的第一项举措，就是迫令所有的厨师戴上了雪白的筒子帽。自那以后，她的汤里再也没有出现过“恶心的虫子”。本来是简简单单的卫生习惯问题，却昭示了新晋女主人强力干预家庭事务的铁腕和雅斯纳雅·波良纳新时代的到来。紧接着就是整理庄园的室内外环境：道路、墙角各处的杂草连根拔除，落叶、浮尘，一概清扫干净；被套从印花布制品换成白色棉织品，枕头也告别了“裸体时代”，清一色披上了枕套；吃饭也有了规矩，银质餐具摆上了桌面。厨师任何场合必须戴高帽，据索菲娅在《我的人生》一书中交代，这是她以女主人的身份担起雅斯纳雅·波良纳内务管理重担之后主抓的第一件事。

昔日那个讥笑别尔斯一家的姑娘们出门坐个车还要带侍女的托尔斯泰，这一回不仅表现得俯首帖耳，心里还涌起融融暖意，幸福得跟上了天堂似的……

“入眠前、睡醒后，当我的眼前出现好的面庞，看到她的双眸里波动着爱情的光芒时，我的心里充满了对她的爱。她很清楚，任何人——首先包括我——都不会干预她的感情生活，不妨碍她以自己特有的方式表达爱情。有她坐在身边，我总是满心欢喜；我们相互间流淌着浓浓的爱意，这个我们也心照不宣。她说了一句：列沃奇卡——然后浅笑着打住了话头；过了一小会儿，她又接着说：为什么烟囱都是直的？为什么马一得病就死了？……她问这些奇奇怪怪的问题，我满心欢喜；有时候我们相视而坐太久了，我会问她：索菲娅，你说我们干什么好？我们到底能干什么？——这时候她笑了起来，我满心欢喜；有时候她生我的气，脑子里转动别的什么心思，她会口气决绝地打断我：别说了，我不爱听！可没过片刻，她又会羞羞答答地搭讪我——看着她笑意嫣然的面庞，我满心欢喜；从她的视野里完全消失，独自一个人做自己该做的事——我想象的天空中依然晃动着她的影子，我满心欢喜。我爱她出嫁前穿着一袭黄色的裙子，时不时努起下巴、伸出舌头的样子；我爱她仰着头，一脸惶恐、一脸稚气的样子；我爱她……”

“今天一大早醒来，发现她一边吻我的手，一边在伤心落泪。怎么回事？‘我梦见你死了……’我的心顷刻间融化了。”

“我们太幸福了，幸福得让人惶惑不安。大限一到，这一切都会化为云烟。难道人生就这么悲惨？上帝保佑，让这样的生活永远延续下去吧！”

1863年2月，托尔斯泰的日记中第一次出现了不谐和音：“她不知道，也不会明白，她正在一天天地改变我。她对我的影响，远大于我对她的影响。不过这只是一个潜移默化的过程，她不自知，我也不再自信。”

有意思的是，索菲娅·安德烈耶芙娜不久前的日记中，也表达了类似的情怀：“有时候，我特别想从他的阴影中走出来；他对我的影响太大了，我忍受不了沉重的心理负荷……为什么会有这样的感觉？只会用他的大脑思考问题，用他的眼睛看周围的一切，深恐揣度不到而拂了他的本意；我苦苦挣扎，我不想成为别人的影子，但我已经失去了自己。”

托尔斯泰夫妇的幸福婚姻，由此可见一斑。

裂痕

吵闹与和解是夫妻生活的正常律动，再忠实的伴侣也有相互猜忌的时候，何况托尔斯泰夫妇都是醋坛子。托尔斯泰本人对青春鼎盛的妻子与那位年轻教师的旧事念念不忘，索菲娅·安德烈耶芙娜计较的更多了：她不仅要吃阿克辛妮娅的醋，还要吃……还要吃亲妹妹塔妮娅的醋!

塔妮娅·别尔斯频频光顾雅斯纳亚·波良纳，跟随姐夫外出行猎对她来说是家常便饭。两姐妹感情虽然深厚，但索菲娅对妹妹的表现，颇有微词。她在日记中写道："塔妮娅对我们家的生活介入太深了。"这还不是单纯的"介入"——妹妹穿一身紧绷绷的骑马服，陪着丈夫跑旷野、钻深林，窈窕冶艳，美妙不可方物；而有孕在身的姐姐却只能枯坐家中，一腔幽怨无处排遣。对托尔斯泰来说，塔妮娅是一位千金难求的"模特儿"。这个尤物的一言一行，几乎是原封不动地搬进了《战争与和平》，成就了血肉丰满的主人公娜塔莎。试想，这一切让大量誊抄小说原稿的索妮娅情何以堪！索菲娅情劫不断——先有表兄阿拉托利·肖斯塔科（小说中的阿拉托利·库拉金）诱引，继有列夫·托尔斯泰的兄长谢尔盖·尼古拉耶维奇（即《战争与和平》中的安德烈·包尔康斯基）勾魂，特别是后者，几乎将她推到了毁灭的边缘。索菲娅也有专属她一个人的"浪漫史"：乳房沥血，孩子拉稀，厨师见缝插针喝得醉醺醺的，她一个孕妇还得挺着大肚子烤鹅……凡此种种，苦不堪言。可在托尔斯泰的眼里，她是幸福的主妇，塔妮娅是不幸的姑娘，这太不公平了!

"记得有一年的夏天，我们相约乘马车外出。"索菲娅·安德烈耶芙娜说，"马已经套好了，车也收拾齐备了——两轮轻便马车一类的交通工具，一干人众都聚集在车辆的周围：奥尔加·伊斯林尼耶娃、我妹妹塔妮娅，另加几位客人。我走出房间，独自一个人在台阶上站定，静等列夫·尼古拉耶维奇给我指派一个位置。这一类活动原本由他独力安排，我没有任何发言权。列夫·尼古拉耶维奇没理我，只在大家坐好之后才漫不经心地问我：'你不去，对吗？'看到挤得满满当当的马车，我一言未发，任凭泪水在眼眶里打转。他们走后，我放声大哭，哭得像受尽了委屈的孩子。40多年过去了，那一天流过的泪水，我滴滴难忘。"

"对夫妻关系破坏性最大的行为，莫过于将外人置于配偶之上。"这就是经过40年风雨婚姻洗礼的索菲娅对夫妻伦理的认识。

剖根溯源，对塔妮娅，甚至阿克辛妮娅的妒忌，其实还不是托尔斯泰夫妇感情裂痕产生的主要原因。随着时间的推移，托尔斯泰首先捺不住性子，心思出现了松动。精神上的禁锢、身体上的束缚，使他那颗追求自由的心渐生忧闷。他需要什么样的自由？办学校？他办过了，也办够了；养蜂？他有这个自由——他一整天伏在蜂巢之上，妻子给他端茶送水，可谓举案齐眉、温顺至极；养日本特种猪、培育新品种苹果，都是他一句话的事——最后猪死光了、树苗也毁了，但这不干婚姻的事。春天一到，他从早到晚打山鸡，消停不得一天；秋冬两季他更是如鱼得水，骑着高头大马，驱赶一群猎犬驰骋八荒，见着狐狸逮狐狸、见着兔子打兔子；写作也开始为他们的家庭带来丰厚的收入：仅《战争与和平》一书的稿费，托尔斯泰就抽出了逾万卢布，用于装填丽莎和瓦丽娅两位侄女的嫁篋。索菲娅是通情达理的女人，对丈夫的善行一向支持有加。

然而，灯下总有暗角，美中总有不足……“好事都让我遇上了。我唯一的缺憾，就是我没法通过自己的努力，回报别人的厚爱和恩赐。自责和忐忑如挥之不去的阴影，时刻盘踞在我的心头。”

1863年春天，托尔斯泰着手创作《马》——一部马的“血泪史”：身强力壮的时候任人驱驰，失去使用价值以后又被人宰杀，肉上了餐桌、皮进了工厂，落得尸骨无存的下场。身在幸福巅峰，心系舍己利人，托尔斯泰这部小说讴歌俄罗斯民族的苦行主义，其主题是如此震撼人心，恐怕只有屠格涅夫的《行尸走肉》能争一日之短长。他的创作动机是什么？

这篇当初命名为《骟马》的小说，托尔斯泰没有写完就搁置一边，着力点全转移到《哥萨克》故事集、《战争与和平》上了。期间他还创作完成了《安娜·卡列尼娜》，不过他对自己的第二部长篇寄望不高。小说问世后获得了巨大的成功，这是托尔斯泰始料未及的。读者对这部小说大感兴趣，其实并不难理解。世人都不想受苦受难，都渴望拥有幸福美好的生活，哪怕如飞萤扑火落得个自杀的下场，也在所不惜！

但是，温馨美满的家庭生活刺伤了托尔斯泰。“我失去了自己——那个为我熟悉、为我所爱的自己，那个不时跳出我的躯壳给我带来欢乐与恐惧的自己。从爱上一个女人、并与她缔结白头之约的那一刻起，我变得如此如此渺小、如此脆弱。”仅仅过了一年时间，托尔斯泰就在日记中对自己的婚姻生活发出这样的哀叹。

处在幸福巅峰的托尔斯泰，借助《战争与和平》中的角色安德烈公爵之口，说出了自己的心声。安德烈有一次告诫老朋友彼埃尔·别祖霍夫：“我的朋友，千万不要结婚！只要还没老到成为废人之前，不要考虑婚事。”《安娜·卡列尼娜》俘获吉蒂（一说是塔妮娅的化身！）的芳心、一下子幸福得如登云端的列文，一门心思琢磨起绳子是否结实、房梁是否牢靠这一类问题来。爱情路上的追求者、家庭生活的缔造者，在得到一切之后，居然吓得不敢动用绳子、不敢带枪出猎，这到底是怎么回事？

托尔斯泰的笔记包罗万象，比他的日记更有价值。他的笔记中有很多涉及自然科学的内容，从中可以窥破他的思想认识世界："氢气的运动状态是上升，也就是说，从大气层飞升至氢气层。"这里的氢气是托尔斯泰，而大气层就是他的家庭。没有空气，生命活动就无从谈起；没有家庭，托尔斯泰的生命力就会耗竭。但是有那么一股神秘的力量，总是将他拉到异度空间；他无力抵御、也无法抵御，因为他本来就属于那个空间。托尔斯泰关于"万有引力"、关于星体间相互作用力的论述，也很有意思：

"月亮之所以绕着地球转，是因为质量小于地球。月亮只是地球众多卫星体中的一颗。

"地球跟别的行星一起围绕太阳转，其活动空间是与本身的体量密切相关的。地球和其他行星都浮动在太阳大气的外缘，运转方向亦取决于太阳大气的活动。"

这一天体运行模式，体现的是托尔斯泰的家庭思维。妻子是月亮，与另外的小卫星——孩子们一起围绕地球——也就是丈夫旋转；而地球也不是孤立的存在，也有自己的运行轨道，如此等等。

嫉妒阿克辛妮娅，嫉妒自己的小妹……索菲娅晚年回忆录中过分强调自己经受的情感创伤。在长子谢辽沙的喂养问题上，托尔斯泰夫妇各抱成见，没少闹矛盾。索菲娅·安德烈耶芙娜乳房发炎，奶水不足；而托尔斯泰心地促狭，对医生（男性！）——一位穆斯林——有权察看妻子的隐秘部位一事耿耿于怀！"他抛下我，跟我又活泼又健康的妹妹塔妮娅逍遥去了……"

放弃母乳喂养、延聘乳娘，这种事托尔斯泰想都不会想。"我的精神被摧垮了，情绪非常低落。"从10个月幸福生活的云端一下子跌落到地上，索菲娅将一腔幽怨发泄到纸上："我下意识寻求周围人的帮助，宛如我那嗷嗷待哺的孩子寻找乳头。我前后失去了3个孩子，列夫是个杀人犯。""痛苦郁结在我的心里，日甚一日。我像一只蜗牛，缩进自己的壳里，能忍多久是多久。""连自己的孩子都不管不顾，这样的做法与禽兽何异？可人的力量毕竟是有限的，谁又能扶大厦于将倾？""我无力左右趋势；我唯一能做的，就是照顾好孩子。我将恪尽母亲的职守，精心抚育孩子长大成人。我所做的一切与列夫无关，对恶人只能以眼还眼、以牙还牙。”

乳娘最后还是找了，不过裂痕却没能弥合。“关于我们夫妻之间的龃龉摩擦，他说过的一句话很耐人寻味。他说夫妻本是一页纸的两面，但揉搓过久，就会分成两张。他这句话我揣度了一辈子，也常常讲给别人听。”

山雨欲来……

索菲娅·安德烈耶芙娜用女人的眼光看待他们夫妻间日益加深的裂痕；而托尔斯泰在这个问题上表现出大男子主义风格，我行我素，无视妻子那颗年轻柔嫩的心日夜经受的煎熬。何况他本身还谈不上老练，在世界观发生质的变化之前率性而为，不将“游戏规则”当一回事。“他忽而事事求简，把我当行李随便装到大车里载来载去，那么小的孩子也要求穿粗布衣服；忽而他态度大变，信誓旦旦地说我出门可以坐头等车厢，还一掷千金，给我买高档消费品：全莫斯科最时尚的米朗高夫人女装店出售的帽子、饰品，皮耐特鞋店里摆卖的金装皮鞋；我们家里原来的保姆是一位邋里邋遢的当地农妇，托尔斯泰觉得有失观瞻，特意延请了一位英国女郎。”

4年的时光，就这么一晃而过，索菲娅·安德烈耶芙娜又到了漫长的孕期。在此期间，托尔斯泰大如变生不测，闹了不少别扭。没有原因、没有目的，冲突刹那间就在他们中间爆发了。“无谓的争吵，谁也不肯让步。”“根据索菲娅的说法，”塔·安·库兹明斯卡娅在回忆录中写道，“她待在楼上自己的房间里，就着一只橱桌翻拣针头线脑、破布碎絮（她当时的身体状况比较微妙）。这时列夫·尼古拉耶维奇走了进来，不问青红皂白就呵斥她：

“‘为什么坐在地上？站起来！’

“‘马上拣完了。’

“‘我刚才怎么说的？现在就站起来！’他吼声如雷，发作完便一头扎进书房。

索菲娅想不通：她又没招谁没惹谁，丈夫凭什么对她大光其火？她感到很委屈，于是跟到书房里跟他理论。他们的房间里动静很大，吵闹声我大老远都听得到。我侧耳倾听了好久，没听不清他们嚷嚷些什么。突然传来一阵玻璃器皿碎裂的声音，估计有人在摔东西，托尔斯泰的咆哮清晰可闻：

“‘出去！出去！’

“我推开房门，映入眼帘的是满地狼藉的玻璃，还有一直悬挂在墙上的那只温度计的碎片，而索菲娅已经不见了踪影。托尔斯泰站在当屋，目光呆滞、脸色苍白，两瓣嘴唇抖得像风中的纸片。看到他这副样子，我又惊又怕，又觉得他可怜。我一言未发就退了出来，直奔索菲娅藏身的房间。索菲娅的模样更可怕。她如痴如狂、楚楚堪怜，嘴里不停地念叨着同样的话：‘为什么？他这是怎么了？’

“稍过片刻，情绪渐渐稳定下来的索菲娅向我讲述了事件过程：

“‘列沃奇卡，你怎么了？’

“‘出去！出去！’他气急败坏地叫道。

“我‘诚惶诚恐地向他走去。他抡起一只胳膊，向我打出驱赶的手势，冷不丁又抓起桌上的咖啡盘，夹枪带棒一股脑儿摔到了地上。我抱住他的手，他益发生气，扬起另一只手摘下墙上的温度计，一并摔了个粉碎。’”

“这件事对我的身心健康造成了巨大的伤害，”索菲娅·安德烈耶芙娜在回忆录中写道，“我流产了。”

这件事发生在1867年。这一年托尔斯泰磨难重重，经历了一生中最难熬的一段岁月。整个冬天，“他情绪很不好，动不动就发脾气、流眼泪。”当时他已经完成了《战争与和平》前3卷的创作，期间经受了多次剧烈头痛的折磨。这年3月，托尔斯泰的外祖父沃尔康斯基建造的温棚，一夜间烧成了废墟。托尔斯泰拼尽全力，最后只救出了园丁的孩子。他至交好友的妻子——身在莫斯科的多莉·季亚科娃，也是这一个月殁的。在多莉的葬礼上，托尔斯泰惊闻另一条噩耗：安·安·托尔斯塔娅的姐姐伊丽莎白·安德烈耶芙娜命丧意大利。她的死因很荒诞离奇：无病无恙，竟然捂死在自己的被窝里。“有时候，死亡显得那么遥远；我们迷醉在生命的盛宴里，忘了老之将至。有时候，死亡又是那么切近，仿佛始终潜藏我们的周围的幽灵，无法回避、不可抗拒，将我们至亲至爱的人一个个带走。”他在写给安·安·托尔斯塔娅的信中说。这一年，他自感身体欠佳，经常怀疑自己得了家族顽疾——肺结核，为此还专程赶赴莫斯科，到扎哈林医生处就诊。当最终检查结果表明除了胆结石，他的身体健康不存在任何问题时，压在他心里的那块石头才算落了地。

这一年，托尔斯泰没少跑莫斯科：参加多莉的葬礼、协调《战争与和平》的出版事宜、找扎哈林医生检查身体。

两地分居期间，托尔斯泰夫妇鸿雁传书，一日不曾间断联络。这些写于1867年的信函，表达了两夫妻不忍孤枕萧索、唯望长相厮守的依恋之情，读来令人动容……也让人悬心：他们的感情太过浓烈，已然超出了正常持守。

"亲爱的列沃奇卡，深恐明天没有时间给你写信，我半夜11点提笔给你写下此信。孩子们都已经安然入梦，可我心境寥落，睡意全无。明天姑妈有信寄给伊万，我本来应该捎带一封，可我最近没一点心思写。明天家里的情况怎样，我天亮后补写。不过截至目前，家中诸事顺遂，孩子的身体状况明显好转，我早上那阵子感觉到的疼痛，这会儿也过去了。我近期一直在努力战胜内心的忧闷，可愁丝总是越剪越多、越理越乱。只有伏案给你写信的时候，我的思绪才会飘到你创造的世界里，与杰尼索夫、尼古拉（《战争与和平》中的人物。——作者注）同进退、共声息。也只有在这个时候，我的心里才会注入丝丝缕缕的阳光。可我写得不多——整天忙忙碌碌，不知道时间都到哪里去了。

"明天肯定收不到你的回信，可我还是等得心急如焚。仅凭你发的电报上那寥寥几个字，我无法咂摸你现在的情况，所以忍不住胡思乱想。整日琢磨塔妮娅和季亚科夫一家的生活，多莉的样子老是在脑子里闪徊。我阴郁烦躁，惶惶不可终日，现在都跟疯子没什么两样了，你知道吗？主要是你不在身边，我老是疑神疑鬼，怕你出什么事。快点回来吧！"

托尔斯泰的回函同样温情款款、极尽关怀，只是言辞更加恳切，更加哀婉动人。

"我坐在顶楼（此处指别尔斯家公寓的顶楼。——作者注），读罢你的来信，我心中涌动的柔情，无法用笔墨形容。不唯此刻情难自已，其实我一整天都在思念你，分分秒秒都不曾间断。我亲爱的心肝宝贝，我的至爱！看在上帝的份上，请每天给我写信，一直坚持到星期六为止……感受不到你的声息，我不仅恐慌忧郁——这种感觉我并不陌生——关键是，我形同鬼魅，心如死灰。不能与你朝夕面对，这样的日子我无法忍受。"

丈夫太过善感多情，索菲娅·安德烈耶芙娜对此不以为然："你那么思念我，原因我能揣知一二，这样不好；我不会无原则地沉溺在你的宠爱里，并为此心花怒放：无论如何，他爱我！感谢上帝！"她在信中写道。

托尔斯泰的爱情"硕果累累"：他们生孩子的速度，几乎是冠绝天下。索菲娅·安德烈耶芙娜母爱深厚，在孩子的生养哺育上投注了全副精力。不过无止无休的孕育是一个巨大的负担，搞得她心力俱疲。另外，她发现托尔斯泰在夫妻伦理上跟绝大多数男人毫无二致：他只爱健康的妻子，对身体状况不佳的妻子，他会弃之如敝屣。

“她生了13个孩子，其中11个是母乳喂养的。”托尔斯泰夫妇的儿子伊里亚说，“婚后前30年，她怀孕的时间加起来长达117个月，也就是差不多10年；哺乳期加起来，更是长达13年……”

托尔斯泰的生理功能异常强大，在普通人行将就木的年龄他还有生育能力（他们最小的孩子瓦涅奇卡1888年3月出生，其时托尔斯泰已满60岁，索菲娅也年届40岁），这让视性爱如邪行的索菲娅常感罪孽深重。奇怪的是，托尔斯泰的男女伦常一直停留在“心如撞鹿”的水平，从他对妓女、对农妇产生强烈兴趣的时代起，直到与妻子长相厮守，他都没法控制原始的情欲。“这是没办法的事。”面对妻子的鄙薄，托尔斯泰常常拿这句话搪塞：他不想为自己的行为辩解，但生理需要，非人力所可抗拒。他的笔记中一旦出现“睡了罪恶的一夜”这一类字眼，暗含的意思昭然若揭——放浪形骸，行夫妻之事。尽管托尔斯泰闪烁其词，但不难得出结论，索菲娅不仅是欲望盛宴的积极参与者，还扮演了“挑逗者”的角色：她在丈夫心中的位置，与先她一步闯入托尔斯泰生活的那些女人没有多大分别。

索菲娅床笫逐欢行为的正当性，唯一的证明就是那些子女。“建立在契约和肉体联系之上的关系不是夫妻天伦的基石。”托尔斯泰笔记中有这么一段话，“身体交接从任何角度看都是邪恶的、可怕的，除非跟生育有关。即便如此，媾和的性质并没有改变。爱欲就是徘徊在灵魂深处的魔鬼，阴森可怖、陪伴终生。”托尔斯泰言下所指，当然不是普通的男女关系，而是夫妻间“不离不弃、白头偕老”的关系。他说，姐弟、兄妹同一天离世的情况，世界上鲜有其例；反观夫妻，这样的奇事却屡有发生。托尔斯泰对两性关系的理解，由此可见一斑：发自邪欲，关乎生死。死亡作为一种生命现象，一直是托尔斯泰关心的主题。从出生到死亡，生命的链条总是跟两性关系联系在一起，托尔斯泰不可能不理解其中奥义。如果性爱的结果不是创造新的生命，那就是制造死亡。

丈夫对肉体关系的这一诠释，索菲娅浑然不知。她的认识跟个人经历息息相关，很具体、很明确。妊娠反应、分娩时的剧痛、哺乳期的烦恼、多少孤寂中度过的不眠之夜、丈夫对自己的病体表现出的厌恶，还有对鲜活灵动的少女包括塔妮娅的嫉妒……“毋庸讳言，那段时间我变坏了，变得更加自私自利了。我感谢命运对我的特殊眷顾，因为托尔斯泰除了我，没有对别的女人动过心。他忠实可靠、无懈可击，断非托尔斯泰家族的其他成员可比……”

索菲娅对丈夫的理解到此为止，其后累于家庭生活诸端重荷的她，已经无暇他顾。打理家务、抚育孩子，这才是女人的天职，她的注意力也完全转移到这些方面。

身为托尔斯泰夫人，想做一名安分守己的家庭妇女，未见得就那么容易。托尔斯泰不是物理学家，不是天文学家，严格说来也算不上文学家，因为他从来没有将文字当作事业，毕生不懈于斯。他是“作家”，但他创作的对象不仅包括《战争与和平》《安娜·卡列尼娜》等烛耀世界文学史的名作，还包括雅斯纳雅·波良纳的日常生活。事实上，托尔斯泰的艺术世界和现实世界是一个不能分割、交相辉映的整体，孰真孰幻，遽难分辨。她作为庄园的女主人，自然不能置身事外。再说，托尔斯泰本身赋予妻子的是双重身份：生活伴侣，兼事业助手。终日游走在女主人与托尔斯泰影子这两个世界里，适时转换角色，就成了她面临的最大挑战。

“你让我誊抄手稿（指《战争与和平》的手稿——译者注），真是太好了！”索菲娅在写给丈夫的信中说，“我太喜欢玛丽亚公爵小姐了！她品德高尚，富有同情心；抄着你的文字，她的形象在我的脑子里活了起来，血肉丰满、栩栩如生。你的作品中存在的瑕疵，我也会一一指出来。比如安德烈公爵这个人物，在我看来就很苍白模糊。首先，你对他的形象把握得不尽准确。他是个什么样的人？要说他聪敏，那他怎么就处理不好跟妻子的关系？”

“我坐在你的办公室，一面写信，一面啜泣。我的泪水为自己的幸福而落，为你不在身边而落……”

“不知道从何时起，在你的小说感染之下，我的道德水平似乎都变高了。抄着你的书，我的思绪徜徉在那如诗如画的世界里，有时候我会产生一种错觉——好的不是你的小说，而是我。”

“你惯常佩戴的圣像，这次我随信寄了过来。这副小像以前一直陪伴着你，现在也让它与你同行。你也许会觉得我的做法有些不可理喻，但我希望你带着它、珍惜它。”

安德烈公爵对妻子的不理解、不体贴，及其奔赴抗法战场前应玛丽亚公爵小姐之请，特意带走一尊圣像的细节，与索菲娅的做法如出一辙。要么《战争与和平》借鉴了雅斯纳雅·波良纳现实生活中的一幕，要么索菲娅受了小说的影响，两者间显而易见存在因果联系。托尔斯泰的艺术世界与现实生活，就这样交织在一起；是雅斯纳雅·波良纳的肥沃土壤，浇灌出俄罗斯文学史上最瑰丽的艺术之花。

索菲娅·安德烈耶芙娜是爱情路上的暴君，但她的专制有充分的理由：为了缔造幸福的家庭，她牺牲了个人的一切。除了父母调教有方之外，还有什么因素共同成就了她美好的品格，这个我们不得而知。

良好的家学渊源，加上父母的耳提面命，索菲娅深明夫妻关系之秘辛。不过要将雅斯纳雅·波良纳这样的烂摊子改造成人间天堂，她的学识明显派不上用场。她在日记中写道："看到身边的人对我冷眼相向、忽视我的正当要求，我无法忍受。我最恼火的事，莫过于明知得不到回报，还深深地爱着对方。妈妈以她对爸爸终生不渝的爱情自夸，教育我们坚守夫妻之道。她其实不知道，打造牢不可破的爱情长堤的，不是她的智慧，而是父亲的情谊。爱情不是空中楼阁，是良好的品德与卓绝的才能浇灌出来的人生之花；爱情也不是土木瓦石，只要垒起来，就能构筑富丽堂皇的大厦。我长于书礼之家，自幼接受的熏陶是做一个体面的人，以德报怨、以爱事亲，做一名贤妻良母——可惜这些都是老生常谈，面对纷繁复杂的具体问题时，显得那么苍白无力。实干需要的是冷静、智慧、手腕、伪装，特别是将自己的缺陷深深掩藏起来。缺陷是人性的一部分，完美无缺的人从来就没有，将来也不会有。而其中最关键的一点，就是不要示爱。我付出的爱换来了什么？除了屈辱，就是伤痛。他不理解我，认为我的想法荒诞无稽、没有任何依据。"

这篇写于1867年的日记，充满山雨欲来风满楼的意味。不过沉浸在《战争与和平》的创作、同时被自己的病痛折磨得寝食难安的托尔斯泰，对妻子内心的苦闷一无所觉。除了找扎哈林医生看病，他还亲赴俄法两国军队殊死搏斗过的战场，实地踏勘波罗金诺的地形地貌，以便在自己的小说中真实再见俄罗斯历史上最波澜壮阔的一页。他严谨求实的态度和一丝不苟的精神，即便当时的战史地图绘制权威人士斯坦达尔也望尘莫及。然而，索菲娅·安德烈耶芙娜的心中却另有块垒：她预感到危机正在一步步逼近。

什么地方出岔子了……什么地方出岔子了……

崖上之舞

索菲娅将自己白璧无瑕的日记付之一炬，没有让托尔斯泰看到其中的片言只字；托尔斯泰却反其道而行之：不仅将自己劣迹昭彰的单身生活日记拿出来炫耀，还强迫未婚妻从头到尾看一遍。同样的事，两个人的做法却天差地别，实在让人匪夷所思！

托尔斯泰这么做的动机在哪里？翻遍他的日记，没有任何解释；读毕《安娜·卡列尼娜》，尽管其主人公康丝坦丁·列文也曾有过类似的行为，我们依然找不到有价值的线索。但是不容否认，他的这一行为背后，必定隐藏着某种玄机。

一种解释是：他觉得自己配不上索菲娅，在自卑心理的驱使下，想向他的心上人展示真实的自己，以便让她做出理性选择。如果这样的解释符合实际，那么托尔斯泰的动机无懈可击。

另一种解释是：眼见得索菲娅要在雅斯纳雅·波良纳生活一辈子，他跟阿克辛妮娅的情弊迟早会暴露，他们有私生子的事实也会浮出水面，深知纸包不住火的托尔斯泰索性提前摊牌，免得事后尴尬。再说，如果他选择掩盖真相，等到风声传到索妮娅的耳朵里，说不定她连孩子都怀上了。到那时，满怀幸福与憧憬的新娘，如何承受得了这迎头一击！这个解释，虽然跟“高尚”沾不上边，但也不失仁慈的一面。

如若非此非彼，那他为什么要展示自己的日记？

托尔斯泰没有按规则出牌。他用令索菲娅一家人震惊的“野蛮”行径，展现自己的年少轻狂。索菲娅的父母除了自叹找了个“怪女婿”，却也无计可施。其实关于托尔斯泰的种种不堪之事，他们早已有所耳闻。至于索菲娅，既然“真相”已经抖搂了出来，再沉重的包袱，她也得背着过一辈子。

“……列夫·尼古拉耶维奇日记中随处可见的肮脏行为，在我的灵魂深处打下了难以磨灭的印记。我的一生，无日不在伤痛中度过。”索菲娅·安德烈耶芙娜在《我的人生》中写道。

“他（指列夫·托尔斯泰。——作者注）的所作所为不堪入目，我想，我这辈子都不会原谅他。”她在婚后第一年的日记中大发感慨，“但我的人生别有目标。我会有自己的孩子，他们纯洁美好，没有秽行、没有我丈夫身上的斑斑劣迹。他不知道，他的人生太过复杂。我不曾拥有他的点滴恩惠，亦如我不曾拥有他的青春。他的美好、他的欲念，都浪费在于我无涉的人、与我无关的事上。他过去的一切，只有上帝知道……”

托尔斯泰将自己的过去和盘托出，意在考验索菲娅感情的牢固性，防患于未然。孰知授人以柄，为祸将来。他的行为，无异于将一枚炸弹拱手交给了妻子：当时虽未引爆，这一生却再也难求安然。

索菲娅·安德烈耶芙娜善于走极端，总在善恶之间徘徊。她在处理家庭事务上不遗余力，但同时表现出专制的一面；她对丈夫无限忠诚，但她的嫉妒心又无限膨胀。托尔斯泰的日记激发起她的本性中阴暗的一面，她在备受情感煎熬的同时，又为无力驱散心头的阴霾而苦恼。如果说这是一份思想修养考卷的话，那么题目实在是太难了，难到近乎残忍。

谈到阿克辛妮娅，他深情款款，宛若追念旧妻：“我爱她，胜过爱任何人！”这是作为合法妻子的索菲娅难以忍受的。她喜欢抓丈夫的话柄，他吐露的某一个字、他写过的某一个词，她都会抓住不放、反复玩味。迨至最后，这些字眼被她赋予了特殊的意义：只有她一个人理解、字典上都查找不到的意义。牵强附会、无限上纲，这是她的一大毛病。

“有一回，强烈的嫉妒心淹没了我的理智，我差一点做了傻事。”婚后大概3个月光景，第一次看到丈夫膜拜的女人——阿克辛妮娅，就在她家的院子里、她的眼皮底下晃来晃去，索菲娅在日记中坦露心迹，“‘我爱她，胜过爱任何人！’不就是一个体态臃肿、皮肤煞白、土得掉渣、丑得出奇的普通农妇吗？我一下子释然了！带着些许快慰和满足，我打量着摆在手边的短刀和猎枪。趁着还没有孩子牵扯，此时只要出手一击，便可一了百了。她只在数步开外，一击必中！我丧失了心智，变成了一个彻头彻尾的疯女人……如果我能够一并杀死他，能够再造一个跟他一模一样的丈夫，我会毫不犹豫地下手！”

向妻子坦白自己年轻时的日记，还使托尔斯泰犯下了另一宗错误，一宗让他抱憾终生的错误。他给了妻子口实，让她时时以“受害者”自居，占据道德制高点。嫉妒、专横，索菲娅的阴暗心理之所以愈演愈烈，这跟托尔斯泰措置失当有关。爱情遭到践踏，天下最残忍的事，莫过于此。托尔斯泰用他48年受制于人的婚姻，为当初的一念之差赎罪，正所谓“作法自毙”、自毁干城。一具“柜中骷髅”，就这样日滋夜长，渐渐地生出了肌肉、浸润了血液，在托尔斯泰夫妇间频频挑起战端。

萧墙之隙，起于何处？

托尔斯泰的家庭生活，打一开始就有些边缘化色彩。一份简单的日记，原本只是字符的组合，却在托尔斯泰夫妇的个人关系上扮演了“第三者”的角色。两夫妻都有写日记的习惯，似乎以此作注脚，向对方显示自己是多么的“襟怀坦白”“光明正大”。问题就出在这里：他们不仅敞开自己的日记让对方看，还将这份默契当成家庭生活的润滑剂，毕生奉行，不违不怠。夫妻之间，谁也不能有一丁点儿的秘密！

他们从对方的日记中读到了什么？

她的日记：

“他在朋友中间败坏我……”

“他的爱情中起主导作用的是肉欲，这太可怕了——我一点欲望都没有，相反……”

“他是一个坏人，一点同情心都没有。看到生命在受难，只要稍具良知的人，都会同身受……”

“没有爱情，没有生趣……”

“天气转好了，时病消失了；大自然里生机萌动，一年生计，渐次发端；他变得跟小孩子一样，无休无止地贪图肉体享乐——肮脏……”

“给儿子上祭品……”

“不再跟他生孩子……”

“完全迷失了自我。没有白天，没有黄昏，没有夜晚。我是享乐品，我是保姆，我是家具，我是女人中的一分子。”

他的日记：

“无法静下心来工作。我们吵架了。我郁闷至极；生活过成这样，跟别的家庭还有什么区别。我对她讲了，她侮辱了我，也侮辱了我对她的感情。我哭了……”

“整日无所事事，我的心情非常沉重。我失去了自尊……眼前的一切令人厌烦，包括我的生活，甚至包括她。必须工作……”

“我曾经对她非常不满。拿她跟别的女人一起掂量，有悔不当初的感觉。不过我知道，这些都是暂时的。只要有耐心，一切都会好起来……”

“塔妮娅——很感性……”

“一大早穿衣服。她诱导我说否定性的话，这个我在行。我说：眼泪是最粗鄙的语言……我们胡乱穿了点衣物。每每这个时候，我对自己的行为很不满意；特别是亲吻，隔着一层包装，感觉非常假……到了吃饭的时间，索菲娅身上的‘包装’掉落下来。她歇斯底里地叫着，泪水打湿了脸庞……”

“她的脾气一天比一天坏……我重读了一遍她写的日记——温情脉脉的言辞下面，遮盖着一颗不预之心。”

“早晨进门的时候（指外出散步归来。——作者注），我心情大好。我看到伯爵夫人发脾气，旁边站着侍女杜什卡，正在给她小心翼翼地梳理头发……我浑身打了一个激灵，像兜头浇了一盆开水。一进这个家，我就胆战心惊。现在只有独处一室、与周围的一切完全隔绝之后，我的心才会安定下来，感觉这个世界还残存着那么一点诗情画意。”

“已经午夜1点了，可我睡意全无。我在她的房间里睡觉的时间越来越少了，因为我感到压抑。刚才听到她呻吟，这会儿她睡安稳了，房间里充塞着她均匀的鼾声。”

托尔斯泰在妻子的日记上做了大量批注。这些或幽默谐谑或表达歉意的文字表明，他读得很仔细。至于他自己的日记，从他向未婚妻展示自己荒唐的过往人生、给索菲娅纯洁的灵魂蒙上厚重的阴影那一刻起，他就彻底交出了隐私权、永远无迹可藏了。

索菲娅主政雅斯纳雅·波良纳，靠的可不是那顶“帽子”，而是庄园各房间、各仓廪的钥匙。她把这些钥匙拴成一串挂在腰间，怀孕期间也不忘随身携带。穿门进户的钥匙她一手掌控，想闯入托尔斯泰的内心世界，对她来说那更是小菜一碟：因为那个世界对她来说无门无锁，永远敞开。

反躬自问，这样的日子能维持多久？为什么同桌吃饭、同屋安寝的两个人，却要另生事端，以写日记的方式窥探对方的心思？

索菲娅热衷于玩这个游戏。扣问丈夫的行状，她喜欢；看到丈夫服服帖帖地袒露自己的灵魂，她喜欢。托尔斯泰如有一星半点的秘密没有抖搂出来，她便不喜欢。1863年夏天，不堪重负的托尔斯泰大发感慨：“这本日记里没有一句真话——满纸谎言。我写的东西一经她的解读，全都变成了肤浅虚伪、荒诞不经的东西。”

根据托尔斯泰的初衷，他们夫妻一生撰写的日记，最后要装订到一起，见证他们灵魂的融合、精神的统一，可惜这一愿望并未达成。究其原因，家庭矛盾长期积累，演至1910年托尔斯泰离家出走，一生守望相助，竟成分道扬镳。

《撕裂的人生》

《撕裂的人生》是索菲娅·安德烈耶芙娜回忆录中的一个章节，记述还在托尔斯泰实现世界观的转化之前夫妻关系中出现的一次危机，不是“裂痕”，而是“断崖”式的危机。1871年8月12日他们的第二个女儿——论排行为第五个孩子——玛丽亚的出生，成了这场危机的导火线。玛丽亚是托尔斯泰夫妇的子女中，第一个旗帜鲜明地站在父亲立场上的孩子。自她而始，一家人出现了内部分裂，变成选边站队、分庭抗礼的两大阵营。玛丽亚在许多方面很像这一家最小的孩子瓦涅奇卡，天赋异禀，有几分不食人间烟火的气度。她是托尔斯泰最疼爱的孩子，只可惜天不假午，去世太早了。

玛莎（玛丽亚的爱称——译者注）降生后，索菲娅·安德烈耶芙娜感染产褥热，差一点断送了性命。医生给她提出的建议是，以后再不生孩子。对此，托尔斯泰大不以为然。在他看来，不生孩子，家也就失去了存在的必要。玛莎之后，索妮娅又生了8个孩子，其中前3个——彼得（1872年生）、尼古拉（1873年生）、瓦利亚（1875年生）——全部夭折。随着1877年安德烈、1881年亚列克谢的相继出生，托尔斯泰才慢慢地从接连不断的丧子之痛中走出来，重新焕发出生命的活力。1881年出生的亚列克谢只给了托尔斯泰夫妇一个眼欢喜，5岁那年就死了；1888年出世的瓦涅奇卡也没有长大，7岁夭亡。索菲娅最不想生孩子的时候贸然来到世上的女儿，1884年出生的亚历山德拉·利沃芙娜，倒成了托尔斯泰夫妇所生子女中的寿星，她活到95岁才撒手人寰。

托尔斯泰不仅生育能力强，还能生出个异彩纷呈。他的孩子从外表到个性，各具特点，互不重样，个个天资丰盈；甚至有个别孩子，从某些角度看，堪称天纵之才。

1871年，托尔斯泰抛下了写日记的习惯，不过留下了大量科学札记，诸如比较学、生命科学、育儿知识等。“所谓自然科学，就是发掘人与自然之间的共同点。人的生命发端于母体中的卵，水螅、蕨类植物就没有卵……”

对于托尔斯泰来说，繁殖是自然界最神秘的现象，无法预知、不可控制。而对于索菲娅·安德烈耶芙娜来说，生育是生命轮回中的起点，总是跟明确具体的对象联系在一起。她在1870年的日记中写道：

“小列乌什卡（列夫的爱称，托尔斯泰夫妇的第四个孩子。——作者注）离开我4天了，他是我们所有的孩子中我最怜爱的一个。临别之际我泪水涟涟，给了他祝福，祷告了上帝。第一次经受骨肉分离之苦，那种痛真如削肉剔骨。感觉我又怀孕了。”

19世纪70年代的托尔斯泰脑力劳动量很大，日子过得并不轻松。他对农村教育事业的发展再生兴趣，编写了幼儿启蒙教材《识字课本》（索菲娅·安德烈耶芙娜誊抄）；为了研读荷马史诗及赛诺芬的原著，他学习了希腊文；另外他还多方搜集与彼得一世有关的素材，为创作历史题材的长篇小说作准备。1873年，小说《安娜·卡列尼娜》起稿。期间他还两度远赴萨马尔草原，洗马奶酒浴。

托尔斯泰一家的生活恢复了常态，不过“极度的幸福”已然芳踪难觅。再小的裂痕，在无情岁月的侵蚀之下，也会慢慢地变成深沟高垒。夫妻积怨日久，总有爆发的那一刻。

举家迁居莫斯科，便是引爆托尔斯泰夫妻矛盾的导火线。

1871年，就在托尔斯泰夫妇的感情生活出现裂痕、家庭矛盾初现端倪的当儿，每年来雅斯纳雅·波良纳度过从春到秋3个季节、在托尔斯泰一家的生活中扮演着天使与魔鬼双重角色的塔妮娅，离开了这片她曾经恣意挥洒青春与浪漫的热土。与列夫·托尔斯泰的兄长谢尔盖·尼古拉耶维奇的恋情无疾而终，满怀伤痛的塔妮娅选择了她的表兄库兹明斯基，婚后夫妻双双远走高加索（库兹明斯基在该地区供职）。这件事对索菲娅·安德烈耶芙娜的打击不小，她因此变得意气消沉、情绪低落。小妹是她唯一的知心人。家有余庆，她乐于跟小妹分享；家事不谐，她喜欢找小妹商量；夫妻间的恩恩怨怨、甘苦忧乐，她只能向小妹诉说。塔妮娅的离去，扯断了她跟娘家人联系的最后一根纽带。她不再是别尔斯小姐，她成了彻头彻尾的托尔斯塔娅伯爵夫人……托尔斯泰想去奥普季纳修道院一游，不过最终未能成行——时隔6年，他的愿望才告实现。据他后来向比留科夫讲，他去奥普季纳修道院的唯一目的，就是向安甫罗西神甫讨教解决家庭矛盾的办法。

第五章

新俄罗斯人

托尔斯泰离家出走后的第二天，亦即10月29日，切尔特科夫的年轻秘书阿廖沙·谢尔根科赶到奥普季纳，即奉托尔斯泰之命，替一位名叫科尔尼·楚科夫斯基的人写了一份陈情书，敦请当局取消死刑。伏案疾书的当儿，谢尔根科瞥见桌子的另一端横着一页窄窄的纸条，托尔斯泰粗重的笔迹依稀可辨。他很想凑近纸条一窥究竟，但当着托尔斯泰的面，他没敢唐突。

口授完陈情书的内容，列夫·尼古拉耶维奇起身洗手。他走向洗脸台，端起一只硕大的陶瓷水罐，向台板上的大陶瓷盆内倒入一些清水。两只手还没搓几把，他突然叫出声来：

“哎呀，真倒霉！”

“怎么了，列夫·尼古拉耶维奇？”

“忘带指甲刷了……”

“别急，列夫·尼古拉耶维奇，我想办法给您弄一个。”

“不用费心。我给家里写信，让他们给我送过来……”

托尔斯泰抛别家园以后精神上经受的最大煎熬是：他最怕麻烦人，却不得不时时麻烦别人。他意在减轻他人负担的一切行为，无不招致相反的结果。

托尔斯泰外出散步之后，谢尔根科迫不及待地扯过那张纸条，发现上面写的是：

肥皂

指甲刷

小刮刀

如果这里的“小刮刀”作手术刀解的话，那么这张纸条完全有可能被误判为外出行医的大夫向家人索取的医疗器具。然而，事实情况并非如此，这是一位作家索取的东西。对于一位经常与笔墨纸砚打交道的人来说，保持双手清洁是工作的必备条件，更况托尔斯泰是个非常讲究卫生的人，眼里容不得秽污腌臜。

在写给萨莎的信中，托尔斯泰还要过“装墨汁的东西”（墨汁他倒是没忘，随身带了一些），还有“小刀、铅笔、工作衫”。这封信萨莎本人并没有收到，因为她事先已经动身赶往夏莫尔金。他还特意注明肥皂只要卫生皂，不要使用动物油脂制造的那种普通洗衣皂。谢尔根科发现的那张纸片后面还垂有一行小字：“咖啡、海绵块。”在写给萨莎的信中，托尔斯泰还点了几本书：蒙田、尼古拉耶夫的文集，《卡拉玛佐夫兄弟》第二卷。因为走得仓促，他连一本书都没有带出来，坐在火车上没有书看，他倍感穷极无聊。特别是他苦心孤诣整理出来的研修书目：“阅读圈”和“每日一览”中列出的卷帙，也未曾带得一册半本傍身，这是他最大的遗憾。这些伟大或不伟大的作家、思想家撰写的杰作或者拙作，寄托了他晚年的精神追求。在夏莫尔金修道院，他发现妹妹的书架上有他需要的书籍，不觉大喜过望。在征得玛丽亚・尼古拉耶芙娜的同意后，他将自编书目中列明的读物悉数收入囊中。

图书、肥皂、小毛刷、装墨汁的“东西”、小刀、刮刀、工作衫——这一应什物，都是托尔斯泰从家中启程后两天内索要过的东西。由于缺乏这些生活、工作必需品，托尔斯泰的心情大受影响。尽管他向周围的人一再申说，他感觉“安然自在”“状态颇佳”，并用同样的谎言抚慰自己，但他的内心充满怅惘。在个人日记、在写给萨莎的信中，他确实说过与平民大众为伍，乘坐三等车厢奔赴科泽尔斯克，旅途中他广受教益、“身心俱爽”一类话；不过一行人在科泽尔斯克车站换乘火车、获知除了三等车厢别无选择的时候，托尔斯泰心怀恐惧、神情沮丧，这一幕没能逃过马科维茨基的眼睛。这位医生在自己的日记中，对当时的情形做了客观准确的描述。

有关托尔斯泰旅途生活细节的记录，马科维茨基的日记中比比皆是。从雅斯纳雅・波良纳到阿斯塔波沃，托尔斯泰在各个停靠站、换乘站的活动，马科维茨基都做了详细的说明。譬如：托尔斯泰在什么地方吃了什么食品、在站台上逗留的时间长不长等。托尔斯泰是素食主义者，由于肝脏、肠胃功能不好，他在雅斯纳雅・波良纳的饮食有严格的限制，他的食谱，还是以挑剔著称的索菲娅·安德烈耶芙娜一手策划制定的。索菲娅在给丈夫提供的饭菜里做了手脚，名义上的蘑菇汤里，其实掺有数匙肉汤；另外，托尔斯泰最喜欢吃的菜花、甘蓝拌果羹中也大有文章，不过对此我不拟细加评说：因为说得多了，难免刺激一口咬定托尔斯泰讲究饮食的那部分人的神经。托尔斯泰从来不讲“贵族排场”，他吝惜物力、关爱生命，屠万物以养一人，不可不察。他奉行一种特殊的禁欲主义，过的是一种不戴镣铐、不拿自己的血肉之躯饲养蚊虱的苦行僧式的生活。

话说回来，纵观当时俄罗斯的道路交通状况，一路难求，除了遍地泥坑以及广受诟病的客栈，作为行路之人，还能享受到什么？

“科泽尔斯克小镇的街道坑坑洼洼、泥泞难行。驿夫赶着马车向左行进，途经一处湿漉漉、滑溜溜的草地，还趟过了好几道排水沟。夜色不算特别浓重，黯淡的月光透过破碎的云层，投下一片如烟如雾的亮光。驿马喘着粗气，四蹄胡乱支棱着，几不能前。驿夫几鞭子抽过去，马霍亮亮地打着响鼻，奋力挣扎着，马蹄声、托尔斯泰伯爵的呻吟声，划破夜的寂静。”

随后赶到夏莫尔金的萨莎和她的挚友——费奥克利托娃带来了一些燕麦片、干蘑菇、鸡蛋，外加一盏酒精灯。随行的人注意到，无论在夏莫尔金、奥普季纳逗留期间，还是在此后的旅途中，托尔斯泰胃口一直很好，每餐都吃得不少。个中原委，也许可以用生理现象来解释：神经紧张，导致暴饮暴食；身体虚弱，自控能力下降。或者，这只是生命的回光返照，已知死之将至的肌体在一点点积聚能量，为最后的挣扎做准备。

照顾托尔斯泰的重担真实地压在马科维茨基一个人肩上，幸有萨莎、费奥克利托娃及时赶过来，他才稍稍松了一口气。托尔斯泰从奥普季纳修道院发出，写给萨莎的一封信中说：“杜尚对我的照顾很周到，我的身体没任何问题。”——言下之意，他非常感激旅伴的照拂，但又为出于一己之私、无端给别人增添麻烦而心有不安。

不过有那么一个人，托尔斯泰可以放下一切顾虑、心安理得地享受对方的服务，这人便是他的妹妹玛申卡（玛丽亚的昵称——译者注），玛丽亚·安德烈耶芙娜·托尔斯塔娅修女。

玛莎和列沃奇卡是弟兄姊妹中最小的两个，年龄又仅差半岁，相互依赖、相互安慰中共同成长的经历，铸造了兄妹间至为深厚的感情。他们在半个世纪的漫长岁月里，书信往来不断，始终保持着密切的联系。披阅玛丽亚一人书写的信札，那饱蘸深情厚谊的文字，以及她对兄长事业、生活诸方面寄予的关怀和支持，不由不心生融融暖意。托尔斯泰是妹妹的女儿、他本人的外甥女芭芭拉的教父，他从《战争与和平》的稿费中抽出3万卢布，作为赔款送给了外甥。列夫·尼古拉耶维奇与阿尔辛尼耶娃的一段恋情结束之后，玛丽亚·安德烈耶芙娜居间作阀，试图说合兄长与东杜科娃—科尔萨科娃公爵小姐。她对兄长的内心世界了如指掌，率先勘破他的心理隐疾："波德科辽辛综合征"。

就列夫·托尔斯泰来说，他作为玛丽亚最小的哥哥，对这位小妹关怀备至。玛丽亚经受过的大小伤痛，他总是感同身受。玛丽亚·安德烈耶芙娜情路坎坷，颠沛半生，她的命运，与《安娜·卡列尼娜》的女主角有得一比。

16岁嫁于本族人瓦列里昂·托尔斯泰，玛丽亚·安德烈耶芙娜婚后在位于图拉省切尔尼附近的帕克罗夫庄园里生活了一段时间，夫妻育有4个子女。对丈夫、对家庭倾注了全部心力的她，在发现他到处拈花惹草，跟自家的女教师和乳娘都有一腿以后（多莉·奥布朗斯基的命运，就是玛丽亚个人遭际的影子）。个性倔强的她不堪受辱，最后选择了离家出走，时间是1857年。听闻妹妹的家庭悲剧，远在巴登—巴登的列夫·托尔斯泰"气都背过去了"。他抛开手头的一切事务，当下赶回俄罗斯，全力帮助妹妹渡过难关。托尔斯泰在莫斯科觅到一个住处，安顿妹妹和孩子们住下来，日夕陪伴。但是玛丽亚命运多舛，她的磨难这才开了个头，坎坷之路，还在前方。

她带着孩子侨居国外，期间结识了一位年轻英俊而又体弱多病的男子赫克托尔·维克多·德·克伦。交往过程中，两颗心很快擦出了爱情的火花，他们在阿尔及尔赁屋而居，共同度过了3个冬天。1863年，玛丽亚生下一个女儿爱伦娜。因为非婚生育，孩子的父名谢尔盖耶芙娜取自舅舅，也就是玛丽亚与列夫的兄长谢尔盖·尼古拉耶维奇·托尔斯泰。

列夫积极介入妹妹的生活，主动要求抚养妹妹的私生女。1873年，亦即《安娜·卡列尼娜》在《俄罗斯导报》以连载的形式发表的那一年，德·克伦因病去世，万念俱灰的玛丽亚·安德烈耶芙娜一度想过自杀。对安娜·卡列尼娜的结局尚不知悉的玛丽亚写信告诉兄长："自杀的念头幽灵一样盘踞在我的脑际，挥之不去。上帝，如果安娜·卡列尼娜们知道苟且的代价是什么，她们绝对不会触碰片刻的逸乐。追求不受道德法律约束的幸福，恰如飞蛾扑火，自取灭亡……”

爱伦娜接受的是西欧式的教育。由于没有接受系统的训练，她跟随母亲初次踏上故国的土地时，甚至连俄语都说不流利。玛丽亚·尼古拉耶芙娜深知人言可畏、众口铄金的道理，面对俄罗斯上流社会，她第一次意识到婚外生育的事见不得阳光，她与爱伦娜只能以养母、养女的身份示人。谢尔盖、列夫并不理解妹妹的苦衷，公开场合不避不讳，与她的私生女仍以甥舅关系相待。爱伦娜心灵蒙尘，与母亲的关系也大受影响。她早年离家，青春飘零，最后嫁给了法律界人士伊万·瓦西里耶维奇·杰尼辛科，一位先后供职于沃罗涅日、诺沃切尔卡斯克等地的法官。托尔斯泰离开夏莫尔金之后，准备投奔的对象正是此人。

与丈夫瓦列里昂·托尔斯泰、情人德·克伦以及女儿爱伦娜的关系演绎成悲剧，伤痕累累的玛丽亚·尼古拉耶芙娜遁迹图拉省别列夫女子修道院。1889年，青灯相伴、形影相吊的她给兄长列夫写过一封信札：

> 你感兴趣的，肯定是我的精神生活，而不是物质生活。你最关切的事，莫过于我是否得遂所愿，在修道院里求得道德自偿与内心安宁，等等。这些问题，不是三言两语解释得清楚的。如果我告诉你，我的灵魂还没有找到归宿（那么深的心理创伤，不可能那么快修复），但我一直在努力寻找，那么，我就得向你解释我的打算、我选择在这里清修的理由。我之所好，恰是你之所恶，你不会认可我的做法。你的清修，就是远离尘嚣、无欲无为、通过自我调节和自我控制克服自身弱点，达到物我两忘的境界。
>
> 这样的境界，只要我还在尘世间游走，那就永远达不到。避开尘世诱惑、过清心寡欲的生活：不听音乐、不逞耳目之娱，不读无用的书籍、不接触闲杂人等、不说空话套话……在这样的环境中生活，要做到一尘不染，绝非易事。我不能跟你比，我只是一个普通妇女；如果我捐尽家财，那我就得依赖别人，或者劳苦竟日、养活自己；但我很清楚，我没这个能力。我身无长物，拿什么贡献上帝？无物可献，又不肯躬身事主，主是不会宽恕我等子民的罪恶、拯救我们的灵魂的。所以，对于我这样孤独无助

的弱女人来说，这里就是最好的归宿。

这段玛丽亚遁世前的心灵独白意蕴深远（1891年，她正式出家修行，成为新近落成的奥普季纳修道院中的一名修女。她的静修室兼具生活功能，是她的精神导师安甫罗西神父专门为她设计建造的），从中可以看到，列夫·托尔斯泰兄妹出路虽异，但心性相通。他们信仰很明确，目标务实。如果说幸福是“道德自偿与内心安宁”，他们都会穷其一生上下求索，寻找抵达幸福彼岸的捷径：只是他们兄妹选择的方向不同——托尔斯泰在教堂之外、玛丽亚在修道院中。

决意事奉上帝的玛丽亚，对身羁红尘俗务、心事淹蹇的哥哥怜悯不已。1890年，她在写给兄长的一封信中说：“……我非常爱你，日日为你祈祷。我知道你是高尚的人，你崇拜的费特、斯特拉霍夫之流加到一起，也不见得比你好出多少。可惜你德行高迈、声名不彰，就因为你跟耶稣基督关系疏离……只要你能幡然醒悟，皈依万能的主，天界的圣光就会透进你的内心；你眼里的世界，也将亮如白昼！如果精力允许，我明天就去教堂。”

针对妹妹的谆谆劝导，托尔斯泰在日记中发表了自己的看法：“是的，教堂清修有好的一面：避开尘世的诱惑和纷扰，心无杂念、专注祈祷。不过把时间用在辛勤劳作、奉养亲人上面，不是更有意义吗？”

托尔斯泰对教会不即不离的态度，连他的亲人都看不过眼，弟兄姊妹坐在一起，免不了对他指手画脚、进行一番指责。不过信仰上的分歧，大家都能正确对待，从唇枪舌剑到一笑置之，一家人的感情没有受到丝毫影响。有一次，列夫·托尔斯泰探访夏莫尔金修道院中的妹妹，口没遮拦开起了玩笑：“你们这里养着700个蠢妇，一天到晚不干正事！”这个玩笑开得结实，听起来比开骂还刺耳。夏莫尔金修道院确实有些人满为患，修女大部分来自底层民众，冥顽不灵、目不识丁。这跟修道院的创始人——安甫罗西神甫当初来者不拒的治院方针有关系。玛丽亚·尼古拉耶芙娜针锋相对，没过多久就给雅斯纳雅·波良纳送来了一份“大礼”：她亲手缝制的一只枕头，上面绣了一行小字：“703名蠢妇中的一员敬献”。托尔斯泰奉这只枕头若至宝，对自己的一时失言愧悔不已。

这只枕头保存至今，就安放在雅斯纳雅·波良纳托尔斯泰故居博物馆里。

在夏莫尔金修道院，玛丽亚·尼古拉耶芙娜是众多修女中的佼佼者。坚守清规戒律、受颁苦行修士最高级位的她，临死前念叨的还是法语。她个性倔强、特立独行，在修道院里却事事得向院长、神甫请示，其间忍受的委屈，只有她心里明白。遍观修道院上下，学识修养与她接近的人寥若晨星，她连说话的地方都没有；阅读报刊及时人著述，便成了她把握时代脉搏的唯一方式。“她的居所内灯烛摇曳。外室的神像前、内室的神龛内，她都喜欢点上一支蜡烛。”玛丽亚的女儿伊·瓦·奥勃良斯卡娅在回忆录中写道，“可在礼拜堂内，当别人都虔诚地秉烛祷告、跪拜神灵的时候，她却袖手旁观、无动于衷。她的行为，跟她的信仰是否坚定毫无关系。她也祈祷，不过她选择的祈祷地点是在自己的修行室内：跪在一张小桌子的前面，膝下垫一块小毯子，就那么不声不响地祈祷半天。起初修女们都当她是异类，侧目者有之、毁谤者亦有之；不过时间一长，大家也就慢慢习惯了。”

“有一次，我带着女儿娜塔莎去修道院探望母亲。女儿当时正生着病，疟疾。母亲给我找了个照看孩子的人，一位非常温厚可爱的小修女。小修女带着我的娜塔莎到处晃荡，还自作主张要给她洗‘圣浴’：带她去修道院里的‘圣井’边，打一桶水兜头浇到孩子身上，保证水到病除。母亲对这样的做法提出了异议：

“‘哦，娜塔莎，圣水虽然灵验，往身上浇可不大好。’

“母亲竟然说出这种‘亵渎神灵’的话，小修女惊得目瞪口呆。”

玛丽亚·尼古拉耶芙娜每年都要去一次雅斯纳雅·波良纳，在哥哥的庄园里度过2个月的夏日时光。安排这一行程，对玛丽亚来说不是小事，得直接向卡卢日主教告假。她最后一次造访雅斯纳雅·波良纳的时间是1909年。据她的女儿说，她临别时涕泪涟涟，念叨以后再也难见兄长一面，云云。

玛丽亚虽然内心恓惶，但对兄长晚秋时分亲赴奥普季纳修道院、兄妹再得一晤，似乎并不感到意外。此次做客雅斯纳雅·波良纳期间，她已经体察到兄嫂间积怨日久、冲突在所难免。不管谁对谁错，她的立场都是明确的：站在兄长一边。

托尔斯泰兄妹在修道院里相见的场面，直如劫后重逢，感人至深。列夫·尼古拉耶维奇携马科维茨基、谢尔根科诸人抵达夏莫尔金的时候，时间已近10月29日的午夜。他看都没看修道院为他们准备的客房一眼，就迫不及待地找妹妹去了。修道院外的彷徨和此一时刻的果决形成了鲜明的对照。桃李不言，下自成蹊，托尔斯泰的一个动作，说明了很多问题。他急于见到妹妹，说一场，哭一场，从骨肉同胞那里寻求一点精神慰藉。或许他想跟妹妹细说离家出走的根由，为自己的行为作一番辩解……

托尔斯泰兄妹在那样的场合见面，情形十分微妙。作为一名修女，玛丽亚应该批评兄长，指责他没有将自己的十字架扛到最后，她的后半生，就是在反省中度过的，为了维护一时的尊严，她离开了瓦列里昂，将自己推上了一条罪孽深重的不归路；但她没有这么做，对于哥哥的所作所为，她除了全力支持，没说一句多余的话。

托尔斯泰闯入的时候，妹妹的修行室内还有另外两个人：玛丽亚的女儿伊丽莎白·奥勃良斯卡娅和修道院长的妹妹，大家一起见证了那催人泪下的一幕。名满天下的伟人托尔斯泰，顶着一头萧萧白发，伏在妹妹、外甥女的肩头号啕大哭，哽咽着讲述他最近一段时间在雅斯纳雅·波良纳的生活，诉说他经受的种种折磨……妻子如何监视他的一举一动；他如何苦心孤诣、将自己撰写的日记藏到靴筒里；妻子如何手眼通天，搜走他的日记本。他还讲到一个细节，说索菲娅·安德烈耶芙娜有半夜起来搜查他的办公室的习惯，一旦察觉到睡在隔壁房间的他有动静，就会径直走进来，惺惺作态问候他的健康。当谢尔根科将雅斯纳雅·波良纳的变故——索菲娅·安德烈耶芙娜试图投湖自杀——和盘托出以后，托尔斯泰惊得半晌说不出话来。

在外甥女的眼里，舅舅托尔斯泰是一位“楚楚可怜的老人”。“他戴着一顶棕黄色的长耳风雪帽，绊绳紧紧地扣在下巴处，灰白的长须披散在胸前。护送他过来的修女告诉我们，舅舅脚步踉跄，路都走不大稳。”

父亲的惨相，次日赶到夏莫尔金的萨莎也看在眼里。“我觉得父亲已经有了悔意：他不该离家出走。”萨莎告诉表姐伊丽莎白·奥勃良斯卡娅。

回到客栈，列夫·尼古拉耶维奇神情委顿、疲惫不堪。他的意识似乎出了问题，居然连日夕面对的人——马科维茨基的姓名都搞错，叫他“杜尚·伊万诺维奇”（正确的名字应该是“杜尚·彼得罗维奇”），“这种事，以前可从没发生过。”马科维茨基察探了一下托尔斯泰的脉搏，发现他的身体状况极不稳定，出现了病情发作的征兆。

托尔斯泰乱冲乱闯的毛病又犯了……抵达夏莫尔金修道院的第二天，他一走出玛丽亚的房间就迷了路（须知这是他第二次探望妹妹）。他在走廊里摸来摸去，怎么也找不到入口。事有凑巧，当天见面的时候，妹妹曾经给他讲过前一个晚上做过的怪梦：她梦见有个“敌人”找上门来，因为天黑看不到她的房门，所以双手扶着墙，在幽暗的走廊里来回摸索。“我跟‘敌人’一样，也迷路了。”在接下来的一次见面中，他对妹妹讲起自己的狼狈相，口气轻松，但神色晦暗——这是托尔斯泰在世时对妹妹讲的最后一句话。音容犹在，人已作古，玛丽亚为此久久不能释怀。

10月30日，托尔斯泰第二次见过玛丽亚归来，在客栈内听人说萨莎业已赶到，这会儿去姑妈的房间找他去了。他们之所以没遇上面，是因为马科维茨基带着托尔斯泰抄了近路。托尔斯泰当即走出客栈，折回修道院与女儿相见。预感有事发生的马科维茨基赶了出去，不紧不慢地跟在托尔斯泰的后面，双方保持着100步左右的距离。“托尔斯泰又迷路了。他越过妹妹房间的大门，顺着走廊的左边径直闯了进去。我赶上前去，将他拉回玛丽亚·尼古拉耶芙娜的房间里。”

种种迹象表明，托尔斯泰的人生已臻末日黄昏之境地，他的精力、他的体力，再也无法支撑他走更长的路。他必须休息！挣扎，对他来说意味着自杀！

列夫·托尔斯泰在夏莫尔金修道院的遭际，与奥普季纳修道院差堪仿佛。没有人自告奋勇地带他去见修道院长，没有人愿意给他提供最后的避难所，虽然大家都知道，以他当时的身体状况，奔波意味着死亡。他的同胞妹妹在这里生活的事实，也没能改变这种默契。托尔斯泰是夏莫尔金修道院的常客。此前的多次来往还为他积攒了足够的人脉，普通修女都对他抱有同情心。修道院设有客栈，附近便是村庄。10月30日上午，他曾专程赶到村里寻找住处。有位寡妇阿列娜·霍姆金娜有闲房间，挺干净的客房，还铺有木地板，租金是每月5卢布。

托尔斯泰的好奇心跟先前一样强烈。他怀着浓厚的兴趣考察工场、印刷厂，研究夏莫尔金修道院的各方面情况。还在奥普季纳逗留期间，他就在日记中详细列出了4部作品的创作构想及阅读计划：（1）费奥多利特和死马；（2）神甫，信仰的传播者与接受者；（3）斯特拉霍夫的小说。女管家戈鲁申卡；（4）行猎；决斗和对抗。在妹妹的私人藏书中，托尔斯泰发现了马·阿·诺沃谢洛夫《宗教—哲学文库》丛书中的部分篇目，大喜过望，带至客栈细细研读了一番。赫尔岑论社会主义的文章他读得特别上心，因为他在雅斯纳雅·波良纳写过类似的文章。他口授了一封致诺沃谢洛夫的信，态度友好、言辞恳切，表达了自己续写那篇未完文稿的意愿。这一系列举动表明，托尔斯泰的创作活力不竭如故。

萨莎携密友费奥克利托娃抵达夏莫尔金修道院的时候，托尔斯泰已经打定了在这一带卜居的主意，否则他不会百般哄弄贫穷的寡妇租房给他。这位寡妇可不是麻利人，当天她按兵不动，没有按照约定到托尔斯泰下榻的客栈里敲定租赁事宜。根据马科维茨基的说法，托尔斯泰以每天1卢布的价格，租了客栈的房间。

女儿的到来，令托尔斯泰方寸大乱。萨莎当时太年轻，对父亲亦步亦趋，视母亲、兄长如寇雠。此外，为了躲避母亲的追踪，绕道卡卢加前往夏莫尔金的行程，也让她心驰神往。

城府不深的人都易受外界因素的影响，托尔斯泰也不例外。改变他的世界观，直比移山填海还难：因为那是岁月的积淀、智慧的结晶，是正、反认知经过长期的酝酿、最后抽丝剥茧得出的定论；但改变他的情绪就简单多了，特别是在他丧失自信、内心充满愧疚的时刻。他在写给萨莎的信中，就曾坦言对自己的所作所为“深感恐惧”。此时的他怯如萨尔坦王，传令兵带来的每一条消息，都令他心神不安。

第一位带来坏消息的“传令兵”是谢尔根科，他跟萨莎一样年轻、一样感情用事、一样反感托尔斯泰夫人。索菲娅·安德烈耶芙娜决意逐丈夫而来的消息，就是他率先告诉托尔斯泰的。萨莎证实了谢尔根科的说法，这使托尔斯泰及其周围的人大感紧张。

萨莎的做法无可指摘。跟那些拥有自己的家庭、偶尔回雅斯纳雅·波良纳小住几日的子女不同，萨莎一直生活在雅斯纳雅·波良纳，日夕与父母为伴，托尔斯泰夫妇间的明争暗斗，给萨莎带来的是切肤之痛。集父亲思想秘藏的追捧者（以她当时的年龄允许的认识范围内）、文书、最忠实的拥趸多重身份于一身的萨莎，内心深处是同情和热爱母亲的，但年轻气盛加上思想单纯的她，在与母亲的正面冲突中，总是表现出冷酷无情的一面。她从母亲无疾无痛、身体非常健康这样的观念出发（最糟糕的是，她一直用这样的意识诱导父亲），她的病都是装出来的。根据她的密友芭芭拉·费奥克利托娃的日记（作为索菲娅·安德烈耶芙娜回忆录的缮写者，芭芭拉的日记就搁在女主人的房间内）推断，她的观点与萨莎如出一辙。她们俩相约赶到夏莫尔金传消息，客观上起到了推波助澜的作用，促使托尔斯泰再次踏上行程、并加速了他的死亡。

不过，萨莎的到来，包括她的那一套说辞，实不足以动摇托尔斯泰择居夏莫尔金修道院的决心。40年夫妻生涯，他比女儿更了解索菲娅，对她的处事方式了如指掌。前一天，甚至于在见到萨莎的当天，托尔斯泰还想着与妹妹——玛丽亚修女相依为命，这说明萨莎带来的消息对他的影响，远非索菲娅一人所及。

索菲娅·安德烈耶芙娜将安德烈绑到了自己的战车上，这才是托尔斯泰坐卧不宁的原因。

听萨莎第二次提到这个名字，托尔斯泰的心不由得沉了下去。这不是因为他见不得安德烈。事实上，在托尔斯泰夫妇的几个儿子中，他最喜欢的当数安德烈一人。然而安德烈·利沃维奇也是最不成器的儿子，他的习性与父亲格格不入，他的思想观念与父亲的说教背道而驰。他拈花惹草、放浪形骸，他与雅斯纳雅·波良纳农妇间的风流韵事，跟乃父年轻时的做派有得一比。他也是托尔斯泰的儿子中唯一投身军旅、并自愿奔赴日俄战争前线的一个。在别人深受托尔斯泰主义的影响，宣布放弃暴力，拒绝服兵役，并因此接二连三地身陷缧绁的大背景下，这位托尔斯泰本人的儿子却成为国家暴力的坚定支持者，不仅投笔从戎以身事国，还对斯托雷平1905—1907年俄国革命运动中采取的铁血镇压政策公开叫好。他协助母亲组织雅斯纳雅·波良纳武装卫队、突入农家院内搜查盗摘的蔬菜——凡此种种，都是对托尔斯泰主义的绝妙讽刺。

最后，安德烈·利沃维奇弃自己的原配夫人、切尔特科夫的妻妹奥尔加·康丝坦丁诺芙娜及一对子女，还拐走了一位6个孩子的母亲、图拉省总督阿尔兹莫维奇的妻子！与托尔斯泰生出来的孩子犯下的罪孽相较，他那一支生花妙笔创造的安娜·卡列尼娜，实在是单纯得不堪一哂。儿子拐走老朋友的娇眷，颜面扫地的托尔斯泰不得不放下架子，向总督大人写信道歉。

尽管如此，“最不检点的儿子安德留沙（安德烈的爱称），却成了父亲的最爱——太不可思议了！”索菲娅在写给妹妹塔妮娅·安·库兹明斯卡娅的信中说。

“那么多儿子，为什么偏偏钟爱他？这事儿我都不明就里。”托尔斯泰在日记中如此描述自己的复杂情结，“要说坦荡公正，他根本谈不上。他做过的不公不正的事太多了……可跟他在一起的时候，我感觉轻松愉快，心中充满父爱。为什么？”

安德烈·利沃维奇认为，父亲在《活尸》中塑造的费佳·普拉塔索夫就是他的翻版。从德米特里·奥列宁公爵（《哥萨克》主人公）到谢尔盖神甫（《谢尔盖神父》主人公），此君将托尔斯泰的逃跑主义人生哲学演绎到极致。毫无疑问，普拉塔索夫是托尔斯泰笔下血肉最为丰满的戏剧人物形象。如果安德烈的说法站得住脚，那么我们不难发现一个耐人寻味的事实，那就是托尔斯泰的众多子女中，有幸名列父亲打造的艺术形象长廊的，独有安德烈一人。须知托尔斯泰是点化生活的巨匠、升华人物的圣手，妻子、妻妹、远亲近邻、偶然一遇的陌路人，无不在他的作品中熠熠生辉、焕发出历久不衰的艺术魅力。览诸1877年——亦即安德烈降生的那年——完稿的《安娜·卡列尼娜》，以及1900年——宝贝儿子已满23周岁，羽翼渐丰、个性凸显，变成棱角分明的成年人的那年——草撰的《活尸》，安德烈命运的影子，依稀可辨。可以断言，在作家夫妻养育的众多子女中，就“文学价值”这个角度看，安德烈·利沃维奇独占鳌头。

摊上安德烈这样的儿子，身为人父的托尔斯泰别说爱他，不表示切齿痛恨，就算是慈爱到家了。

安德烈不惮于跟伟大的父亲公开叫板，私下叫他“失去理智的糟老头子”。所有弟兄姊妹中，数他最得母亲的真传，难怪父母一有争端，他首先会站到母亲的一边摇旗呐喊。他认为，父亲执意放弃部分作品版权的行为是“胡闹”，声称他生来就是享受贵族生活的料儿；要人放弃到手的特权，那可是比登天还难。还在15岁那年，安德烈就对“黔首”表露出极度的鄙视，声称个人之所以不爱他们，就是因为他不会给这路货色施舍“茶资”。

奇怪的是，托尔斯泰坚称这个宝贝儿子“至纯至良”。“你有一副慈悲心肠。”他在写给儿子的信中说，“你拥有世间最宝贵的品质，那就是善良。”“你心存善念。”

托尔斯泰说这些话，绝非虚与委蛇、挖苦揶揄……安德烈虽然憨直粗鲁，本质也许真的不坏。许多出现在他生命旅程中的女人，或谅解他的罪错，或寄予他忠贞不渝的爱情，就是明证。他的第一任妻子，奥尔加·康丝坦丁诺芙娜，不仅捐却前嫌与行为不端的前夫保持正常往来，还跟他的现任夫人叶卡捷琳娜·阿尔兹莫维奇结为至交好友。1916年，安德烈·利沃维奇感染一种罕见的血液疾病，很快便宣告不治。当时扶柩护送这位劣迹斑斑的花花公子走完尘世上最后一段旅程的，除了他的母亲和妻子，还有一大拨悲怆难抑的前妻、情人。

安德烈和母亲杀奔而来，托尔斯泰的心里是什么滋味，不难想象。雅斯纳雅·波良纳上空的阴云，铺天盖地涌向他头顶那片朗朗乾坤，往日的狂风，眼看着要刮起新的骤雨。“萧墙之隙”，他不想面对，也不敢面对，他害怕索菲娅和她裹挟的一切，甚于害怕死神。

此外，萨莎还捎来了子女们写给托尔斯泰的书信，其中措辞最严苛、态度最恶劣的，当数安德烈·利沃维奇的来信。他对父亲的行为横加指责，将所有家庭问题归咎于托尔斯泰一人之身：将精神几近失常、口口声声嚷着要自杀、随时都有可能死于非命的母亲抛给孩子，这是托尔斯泰最大的罪责。

索菲娅·安德烈耶芙娜一纸电报，除了当时身在巴黎、抽身不及的列夫·利沃维奇之外，别的子女都先后赶到了雅斯纳雅·波良纳。

迫于情势，托尔斯泰的6个孩子（谢尔盖、塔季亚娜、伊利亚、安德烈、米哈伊尔、萨莎）不得不坐下来，讨论解决父亲的问题。其实问题的落落大端还在后面：数日内，在一处叫作阿斯塔波沃的小火车站内，托尔斯泰将走完人生的最后一步，一束燃烧大半个世纪的火炬，即将在寂寂荒漠中熄灭。而此时在麇集雅斯纳雅·波良纳的子女们（对父亲崇拜到五体投地的萨莎是个例外）看来，父亲一手制造了萧墙之隙，在家庭矛盾愈积愈深的情况下，却选择了逃避，试图一走了之。留下的烂摊子谁收拾？神志不清的母亲谁照顾？这不是故意为难他们这些做子女的，明摆着往他们的脖子上套枷锁吗？

“母亲披头散发、衣衫不整，穿着一件不像样子的长袍跑出屋子，到客厅里见我们。”谢尔盖·利沃维奇回忆，“她的面容，让人不敢直视：松弛下垂抖抖索索的肌肤，从额际直到下巴攒聚一脸的皱纹，还有那双深陷在眼帘中的、迷迷瞪瞪的眼睛。才几天工夫，她就变得那么苍老。她的脸上流露出来的神色，更是我以前从没见过的；我觉得她既可怜、又可怕。她边说哭，语无伦次，声称无论如何都要自杀。不让她跳湖，好，她绝食！我对她提出了相当严厉的批评，指出她所做的一切无助于挽回局面，只能将父亲越推越远。想让父亲回心转意，重新回到这个让他心寒的家，她能做的，就是静下心来，回归理性。听完我的一番陈辞，她反驳道：‘不，你不了解他！只有可怜能打动他那副铁石心肠（即唤醒父亲的怜悯心）。’我觉得她说的在理，虽然还巧言折辩了几句，但我知道我的说法站不住脚。我还说了父亲既然去意已决，短期内回家的可能性很小。只要我们有足够的耐心等下去，假以时日，他会回到雅斯纳雅·波良纳的。我们面对的最棘手的问题，不是父亲的出走，而是母亲的寻死觅活。我们内心都清楚，母亲不是真的要自绝于人世，但假戏也能酿成真悲剧，寻死的次数多了，难免失手……”

他们的话题紧紧围绕着母亲展开，这也是情理之中的事：母亲近在咫尺，她随时都有可能做出傻事，死亡的威胁是实实在在的。而父亲呢？不知所踪、音信杳无，须知他已届82岁高龄！关于父亲的安危，安德烈自信满满地说，“父亲根本不用找，总督和警察局也许已经掌握了他的行踪。大名鼎鼎的托尔斯泰不见了，这不是滑天下之大稽吗？再说报界人士早已闻风而动，圈内已经展开了一场声势浩大的捉迷藏游戏：看谁最先捉到列夫・托尔斯泰。”

总而言之，子女们当时面对的危局是这样：“父亲离家出走，抛下了形单影只的母亲。他内心经受的煎熬、他现在的狼狈处境，亲人中只有萨莎一人了解，塔季亚娜也有可能略知一二。与儿子们相较，托尔斯泰更乐于和女儿们交流、向她们坦露自己的心迹，所以这家人逐步分化成两大阵营：一边是父亲和女儿，另一边是母亲和儿子，各据一端，分庭抗礼。久而久之，母亲风光占尽，剩下父亲只能做她生活上的配角、精神上的支柱。父亲的出走，一下子抽走了这个家庭的主心骨；母亲一手撑起庞大家业，一夜间訇然倒塌。现在所有的家庭负累一股脑儿压到子女们的肩上，其间还加了个身心被创、一蹶不振的母亲……”

这里起决定作用的，是子女们长期以来形成的心理定式，还有他们与父亲的关系。从意识萌动的那一刻起，他们都把父亲当成了身边的一件“自在之物”，一枚具有固定的大小和形状、不偏不倚、无休无止、沿着特定轨迹运动的星球。“托尔斯泰天体系统”的其他星体则在这枚“恒星”的强大力场作用之下，不即不离地日夜转动。“卫星”是不可接近“恒星”的，恰如托尔斯泰父子之间始终保持着一段距离。每一个孩子打破这种隔膜、突入父亲身边的尝试，最后均以失败告终，个别孩子还因此碰得焦头烂额，内心深处蒙上了阴影。列夫・利沃维奇正是这种尴尬的亲子关系的受害者。少年时代的他对父亲的思想产生了浓厚的兴趣，他主动交结父亲的得意门生切尔特科夫，在哈莫夫尼卡小巷中那处宅邸里，听他讲述“阴森可怖”的故事。他痴迷文艺，梦想有朝一日能成为父亲那样的大作家，甚至以“托尔斯泰伯爵—儿子”的笔名发表了不少作品。可这份追求为他带来的不是桂冠，而是棘刺——身体羸弱、辗转国内外求医问药的经历，还有与父亲糟糕透顶的关系，一度将他推到了死亡的边缘。列夫・利沃维奇变身“老虎・老虎维奇”[①]——最爱父

① 列夫·利沃维奇，按字面意思及俄罗斯人的命名规则，相当于“雄狮 · 雄狮之子”；“老虎 · 老虎之子”暗讽列夫·利沃维奇不讨父亲的欢心。——译者注

亲的儿子，却成了父亲的眼中钉，他内心的伤痛，无人能解。

读完萨莎捎来的书信，托尔斯泰大受刺激，情绪极度低落。他改变在夏莫尔金安身的初衷，再度发足狂奔。事实上这与萨莎的到访以及她对父亲说过的那些话没有任何关系，而是妻儿的来信让托尔斯泰深感芒刺在背，除了继续逃跑，他已经别无选择。

亲爱的列沃奇卡，请回家吧，别让我再一次自杀。列沃奇卡，我相濡以沫大半生的朋友，我向你保证，我以后做事一定遵从你的意愿。从现在起，我保证放弃一切个人享受，保证跟你的朋友和平相处，救死扶伤、广结善缘，改掉所有的坏脾气。亲爱的，亲爱的，快点回到我身边吧！《福音书》上讲过，任何人都不能利用任何借口抛弃妻子。亲爱的，我最爱的列沃奇卡，我灵魂的朋友，救救我！回来吧，哪怕只是给我一个当面互道珍重的机会，然后再分道扬镳。

你去了哪里？你在哪里？你身体还好吧？列沃奇卡，亲爱的，别折磨我了。我保证用我全部的爱、用我的全身心服侍你，只要你能回到这个家里。回来吧，看在上帝的份上，看在爱情天堂的份上！你不是天天在讲神圣的爱情吗？我给你，我保证用最温良无私的爱回报你！我向你保证，亲爱的，只要能见上你的一面，一诉心中款曲，你想去哪里，我都不会阻拦；去想去的地方，过想过的生活，一切如你所愿。

再见，再见！也许我们夫妻再也难见一面！

难道你真的要永远离开我吗？我一生没有经受过这么大的打击，你这是要我的命。亲爱的，不要妄造杀孽，救我一命吧！如果我真的不在了，你的日子能好过吗？你的良心能安然吗？

列沃奇卡，我亲爱的朋友，你到底躲到哪里去了？告诉我，亲爱的，让我过来看你。我向你保证不再自杀，我要好好待你、关爱你，做你温驯的羔羊。

孩子们都在这里，但他们各执己见，从不为他人着想，我的内心感受不到丝毫的温暖和慰藉。除了你的爱，除了见你一面，我已经别无所想、别无所求。我的朋友，请给我最后一个机会，向你诉一腔衷情、道一声再见。我找你也好，你回家也好，只求见得一面。再见，列沃奇卡，我会永远追寻你的踪迹，呼唤你的名字。我心如刀绞，夙夜不得安宁。

这封信满纸呓语、字字如锥，直扎在托尔斯泰的心上。作为一起走过近半个世纪的伴侣，他不可能读不透字里行间表达的双重威胁：其一，妻子不会对他的行为听之任之、撒手不管。要么跟踪他，要么用连续不断的自杀消息骚扰他，她不会给他喘息之机；其二，面对病妻制造的麻烦，子女们束手无策，“但他们各执己见，从不为他人着想，我的内心感受不到丝毫的温暖和慰藉。”索菲娅信中所言向他发出了明确的信号——指望孩子居间斡旋，缓和局势，无异于缘木求鱼，他们控制不了她的行动、安抚不了她的情绪、甚至于连她的人身安全都保证不了，“除了你的爱，除了见你一面，我已经别无所想、别无所求。”

与索菲娅·安德烈耶芙娜的信一起送达的，还有切尔特科夫的函件。“听闻您离开了那个家，我内心的喜悦，难以言表……我相信，此举对大家都有好处。不管一时的反应如何，可怜的索菲娅·安德烈耶芙娜算是解脱了。”

托尔斯泰可不作此想。48年的婚姻，人生最亲密的伴侣，焉能说断就断。他没有切尔特科夫的那份乐观自信。

家人的来信中，最具人情味的是谢尔盖·利沃维奇的那一封。这位托尔斯泰的长子设身处地替父着想，知道父亲选择离家的苦衷。“我想，母亲精神上出现了一些问题，听不进别人说的话，也许您早就有了去意。既然同处一室成了相互折磨，分居对双方来说不啻是一种解脱。在这种情况下，如果母亲变生不测（我认为可能性不大），你也不必因此自责。我是这么想的：情势所迫，你现在所做的一切，都是不得已而为之……”

塔季亚娜·利沃芙娜则在信中表示，她愿意竭一己之力，保障母亲的人身安全。为达此目的，她将不惜诉诸语言暴力（恐吓）和人身限制手段。她是托尔斯泰的众多子女中，唯一做出保护母亲承诺的一位。

安德烈·利沃维奇没有掩饰，大家的顾虑主要集中在母亲的人身安全保障上。“我能做的，就是找人日夜守护母亲。她的抵触心理很强，我清楚她会拼命挣扎。可惜我们弟兄几个都各有家庭与职守，无法长期陪伴她。”

托尔斯泰进退失据，处境相当艰难。大家在信中表达的看法折中公允、直击实质——他连夜出逃的行为没有解决任何问题，反而制造了新的问题，但他不愿正视现实，不想解决问题。他宁愿追随一丝幻象，给自己留一点生存空间。远在1873年，当他的《安娜·卡列尼娜》方始付梓印行的时候，妹妹玛丽亚在写给他的信中，就曾发出过这样的预言："追求不受道德法律约束的幸福，恰如飞蛾扑火，自取灭亡……"

薄明时分，托尔斯泰离开了夏莫尔金。

绝顶

19世纪60年代中至70年代末，托尔斯泰的生活静如止水，连长期坚持的写日记的习惯都丢掉了：偶尔起意，才写那么一点。这表明他正处于一个认识稳定发展、思想逐步形成的阶段。

70年代的托尔斯泰，高额细眼，目光犀利深邃，瘦削的面孔棱角分明，恰似斧劈刀削出来的一般；他那两条胳膊从宽阔的肩膀上斜搭下来，肢端是一双习于劳动、却不失灵活柔软的大手；他那一双半掩在扎撒须发间的大耳朵高高耸起，似在谛听远方的声息；他那透露着警觉和刚毅气息的、微微鼓起的鼻翼，那遮盖大半边脸和整个脖子、修剪得整整齐齐披离在胸际、直如镶着一圈灰白的珍贵毛皮翻领一般的长髯，以及松松垮垮悬垂在"毛领"之下、系着一排硕大的纽扣、一道道褶痕凸显出托尔斯泰清瘦身形的大衬衫——这一切经著名肖像画家伊万·克拉姆斯基一支生花妙笔的勾画涂抹，纤毫毕现、栩栩如生。当然，这幅肖像画的焦点还在两眉间那条深深的皱纹：观者目力所及，概忘其余，就连深陷在眼眶中的那双眼睛，也不再显得冷峻严苛。这道皱纹体现的是专注凝重的个性、体现的是锲而不舍的精神；这道皱纹是阿基米德的杠杆，撬动的是整个世界。

克拉姆斯基画中的托尔斯泰是一位骑士，一位长着典型俄罗斯面孔、又拥有跨越国界的广阔胸怀的时代巨人。难怪列宾览毕大发感慨，将这幅画与荷兰美术家凡·代克的作品相提并论。

70年代，《安娜·卡列尼娜》问世。弗拉基米尔·纳巴科夫对这部艺术巨作最初的评价是：俄罗斯最好的小说。似嫌这样的定义还不准确，他旋又补充了一句：

“不对，怎么能说俄罗斯最好的小说呢？应该是全世界最好的小说！”

《高加索的俘虏》也成书于70年代，此书是晚年托尔斯泰大众化创作风格的奠基之作。同期他还创编了《识字课本》，一套适合各阶层少年儿童——从皇子皇孙到市井小儿、农民子女使用的启蒙读物。

也是在70年代，托尔斯泰着手创作卷帙浩繁的历史小说——《彼得一世》，并为此搜集整理了大量素材资料。由于各种原因，他一直未能潜心写作，每每提笔未久便搁置下来——前后达33次之多，每一次都是无果而终。时至今日，列夫·托尔斯泰为什么抛下这么重要的历史题材？最有说服力的解释是：列夫·托尔斯泰意识到自己与那个时代的普通民众之间壁垒重重，无法体味他们的感受。相反，《战争与和平》中展开的俄法战争的宏大场面、《安娜·卡列尼娜》中描述的贵族生活，因与作者本人生存的年代相距不远，人文环境可触可摸，故而写起来得心应手。此一论调只涉及托尔斯泰的形象思维机理及想象力方面的局限性，而这个年代正是他创作活动的鼎盛时期。安娜·卡列尼娜是综合众多贵族女性的性格特点，最后经过加工提炼塑造出来的典型人物，其原型包括普希金的大女儿上校夫人玛丽亚·亚历山德罗芙娜·加尔顿，托尔斯泰与此璧人在总督的家庭舞会上有过一面之缘，其富有“阿拉伯异域风情的发髻”，给他留下了深刻的印象。此外还有他的地主邻居阿·尼·比比科夫家的尤物，女管家兼情人安娜·斯捷潘诺芙娜·皮拉戈娃：有鉴于主人始乱终弃，前手推开她、后手便将家庭女教师揽入怀中，她跑到莫斯科—图拉铁路亚辛克车站投轨自杀，以香消玉殒报复那个负心汉。

管窥蠡测，不足为据。托尔斯泰面对彼得一世那么好的题材，却笔墨滞涩、终未成卷，其中必定另有蹊跷。彼得一世的个性与托尔斯泰格格不入，为这样的人树碑立传，需要创作过程中不掺杂任何个人感情的作家。老托尔斯泰（指列夫——译者注）无法直视彼得一世胡天胡地的欢宴，还有以国君之尊手刃犯人的残忍行径。以《战争与和平》的视角看彼得一世，希望他成为引领俄罗斯全盘西化、没有任何个性瑕疵的有道明君，他的诸多行径为托尔斯泰所不齿。与一生心向往之的十二月党人题材不同，托尔斯泰从头到尾都没能找到创作彼得一世的兴趣楔入点，这是他不得不忍痛割“爱”的根本原因。“满嘴胡话、酒气熏天的梅毒患者”——这是他在《我们心中的皇道乐土》一作中对彼得一世下的定义。迨至1905年，他对彼得一世的看法又发生了变化，曾经向秘书尼·尼·古谢夫发表过这样一段宏论：“在我看来，他这个人谈不上有多残忍，他只是个酒疯子。他去过德国，对那里的酒风激赏不已……”

还在写作《战争与和平》的时期，托尔斯泰就对十二月党人的题材发生了浓厚的兴趣。进入19世纪70年代，起初朦朦胧胧的兴趣经过长期发酵，渐渐萌生为宏大的创作构想。十二月党人的命运将他的目光引向西伯利亚，但他毕生未能踏上那片蛮荒之地。70年代末，壮心不已的他动念创作一部大作《拓荒者的力量》，以反映俄罗斯自耕农向西伯利亚南部地区直至俄罗斯—中国边境迁徙的大潮。在《安娜·卡列尼娜》一书中，作者还借助自己的代言人康丝坦丁·列文之口，或直接发布看法，将俄罗斯民族的命运与拓殖广袤无垠的大东方联结到一起。从彼得一世的西化思维到向东发展，托尔斯泰的思想指针一路偏转，不过始终未能明确方向并稳定下来（他的创作构想没有付诸实施）。

70年代也是托尔斯泰生活最稳定的一个时期，蛰居雅斯纳雅·波良纳，除因治病需要去过几趟萨马尔草原外，不事奔波，少染风烟，跟邻居也鲜有往来。他的家庭成员年年见长，老房子已经满足不了需要。从各个角度看，这十年是托尔斯泰的高产期：除了挥洒文字，他还养育了众多子女：已有谢尔盖、塔季亚娜、伊里亚承欢膝下，又添玛丽亚、安德烈、米哈伊尔一众新丁，早亡的彼得、尼古拉、芭芭拉还不算在内。

小孩子难缠，须臾离不得大人。托尔斯泰撒手不管，照看孩子的重担自然压在了索菲娅·安德烈耶芙娜一人的肩上。依托尔斯泰之见，母亲的天职就是养育子女。但是，看到妻子确实力有不逮，最后他不得不做出让步，一切听凭妻子安排。于是乎，跟所有俄罗斯贵族家庭一样，托尔斯泰的家里也有了乳娘、外籍保育员、家庭教师等一干服务人员，其中有些人跟孩子们朝夕相处、关系融洽到亲如骨肉的地步，诸如托尔斯泰从伦敦招募而来的英籍女教师、温莎宫园艺师之女汉娜·塔尔茨。身为人父的托尔斯泰赤膊上阵，亲自教孩子们地理、数学等科目，不过他关注的重点还是子女的成长发育。托尔斯泰的家里，不允许出现缩头缩脑的窝囊废、信口雌黄的撒谎者、假仁假义的伪君子；不允许出现消极怠惰、虎头蛇尾的处事方式；不允许出现委责于人、毫无担当的不良行径。但有犯者，受到的最直接处罚，便是一家之主父亲的嫌弃；而对于心灵稚嫩、惯于仰大人之鼻息的孩子们来说，这是莫大的打击。当然，在这些少不更事的小孩子眼里，托尔斯泰只是他们的父亲，而不是硕果累累的大作家。恃名而骄、傲物视人，托尔斯泰绝不容许这样的风气在自己的家里潜滋暗长。当然，孩子们也有崇拜的作家，那就是儒勒·凡尔纳：他们与父亲一起研读这位科幻小说大师的法文原著，欣赏配套插画，包括父亲特意绘制的场景图片，精神生活并不空虚。

托尔斯泰的手中握有一把特殊的钥匙，善于开启孩子们心灵的大门。他发明创造的游戏，孩子们百玩不厌；他信手拈来的故事，孩子们听得如痴如狂。个中到底有什么奥秘，无人能窥破端倪。

“父亲创制了一款亲子游戏，闲时与我们一起玩。那款游戏久玩不厌，我们大家都非常喜欢。”塔·利·苏霍京娜—托尔斯塔娅回忆，“游戏规则是这样：父亲突然变脸，扮出一副惊恐万状的样子，先是扭头察探四周的情形，然后抓住与他相距最近的2个孩子，高抬腿、轻落足，蹑手蹑脚地奔向一处藏身之地。

“‘快走……快走……’他故作神秘，压低嗓门儿对我们说。

“我们3个落在后面的孩子疾追上去，揪住父亲工作服的下摆，屏声静气地跟在后面跑。找到躲避的角落之后，父亲蹲倒在地上护持着我们，一双眼睛警惕地瞅着某个看不见的东西，目送‘他’从我们的身边飘然而过。我们兄弟姐妹挤作一团，生怕那个东西发现我们。

“我们一个个提心吊胆，深恐那个东西听到我们擂鼓般的心跳声，暴露我们的行藏。

“在惊惧中度过难熬的数分钟，父亲终于收回了目光，展颜微笑着安慰我们一句：

“‘走远了！’

“我们从角落里跳出来，围绕在父亲周围兴高采烈地满房间乱跑。突然……父亲停住脚步，呆呆愣愣地站那里，双眉倒竖、眼珠子乱转，那副样子分明是在告诉我们：那东西又折回来了！

“‘跑！跑！’我们一面低声发出警报，一面豕奔狼突，寻找隐蔽性好一点的地方藏身。重演开始的那一幕。如是循环往复、绵延不绝，直到父亲厌烦了将我们打发给汉娜为止。

“然而对我们来说，这个游戏百玩不厌。”

他杜撰的童话故事《七根黄瓜》能让所有的孩子，自家的和邻居家的，都听得如痴如醉，这也有些让人费解。“这则简短的小故事，我听他讲过好多遍——给我一个人讲，或当着我的面给别的小孩子讲，我都听得可以倒背如流了。”苏霍京娜—托尔斯塔娅写道，“现转述如下，以飨读者诸君：

“‘有个小男孩钻进了菜园，看到地上躺着一根黄瓜。就这么长的一根黄瓜（用手指比画着黄瓜的长度）。小孩子捡起黄瓜，‘咔嚓—咔嚓’——三两口便吃掉了（他讲故事的语气和缓平静，不过语调颇高）。

“‘小男孩继续向前走。还没走出几步，又碰到了一根黄瓜。就这么长的一根黄瓜！‘咔嚓—咔嚓’，小男孩捡起来，又三两口吃掉了（语气稍有加重）。

“‘小男孩接着向前走。第三根黄瓜映入他的眼帘，就这么——长的一根黄瓜（父亲用双手指头比画出半俄尺[①]的长度）……小男孩‘咔嚓—咔嚓’——没费多大劲又吃掉了。这时候第四根黄瓜蹦了出来。就这——么——长——的一根黄瓜。小男孩从地上捡起来，咔嚓—咔嚓——，还是吃掉了！’

“故事情节就是以这样的节奏，在单调的重复中展开。不过父亲的语气却在节节加重，一唱三叹、引人入胜……

“‘小男孩走着走着，一直走到第七——根黄瓜跟前。就这——么——长的一根黄瓜（父亲撑开双臂，双手直拽到身后）。小男孩抬起黄瓜，咔嚓—咔嚓—咔嚓——，又啃了个一干二净。’

“讲到小男孩吃第七根黄瓜，父亲没牙的大嘴巴豁剌剌张开来，黑洞洞的让人不敢直视；他的双臂可着劲儿向后甩，似乎那黄瓜长得他都没办法对付了……我们3个孩子目不转睛地注视着他的一举一动，嘴巴张得跟父亲的一样大。”

男孩对父亲的崇拜程度绝不亚于女孩，何况集猎人、渔夫、运动员多重身份于一身的托尔斯泰，并不是平庸的父亲。在旷野里来一段赛跑，矫捷的孩子们本已具备超越笨手笨脚的老父亲的潜力，只是因为笑弯了腰，才让老头子拔了头筹；白雪皑皑的冬天也不寂寞：在小湖上清理出一大片冰面，“驾驶”小冰车往来如飞，这比踩着冰刀滑雪还要刺激——搞这一套，他们的老父亲绝对是行家里手；父亲每次去萨马尔草原疗养，孩子们都能享受到莫斯科pas-de-geant（辉煌旅行）。与父亲相

① 1俄尺≈0.7112米。——译者注

处的点滴欢乐，足以填满托尔斯泰家的孩子们幼小的心灵。

披阅托尔斯泰子女撰写的雅斯纳雅·波良纳童年生活回忆录，我们不得不承认，托尔斯泰打造人间天堂的愿望实现了——不是他自己的天堂，也不是妻子的天堂，而是孩子们的天堂。

列夫·托尔斯泰的儿子——列夫·利沃维奇·托尔斯泰——创作的最佳作品是中篇小说《雅沙·波良纳》，这是生活的积淀，而不是妙手偶得。单从与小说主人公同名的小说标题看，这就是人与家园的统一体。孩提时代的托尔斯泰的子女，从某种意义上来讲，个个都是雅沙·波良纳。

列夫·利沃维奇·托尔斯泰笔下的童年生活是这样的："父亲母亲，兄弟姐妹，奶妈保姆，家庭教师，仆人，客人，狗，牵着狗熊偶尔一现的耍熊人，马匹，父兄外出狩猎，圣诞假日和枞树，谢肉节和复活节。冬日里，一望无际的雪野带来这个季节特有的雪橇、冰鞋、红腹灰雀。春天一到，积雪一天天变薄、变透，露出枯草离离的地面，参差斑驳，直到天涯；白桦、穗醋栗的叶子怯怯地探出了头，而耐不得寂寞的河床，早已溢满了浑浊的春水；人们脱下厚重的冬装，在空明透亮的天空下散步。夏日生活更加丰富多彩，茵茵碧蓝间点缀着雪白的蘑菇，澄澈的河水里不时传出泳者的欢声笑语；捕鱼、打猎，随时都可以出发。秋天是收获的季节，家家户户在田野间奔忙，孩子们都拿起了课本，读一阵书、写几行字；花园里一片金黄，未落已落的树叶装点着林间小径；几场秋雨过后，初雪倏忽间飘落——我的童年生活，就是那么幸福……"

感觉生活在天堂里的不止他一个，还包括生活在雅斯纳雅·波良纳庄园里的其他孩子：谢辽沙、塔妮娅、伊里亚、玛丽亚、安德烈、米莎、萨莎，以及最得托尔斯泰欢心、可惜天不假年而7岁夭亡的瓦涅奇卡。19世纪70年代见证了雅斯纳雅·波良纳的幸福美好，其时托尔斯泰的思想还没有发生裂变，伯爵夫妇的感情也没有出现多深的裂痕，以致破坏整个家庭融融和乐的气氛。托尔斯泰的子女中，年长的2个——谢尔盖和塔季亚娜比其他的子女性情更为圆熟、处事更加沉稳，与他们长成于这一阶段不无关系。70年代末80年代初托尔斯泰夫妇屡屡起衅、闹得家宅不宁的时候，他们的心理承受能力已经足够强大，不至于留下难以弥合的创伤。

那么对于列夫·托尔斯泰以及索菲娅·安德烈耶芙娜两夫妻来说，这70年代又意味着什么？能不能用"完美无缺"这样的字眼，形容这个家庭生活的黄金阶段？

当然，不能！

太阳将许多行星吸引在自己的周围，但这并不意味着太阳的存在，就是为行星服务。阳光温暖了大地，但没有阳光的日子里，太阳依然在九霄云外巡弋。70年代，托尔斯泰用自己的双脚踏出的pas-de-geant（巨大步伐），连他本人都不知道与整个家庭的福祉背道而驰。所以，雅斯纳雅·波良纳庄园80年代上演的悲剧，序幕其实是70年代拉开的。

托尔斯泰70年代着手的计划，最后都宣告无疾而终。用虎头蛇尾形容他所做的一切，毫不为过。编纂《识字课本》，这项他自称须耗百年工夫才能完成的巨大工程，初版从选材到付梓，实际消耗了他一年时间。从头学习古希腊语，普通人花多少时间才能学通，这个无从得知。不过托尔斯泰花的时间却有据可考：1870—1871年的那个冬季，索菲娅·安德烈耶芙娜十月怀胎，即将诞下玛莎的那一个月内。“感觉回到了古希腊，置身雅典城内。晚上说梦话，都是满口的希腊语。”他在写给费特的信中说。此信发出数日后，索菲娅即告临盆，并因此差一点丧命。托尔斯泰也因学习希腊语劳累过度，健康大受影响，不得不于1871年6月取道萨马尔草原，洗马奶浴。随行的还有他的妻弟，法科大学生斯捷帕契卡·别尔斯。

麇集萨马尔草原洗马奶浴的，到底是些怎样的人？绝大部分是肺病患者。年富力强，却在病魔的折磨之下苟延残喘的那部分人。落到这步田地，病人的心情怎样，不难想象。托尔斯泰和别尔斯住在小帐篷里，脚下就是泥土，周围是茫茫无际的草原和民风粗犷、居住条件简陋的卡拉莱克村落，生活环境跟巴什基尔部落原始人没有多大差别。萨马尔草原多的是飞禽走兽，托尔斯泰几乎每天外出打猎。他披着一领衬衫在草原上游荡，外面什么衣服都不穿，一天到晚都是一副醉醺醺的模样——马奶酒的威力还真不小。尽管妻子索菲娅在来信中言之谆谆，劝他别在“僵尸语言”上虚耗精力，托尔斯泰还是一味沉溺于古希腊语的学习和希腊典籍的研究，为娱一己之心，将希罗多德的著作翻译成了俄文。闲来无事，他喜欢跟巴什基尔人下几盘棋、邀约病友骑马出游。他还带着别尔斯长途跋涉90俄里，到布祖卢克小镇逛马市，观赏成群结队的乌拉尔马、西伯利亚马、吉尔吉斯马。托尔斯泰准备来年购置一处产业，他们也顺便察探了一番情况。

10年疏离，托尔斯泰重拾旧爱，在雅斯纳雅·波良纳搞起了他的平民教育。他家不大的房子里，每天聚着30来个农民的子女，托尔斯泰夫妇，年长一点的孩子谢尔盖、塔季亚娜、伊里亚诸人轮番上阵，教这些孩子语文、算术。伊柳沙这位老师不大称职，年龄太小、脾气太大，课堂上字教得少、架打得多，教学效果自然不很理想。

还有彼得一世……还有十二月党人……还有深刻体现了人性中最广阔、最隐秘一面的《安娜·卡列尼娜》……还有写完后自毁手稿的与军事改革有关的论著；此外，托尔斯泰还对自然科学，诸如物理学、天文学等抱有浓厚的兴趣。"从日落到日出，列沃奇卡看了整整一个晚上的星星。"索菲娅·安德烈耶芙娜的日记中有这样的描述。他对晨耕夜读的生活充满向往，曾写信向费特表示有意抛却书艺、专事农桑。春夏两季，他几乎每天早出晚归，打马行猎……雅斯纳雅·波良纳的扩建工程，也不是一蹴而就的事……《论国民教育》，洋洋洒洒一长篇论文，也写于这一时期。

每到一个浴疗季，托尔斯泰都要组织巴什基尔人开展50俄里马术大赛，唤醒他们灵魂深处的野性。远近村民纷至沓来，荒凉的草原上竖起一顶顶帐篷，人喊马嘶，热闹非凡。赛马前还有一项热身活动——"一竿挑"，竞赛规则是这样的：两人相对而坐、脚跟相抵，各执棍棒之一端，裁判员一声令下，双方发力，看谁将对方扯离地面。"父亲在此项赛事中所向披靡、莫之能御，唯独与当地的族长打了个平手。"托尔斯泰的长子谢尔盖回忆，"父亲举他不起，并非因为他孔武有力，而是因为他长得太胖大了，体重超过10普特①。"

托尔斯泰在萨马尔草原购置产业的计划步步推进，累积达到6000俄亩的规模。他在这片辽阔的土地上建立了一个大型养马场，引进英国、俄罗斯种马，试图通过与个头相对低矮的草原马杂交，培育出负重能力强、奔跑速度快的新品种来，用于配备重装骑兵。经过10年的苦心经营，托尔斯泰的项目大见成效，雅斯纳雅·波良纳赚了个盆满钵溢。不过塞翁养马，安知非祸，托尔斯泰的创举给他的家庭带来的只有创伤。因为在资金的使用上与妻子发生严重分歧，托尔斯泰被弄得焦头烂额，最后差一点离家出走。

托尔斯泰兼具高瞻远瞩与严谨务实的双重特点，在没有助手、没有秘书、只有

---

① 1普特=16.38千克，——译者注

妻子一人为其张目且绝大部分时间都身怀有孕的情况下，勤耕不辍、硕果累累。览诸索菲娅·安德烈耶芙娜的日记，此一阶段的托尔斯泰，健康状况一直不好。除了身体疾病，他还患上了严重的抑郁症。以羸弱之躯，创下不同凡响的业绩，托尔斯泰意志之坚、毅力之巨，匪夷所思。

“……列沃奇卡的健康总让人悬心。马奶酒喝两个月了，没一点作用。这个不需要科学诊断和理性分析，单凭他最近一段时间的异常表现，诸如心不在焉、了如生趣等，我知道他病得不轻。”

“列沃奇卡连续3个晚上冷战不止，看来发病了。”

“枯坐终日，无精打采，列沃奇卡似乎完全失去了信心和力量，在命运的漩涡中随波逐流。他的身体内还残存着一丝生命力，但他的心已经死了。我不想看到他这个样子，这样的生命维持不了多久。”（以上摘自索菲娅日记）

“你走后，列沃奇卡的健康每况愈下。”（摘自索菲娅致妹妹塔妮娅的信）

托尔斯泰在巴什基利亚疗养期间，与妻子多有书信往还。这些信件对研究托尔斯泰70年代的精神状态良有裨益，是不可多得的第一手资料。

如果说第一次去萨马尔草原是情势所迫（对古希腊语的学习过度投入，导致精力严重透支，损害了身体健康），托尔斯泰其后每年一次的造访则与疗养几无关系：他的用意在购置产业。索菲娅·安德烈耶芙娜对丈夫的这项举措缺乏热情，始终只作壁上观；他的一意孤行表明，荒凉的大草原在他的眼里，比雅斯纳雅·波良纳更加美好。清新的空气、马奶酒、羊肉、骑马溜达、游牧民族的遗风——这一切在托尔斯泰的灵魂深处产生了强烈的共鸣，不断地激发着他沉沉欲睡的生命力。泛舟河上，从下新城直驶萨马尔，一路风光也许令他浮想联翩，回想到逃离喀山、偕尼科林卡奔赴阿斯特拉罕那段峥嵘岁月。托尔斯泰每年一度的萨马尔之行，从一个侧面反映出在建立起稳定的家庭、生活步入正轨的头10年内，“逃跑情结”一直没有从他的心上抹去。向索菲娅求婚这件他人生旅程中里程碑式的事件，继发于他从那里疗养归来。萨马尔，托尔斯泰的精神桑梓。

生性敏感的索菲娅，不可能不明白丈夫的心中款曲。但她累于生育，身体欠佳，做不到夫唱妇随，随时陪同丈夫踏上草原之旅（1873年，她勉为其难，怀抱嗷嗷待哺的婴儿与丈夫同赴萨马尔）。丈夫一次次只身前往，索菲娅心有不爽，只是没有明确表达出来。《复活》中有这样一段情节：列文准备独自一个人去看望病入膏肓的长兄，吉蒂为此大光其火，夫妻俩一时间闹得不可开交。托尔斯泰罗织这样的故事，想必不是空穴来风。1869年秋，托尔斯泰到宾塞省考察和购置田产的时候，就曾收到过这样一封雅斯纳雅·波良纳来信：

> 亲爱的列沃奇卡，最近每每念及你只身漂泊在外，抛下我一人茕茕孑立、形影相吊，绝望就会充塞我心灵的天空。夕阳西下、夜色如墨，每到这个时候，我的心里总是充满缠绵悱恻之思，各种预感、各种恐惧，幽灵一样在门外的世界里徘徊。没有你的日子，一切都变了样，我真正体验到了生不如死的滋味。我不想给你写这样的信，不想用自己的悲伤阻遏你的脚步，但我的心碎了……你不应该离开我，列沃奇卡；可知你不在身边的时候，我无时不在承受锥心刺骨之痛。我并不反对你出门办事，我只是在抚伤自怨：就像喊痛并不意味着不想生孩子一样。

索菲娅在这里特意提到生儿育女的问题，用意十分明显：当她被频频捆绑在产床上无力左右的时候，托尔斯泰却只顾一己之私、竟日累月在外奔波，这不公平，这是对她的蓄意漠视和公然伤害。

1871年，索菲娅在写给丈夫的信中极尽温言软语，对他的健康状况表达了深切的关怀；同时一再强调，若非必要，托尔斯泰不得在萨马尔草原迁延时日。“除了持之以恒地使用马奶酒外，最重要的是要放宽胸襟、自信自强，抛却一切私心杂念。须知良好的心态有助于身体的康复……再次道一声再见！吻你的头、你的唇、你的脖子、你的手，一如先前你心绪寥落的时候，我惯常喜欢抚慰你的那样。上帝保佑你，你也要悉心照料好自己。”

托尔斯泰一旦离家过久，索菲娅也会隐约表达自己的不满。不过她使用的是旁敲侧击的方式，打的是托尔斯泰的密友——季亚科夫的旗号。“星期五午餐时分，季亚科夫带着玛莎登门造访。他喋喋不休地给我们讲夫妻相处之道，指责我和塔妮娅不事亲情，竟然与各自的丈夫分离超过2个月。听他在一边大放厥词，我浑身上下都不自在。这个话题，对我来说太沉重了，我无法跟季亚科夫这样的外人开诚布公地交流思想。咱们夫妻之间的事，双方妥为处置就行了，原不干外人的事，但季亚科夫的话也不无道理，刺中了我内心深处的隐痛。我感到很不愉快。”

索菲娅赘在信尾的一段话，尤其耐人寻味。

“再见，我亲爱的朋友。而今之势，我早已失了法度，没法给你提供任何可资借鉴的意见和建议。不要想家，这对你的身体不好。唯望你能审时度势、明辨利害得失；只要是对你有好处的事，你尽管去做好了。你劳累过度，疗养一段时间对你大有好处，也许你的身体会恢复如初。上帝保佑你，我亲爱的朋友，拥抱你、亲吻你。如果我能够以一己血肉之躯换回你的健康，我会毫不犹豫地奉献自己。我所求无多，有那份对你的挚爱，足以支撑我度过余生。再见了。夜深难寐，2点钟爬起来给你写信。空房灯影，幽幽如晤。索妮娅。”

婚后前15年内，索菲娅不想以弱者、受害者的面貌出现。就文艺创作的角度看，她确实难望丈夫的项背；单从生活的层面出发，即使在高度上甘拜下风，至少在力度上还想一较短长。1875年，已满周岁的儿子尼科鲁什卡去世。生性好强的索菲娅如何面对丧子之痛，如何走出阴影，遽难想象。

“连续呕吐3周，神志昏迷1周，抽搐3天。我知道尼科鲁什卡的生命维持不了多久，最后1周停止哺乳，只是时不时用汤匙灌一点水给他。每次喂的时候，孩子两只手都会不停地抓挠汤匙。担心饥饿夺走他的生命，我不得不恢复喂奶。在失去意识的情况下，孩子还贪恋地吃奶，用他已经长出来的7颗牙齿狠命地噬咬我的乳头，每每想起尼科鲁什卡临走前的那一幕，我的心里就充满了恐惧。他那双不久前还灵光闪亮、感情丰沛的眼睛，此刻是那样黯淡、呆滞，看一眼都让人不寒而栗。在点滴奶水的支撑之下，尼科鲁什卡的又苦苦挣扎了1周。我亲眼看着他四肢渐硬、口眼歪斜，两只小拳头攥得紧紧的，咽下最后一口气。”

小男孩下葬的那一天，柯恰科沃墓园的上空“风卷乌云，雪霰飘飞”，“我担心列夫·尼古拉耶维奇精神崩溃，而他也一直为我担惊受怕。”

磨难、疾病、长久的离别，比波澜不惊的生活更有助于增进夫妻感情。托尔斯泰全身心投入《战争与和平》《安娜·卡列尼娜》创作活动期间，索菲娅虽然从理性观念出发，视之为他们婚姻生活中弥足珍惜的阶段，但她在个人日记、在写给丈夫与姐妹的信中，不止一次流露出寂寞难遣的哀愁。有大常怀远志，索菲娅有情难托，只有生病、虚弱的时候，托尔斯泰才会向她靠拢，做她名副其实的丈夫……

这是一个幸福的家庭，但幸福中潜藏着太多的遗憾。托尔斯泰在《安娜·卡列尼娜》的开头断言：“幸福的家庭都是相似的”，其实这句话有许多值得商榷的地方。家庭有如一泓静水，相似只是表面现象，水下则是另一番景象。他自己的家庭，就是明证——雅斯纳雅·波良纳庄园演绎的幸福，与别的家庭般般不同。不过他的下半句话："不幸的家庭则各有各的不幸"，却是放之天下而皆准的真理。70年代末至80年代初，托尔斯泰夫妇各怀异志，家庭生活暗流涌动的诸情状，果然是世不二出。

渐行渐远

1877—1884年（大致时段，难求准确），托尔斯泰经历了一场精神危机，差一点离家出走。与他处在同一时代和年代稍晚的传记作者对整个事件做出了不同的解释，使用的字眼也迥异其类："危机""进步""嬗变"，正所谓众说纷纭，莫衷一是。不过，托尔斯泰的首席传记作者巴·伊·比留科夫另有一种说法："觉醒"。有一点是清楚的：在此期间，托尔斯泰思想认识上发生了质的变化，其造成的心理落差之大，远远超过了婚姻的影响。

托尔斯泰认为，经过此番"脱胎换骨"式的自我改造，过去那个"老髦昏聩"的他不见了，代之以"焕然一新"的托尔斯泰。这不是一个普通意义上的"新人"，而是不折不扣的"新俄罗斯人"：长髯宽袍，形同40到50年代的斯拉夫民族主义者，与上流社会风尚背道而驰。处在事业巅峰、家庭生活美满的托尔斯泰，以一副特立独行的怪人面孔出现在知识界，从言行到世界观，与流俗格格不入。世人眼中的是非黑白，在他那里全颠倒了。托尔斯泰，标新立异的新俄罗斯人。

托尔斯泰本人并不认为自己变得跟过去判若两人。"在一部自传性作品中，列夫·尼古拉耶维奇声称他的一生顺风顺水，没有经历过重大个人危机和思想裂变。他的追求，就是探索生命的意义。外部环境加上个性因素的影响，日积月累的探索汇聚成一股巨大的力量，冲破身体的囚笼。"巴·伊·比留科夫如是说。单从托尔斯泰自身认识的角度出发，这样的说法完全站得住脚。可对家庭来说，他的变化是巨大的、灾难性的。他的思想冲破的不仅是他的躯壳，还有他和索菲娅一起苦心经营15年搭建起来的幸福家庭。

索菲娅·安德烈耶芙娜如此关注列沃奇卡的精神状态，对他70年代末萎靡不振、不思进取的表现深感不安。她嗅到了灾难的气息。她的嗅觉太灵敏、太准确了！不过直觉不是万能的，她还无法侦知1877年之后发生在丈夫身上的微妙变化到底意味着什么，逆转的可能性有多大。

这一年，他与斯特拉霍夫一起拜访了奥普季纳修道院。

托尔斯泰何时起意与奥普季纳修道院结缘，准确时间是不是1870年，这个问题至今悬而未决（幼年为参加姑母奥斯滕—萨肯的葬礼奔赴修道院的那次，不在其列）。两位最权威的托尔斯泰传记作者——尼古拉·古谢夫和弗拉基米尔·日丹诺夫意见相左，谁也拿不出有说服力的证据。

托尔斯泰1870年11月20日写给费特的信中，隐约提及自己的打算："大札收悉，我想马上登门就教……惜我前已约乌鲁索夫同往奥普季纳修道院，分身乏术……"

这段话并没有实质性的意义，因为托尔斯泰的计划因故未能实施。多年以后，托尔斯泰向比留科夫讲起这桩轶事，言之凿凿地声称他确实去了奥普季纳，并将这次行动背后的原因归结为夫妻失和。比留科夫说："1906年前后，为了充实传记作品的内容，我与托尔斯泰在雅斯纳雅·波良纳开展了一场圆桌长谈，咨询一些细节问题。当我问及第一次访问奥普季纳修道院的动机是什么的时候，列夫·尼古拉耶维奇的回答大体是这样：'我想跟时在该院修行的安甫罗西交流思想。这位神甫的道德情操，我一向赞佩有加。由于家庭关系紧张，我当时心绪烦乱，脑子里疑云重重。妻子大病初愈，遵从医嘱拒绝再生哪怕只男半女。妻子的决定颠覆了我的家庭理念，我进退失据，不知道以后的日子还怎么过，有一段时间甚至慎重考虑过离婚的问题。为了解开心头的疑团，我决定探访安甫罗西神父，听取他的意见。'"

根据比留科夫的说法，托尔斯泰"此行"没有达到目的，心结始终没有解开。事实上，这次行程本身就是无端想象的产物，空谷回音、子虚乌有。

托尔斯泰造访奥普季纳修道院一事发生在1877年夏天，与安甫罗西神父的交流也卓有成效。"显而易见，这部传记作品中对事件的陈述不大严谨。"尼·尼·古谢夫中肯地指出，"许多不在同一时间发生、本来风马牛不相及的事，在托尔斯泰的嘴里头凑到一处，东拉西扯、真假难辨。"

"1877年7月22日，托尔斯泰初访奥普季纳修道院。"古谢夫接着写道，"有关当时的托尔斯泰家宅不宁、曾与安甫罗西神甫谈起自己的家庭事务、并对这次谈话大感失望之类谬传，我们找不到任何文字记载。"没有任何证据表明，1877年前半年托尔斯泰夫妻关系紧张（列夫·尼古拉耶维奇筹备奥普季纳之行的时间相当长，前一年入冬就开始谋划了），遑论真意离婚了。须知1870年托尔斯泰致函费特，分说造访奥普季纳修道院的打算时，没有片言只字提到夫妻失和。索菲娅·安德烈耶芙娜当时正身怀六甲（玛莎），其所谓遵从医嘱、拒绝再孕之类说辞，不符事实。之所以出现这样的情况，托尔斯泰的潜意识难辞其咎：在他看来，只要牵扯上奥普季纳修道院，肯定与家庭问题有关。

托尔斯泰往修道院跑的背后隐情，有谁说得清楚？为什么在过了那么多年之后，他凭空捏造1871年造访奥普季纳修道院的情节且无端扯上家庭矛盾？

与古谢夫不同，反映托尔斯泰家庭生活的传记作家弗·阿·日丹诺夫认为，列夫·尼古拉耶维奇1877年的奥普季纳修道院之行，确与家庭纷争有关。在没有第三者在场的情况下，托尔斯泰与安甫罗西神父畅聊好几个小时。他们谈论的话题，外人无从得知。不过从索菲娅对丈夫4次拜访奥普季纳修道院前后情形的记录来看，托尔斯泰坦承："神父具有非凡的智慧和过人的思想境界，每次晤面都受益匪浅。"

事有凑巧。1877年，索菲娅也是有孕在身，怀的是儿子安德烈。一对贤伉俪惴惴不安地等待着预产期的到来，内心深处涌动如潮的那份恐慌，甚至超过了1871年玛莎的降生给他们带来的灾难。三子女接连夭折：1872年，彼得；1874年，尼古拉；1875年，芭芭拉。积重难返的托尔斯泰不可能不思考这么一个问题：如果生儿育女是两性伦理的前提，那么丧子就是上帝对他的警示、惩罚，意在剥夺他的这项权利。如果他的苦厄与上帝无关，那幕后黑手是什么？这个世界上到底有没有上帝？

托尔斯泰的家庭不是互有好感、偶然走到一起的两个人支撑起来的，也不是建立在"契约"基础上的两性交易。这个家庭寄托了托尔斯泰的人生梦想，体现了他19世纪60年代至70年代中期的宗教信仰和道德追求。从雅斯纳雅·波良纳到70年代迅速拓展的萨马尔草原产业基地，托尔斯泰在打造人间天堂的道路上跋涉日久，点滴成就都凝聚着他的心血和汗水。种种迹象表明，就在托尔斯泰陶醉于未受现代文明污染的巴什基利亚风物、专注开疆拓土、不断扩大"人间天堂"规模的时候，亲手缔造的一切在他的眼里突然丧失了意义。家园本来是围裹在一道藩篱之中的心灵跑马场，而他延伸精神疆域的计划，正一步步滑向破产的边缘。

精神发生危机的那一年，托尔斯泰已届49岁。半个世纪的时光流转，恍惚间垂垂老矣；死亡作为一个现实问题，托尔斯泰不得不认真面对。参军打仗、料理庄园事务、写作，托尔斯泰一直在用充实的生活，将死神的影子阻挡在视野之外。但是他可以躲避一时，不能自欺一世。人生最可怕的问题——“为什么？”——最后还是悄悄入驻他的脑际、攫住他的全身心，压得他喘不过气来。托尔斯泰的生命，在这里画上了画上了一个大大的“休止符”。

索菲娅·安德烈耶芙娜眼睁睁地看着自己的丈夫，整个家庭的经济支柱和精神依托、雅斯纳雅·波良纳庄园的设计师（当然，他主要负责规划，真正的实施者当属女主人——她自己），抛下他们走向寂灭——躯壳尚在，而灵魂的背影已渐行渐远，内心充满恐惧。她的日记、她写给妹妹的信，字里行间渗透着一位勤劳智慧、视家庭如生命的女人四顾茫然、惶惶不可终日的心情，令人不胜唏嘘。她不明白问题出在哪里，但她知道眼前发生的一切绝不是好事，她有大难临头的预感。丈夫在她的眼皮底下一点点地变成另一个人，从心理到外表，她绞尽脑汁地寻找个中原因。她宁愿相信丈夫是由于劳累过度而出现意志缺失身体消瘦之类症状，因为除了患病，她无法解释丈夫的变化。文学是托尔斯泰毕生矢志以求的事业，承载着他们夫妻建设美好家园的全部梦想。她满怀期冀地观察着丈夫的一举一动，希望看到他重拾这份旧爱，摆脱诸种不健康的兴趣爱好，回归正常的生活轨道。她当初选择了他，就意味着对他的抱负做了“背书”。她甚至本着屈己达人的牺牲精神，准备完全接受托尔斯泰在萨马尔购置产业的计划，尽管她对满目荒凉的草原、对溽暑季节的炎热、对当地人的肮脏邋遢深恶痛绝。既然问题出在雅斯纳雅·波良纳，对于托尔斯泰来说，萨马尔草原不失为一方净土。

“列沃奇卡意气消沉、情绪低落。他要么整天出去打猎，要么一个人待在房子里，不声不响地看书。跟他说话，他也是爱理不理的，一脸的忧郁。”

“……（列沃奇卡）忙着搞他的创作。一部有关十二月党人的历史小说，跟《战争与和平》类似，我觉得他的构思很好。上帝保佑他尽快恢复健康。最近他经常闹病，这对他的工作大有影响。”

“最近一段时间，列沃奇卡……完全浸淫在创作活动中，对周围的一切视而不见、充耳不闻，话也讲得很少。他逃离了现实，生活在自己的世界。”

“白天缝，晚上绣，我忙到迷糊，忙到绝望。我喉咙发干，头痛欲裂，被单调重复的工作折磨得死去活来。要命的家务，看不到出头之日。这个世界上累死的人不在少数，我也会成为其中的一个。”

丈夫经受精神危机的折磨，妻子也未能幸免。自幼过惯城市生活的索菲娅，长期蛰居萧索闭塞的雅斯纳雅·波良纳，心绪寥落、有苦难言。15年无休无止的怀孕、产后虚弱、流产、哺育孩子，加上繁重的家务劳动，期间还经历了3次丧子之痛，索菲娅遽然意识到：除了围绕丈夫团团转，她还可以过另一种生活。

其实，从缔结白头之约的那一天起，她一直未能在托尔斯泰的精神世界里占据一席之地。“我想完整地拥有他，在他的心目中占据亚历山德拉那样的位置。”婚后一年光景，处在村妇阿克辛妮娅和远房姑母兼精神导师亚·安·托尔斯塔娅双重夹击之下，怒火中烧的索菲娅在日记中喟叹，“但我太年轻、太无知、太缺乏诗意，忍让是我唯一的选择，我也并不感到委屈。想成为跟亚历山德拉并驾齐驱的女人，除了天赋，你还得有年龄、没孩子，甚至终身不嫁。”

获悉小妹塔妮娅即将出嫁，即将与丈夫库兹明斯基出双入对、混迹上流社会，索菲娅·安德烈耶芙娜的心又不平静了。“这个冬天我们蜗居一隅，单调贫乏的生活令人苦闷。怅望朝晖夕影，常感孤独咬啮我的灵魂。”她在写给妹妹的信中说，“我给自己找了个活儿：编织一块4俄尺长、3.5俄尺宽的波斯毯，借以打发百无聊赖的日子。完成这项工程，至少需要3年时间。以前的大家闺秀多有不干则已、要干就干大活儿的习惯，大概跟平时足不出户有关。”

1875年，索菲娅在日记中流露的心思更加凄婉：“与世隔绝的农村生活捱得太久，我彻底崩溃了。过去、现在、未来，这样的日子看不到尽头，我变成了一个对什么都不感兴趣、形似游魂心同枯木的废人。一大早醒来，也懒得翻个身子。起床以后又能干什么？我知道，最先进来的是厨师，随后就是唠叨个没完的保姆，什么大家对饭菜有意见了，糖早就没了必须打发人出去采购了，等等。我忍受着右肩的疼痛，闷声不响地坐在床头，先干点儿缝缝补补的家务活，再拿起书本学点语法、科学知识。我喜欢读书，但由于心常郁郁，学习效果大打折扣。夜幕降临的时候，我又得做一些针线活儿，完了伺候姑妈、陪列沃奇卡玩牌——这是我最不乐意干的事。阅读能带给我片刻的欢娱，但好书实在太少了。在这样的环境中生活，梦是我唯一的精神寄托。我不是活着做梦，而是在梦里活着。我梦见自己跪在教堂的神龛前，彻夜祈祷——以此生从未有过的姿态，向上帝袒露自己的胸怀；我梦见自己在画廊里游走，周围是琳琅满目的名画；我梦见自己置身于一个美妙的世界里，奇花怒放、异草留香；我梦见往来如织的人群，那么亲切、那么楚楚堪怜。”

在雅斯纳雅·波良纳相处日久，托尔斯泰夫妻情绪的季节性律动出现了错位。丈夫喜欢的是秋冬两季，享受闭门不出的家庭生活，喜欢安安静静地干自己的事业；他讨厌春夏两季，因为如潮的客流总让他分心。妻子的反应跟他相反，她喜欢生机勃发的季节，她喜欢给这个偏僻乡村注入活力的宾客。为了躲避各路人马，托尔斯泰想了各种办法，甚至在切佩日的森林里专门盖了一间小木屋，作为自己的藏身之所。秋天一到，托尔斯泰情绪昂扬、踌躇满志，做好了全身心投入工作的思想准备。而索菲娅的反应又是如何呢？从她的日记中，我们可以窥见一斑：“生命的秋天再度降临，我的心情忧郁到极点。我变得沉默寡言，只能用织毯子、读书排遣烦闷。寂寞无聊、心寒如冰，疲惫、冷漠浸透了我的灵魂。阳光灿烂的日子已离我远去，我的眼前是无边广大的黑暗。”

从1877年，也就是托尔斯泰初访奥普季纳修道院、儿子安德烈降生的那一年起，如果托尔斯泰能够坚守信念，不弃他看重的文学事业、他经营半生的家园于不顾，而急流勇退、自绝于家人的话，所有的障碍还能克服，雅斯纳雅·波良纳的岁月长河，还会沿着既定的轨道缓缓流淌。

在《忏悔录》一书中，托尔斯泰详详细细地披露了这一阶段自己的心路历程：

“我的生活表面上波澜不惊，但5年前（指1874年。——作者注）我的健康状况就出现了异常，我的身上发生了一件可怕的事：短时间内丧失意志，生命似乎戛然而止；我想不起自己怎么过日子，想不起手头正在干什么事情。我茫然若失，精神陷入极度的疲惫懈怠之中。这种状态持续不了多久，我很快便会恢复正常。这不是偶发事件。自那以后，愣怔在我的身上越来越频繁地发作，症状每次都一样。在生命陷入空茫的时刻，我总是反复问自己一个问题：为什么？能怎样？……

“这些问题那么单纯幼稚，痴愚顽劣，也许只有小孩子才想得出来。可是现在，产生这些疑问的是我，不是孩子。我搜索枯肠，试图分析个中原因、找到令人满意的答案。最后我得出的结论是：其一，这不是简单的问题，而是考量生命意义的核心问题；其二，无论我纠结多久、冥想多深，答案始终在我能力所及的范围之外。经营萨马尔产业、生儿育女、创作，无论做任何事情，我首先得厘清动机、了解后果。牵到经营产业的问题，我的脑子里闪过这样的念头：‘很好，你将拥有萨马尔草原上6000俄亩的田产，外带300匹马。有了这些，又能怎样……’我的思绪彷徨无定，对自己的行为产生了严重的怀疑，不知道该何去何从。再如，虑及生儿育女的意义，我也会扪心自问：‘为什么？’思绪一旦飘转到民众福祉的问题上，我就会诘责自己：‘这跟你有什么关系？’想到自己取得的文学成就和享有的令誉，我会告诉自己：‘喏，很好。你的声名盖过了果戈理、普希金、莎士比亚、莫里哀，盖过了世界上所有的作家——那又怎样？’……

“我没有找到答案，也不可能找到答案。

“我的生命的长河，在这里停止了流动。我一息尚存，我能吃能喝能睡，但我没法呼吸，我感觉不到自己在吃、在喝、在睡。我成了一具行尸走肉……

“如果此刻有位女魔术师突然出现在我的眼前，声称可以满足我的一切愿望，我肯定会张口结舌、不知从何说起。要说我没有愿望，这不符合实情。以前我有过许多憧憬，特别是在醉酒的时候；酒后的宏愿只是自我欺骗，清醒的我从来都不会当一回事。我甚至不想知道这个世界的终极真理是什么，因为我早已揣知一二。生命是一场无谓的挣扎，这就是真理。”

在《忏悔录》一书中，托尔斯泰讲了一则寓言。一位草原上的旅行者遇到一只凶猛的野兽，情急之下跳入一口水井。幸好井壁上长着一株小树，他挂在枝梢间，看到井底是一条张着血盆大口的巨龙。他发现树上还有两位“原住民”：一只白老鼠（象征白天），一只黑老鼠（象征夜晚），在他的周围跳来窜去，不给他片刻的安宁。就在万念俱灰的旅行者准备放弃挣扎、跳入龙咽的当儿（象征死亡），这时两小滴蜂蜜赫然映入他的眼帘。甘美的蜂蜜舔进嘴里，生的欲望又开始在他的胸中悄然萌动。

“这两滴蜂蜜——对家庭的热爱和对写作的痴迷——蒙住了我的眼睛，使我对人生的残酷视而不见。可对现在的我来说，这两滴蜜已经味同嚼蜡。”

有趣的是，从他的行文中可以看出，家庭在他的心目中占有头等重要的位置。舍弃平生至爱，托尔斯泰经受了怎样的精神煎熬，可想而知。

这是一个“生命的休止符”，一场不能通过理性分析找到应对策略的精神危机。面对人生的低谷，除了回答生命的意义这个问题，只有自杀一途可走。托尔斯泰与自杀的距离有多远，看一眼《安娜·卡列尼娜》的结局就知道了（此处非指众所周知的女主人公安娜·卡列尼娜投轨自杀一事，而是拥有美满婚姻与幸福家庭的康丝坦丁·列文，一度动过自杀的念头）。托尔斯泰在《忏悔录》中披露：“我，一个幸福的人，为了防止悬梁自尽，竟然不敢在一个人住的房间里摆放半截绳子；出门打猎也不敢带，怕一时冲动，轻而易举地结束自己的生命……”

19世纪70年代初，托尔斯泰写过两篇小说但都没有完成，情节都与通过装死的方式告别往日的自己、开启人生新篇章有关。另外他还重拾旧篇，续写《活尸》《费达罗·库兹米奇老人的临终书简》。其中首篇讲到一位只知姓热里亚布日斯基却不具名字的地主杀死无辜的妻子，在男侍仆的协助下躲过追捕、逃到聚有不少农夫的码头，在众目睽睽之下脱掉衣服，一头扎进水里。这一情节在托尔斯泰的第二篇小说《斯捷潘·谢苗诺维奇·普罗佐洛夫》中得到进一步拓展：一位富得流油而又浪荡成性的地主，败光家业之后选择了“投河自尽”。他将自穿的衣服全部脱下来堆放到岸上，出水后又顺手牵羊偷穿了一套农夫的衣服，然后泅到附近的渡口，登上了一艘客轮。上船后，他下意识地钻进了头等舱，结果被船员不问青红皂白赶了出来，不得不跑到三等舱栖身。

托尔斯泰抓住伪装自杀的话题不放，如果不是他本身具有这样的心理倾向，那么他至少有借助这一途径摆脱困境的想法。自杀是罪孽深重的行为，伪装自杀则另当别论。生活中他也扮演过“伪装自杀者”的部分角色：90年代初，他将自己与家庭完全割裂开来，不让妻子、孩子享受自己名下的任何权益，“就当我已经死了”，这就是一种没有制造现场证据的“伪装自杀”。

70年代中期发生的一件怪事，也许就是托尔斯泰最终离家出走的前兆：他迷路了……迷失在自家的房子里！

“父亲就寝前通常先脱掉衣服，然后到客厅下方的一间房子里洗澡，洗完再披着浴衣上楼，回到与母亲共用的套间里睡觉。那间浴室是改装的，以前是他的办公室。我和伊里亚就睡在配餐间与穹顶屋之间的卧室内。”谢尔盖·利沃维奇·托尔斯泰回忆，“秋天一个晚上的半夜12点左右，我被父亲一阵恓恓惶惶的喊叫声惊醒：‘索妮娅！索妮娅！’我从门缝里向外张望，门厅里黑漆漆的一片，什么也看不到。这时父亲的喊叫声又响了起来。我循声追了出去，在门厅里听到母亲杂沓的脚步声；她掌着一支蜡烛，向楼梯这边跑过来。

“‘你怎么了，列沃奇卡？’母亲颤声吼问道。

“‘没什么，我迷路了。’父亲在暗处应和道。”

1979年末托尔斯泰写作《忏悔录》期间，他的世界观已经发生了不可逆转的变化，他的家庭也已分裂成两大对立的营垒。此年，儿子米沙呱呱坠地。而索菲娅在临盆前两天的日记，从一个侧面反映出雅斯纳雅·波良纳压抑得令人窒息的家庭氛围。这个一度融溶和暖的大家庭，再也听不到欢声笑语。

“预产期超过了，我终日枯坐，静等那惊心动魄的一刻。一条小生命即将降临，但我只感到销魂蚀骨的疲累。我的世界天塌地陷，没有阳光、没有希望、没有进退的空间。孩子们过得很委屈，家庭气氛很紧张……冷得出奇……列沃奇卡去了图拉……他最近写了好多与宗教有关的东西。”

阵痛

托尔斯泰对宗教产生浓厚的兴趣，时间上可追溯到1877年，亦即他经受精神危机、思想发生裂变的初期。他全身心投入对宗教的研究，狂热程度不亚于他一生中曾经有过的每一次追求。良苦用心，教益无多，宗教对托尔斯泰没有产生任何积极的影响。

托尔斯泰儿时的教养，决定了他对教会活动的排斥。他的世界观中，不包含对宗教礼仪心灵感召力的领悟。他的父母是虔诚的信徒，奉教如仪，积极参与教堂举办的各类活动。他童年时代也在雅斯纳雅·波良纳生活，两位姑母亚·伊·奥斯滕—萨肯与伊·亚·耶戈尔斯卡娅，都是地地道道的基督徒；而后者对托尔斯泰的人生产生的影响，有目共睹。另外，托尔斯泰家风严正，孩子们自幼接受的都是东正教色彩浓厚的传统教育。

《童年》中的小主人公有祈祷的习惯，特别是临睡前的晚祷，虔敬、热烈、全身心投入。一心向神，这是托尔斯泰终生奉行的基本操守，即便在信仰缺失的青年时代，他也没有背弃神灵。

托尔斯泰对过早离世的母亲几乎没有什么印象，但这并不妨碍他崇拜母亲、神化母亲，并在《战争与和平》一书中借玛丽亚·包尔康斯基公爵小姐之衣钵，重塑母亲之形象。不过据托尔斯泰传记作者尼·尼·古谢夫考证，真实的玛丽亚·尼古拉耶芙娜·托尔斯塔娅并不是狂热的基督徒，她跟秉持无神论观点的父亲之间不存在尖锐的矛盾冲突。“跟《战争与和平》中的包尔康斯基父女不同，这对父女的世界观（宗教观即为其中的一个方面）并非水火不容。览诸玛丽亚·尼古拉耶芙娜的所有日记，我们找不到跟父女矛盾有关的片言只字。”古谢夫写道。有证据表明，她受过良好的教育，懂四种欧洲语言，母语俄语的造诣还相当深厚，这在当时的俄罗斯上流社会的女性圈子里实属罕见。在她的父亲，18世纪开明贵族，亦即列夫·托尔斯泰的外祖父尼·谢·沃尔康斯基耳提面命式的教育之下，她不是从一己之好恶出发，而是凭借意志和毅力成就学业的。在孩子的教育问题上，她注重早期智力开发、注重培养良好的阅读习惯、注重灌输勇敢坚毅的品质，直至注重爱国主义教育，唯独在宗教知识的传授和教会情感的熏陶上着力不多。

托尔斯泰的父亲跟他的岳父，跟他那个时代所有的贵族一样，在他们眼里，教会只是诸多民用设施中的一类。受洗要上教堂、结婚也要上教堂，这些就是教堂存在的全部意义。至于“真理的柱石圣殿”之类的说教，他们根本不吃那一套。18世纪的俄罗斯开明贵族，能本着高姿态，以宽容的态度对待宗教仪式，那已经是最客气的表现了。《战争与和平》开宗明义，谈到老公爵包尔康斯基和他的儿子安德烈这对彻底的无神论者，对玛丽亚公爵小姐的宗教狂热极度鄙夷，看不到信仰的力量托起她的精神空间这个基本事实，而将她的一切行为解释成由于长相乏善可陈找不到英俊伴侣，故而采取的逃避现实的手段。安德烈公爵的人物原型，便是列夫·托尔斯泰的长兄谢尔盖·尼古拉耶维奇，一位至死缺乏信仰排斥宗教的人。妹妹玛莎每到雅斯纳雅·波良纳或皮拉戈沃作客，他都会抓住她的法衣取笑一番，戏称她的法冠为“圆柱”。虔诚的基督徒谢尔盖的茨岗妻子弥留之际，曾经央告列夫·尼古拉耶维奇向大哥进言，为她举办临终受洗的仪式。谢尔盖·尼古拉耶维奇不仅尽依所请，自己也在走向天国之前改变了对宗教的态度，要求教会为他祝福。列夫·尼古拉耶维奇对兄嫂的善举大为钦服，这位一生以嘲笑教会为乐的长兄，在神甫的祈祷声中溘然长逝。

“托尔斯泰的姑姑对教会的态度与我们大相径庭，特别是嫡姑母亚历山德拉·伊里尼奇娜。”古谢夫写道，“遍历坎坷、创痕累累的亚·伊·奥斯滕—萨肯在宗教中寻找精神寄托，她最大的爱好就是上教堂，终日与流浪男女、江湖术士、修士修女为伍。她在世的时候，雅斯纳雅·波良纳就是这一干人众的收容所；她去世后，这里更成了流浪者之家。隐修女玛丽亚·杰拉西莫芙娜是托尔斯泰家里的座上常客，此外还有奥尔伽·罗曼诺芙娜、费多西娅、费多尔、叶甫多基穆什卡等各路知名不知名的高人。尼古拉·伊里奇（列夫·托尔斯泰的父亲——译者注）对妹妹广纳天下客的行为从不干涉，但他有足够的理智与这班人保持距离，从不参与他们的活动。”列沃奇卡敬重父亲，完全认同父亲的做法。姑母的虔诚对幼年托尔斯泰的小心灵产生了很大的影响，他对上帝的敬畏，可从《我是怎样的人？》这篇托尔斯泰小自传中记录在案的一件轶事窥见一斑。有次他没有遵从圣餐只能空腹服用的圣俗，用完茶点以后才吃神甫送来的圣饼，为此他整日提心吊胆，感觉“上帝惩罚了他”，很长时间都不能释怀。

对托尔斯泰宗教观的形成产生最大影响的是他的另一位姑妈，塔季亚娜·亚历山德罗芙娜·耶戈尔斯卡娅。这位姑妈在雅斯纳雅·波良纳生活的时间很长，一直延挨到19世纪70年代。她跟侄子、侄媳乃至侄孙都保持着亲密的接触，与他们的关系和通默契，俨然至亲骨肉一般。不过塔·亚·耶戈尔斯卡娅的宗教观相当独特，很有几分与时俱进的味道。她整体上能做到恪守教会的清规戒律，独独对身后必须历经劫难灵魂方能升入天堂这一条持保留意见。也就是说，她不相信那一世有地狱、炼狱之类设施。“上帝是善的化身，怎么可能给我们制造苦难。”宗教哲学家尼·亚·别尔季亚耶夫20世纪初叶完成的著作中，就贯穿着这一思想。耶戈尔斯卡娅的“创新思维”与托尔斯泰的宗教观发生了共鸣，他在1884年写给弗·格·切尔特科夫的一封信中宣称：“我从小到大就没有相信过死后受难之说。”

青少年时期的托尔斯泰从来不上教堂。与其说这跟他的宗教信仰——更准确地说，没有宗教信仰——有关，毋宁说他根本就没有养成参与宗教活动的习惯。只此一点，他就跟同时代单身贵族圈中的其他人拉开了距离。在与索菲娅牵手走进婚姻的圣殿之前，他的大脑里就没有定期跨进教堂的大门、从头到尾参加冗长繁缛的礼拜活动、斋戒祈祷、忏悔受洗的意识。《复活》中的康丝坦丁·列文就是列夫·托尔斯泰的翻版，他准备跨进教堂的大门举办婚礼的时候，亦曾心生万般感慨。触动他内心的，不是来自对上帝的认同、对教会的皈依，而是来自全新的世界、全新的未来带给他的如梦如幻的感觉。

19世纪70年代末期，为了探索人生的意义、信仰的价值，托尔斯泰一度将目光投向劳动人民，以在他们身上寻找理性的支点。面对死亡这一重大的人生命题，托尔斯泰的态度跟普通农夫、士兵惊人的相似：顺其自然、淡泊洒脱。在俄罗斯文学史上，持相同人生观的作家并非只有托尔斯泰一人：试看莱蒙托夫的《波罗金诺》、屠格涅夫的《行尸走肉》、涅克拉索夫的诗篇，表达的都是同一境界。民不畏死，故知生之要义。农夫的人生哲学让托尔斯泰着迷，他“民间意识”的形成，与此息息相关。对农夫的精神世界挖掘得越是深刻透辟，托尔斯泰认识越是明确：东正教成就了俄罗斯民族的灵魂。从宗教虚无主义到精神皈依，1877年后的托尔斯泰终于将《圣徒传》等宗教经典摆上了案头，教堂也成了他经常驻足流连的地方。

“农夫的粗鄙少文，常使我艳羡不已。”托尔斯泰在《忏悔录》中写道，“我视同糟粕的一些信仰，他们却奉若圭臬。在他们看来至为简单明了的真理，我总是抓住表面的荒谬不放，不肯接受本质的东西。我才是可怜的迷路者。”

索菲娅，虔诚的基督徒和教堂的常客，对丈夫突如其来的变化诧异莫名。

“复活节前一周的最后一天，他只喝白水、吃黑麦面包，在教堂里待了好长时间。”她如是描述1877年发生的怪事，“我和孩子们都大受感染，一整天都在持斋守戒，尽管当时我有孕在身……”

与托尔斯泰家族墓园相邻的柯恰科沃教堂的神甫有一位女儿，她曾向马科维茨基讲起托尔斯泰的奉教轶事：“有那么一个时期，我父亲每天一大早去礼拜堂做晨祷，总会发现托尔斯泰捷足先登，早就跪在拜垫上了。那阵子父亲经常到托尔斯泰家走动，不到晚上2点不回来。他们围绕信仰这个话题，聊得不少。”

区警[①]维·罗·察耶夫斯基风闻当地农夫讲：“我们的老爷，也就是伯爵大人一家，上教堂很勤。他们一来就是一大家子，伯爵本人经常步行……他们很守时，总是赶在日祷开始前进入教堂。我们这些农夫坐在台阶上，眼睛东瞅瞅西望望，察看周围的动静——伯爵大人会凑过来，坐在我们中间海阔天空地聊天，聊的都是天主……”

据1881年曾陪伴托尔斯泰拜访奥普季纳修道院的仆人谢尔盖·阿尔布佐夫回忆：1877年，有一次他们一大早出发上教堂，为了不打搅马夫睡觉，伯爵亲自动手准备鞍马。

托尔斯泰对宗教的理解是明确具体的，教会是分布在人间的一条“纽带”。他认为，宗教仪式这条“纽带”连接起来的不是凡人与上帝，而是东邻与西庶、今人与古人，这种联系是“平面化”、世俗化的，与上帝无关。

---

① 沙俄时代县级行政区域下设治安片区的警员。——译者注

“奉行宗教仪式的过程中，主宰我的精神世界的不再是理性思维，而是感动。感动于充塞天地的人类文化，感动于生生不息的人性光华。”托尔斯泰在《忏悔录》中写道，“那一刻，我感受到了祖先的呼吸，跟天堂中的他们融为一体——我的父亲母亲、我的祖父祖母，所有代代传承、最后将我带到人世间的亲人；那一刻，我感受到了全人类的呼吸，千千万万为我所敬为我所佩的人们，也与我结为一体。”

但是，崇尚理性、率真执着的托尔斯泰，不可能止步于和着教会的节奏与民共舞。在没有信仰的道路上走得太久，蓦然发现神性的力量不可抗拒，他的内心深处难免会产生排异反应。

“多年之后再次接受洗礼，我当时的感受真是五味杂陈。礼拜仪式、忏悔、教义——这一切都是那么亲切、那么明朗庄严，于我恰如醍醐灌顶，向我昭示生命的奥义。耶稣基督纪念仪式、脱罪与圣教的弘扬，我认为启示作用尤其巨大。如果说个中还有人为的因素，那也无关宏旨，我丝毫感觉不到矫揉造作的痕迹。我的灵魂在欣悦中升华，在神父面前、在谦和恭谨的修士面前，我卑微得如同一粒尘土。我袒露心灵的污垢、我忏悔妄造的罪孽，我的思绪随神父的天音起舞，我的精神伴教友的心潮起伏。那一刻，我的心里充满光明，我觉得从我的唇间发出的声音，没有虚饰伪装，只有真情流露。而在此之前，当我步入皇家教堂的大门，神甫强迫我重复那些耳熟能详的词句、宣示我将“和血吞下”人生的苦难时，我感到自己的灵魂被撕裂成两半；颠覆我的信念的，不是拿腔拿调的说教，而是那些外表光鲜、道貌岸然的说教者，本身不知信仰为何物。”

托尔斯泰进入了“心理阵痛期”，但“我找到了能帮我应对危局、渡过难关的情绪状态，那就是谦逊和感恩。如果命运是上帝的安排，那我将‘和血天下’人生的苦难，渡尽劫波，行所当行。”他在《忏悔录》中如此表露心迹。

斋戒、祈祷、忏悔、祝福，这些对上帝表达顶礼膜拜的行为，本身并不会招致托尔斯泰的反感（他在《忏悔录》中对人生所下的定义是：欢乐之旅）。阅读如《日读月书》等，托尔斯泰能从字里行间读懂上帝的荣光，并且体味到神性的欢乐。但是，神父强迫神的子民相信，他们手中的面包是耶稣的肉、杯中的酒是耶稣的血，这未免有些危言耸听。托尔斯泰的理性与以神的名义发布的教谕产生了分歧，他没法接受自忖荒诞不经的东西。

托尔斯泰与教会分道扬镳的另一原因是，他无法认同为权力当局为战争祈祷的行为。览遍《四福音书的统一性与演绎》，他找不到鼓励此类行径的片言只字，反面意见倒是发现了不少。在这个问题上，托尔斯泰的良知又发出了抗议的声音：无中生有，强行灌输他人不知道也不理解的意识观念，他难以接受。

“父亲心目中圣教的威严，似乎是一瞬间崩塌的。”伊里亚・利沃维奇・托尔斯泰回忆，“那天我们一家人持斋，厨间为父亲和愿意守斋的家人准备了素餐，小孩和家庭男女教师伙食照旧。仆人转圈儿散发完面点，将盛有几块肉饼的盘子搁到小桌上，自顾下楼端别的饭菜。这时候父亲突然向我这边转过身来（就餐时我一直挨着父亲就座），指着餐盘说道：

“‘伊柳沙，把肉饼端给我。’

“‘列沃奇卡，你最近一直守斋的，忘了吗？’母亲提醒了一句。

“‘没忘。我再也不吃素了，以后请不要专门为我准备斋饭。’

他取过一块肉饼，边吃边称赞味道鲜美，在场的人都惊得目瞪口呆。有父亲身先垂范，我们大家吃斋的兴趣一落千丈。刚才准备祈祷时的那份虔诚，刹那间便飞到九霄云外去了。”

Enfant Terrible[①]

显而易见，成家之后的托尔斯泰摒弃了年轻时那些五彩缤纷的兴趣嗜好，过的是清心寡欲的生活。一场精神危机，他故态复萌，又变回先前的那个自己。卜居莫斯科期间，妻子、女儿过的是上流社会丰富多彩的社交生活，参加沙龙、出入舞会，而他啸聚一班人马，向他们展示自己制作皮鞋的独门绝技；面对众多崇拜者，用自贬自嘲的口吻谈论他的《战争与和平》《安娜・卡列尼娜》——这样的场景以前就屡屡出现过，诸如有一次他为了两个儿子伊里亚、列夫的诸般请托情由，去一所私立中学拜见校长玻利万诺夫，当着校长夫妇及他的老相识加拥趸，曾在喀山当过一段时间中学教师的马尔科夫，就曾发表过一番宏论。

① 可怕的孩子（法语）——作者注

“马尔科夫问托尔斯泰，他现在是不是彻底封笔了。

“‘是的，怎么了？’托尔斯泰的回答带有几分挑衅的语气。

“‘怎么能这样？’对托尔斯泰的艺术才华佩服得五体投地的马尔科夫抗议道，‘您忍心辜负社会对您的期待吗？’

托尔斯泰平静地说：

“‘做了坏事，就应该知耻而后改。我年轻时还酗过酒、找过茨岗女人，难道现在我还能这样吗？’

“叶甫盖尼·马尔科夫大感委屈，对托尔斯泰的表述提出了批评：

“‘风马牛不相及的事，能比吗？’

“托尔斯泰的口气依旧那么淡泊：

“‘如果我认为自己的作品跟那些不堪入目的东西没什么区别，作家就是制造垃圾的一类人，那又怎么说？’”

根据玻利万诺夫的妻子在回忆录中提供的说法，托尔斯泰口无遮拦大肆挞伐的，不仅仅局限于自己的作品。

“看看那个普希金，写了好多上不着天下不着地的废话，还给塑了像！骑着高头大马！那副德行，简直跟急急忙忙跑过来报告饭菜已经收拾齐备的听差有得一比嘛！随便找几个农夫，给他们讲讲普希金，讲讲他为什么伟大到树碑立传塑金身的程度，看他们的反应如何！”

1881年3月1日，沙皇亚历山大二世遇刺身亡。托尔斯泰犯颜直谏，要求皇位继承人亚历山大三世网开一面，不要判谋杀犯死刑。这封假尼·尼·斯特拉霍夫之手，再通过波别多诺斯采夫转致沙皇的信究竟写了些什么，我们不得而知；不过底稿留存了下来，我们完全可以据此推定正式函件的措辞。作为一名俄罗斯贵族，给皇上写这样的信，以身犯险事小，累及转交者的身家性命事大。索菲娅·安德烈耶芙娜清楚个中利害，她不仅深为丈夫与皇家唱对台戏的举动齿冷，对丈夫的行为百般阻挠，还一再威胁丈夫的支持者，家庭教师瓦·伊·阿列克谢耶夫，声称如果他不收敛行迹撺掇托尔斯泰铸成大错，到时候自己“卷铺盖走人”。她担心丈夫的一时冲动，会连累家庭、祸延子孙；但托尔斯泰激于大义，将个人安危置之度外，将妻子的劝导当成了耳旁风。斯特拉霍夫不负所托，将信转呈内阁，但波别多诺斯采夫不大认同托尔斯泰的观点，最后压下了这封以不情之请为主旨的“陈情书”。

波别多诺斯采夫在回函中写道："来函未及转呈，请多包涵。此事干系重大，理应坚持原则、秉公论断。拜读大札，我发现您的信念与我本人恪守的原则、与我们的宗教信仰非出一脉，我们的基督跟您的基督不是同一个神。尽一己之力，扶弱抚孤、弘扬真理，这是我眼中的神；而您眼中的神就是一个弱者，唯求自保、无虑道义责任。是故思之再三，难从遵命，因为我不能做有违良知之事。康·波别多诺斯采夫敬上。"

内阁成员、宗主教等要人使用"自保""弱者"一类措辞，意味深长。恰达耶夫因一封信（甚至还不是寄给沙皇本人的）而臭名远扬，被世人视为疯子。这段公案余波未平，而今托尔斯泰的做法，无异顶风犯案。那封信虽然没有传到沙皇的手上，但他对信的内容了如指掌。也是受此事的影响，托尔斯泰的立场发生了变化，成为一名"异见分子"。

托尔斯泰为自己选择了一条危险的道路；他之所以能屡险如夷、全身而退，仰仗的就是文坛盛誉这道护身符。可现在，他居然视创作如儿戏，弃艺术追求如敝屣，着实令人咋舌。那段时间，托尔斯泰为《忏悔录》一书的出版枯心焦思：这本书有反教会的倾向，他担心书报检察机关不会放行。"写风花雪月，没人反对我；歌颂伟大的俄罗斯、歌颂战争，更没人反对我；一旦涉及我经受的磨难、我别样的想法，（这样的书）在俄罗斯出版的希望非常渺茫。"

1882年，《俄罗斯思潮》杂志对《忏悔录》做了撤稿处理，托尔斯泰知道自己的宗教哲学新论《我的信仰是什么？》（写于1884年）再不会有发表的阵地，便自掏费用委托库什涅列夫开办的印刷厂私下印制了50册。这本小册子的命运没有什么悬念：甫一出版就遭到封禁，相关宗教审查官还受到了牵连、为此身陷缧绁，不过在彼得堡高层圈内传阅甚广。这本书的印行，开俄罗斯文化史上"自助出版"这一特殊现象之先河。

做"异见分子"的妻子，索菲娅·安德烈耶芙娜可是吓得不轻。"马拉库耶夫（出版商。——作者注）说，世俗检察官已经将你的书移送给宗教检查机构了。修士大司祭、审查委员会的主任读过全书之后给出的评价相当高，说这本书善言可嘉，没有禁版的理由。"她在1884年1月的日记中写道，"不过以波别多诺斯采夫的刻板固执，我认为放行的可能性很小。"

这本书自然未获出版，不过这还不是主要的看点。整件事中最耐人寻味的是索菲娅的态度。她当时正在张罗托尔斯泰文集的出版事宜，丈夫的新书居然绕开她运作，这样的现实她接受不了。

“库什涅列夫（图书胶版持有人。——作者注）病了，裹在袍子里休息。当着我的面，他一迭连声地道歉；但我需要的不是他的好话，而是他已经印出来的书。我向他表明了来意，他说：这是我的名片，您请亲自跟马拉库耶夫联系。我前一个晚上已经打发谢辽沙（托尔斯泰夫妇的长子。——作者注）找过马拉库耶夫了，他的回复很干脆：大家都喜欢这本书，所以他将样本分发出去了。我听了大为光火，所以今天早些时候找过一回他，告诉他，‘那些书不是您的，是伯爵的；他没有授予您处分这些样本的权利。您是明白人，应该知道托尔斯泰作品的权益，只有托尔斯泰的家人才可以染指。’最后他答应，明天给我送两本过来。你可别介意我的粗鲁，他那种人不可理喻，一不留心就会着了人家的道儿。”这是1884年1月索菲娅在雅斯纳雅·波良纳说过的一段话。利益攸关，这是作家夫人当仁不让的表现。外人觊觎属于她、属于他们一家人的权利，她不能容忍。

“昔日之善，竟成今日之恶，托尔斯泰的人生跌入迷谷。”弗拉基米尔·日丹诺夫点评道，“曾几何时，他还是这个家庭中流砥柱的角色，用自己的精神力量和文学创作为一家人带来幸福与希望。可是现在，他，列夫·尼古拉耶维奇，正在用自己的不当行为，一点一滴地撕裂自己新手缔造的人间天堂。以前，他跟妻子戮力同心，为家计夙夜操劳；可现在，他率先跨出了与家人争利的一步，时明时暗、时硬时软，极尽夫妻钩心斗角之能事。”

托尔斯泰的家庭闹剧，时年已达13—14周岁的伊里亚·利沃维奇亲历目见，描述也更加具体翔实。这个年龄段的孩子正处于“成长节点”，外部因素在个性形成过程中发挥着举足轻重的作用。父亲精神世界发生的裂变强烈刺激着小列夫·利沃维奇，促使他表现出与年龄不相称的早熟。

“他，一位奉建设美好家园为人生最高理想，饱蘸着个人的深情厚谊、在三部长篇小说中描绘过诸多家庭生活画卷，并不遗余力地将自己的庄园里打造成人间天堂的人，突然视家庭如眼中钉、肉中刺，动辄诋毁、无端起衅；他，一位崇尚文明、热爱知识，为自己的每一个孩子精心铺就求学之路的人，似乎一夜间颠覆了世界观，将现代科技贬了个一无是处；他，一位推重医术，一有大病小痒就找扎哈林医生问诊，还大老远地从莫斯科延医照料妻子、孩子的健康的人，突然跟医学较上了劲，横挑鼻子竖挑眼；他，一位地地道道的猎手，一位热衷纵马驱犬出没山林，猎过熊、打过野味的人，这会儿打猎在他的嘴里，变成了‘不折不扣的耍狗’；他，一位持家有道，积15年积累之功，在萨马尔买下大宗巴什基尔人廉价地产的经营高手，却直指敛财为犯罪、金钱是罪孽；他，一位视文学创作如生命、多少年孜孜不懈于斯，声名如日中天的人，却陷入了自我否定的泥潭，试图永远淡出文坛。”

“父亲的表现，让我的母亲情何以堪！”伊里亚·利沃维奇紧接着写道，“她爱他，为他付出了一切。她以18岁如水的年华嫁给父亲，是父亲一手塑造了她的人格。她的情感、她的力量、她的智慧——她将一切献给了父亲，没有父亲，她生命的大厦会崩塌。现在她眼睁睁地看着父亲在精神的泥潭中挣扎，愈陷愈深、愈滑愈远。曾经的相濡以沫，全成了过眼云烟；有过的守望相助，成了父亲的隐痛。他对母亲的志趣——也曾是他们共同的理想和追求——横加指责，与母亲的关系日渐恶劣，最后发展到水火不容的地步。他拿分居、离婚相要挟，迫母亲就范，而当时偌大一个家庭的安危，就系于母亲一人之身。从襁褓中的婴儿到7岁的塔妮娅、8岁的谢辽沙，根本经不起家庭风暴。

“怎么办？她能屈从父亲的意志，散尽家财，让子女们过风餐露宿的生活吗？

“父亲当时年届五旬，而她只有35岁。父亲意气消沉、被沉重的负罪感压得喘不过气来；而她一向洁身自好、不知悔过为何物。父亲是出类拔萃的智者、精神领域的强人，而母亲只是普普通通的女人、乐天知命的主妇；父亲是高翔的天才，神游界外、精骛八极，而母亲只是听从心灵的召唤，在本能的驱使之下，张开自己柔弱的羽翼，为他遮风挡雨雌鸟。

“这就是女人的命运。试问有蓄意抛开丈夫另起炉灶的女人吗？据我所知，没有。放眼世界、翻遍史册，这样的女人找不到一个。

“母亲当时的处境，只能用进退维谷来形容。她的所作所为，我们无权指责。毋庸否认，婚后母亲曾有过一段幸福时光。随着19世纪80年代的悄然远逝，她编织的家庭梦想点点飘零，再也找不到踪迹。

“不过平心而论，最痛苦的不是母亲，而是父亲本人。”

索菲娅·安德烈耶芙娜在写给弟弟的一封信中说：“列沃奇卡现在的状况，肯定没人跟你讲，你也绝对想象不到。他变成基督徒了，信仰虔诚笃定到无以复加的地步。只是他最近苍老了许多，须发变白，身体虚弱，话也比过去少了，一副疲惫不堪的样子。”

“列沃奇卡的做法真应验了那个词儿：笔耕不辍。”索菲娅在写给妹妹的信中，带着一丝惶惑、几分揶揄说，“可他写的都是些什么呢？指点宗教的文章。他想证明自己的观点：教会的所作所为，有违福音书的教诲。对他提出的问题感兴趣的，全俄罗斯找不出几十个人。除了盼望他早一天结束这种病态的狂热，我实在是一筹莫展。”

索菲娅·安德烈耶芙娜的言论充分表明，她对丈夫的了解有多么肤浅：不理解他的精神追求，也低估了他的影响力。在俄罗斯，对托尔斯泰的研究课题感兴趣的，岂止寥寥数十人。不过在当时的俄罗斯文艺圈，托尔斯泰确实知音稀薄。费特、屠格涅夫都认为，他已经走火入魔；就连思想境界比较接近的人物诸如斯特拉霍夫，也在许多方面不认同他的看法。最后，托尔斯泰世界观的转化招致亚·安·托尔斯塔娅的强烈不满，她可是索菲娅顶礼膜拜的人物。

在对托尔斯泰的看法上，索菲娅与家人声气相投。1881年3月3日（沙皇遇刺后两日，托尔斯泰跳出来与皇室叫板公开表达异见分子立场期间），她写信告诉妹妹，作客雅斯纳雅·波良纳的弟弟亚历山大·别尔斯发现列夫·尼古拉耶维奇“在错误的道路上愈走愈远，观点愈来愈极端、可怕”。而她自己认为，“他的宗教观及哲学思想已经滑向了危险的边缘。”

莫斯科的俘虏

假如1881那年没有发生托尔斯泰举家迁居莫斯科一事，情形又将如何？

也许，一家人还会维持貌合神离的状态，不会出现无法弥合的裂痕，托尔斯泰的观点也不会骤然演化到与家人水火不容的地步？

托尔斯泰一家的莫斯科之行，原为情势所迫。孩子们都长大了：谢尔盖即将进入莫斯科大学读书；塔季亚娜也已成年，需要踏进上流社会交际圈，另外，塔季亚娜表现出一些绘画天赋，想去美术学校深造；伊里亚、列夫也到了上中学的年龄。谢尔盖每年一度的考试，在图拉很不方便。托尔斯泰夫妇的出版事宜，更需要大力张罗。诸事迫促，不仅作为家庭主妇的索菲娅清楚搬迁之事势在必行，托尔斯泰本人也心知肚明。他害怕搬家，情绪一度非常低落，但最终还是选择了妥协。

托尔斯泰不喜欢莫斯科。

《童年》一书中，我们首次捕捉到托尔斯泰不喜欢莫斯科的信息。小说主人公尼科林卡·伊尔杰尼耶夫从双脚第一次踏上莫斯科大街的那一刻起，就对城里人的生活方式看不顺眼："我就不明白，莫斯科人为什么对我们不屑一顾——谁也没有摘下帽子向我们打一声招呼，有些人打量我们的眼神还很不和善。"这是小孩子眼中的莫斯科。不过别忘了，当托尔斯泰一家风尘仆仆赶往莫斯科的时候，列夫·尼古拉耶维奇脑子里盘旋的，正是一些"又简单又愚蠢、孩子气十足的问题"。

都市环境给托尔斯泰带来的是厌倦和压抑，他无法适应莫斯科的环境。肩挎一把大手枪招摇过市的巡警，跟待字闺中的索菲娅高踞马车之上、在戴着球顶尖盔的仆人护送下出入克里姆林宫一样，在托尔斯泰的眼里，就是活生生地演绎世俗的荒唐。

19世纪70—80年代的莫斯科集现代城市文明、古老乡村风范于一身，如梦似幻、异彩纷呈。只有城中心为数不多的几条街，豪门层次错落、华宅鳞次栉比，各家的花园攒作一堆，显出混乱无序的气象。长于雅斯纳雅·波良纳、惯看宇阔天地的托尔斯泰，怎么适应得了。

"从莫斯科河岸地带延伸到小德米特洛夫卡、卡雷特广场的大片街区，通衢纵横、小巷蜿蜒，奥斯塔仟卡、普列契斯腾卡、阿尔巴特、帕瓦尔、大小尼基塔等大道，如同硕大无比的车轮上那一条条宽阔的辐毂，探向四面八方。那一带的住户，非富即贵，聚集了俄罗斯最显赫的家族。"史学家马·马·鲍哈斯拉夫斯基说，"主街两边，高檐耸峙、廊柱森森，或前或后的花园景观点染其间，彰显出一派帝国气象，许多门柱或者三角门楣上镶嵌着公爵服饰、皇冠、骑士头盔与鸵鸟羽饰之类标志；街角处，主干道上，乡野之气十足的夹层小二楼杂陈其间，与富丽堂皇的建筑形成鲜明的对比。这些大小贵胄宅邸的外观，与莫斯科郊外的别墅、外省世袭贵族的庄园并无二致，都带着一个大院子，院内仆役的宿舍、仓库地窖、马厩生活服务设施一应俱全。那个时候的莫斯科还没有'划街而治'，没有壁垒森严的高大门面，邻里之间树一道篱笆，便是界限。大门也很简单，两块木板，一年四季敞开着，谁都可以长驱直入。各家都有大大小小的花园，绿草如茵、繁木如盖；徜徉街头，宛若置身于莽莽苍苍的乡村。"

这就是19世纪80年代的莫斯科，托尔斯泰即将迁居此地。从天地辽阔、左右逢源的故里到城市丛林，问题不在地域的改变，而在与环境格格不入。

闹市区的环境也好不到哪儿去，同样不合托尔斯泰的品位。“商业建筑为特维尔大街、库兹涅茨基大桥等处地段增添了几许繁华，但别处的商铺实在让人没法恭维：史前世纪的外观、漏洞百出的招牌；特别是一些烤烟店，入口处一侧画着一副头裹方巾、嘴叼烟斗的亚洲人面孔，另一侧画的不是黑人就是混血种人（有时候还会佩戴一顶大草帽），嘴角照例塞着一支烟卷；理发馆的幌子更加荒唐，除了男人女人的头像、梳得纹丝不乱的头发，还依例配上一只玻璃杯，里面再搁上一条水蛭，甚至直接佐以放血的场面，不伦不类；面包店外面悬挂的是形形色色的面包图案：挂锁形、‘8’字形、圆形，应有尽有；域外产品货场也有自己的招牌：糖棒、蜡烛、水果、摆放在路边的箱包和驶向远方的货轮；缝纫店的旗幡上更是花样百出、五色杂陈：俄式长裙销售点的旁边，紧挨着粗呢长外套收腰男装的标识；一顶顶有檐无檐的便帽，搁在托盘中的茶具，盛有乳猪肉、灌肠、香肠、干酪的盘碗，皮鞋，提箱，眼镜，钟表等，一字儿排开，看得人眼花缭乱——总而言之，小商小贩就那么一点文墨，别指望他们制作清新雅致的标牌、布置温馨可人的橱窗……”传记作家尼·弗·达维多夫如此评论那个时代的莫斯科。

城市越大，环境卫生越差。“莫斯科市内运河潺潺、水道密集，可迄今（1914年。——作者注）没有洗出一片清爽整洁的天地，就连呼吸一口新鲜空气的愿望都得不到满足。”尼·弗·达维多夫写道，“看到别家的院子最好绕行，免得刺鼻的气味呛得你喘不过气来。而20世纪60年代的莫斯科，臭味熏蒸，无可闪避。从半夜到凌晨，络绎不绝地趟过街头、走一路撒一路的粪车、垃圾车，散布的秽气大冬天的严霜都盖不住。家庭卫生也不讲究，粪坑都懒得挖一个，遑论厕所一类设施了。马车场、‘车店’院落、小饭馆、平民客栈、偏街陋巷，几乎所有的角落，都堆满了粪便和垃圾，虽然繁华路段的街角都设置了板隔木桩一类障碍物。甚至连私人住宅的墙外，只要有一点遮挡，都成了众人大行方便的地方，虽然各处墙上题写着警告：‘严禁大小便！’”

矛盾最先发生在孩子的就学问题上。列夫·尼古拉耶维奇想打发伊里亚和列利亚上普通的官办学校，可校方要求他留下孩子们的“操行保证书”。托尔斯泰觉得这是强人所难、荒谬绝伦。“我连自己都保证不了，又怎能为孩子提供担保？”无法接受公立学校规定的托尔斯泰，最后将孩子们送到了波利万诺夫开办的私立学校，那里至少没有设置这么荒唐的门槛。

波利万诺夫的学校还有一个好处，就是地理位置优越。索·瓦·沃尔康斯基公爵夫人的住宅，1881年索菲娅·安德烈耶芙娜亲自出马租下来供托尔斯泰一家人暂居的房子与学校毗连，就位于帕瓦尔与奥斯塔任卡两条大街交汇处的杰涅日十字街附近。托尔斯泰之所以勉为其难同意卜居莫斯科，主要原因还在照料孩子方便。伊里亚、列夫年纪尚小，独立生活的能力很差；谢尔盖少年轻狂，更需要大人时时监管。作为一家之主的责任心，最终战胜了托尔斯泰对教会、对当局的抵触心理，促使他投身到莫斯科的滚滚红尘之中。

当时的俄罗斯大学甚至中学校园里流行虚无主义思潮，担心孩子们受到不良影响，是托尔斯泰迁居莫斯科的深层原因。他初入喀山大学就染上了花柳病，辗转病榻的经历，他没有忘记。另一方面，受最新形成的宗教观的影响，托尔斯泰对大学特别是自然科学课程开设的意义产生了怀疑，而谢尔盖其年就要步入大学校园。托尔斯泰是达尔文进化论的坚定反对者（这方面他有声气相投的战友，写过批达尔文学术专著的斯特拉霍夫）。谢尔盖学业上的选择大拂乃父的意志，托尔斯泰至死都没有原谅他。即在那场死亡之旅的中途滞留阿斯塔波沃火车站期间，托尔斯泰还向萨莎口授了两封分别寄给谢尔盖、塔季亚娜的信，其中包含这样的措辞："谢尔盖，我还想给你提一点建议，诚望你能深刻透辟地分析一下你的人生：你是什么人，你能干什么事；智者又是如何经营自己的人生的。那些向你灌输达尔文主义思想，鼓吹物竞天择、适者生存的人，忘了你人生的大义宏旨，也不会对你的行为提供多少有价值的导引。然而，没有目标、没有追求、从而没有规则的人生是可怜可悲的。好好琢磨一下我的话，也许这就是我的临终遗言。"

读罢父亲的来信，谢尔盖·利沃维奇发表过一番感慨，声称1910年他非同往日，"许多看法都变了。"可父亲没有勘破他的精神世界成长的轨迹，还拿他上大学那会儿抗命不遵、执意选择理科说事。

父亲不喜欢谢尔盖为自己选择的专业，父亲根子上不认可大学教育。但父亲也是最关心儿子的学业、监督儿子备考情况最积极的人。

雅斯纳雅·波良纳的家庭教育由列夫·托尔斯泰一手操办。从保育员到家庭教师，都是他从国内外亲自遴选延聘的。另外，托尔斯泰安排孩子们参加图拉省普通中小学的年度考试，避免闭门造车，确保教学质量。孩子们每一次的考试成绩都牵动着他的神经，其用心之良苦，从他写给亲友的信中可见一斑。

就是这样一位在子女教育方面尽职尽责、一丝不苟的托尔斯泰，搬到莫斯科居住后突然变了一个人似的，开始当着孩子的面诋毁大学教育、否定科学的价值。谢尔盖·利沃维奇在自己的回忆录中，不止一次提到他们父子在对待科学、对待学者所持态度上的尖锐对立，以及父亲提出的观点：

“科学涉及的东西太遥远，却将社会常识撂到一边，对人生百无一用。”

“学者分不清什么是精华、什么是糟粕，他们连阿米巴虫的生殖器官都研究，有必要吗？他们之所以乐此不疲，还不是为了赚个盆满钵溢、过上贵族老爷的优渥生活！”

“政府拿钱供养出来的学者，只会唯政府马首是瞻。有损当局利益的真理，他们不会坚持，更不会发扬光大。”

这一番“谆谆教导”，即便虚无主义者巴扎罗夫之流人物也讲不出来。父亲的负面情绪如此强烈，18岁的谢尔盖进退失据、无所适从。父亲什么时候是对的？钱财糟蹋罄尽、无力供养他上大学的时候？还是挨个儿诋毁大学、批判科学家的时候？

托尔斯泰在19世纪80年代即开始执笔撰写的个性化忏悔录《一个基督徒的笔记》中经常提及他那位大儿子。显而易见，他觉得自己对待这个儿子的态度有问题，但他就是改变不了。从托尔斯泰的日记中可以看到，他们父子间经常发生争吵，作为父亲的托尔斯泰往往是挑起战端的一方，可怜的谢尔盖不得不处处赔着小心，尽量规避父亲的锋芒。“谢辽沙承认他迷恋肉体之欢，并且不以为耻，反以为荣。”托尔斯泰在一则日记中写道。紧接着他表达了自己的看法，口气相当生硬冷淡：“很好！问题摆在桌面上，总比藏着掖着好。”

塔季亚娜的心里又是怎么想的呢？不说有条件潜研她醉心的艺术，学习绘画、雕塑技能，只是异彩纷呈的大都市生活就让这位17岁的姑娘心向往之。灯红酒绿的舞会、珠光宝气的打扮、往来不绝的崇拜者，莫斯科的生活，就是天堂。兰心蕙质、受过良好教育且极具美术天赋的塔季亚娜，自幼偏处一隅，眼界与普通村姑一般无二，内心深处充满着对浪漫人生的无限憧憬与热烈追求。

塔季亚娜已经有了心上人。她暗恋的对象是图拉土地委员会主任的儿子，她的同龄人科利亚·吉斯林斯基；她也有自己的追求者：长兄谢尔盖的朋友，长她一岁的安东·德尔维格。此君家学渊源颇有些来历，父辈中有一位是普希金朋友的著名诗人，其父其母与托尔斯泰夫妇互有过从，两家算是图拉省内的世交。她读过《战争与和平》，不过她膜拜的女主角是娜塔莎·罗斯托娃，而非托尔斯泰塑造的正面典型玛丽亚。姨妈塔妮娅·库兹明斯卡娅，便是她的楷模。

这位出类拔萃的姑娘心思如何，她在自己的回忆录中有过精当的描述；其中提到的发生在1879—1880年间的两件轶事，尤其耐人寻味。

“圣诞节前夕，我收到了不少礼物：一本价值4卢布50戈比的笔记本，上面写着我的名字，使用的是花体字；外祖母从彼得堡寄来了一枚戒指；母亲送给我的礼物有父亲的小说、两瓶香水及化妆品，外加一部英国作家的名著《简·爱》[①]。”

“我知道他（指父亲。——作者注）对我寄望甚深，希望我成为玛丽亚公爵小姐那样的人，不贪不嗔、无欲无求，不会因安东·德尔维格而愁思千转，不会因科利亚·吉斯林斯基而柔肠百结，远离图拉，过清心寡欲的生活。阅尽莫斯科的繁华，再要变回从前的自己，为时已晚。谁让他们带我到这里来呢？”

从这些片言只语中可以看出，塔季亚娜学养不凡、思维相当缜密。她会算账、收礼不忘感恩、善于分析个性心理、有自省自悟的精神，其家教之严谨，由此可见一斑。在子女的家庭教育问题上，列夫·托尔斯泰投注的精力、发挥的作用，比女主人索菲娅更大。“父亲在家里的影响力远大于母亲。”塔·利·苏霍金娜—托尔斯塔娅坦承，“我们大家有真切的感受。”

有一次，塔季亚娜走路不慎，在打过蜡的地板上摔了一跤，伤了锁骨。托尔斯泰带她去看外科医生，动手术前一再询问医生会不会留下伤疤。“他担心疤痕过于明显，穿舞会服装有失观瞻……”

塔季亚娜第一次在社交场合露面，是托尔斯泰赤膊上阵亲自引领的。他还在自己的老朋友圈内郑重其事地推出自己的爱女，希望能得到大家的照拂。

细读《一个基督徒的笔记》，我们看到的是托尔斯泰父女关系的另一面。须知这是一部记录俄罗斯民众苦难人生的编年史，内中充斥着穷人无助的呻吟。老无所依、少无所养，饱受贫困与病痛煎熬的人们挣扎在生与死的边缘；小过大惩，到处

① 英国作家夏洛蒂·勃朗特的作品。——作者注

盛行的肉刑和社会对暴力行为的纵容：这些托尔斯泰过去熟视无睹的阴暗面，现在扑入他的视野、压迫他的灵魂，他感到如鲠在喉、不吐不快。

"希金诺的农夫。患有肺结核，咳血20年。"

"失去双手的老农夫叶戈尔的儿媳妇找上门来，说是借用一下马匹。"

"一个农夫酒后砍了别人家的一株榆树，代价是割鼻处罚。"

"科尔平斯基今年12岁。他是长子，家中还有俩小的，一个9岁、另一个6岁。父母双亡。"

"一名驻守希金诺的士兵。正发疟疾，其状堪怜。"

"被大火灼烤过、满脸疤痕的伊万·科尔察诺夫。"

"一位苏达科沃的农妇家中遭了火灾，孩子在火堆里打滚，她没命地逃了出来。想把家里仅剩的东西一揽子卖给我。她家没有马。她家的马让法院的人牵走了。"

"一位农妇带着女儿从希金诺赶来向我求助，路上走了3天。"

"波季万科沃有位兄弟的妹妹生病了，鼻腔严重发炎。"

"萨拉玛索沃一位农夫家的奶牛死了。"

"一位穿着得体的姑娘，腿有些跛，被胞兄狠心赶出了家门。"

"市井商贩一家人毁于火灾。女主人面目全非、孩子不成人形、丈夫几成焦炭……"

以上所摘，仅为《一个基督徒的笔记》一书中的寥寥数例。这部书是人生苦厄的积淀、人性之恶的渊薮，充斥字里行间的血泪与呻吟，令人感慨唏嘘、不忍卒读。托尔斯泰眼里的世界只有贫穷与灾难，他看不到阳光、看不到出路。他悲天悯人的精神，恰如佛教创始人释迦牟尼：年少轻狂之时着意回避人间苦难，而当身边上演的悲剧开始刺痛他的心灵的时候，除了苦难，他已经看不到别的东西。

与此大背景形成强烈反差的，是托尔斯泰的家庭生活。一家人沉浸在欢乐的气氛中，都在为野游做准备。"午餐非常丰盛，除了各样菜肴，还摆上了香槟酒。两个塔妮娅（内妹塔季亚娜·库兹明斯卡娅和女儿塔季亚娜·利沃芙娜）都穿上了节日的盛装。家里的每个孩子都配上了5卢布一条的腰带。饭后大家一齐出发，乘坐着舒适的大马车，在衣衫褴褛、委顿不堪的农夫驾驭的农用车间穿行。"

这一番景象早在托尔斯泰一家人定居雅斯纳雅·波良纳期间就出现过，而非迁居莫斯科之后。不过托尔斯泰不复往日，看待家人的眼光已经悄然发生了变化。“索妮娅又在发脾气。我现在承受能力比以前强多了，但有时候还是难以自制。她的缺点也是她的悲哀，我本当可怜她，跟她这样的人斤斤计较，实在不应该。——跟塔妮娅谈了一早上的教养问题。——他们不是人。”

这位《克莱采奏鸣曲》未来作者对待女人的新态度，在女儿们的身上产生了强烈的反弹。她们正在成长，急切期望有朝一日变成生母、姨母那样的女人。早在雅斯纳雅·波良纳生活期间，托尔斯泰就曾多方着力，试图将妻女教化成佛性十足的大善人。他对家人横挑鼻子竖挑眼，经常挑起家庭内部纷争，并为她们不理解自己的良苦用心而烦恼。

就是这么一家人，现在面对的是莫斯科的生活……

“刺鼻的臭味，随处可见的大小石块，贫富悬殊的城市环境；腐化堕落的生活；潜伏在城中各个角落，不务正业专事抢劫的不法分子；以维持社会治安的名义招兵买马、设立法庭，这些人转而成为消耗民脂民膏的社会蛀虫。穷人除了竟日奔波，靠搓澡擦地板、当脚夫赶马车赚取本来属于他们的财富，借以养家糊口。”

索菲娅·安德烈耶芙娜在杰涅日十字街寻找的住处跟纸糊的摆设有得一比，一脚踏上去，那咯吱咯吱的响声令人胆战心惊。板隔也薄得跟纸一样，隔壁房间的动静，不用竖耳朵也听得一清二楚。考虑到丈夫的实际需要，索菲娅·安德烈耶芙娜特意布置了一间窗户开向院落的独房，作为列夫·托尔斯泰的书房。“这间气派的书房给列夫·尼古拉耶维奇带来了无尽的烦恼。”索菲娅在回忆录中写道，“太大太奢华，他住不惯。”

差不多20年前，当新嫁娘索菲娅首次踏进雅斯纳雅·波良纳庄园的时候，列夫·尼古拉耶维奇的“华居”和四顾寂寥的乡村生活，让她这位生于都市、出入宫廷的富家女子也遽难适应。现在他们夫妻转换了角色，轮到托尔斯泰这位地地道道的乡巴佬坐卧无地、扼腕叹息了。“就为这间屋子的事，我们都闹到摊牌的地步。”索菲娅·安德烈耶芙娜在写给妹妹的信中说，“列沃奇卡声称，我要是真心爱他、设身处地为他着想，就不该给他找这么大的房间。一把椅子值22卢布，换成牛马救穷人的急，足可养活一家人。那么多人受苦受难，他却在这里独享安乐，于心何安！诸如此类的牢骚，他发了真不少。”

“搬到莫斯科后的头两周，我整天只有以泪洗面的份儿。”索菲娅在写给妹妹的另一封信中说，“因为列沃奇卡从早到晚一副萎靡不振的样子，好像对一切都失去了兴趣。他不吃不睡，à la lettre[①]还不时泪洒衣衫，我感觉自己快要发疯了。”

为了照顾个人的工作习惯，列夫·尼古拉耶维奇又以每月6卢布的价格，租下了楔房中的两间小屋。

折腾不小，成效不大。1881年，托尔斯泰问世的唯一作品是《生活的需要》，发表在儿童刊物上。

1881年秋天，托尔斯泰完成短篇小说《他们为什么活着》之后不久，他们莫斯科的家里又添了新丁：第八个孩子（不计夭折）阿列克谢呱呱坠地了。问题是，索菲娅·安德烈耶芙娜根本不想要这个孩子。还在雅斯纳雅·波良纳生活期间，索菲娅就在写给妹妹的信中大发牢骚：“米沙老是吐奶，我烦透了。不幸的是种种蛮像表明，我又怀孕了。”

她累了。丈夫对她不够体贴，根本不考虑她的身体与心理承受能力。他沉迷于转向之后的世界观里，急于在芸芸众生中寻觅他的知音，或者至少不把他当疯子看的人，得到些许共鸣；从嗷嗷待哺的婴儿到念大学的长子、待字闺中的长女，养育大大小小8个孩子的重担，全部压在她一个人肩上。而就在这个时候，托尔斯泰流露出放弃一切个人资产、一切版税收益、一切贵族特权，散尽家财周济穷人、晴耕雨读自食其力的想法。

这不是一句简单的漂亮话。

托尔斯泰1884年间撰写的日记中有全套实施方案：他的家庭导向、他对妻子索菲娅和对子女的未来所做的安排，跃然纸上。下面一段文字就出自托尔斯泰的手笔，为了保证客观公正，引用时未加任何更动，每处删改均在括号内予以注明：

“以后就在雅斯纳雅·波良纳一地生活（首次使用雅斯纳雅·波良纳的收益维持一家人的生计）。萨马尔的收入须在纳租人的监督之下，分发给当地的穷人、资助当地学校；尼科尔斯科耶地方收入的处置办法，可参照此例（土地交付农夫）；自己（只留），包括我们夫妻、孩子一大家口人，只留雅斯纳雅·波良纳的收入，算下来每年大概有2000—3000卢布（只是暂时性的留置，最终目的还是回馈社会。

① 准确地说（法语）。——作者注

除了生活必需品，剩余的一概捐出。另外要身体力行，从生产劳动中发掘人生的乐趣）。已经长大成人的三子女自行决断将来的生活，要么选择养尊处优、靠盘剥萨马尔和尼科尔斯科耶两地穷苦人那点微薄的收成维持生计；要么选择去那里定居、协助当地人办好慈善事业；要么选择跟我们一起生活、帮我们料理家务。对年龄较小的孩子，要教育他们珍惜物力、养成艰苦朴素的生活习惯；学业上更要注重因材施教，科学之外，还需要掌握一技之长。仆役人数要减少，且在教会我们必要的生产生活技能之后，可一并打发。住宿亦须从简，男人共居一室、女人另居一室。脑力劳动要求环境要相对清静一点，可另辟一室；体力劳动集中进行，一屋足矣。再配娱乐养生房一处，供孩子玩耍、病人休息之用。（另）除赡养自家老小之外，教师、仆役、农户均在照顾之列，确保日常用度、医疗、教育之需。复活节期间施粥放饭，穷人来者不拒，跟他们攀谈、给他们书读。生活、饭菜、穿着（文艺、科学等等）均以简单质朴为佳。（身边）所有多余的东西：钢琴、家具、车驾等，全部出售或者送人。科学研究、艺术追求方面不钻牛角尖，以对他人有启迪、能够与大众共享为限。待人务求平等，总督、叫花子，一视同仁。目的只有一个：自己和家人的福祉。对外广行善事于通衢、对内弊衣疏食，这才是幸福完美的人生。"

这已经不再是一个贵族之家，而是一个地地道道的家庭生产公社。对托尔斯泰惊世骇俗的想法，索菲娅·安德烈耶芙娜肯定不会赞同。问题不仅在于她和孩子不可能适应这样的生存条件，而在于她秉承丈夫的旨意、辛苦经营20余年打下的基业，经托尔斯泰大笔一挥，从此烟消云散。面对全新的家庭生活、与一位全新的丈夫朝夕相处、经受从未有过的艰难困苦，结伴而来的，自然还有怄不尽的气、吵不完的架，周而复始、永无宁日……

索菲娅已经身心俱疲，没有精力应对无休无止的麻烦。阿列克谢的降生成为压断骆驼脊梁的最后一根稻草，她彻底崩溃了。还在米沙哺乳期间，她就曾从雅斯纳雅·波良纳向妹妹发过这样一封信："常想插上翅膀飞到你和妈妈的身边、飞到莫斯科，离开我那间暗影幢幢的卧室。每天晚上我都要起夜14次，身子屈成3折俯在新生儿红扑扑的脸蛋旁边。被咬啮的乳头，痛得我死去活来。不过我不会推卸身为人母的责任，我有足够的耐心忍受目前的痛楚，抚养最后一个孩子长大成人。"

索菲娅太乐观了。别说米沙，阿廖沙都不是她的最后一个孩子。瓦涅奇卡降生之后，她的生育历程才告结束。而在瓦涅奇卡之前，还有一女萨莎。此女曾经命悬一线，怀孕期间，不堪重负的索菲娅曾经专程赶赴图拉，找助产士堕胎。事有凑巧，托尔斯泰的“家庭生产公社”，也是这一年出台的。

托尔斯泰夫妇的矛盾已经不再局限于精神层面。志趣大不相投，这仅仅是分歧的一个方面，灾难主要表现在他们南辕北辙的生活节奏。70年代末80年代初的托尔斯泰消极怠惰，活力大减，常发“行尸走肉”之感慨。索菲娅则家事烦冗，加上接连不断地生孩子、哺乳诸多负担，无法静下心来观察丈夫的心理状态、思考这个家庭的发展大势。这段时间托尔斯泰对待妻子儿女的态度也是相当恶劣，他应该为赤裸裸破坏家庭关系的行为感到愧疚；索菲娅觉得她有义务维持家庭现状、捍卫自己及子女应该享有的权益，但她身陷泥淖，难能自拔。

《求索与和解》①

托尔斯泰的家庭相当牢固，断非一朝一夕所可撼动。即便在家庭关系最紧张的1881年，列夫·尼古拉耶维奇也没有想过与家人决裂。

“家庭如血肉，弃之等同自杀，这是人生第二大罪错。”托尔斯泰1881年的日记中如此表述，“家庭是一个机体。弃家人于不顾，侈谈一心侍奉上帝，那便是第三大罪错了。”

总而言之，抛家舍业就是自杀。当然，托尔斯泰发表这一番感慨，其意尚不在没有家人照顾、个人无法生存这个问题上，而在他无法与妻子儿女割裂情感等精神层面上。家庭崩溃与肉体消亡现象不同，影响所及，都意味着灵魂的寂灭。所以，托尔斯泰不想让“死人埋葬死者”。他的家庭不是“死者”，而是他机体的一部分；即便这个家庭已经成了他的累赘、他的病痛，也不能加之斧钺，从他的身上割走。爱之深，责之切，他跟家人之所以发生严重的龃龉摩擦，根源就在这里。

托尔斯泰在莫斯科的行径，乍看似有自相矛盾之嫌。他极力反对私有化，却又于1882年间在莫斯科到处张罗置地建房事宜。沃尔康斯基家那处位于杰涅日十字大街的那幢纸糊的房子，实在住不下去。他要的不是驿站，而是永久的产业，恰如雅

① 小列夫·托尔斯泰伯爵（列夫·利沃维奇·托尔斯泰）的4卷本自传体作品名称。该书连载于《小说月刊》（Ежемесячные сочинения）1902年1—12期。——作者注

斯纳雅·波良纳的老宅一样。

在找到新的落脚点之前，托尔斯泰隔三岔五就往雅斯纳雅·波良纳跑。这也难怪，因为他需要放松，需要体会与家人分道扬镳的可能性。他颠连两地的行为是对家庭牢固性的考验，是探索新的家庭生活模式的尝试。索菲娅倒是很明智，她对丈夫的所作所为采取睁一只眼闭一只眼的态度，不过也没有强作欢颜、曲意逢迎。她给了丈夫carte blanche[①]依据个人意愿，选择适合自己的家庭生活方式的权利。她进退维谷，已经别无选择。

夫妻俩两地分居期间，书信往还颇为频繁，每天至少各写一封。索菲娅的信言辞恳切、极尽款曲，恪尽人妻人母之责。她爱丈夫，爱得毫无保留。她也不喜欢都市的喧嚣，能够与丈夫并肩携手、享受雅斯纳雅·波良纳平静的生活，她求之不得。但她不能为了满足丈夫一人之私欲，牺牲子女的利益。至于他孤身远走、执意到乡下居留，那是他的权利。

“我刚才去了一趟楼下安德留沙（安德烈的昵称——译者注）的房间。孩子做了噩梦，大半夜的惊叫不止。哄完孩子我立在窗前，望着浩渺无际的星空，心里不由得想起了你。当此美好的夜晚，不知道远在雅斯纳雅·波良纳有星空下外出散步习惯的你做何感想。单调孤寂的生活，格格不入的环境，此一刻我真想放声大哭。我感到身心俱疲，也许是过度劳累所致。”

索菲娅的信中对她在莫斯科奔波劳顿之状有翔实的记载。乘车出行、观看草台戏班的演出、上大小剧院、参加舞会及亲友间的日常应酬、招待子女的朋友等，事无巨细，都罗列在案。“周六奥尔苏菲耶夫俱乐部有舞会，周五奥勃良斯卡娅叫我去她家，帮她拣选家人出席舞会的行头。谁穿什么裙子啦、谁穿什么鞋啦，等等。”不过当时她的身体状况并不好，“常感心闷气结”。而一到夜晚，她总是噩梦连连，难以安寝。“昨晚我梦到一位身穿花格裙的妇女，可我并没有害怕。她趿拉着一双鞋，无声无息地走近我的床头。我喝问道：‘你是谁？’她没有回答我，只是扭身钻进了客厅……”

她在信中也提到还在襁褓中的婴儿阿廖沙。“小家伙总是病怏怏的，让人心生怜

① 自由选择权。——译者注

悯。你，还有苏塔耶夫，可能不太在意孩子特别是自己的孩子。但我们这些普通人无法超越本能，用遥不可及的大爱替代亲情之爱。”

她直视家庭矛盾，在信中对自己承受的精神压力“从不讳言”。“我心思烦闷，身体欠佳，感觉人生是如此晦暗。我日日以泪洗面，手边如果有毒药的话，我想我会毫不犹豫地喝下去。我不忍心将自己心头的重荷压到你的肩上，但我也不想虚与委蛇、掩藏心迹。即使你在我的眼前又能怎样，我只有徒增伤悲而已。我无力给你营造安静宁谧的生活环境，你也抚慰不了我心头的伤痕。再见了。”

托尔斯泰的回信“语气平和、态度诚恳”（索菲娅语）。他说，雅斯纳雅·波良纳虽好，但他知道责任所系，他必须回莫斯科，他一直在等消息。“亲爱的，我在雅斯纳雅·波良纳给你写信。阿列克谢·斯捷潘诺维奇的房间很舒适，我这会儿就住在那里……我晚上睡在壁炉上面，身边还有彼得·辛季亚科夫。昨天晚上，玛丽亚·阿法纳谢耶芙娜、阿加菲娅·米哈伊罗芙娜俩人凑一块儿，喝茶聊天，气氛欢畅。最近我骑马转悠、喝咖啡，准备干一点正事，可总是静不下心来——头痛难当，感觉身体非常虚弱。我没有给自己增加负累，平时读一些老Revues[①]、思考一些问题，就这样打发光阴。我闭门谢客，尽情享受那份难得的闲适。我很想重拾秃笔，将自己构想的东西写出来。家里姑妈的房间生火了，天气暖和的时候，我才会搬到自己的房间住。每天早上醒来，我如沐上帝的神光，心情非常舒爽，跟你信中表述的情况一样。”

“不，我没有召你来莫斯科，你想住多久就住多久。”索菲娅·安德烈耶芙娜在回信中辩白，“我一个人承受苦难就行了，何必搭上一个你。需要你的地方太多了，岂能为我一己之私，影响你的生活。如果我生病不能理事了，我会给你发电报的。安享眼前的清静，写你想写的东西吧，不要为我担心。事实上，你在不在这里，对家里人来说没什么两样，无非访客少了许多而已。就算在莫斯科，你也只会添乱，咱们还不是难见一面。再说，我们这里过的是什么日子——从早忙到晚，脑子里一片混乱，有时候还得搭上健康：生活的需要，在这里都成了梦想……再见，亲爱的列沃奇卡，此祝身体健康。你去了哪里？我问的是，那个对

① 滑稽剧（本）。——译者注

我温柔款款的你去了哪里？那个你，好久不见了。再见吧，午夜已过，时近2点，我还有许多事做。”

索菲娅的这封信夹枪带棒、语含讽刺：托尔斯泰的新作，不正是《生活的需要》吗？

索菲娅还旧事重提，在信中提及新环境下孩子游戏娱乐方面存在的问题，虽然她对丈夫的看法了如指掌。

“今天，伊利亚、列利亚去大戏院看戏了，同去的还有科利亚·奥勃良斯基、伊万·米哈伊罗维奇和谢廖沙。列利亚看着看着就哭了起来，据说是因为看到《浮士德》中两个人物决斗的场面，其中一人被杀死，受了刺激。晚上他们看马戏团的表演，凯勒、里亚尔斯基、奥勃良斯基、奥尔苏菲耶夫几家人也都去了，一下子占了5个包厢，队伍十分庞大。明天我带女孩子们和安德留沙看马戏团表演，晚上参加奥勃良斯基家举办的舞会。周六晚上的计划是去里亚尔斯基家，奥尔苏菲耶夫家的晚会取消了。”

索菲娅的下一封信中也屡屡提及舞会：“亲爱的列沃奇卡，我们刚从奥勃良斯基家回来。我很累，不过孩子们个个兴高采烈。塔妮娅今天也跳舞了，一起跳的还有塔妮娅·奥尔苏菲耶娃、里亚尔家的两个女孩、凯勒家的双胞胎——估计有15岁了。老奥尔苏菲耶夫兴致高涨，也钻到场子里凑起了热闹：‘我今天很高兴！……’白天去了马戏团：精彩绝伦的表演，让人叹为观止。尽管我知道低俗的娱乐活动对小孩子有害无益，但是当我瞩目安德留沙那张小脸蛋的时候，还是有一种如沐春风的感觉。小家伙看得很开心，一惊一诧的，小孩子、小马上场的时候还曾不停地鼓掌。”开心事讲完了，自然要诉一段苦：“我得马上搁笔，快3点了。刚给孩子喂过奶，我已经脱衣就寝了。每天都要忙到这个点，才能睡觉。”最后是叮嘱托尔斯泰不要急着返回莫斯科的话语：“在雅斯纳雅·波良纳多留一段时间，好好调养一下身体；有空写点东西，日子过得开心就好。既然天各一方，我们不妨安排好各自的生活。我现在所做的一切，就是给我们——也就是我和孩子——尽力创造一个舒心的生活环境。截至目前，我对这里的生活还不大适应，常有不堪其扰之感。适应陌生需要一个环境，不过任何人都办得到。”

此一阶段索菲娅·安德烈耶芙娜写给丈夫的信，基本上都是这样的口气。孩子们整天乐不可支，她夜以继日地为家事忙，很累不说，连个囫囵觉都睡不上；他偏处一隅享受着清静无为的生活，日子过得有滋有味。事已至此，她倒是乐见其成，不会怨天尤人。不过她没有隐瞒自己的失望，没有掩饰心中的那份伤痛。

她自己都直言不讳地说，她的信含沙射影、态度恶劣。当她自感身陷泥淖、无力自拔的时候，她也曾不止一次地想过离开莫斯科，逃到雅斯纳雅·波良纳，度过一段相对宁静的时光。但她没有这么做，她选择了激流勇进："亲爱的列沃奇卡，我现在并急切盼望你早点归来。这种情况在我这一生中，还是第一次发生。你在信中说星期天或者星期二动身，路途羁留一天，次日应可到达莫斯科。在这里生活的那些日子里，你虽然隐忍未发，但每每念及你受罪的情形，我总有种芒刺在背的感觉。煎熬犹在、心伤难弥，我精神上蒙受的打击，只有上帝知道。如果我的信在你出发前能转递你手，请体谅我的苦衷。平心而论，我真的不希望你这么快就赶回来。恰恰相反。如果你身体无碍且有事可做，何必多此一举，舟车劳顿回莫斯科呢？孩子听话、家事顺遂，这里有我一人足可应付。至于我的精神生活，我手头的事都忙不过来，哪里还有心思动些个闲愁余恨。不过忙一点也好，省得枯坐无聊、面对家中诸多不如意事。我的精神世界与物质世界已经分离。"

在家庭生活的最后一个阶段，索菲娅对丈夫看管得很紧，想方设法将他留在自己的身边。她无法容忍丈夫独自外出，探望女儿女婿都不行，遑论做客切尔特科夫家了。如果托尔斯泰想出国远游，譬如去斯德哥尔摩，她会使出浑身解数进行阻拦。在所有的手段失灵之后，她会祭出最后一招：只要托尔斯泰肯留下来，她愿意舍弃一切包括自己的想法，唯托尔斯泰马首是瞻，住草棚、嚼菜根也在所不惜。可他……还是毅然决然地逃离了家园。托尔斯泰出走之后，索妮娅写给他的信真可谓极尽款曲，声称只要他肯回头，他的一切要求，她无不满足。可他并不买账，这边搁下妻子的来函，那边就逃出了夏莫尔金。

可是，这阵子收到妻子温馨体谅的来信，托尔斯泰本应避开"长女在舞会上跳脱了鞋跟""小儿子看马戏擦伤了手掌"一类莫斯科生活的烦扰，心安理得地在雅斯纳雅·波良纳住下去；可他偏偏没有从其所请，很快便折了回来，并积极介入家庭事务管理，索菲娅的欲擒故纵之术，可谓发挥到了极致。她无意取代丈夫的位置，但她用最微妙的方式给托尔斯泰传递了一条信息：这个家，没有他照样可以过得很好。

不过托尔斯泰的回函也"暗藏机宜"：他在信中屡屡提及阿尔辛尼耶娃，借此打击她的自尊。“今天阿加菲娅·米哈伊罗芙娜谈到你，她的一番话可把我逗乐了。她说，当初我要是娶了阿尔辛尼耶娃，那日子才叫好过，等等。‘她是货真价实的贤内助，你就是撒手不管，家里的事她也能打理得井井有条。做家务、照看孩子，哪一样她干得不出色！你什么心都不用操，坐在那里捋捋胡须就行了。’这话听起来真舒坦。”

总体来看，托尔斯泰这段时间写给妻子的信，都流露出一种阴郁忧闷的心理。乡村虽好，家才是归宿；他清醒地认识到，他不能没有家——甚至不能没有索菲娅·安德烈耶芙娜。

“我离不开你……我现在最迫切的愿望，就是尽快回到你的身边……你说过‘我爱你，可你不需要我’……你想错了，我需要你的。这个世界上能让我心潮澎湃的，只有你的来信。”

托尔斯泰俯首帖耳的回信足以打动妻子的心，但索菲娅对丈夫的成见并没有因此而雪化冰消。她在后续写给托尔斯泰的信中一针见血地指出，他的新思想是导致家庭不和的根本原因：

“你的毛病得治一治了。我说这话只是就事论事，没有丝毫嫌弃你的意思。我的思路非常清晰。你目前的状况真让人心痛，如果你能站在我的立场上认真考量一番我说的话、并且想清楚自己面对的处境和承担的责任，也许你才能找到真正的出路。你内心苦闷彷徨的时间已经很久了，你曾经说过一句话：‘因为没有信仰，我觉得生不如死。’现在呢？现在你有了新的信念，为什么还是那么郁郁寡欢？难道你以前不知道，这个世界上有穷人、有病人、有落难的人、有恶人？睁大眼睛好好看看，世界上同样不缺衣食无忧的人、健康的人、幸福的人、善良的人。让上帝指引你摆脱精神上的苦厄，我一介凡人，即使再想帮助你，也是力不从心。再见，我亲爱的朋友。我唯一能带给你一丝快慰的东西，就是我对你的厚爱和关切；而这些，你现在已经弃如敝屣、没有任何价值了。到底怎么样才能让你解颐释怀？我要是能弄明白就好了。”

不幸的是，托尔斯泰本人也不知道自己需要什么。他清楚地意识到生计的艰难和公正的缺失，但他看不到希望、找不到出路。《忏悔录》没有发表的阵地；没有志同道合的亲友；作为一位视文学创作如生命的人，他又搁笔太久……

索菲娅的生活非常充实：照看孩子，走亲访友，还有异彩纷呈的社交活动可以参加。托尔斯泰偏安一隅，茕茕孑立、形影相吊，日子过得远没有那么精彩。就连最亲近的人，包括近亲属及文学圈内的知音如费特、斯特拉霍夫等，都对托尔斯泰思想的转化诧异莫名。这段时间，他跟自己的精神守护神亚历山德拉·托尔斯塔娅也有了嫌隙。1880年他们在圣彼得堡见面后，言无几句便吵了起来。亚·安·托尔斯塔娅是正统的基督徒，教会的卫道士，她无法容忍托尔斯泰离经叛道的思想和行为。离开大俄罗斯首都之后，列夫·尼古拉耶维奇给她写了一封不冷不热的陈情书："我不日将离开这里，行色匆匆，不及辞行。前番言语冲撞，敬请见谅。如果您觉得我执迷不悟、罪无可逭，我也不敢奢求您的宽恕。在谎言的世界里苟延残喘的人们，一旦意识到必须与习惯决裂，精神上的痛楚在所难免。"

托尔斯泰下一封信中的口气缓和多了。他说，凭她（指亚·安·托尔斯塔娅——译者注）接受的良好教育，"男人"不可能再相信教会施行的那一繁文缛节；"至于女人的看法如何，他就无从得知了。"——他想用曲言婉语向他的守护神示好，寻求姑母的谅解和宽容。

托尔斯泰的长子长女，谢尔盖和塔季亚娜，对父亲的思想观念也不大认同。他们太年轻，繁华都市在他们的眼里就是天堂。另外，谢尔盖也是顺应时代潮流的大学生，崇拜皮萨列夫、车尔尼雪夫斯基，参加同学聚会，散发抗议政府的各种传单等，他已经完全融入了莫斯科的生活。他是个心态积极思想敏锐的知识分子，在他的心目中，只有数学和自然科学才是真正的学问。父亲对大学教育全盘否定的做法，也是他无法接受的。

与长兄谢尔盖相比，塔季亚娜对父亲的态度温和多了。随着年龄渐长，托尔斯泰的女儿们跟父亲的关系相当融洽。她们一个个奉父亲若神明，争先恐后地替父亲做些抄抄写写的工作……出嫁后的情形另当别论。

然而，19世纪80年代初的塔妮娅，对父亲的作品乃至整个世界观均有不同的看法。塔妮娅长大了，她深切地体会到做上流社会的名媛，比恪守父亲惇惇教导他们的那一套清规戒律好多了。

"前不久的一个晚上，爸爸跟妈妈、塔妮娅姨妈起了争执。他逮住我们一家人均在场的机会，把他那套生活哲学搬了出来，好好宣讲了一阵。他声称，节俭是幸福之本源，而财富是步入美好人生的绊脚石——妈妈赶我们回房休息，他却出手将大家拦了下来。我们就那么站着，听他高谈阔论足有一个小时。他说，我们每个人都有玩物丧志的倾向，跟大名鼎鼎的菲菲·多尔戈鲁基一样，把人生最美好的情感倾注在最微不足道的东西诸如一件裙子上面了。我接过话茬说，大道理我全懂，也乐于施行，但我潜意识中视美好的一切如无物，能够打动我的内心的，恰恰是一件新裙子、一顶新帽子……”

“塔妮娅姨妈”（塔·安·库兹明斯卡娅）也不赞成托尔斯泰的观点。作为一代文学大师，特别是《战争与和平》作者的托尔斯泰，她素来敬仰有加，她还是小说主人公娜塔莎·罗斯托娃的原型。80年代，她在这位姐夫的指导下创作出一系列以农村生活为题材的短篇小说，先后发表在《欧洲信使报》上。尽管如此，她的生活习惯及人生态度，还是跟托尔斯泰的新观念格格不入。

“塔妮娅——纯真与感性的化身……”托尔斯泰在1863年的日记中写道；他对内妹的内心世界拿捏得很准，表述也恰如其分，“她一点儿都不可怕，我爱她。”

托尔斯泰与内妹的那些小过节，在雅斯纳雅·波良纳传为笑谈。有一次塔妮娅登门造访，当时正沉溺于动物饲养、造诣堪比正规兽医、并且在家中掀起一股家庭养殖热的托尔斯泰，当下命人在餐桌上放置一把小刀，并在桌腿上绑了一只鸡。“你想吃鸡肉吗？自己动手杀鸡吧！”托尔斯泰给内妹指派了一项极具挑战性的任务。

“塔妮娅姨妈”也不是易与的主儿。小列夫·利沃维奇在自己的回忆录中写道：

“譬如有一天早晨，我们在‘围场’——大门前面的一块空地——上摆着两张苫好的桌子，早餐期间，托尔斯泰、库兹明斯基两家人照例各据一桌用餐。雪白的桌布上摆满各种美味的餐点，厨役络绎不绝地奉上可口的馅饼、热气腾腾的葡萄干夹心面包和脂香四溢的奶酪，咖啡醇厚的气味在清冽的晨风中飘逸。老爷们早就起了床，散完步洗漱完毕，进餐的时间到了。列夫·尼古拉耶维奇也凑了过来……

“‘你们不害臊吗？’列夫·尼古拉耶维奇大声质问道。他将矛头对准‘小姨’，嚷了起来，‘你，塔妮娅，柴草是别人抱的，桌布是别人洗的，大家都忙得团团转，你怎么能四平八稳地坐在这里，只知道坐享其成？’

“‘一点儿都不害臊！’塔妮娅姨妈觍颜回答道，‘忙着喝咖啡呢，我一身不能二用啊！’

“列夫·尼古拉耶维奇无言以对，只顾讪讪地坐下来，喝起他的那杯咖啡。”

在写给索妮娅的信中，库兹明斯卡娅指责姐姐在姐夫面前俯首帖耳，表现太过温顺。索菲娅·安德烈耶芙娜在回信中说："男人案牍劳形、用脑过度，情绪不稳定是正常现象。作为女人应该给予男人最大的理解和支持，为他们提供一个清静宁谧的工作环境。相互体谅，家宅才得安宁、生活方始美满……"

总而言之，托尔斯泰在自己的子女、在"塔妮娅姨妈"面前，就是一个标准的孤家寡人。

那么他在己方亲友圈中的形象如何呢？他的兄长、小妹是否能够做他的后盾？

不。他的家人无论精神、物质两方面的财富乏善可陈，自保已属艰难，所为自然有限。侪辈中的佼佼者"谢廖沙大伯"，谢尔盖·尼古拉耶维奇·托尔斯泰，生活也过得一团糟：跟子女的关系、特别是跟儿子格里沙相处不太融洽，皮拉戈沃庄园长期疏于管理，除了塞道盈途的狼牙狐皮见证他狩猎活动的巨大成就之外，未能给他的家庭带来任何实际收益；他是一个保守主义者，好读《俄罗斯导报》，英国作家的小说是他案头必备的休闲娱乐佳品。为了体味英国文学的精髓，他甚至专门研修了一番英语。他在俄罗斯、茨冈民歌研究方面花了不少工夫，相关造诣相当渊深。列夫·托尔斯泰迁居莫斯科之后，他也曾赶过来凑了一段时间的热闹，还带侄儿谢廖沙去了一趟斯特列尔诺，欣赏茨冈民歌。

"伯父在茨冈人面前拿腔拿调，一副贵族做派。"谢尔盖·利沃维奇·托尔斯泰在回忆录中写道，"著名指挥家费多尔·索卡洛夫是我们年轻人顶礼膜拜的偶像，在他面前，我们总是表现得毕恭毕敬；但伯父对他呼来唤去，态度很是随意。他让乐队演唱古老的民歌，对茨冈歌手的表现极不满意，骂他们数典忘祖连俄罗斯及茨冈民族都唱不了。茨风人唯唯诺诺，对他表现出极大的尊崇；费多尔·索卡洛夫更是使出了浑身解数，以便博得他们眼中这位'大老爷'的欢心。那是一个美妙的夜晚，我第一次真切地感受到了茨冈歌舞的魅力。"

这就是谢尔盖·尼古拉耶维奇的本来面目。托尔斯泰兄弟80年代的书信往还一再表明，这位长兄生计艰难，不得不向几位小弟张口要钱，以敷家用。

"1881年，我们家收入丰厚，生活如日中天。注意我的措辞，我用的词是'家'，而不是'父亲'，因为父亲没有任何个人诉求，他的一切属于整个家庭。至于母亲的日常用度，他从来都不过问。他售出了尼科尔斯科耶的磨坊，作价9500卢布；他还变卖了一部分雅斯纳雅·波良纳的树林（订购），具体款项我记不大清了。此外，他的作品集也赚了一大笔，萨拉瓦耶夫兄弟付给他的版税是25000卢布。”

“小时候我就听人说，伯父持家理财是一把好手。”谢尔盖·利沃维奇回忆，“可我后来发现，事实情况并非如此。他了解当时的社会经济条件，但他不擅经营，缺乏勤谨务实的精神，过日子又奢华侈靡讲究排场……他生性多疑，却又经常怀疑错对象。凡此种种，最终导致他家的处境每况愈下。”在莫斯科苦熬了4个冬天，谢尔盖始终无法融入城市生活，最后不得不打道回府，蛰居皮拉戈沃。个中原委，无非是财力有限，生活无以为继。

“你们衣食无忧，因为你们的爸爸有稿费收入。”谢尔盖·尼古拉耶维奇喜欢在家人面前大放厥词，驳白自己那位著名的小弟弟，“我就不一样了，我的钱来之不易，一个戈比都不敢乱花。管家偷走你们家的1000卢布，你们的爸爸大笔一挥，揭露一番管家的丑态，2000卢布立马到账：净赚1000卢布……我可没有这个本事。”

列夫·托尔斯泰毕其一生，都对他那位英俊潇洒、一派贵族风范的长兄敬佩有加，不过谈到骨肉亲情间应有的支持，他可是丝毫指望不上这位大哥。

小妹玛丽亚也不会再替他张目。婚变加上后来与德·克伦恋情的悲剧性结局，接踵而至的灾难，彻底摧毁了她的精神干城。她一病不起，其时正在理疗师德·索·特里芬诺夫斯基处接受治疗，并与这位“善良质朴、慷慨无私、对上帝心存敬畏”的奇人相处甚为融洽，根本无暇顾及兄长这一头的事务。这位医生以及声名远播的阿尔汉格尔斯克教堂大司祭瓦连京·安菲季亚特罗夫对玛丽亚的影响，托尔斯泰这位当哥哥的难望项背。她跟长兄谢尔盖·尼古拉耶维奇一样，在子女的养育问题上失误多多。她倔强任性、很不安分，无论自家的领地帕克罗夫庄园，还是莫斯科甚或国外，她都安不下心来住一阵子。她想寄居雅斯纳雅·波良纳，可跟女主人索菲娅·安德烈耶芙娜磕磕碰碰、关系始终处不好。她思维敏捷、性情倔强，曾经发生在她身上的一桩险事，就是对她的个性的最好注脚。有一天晚上她走过莫斯科大街，迎面撞上了一个图谋不轨的流氓。她将那个街头混混扯到车灯前面，掀起面纱平静地说：“看看我这张脸，你也许会吓跑的！”每年夏天，雅斯纳雅·波良纳附近别墅的主人常来避暑。这一干人仰慕作家的大名，动辄请求玛丽亚带他们拜望列夫·托尔斯泰。针对此类要求，她的答复相当决绝：“今天他家牵出来展览的不是托尔斯泰，是长尾猴。”尘烟弥漫的世界容不得她那颗高傲的心灵，修道院是她必然的归宿。

由此可见，托尔斯泰在自己的亲友圈中所为有限，能够理解他、给他提供一点支持的，非其妻莫属。

托尔斯泰生前即广为传播的大量有关这位作家的研究性著述中即表达出一种观点，80年代的索菲娅·安德烈耶芙娜对丈夫不够理解。雅斯纳雅·波良纳家宅不宁，剖根究底全是她的错。这个论断有失偏颇。如果说托尔斯泰曾经有过知音，那么这位知音就是他的妻子。他们夫妻的冲突，恰恰源自灵犀互通、各执一端互不相让。

首先，索菲娅·安德烈耶芙娜本身是一位睿智的女性。平心而论，她的智慧不仅高于妹妹塔妮娅、玛丽亚·尼古拉耶芙娜之流，甚至高于亚历山德拉·安德烈耶芙娜·托尔斯塔娅。她是智慧是多方位的，不仅局限于物质层面。托尔斯泰夫妇80年代的信札往来中很少触及思想意识方面的话题，这不是因为他们无话可说，而是因为他们有充分条件当面探讨这些问题，而不是借助笔墨笺札。从雅斯纳雅·波良纳到莫斯科，托尔斯泰夫妇间争纷日盛，人言索菲娅·安德烈耶芙娜抱一己之私，与丈夫分庭抗礼。事关家庭大局，她不可能不权衡利弊、剖析丈夫世界观的嬗变招致的各种后果。后果是灾难性的。她苦心经营大半生的家庭，随着托尔斯泰一念之起，行将土崩瓦解。她面对的是现实威胁、体验到的是切肤之痛，而对于旁观者如亚历山德拉者之流来说，这只是一个考量智慧的过程演绎。

对丈夫意识形态的转化，索菲娅·安德烈耶芙娜有她自己的看法：“可能是我由于太过迟钝，无法体察丈夫的精神境界；他走过多么艰险的心路历程才抵达这样的彼岸，在我完全是一头雾水。但我也没有愚鲁到不明事理、不顾大义追随他的脚步贸然前行的程度。这些缠夹不清的问题，我也没有足够的时间和精力予以深究。”

此外，索菲娅·安德烈耶芙娜对丈夫的意识暗流有足够的了解，这一切就发生在她的眼皮底下。她是托尔斯泰手稿的誊抄者，丈夫的思想透过笔端，星星点点散布在他的作品、日记的字里行间。托尔斯泰知道他写的每一个字都逃不过妻子的法眼，他也无意掩藏自己的心迹。最后尚须留意一点，她对丈夫的身心健康状况也是洞若观火：心态不稳定、肝脏有问题，外加频频发作的头痛病。多年相濡以沫的夫妻，丈夫年事虽高但生理功能尚健，妻子年富力强且籽实离离，婚后一直没有间断生育，她能够体察到丈夫的心理脉动。

妻子借助种种渠道了解和把握丈夫，托尔斯泰对此心照不宣。因此，这一阶段他们夫妻间的往来书信语焉不详，隐语和暗示多于明确的表述。从雅斯纳雅·波良纳发往莫斯科的短札中，60岁的托尔斯泰微言大义，用一丝温情、一抹往事，寄托对妻子的殷殷厚望。

感情基础如此深厚、又有那么多儿女牵绊的夫妻，不管产生了多大的矛盾，双方都会积极寻求解决意见分歧的办法，或迟或早达成妥协，改进夫妻相处之道。

托尔斯泰夫妻关系的理想状态，往往在感时伤别的信函中体现得最为充分。托尔斯泰滞留雅斯纳雅·波良纳和萨马尔省期间，夫妇飞雁传书、往来不绝，仅托尔斯泰一人发出的信，即占个人书信集中独立的两大册。这个分量，也只有弗拉基米尔·格利戈里耶维奇·切尔特科夫差可比拟。

览遍托尔斯泰写给妻子的数百封信，真可谓字字恳切、句句温润。即使1910年离家出走的那一刻，他留给妻子的诀别信措辞也相当委婉，不见片言只字的诘责非难。

“甜蜜的”“亲爱的”“我亲密的朋友”，这是托尔斯泰针对妻子惯常使用的称谓。无论矛盾多么尖锐、冲突多么严重，他从来都没有丧失风度、对妻子恶语相向。

“你是强势的女人，身体健康、精力充沛。”1896年9月26日，托尔斯泰向婚后共同度过34年漫长岁月的索菲娅致函，坦承自己对她的看法，“毋庸讳言，你的个性中存在些小的缺憾，缺少某种完备人格不可或缺的要素。我相信你能意识到这一点，我只是希望在自己的有生之年，看到你幡然省悟的那一天。我的期冀不带任何个人目的，相反，为了求得你我在人世间的共识，我愿意抛却声名、做出牺牲。”

这番肺腑之言表露出很多问题。首先，托尔斯泰相信人生轮回、灵魂不灭，他相信到了另一个世界，他还能看到身后的亲人。这种观念有悖他的信仰，关于精神与肉体同生共死、共同构成生命现象的宗教哲学，让人联想到一度闹得沸沸扬扬的“皈依佛教”事件。其次，托尔斯泰很有预见性，他的断言最后变成了活生生的现实。托尔斯泰死后，索菲娅·安德烈耶芙娜终于认同了丈夫的观点，并将生命的最后数十年时光献给了丈夫的理想。言犹在耳，人已不在，索菲娅的晚年生活并不轻松。

只有在书信交流的过程中，托尔斯解夫妇相互间才表现出最深刻的理解与最宽厚的体谅。风烟散尽，他们的关系和好如初，所有的矛盾争锋都蒙上了一层别样的色彩。

显而易见，托尔斯泰夫妇的观念是完全对立的：他想的是开创全新的未来，她想的是保持往日荣华；他有破釜沉舟的勇气，她有抱本守成的意志；他神往漂泊不定的生活，她注重珍惜波澜不惊的光阴。

两种观念形诸纸端以后，多了几分反思，少了些许戾气，面对面的碰撞产生的火花寂然不见了。

她："每每想到你（其实我一刻都没有停止过想你），我的心就会隐隐作痛。现在的你形容枯槁、精神委顿，给人留下落魄可怜的印象。围绕在你周围的人个个春风得意，你为什么要这样作践自己？"

他："有人乞讨为生，有人苟延残喘，有人身患肺结核，有人躺在床上抽搐，有人殴打妻子，有人抛弃孩子。到处都是苦难、邪恶，而世人以天经地义视之，不为所动。"

她："……你的悲悯心肠，你不无悲剧色彩的处境，我了然于胸。"

他（得到前不久发生在雅斯纳雅·波良纳的一场大火的消息。这场大火累及22户人家，损失惨重）："农夫非常可怜。灾难接踵而至，他们又如何担当……灾后我察看了一番情形，感慨良深——面对满目狼藉的废墟，他们处变不惊、泰然自若，重建家园的勇气和信心，溢于言表。"

她："是的，我们的成长环境不一样，走的不是同条路：你热爱乡村、喜欢村夫野佬、关爱农家孩子、崇尚纯朴自然的人生。只因跟我结成伉俪，你不得不脱离原生态的生存环境。而我生在都市、长在深闺，即便再努力，也不可能跟你一样毫无保留地热爱民众、迷恋乡村……当你气定神闲地步入荒村野陌的时候，我只能望着你的背影喟然叹息，胸中升起一丝丝暗妒幽怨。我知道，此刻你的心已经远远地离开了我。我不是不想跟你形影相随，我是办不到。"

托尔斯泰本来知音寥寥，索菲娅也有可能做不到完全理解。但她是一个好妻子，她不允许任何一个孩子当着自己的面，质疑乃父的人格和作品的价值。"再见，亲爱的列沃奇卡！”她在信中写道，“我让塔妮娅（此处指女儿。——作者注）给你写信，可她说：‘他只写三行字，凭什么让我们三个人给他写回信，每个人还写整整三大页！’我给她做出的答复是：‘他读了我们的信灵感得到激发，可以创作300页的大书，那可是全世界的人梦寐以求的！’吻你！”

“你的善良温厚泽被家里的所有人。”她在寄给丈夫的另一封信中写道，“或者如乌鲁索夫上周六所说：‘你们沐浴着他的阳光，却一个个浑然不觉！’是的，星月之光，怎比太阳。没有你，我们的岁月将在黑暗中度过。”

第一次离家出走

1882年7月14日，莫斯科大区法院资深公证员签署了托尔斯泰提交的一份分期付款购房合同，他以27000卢布的价格买下六品文官伊·亚·阿尔纳乌托夫位于多尔戈—哈莫夫尼卡十字大街的房子。托尔斯泰的外祖父康丝坦丁·伊斯拉文对这处房产颇为中意，极力促成这桩买卖。他经过实地踏勘，对这栋屋宇的优点一一辑录在案：“玫瑰比加菲莎家的花园里更多；草莓、醋栗——无边无际；苹果树足有几十棵，樱桃差不多有30株；李子树有2～3株，覆盆子灌木丛满地都是，中间还夹杂着一些小檗果丛；供水充足，取用非常方便；空气清新，环境也很安静幽雅。闹市中能找到这样的去处，不买还等什么！”

虽然房屋本身简陋陈旧、乏善可陈，但是果繁林深、曲径通幽的花园对托尔斯泰具有无穷的吸引力。这幢始建于1808年的老宅见证了拿破仑大军攻占莫斯科的历史，其之所以没有在那场大火中夷为平地，是因为当时这一地段过于偏僻，疏疏落落的建筑掩藏在高大茂密的林木之间，躲过了纵火者的法眼。另外这幢老宅不通电，这在当时的莫斯科已属罕见。最后还有一大优势，大宅院的篱墙与邻近啤酒厂的砖墙连成一体，坚固耐用。整个社区厂房林立，形成一个相对封闭的生活群落。邻居奥尔苏菲耶夫也不错，良善人家，无可挑剔。

一到每年的夏天，托尔斯泰都会撤离莫斯科，搬到雅斯纳雅·波良纳避暑。这一年的8月发生了一件非同寻常的事，也是索菲娅最不愿看到的事。也许是早有预感，她一直规劝丈夫不要急着回城。只可惜她一番良苦用心，尽皆付诸流水。托尔斯泰起意离家出走，恰在蛰居雅斯纳雅·波良纳期间。

托尔斯泰不适应莫斯科的生活，一到那里就感到身心疲惫、生不如死。他在写给斯特拉霍夫的一封信中说：“我很累，身体也垮了。整整一个冬天我什么也没做，就那么虚掷光阴。我认为大众最需要的东西，事实证明不值一哂。经常想到死。也许死亡才是我目前最迫切的需要……”

就在托尔斯泰夫妇结婚20周年之际，雅斯纳雅·波良纳布满了阴云。索菲娅·安德烈耶芙娜在日记中写道：

“婚后这么多年，列沃奇卡还是第一次从我的身边溜走，留在他那间办公室里过夜。为了一些家庭琐事，我们闹得很不愉快。我指责他不关心孩子，伊柳沙病得那么重，他都撒手不管，也不知道给孩子们准备上衣。矛盾不是出在孩子有没有上衣穿这些问题上，他对我、对孩子日渐疏远，令人无法忍受。他今天高喉咙大嗓门地叫嚣，他有了离家出走的可怕念头，他没法自控。他的宣告冷酷如斯，那一刻我蒙受的剜心之痛，没齿难忘。我祈求上帝早一天结束我的生命，因为失去平生至爱，我已然不想苟活于世。20年的相濡以沫，我对他用情之深，日月可鉴。但我不能当着他的面表明心迹，这是我的自尊、他的自矜都不能容许的。他可以避开俗务纷扰，潜心研究基督教义、修身养性追求自我完善，我除了暗自嫉妒，安能望其项背……头一回被丈夫冷落，我辗转反侧、孤枕难眠。上帝拯救我！我想自杀，我的脑子里一片混乱。挂钟敲响了，已是凌晨4点。他如此绝情，一定是心有所属了。他一整夜弃我于不顾。”

托尔斯泰从“善良慈和”的模范丈夫蜕变为“笼中困兽”，而自信满满的家庭主妇索菲娅一夜间从人生的巅峰坠入低谷，活脱脱一副深闺弃妇的模样。分居两地期间不以为意的小矛盾，共同生活时就会碰撞出火花。如果不是各怀怨尤，区区几件“上衣”，怎么会造成夫妻差一点劳燕分飞的严重后果。不妨站在索菲娅的立场上审视一番“上衣事件”：托尔斯泰在莫斯科的家里又是劈柴又是制作皮鞋，一个男人在家里能做的事，他都做到了。有夫若此，夫复何求？她有必要抓住上衣大做文章、非要闹个水落石出的必要吗？

好在时隔不久，他们夫妻就和解了。索菲娅·安德烈耶芙娜的日记片断见证了这次家庭风暴：“他来了，但我们和好是隔日以后的事。我们俩都哭了，我不无感动地发现，我深夜泣血哀婉的爱情，其实并没有消亡。我永远忘不了那个早晨，长天如镜，清露莹莹，一夜无眠的我在小道上踽踽独行，走向丛林深处的澡堂。我趺坐在冰凉彻骨的池水里，想让那股寒意浸透我的心房，让我就此幸福地死去。但我并没有葬身水底，而是安然无恙地回到自己的卧室里，抱起一见到我就咧嘴憨笑的阿廖沙，心静如水地喂他吃奶。”

索菲娅在这段文字中频频流露出自杀的想法，这个问题值得关注。先是影射“毒药”，后有溺水而亡的联想，自杀性心理取向昭然若揭。无休无止的孕产、乳娘的问题、婴儿病怏怏的及3个孩子的早夭（后续还有2个孩子先后夭折），还有丈夫行事乖张，导致夫妻离心离德，种种不堪之事，无不对她的性格具有不可忽视的影响。但究本溯源，先天因素还是起着决定性的作用。托尔斯泰夫人是爱情极端主义者。她一生笔耕不辍，篇篇日记，包括她少女时代的日记都是她个性的见证。她仇视曾经与丈夫打得火热的每一个女人，幻想将阿克辛尼娅的孩子“撕成碎片”，若非与生俱来的特殊女性心理使然，此等心理很难解释。

“他（指丈夫托尔斯泰。——作者注）以往的行径令人发指，我想我这辈子都不可能原谅他。”

“我的自爱自怜心理过度膨胀，别人一旦对我流露出哪怕一星半点的不信任、不理解，我的精神长堤就会訇然垮塌。我怒火中烧，对一切失去信心。他是怎么对我的，我又何必执着一念，在他的阴影下葬送自己的人生。”

“他吻了我，我觉得他这是逢场作戏。这种情况以前又不是没有出现过。”

“可怜的托尔斯泰四处寻求精神寄托，其目的只有一个：彻底摆脱我的感情束缚。我为什么还苟延残喘，活在这个世上？”

“我独自一个人悄悄地溜出家门，心里那个乐呀，差一点笑了出来。”

“很想逃离家园，跑到某个遥远的角落，以局外人的眼光看看家庭到底意味着什么，然后再折转家门。”

“跟这样的人朝夕相处，要么幸福死，要么羞辱死……没有他的日子，我活得更加轻松。”

“如果他死后我还能一手缔造眼前的生活，我会毫不犹豫地杀了他。”

“今日的列沃奇卡是我们夫妻共同造就的，他是我的生命，我的一切。我毫无保留地爱着他，因为对我来说，这个世界上没有比他更宝贵的东西。”

“他的爱广施天下、遍及一切，而我所求无多，唯望他专情于我。”

“为我而活、为我而思、为我而爱——这才是我的列沃奇卡。”

“我之不幸，在于嫉妒心太强。”

“我像失去理智的疯妇一样号啕大哭，哭完仔细一想，似乎又没什么来由头。但我深知自己的内心，清楚我的泪水流自苦泉。如果列沃奇卡不再像以往那样爱我，别说流泪，我结束生命的可能性都有。”

“在列夫的眼里，我生犹死，他根本不屑一顾。”

“我的人生画上了句号。没有爱情，没有生命力。昨晚一个人跑到花园里，踯躅良久。很想纵身一跳，就此脱离苦海。”

“除了他，还有他从事的一切，我一无所有。”

以上内容书就于托尔斯泰夫妇第一个孩子降生以前。这不是饱经沧桑老于世故的妇女笔下的文字，而是出自年仅18周岁、韶华如诗的索菲娅之手。

她渴望与丈夫长相厮守。“伊柳沙降生之后，我们就开始分居。”索菲娅在1866年的一则日记中写道，“这种情况不应该出现。同处一室，我心里有什么憋屈都能及时发泄出来，不致产生夫妻积怨。可我们现在一到晚上就互不往来，他不找我，我也不找他。”

1882年8月，当妻子以不关心子女为由发难的时候，托尔斯泰是否真的不预家务？且看塔妮娅·托尔斯塔娅的日记：“伊柳沙病情加重。家里打发人去请医生，医生说他得的是伤寒。看完病，他被带到了楼上的阳台间。我当时也生病了，牙龈脓肿。父亲赤膊上阵，亲自给我治病——他用醋、食盐、酒精和麸皮给我熬制了敷剂，治疗效果相当好……有一回我病得不轻，躺在伊柳沙的房间里休息；旁边伊利亚（伊柳沙是伊利亚的昵称，两者同指一人。——译者注）高烧不退，哼哧哼哧直喘粗气。这时候爸爸走了进来，问我们感觉如何，最后说了一句‘真是太好笑了’。爸爸此言一出，我们三个人都哈哈大笑起来。爸爸笑得前仰后合，往那儿一坐没坐稳，差点儿摔到地板上。我笑得那么开心，想一想这辈子都没那么笑过；伊利亚也是乐不可支，早忘了身上的病痛。”

孩子们对父母失和和看法，跟索菲娅日记中表述的观点大相径庭：“那天爸爸妈妈吵架了，为一些琐事闹得很凶。妈妈一迭连声地数落爸爸，说他不问家事，帮不上她一点忙，如此等等。闹到最后爸爸回他的书房睡觉去了，估计是怕妈妈频频起夜看护伊利亚，影响他的休息。时隔不久，他们又重归于好。伊利亚说，他无意间闯进爸爸的书房，看到爸爸妈妈两人相对垂泪，哭得很伤心。现在他们的关系迥异往日，显得那么亲密、友善。爸爸顺着妈妈的意思，口口声声说他要多干家务，做妈妈的好帮手。”

9月10日，托尔斯泰丢下家人，从雅斯纳雅·波良纳赶到莫斯科，修葺哈莫夫尼卡的房子。他整治家宅的热情是如此之高，全家人都觉得不可思议。他事必躬亲，出入苏哈列夫老旧家具市场，专事采购红木家具；他跟建筑工程师打得火热，敲定每间居室的装修方案。借用一句现在流行的说法，他要将老宅整修到“拿上钥匙即可入住”的水平，盘算着给家人来一个“惊喜”！

20年前，当索菲娅第一次踏上雅斯纳雅·波良纳的土地、进入那幢乡间贵族“华居”之后，费尽心力进行了一番改头换面的工作，为其披上一层“资产阶级”的面；现在托尔斯泰所做的一切，很有发扬光大夫人家风的意味。

老宅改建工程也牵动了索菲娅的神经……

“列沃奇卡，读完你的来信，我心下甚是惴惴。根据你的介绍，那房子根本没办法住人，那搬家要等到什么时候啊！想了解一点具体情况，你又语焉不详。上层没收拾好是什么意思？走廊旁边的那两间屋子，还有女孩子的卧室以及厨房怎么样了？你做事茫然无绪，不会为家里的每一个人着想。楼下的房子摆满了家具，人住哪里？家具多是个累赘，留出来的活动空间太过狭小，晚上光线又暗，人住进去磕磕碰碰，难免造成这样那样的损伤。我目前还不好发表意见，也不知道什么时候能来莫斯科；我需要了解细节。”

一应家庭用品，大到马车、小到壁纸，都是托尔斯泰亲自选购的。干家务活他也非常卖力：壁炉转移位置、废旧家具从家里搬到杰列日十字街，也是他一手操办的。显而易见，他急于为家人营造一个安乐窝。他花了整整一个月的时间，新家的改造工程才告完成。“赶在秋季结束前刷完油漆，建筑师提的这个建议真是愚不可及！”索菲娅在信中抱怨，“地板粘糊糊的，东西一掉到上面就是个疤；还有刺鼻的油漆味，简直让人无法忍受。”

10月10日，托尔斯泰一家人终于搬进了莫斯科的新居。乔迁之喜，在塔妮娅·托尔斯塔娅的日记中简直被形容成一个盛大的节日：

“抵达阿尔纳乌托夫家的时候，天色已晚。门廊里光影幢幢，客厅里也亮着灯。晚餐收拾齐整了，捂在罩子下面；餐桌上还摆了水果，像模像样地堆放在盘子里。总之说来，新家给人的第一印象相当好：灯火通明，屋宇宽敞。看得出来，爸爸在收拾新家的时候动了一番心思，效果也相当显著。他苦心孤诣兼顾我们每个人的特殊需求，以他平时大而化之的习惯，这一点尤其令人感动。新房子装修得尽善尽美，里里外外我看不出哪怕一丁点儿破绽。至于我的起居室还有花园，我只能说美不胜收！”

托尔斯泰一家阳光灿烂的日子再一次降临。虽然这个家没有安在雅斯纳雅·波良纳，但气氛上相去无几。奥普尔斯基在《哈莫夫尼卡之家》一书，对托尔斯泰一家在莫斯科的日常生活做过这样的描述：

“托尔斯泰家的早餐时间在中午1点，下午6点一家人共进午餐，晚上9点再加一餐茶点。午餐一般准备12人的座位，靠墙的位置摆一张大餐桌，周围放一圈曲木椅。女主人索菲娅·安德烈耶芙娜背靠墙壁坐在首位，对面长子谢尔盖·利沃维奇、左首小儿子瓦涅奇卡、右首小女儿萨莎。列夫通常情况下坐在瓦涅奇卡旁边，挨在他身边的有2个女儿，依次为塔季亚娜、玛丽亚，4个儿子伊利亚、列夫、米哈伊尔、阿列克谢就坐在对过。不过这家人攒聚一桌吃饭的机会非常少，因为经常有客人在座，不相干的家人只能回避。

“一到开饭时间，先在索菲娅·安德烈耶芙娜面前摆放一只装满肉汤的大盆，左侧再放一摞深底小盘。女主人站着取盘盛汤，由仆人分送给每位就餐人员……日常饮食不备酒，不过餐桌上搁着加满水的长颈玻璃瓶和装有格瓦斯的玻璃罐，口渴的人可以随时取用……”

托尔斯泰变成素食主义者之后，他每餐都要另备饭食：稠粥、杂烩菜、果子羹、糖渍水果……胡桃木餐具柜内，与银质餐具并排摆放着一把咖啡壶，托尔斯泰每天大清早起床后做的第一件事，就是冲泡一壶大麦咖啡，再带上一只咖啡杯、一些锁形面包，折回楼上的办公室里用早点。

托尔斯泰一大家子人凑到一起吃饭，那气氛可是相当的活跃。女出版商拉·亚·古列维奇说：

“他坐在长长的餐桌后面，掉光牙齿的嘴巴费劲地嚼着面包，还不忘嘻嘻哈哈地给大家讲些趣事。那一幕如此温馨、如此感人，我至今记忆犹新……大家相互逗弄打趣，你一言我一语说个不停，年幼的几个孩子扯着嗓子笑个不停；玩到开心处，笑声、争吵声、尖叫声，声震屋瓦……闹到最后，饭桌上难免会迸出一些火星子，这是大家庭固有的常态。”

谁还没有去过哈莫夫尼卡！画家列宾，雕塑家特鲁别茨科伊，作家费特、戈利高里耶维奇、契诃夫、高尔基，哲学家斯特拉霍夫、索洛维耶夫，音乐家鲁宾斯坦、林斯基—科尔萨科夫、阿伦斯基、拉赫曼宁、斯柯里亚宾，都曾是那里的座上宾。托尔斯泰一家的热情好客，给大家留下了深刻的印象。有那么一段时间，保罗·特鲁别茨基、尼古拉·格曾经频频出入托尔斯泰家，前者制作男主人的雕像、后者绘制女主人的画像。索菲娅·安德烈耶芙娜的画像有两幅，正本存放于雅斯纳雅·波良纳，副本悬挂在托尔斯泰夫妇卧室黄缎覆盖的红木沙发上面。这间卧室直通阳台，出口处摆放着女主人的红木写字台。托尔斯泰的《复活》及剧本、文章等大量文字材料，就是索菲娅伏在这张桌子上清抄的。

列宾以一位艺术家的眼光，对索菲娅·安德烈耶芙娜极尽赞誉："她身材高挑，体型丰腴周正，黑色的眸子闪射着熠熠光彩。"

托尔斯泰一家搬入莫斯科新居以后，居住条件有了很大的改善。门厅、餐厅、大小客厅、卧室、托尔斯泰的办公室和手工劳动室（作家制作皮鞋的场所）、游戏室、育婴室、塔妮娅和玛莎的专用起居室一应俱全，女管家、女裁缝、男仆的专用房间尚且不算在内。

主建筑两侧，设有楔房、柴房、清洁工专用房、厨房及凉亭。花园面积不小，森林繁茂。冬季天寒地冻，空旷的院子简直就是天然溜冰场。

饶是如此，托尔斯泰的日子过得几不那么优渥自如。相反，他在此期间撰写的日记，处处流露出身在地狱的感慨。

1882—1883年，托尔斯泰几乎没有动过笔。直至1884年，他才重拾写日记的习惯，开始点滴记录生活琐事。

3月17日。"一大清早，妻子就跟女儿塔妮娅干上了。她们好像在发牢骚，说自己的生活过得很糟糕。"

3月18日。"家里人很多。无处不在的诱惑，令人心神难定。乐器奏出的旋律，歌声，说话声。此情此景，直如一晌欢宴方始散场一般。"

3月23日。"骑马外出。一路寂寞，心情烦闷至极。早餐用过后想跟妻子聊一会儿，可她心里有病，我说什么她都直直地顶了回来，实在没法交流。我钻进了工坊，一做起皮匠活儿，我顿感轻松了许多。做皮鞋磨蹭到10点，我再次找索菲娅拉话。她还是老样子，对我爱理不理的，嫌恶之情溢于言表。我找谢廖沙排遣郁闷，话说得不多，就那么四目相对枯坐了会儿，不过心情似有好转。”

3月24日。“两次试图跟妻子搭话，她都没有理睬我。”

3月31日。“房间里就剩下我和她两个人。她跟我说话了。看样子我言行失检，伤了她的自尊。她一刻不停地数落我，声言凌晨3点她钻进我的办公室，我居然面露不悦，显然是嫌她无端打扰。她的精神状态极不稳定，病得真是不轻。”

4月24日。“我为什么不跟孩子们交流？譬如塔妮娅？谢廖沙笨得不可救药，简直跟他妈有得一比。如果你们俩有朝一日读到这段文字，请原谅我的刻薄。我的情绪好生低落。”

4月26日。“今天去书店，没到站就被赶下了有轨马车。我没零钱，拿出10卢布面值的金币，一车厢的人都不肯跟我兑换。大家都当我是骗子。最后我不得不步行回家，独自一个人吃了午餐……饭后再次上街，买了点软干酪和蜜糖饼，至于为什么买这些东西，也说不出个所以然。当时感觉身子很虚弱，恍恍惚惚如在梦中……返家后跟苏朗夫人（家庭女教师。——作者注）、伊利亚聊了一阵天。伊利亚就本来有话跟我说，我们聊得很愉快。谢谢他。没过多久一家人都涌了进来，我又有了心如死灰的感觉。”

5月3日。“……发现了一封妻子的信。可怜的女人，她竟然那么憎恨我！上帝拯救我！给我十字架，世间最沉重的十字架，让我的肉体在重压下化为齑粉！挥之不去的心理阴影，连年累月的精神折磨，不堪忍受。上帝拯救我！”

5月4日。“上帝，解救我脱离苦厄！沉重的精神负荷，压得我寸步难行。与其苟活人世，不如早求一死。死，对我来说是最好的解脱。”

5月5日。“梦见妻子依然爱我。刹那间我感到身轻如羽、灵魂深处的雾霾一扫而空！梦里无限美好，醒后无迹可寻，我的人生竟然如此惨淡！我已经无心写作，我只想即刻死去！”

5月6日。“满院都是凯思林斯基一家人喋喋不休的说话声。苦闷。想到死。”

春色已深、夏日将至，托尔斯泰一家人一如往常，回到雅斯纳雅·波良纳避暑。不过这一回托尔斯泰郁郁寡欢，情绪并未出现好转。

5月28日。“想让阳光透进内心，过轻松快乐的日子，可我看到的只有阴雨，我的心情异常沉重。什么事到我的手里都是一团糟，我蒙受的打击和内心体验到的痛楚，大到无以复加的地步。我如临深渊、进退维谷，就像疯子掌管的疯人院里一位孤苦无告的正常人。”

1884年6月8日，托尔斯泰外出刈草，干完活又去湖塘里洗了一个澡。经此一番折腾，回家的时候心情大好。这个时候妻子突然向他发难，指责他在萨马尔养的那些马百无一用，不如趁早宰杀了的好。托尔斯泰何尝不想甩掉这个包袱，只是尾大不掉，急切间不好措手而已。索菲娅越吵越凶，夫妻间的一场争辩，渐渐带上了歇斯底里的味道。托尔斯泰踅回自己的办公室，带上那只造访奥普季纳修道院时用过的手提箱，直奔“大路”而去。妻子发现苗头不对，紧赶慢赶截住了他，问他这是要去哪里。他口气生硬地说：“我不知道！也许会去美国，永远不回来！这个家我是待不下去了！”他高声大嗓地喊叫着，眼泪顺着面孔直流下来。索菲娅拿她有孕在身、预产期已经不远为由挽留他，他不仅不为所动，反而加快了脚步，很快消失在丛林遮蔽的远处。

托尔斯泰在赶往图拉方向的那条大路上走了很久，不过最终还是折了回来。“家里两个胡子拉碴的老大人在玩耍！”他在日记中不无讽刺地写道。他径直回到自己的办公室里，躺在沙发上蒙头大睡。凌晨3点钟左右，妻子钻了进来：“原谅我，我好像要生了，说不定就会死在今晚。”当夜，他们的小女儿萨莎呱呱坠地。

这个孩子生得不是时候，父亲不高兴，母亲也不高兴。

第六章

亲爱的朋友

10月31日，托尔斯泰早早离开了夏莫尔金修道院。当天出行的情形，跟3天前逃离雅斯纳雅·波良纳几无差别。

凌晨4点钟，当托尔斯泰叫醒还在酣梦中的萨莎、费奥克利托娃、马科维茨基一干人众时，看到他苍白的面容、他慌张而又果决的神色，都有一种昨日重现的感觉。

“刚到4点钟，列夫·尼古拉耶维奇就闯进来叫醒了我，吩咐赶快准备起行。至于去哪里，他也没有明确的打算。他说他睡了4个小时，醒来后再也阖不上眼，思来想去，觉得还是赶早上的火车离开夏莫尔金比较妥当。跟上回出发前一样，列夫·尼古拉耶维奇自顾伏在桌子上，先后给索菲娅·安德烈耶芙娜、玛丽亚·尼古拉耶芙娜各写了一封信。我起身收拾了一下行囊。15分钟后，托尔斯泰叫醒了亚历山德拉·利沃芙娜和芭芭拉·米哈伊罗芙娜。”这是马科维茨基所做的记录。

同样的前因后果；原班人马；相似的气氛。黎明前最黑暗的时刻，夜色如墨，万籁俱寂。除了这一班雅斯纳雅·波良纳的逃兵，修道院客栈里阒无人迹。托尔斯泰的决定还是那么突兀，甚至在临行的前夜都没有跟自己的妹妹提起。当晚离开修道室的时候，托尔斯泰一再强调，第二天他还会找妹妹聊天。出走的前夜，同样有与农民恳谈房屋租赁事务的一幕，不过前一场是跟农民米哈伊尔·诺维科夫，这次是夏莫尔金村的寡妇阿列娜·霍姆金娜。

最后一个细节，也是大家面对的最根本、最严重的问题：托尔斯泰慌不择路，连下一站去什么地方都没能给大家交代清楚。在雅斯纳雅·波良纳，他没有给家人透露行踪；在夏莫尔金，他又故伎重施，不给他人回旋的余地。

托尔斯泰的前后行为惊人的一致，如何不让人心生疑窦。也许他自己谋定于先，却着意使用突然袭击的方式淆乱视听，以求一击而中，实现裹胁他人的意图。面对晚生后辈故作惊人之语，不解释来龙去脉、不澄清语中原委，这本来是老人惯用的伎俩。托尔斯泰属意做一位性情乖张的老人，他的举动，焉知不是这一心理动机驱使之下的一种尝试？

综观托尔斯泰在夏莫尔金的表现，这样的猜测站不住脚——他的自信心和自持力日渐衰退，从雅斯纳雅·波良纳出走时仅存的那一点镇定，已经荡然无存。索菲娅·安德烈耶芙娜的阴影一直笼罩着托尔斯泰，影响着他的情绪、左右着他的行为，使他求片刻之安宁而不可得。他所做的一切都非出自本意，只是身陷迷局，自己并没有意识到。

索菲娅·安德烈耶芙娜的想法跟丈夫相反：她想拦下托尔斯泰，把他留在自己的身边。不过她的一切努力，招来的却是丈夫的强力反弹：她锲而不舍的追逐，客观上起到了驱赶的作用。如果她当时能够保持冷静，充分考虑丈夫愈挫愈强、绝不屈从于外界压力的天性，她肯定不会犯下那一连串的错误。不过木已成舟，再评价索菲娅的所作所为，既不道德，也没有意义。

心理学家帕·伊·拉斯捷加耶夫在托尔斯泰离家出走后，当下对索菲娅·安德烈耶芙娜的精神状态做了分析。由于观察了解的时间过短，急切间不好遽下结论，拉斯捷加耶夫的措辞非常谨慎。不过结合当时的实际情况，他的话很能说明问题。“她的心理状态很不稳定（歇斯底里症状），不排除在有外部因素的刺激的情况下，短时间内丧失心智的可能性。”

事实就是事实。无论在老家雅斯纳雅·波良纳，还是夏莫尔金，托尔斯泰都对自己的夫人心存畏惧；或者更准确地说，怕她陡然出现在自己的面前。在雅斯纳雅·波良纳的那个惊魂之夜，他内心一直惶惶不安，深恐索菲娅半夜醒来，窥破他的图谋；一路奔逃到夏莫尔金，也是树欲静而风不止，妻子、孩子的来信读得他心惊胆战，他凭直觉知道妻子会追上来。“如果不是我带来的那些惊扰了他，”亚·利·托尔斯塔娅（即萨莎。——译者注）说，“他会一直留在夏莫尔金，因为他已经着手在附近的村落里租房子了。到夏莫尔金修道院的那天晚上，我们坐在姑妈温暖舒适的静修室里聊天，期间父亲一直安静地坐着，一言不发。就在我们聊得热火朝天的时候，父亲突然双手扶住靠椅、霍一下站了起来，三两步跨进隔壁房间。看得出来，无论他做出了什么样的决定，他已经痛下决心。”

萨莎自始至终都坚持一种说法：导致托尔斯泰失去理智、逃离夏莫尔金，罪魁祸首就是家人捎寄的信件。事实上，萨莎对整个事件的演进也起到了推波助澜的作用。明知母亲方寸已乱，与母亲对立情绪严重的她还居间起事，在父亲面前历数母亲的过失，无形中激起了父亲的对抗心理。马科维茨基的日记对那次夜谈有另一番表述。

“亚历山德拉·利沃芙娜说，索菲娅·安德烈耶芙娜准备即日动身追赶列夫·尼古拉耶维奇；她要掘地三尺，不找出丈夫的下落誓不罢休（动用一切社会关系，包括请求总督、《俄罗斯导报》记者帮忙）；早晚有一天，索菲娅·安德烈耶芙娜、安德烈·利沃维奇会来夏莫尔金，等等。”

“列夫·尼古拉耶维奇说，安德烈要是真能来，那再好不过了，正好可以当面劝我们分开居住。眼不见，心安定，这样对大家都好。

“亚历山德拉·利沃芙娜顾虑重重，声言母亲说不定已经上路，天一亮就有可能打上门来。她提议大家早点换地方。列夫·托尔斯泰没有明确表态：

“‘这事还得考虑考虑。夏莫尔金住着很舒心。’

“他还提到租房子的事：

“‘还没有商量好，我暂时不能下定论。’

“恰在这个时候，芭芭拉·米哈伊诺芙娜（费奥克利托娃。——作者注）走了进来，围绕索菲娅·安德烈耶芙娜行为失常、雅斯纳雅·波良纳混乱不堪的现状，喋喋不休地讲个不停。

“从芭芭拉，特别是从亚历山德拉·利沃芙娜的表现上推断，她们确实吃惊不小，情绪到现在还没有稳定下来。

“亚历山德拉·利沃芙娜、芭芭拉·米哈伊诺芙娜认为，托尔斯泰应该接着走，马上走。她（亚历山德拉·利沃芙娜）将自己的旅行箱留在父亲身边，方便次日出发赶5点整发往苏欣尼奇—布良斯克的火车，一路陪护父亲。”

玛丽亚修女跟她的女儿伊丽莎白反对托尔斯泰漫无目的形同流窜的行为。马科维茨基在这件事上持中立态度：他是医生，他的使命是维护托尔斯泰的健康，而不是诊断托尔斯泰的行径。

稍后整理个人笔记的时候，马科维茨基坦承由于自己疏忽大意，在托尔斯泰病发之初措置失当，导致悲剧发生的过失。伊丽莎白·瓦列里亚诺芙娜曾经征询过他的意见，问及舅舅是否“经受得了长途跋涉”，他的回答是：“可以。他只是一时虚弱，很快就会好起来。”

那位夏莫尔金的村妇没能及时对托尔斯泰的租房要求做出肯定性答复，对事态的发展也起到了推动作用。列夫·尼古拉耶维奇好几次向马科维茨基打听房子的事进展如何，最后一次是当天晚上他们一行辞别玛丽亚修女、前往修道院客栈的路上问的。但是“农妇”一直没来找他们。风声有可能已经传到他们那里，她了解到租客的来头（托尔斯泰伯爵本人！），吓得没敢再露头。如果这个推断与事实相符，那么托尔斯泰在夏莫尔金的遭际，就是他与米哈伊尔·诺维科夫商议托付余生那段往事的翻版。

托尔斯泰食之所以食不甘味、寝不安枕，最后抛别妹妹、离开他喜欢并且有足够的证据证明他选好的养老送终之地，根源全在索菲娅·安德烈耶芙娜一人。他为何惧妻如虎，以至于连见她一面的勇气都没有？

有一个细节对了解事实真相很有帮助：末日狂奔，并非托尔斯泰所愿。说他丧失心智、在某种非意志力可控的流浪心理驱使之下，用离家出走逃避或者追随死亡的召唤、重游年轻时羁留过的地方诸如高加索等，在我看来纯属牵强附会。持这种观点的人，对晚年托尔斯泰的精神世界了解太少。他是一个随遇而安的人。他只想拥有一个安详宁静的环境，在不受任何外界干扰的情况下自省自思、参悟宗教，谋求早日随侍上帝，除此之外，别无他求。

他想一直在奥普季纳住下去，想在夏莫尔金颐养天年，想在修道院的客栈里安安静静地度过余生。为了求得最后的栖身之地，他不惜低声下气、以做苦工求得寺院的翼护。他唯一的要求，就是不要强人所难，不要让他装出一副虔诚的东正教徒的模样参与教堂的祈祷、布道活动。他无法追随信众的节奏，唱颂俯仰，施行那一套繁缛的宗教仪式。

托尔斯泰的自我中心主义意识，愈挫愈强、老而弥坚。抱定不屈从于任何外部压力、不向暗影幢幢的人生妥协的态度，自知来日无多的他唯有一个愿望，就是带着一颗赤子之心去见上帝。

他在夏莫尔金商议租赁的房子很简陋，一排两开间，其中一间住着两位妇女，都是寡妇。这家人连一张像样的床都没有，两间屋子装的都是土炕。饶是此等条件，托尔斯泰也欣然接受。看好的房子，“农妇”却迟迟不来带人，托尔斯泰只好暂时栖身修道院的客栈。

离开夏莫尔金的前夕，托尔斯泰曾经给切尔特写过一封信。“我们一路向南走，或许去高加索。其实对我来说，去哪儿都无关紧要。我之所以选择南方，完全出于对萨莎健康方面的考虑，她咳嗽得很厉害。”女儿患有肺病，克里米亚是疗养胜地。她先前曾经在那里养过一段时间的病，身体恢复得很快、效果很好。他们起初做出的选择并不是高加索，而是在客栈内参照《铁路交通图》，经过大家反复权衡后敲定的克里米亚。“虽然做出了去克里米亚的决定，但这个方案半路上被推翻了。”马科维茨基在回忆录中写道，“因为通向那里的道路只有一条，有进退失据之虞。另外那地方还是旅游胜地，托尔斯泰追求的可是离群索居的生活。”

以此看来，托尔斯泰理想的栖身之地——也许就是他人生的终点站——必须满足两个条件：一是“偏僻”；二是“有出路”，一旦索菲娅·安德烈耶芙娜寻踪而至，他还可以继续跑。

妻子的行动，托尔斯泰从何得知？这个问题，他在写给切尔特科夫的最后一封信中也有交代：“目前最要紧的事，就是托人打听清楚雅斯纳雅·波良纳的动静，并随时掌握我的行踪。那边一有风吹草动，马上发电告知，我好及时撤离。我怕见到她。”

这样的措辞，不能不让人心生疑窦：托尔斯泰为什么畏妻如虎，以至于改变赶赴克里米亚这处人间胜境的初衷，单为躲避妻子的追踪，转道荒凉的高加索？

除了精神状态因素外，这里还要注意某些托尔斯泰本性中根深蒂固的东西。不堪外界施加的重压，意味着他忍受不了口角、歇斯底里一类面对面的冲突。妻子稍有不满，他都会退避三舍，更没有面对找茬闹事一类严重的事态的勇气。个中原因，既有生性敏感的成分，也有“逃跑主义”作祟的因素。与其固执己见、与别人分庭抗礼，不如敷衍了事、迁就一时以求心安，这是托尔斯泰一贯的风格。与索菲娅·安德烈耶芙娜朝夕相处的40余年里，他忍让迁就的次数太多，已到了退无可退、无可闪避的地步。还在婚后前15年，当已入壮年的托尔斯泰视年轻妻子如掌上明珠的那段时间，他就曾感叹在他们的夫妻关系上，妻子是强势的一方。随着时光的流转，他在家中的权威也日渐旁落。婚前，雅斯纳雅·波良纳是他的；婚后，庄园的支配权变成了她的。她不仅全权处置领地的收入，还将丈夫截至1881年完成的全部作品的版税揽入囊中（该时间点后的著述收益，由托尔斯泰本人委托切尔特科夫代管）。组建保安队、打点几个儿子的日常用度，这些都需要钱。

在丧失权利的同时，托尔斯泰也卸去了肩头的担子，他从此无责一身轻，可以专心致志从事自己的精神追求。独行弥久，容人之量弥小。渐入老境的托尔斯泰跟所有的哲人一样，容不得任何凡夫俗子——包括最亲近的人——践踏自己的精神家园。他不仅躲避索菲娅·安德烈耶芙娜，还躲避切尔特科夫（或者更准确地说，截断与此人的交流渠道）。但是，针对自己的妻子，他有一样东西割舍不了，那就是他的灵魂。他想将自己的灵魂完完整整地交给上帝。

即在离家出走前夫妻矛盾处于白热化状态的那段时间，托尔斯泰不惜以命相搏，就是不肯将自己的日记拱手让人，这个细节值得关注。

除了个人日记，其余事项托尔斯泰都肯做出让步和牺牲。不管托尔斯泰跑到哪里，夏莫尔金也好，高加索、卢那也好，只要索菲娅·安德烈耶芙娜找上门来，他肯定会乖乖地就范，重回雅斯纳雅·波良纳。妻子只要祭起眼泪、歇斯底里之类百试不爽的武器，尽管内心充满失落，尽管颜面尽失，托尔斯泰也只有举手投降的份儿。个人意志被夺、人身自由受到限制，离家出走的疯老头被追了回来，这对托尔斯泰来说，比暴尸荒野更加可怕。

前一天还在夏莫尔金修道院客栈的时候，托尔斯泰并没有下定向南奔逃的决心。他和女儿萨莎、费奥克利托娃、马科维茨基对照摊放在桌上的一张铁路交通图，讨论最佳逃跑路线。这本出自勃留尔之手名为《铁路、航路及其他交通设施官方指南》的蓝色印刷版地图，对俄罗斯境内的路况作了全面详尽的解析描述，是十月革命前出版的最权威、最流行的地理图册，分夏、冬两个版本，每年4月、10月各重印1次。这部图册价格不菲，软封简装版每册85戈比，硬封精装版每册1卢布。图册开本较小，几可装入大一点的衣服口袋，携带方便；内附折页两幅，摊开后可铺满小书桌，其中一幅涵盖欧洲、南亚、中国广大地域。不过，对于这群亡命天涯的人来说，另一幅折页也许更具参考价值：细节丰富，实用性强。

托尔斯泰一行因通路只有一条、进退失据之故，否定了克里米亚，转而“将目光投向了高加索、利戈夫，在高加索、利戈夫两地间纠缠了好久。”“大家始终拿不定主意，”马科维茨基回忆，“不过首选地定在了利戈夫，因为那里住着列夫·托尔斯泰的一位知音，列·弗·安伦科娃，就在与利戈夫相距28俄里的地方。此地与雅斯纳雅·波良纳相去不远，索菲娅·安德烈耶芙娜完全有可能找上门来……”

有证据表明，萨莎心仪的地方也是利戈夫。马科维茨基回忆：“她将自己的旅行箱留在父亲身边，方便次日出发赶5点整发往苏欣尼奇—布良斯克的火车，一路陪护父亲。”但是萨莎另有一番说法。她说，大家参考地图商量出逃路线的那一晚，就已经决定取道诺沃切尔卡斯克。“众人提议去诺沃切尔卡斯克，先在爱伦娜·谢尔盖耶芙娜·杰尼辛科处落脚，再找伊万·瓦西里耶维奇帮忙办理护照。如果诸事顺遂，直接转道保加利亚，否则前往高加索投奔父亲的知交。”

这些方案一个比一个糟糕。利戈夫方域之地，无法逃避记者和索菲娅·安德烈耶芙娜的追踪。布洛克豪斯词典相关词条对这座县域小城的主要经济技术指标有说明，该城坐落在谢伊姆河岸，与库尔斯克相距60俄里，1895年常住居民计有5000余人。托尔斯泰的拥趸列昂尼娜·弗明尼奇娜·安伦科娃的庄园与县城相距28俄里，托尔斯泰如果想移驾此处，一定能得到主人的热诚欢迎。“多么虔诚的女人！”托尔斯泰对这位地主妇女赞赏有加，曾在一封写给亲友的信中发出这样的感喟。安伦科娃是托尔斯泰家的座上嘉宾，造访莫斯科、雅斯纳雅·波良纳不止一次两次。索菲娅·安德烈耶芙娜不喜欢她，把她打入“心理阴暗”的一类人群。另外，安伦科娃对托尔斯泰的关心，已经超出了普通人际交往的范畴：亲手为托尔斯泰编结暖袜、手绢、毛巾、凉便帽等小物小件，送到雅斯纳雅·波良纳笼络人心，简直是越俎代庖，没把女主人放在眼里。1910年10月，安伦科娃最后一次造访雅斯纳雅·波良纳，对托尔斯泰夫妇间矛盾冲突的严重性有了深刻透辟的认识。回家后不久，她就迫不及待地写信给自己的偶像撑腰打气，鼓励他别临阵退缩、向妻子低头。托尔斯泰投桃报李，以老朋友的口气写了一封情真词切的回函。

投奔列·弗·安伦科娃，这让索菲娅·安德烈耶芙娜情何以堪！不过托尔斯泰并不准备长住安伦科娃家。他只想在此“歇一口气”。如果他们选择苏欣尼奇—布良斯克线，那么终点站只能是基辅——托尔斯泰最不想去的地方。一旦情形有变，他只能走回头路，随时都有跟索菲娅·安德烈耶芙娜碰头的危险。

乘坐苏欣尼奇—布良斯克一线的火车有个弊端：利戈夫不在铁路沿线。勃留尔地图标注的布良斯克—阿尔塔科沃路段有错误，大家当时都未能发现。

还有一个问题：索菲娅·安德烈耶芙娜有可能搭乘当日的火车，从戈尔巴乔沃出发赶往说泽尔斯克。萨莎一再催促父亲即刻起身离开夏莫尔金，就是基于这样的考虑。如果这些顾虑都变成现实，列夫·尼古拉耶维奇一上火车，肯定会跟妻子撞个正着。这个问题严重到什么程度（至少在亡命天涯的人眼里是这样），借马科维茨基日记中的片断描述即见一斑。他们一行早早离开夏莫尔金、踏着夜色赶往科泽尔斯克；显而易见，5点整的那班列车，他们是赶不上了。大家提心吊胆地走了一路，生怕索菲娅·安德烈耶芙娜突然出现在眼前。托尔斯泰一迭连声地催促驿站马车夫，马科维茨基建议打起马车的篷顶，托尔斯泰没有同意（抛头露面满大路跑，他磨不开脸面），医生想出了一个折中方案，吩咐马车夫"如果有人打听车上坐的是谁，千万别正面答复"。

去利戈夫应该取道戈尔巴乔沃（方位在夏莫尔金以东），再转而向南，到奥廖尔—库尔斯克，而不是夏莫尔金以西的苏欣尼奇。按照他们预定的路线跑下去，途经哈尔科夫、辛菲罗波尔等处直抵克里米亚，这是托尔斯泰不愿看到的结果。此外，戈尔巴乔沃不在科泽尔斯克、库尔斯克两地的交通线上，在那里等车就得8个小时。这8个小时不好过，如果索菲娅一路赶来，她从希金诺出发前往科泽尔斯克，戈尔巴乔沃正当其冲。

如此一来，托尔斯泰的奥普季纳、夏莫尔金精神之旅，变成了途经"荒蛮"科泽尔斯克的西向迂回：他们一行必须沿来时所走的路线，从科泽尔斯克返回戈尔巴乔沃。如果可怜的索菲娅·安德烈耶芙娜寻踪而至，撞脸是不可避免的。

在恐惧心理的驱使之下，托尔斯泰慌不择路，只求摆脱妻子的纠缠。他参照列车时刻表选择的逃跑路线，从地理角度看是最迂回曲折、最不合理的：科泽尔斯克—戈尔巴乔沃—沃罗涅日—诺沃切尔卡斯克。

左右托尔斯泰个人行为的，不是他对高加索的情感，而是铁路延伸的方向。他之所以选择横穿茫茫顿河大草原迤逦南行，完全是因为没有第二条路可走。

所以，每每读到托尔斯泰的人生之旅结束在"被上帝遗忘的火车小站"事件，不由人不于悲悯之中生出几分滑稽之感。阿斯塔波沃不是"被上帝遗忘的火车小站"，而是连结唐科夫与拉嫩伯格两线的交通枢纽。如果托尔斯泰的疾病发作态势没有那么迅猛，如果一行人中途没有下车，那么大家就有可能一路走过戈尔巴乔沃、唐科夫、阿斯塔波沃、博戈雅乌林斯克、科兹洛夫、格里亚济、格拉夫斯卡、沃罗涅日，然后在一望无际的大草原上辗转千里，直抵哥萨克人聚居地——米列罗沃。

东方——意蕴深远的地方……

并非沙漠

前一章我们就曾谈到，在追求理想的道路上，托尔斯泰并不孤独。这个说法有失笼统。托尔斯泰感觉自己就是一个孤家寡人：遍观身边亲友，没人理解他、支持他。“……你想象不到我是多么孤独，想象不到家人多么鄙视我，想象不到现实生活中的我是什么样子。”1882年，他曾经写信向一位素昧平生的年轻人——米哈伊尔·恩格尔哈特吐露心声，因为此人曾经对他的处境表示过同情。事实上，从1881年迁居莫斯科之后，托尔斯泰的身边就不缺追随者：虽然不全是“托尔斯泰主义者”，但至少信念相近、声气相投。

鲁缅采夫博物馆图书管理员尼·费·费多罗夫，就是托尔斯泰众多往来朋友中的一位。这位托尔斯泰的同龄人一年四季就那一身短打，加上身形瘦削矮小，看上去就是一位行将就木的干巴老头。此君是彻底的禁欲主义者，享有“莫斯科的苏格拉底”之美誉：住在博物馆狭小的房间内，睡的是光床板，那套短大衣白天穿、晚上盖，被褥都省了。作为图书馆长，他收入不菲，但他的薪水几乎全花在了购置图书充实馆藏、周济穷人上。他生性腼腆、行为拘谨，但在个人专注的领域，他当仁不让：捍卫世界文化，特别是纸上文化，他有敢为天下先的勇气。托尔斯泰的儿子伊利亚·利沃维奇对这位老人敬重有加，声言“如果这个世界上有圣人，此人当在其列”。

尼古拉·费多罗夫是一位杰出的思想家，身后出版的学术著作《实务哲学》[①]一书，编纂者便是曾任托尔斯泰主办的雅斯纳雅·波良纳乡村学校教师的彼得森。他的哲学思想流传甚广，对齐奥尔科夫斯基、韦尔纳茨基、齐热夫斯基等后学同仁，以及20世纪20—30年代的苏联作家安德烈·普拉东诺夫、弗拉基米尔·马雅可夫斯基诸人的世界观均产生了深刻影响。他主张运用现代科技手段起死肌骨，让所有长眠地下的“前辈”重返人间。他那一套说教，在他生前即被证明是违反科学精神的乌托邦式幻想。不过现代克隆技术的滥觞，证明他的理论并非信口雌黄。死人复活，地球岂不人满为患？不要担心，这位哲人成竹在胸，早已想好了解决问题的办法：开发宇宙空间，迁居其他星球。这样的思想在19世纪末期尚属阳春白雪，和

---

① 《философией общего дела.》——译者注

者甚寡，世人目之如痴人说梦，也就不足为奇了。

托尔斯泰第一次见尼·费·费多罗夫是在1878年。其时他为了搜集整理十二月党人的史料，经常光顾鲁缅采夫图书馆。1881年10月，在滞留莫斯科1个月之后（“……这是我一生中经受精神煎熬至为深重的一段时间”——托尔斯泰在日记中如此表述），他们又见面了。其时，费多罗夫在托尔斯泰的眼中，已与此前判若两人。“尼古拉·费达内奇[①]是一个神圣的人。”托尔斯泰在10月5日的日记中写道，“斗室陋居，一无所求，堪称道德楷模、人性典范！他没有衬衣、没有被褥，甚至连那点薪酬都不想领取。”

托尔斯泰对费多罗夫的品质赞佩有加，但“复活论”与他的世界观相去太远，他无法认同《实务哲学》中表达的思想。他追求的是纯粹的精神天堂；心外的世界，于他形同虚设。费多罗夫吸引他的地方，即在至纯至真的基督徒精神。托尔斯泰是精神自我中心主义者，而费多罗夫是乌托邦信念的践行者。对托尔斯泰来说，绕过上帝的意志为死人招魂、让那些长眠地下的罪恶之躯重获生命并行走于天地之间，这样的想法不仅离奇怪诞，且有违上帝之法、人间正道。在“实务”概念的界定上，两人的意见也有分歧。托尔斯泰认为“实务”就是人类改造和利用大自然的活动，活动主体非农民莫属；费多罗夫则认为主观意识高于客观存在，他看重的是精神追求。

费多罗夫对《战争与和平》一书推崇备至，个中原因是什么？“托尔斯泰聚全力于笔端，以一部《战争与和平》重现昔哲先贤鲜活的灵魂。”他的评价充满溢美之词，“他那一支如椽巨笔，确有活死人而肌白骨的魅力——当然仅限于纸端。”得缘结识神交已久的作者，费多罗夫即便不敢指望这位文豪继承他的衣钵，但对他发挥前作之神韵、借助栩栩如生的文学形象“复活”列祖列宗抱有幻想。“只要跟父亲凑到一起，他就会鼓动如簧之舌，劝父亲弘扬他那一套说教。”列夫·托尔斯泰的长子谢尔盖·利沃维奇在回忆录中写道，“他表达个人意见总是很直接，口气不容置辩。当父亲基于信仰差异婉拒他的要求之后，他倍感失望，委屈、怨愤之情溢于言表。父亲不合作的态度，是他不能理解、也无法原谅的。”

① 费达内奇：费多罗夫的爱称。——译者注

此一阶段的托尔斯泰创作方向发生了转化，历史题材已经淡出了他的视野，他在写给妻子的信中首度谈起兴趣的迁移，声称充满“诗情画意”的现实题材才能激发他的创作冲动。另外，托尔斯泰案牍劳形，日久生厌，无心检索浩若烟海的档案资料。有次造访鲁缅采夫图书馆，费多罗夫带他直奔书库，让他随意挑选需要的书籍。透过藏书室的玻璃门，看着那一排排高大书架上码放得整整齐齐的书籍，托尔斯泰不禁暗自唏嘘：

“唉，要是有一枚炸弹就好了！”

托尔斯泰妄发厥论，听得费多罗夫目瞪口呆。据与两位老人均有过从的朋友指称，“费多罗夫性本善良且温文有礼，这一回却表现得风度全失。他怒火中烧，对托尔斯泰百般指责之余，几至跳脚大骂。”

两位老人之间的嫌隙越来越大，托尔斯泰《论饥荒》一文的问世犹如一枚重磅炸弹，最终导致分道扬镳的结局。这篇文章未能通过俄罗斯书报检察机关的审查，故此不能在本土印行，而后刊发在1892年1月14日的英国《每日电讯报》上。在1891—1892年间那场席卷俄罗斯的大饥馑，列夫·托尔斯泰及其长子谢尔盖·利沃维奇均曾投身赈灾活动。《论饥荒》感时而作，内中充斥着饥民背井离乡、枕街仆道诸情状，言辞本已极尽严苛，英译本又平添了几分反政府色彩，无异离经叛道的宣言，而非为民请命的檄文。联想到“炸弹”之类无心之言，费多罗夫认为托尔斯泰有鼓动民众犯上作乱的嫌疑。鲁缅采夫图书馆手稿部负责人格·巴·格奥尔基耶夫斯基是费多罗夫、托尔斯泰关系全面恶化的见证人，他详细记录了两人在《论饥荒》一文见报后首次见面的情景：

“费多罗夫两只眼睛定定地盯着快步走近的托尔斯泰，用近乎质问的口气打了一声招呼：‘您来这里有何贵干？’

“‘等等，我们先问个好吧！’托尔斯泰兴致勃勃地嚷着，‘咱们好久没见面了！’

“‘我可不想握您的手。’费多罗夫冷冷地说，‘你我之间已经无话可说。’

“费多罗夫瑟瑟发抖的双手背在身后，自顾转身踱向走廊的另一头。显而易见，他有意闪避托尔斯泰，不想与此人走得太近。

“费多罗夫，您这是怎么了？”听得出来，托尔斯泰的情绪也受到了影响，口气不大镇定。

“‘《每日电信报上》发表的那篇文章是你写的吗？’

“‘对，是我写的。’”

“‘您的文章倾向性有没有偏差，您想把读者引向何方，这些问题您想过吗？不，您我之间天差地别，您可以走人了。’

“‘尼古拉·费多罗维奇，我们年纪都这么大了，有什么看不开的……’

“尼古拉·费多罗维奇不为所动，托尔斯泰也恼了，扭头就走……”

尽管存在意见分歧和观念差异，托尔斯泰对费多罗夫的个人感情可是丝毫未受影响。在写给友人的信中提及这位朋友，他使用的是“亲爱的”“难忘的”之类字眼，声称对其“素怀敬意”。

托尔斯泰1881年间结识的另外一位值得一提的人物是瓦西里·基里洛维奇·苏塔耶夫。这位宗教派别主义者兼民间哲学家是首位频频造访托尔斯泰新近购置的莫斯科家宅的“阴暗人物”，也是彻底改变托尔斯泰家风的关键人物。尽管索菲娅·安德烈耶芙娜万般不悦，但即使没有外人干预，相对宁静祥和的家庭生活，也已经一去不返了。

与费多罗夫不同，苏塔耶夫与托尔斯泰不仅观念相通，社会实践方面更是托尔斯泰的导师，两人堪称志同道合。

关于苏塔耶夫这位特维尔省新托什县地地道道的农夫，俄罗斯宗教史家、派别主义研究者亚·斯·普鲁加文曾有提及：“1880年，一份名口《特维尔信使报》的刊物上发表了一则通告，宣布以创始人——谢维林村的农夫瓦西里·基里洛维奇·苏塔耶夫命名的新托什县东正教派成立。”

普鲁加文不辞辛劳，亲赴特维尔省会了解新教派情况、参谒领军人物。他对那位精神领袖有如下描述：

“……他55岁年纪，身量矮小、体质虚弱，穿着一身破旧的窄袖粗呢长外套，脚蹬一双笨重变形的长筒靴，蓝色条纹长裤依稀可辨。他的手里捏着一顶制帽，城市劳工常戴的那一种……一头非红非棕、与众不同的头发抹在前凸的额际，乱蓬蓬湿漉漉的，似乎总是浸泡在流不尽的汗水里。他面容清癯、两颊泛着潮红，尖削的小鼻子下端鼻翼处，两道深深的法令纹顺着嘴角蜿蜒而下，没入那撮同样分不清是红是棕的山羊胡须。”

这么一副难登大雅之堂的尊容，当然很难入城市知识分子的法眼。比农夫还农夫、比工匠还工匠，讲究品位的人谁愿与之为伍？

这种类型的人，在当时的俄罗斯文化圈中并非绝无仅有。另有一位教派研究工作者——马·瓦·穆拉托夫，也曾触及此类人物，并将其归入“民间知识分子”范畴。“认为俄罗斯人是一个整体，这是偏见和误解。准确地说，俄罗斯是两类人群的熔炉：一方是俄罗斯上层社会，另一方是农夫和劳工。两大群体风俗习惯不同，思想观念各异，甚至连日常使用的语言也鲜有共同之处：最简单的报刊文章，普通农民都看不懂，这仅仅是问题的一面；另一面是：每一类社会群体都有自己的代言人。他们是知识分子，是自由斗士，是先烈和英雄，他们毕其一生，为自己代表的社会阶层奔走呼号。”

1876年，有人告发苏塔耶夫违反教规，没有给自己的孙子施行洗礼，苏塔耶夫因此惹上了官司。苏塔耶夫在讯问中辩称：“《圣经》上说得很清楚：‘忏悔吧，每一位信众都将受洗。’小孩子不知忏悔为何物，阖言受洗？”参与审判的民事法官之一是著名无政府主义者米哈伊尔·巴枯宁的弟弟——亚·亚·巴枯宁。巴枯宁家族的领地，普利亚穆欣诺，恰好也位于新托什县。分属“平民”“贵族”两大不同营垒的人物分庭抗礼，自然精彩迭出。

苏塔耶夫认为，生活比信仰更重要。“生活需要打理”“生存法则需要恪守”“人与人应该和谐共存、不能相互危害”——这就是他初见亚·斯·普鲁加文之时大肆宣扬的“上帝之法”。

苏塔耶夫不是普通的教派主义者。穆拉托夫说，一般教派主义者“宠辱不惊、喜怒不形于色”，“他们讲究自我节制，表达宗教情怀的方式雍容有度……他们谨言慎行，不发虚妄之论；说什么、什么时候说，都能拿捏得恰到好处。他们志存高远、心静如水。”

苏塔耶夫是“狂热的”教派主义者。“宗教狂热分子对信仰的执着没有边界，臆想与现实在他们的头脑中相互裹胁、浑然一体，生活对于他们来说，就是灵修的延续……”

“追求真理吧，亚历山大！”送别普鲁加文的时候，苏塔耶夫激情澎湃地说，“追求真理吧！能让全天下人过上幸福日子的道理，才是真理！一路探求，直到上帝的荣光在我们身边闪现！”

“一切皆在你心，一切皆在当下！”列夫·托尔斯泰当时正为不得上帝之门而入、找不到与上帝交流的渠道而烦恼，苏塔耶夫“上帝常驻人心”的理念恰好解开了他的心结，故而引起了他的强烈共鸣。

托尔斯泰1881年7月旅居萨马尔省，期间结识了亚·斯·普鲁加文，听他首提苏塔耶夫的名字。普鲁加文向他讲起一位了不起的农夫，此人宣讲“天下苍生本一家、无分种族皆兄弟”的大同理想。托尔斯泰说：“这一切听起来那么美好，我结识这位奇人的愿望那么强烈，几至迫不及待的地步。”而他在写给妻子的信中语气有所淡化，措辞笼统了许多：“这个世界上不乏有智慧、讲气节的人。”

当年9月末，托尔斯泰专程赶赴特维尔省，以求与苏塔耶夫一晤。也许是冥冥中早有定数，托尔斯泰中途去了一趟普利亚穆欣诺，顺路捎带上苏塔耶夫案主审法官之一的亚历山大·巴枯宁。托尔斯泰与巴枯宁三兄弟素有来往，巴维尔（作家）、亚历山大是他塞瓦斯托波尔服役期间的战友，而他与米哈伊尔的交情亦非泛泛：当这位无政府主义领军人物逃离西伯利亚流放地，只身潜往巴黎之后，托尔斯泰先行示好，专门购买香槟、牡蛎款待他；德累斯顿大暴动期间，托尔斯泰还为他支着儿，让他将拉斐尔绘制的圣母像悬上城头，料定政府军投鼠忌器，不会炮轰圣教的象征。

苏塔耶夫和他主导的家居生活模式，给托尔斯泰留下了深刻的印象。托尔斯泰1884年描绘的以家庭为单位的群居生活愿景，毫无疑问受了1881年所见所闻的影响。

苏塔耶夫拥有一个成员众多的大家庭。在这个家庭里，谁都没有特权、谁都没有私产。一物一件，大家共有共享，连老太太的针线盒都不例外。苏塔耶夫的妻子头上裹着一块方帕，托尔斯泰伯爵问她：“这块头巾总是您自己的吧？”“不是。这块头巾是老妈的，我的不知道谁拿去用了。”苏塔耶夫带托尔斯泰去看自己的女婿，一位退伍军人。“大婚之日，我给他们交代了一番如何安排婚后生活的问题，这样就算举办了婚礼。一等到天黑下来，我们给新人安排了一间卧室，简简单单收拾了一下床铺，他们就熄灯就寝了。”苏塔耶夫说。

苏塔耶夫一家人不相信神灵，家里不摆任何圣像圣物，平时也不上教堂。丧葬也不讲什么礼仪，但凡有亲人去世，随便找个地方，草草掩埋掉遗体就算完事了。“大家都说，人死了就应该归葬墓地，那块地方是神圣的，乱葬是亵渎死者灵魂的行为。其实这种观念大谬不然。大地是一个整体，没有哪块地方不是神圣的。”此前他曾经为自己划定墓穴，还私开了一间商店。不过后来他关闭了店面，将销售收入分发给了众人，还主动销毁了赊账记录。

苏塔耶夫反对土地私有制，反对战争，反对一切导致人类分裂的东西。共有及共享土地资源，共同劳动，这才是他理想中的“大同社会”。地主应该把自己名下的土地分发给穷人，而知恩图报的穷人也应该宽宥、接纳地主。苏塔耶夫是彻底的基督教共产主义者，托尔斯泰后来向斯托雷提交的社会改良框架建议，实际上就是苏塔耶夫信条的翻版。他之所以全盘接受苏塔耶夫的那一套宣教，是因为他抱定了一个信念：爱是社会文明发展进步的动力。苏塔耶夫否定宣誓效忠一类行动的意义，有人对此提出质疑：“如果大家都没有誓死效忠的精神，土耳其人打过来怎么办？”“当我们的社会不再有爱的时候，土耳其人才会打进来。到那个时候，我们可以和土耳其人一起构建充满爱与美好的新社会。”

我们看到，托尔斯泰的理念体系始终没有脱离苏塔耶夫铸就的窠臼。以恶制恶，则恶必倡；以德报怨，则善必行。上帝以爱化民，推拒爱的感召，便是逆天而行。

令托尔斯泰大惑不解的是，他历经精神磨难最后才认识清楚的人生真谛，从其貌不扬的特维尔老农民嘴里说出来，竟然如此简单明了，恰似日月经天、江河泻地，俯仰间意蕴尽显。而最主要的是，托尔斯泰自19世纪80年代初即开始苦苦寻觅标本式俄罗斯农夫，现在他终于如愿以偿：苏塔耶夫正是他要找的人。城市生活、乡村地主的奢华，在他的眼里就是罪恶的渊薮。他希望从底层民众中发掘薪火相传的真理，找到俄罗斯民族的灵魂。

1882年1月末，苏塔耶夫回访莫斯科，在托尔斯泰位于杰列日大街的家里做过短暂逗留。他不仅以自己独到的见解、更以独到的穿着打扮引来大批上流社会人士的围观，莫斯科掀起了一场真正的“苏塔耶夫热”，阿方索书画沙龙、库兹涅佐夫大桥，到处都在摆卖他的照片，大名鼎鼎的列宾亲自捉刀为他绘制了肖像画：《教派分子》。这幅画在托尔斯泰的鼎力举荐下，最后由巴维尔·特季来科夫购得。列夫·托尔斯泰的妹妹玛丽亚·尼古拉耶芙娜也对此人产生了深厚的兴趣，甚至不止一次约见过他。

这段时间托尔斯泰一直致力于社会公益事业，与莫斯科各阶层人士保持密切的书信联络。他卜居滨河大道与尼科尔间最大的一幢房子，活动之余专门撰写了一篇文章《莫斯科信札》，号召全社会关注穷苦人的生活，广施善举，解生民于危难之中。在扶危济困方面苏塔耶夫有自己的一套，他并不认同托尔斯泰的做法。

“赡养比救济更直接。我并不富裕，但家里养着2个穷人，准备再收容20个左右。我已经这么做了，你完全做得到。带他们一起劳动，与他们同吃同住。你所做的一切，他们看在眼里；你所说的一切，他们记在心里：这才是真正的慈善。”

对于索菲娅·安德烈耶芙娜来说，苏塔耶夫是个不受人待见的怪物，这一点自不待言。这段时间托尔斯泰频频外出，被她打上了“黑人”标签的各色人等麇集檐下，搅得她整日恓恓惶惶、坐卧不宁。

她为什么看不惯这些人？她的“黑人”定义从何而来？

“这些人在我看来是彻头彻尾的黑人。”索菲娅·安德烈耶芙娜在加快录中写道，“他们的过去无人知晓，他们是哪里人、叫什么名字、父母是何方神圣，他们到处流浪究竟想干什么，这些只有天知道。我们一家人的生活深受这些人的打扰，我怕他们，不得不选择逃避。”

可是托尔斯泰并不缺少追随者，譬如弗拉基米尔·费多罗维奇·奥尔洛夫。其人来自弗拉基米尔省，曾以“涅查耶夫分子”之名入狱服刑两年，后无罪释放，父亲是一位乡村神甫。弗拉基米尔·奥尔洛夫执教于莫斯科郊区一所铁路学校，与托尔斯泰志趣相投、阅读范围也大致相同。他个性坚毅、甘贫乐道，虽然俄罗斯民族的痼疾——酗酒——也体现在他的身上，但托尔斯泰不以为意。他曾多次造访托尔斯泰并在主人的家里留宿，托尔斯泰在日记中写道：他亲自为客人收拾床铺、递送夜壶，兴奋之情溢于言表。这么高规格的待遇，若非同胞兄弟，若非出于虔诚的教徒情怀，安敢望之！托尔斯泰此举，正可谓“亲者仇、自己快”，他根本没想到有什么不得体的地方。

托尔斯泰的近交还包括他的家庭教师，瓦西里·伊万诺维奇·阿列克谢耶夫。此人身后留有一部回忆录，对研究托尔斯泰生平良有裨益。

跟托尔斯泰关系最密切的时人，乃是被谢尔盖·利沃维奇（列夫·托尔斯泰之子）冠以“首席托尔斯泰主义者”之名的列昂尼德·德米特里耶维奇·乌鲁索夫公爵。乌鲁索夫可不是“黑人”，他是托尔斯泰家的嘉宾上客，图拉省的副省长。索菲娅·安德烈耶芙娜跟此人的关系也颇为投契，她的小说《谁之过？》中一个重要角色的原型，就是这位公爵。乌鲁索夫对托尔斯泰的宗教著述激赏有加，亲自执笔将《我的信仰是什么?》译成法文并协调巴黎方面出版发行。“公爵是个很有爱心的人，不仅宠爱孩子，对个人也很友善。”这是索菲娅·安德烈耶芙娜对乌鲁索夫的评价。

托尔斯泰，不可理喻的人

托尔斯泰思想巨变发生的前夜，他的妻子做了一个梦。梦境非常可怕，她曾经向亚历山德拉讲起过这件事：

“她梦见自己站在救世主大教堂的前面，见证了耶稣受难的那一刻。她看到教堂大门前竖着一具巨大的十字架，活生生的耶稣基督就钉在上面……那具十字架突然动了起来，围绕教堂大墙走了3圈，最后停在了她的眼前……救苦救难的耶稣注视着她，抬手指向教堂的顶脊。这时她赫然发现，那里已然出现了一具十字架，在阳光下闪射着熠熠金辉。”

“最近老是跟列沃奇卡争吵，我甚至动过一走了之的念头。”索菲娅跟妹妹塔妮娅诉苦，“这可能与他奉行基督徒的生活有关。我倒是觉得，以前那种随性率意的生活，比现在要好得多。”透过这段话，索菲娅·安德烈耶芙娜的宗教观表露无遗：清规戒律，不要也罢!

如果认为索菲娅对丈夫的宗教信仰问题漠不关心，那就太过武断了。她生于东正教家庭，父亲又是御医，自幼饱受宫廷文化熏陶，耳濡目染，信仰的基础还是相当坚实牢固的。在索菲娅看来，19世纪的东正教是沙皇政权与宗教相互结合的产物。故此托尔斯泰离经叛道的言行犹如洪水猛兽，为祸之大，岂是目无圣灵却能效忠皇室者所可比。

很长一段时间内，索菲娅都力避与丈夫发生正面冲突，即使在写给与自己心心相印的妹妹的信件中，她都对家庭矛盾讳莫如深。“列沃奇卡情绪稳定，一有空就伏案写作，工作非常勤谨。他时不时发表一些攻击城市环境氛围、诋毁贵族生活方式的言论，这让我感到非常难堪。但我知道这一切都是必然的，因为他是先进分子，是站在时代前列、指引民众前进方向的人物。而我只是芸芸众生中最普通的一员，只能循着他那样的人物留下的足迹，跌跌撞撞地前进。我很想跟上他的步伐，但是我一直负重难行。环境的倾轧、个人生活习惯等，无时不在拖我的后腿，就像月黑浪涌的大海上航行的小船，心系灯塔，而身羁波涛。你也许觉得我说的话荒诞不经，但这些话道出了我们夫妻关系的真谛。”

不过有那么一次，她犯了一个致命的错误。某日她在自己的房间里誊抄丈夫的论述宗教问题的作品《教条主义神学观之批判》，是一篇鞭挞东正教道统的文章。她不认同丈夫的观点，未及抄完就搁下了笔，义愤填膺地踅进列夫·托尔斯泰的办公室里，将原稿掷到丈夫的案头，拒绝再抄一个字。15年建立在书记员加合作伙伴基础上的良好关系，至此宣告终结。她最后能毅然决然地跨出这一步，个人勇气可圈可点。她二话没说地告诉丈夫，抄那样的文章，“情绪波动太大！”

“情绪波动”现象，不正是索菲娅深得丈夫思想精髓的最好证明吗？

《教条主义神学观之批判》1879年下笔，在托尔斯泰关于宗教问题的一系列著述中，也属开山之作。鞭挞教义、剑指道统，其态度之决绝、批评之尖锐，在托尔斯泰同类作品中罕有其匹，能与之相提并论的，恐怕只有尼采《基督教的反叛》一书了。不过托尔斯泰的出发点是好的，他没有全盘否定基督教的意思。恰恰相反，他想扮演宗教卫道士的角色。他的问题出在背离近千年薪火相传、经由诸多洞微知著的神学泰斗研释阐发的义理教规。

托尔斯泰此文的写作动机，追根溯源与莫斯科都主教马加里（沃尔加科夫）的大作《东正教义》有关。这部著作是作为俄罗斯视觉教育基础研读教材出版的，发行量可观，影响深远。托尔斯泰就这部书的内容提出了很多质疑，从“三位一体”圣教基石，耶稣的神性、从性的沦落，耶稣牺牲自己的生命以救赎全人类等基督教核心价值，到圣餐仪式等宗教活动，挨个儿大批了一通。托尔斯泰此书涉及的议题已经大大超出了对一本具体的神学教材的批评范畴，他撼动了整个圣教体系。他那支如椽巨笔碾过之处，教会成了草台班子演绎荒唐与欺诈的丑恶舞台。

托尔斯泰用朴素的常识支撑自己的论点、抨击宗教理念。“三位一体”是怎么回事？“三”能等于“一”吗？世间独一无二的“神”本身就是一个完整的存在，附加那么多有悖认知常理的东西，岂非搅浑一池清水？上帝禁止亚当和夏娃偷尝善恶甄别之树上结出来的苹果？难道让人永远停留的懵懂无知的动物状态，这就是上帝的本意？上帝说：偷尝此果的人，定然死去。可是亚当、夏娃并没有即死，难道上帝撒了一个弥天大谎？

跟托尔斯泰讲神学就是对牛弹琴。他是安徒生笔下《皇帝的新装》中那位天真的孩子，用一句“皇上什么都没穿”打破全社会的默契。

是的。如果皇上穿着衣服，小孩子自然无话可说；倘若皇上一丝不挂，小孩子也得闭上嘴巴！

“东正教？”托尔斯泰反问道，“一提到这个词，我马上联想到些许胡子拉碴而邋里邋遢、自信满满而又愚钝不堪、披着一袭丝绒长袍、胸前挂着钻石圣像、头顶大主教都主教之类桂冠的俗人，和成千上万俯伏在这些人膝下、同样胡子拉碴衣冠不整的俗人。这些人啸聚一堂，以完善自我之名肆行蒙蔽欺骗之实。他们的言论不管多么荒诞无稽，外人也不能稍置微词。本来是我生命中最珍贵的东西，却只能任人摆布，自己连基本的发言权都没有。买什么颜色的裤子我可以选、找怎样的妻子我可以选、盖什么房子我也可以选，而物外的一切，也是人之为人最重要的部分，我却无权问津，只能俯首贴耳、听命于此等少学无文妄自尊大的人物。我的人生、我的圣域里从来不缺这样的‘牧者’，无论是耄耋老者，还是带着满脑子萎缩的智慧和一颗膨胀的心刚从神学院的大门里走出来的青年，从双脚踏进教区的那一刻起，他们的双手就在不停地搂揽鸡蛋和金钱。在他们的助祭一手主导安排之下，教民们在做祈祷的过程中花上一半的时间敬祝虔诚的信徒、红尘罪妇叶卡婕琳娜二世万寿无疆，为刺杀彼得大帝的罪犯、蔑视宗教亵渎圣经的恶人祈福，我所能做的就是随声附和、伴着他们的指挥棒起舞；如果他们要我诅咒、烧死、吊死我的兄弟姐妹，我也只能用最恶毒的话语攻击我的骨肉同胞；如果这些人给我的父兄打上恶徒的标签，诅咒他们便成了我晨钟暮鼓声中必做的功课；他们让我舀一勺红酒喝下肚去，然后吩咐我发誓赌咒，说那不是红酒，而是圣人的血肉，我也只能照做不误。

“荒谬到无以复加的地步，这就是教会所做的一切！”

托尔斯泰声称，教会是“弱智”的庇护所、骗子的会聚地、女人扎堆儿的地方。索菲娅·安德烈耶芙娜越抄越闹心，也是事出有因。

丈夫是怎样的人，索菲娅了如指掌。他在文章中极尽尖酸刻薄之能事，但这并不意味着他对东正教不存敬畏之心、视精神救赎特别是下等人的精神福祉如粪土草芥、置万民之信仰于万劫不复之境地。这篇檄文立意高远，旨在寻求比当下破绽百出的皇权教权更加纯粹、更加美好的另一种教化。托尔斯泰家族血脉中流淌的这一个性特质，日夕置身其间、耳濡目染深受影响的她岂能不知。外方而内圆、色厉而善变，托尔斯泰异乎常人的性格，在她未出阁前，就给她留下了深刻的印象，也没少吓着她。将近20年的婚姻生活没有磨去托尔斯泰的棱角，让此时此刻的她情何以堪？

索菲娅·安德烈耶芙娜只是虚惊一场。托尔斯泰世界观悄然转化之时，这一家正处于发展鼎盛之期，仅子女就生了9个！母性泛滥的索菲娅无暇他顾，列夫·托尔斯泰也尽享籽实离离的天伦之乐。另外，继1881年春致函亚历山大三世为刺客求情一事发生之后，托尔斯泰为自己招来了另一个论敌——波别多诺斯采夫：俄罗斯政府的喉舌、宗教界的代言人、社会舆论的吹鼓手——从认为托尔斯泰那封陈情书一无是处、根本没必要转呈沙皇本人这一举动上，其人对“新托尔斯泰”的看法，可谓昭然若揭。他对宗教界涌动的教派主义暗流也有清醒的认识，所持的态度也是尽人皆知——1884年，退役上校瓦西里·帕什科夫因创建帕什科夫教派，被永久逐出国外。

1880年代初期，索菲娅·安德烈耶芙娜在俄罗斯上流社会交际圈内还是藉藉无名的人物。她当时的身份，充其量不过是一位拥有贵族头衔的、外省地主家庭的主妇。好在她有一颗灵活机智的头脑、有建立在个人智慧基础上的足够的自信，这为她快速加入俄罗斯精英圈子搭就了进身之阶。1885年，她见到了波别多诺斯采夫本人，要求这位政府要员、俄罗斯东正教圣务院总监准许她在由自己一手策划的《托尔斯泰文集》出版项目中，编入被书报检查机构绞杀的文稿：《我的信仰是什么？》《到底怎么办？》

索菲娅·安德烈耶芙娜企图通过拜谒波别多诺斯采夫收到“一石二鸟”之奇效，心思不可谓不绵密、举动不可谓不大胆。首先，此举足以表明她支持丈夫新世界观的坚定立场；其次，增加家庭收入；再次，揭去当局贴在托尔斯泰脸上的“持不同政见者”标签，为自己的丈夫正名——因为她非常清楚，波别多诺斯采夫一言九鼎，有他为丈夫的言行背书，没有哪个书报检察官敢再跳出来找碴儿。斯托雷平毫不犹豫地拒绝了索菲娅的要求，但对索菲娅本人的态度却相当温婉厚道，索菲娅对此感铭至深。关于此次会晤，索菲娅后来屡有提及，每次都流露出浓浓的欣慰之情和骄傲之感。

在自传《我的人生》中，索菲娅转述了她与铁血首辅波别多诺斯采夫之间的对话：

“‘我想我最该表达的，就是对您的同情和怜惜。我跟您自幼相识，我非常尊敬和热爱令尊大人。您最后嫁给了那样的人，真是太不幸了。’

“‘您这样的话我可是第一次听到。’我当时委婉地回驳道，‘我一直觉得自己是个幸福的人。能嫁与如此博学多才、智慧超群的人为妻，很多人都求之不得。’

“‘那我不妨直言不讳地告诉您，我不认为您的丈夫有什么智慧。’波别多诺斯采夫不疾不徐地说，‘智慧是精神世界的和谐统一，您的丈夫心有丘壑、好走极端，这与自求圆满的智慧相去太远。’

“‘您的观点也许是对的，不过叔本华却另有说法。’我回答道，‘他说：智慧如灯笼，照亮的是掌灯人及其眼前的一小块地方；而天才如太阳，辉映世界、遮暗星月。’”

托尔斯泰对妻子与波别多诺斯采夫的会晤反应冷淡，甚至抱有些许敌意。妻子的行动与他的期望背道而驰。他要的是妻子的理解和支持，而不是让她去做自己的说客，调和他与当局之间的矛盾；他要的是志同道合的伴侣，而不是律师。

1885年12月，托尔斯泰来到与莫斯科相距60俄里的尼科尔斯科耶—奥勃力亚尼诺沃，拜访奥尔苏菲耶夫庄园。这家人对他礼遇有加，逃避都市生活的喧嚣、息身养心，再没有比那里更好的去处。动身前他给妻子写了一封长信，索菲娅从头到尾看了一遍，归档保存时在信首空白处加了一条标注：“列夫·尼古拉耶维奇没有寄出的与妻书。”

这封信以“我们之间正在进行一场殊死搏斗——不管符不符合上帝的法则，已发展到不择手段的地步”这样激烈的言辞收尾，是托尔斯泰发自灵魂深处的呐喊，是一份情真意切的宣言，针对的不仅是索菲娅一人，事实上是囊括了所有的家庭成员。他又一次动了离家出走的念头。

“家里出事了，还是常出的那种事。”索菲娅写信向妹妹诉苦，“列沃奇卡又一次陷入精神危机，情绪极不稳定。有次我坐在自己的卧室里写东西，他不声不响地走了进来。我看他的面容，那神色可怕得难以形容。我们本来相处融洽，迄今重话都没有说过一句。可这一回情势逆转，让我措手不及：‘我过来向你说一声，我们还是离婚的好。这样的生活过不下去了，我想去巴黎或者美国定居。’

“你可知道，塔妮娅，我当时的感觉就是天塌下来了。我愣愣怔怔地问了他一句：‘这是怎么了？’他的答复是：‘没什么。负担加得太重，再好的马也有拉不动的时候。’给他加什么负担了？我可是一头雾水、百口莫辩。紧接着他开始大发脾气，大叫大嚷、破口大骂，那话是越来越不堪入耳。起初我强忍着不发一言，直到他骂出一句‘你走到哪里，那里的空气就会变臭’，我再也听不下去了。我叫人收拾好行装，一门心思想着逃出这个家，到你那里暂避一时。

“这当儿孩子们闯了进来，满屋子闹闹嚷嚷地乱成了一锅粥。塔妮娅（此处指托尔斯泰夫妇的长女。——译注）说：‘我可以跟你走，但这是为什么？’他的态度马上急转直下，开始温言软语地挽留我。还没说几句话，他突然号啕大哭起来，那种歇斯底里的哭喊，锥心刺骨、痛彻心扉，听着让人害怕。试着想象一下当时的场景：列沃奇卡双肩耸动、浑身战栗，我都看得心酸了；旁边再加上4个孩子——塔妮娅、伊利亚、列利亚、玛莎，又是哭又是叫的，你让我如何应付！我呆呆地杵在那里，没有眼泪、没有声音。许多话憋在我的嗓子眼里，都是些没有意义的胡言乱语，我怕一张嘴就冒出来。我就那么静静地站着，一站就是3个小时。说实在的，当时就是棍棒加身，我也说不出一句话来。事情就这么过去了，可留在我心里的伤痕，却再也难以愈合。苦闷、痛楚、撕裂、大病加身一般的感觉，最后是关系的疏远，我的心里五味杂陈。你可知道，有个念头老是在我的脑子里萦绕着，挥之不去：我这是为什么？我劳碌终日，足不出户，为了张罗他的著作的出版事宜，半夜3点还不得歇息。别人早已酣然入梦，只有我孤灯相伴、伏案疾书，无怨无悔地为他付出。回过头来一想，我这么做到底有什么意义？”

除了日积月累的怨气骤然暴发，托尔斯泰的歇斯底里恐怕再没有合理的解释。如果他的心理压力每天都能找到一点宣泄口，譬如夫妻间闹点口角，他也不至于瞬间崩溃。很可惜的是，这不是托尔斯泰为人处世的风格。此事发生后不久，他即带着长女塔妮娅，乘一辇小雪橇赶到了尼科尔斯科耶—奥勃力亚尼诺沃。他临别向妻子留言，意在表明心迹、向妻子解谜他突然“发狂”的原因。

“试想，如果你的日记落到我的手里，我将会抱着怎样的热情，饶有兴味地阅读你记录的微末小事、发表的点滴感慨，从字里行间咂摸你的思想、你的感情、你做每一件事后面隐藏的动机。可你是怎么对待我的作品的？我的心血、我的生命，在你的眼里只是一堆与你毫无关系的文字；你之所以肯花时间阅读我的书，无非是因为其中的情节吸引了你。至于我们的孩子，他们甚至连看都不看一眼。视我如陌路、视我的作品若商品，这就是我在你们心目中代表的一切。

“我的作品是我人生的全部。现实生活中我不得不做出这样那样的妥协和让步，因为我得跟大家和平共处。我活着，但我每天都为自己所过的生活深自痛悔。

现在你把我生命的幻象当成了我的人生，而把我凝固在文字中的真实人生当成了虚构，安之若素、不加珍惜。”

托尔斯泰此处的“作品”，指的是他世界观发生转化后创作的一系列与宗教有关的著述——《忏悔录》《教条主义神学观之批判》《我的信仰是什么？》《四福音书的统一性与演绎》，此外还有振聋发聩之作——《到底怎么办？》，1885年完稿。这篇文章中托尔斯泰剑锋直指欧洲文明的困局，鞭挞少数“文明人”压榨多数“粗人”的不合理现象，给现代政治经济制度判了死刑。该文是托尔斯泰抨击知识阶层的巅峰之作，贵族阶层、教士、知识分子，所有受过良好教育的人都成了他批判的对象。他认为这些人无一例外地吸食着人民的血汗，一个个都是不折不扣的寄生虫。摆在这些人面前的出路只有一条，就是正视现实、认清自己，主动放弃世袭领地和特权，散尽多余的家财，加入普通老百姓的行列，用自己的双手创造新的生活。托尔斯泰认为，如果这些人执迷不悟，那么面对他们的，将是一场波澜壮阔的革命：

“……我们是汪洋大海里沉浮的小舟，已经失去了控制局势的能力，时时面对着灭顶之灾。工人阶级的革命，血与火的洗礼，早已不是潜在威胁、不是遥遥无期的未来，我们已经在这个火山口上坐了整整30年。如果听任事态发展、不采取任何行之有效的手段，爆发在所难免。”

这篇文章最耐人寻味的地方在结尾部分。作者呼吁同为人妻人母、对抚育子女之艰辛有切身体会的贵妇听从内心深处真理与大义的召唤，在社会改良进程中发挥应有的作用。唯有如此，新世纪的曙光才有可能闪现。

不过这个结尾的说服力不强，与雄辩的行文相比落差太大。家庭是女人的小宇宙，篱笆之外的世界，她们漠不关心。天下没有一位母亲希望自己的子女披发黔首、过托尔斯泰提出的那种生活。显而易见，与索菲娅·安德烈耶芙娜不尽和谐的家庭生活，令托尔斯泰心生空谷之呼、应者寥寥的感慨。不过从另一个方面看，当托尔斯泰向全体妇女发出号召的时候，心里就有一个明确的对象：他的妻子。

“这样的母亲（托尔斯泰心目中最理想的母亲。——作者注）以抚育子女为己任，任劳任怨地抚养孩子长大成人，包揽洗衣做饭、辅导孩子学习一应家务；与孩子同玩同休、同起同眠，视孩子的健康成长为自身生命之要义。这样的妈妈不会为保障孩子的物质福利而奔忙、不会以赚钱多少为标准衡量丈夫的能力、不会敦促孩子捞取文凭并以此为进身之阶一步一步往上爬，只会教育孩子充当上帝的信使，为了践行上帝的意志，不惜以身犯险、牺牲个人利益，因为他们知道，牺牲也是幸福的源泉和人生圆满的标志。这样的母亲不会迷茫，她们对自己每日应尽之务了如指掌，日出而作、日落而息，总是以一副气定神闲、胸有成竹的样子示人。”

列夫·托尔斯泰与索菲娅·安德烈耶芙娜两夫妻间的矛盾古今有之，绝非个案。果戈理《塔拉斯·布尔巴》一书里有过类似的情节。这部长篇小说塑的一个次要人物、身为人父的奥赫利姆，认为世间存在某种比儿子的生命还要宝贵的东西，并时刻准备拿亲生儿子做祭品，捍卫其心目中神圣不可侵犯的价值。奥赫利姆奉为圭臬的东西究竟是什么，是上帝，是哥萨克人牢不可破的兄弟情感，抑或是托尔斯泰笔下“基督教精神”的外化——大家共同追求的“幸福”“日常事务”等，在这里已经无关宏旨。关键问题是，没有一位母亲具备如此“博大”的胸怀，会自觉自愿地站到父亲的立场上。

1885年12月托尔斯泰动念逃离家庭，次年1月18日他最小的儿子——4岁的阿廖沙即不幸夭亡。孩子是在莫斯科去世的，这就给托尔斯泰夫妇出了一道难题：墓址如何选择？莫斯科圣母修道院墓地收费高昂，200银卢布，这个确实需要掂量一下；即使不在乎花钱多少，那个墓园空间太过拥挤也是个大问题。“层层叠叠、鳞次栉比的坟茔，几无立锥之地。”索菲娅·安德烈耶芙娜在写给妹妹的信中说。

索菲娅亲自踏勘一番后，选定了于希姆加河高岸之上的一处墓地，与她童年时代生活过的地方——帕克罗夫相去不远。“今天，我们将孩子的小棺材放到大雪橇上，驶往草地。而在不久前，我曾经跟阿廖沙同乘这部雪橇，逛动物园、看马戏团的表演、造访保姆家所在的村子。我当时怡然自得、丝毫没有料想到大难将至……看到我们一行走近，神甫迎了上来，后面疏疏落落地跟着几个当地人。得知我是安德烈·叶甫斯塔菲耶维奇·别尔斯的女儿，场面上的气氛马上变得热烈起来。大家对我嘘寒问暖、极尽关怀抚慰之能事。他们还讲到了我父亲的种种善举。得知父亲生性善良、在他留下足迹的地方一直享有令名，我的心里涌起丝丝感动。大家小心翼翼地扶棺前行，仿佛纯情少女捧着她们最珍爱的宝器（须知他们本来是最粗鄙的农夫）。我哭泣的时候，他们在默哀；我安置小棺椁的时候，他们在提缆、填土；他们信誓旦旦地说一定会按时扫墓、祭灵，悼念我的折翼天使。”

索菲娅关于小儿子丧葬事宜打理情况的文字记录中没有出现丈夫的名字，不过后来有所提及：“列沃奇卡的精神善有所恢复。他神情暗淡、瘦了好多，一副无精打采的样子。”

1986年的托尔斯泰对佛教表现出浓厚的兴趣，甚至想过著书立说、弘扬佛法。“神灵保佑我偿此宏愿，完成我的创作构想。”他在1月17日写给朋友的一封信中说。而当他提笔给同一位朋友写下一封信的时候，情势已不复往日：“阿廖沙的躯壳摆在那里，可精神已经回归上帝的怀抱。给阿廖沙的那具躯壳赋予鲜活生命的东西，现在已经寂然不见了。冥冥中发生的事，我无从揣知，也讲不清楚——但是我清楚一点，起先重创我的身心、我无法理解也不能接受的灾难——阿廖沙之死，现在呈现出另一番意义。我觉得，孩子的夭亡合乎天道、不违人伦，是托庇上帝获得的一种福荫。”

阿廖沙的遗骸运走了，是索菲娅·安德烈耶芙娜和家里的保姆架一乘雪橇运走的。在列夫·托尔斯泰的眼里，那只是一具没有生命、没有意义的“物体”，与阿廖沙无关，更与他无关。他的心飘在远处，远到大大超出妻子的视野。心有款曲，却不能向妻子倾吐，他只好转而写信给自己的挚友，企图寻找到一点精神支持与心理慰藉。

光焰照人的骑士

从1880年代起到溘然长逝的那一刻止，托尔斯泰核心交际圈中举足轻重的人物是他的“精神遗产处分人”，弗拉基米尔·戈利高里耶维奇·切尔特科夫（1854—1936）。

切尔特科夫性格复杂、城府颇深，是一位绝对可敬但又绝对谈不上可爱的人物。1980年后他在托尔斯泰精神遗产的搜集整理与留存方面所做的工作，不容抹杀。切尔特科夫编纂的《托尔斯泰文集》以俄罗斯科学院周年纪念版见著，完整辑录了这位大作家的历年作品、书信、日记，其权威性至今难能撼动。切尔特科夫对托尔斯泰最后30年的人生施加的影响如此之大，几可与索菲娅·安德烈耶芙娜在漫长婚姻家庭生活中苦心孤诣、全力辅佐丈夫成就事业方始产生的效应相提并论。没有索菲娅，俄罗斯出不了叫作“列夫·托尔斯泰”的文坛巨子；没有切尔特科夫编纂，也不会有晚年托尔斯泰。对托尔斯泰的人生影响最大的，首推其妻索菲娅，其次就是这位切尔特科夫。而切尔特科夫的拥趸干脆抛开了索菲娅，认定成就托尔斯泰的，非切尔特科夫莫属。不过综观其人在托尔斯泰家庭生活舞台上扮演的角色，实在当不得“光彩”二字。他的很多做法助推托尔斯泰与家人间的观念分歧，动机有待商榷，手段令人作呕。

如果据此认为切尔特科夫居心叵测，那你就大错特错了。他是托尔斯泰最忠实的信徒、鞍前马后甘为驱驰的战友，伟人暮年可遇不可求的好助手、好伙伴。他把自己的一生奉献给了这位世不二出的文豪，他眼里的转世活佛、复活基督、再生穆罕默德。为了追随托尔斯泰，他放弃了自己的锦绣前程、放弃了锦衣玉食的生活、放弃了齐人之福天伦之乐，牺牲不可谓不大。切尔特科夫自身条件相当优越：智慧超卓、精力充沛、受过最好的教育、极具才华，而最重要的一点是：少时美颜如玉、中年丰神俊朗、系出名门、文质彬彬，就是这么一位货真价实的俄罗斯贵族，奉托尔斯泰如红尘至圣、人生业师，以使徒般的虔诚实践托尔斯泰的意志、执行托尔斯泰的嘱托。他不是趋炎附势之徒，在托尔斯泰声名远播、如日中天的时候，他不离巨子左右；在托尔斯泰广受质疑受到教会及当局打击的时候，他随侍伟人旁侧。在他的身上，我们几乎找不到任何道德瑕疵。

但切尔特科夫的个性就显得没那么珠圆玉润了，时代在他的身上打下的烙印，随处可见。思想“左倾”、反教权主义态度比托尔斯泰更加积极彻底，此外生活习惯上与托尔斯泰不谋而合：他也是素食主义者，反对一切针对动物的杀灭行为，包括拍死蝼蚁蚊蝇，更反对人类为了满足自己的口腹之娱，肆行杀戮。他名噪一时的时评文章《血腥娱乐》，对狩猎提出了尖锐的批评，可谓开“绿色生活理念”之先河。此外，他还是一位尽职尽责的好父亲，一位忠实可靠的好丈夫。身为坚定的托尔斯泰主义者，他没有放弃贵族生活方式，更没有捐出财产。他为了方便移民生活在英国购置的房产，奢华程度远超乃师的雅斯纳雅·波良纳。他位于契里亚琴卡、与托尔斯泰家的花园毗连的住宅，也比导师的家园繁奢气派。十月革命后发生的一件事，足可证明切尔特科夫根深蒂固的贵族生活观念：如此严峻政治形势下，他居然带着仆人参加诗人谢尔盖·叶赛宁（托尔斯泰的孙女婿）的葬礼！

切尔特科夫是手眼通天的人物，跟俄国和英国贵族圈中的革命家、流亡分子等均有来往；就连邦契·布鲁耶维奇这样的角色，也与他互有过从。托尔斯泰的作品之所以能躲过当局的绞杀、革命前后均得出版发行，他那些故交旧友功不可没。也是仰赖这层关系，身陷囹圄的托尔斯泰之女萨莎、大批无过受罚的托尔斯泰主义者，经他一手运作，最后终得重见天日。在苏俄掀起打击托尔斯泰主义者的黑暗日子里，他写给斯大林本人的陈情书，字里行间渗透着他高贵的品质、未泯的良知和铁骨铮铮的勇气。

托尔斯泰晚年与妻子水火不容、与子女关系也日渐疏远，个中切尔特科夫发挥了什么样的作用，迄今不得而知。不过不惜以身犯险、强势介入托尔斯泰家庭事务的行为有损他的形象，令他成为众人眼中名副其实的“切尔特科夫”[①]：形同鬼魅。在这里他扮演的不再是单纯的陌路人、同路人、译者、出版者、编辑等社会角色，而是横亘于托尔斯泰夫妻之间、托尔斯泰与子女之间的一道障壁，或者说盘踞在列夫·托尔斯泰内心某个阴暗角落里的幽灵，在激化托尔斯泰与其他家庭成员间的矛盾方面，无疑发挥了推波助澜的作用。

高尚和自负只有一步之遥，切尔特科夫的性格中有其刚愎自用的一面。他过分看重自己与托尔斯泰的私人关系，把陪伴托尔斯泰当成自身生命中的应有之义。首席大弟子，这就是他对自己的定位。切尔特科夫存此妄念尚属情有可原，关键在于托尔斯泰本人如何看待这件事。遗憾的是，此二人奇特师徒关系中肯定存在的诸多过节，托尔斯泰始终是三缄其口，后人也就无从揣知。

毋庸置疑，切尔特科夫的出现打乱了托尔斯泰的家庭生活。列夫·托尔斯泰与家人特别是妻子之间的关系日趋微妙，切尔特科夫的痕迹处处可见。如果切尔特科夫未曾涉足雅斯纳雅·波良纳的圈子，托尔斯泰一家的那些不宣之秘也许就不会滋生，或者至少以另一种面目出现。当然，切尔特科夫并不是托尔斯泰家萧墙之隙的始作俑者。托尔斯泰离家出走，切尔特科夫乐见其成；但要说是他一力促成这样的结果，那未免有失折中公允。他只是外因或者诱因，连主因都算不上。

“世上就是没有切尔特科夫这么个人，托尔斯泰也会构想一个出来。”[②]

对于托尔斯泰与切尔特科夫之间错综复杂的关系，米·弗·穆拉托夫的《鸿雁传书中的列·尼·托尔斯泰与弗·格·切尔特科夫》[③]一书中有深入细致的描述。此书由托尔斯泰博物馆于1934年编辑出版，国内再未重版。

托尔斯泰还在雅斯纳雅·波良纳居留期间，即从他的追随者格·阿·卢萨诺夫

---

① 切尔特科夫（俄文原文：Чертков），意即“魔鬼”。——译者注

② 摘自托尔斯泰书信。——作者注

③ 《Л.Н.Толстой и В.Г.Чертков в их переписке》，М.В.Муратова，托尔斯泰博物馆1934年版。——译者注

那里听到了切尔特科夫的大名，时间可以追溯到1883年。此时全新的托尔斯泰已经初露锋芒，并且招来了大批崇拜者。同年10月，在莫斯科托尔斯泰的家里，两位缔造友谊传奇的人物首次晤面。“托尔斯泰与切尔特科夫之间往来频繁，不唯普通友人享受不到此等殊荣，其本人的亲友也是望尘莫及。”穆拉托夫说。根据留存后世的931封书信、电报判断，可知此言非虚。切尔特科夫犁笔更勤，许多信写得洋洋洒洒，一翻几页几十页，用心之良苦，可见一斑。

切尔特科夫的初访平平无奇，托尔斯泰的家人根本没有意识到此人会深度涉足他们的内部事务，在偶有暗流涌动、尚能保持表面平静的家庭生活里掀起轩然大波。“戴着饰有双头鹰徽标的帽子纵马而来，风度翩翩、光彩照人，骑士派头十足，这就是豪门子弟弗拉基米尔·格利戈里耶维奇给人留下的初次印象。他开门见山地说，他完全认同父亲的立场观点，愿意毕其一生追随左右、唯父亲马首是瞻。”列夫·利沃维奇（列夫·托尔斯泰之子）回忆，“初次见面，我们宾主相处融洽，他给大家留下的印象堪称完美，没有人不喜欢他。我和他也成了贴心朋友，双方直接以‘你’互称[①]。”

小列夫·利沃维奇的回忆在细节的真实性上不无瑕疵。1983年秋天的切尔特科夫不可能会有随侍托尔斯泰一生的想法，因为此前他根本不知道自己的观点居然跟当世文坛最耀眼的巨星一脉相承。1883年7月，27岁的切尔特科夫参加朋友罗·亚·皮萨列夫的婚礼，邂逅图拉州法院公诉法官尼·弗·达维多夫，敞开心扉大谈特谈了一番自己的观点认识。惊闻这位近卫骑兵团青年军官的高论，达维多夫评论道：

“您的言论跟托尔斯泰如出一辙，乍听几乎跟背诵课文一样！您应该结识托尔斯泰！”

达维多夫是列·尼·托尔斯泰的老熟人，当下答应在这位青年才俊与文学巨子间牵线搭桥，成就一段人间佳话。10月末，切尔特科夫专程赶赴莫斯科，住在一家名叫“斯拉夫集市”的旅馆里，等待机会拜访托尔斯泰。功夫不负有心人，他接到了达维多夫发来的电报：“托尔斯泰现居莫斯科。”

① 西方社交礼仪：亲友互称用“你”，一般关系用“您”。——译者注

初见托尔斯泰，切尔特科夫对他的“学说”一无所知。再说，托尔斯泰的世界观的转化正处于萌动状态，尚未形成完整的理论体系，说此二人“心有灵犀一点通”，也许更符合当时的实际情形：他们都困于完美的基督教义与虚伪的现实之间存在的巨大反差，正为找不到合理的出路而苦恼。

他们首次倾谈的地点是托尔斯泰的办公室。“这是一个单间房，敞亮、清静。窗户开向花园，前面就是走廊，半遮半掩在绿呢窗帘的后面。窗侧摆放着宽大的沙发，黑色蒙皮尽显内敛、幽暗的格调。大写字台上悬着古色古香的铜质灯台，两支蜡烛静静地立在上面。灯台下面是绿色孔雀石雕成的砚台，里面搁着铜墨水瓶、旁边是一叠书写纸……”

切尔特科夫读过托尔斯泰的文学作品，但从没接触过其人撰写的与哲学有关的片言只字。他决定首先发难，一探对方的底细。

当着退役军官、塞瓦斯托波尔要塞之战的参与者、《塞瓦斯托波尔故事集》《战争与和平》等战争题材中长篇小说作者的面，切尔特科夫开始就服兵役的必要性、合理性等问题大放厥词，毫不掩饰地亮明自己所持的否定态度。作为回答，托尔斯泰拿起一本《我的信仰是什么》，随手一翻就朗读了起来。根据切尔特科夫事后回忆，“我的内心充溢着未曾有过的欢欣，因为我知道，我的人生旅程中最孤寂的一段路，已经走到了尽头。我浮想联翩、情不能自已，以至于眼睛只看到他的嘴唇在翕动、思维却跟不上从他的舌端流淌出来的语言，仿佛聆听的不是人声，而是天外之音。直到他读完全文，并用重重的语气读出最后的署名列夫·托尔斯泰，我才一下子惊醒过来。”

切尔特科夫与众不同的一点是，在与托尔斯泰交往的过程中，他的情绪一开始便会跟对方叠合到一起。1883年末，距托尔斯泰第一次尝试离家出走还有短短数月的时间。索菲娅·安德烈耶芙娜忙着参加舞会、带孩子看儿童剧，一个身子恨不得分两处使用；大儿子也好不到哪里去，满脑子装的是学习现代科学技术知识这一档子事，另外还热衷于搞学生运动。大家各有各的追求、各有各的业务，谁也没把托尔斯泰的创作当回事。

在这青黄不接的岁月里，切尔特科夫来了。他不仅对托尔斯泰说的每一句话洗耳恭听，还跟这位新拜的业师探讨每一个字的意思。论年龄他比托尔斯泰年轻不止一辈，但他们经历相似、灵犀互通——切尔特科夫也有地主身份、军官履历之类家世背景，社会地位之高，与列夫·尼古拉耶维奇相较毫不逊色。他富有，他显赫，他睥睨当世，托尔斯泰从他的身上看到了20年前的自己，但比真正的自己更加成熟、更加完美，没有犯下他犯过的错误、没有在歧路上踉跄前行。

弗·格·切尔特科夫有一幅画像流传了下来，是伊利亚·列宾于1885年绘制而成的。谛视这幅画像，处处可见《安娜·卡列尼娜》中的主人公康丝坦丁·列文的影子。柔软的络腮须、一双大而深邃闪射着智慧光芒的眼睛、柔和而不失周正的面部轮廓，养尊处优，却又不失刚毅果决，那是一张不平凡的面孔、一张高贵的面孔、一张良知与意志交相辉映的面孔、一张看一眼就会镌刻在心里、永难抹去的面孔。

切尔特科夫身世不凡，其母伊丽莎白·伊万诺芙娜·切尔特科娃来自世袭贵族之家，拥有车尔尼雪娃–克鲁格利科娃伯爵小姐的头衔，本系彼得堡贵族圈光艳照人的明星。美貌、智慧兼而有之，又极具运筹帷幄之才，卓越的品质成就了她跻身上流社会精英阶层的资本。她的叔父扎哈尔·车尔尼雪夫是著名的十二月党人，身受当局迫害，被流放到西伯利亚服苦役；她的一位姑母也嫁给了十二月党人——尼基塔·穆拉维耶夫，并勇敢地担当起丈夫的命运，与丈夫并肩携手、踏上蛮荒之旅。她名花早绽，活跃于圣彼得堡社交界之期，尚属青葱少女。初次踏足皇宫舞会，沙皇尼古拉一世就抖出了她那位叔父的行状。她直言不讳地告诉沙皇，叔父是她最敬佩最热爱的人，在她心目中留下的美好形象，无人可以替代——掷地有声的答复，为她赢来了普遍的尊重。亚历山大二世、三世去她家做客，连随身侍卫都不带。可她对皇室要她出任宫廷首席女官的盛意照拂不误，个性不可谓不鲜明突出。婚后她逐渐淡出贵胄交际圈，开始从宗教中寻求生命的奥义，成为名噪一时的传教士雷茨托克的信徒。也是机缘巧合，她的妹夫帕什科夫上校经她牵线搭桥，最后得与雷茨托克结识，客观上促成了“帕什科夫教派”这一具有广泛影响力的宗教派别的出现。

伊丽莎白·伊万诺芙娜对切尔特科夫这个儿子不仅宠爱有加，并且非常欣赏。她的长子格里沙、幼子米哈伊尔在4年内先后夭亡，接踵而至的打击无疑抬升了这个儿子的家庭地位。如果说他还算不上天纵之才的话，他至少是阖家上下纵容娇惯的宠儿：要风得风、要雨得雨，他的童年过得无忧无虑、了无缺憾。

切尔特科夫的父亲格利高里·伊万诺维奇在沙皇尼古拉一世时代担任侍从武

官职务，亚历山大二世一朝升迁至侍官长。他在军界享有善于组织队列队形的名声——尼古拉近卫兵团出身的军官，多擅长此道。从团长到师级建制军队的长官，最后因坏疽截去双下肢，以主持一个军队编制与训练委员会结束他的军旅生涯。军中流传甚广的《士兵备忘录》一书，便是他的杰作。其嫡姊嫁与亚历山大二世朝著名的保守派喉舌舒瓦洛夫为妻，其族兄米哈伊尔·伊万诺维奇·切尔特科夫曾供职于顿河哥萨克部队，任军法处长官，后辗转基辅、华沙诸地任总督要职。

切尔特科夫一家定居圣彼得堡，不过他们的产业主要分布在沃罗涅什省南部地区：30000俄亩肥沃的土地，为这个家族带来丰厚的收入。

有一幅法国画家德拉克洛瓦1860年间绘制的水彩画，画面中伊丽莎白·伊万诺芙娜·切尔特科娃穿着天鹅绒曳地长裙，与她6岁的儿子沃洛佳站在一起。小男孩头戴小圆帽、身穿灯笼裤、脚蹬漆皮鞋，活脱脱像个降临人世间的小天使。有趣的是小男孩在画面中的神态：他右手执定母亲的裙子，左手指向前方，既像指路，又像打探远处的动静："看，前面那个是什么？"

切尔特科夫生于一个虔诚的基督徒家庭，在浓厚的宗教氛围中长大成人。雷茨托克宣讲的信仰，核心教义就是奉耶稣基督为唯一的神——只有神的血才有洗涮尘世罪恶的力量。与托尔斯泰相识的那段日子里，切尔特科夫正处于帕什科夫教派的影响之下，视雷茨托克如精神导师、道德化身。走近托尔斯泰，切尔特科夫的宗教热情日渐降低，直至完全跳出原来的活动圈，不过教派意识并未消除，早年活动的痕迹伴随着他跌宕起伏的一生。与乃母相似，切尔特科夫也是一位传道狂热分子，母子均有将世间的罪人、"迷途的羔羊"转化为个人信念的追随者这一倾向。

切尔特科夫与托尔斯泰的区别就在这里，后者从来都不是教派主义者。一应宗派活动连同只有圈内人才理解的"秘密""暗语"等，以及自我标榜、不择手段散布自己的立场观点、逞朋党之能事诛除异端诸行为，均非托尔斯泰的风格。托尔斯泰相信人心可恃，他最不愿意看到的，就是成为一群所谓的"圣徒"膜拜的"偶像"。与托尔斯泰相比，切尔特科夫讲究原则、思想狭隘，具有典型的教条主义倾向。而关键的一点是：他不能容忍首鼠两端的言行。"左右摇摆""闪烁其词"，这是他诟詈立场不坚定、行为不严谨的一类人时惯常使用的贬语。他认为，做人之首务就是直面挑战、解决摆在自己面前的所有问题。逃避退让、敷衍塞责，他不仅看不惯此等行为，并且不惜借"匡扶大义"之名，强迫当事人采取行动、恪尽义务。

切尔特科夫的童年幸福美满，过的是典型贵族小少爷的生活：英国保姆、家庭教师，保证他足不出户就能得到良好的教育，规避学校生活存在的种种弊端，如染病、沾惹不良习气等。他的童年与托尔斯泰的小说《谢尔盖神父》的主人公卡萨茨基公爵差堪仿佛，区别仅限于卡萨茨基公爵生活环境相对封闭，故未能融入彼得堡上流社会，虚荣心得不到满足的失落感给这位贵阶公子的童年蒙上了一层阴影——这是托尔斯泰外省生活的写照；切尔特科夫可没有罹患“穷贵族综合征”，他是披金挂银来到这个世界上的。通向成功的道路，在别人眼里是天梯、在他的脚下是坦途。他是标准的美男子，体形匀称、高常人一头，两条弧线分明的眉毛下面，压着一双灰而晶亮的大眼睛。他头脑灵活、反应敏锐、谈笑风生、妙语连珠，加上为人慷慨大方、乐善好施，这样的人混迹俄国上流社会，焉有不左右逢源、风生水起之理！在彼得堡近卫兵团服役期间，他过着纨绔子弟的奢靡生活，玩轮盘赌、养情人，“20岁近卫军官能够演绎出来的荒唐，我没有错过一桩。”切尔特科夫自我表白，“我用燃烧消耗着自己的生命。”

近卫军官的职责之一是守护医院。1877年（托尔斯泰发生信仰危机的那一年），一位青年士兵的死震撼了切尔特科夫的灵魂。他和这位兵士一起诵读着《福音书》中的经文，眼睁睁地看着生命从那个人的眼睛里消失，此段经历不可逆转地改变了他的人生。他不想继续留在军界，甚至不想再留在世上。同样的感受、同样的精神状态，只是年龄相差30岁，这就是1877年的托尔斯泰和切尔特科夫！初晤切尔特科夫，托尔斯泰应该是感慨万端、妒意中烧：如此风华正茂、精力充沛的一个年轻人，在探寻真理的道路上居然赶得上他的步伐！正所谓后生可畏，而前途未可限量啊！

切尔特科夫对托尔斯泰那乍看不可思议的微妙心理，概源于此。虽然托尔斯泰本人在如何看待切尔特科夫的问题上态度有所保留，但其发给对方的头一封信中即用到“亲爱的”这一称谓，足见用情匪浅。他不是以普济天下苍生为己任的神甫，显然并不想跟这位与众不同的年轻军官纠缠过深。托尔斯泰也向对方明确传递一条信息：尽管对方魅力独具，且与年轻时的自己有诸多共同点，但他并没有相见恨晚的感觉。就切尔特科夫一方来讲，他希望拜投托尔斯泰门下，并且通过身在莫斯科的托尔斯泰投寄自己正在研读的作品以及个人日记，毫不掩饰强烈的交结愿望。精诚所至、金石为开，他终于达到了目的：邀约托尔斯泰到利津诺夫卡做客。

这次邀请背后还有隐情：切尔特科夫结识三位利津诺夫卡农民，他们都愿意聆听他的教诲。问题是：他有没有指导他们的能力？

“列夫·尼古拉耶维奇，恭请大驾光临！我需要您的支持和鼓励，这里不能没有您！”

这里不能没有您——这句普普通通的话成了切尔特科夫的专用咒语，每发之时，托尔斯泰一家莫不中魔。谁不能没有托尔斯泰，不理解、不同情、也不喜欢托尔斯泰近年作品的家人，还是富有理想与追求、心地纯良激情四射、会将传播他的思想当作毕生事业的青年？平心而论，这个问题还真不好贸然下结论。

旁观者清、当局者迷，在“托尔斯泰主义者”眼里彰明昭著的问题，托尔斯泰本人未必看得清楚。问题不仅在于托尔斯泰做不到与自己的家庭一刀两断，因为家庭早已融入他的灵魂、他的血肉；问题还在于，他无意充当任何人的精神导师，而他新交的好友正欲将他摆上这样的位置。

“大札及惠寄之图书一并收悉，回函迟滞，此请谅解。我之所以未能及时回复，盖非懒惰，实系不知如何下笔。读完您的信，我觉得您似乎有意表明（亲爱的，请认真阅读我的文字，体察我的拳拳之心），您在处理个人事务方面屡屡犯难，每有无所适从之感。牵扯到个人问题，您最好请教一下别人，多方寻求亲友的支持和帮助——个人问题没有社会答案，只能听由您本人一力周旋，答案就是自己的人生。仅凭一封简札，我还无法判断您面对的困境到底是什么；即便知之甚详，唯恐于事无补——无论您采取怎样的举动，我都不能简单地表示赞同或者反对。我们的人生导师只有一位，那就是耶稣基督。”

用切尔特科夫的话说，这就是标准的“左右摇摆”“闪烁其词”。其实托尔斯泰并没有敷衍切尔特科夫，他表达的意思很清楚：染指私事是明智的行为，他也无心为之。反过来看，切尔特科夫不止一次介身托尔斯泰的家庭内部事务，有时候还相当唐突冒昧，可托尔斯泰却始终处之泰然，并不认为切尔特科夫行为失检。结合托尔斯泰的这一番言论，待人宽而责己严，其人的表现着实令人费解。

举一个典型的例子。1886年，切尔特科夫决定娶安娜·康丝坦丁诺芙娜·迪特利赫斯小姐为妻。其时这位小姐还是别斯杜热夫学院的高年级在读学生、《媒介》杂志（切尔特科夫家族主办）出版助理。加丽娅（安娜·迪特利赫斯在亲友圈中使用的昵称）以年轻貌美闻于当时，尼·亚·亚罗申科为她绘制的肖像画《女大学生》（1883）迄今保存在特列季亚科夫国立美术馆。画中的她，外表清秀、身材高挑、表情专注而严肃。她是托尔斯泰主义的狂热追随者，曾携女友专程拜访托尔斯泰本人，并因此招致索菲娅·安德烈耶芙娜的无端忌恨。成婚前切尔特科夫多次写信向托尔斯泰求教，深恐自己虑事不周、遇人不淑，重蹈"恩师"的覆辙。托尔斯泰看好这桩婚姻，鼓励切尔特科夫勇敢地跨出那一步，早结良缘。这一时期的托尔斯泰婚姻观还比较正统，在整个世界观发生颠覆性变化之后，他视所有的婚姻为畏途，即使是金玉良缘，想得到他的祝福已无复可能。

1887年，切尔特科夫诞下一女——奥莉娅，可惜天不假年，过早去世。加丽娅体质孱弱、多病，作为一家之主的弗拉基米尔·格利戈里耶维奇·切尔特科夫，不得不勉为其难，独力担当起家庭重任。事实证明，他是一位好丈夫、好家长，将命运的十字架扛在肩头，无怨无悔地一路走了下去。长女出生以后，切尔特科夫在夫妻情感、家庭伦理诸方面见证了与托尔斯泰相似的"裂隙"（托尔斯泰在自己的日记中下的定义）。加丽娅奶水不足，哺育不了孩子，切尔特科夫不得不退而求其次，托人打听合适的乳娘。他就曾写信向托尔斯泰求助，委托后者在莫斯科张罗一个。

此等事牵扯到个人隐私，非至亲好友，谁肯出言相托。由此可见，切尔特科夫对托尔斯泰的感情非同一般。其时弗·格·切尔特科夫父亲新丧，母亲对儿子与托尔斯泰过从太密大为不满；她反对托尔斯泰的一切主张。"我深信，并且从《四福音书的统一性与演绎》的字里行间悟出一个道理：对万能的主耶稣持怀疑态度的人，不会有健康的思想和完善的学识。甘泉流不出苦水，道理明摆在那里。"伊丽莎白·伊万诺芙娜在寄给儿子的一封信中写道。

"亲爱的列夫·尼古拉耶维奇，"切尔特科夫在一封求助信中写道，"虽然这事不太体面，但事出紧急，我不得不向您提出不情之请。阿尔汉格尔斯卡娅[①]在莫斯科一家医院勾留期间，曾经为一位单身贫苦妇女接过生。那位妇女无家可归，根本不具备养育孩子的条件，故此孩子一降生便谋划着转送医院保育所抚养。不过相处旬月之后，这位妇女对亲生儿子产生了深厚的感情，但她还是做出了抛别孩子的决

① 安·格·阿尔汉格尔斯卡娅，地方医院医生，列夫·托尔斯泰的熟人。

定，因为她不能抱着一个婴儿满世界流浪。这样的季节，带着个婴儿顶风寒冒冰雪到处游走，那等于送死。听说那位产妇奶水非常充足，我们这会儿正等一位医生，如果他认为除了找乳娘别无出路，那个产妇就是最佳人选；要是加丽娅应付得了，我们便不会出此下策……事出紧急，兹请您委托一位合适的亲友斡旋此事。您冗务繁忙，请千万不要直接介身其中。您有更重要的事要做，您的位置无人可以替代；为我一己之私耽误您宝贵的时间，我吃罪不起！您在莫斯科如有可靠的人，请即按信中附寄的接生证明，遣往医院附设育婴所，一经查清登记号对应的那个婴儿的母亲是谁，速带至我处。此事如不立即妥办，孩子有随时送往乡下寄养的危险。到时人去楼空，想再找那么合适的人，就没那么容易了……”

这封信就像一滴晨露，倒映出切尔特科夫的性情。云山雾罩、拖沓冗长，这就是切尔特科夫书信的特点；不过触及要害问题，他可是毫不含糊：一板一眼、备极周至。这封信的要旨只有一个：他亟须找一位乳娘救急，特请托尔斯泰假以援手，不惜一切代价给他找一位送上门来。就这么简单的一个问题，他为什么不这样讲：列夫·尼古拉耶维奇，女儿无奶可哺、生命危在旦夕。看在上帝的份上，请马上给我找一位乳娘。我们一家人的希望，现在都寄托在您一人身上了！直言不讳、不枝不蔓，这样的说法，效果岂不更好？

好是好，可切尔特科夫做不到那么直接。事关第一个孩子的生死，他早已心乱如麻。他的脑子整日萦绕着怎样的念头，旁观者绝难想象。问题摆在那里，托尔斯泰当如何措置？介身事外、促成那对合法母子再度团聚，还是忍看骨肉分离，丢下嗷嗷待哺的婴儿、将母亲带到加丽娅身边？前者是善举，后者至少在托尔斯泰眼里是恶行。在自家孩子的哺育问题上，他就一直主张母乳喂养。他认为，用金钱夺走穷人孩子哺乳的权利，几近伤天害理。不过主张和实践是两码事，他本人是吃乳娘的奶长大的，索菲娅·安德烈耶芙娜患乳腺炎后也雇请乳娘抚育自己的孩子；不唯如此，小妹塔妮娅家的乳娘，也是索菲娅出头张罗的。

不管怎么说，切尔特科夫的请求有几分棘手。他本人是否知道自己给托尔斯泰出了一道难题？想来一定是心知肚明。1887年，他不止一次造访过哈莫夫尼卡、雅斯纳雅·波良纳，与托尔斯泰的年龄稍长的几个孩子关系不错。此外奥莉娅降生后，托尔斯泰即写信向切尔特科夫大讲特讲了一番母乳喂养的必要性。“要是加丽娅应付得了，我们便不会出此下策……”云云，以及切尔特科夫写信的动机似非纯正的结论，均跟托尔斯泰旗帜鲜明的立场有关。

读了那封信，托尔斯泰的真实反应又是如何？

言无不从、计无不遵。“大函收悉（今日3点），无限欣喜。所嘱之事，已着力办理，勿虑。”他在回信中如此安慰他那位“亲爱的”朋友。托尔斯泰也会说这种话，真是不可思议！当自己的妻子因疼痛难忍、拒绝给谢辽沙喂奶时，满脸杀气，一副就要生吞活剥年轻娇怯的索菲娅的模样；而切尔特科夫一发话，反应却如此积极，这是为什么？

切尔特科夫写信遮遮掩掩的，这个可以理解，也值得同情。为人父母，事关孩子生死，谁都不会坐视不管，即便使用的手段不够光明正大，这也是情理之中的事。问题是，托尔斯泰何以对书信中所谈之事没有半句微词，甚至坦言“无限欣喜”？

若云托尔斯泰对婴儿无奶可吃深感忧虑，这样解释太过牵强附会。

托尔斯泰“欢欣鼓舞”的复信写于1887年12月19日，次年3月31日，其最后一个孩子即来到世上。老来添子，托尔斯泰阖家上下莫不欢喜雀跃，大家也对这个孩子倾注了全部爱心。这个孩子降生不久，索菲娅更年期综合征便开始发作。

“伊万很瘦弱，体质总是好不起来。”4月26日，她一封从莫斯科发往雅斯纳雅·波良纳的信中说。丈夫的回复很快，两天后就到了：“别为伊万的事担心，亲爱的。上帝既然赐予我们孩子，自然也会也给他足够的食物。”

托尔斯泰对切尔特科夫一家内部事务的关心，显然超过了自家。数年后，他还会满腔热忱地在莫斯科近郊为切尔特科夫寻找合适的住宅，明知这么做会伤妻子的心。此前不久加丽娅身体不适，他还不辞辛劳、亲自出马给她联系医生。1894年，一听到加丽娅病危，托尔斯泰当即赶往沃罗涅什省热乌斯克县探视。也似心有灵犀，托尔斯泰一路风尘刚进家门，加丽娅就咽下了最后一口气。

媒介

谈到切尔特科夫的文学掮客生涯，我们不能不关注一个重大事实：他是经纪天才，对托尔斯泰作品的出版贡献良多，尤其在拓展国外市场方面表现杰出——这跟他精通英语、在英国上流社会拥有广泛的人脉不无关系。更为离奇的是：他经手的项目既未给托尔斯泰带来一星半点的收益，其本人也不曾有过中饱私囊之类行为。

这正是托尔斯泰追求的境界。他的稿费标准与卡特科夫、涅克拉索夫诸人等量齐观，早就跻身最赚钱的作家行列。世界观发生逆转后，他彻底放弃了稿费、版税收益。起初还只是不声不响地践行这一准则，后于1891年在报纸上刊登了“具有法律约束力”（他个人的见解）公开声明，授权所有出版商无偿使用他1880年（不含）以后发表的任何作品；此时间点以前的个人创作，版权归索菲娅·安德烈耶芙娜：他以实际行动维护妻子的权益，彰显人伦与道义责任。

切尔特科夫在十月革命前后的图书策划经营活动，为俄罗斯乃至世界出版史写下浓墨重彩的一笔。他纵横捭阖、运筹帷幄，表现出无与伦比的组织协调能力。没有他，托尔斯泰晚年的创作活动不可能如此顺风顺水。

1910年10月29日，在羁旅奥普季纳修道院期间写给萨莎的最后一封信中，托尔斯泰罕见地抱怨索菲娅·安德烈耶芙娜处处设限、阻碍他与切尔特科夫正常交往。他向爱女诉苦：“（妻子）仇视跟我走得近的人、有用的人。”熟悉列夫·尼古拉耶维奇信札、日记的人都知道，托尔斯泰很少使用“有用”一词。这个词用在切尔特科夫身上，十分抢眼。

托尔斯泰没有利用他人的心理。按“有用”“无用”将人划分为三六九等，这有悖他的道德情操。虽然他信中的“有用”含义广泛、非指一般的实际效用，但他还是说漏了嘴，这是不争的事实。

1883年12月，切尔特科夫结识了一位出版商，以出版农民读物见长的马拉库耶夫。恰在这个时候，托尔斯泰的日记中首次指名道姓地谈论切尔特科夫：“爱他，信任他。”“他讲得多好！”“我累了，他还是那么坚定。”“他时时处处为我着想，着实难得。”

1884年4月，切尔特科夫的父亲辞世。看到儿子事业有成，老父将所有的遗产划归妻子继承，切尔特科夫一下子成了母亲门下的食客：母亲每年划拨2万卢布，以济其日常用度之支。这个数目不小，不过一想到自己寄人篱下、仰仗思想观念与自己背道而驰的母亲供养，切尔特科夫心下凄凉，每有如鲠在喉、不吐不快的感觉。就这点几乎等同于嗟来之食的资财，他也不吝挤出一点用于公共福利事业，充分表现出他乐善好施的本质。他也习惯于向托尔斯泰吐露心声，使用他们之间已形成默契的忏悔式语言，为自己的所作所为寻找道德依托。托尔斯泰这种勉为其难式的慈善，他在日记中写道："他不思物力维艰，居然视个人财产如无物，此等行径太可怕了。2万卢布也来之不易，夙兴夜寐、劳碌终日，很多人一辈子都挣不到这么多钱。我得写信提醒他一下。"

切尔特科夫的"乐善好施"体现在哪里？1884年夏天，因丈夫新丧出游英国散心的母亲回到了俄罗斯，与全程偕行的儿子一起定居利津诺夫卡。安顿下来之后，切尔特科夫即忙着办他的技校、农民子弟学校，以及组建示范农场。不过他的理想远不止此，他还开办了一家专以编印托尔斯泰著作为务的出版社！草创时期，他的工作条件非常简陋，自制胶版、手工印刷，《我的信仰是什么？》就是以这样的方式编纂成书，最后得与读者见面的。这位"大出版家"甚至致函托尔斯泰，建议（！）他写一些民间故事，"由我负责以丛书的形式出版发行。"

此年秋天，切尔特科夫在莫斯科见到了另外的文学圈内久负盛名的人物：马拉库耶夫，民粹派作家兹拉托夫拉茨基、普鲁加文。志趣相投的人走到一起，谈到出版业如何服务民间的问题，几个人一拍即合，首次郑重其事地讨论了一番出版业大众化实施方案。

他们想到的，别人其实已经做到了，俄罗斯文化市场上不缺俗不可耐的"民间读物"。把国外的垃圾作品搬过来，下点改头换面的功夫再嫁接几个俄罗斯人名，配上低俗不堪的插图：《博瓦王子》《格奥尔戈老爷》等，就是典型代表。其中艺术成就最高、影响最为深远的当数涅克拉索夫的名著《谁在俄罗斯能过上好日子？》。此类作品格调不高，但读者不少；走"高雅路线"的作家想分食民间文学这块蛋糕，那就得走出象牙之塔。说服擅长此道的出版商，让他们觉得发行托尔斯泰诸人的作品有利可图，这就是他——切尔特科夫的当务之急。

愿意尝试的出版家还真让他找到了一位——伊万·德米特里耶维奇·瑟京。1884年11月，切尔特科夫来到瑟京开在莫斯科的书店，将自己的想法告诉了主人。瑟京对出版俄罗斯当代一流作家的作品、并以"白菜价"发售大感兴趣。以启蒙教育的名义出版名家名作，稿酬分文不取，小农意识的他一盘算：这样的生意，稳赚不赔！切尔特科夫与自己的故交，退役海军指挥官、现任天文观察员的巴维尔·比留科夫联手主办的《媒介》丛刊，至此应运而生。

托尔斯泰投寄给《媒介》的第一篇作品是他为《字母》杂志准备的中篇小说——《高加索的俘虏》——新托尔斯泰呈现给读者的首部文学佳作。切尔特科夫为了迎合大众品味，对原著的文字进行了大量的增删润饰。一代文学巨匠写出来的文章，有人竟然敢大动斧钺，真是滑天下之大稽！出人意料的是，托尔斯泰居然乐见其成，对切尔特科夫的做法没有表示一点异议！如此往来折腾过几回，切尔特科夫的身份发生了巨变：他现在扮演的不仅仅是托尔斯泰的“中间人”这一角色，而是“高级参谋”！托尔斯泰一有创作构想，就会写信跟切尔特科夫交流；写成的片段章节，也会寄给切尔特科夫斧正、誊写——手抄稿有行距大、段间留白多的特点，以为托尔斯泰填充新内容提供便利。这层复杂关系，索菲娅·安德烈耶芙娜恐怕做梦也想不到！

1885年3月，《媒介》杂志的首批丛书出版发行——托尔斯泰的3部民间故事集，红蓝两色封面，黑色图案装饰，大字体印刷。这套书很便宜，每册标价仅1—1.5戈比[①]。

同年5月，切尔特科夫与母亲再赴英国，临行前承诺尽力促成托尔斯泰国内禁印作品英译本的出版发行，贝特尔斯比勋爵已经答应给他提供一定的方便。经过切尔特科夫一力周旋，《忏悔录》《我的信仰是什么？》《天国在你们心中》等在英国相继面世：同一位作者、相同的封面设计，托尔斯泰了解情况后，自称“大喜过望”。

《媒介》杂志的滥觞及遭禁作品的重见天日，开启了托尔斯泰人生的新纪元。作为这一局面的开创者，切尔特科夫居功至伟。当索菲娅·安德烈耶芙娜抱定历经岁月风尘的洗礼、早已证明为天才之作和传世经典的托尔斯泰早年著作，出没印刷车间、校稿付印、填塞莫斯科自家书库的当儿，切尔特科夫却在开疆拓土、为托尔斯泰带来又一缕黎明的曙光。

托尔斯泰看重的是切尔特科夫的工作。《童年》《战争与和平》等，在世界观悄然反转的大文豪眼里，已成明日黄花。“老调重弹”，对着一堆故纸垂泪……妻子沉湎其中的东西，还有19世纪60—70年代一度燃烧过的激情，现在已成了过眼云烟，再也激不起托尔斯泰情感的微澜。而孤寂沉闷、令人窒息的家庭氛围之外，便是另一片天地：青春鼎盛、手眼通天的切尔特科夫，正在为他搭建一座座桥梁，帮

---

① 卢布：俄罗斯本位币，1卢布=100戈比。沙俄时代采用金本位制，1个卢布的含金量约为1.161克（金卢布）或0.774234克（纸币）。——译者注

助他走出迷谷、再铸辉煌，与前沿人物携手前行；孤独彷徨的日子里不止一次看到的梦幻景象，切尔特科夫都帮他实现了。索菲娅根本不具备与切尔特科夫斗争的实力，何去何从，托尔斯泰的选择是明确的。

第七章

谁之过？

托尔斯泰风声鹤唳、草木皆兵，一行人在夏莫尔金做短暂停留后，便再一次拔足狂奔。他们完全屈从于环境逻辑，行为已经超出了理性判断的范畴。他们的意念中已经没有了上帝、没有了沙皇，火车站长是他们唯一的上帝和沙皇；而一纸火车交通图，便是他们的生死簿。

从科泽尔斯克出发，下一站去哪里？诺沃切尔卡斯克？在赶往火车站的途中，托尔斯泰还向马科维茨基打听："安伦科娃家跟利戈夫车站相距远不远？"勃留尔地图精度上存在的瑕疵，搞得这班人马一头雾水。他们一直认为去利戈夫必须取道苏欣尼奇—布良斯克一线，也就是正西方向，跟他们实际采用的路线正好相反。发往苏欣尼奇的火车5：19分开，他们已经误点了。为什么会出现这种情况？萨莎、费奥克利托娃前天晚上带来的两个驿站马车夫慢条斯理，整装起行阶段消耗的时间大大超过托尔斯泰的预期。

"车夫慢得要命，半天套不好马车。"马科维茨基在日记中写道，"直磨蹭到差不多6点整，我和托尔斯泰才得就座。天气很不好，大雾如烟如幕，空气阴冷潮湿，气温最高在结冰点上下。风声不起、天色未明，四野一片黑暗。"

托尔斯泰的医生和行李都安顿在第二辆马车里，饶是如此，萨莎和她的朋友还没位置坐。托尔斯泰想换用妹妹的马车，稍微大一点。在萨莎、费奥克利托娃忙着装行李的当儿，马科维茨基赶往玛丽亚的住处，叫醒了她的女儿伊丽莎白。这时发生了一件在巨人眼里不可思议的事：作为修女的玛丽亚除非征得修道院长本人的同意，否则在任何事务上都不得擅作主张，包括出借自己的马车。院长当时有病在身，这么早就惊动人家，于礼不合。再说托尔斯泰急着赶路，没有工夫纠缠。

"我们不得不采取变通措施，叫醒马厩里剩下的两位车夫，再打发人到附近的村子找个人凑数。我们同时打发了一辆车去接玛丽亚·尼古拉耶芙娜，兄妹间临行道个别。”玛丽亚晚来一步，只见到了萨莎和她的朋友，俩人还急着追赶先行出发的托尔斯泰和马科维茨基，连说句话的时间都没有。

列夫·尼古拉耶维奇临行前没有见上妹妹一面，却给她留下了一封情真词切、动人肝肠的短札。这封信不仅寄托了他对妹妹的深厚感情，也是他头脑清醒、意志坚定、选择再次离家出走完全出于理智的最好证明。

> 亲爱的朋友，玛申卡，丽森卡（妹妹玛丽亚、外甥女伊丽莎白的昵称。——译者注）：
>
> 没有来得及跟你们话别，请谅解。你们俩特别是亲爱的玛申卡长期以来主动分担我的命运、危难关头总不忘假以援手，切切感铭，难以言表。我们行程错乱、去向未决，当日车次又仅剩下8点钟那一趟。在这个节骨眼上，我最担心的事，莫过于索菲娅·安德烈耶芙娜突然赶过来……
>
> 吻你们，亲爱的朋友。深爱你们的
>
> 列·托

去布良斯克的火车已经贻误，托尔斯泰一行只能搭乘7：40发往戈尔巴乔沃的火车。下一站，他们还能去哪里？

马科维茨基的日记显示，这一拨人马的行程彻底陷入混乱：目的地确定不下来，更不知如何选择出走路线。

利戈夫、安伦科娃这两个名字，这些天一直萦绕在托尔斯泰的心头。从夏莫尔金修道院出发奔往火车站的中途，他向马科维茨基提起过安伦科娃的庄园：“我们可以中途下车，在那里稍事休憩。”——托尔斯泰这是向医生暗示：他已经受够了舟车劳顿之苦，只想求一处安身之地。这个时候奔安伦科娃而去，也许他另有用意：从这位社会经验充足、人情练达、心理上比较亲近的女人那里，寻求一点精神慰藉。

托尔斯泰的言外之意，马科维茨基要么没听出来，要么是揣着明白装糊涂，总之从头到尾未加理会。还有一桩让托尔斯泰揪心的事：走了大半天，他们的车驾都快到科泽尔斯克了，可萨莎和费奥克利托娃乘坐的那辆车始终不见踪影。火车不等人，女儿赶不上送行怎么办？

对迟到的担心压倒了一切。列夫·尼古拉耶维奇和马科维茨基不停地向车夫打听：7点的车赶得上吗？车夫的回答是：没问题。抵达科泽尔斯克后，托尔斯泰突然提了一个非常奇怪的问题：这里有没有旅馆？“他想着一旦误了车，在科泽尔斯克能否找到落脚的地方。”马科维茨基在日记中写道。此时托尔斯泰不是在暗示，而是明确地表达出休养身心的愿望。年迈体弱、加上感染风寒，他已经支撑不下去了。他不那么说，只是因为性情过于倔强，或者是出于其他方面的考虑。

作为健康守护神的医生，本应理解托尔斯泰的处境，不管他们——他和托尔斯泰——畏之如虎的索菲娅·安德烈耶芙娜是否真的赶来，都该采取强制措施让托尔斯泰休息。马科维茨基一时拿不定主意，只是试探性地对托尔斯泰说：“如果傍晚出发（先找家旅馆休息片刻。——作者注），4：50有车。”4：50的车？这趟车去哪里？勃留尔的交通图标示非常清楚：这趟车根本不经过罗斯托夫！这是发往苏欣尼奇的车，3天前他们一行人就是乘这趟车走出戈尔巴乔沃的，只挂一节三等旅客车厢的货车！也是拜这趟火车之赐，托尔斯泰才患上了严重的感冒！

以下内容摘自马科维茨基日记：

“列夫·托尔斯泰：还坐那节车厢吗？

“显而易见，他对那辆车心怀恐惧。不过我们听任马车夫打马前行，谁也没有吩咐转道客栈。如果我当时能想到探问一下他的健康状况，也许他会面对现实、坦言病情。列夫·尼古拉耶维奇一路上直挺挺地坐着，不倚不靠、无声无息，根本看不到体力不支或身体欠安的迹象。托尔斯泰太累了，说不定巴不得停车休息。可惜我当时心有旁骛，没有顾及这方面的情况。大家也都急着赶时间，一路狂奔直到火车站月台前才停下来。”

今天我们站在旁观者的立场看问题，马科维茨基显然没有尽到医生的责任。不过我们别忘了一个事实：否定马科维茨基的，正是他自己，别人并没有指证他失职。事实上，除了车夫（天不亮就叫起来赶那么长的路，车夫心里想来也不是滋味），别人也不可能了解到这些隐情。如果马科维茨基是一位工于心计的人，他整理日记的时候完全可以剔除有损个人形象的内容，想方设法为自己的行为辩护、而不是喋喋不休地发表自责性言论。可他没有这么做。是的，这位医生没有及时采取有效救治措施、也许间接加速了托尔斯泰的死亡；但他没有粉饰自己，他选择了向世人公布真相，足见其襟怀坦荡、心昭日月。

托尔斯泰精疲力竭，马科维茨基也好不到哪儿去。日夜操劳、睡眠严重不足，他当时的处境只能用苦不堪言来形容。但托尔斯泰的指令他只能无条件地执行，因为在他的眼里，那跟上帝的旨意一样神圣。

萨莎和费奥克利托娃总算赶到了罗斯托夫，和托尔斯泰一行上了火车。他们乘坐的是二等车厢，包间都挤满了人。乘务人员将托尔斯泰安顿到一位别列夫站登车的知识分子身边，那人一眼就认出了托尔斯泰，犹犹豫豫地让出了座位。剩下的人挤在无票乘车区，“开始七嘴八舌地讨论起下一步行动方案来。”

也就是在这个时候，利戈夫和安伦科娃才淡出了大家的视野，取而代之的是罗斯托夫、诺沃切尔卡斯克、杰尼辛科等人名或者地名。“车过戈尔巴乔沃站的时候，大家再次提议在诺沃切尔卡斯克站下车——那里有托尔斯泰的外甥女，休整几天养足精神以后，再行敲定最后一段行程——去高加索，或者在搞到护照的情况下直奔国外（‘你们都有护照，就我一个人没有。我的身份是大家的仆人！’——托尔斯泰如是说），保加利亚、希腊，去哪里都行。”

细读马科维茨基的日记，有些地方实在让人哭笑不得。一群乌合之众、带着个80多岁的“老仆人”偷越国境？这么荒唐的事，也亏他们想得出来！被边检站拦截下来，愿望落空事小，贻笑大下事大：伟大的列夫·托尔斯泰离家出走，身边还带着自己的私人医生——面色苍白如纸、喜怒不形于色的斯拉伐克人马科维茨基！消息不胫而走，过不了多久全天下人都会知道这桩丑闻！事实上，《俄罗斯导报》记者康丝坦丁·奥尔洛夫打罗斯托夫车站起，这一路上已经跟定了他们，每过一个大站，都会向报社发送托尔斯泰一行人的消息。照此情形发展下去，麇集诺沃切尔卡斯克的记者不会少，不说全国、至少南方媒体的人马都会凑过来。到时候别说探视杰尼辛科一家、养精蓄锐，只怕连一点儿个人活动空间都没有了……

不管托尔斯泰一行的际遇如何，我们不妨从理想的角度出发看问题，设想他们的最佳出路。假如他们成功穿越国界进入保加利亚，托尔斯泰的所有问题便可迎刃而解了吗？

托尔斯泰最迫切的愿望是什么？深居简出、与世隔绝，求得落日黄昏时分那点宁静和安谧。“他忘了，他在保加利亚的知名度不下于俄罗斯。”马科维茨基在日记中写道，“译成保加利亚语的托尔斯泰作品，不计晚年撰写的各体著述，种类之多，独步天下。可我们当时都没想到提醒他一下，太阳底下已没有他的藏身之地。就像一群被追逐的野兽，我们只想躲几个星期，几天也好。”

保加利亚早已张开了双臂，准备给托尔斯泰一个最热烈的拥抱。克里斯托·村谢夫，保加利亚《异见》杂志副总编，切尔特科夫的朋友，托尔斯泰的崇拜者，早就在当地扇起了一股风。托尔斯泰属于整个斯拉夫社会，无论走到哪里，那里就是他的祖国、有他的人民。可惜花木扶疏处，无关春风意，托尔斯泰本人最头疼的事，莫过于面对前呼后拥的崇拜者。蹲牛棚也好、住院也行，就是别搞什么集会活动。他需要的是清静，而不是众口一词的赞美。

佛教创始人释迦牟尼看破红尘，拒绝在专为自己修建的寺庙内圆寂。托尔斯泰之所为，与佛祖之所行有异曲同工之妙，可谓佛心禅意，处处相同[①]。

站在托尔斯泰的立场上看问题，高加索也不是理想的去处。那里有不少托尔斯泰主义者、反仪式派教徒，都是全国各地的拥趸打发来的“朝圣者”。

萨莎在戈尔巴乔沃买到一份首曝托尔斯泰离家出走轶闻的报纸，拿给父亲看过以后，据萨莎本人指称：托尔斯泰垂头丧气、情绪大受影响。

“我的事都见报了，这下子还瞒得了谁！”列夫·尼古拉耶维奇唉声叹气。

一火车的人都在讨论这条爆炸性新闻。“我对面坐着两名年轻人。”萨莎回忆，“穿得花里胡哨的，嘴角还叼着烟卷。

“‘老家伙又做了什么傻事，惹着了索菲娅·安德烈耶芙娜。’一个年轻人打趣道，‘这不，在半夜仓皇出逃，怪可怜的。’说到这里，此君哈哈大笑起来。

“‘告诉你，索菲娅一辈子可没少付出。’另外的那位年轻人接住话茬儿，‘可能是没伺候对地方。’”

丑闻的主角就在车上的消息很快就传了开来，大家挤过来挤过去，试图一睹这位传奇人物的丰姿。仅凭托尔斯泰那几个随行人员的力量，根本阻挡不了如潮涌动的人流。危急关头，聪敏的乘务人员出手了。

---

① 佛祖释迦牟尼临终前心绪难安、坐卧不宁。一日他去了一位铁匠家。主人无物可奉佛祖，除了腊肉。佛祖吃了粗粝的食物，腹痛不已，知道自己末日将近。便穿上了干净的衣服，吩咐信徒在地面上铺好雨布。佛祖身边围坐着忧戚满怀的铁匠和蜚声连连的信众，佛祖温言软语安抚着他们，“我说过没有，安奈达，世间至爱至亲之人、至珍至贵之物，非能久持、弃亦常态？”单纯的安奈达怎么也想不通，圣洁的神为什么会将自己的归宿选在蛮荒之地。

“干吗都往我这边挤？”一位头发斑白、神色端庄、锐利的目光闪烁着智慧光芒的乘务员高叫道，“你们挤我到底有什么意图？托尔斯泰上一站已经下车了！”

托尔斯泰此刻裹着一条厚毛围巾，已在一间空包厢内安然入睡。外面发生的一切，再也不会对这位受尽颠沛流离之苦的老人形成困扰和威胁。谢天谢地！

托尔斯泰一觉醒来，健康状况出现异常。他的随行人员看一眼就明白了：老人病得不轻。支撑他从雅斯纳雅·波良纳一路奔逃至夏莫尔金的精神力量，此刻已訇然崩塌。关于托尔斯泰病因的揣测，穿凿附会的版本很多，本人在此不拟置评。我只想陈说一个事实：托尔斯泰是在火车已过戈尔巴乔沃、索菲娅·安德烈耶芙娜尾随的威胁已经淡远的情况下发病的。戈尔巴乔沃那份报纸明明白白地告诉他：头上套着荣誉光环的野鹿，永远逃不出猎人的视线。他的一举一动、一言一行，都在记者乃至世人关注的目光下被无限放大、发布、流传。他前脚跨出家庭陷阱，骤然发现整个世界都是他的陷阱。

谢尔盖神父之路，他没有走通。他笔下形形色色的遁世者　　从奥列宁公爵到费多尔·库兹米奇长老——无一例外找到的归宿，他没有得到。尘世最后一个魔鬼——荣耀，不是他能控制和战胜的。每道光辉的背后，都是挥之不去的阴影。

命运的年轮

托尔斯泰的人生丰富多彩、意蕴深厚，传记作家多不想单纯地停留在划分年龄段（童年、青年、成年、早期创作阶段、后期创作阶段等）、记录各个阶段的生活轨迹上，而是严格遵循等长时间片划分原则，概括每个时段的特征。

何以出现这样的情况，我们没法给出严谨解释和标准答案。这也许是因为托尔斯泰的精神内涵太过丰厚，留给世人思考的空间太过广阔，就像枝繁叶茂的大树，每一道年轮都是心灵的积淀、思想的芳华。

托尔斯泰成长的年轮异乎常人，其严整的内在逻辑一度主导托尔斯泰的精神生活：左右其思想演进、控制其日常行为，使托尔斯泰本人成为这种“客观意识”的影子。

在与自己的首席传记作者巴·伊·比留科夫的一次对话中，托尔斯泰提到命运之数“7”。“这个划分基数是我听托尔斯泰亲口说出来的。他说，他的思想认识以7

年一个周期的节奏演进：每过一个节点，都会产生一个全新的自我。生理学家的成长阶段论，在他的身上得到了最好的印证。”

1） 1828—1835年：童年；

2） 1835—1842年：少年；

3） 1842—1849年：青年；学习阶段；在雅斯纳雅·波良纳家庭生产经营活动中小试牛刀；

4） 1849—1856年：初涉写作；军旅生涯：高加索，谢瓦斯托波尔，彼得堡；

5） 1856—1863年：退役；兄长病殁；草创平民教育事业；投身法律行业活动；结婚；

6） 1863—1870年：以家庭为中心的生活；《战争与和平》的创作；生产经营活动；

7） 1870—1877年：萨马尔饥荒；《安娜·卡列尼娜》的创作；文学创作与个人声誉巅峰期；天伦之乐；家庭财富的快速增长；

8） 1877—1884年：信仰危机；《忏悔录》《四福音书的统一性与演绎》《我的信仰是什么？》的创作；

9） 1884—1891年：卜居莫斯科；《到底怎么办？》的创作；民间文艺作品创作活动；《媒介》撰稿人；“托尔斯泰主义”的传播；宗教批判活动等；

10） 1891—1898年：饥荒；写作《天国在你们心中》；反仪式教派活动；教会对反仪式教派的压制；

11） 1898—1905年：《复活》的创作；逐出教会；疾病；风烛残年；对话军政长官、主教；战争；二月革命；社会改良运动。

托尔斯泰的第一部传记，就是按照这样的体例编排的。作者比留科夫是托尔斯泰的拥趸，与大文豪关系密切。爱之既深、知之必广，比留科夫的传记，许多方面都有独到之处，说迄今无人能出其右，绝非夸张。

比留科夫虽然按照上述“时间片体系”写出了成功的传记作品，但他认为这种划分的合理性是相对的，严谨性尚有待商榷。托尔斯泰波澜起伏的一生，断不是一条单纯的、以7年为周期的曲线概括得了的。他一生中发生的很多重大变故或者思想演进的脉络，都打破了这个时间藩篱。另外，某些时间片有人为切割的嫌疑，不代表任何实质意义。譬如1842—1849年，顺延1年变成1843—1850年，亦无不可。

相反，托尔斯泰一生中里程碑式的那个时间节点：世界观发生逆转，按这样的分段办法根本体现不出来。

览遍托尔斯泰生平，类似时间点并不多见，以此为准研究作家思想演进的历程和创作活动的轨迹，逻辑更加严密：

推开一张纸，将托尔斯泰一生中最重要的几个时间记录下来，我们将得到以下一个数列：

1828　　1847　　1862　　1877　　1910

第一个和最后一个年度数字毋须解释：生卒年。这是一个“不可逆转的进程”（托尔斯泰语），不具研究价值。

辑入1847年的原因是什么？这一年，还在喀山大学就读的托尔斯泰开始写日记。托尔斯泰日记非同寻常，这是他自我意识觉醒的标志、创作生涯的发端，也是筑就他辉煌艺术殿堂的基石。此举意义之重大、影响之深远，非此前发生在托尔斯泰身上的一切变故可比。当年他入主雅斯纳雅·波良纳这件事，与之相较也不值一提。继承大宗遗产之后的托尔斯泰再也无心向学，当下卷起铺盖回到了雅斯纳雅·波良纳，专心过起了贵族地主的生活。起起落落几十年，托尔斯泰在这片土地上抛洒了半生的汗水，走到19世纪80年代中期才功成身退，将产业的处置权交给了妻子。

1862这个年份也乏善可陈。虽然就托尔斯泰个人来讲，这一年是他人生的分水岭——他结婚了。“生死之外，无事大于婚姻。”托尔斯泰在1896年的日记中写道。但生老病死、婚丧嫁娶，乃自然之道、伦理之常，社会意义不大。

1877年，信仰危机。托尔斯泰对宗教产生了深厚的兴趣，数番前往奥普季纳修道院并着手创作《忏悔录》。他深感此生罪孽深重，决定诀别往日生活，开启人生新篇章。

按照上述阶段性特点，托尔斯泰一生可划分为以下几个大的区间：1828—1847年（从出生到18周岁将满），1847—1862年（历15年），1862—1877年（共15年），1877—1910年（凡33年）；18+15+15+33。为了使时间前后对称，我情不自禁地想在这里再插入一个节点：18+15+15+15+18。

这个需要插入的节点就是1992年。

现在我们得到的是这么一组数据：

1828　　1847　　1862　　1877　　1892（？）　　1910

插入的时间点位于比留科夫分段体系内的1891—1898年区间，这一时期发生的大事包括托尔斯泰的创作、家庭生活、朋党活动及梁赞省别吉切夫卡大饥荒事件。比留科夫将《天国在你们心中》一书的创作、托尔斯泰协助反仪式派东正教徒移民加拿大等统统归拢到这一时段内。事实上，托尔斯泰帮助被宗教当局压制的异见人士（反仪式派教徒）移居国外的事，始于这一阶段，但远未终结：直至拿出《复活》一书的稿酬资助外逃者、并将长子谢尔盖送出国门的1898—1899年，托尔斯泰反抗教会暴力行为的活动才达到高潮。

这些事件本身放在托尔斯泰的人生背景上，可圈可点、意义重大，但还算不得"不可逆转的拐点"（用托尔斯泰的原话说，就是"不归路"）。诚然，《天国在你们心中》这样匠心独具的文章非假托尔斯泰之手，无人能出；但同样不容否认的是，许多事件的背后却都有集体行动的影子：托尔斯泰在其中扮演的角色，不过是积极参与者之一而已。

《天国在你们心中》平平无奇，在托尔斯泰作品阵容中地位并不突出。即便放到"宗教探索"阶段这一大背景下，也不能与托尔斯泰的诸多佳作相提并论。《忏悔录》、《复活》、日记、信札，这一时期托尔斯泰的文字，任取一种都比《天国在你们心中》更具代表性。按照比留科夫分段法，这一时段的托尔斯泰墨守成规、一无所为，标志性事件从来没有发生过。

那么，真实情形又是如何？

是彻底放弃，还是撒手不管？

1892年，托尔斯泰放弃了个人财产。需要说明的是，此举在当时不是个案。在俄罗斯广为人知的传教士雷茨托克，退役英军上校、克里米亚战争的参与者，思想认识发生转变后于33岁那年散尽家财，还所有仆役以自由之身。类似的做法在富商巨贾中比较流行：竭一生之力聚敛财富，临终忏悔时将遗产捐给教会。可托尔斯泰特立独行，他的许多做法至今尚存争议。

放弃个人财产是托尔斯泰一生中做出的最艰难的抉择。本以为可以给自己带来物质福祉与精神享受的财富，最后成了他人生的桎梏、信念的黑洞，除了急流勇退，没有别的出路可走。

托尔斯泰在世界观转变之初就谆谆告诫身边亲友特别是妻子索菲娅，贪求个人财富是德之大污、万恶之源。他所做的一切，并非如妻子指责的那样：救亡恤孤、施惠大众，将天下苍生置于自己的羽翼之下、做万民敬仰的救世主，而是为了拯救自己、拯救家庭。不劳而获、尸位素餐，这样的生活湮没心智、毒化道德，抱定如此低俗堕落的信念行走世间的人，跟行尸走肉没有什么区别。1977年之后的托尔斯泰与妻子的矛盾分歧日渐升级、终至水火不容，问题就出在人生观的错位上。

托尔斯泰婚后一心扑在家庭上，殚精竭虑、苦心经营15年，目的就是向妻子儿女证明自己是一位合格的丈夫、称职的父亲。但他的一腔热情没有得到多少理解和支持，招来的反而是大家的漠视、抵触。家庭矛盾如影随形，从雅斯纳雅·波良纳一直蔓延到莫斯科，家庭气氛往往厚重到令矛盾双方都无法呼吸。外人眼里波澜不惊，事实上暗流汹涌，这就是托尔斯泰的家庭生活。

不安定的家庭也会越变越大，托尔斯泰家的人丁也在不断增长。

1888年，托尔斯泰夫妇所生的最后一个孩子瓦涅奇卡呱呱坠地。

这一年，托尔斯泰的次子伊利，也有了自己的家庭。

偌大一个家庭，成年子嗣为数不少，但娶亲还只是头一回。传承血脉、光大祖业，这件事对托尔斯泰来说意义重大[①]。

根据父辈们立下的规矩，托尔斯泰一家人婚嫁不得嫌贫爱富、攀附豪门。伊利亚这门婚事完全符合这一要求：对方是圣彼得堡国立美术研究院院士、著名画家尼·亚·费拉索弗夫的女儿，资质相当丰厚、嫁妆却很单薄。燕尔新婚，伊利亚携如花美眷回到雅斯纳雅·波良纳，出入不过楼下的3间房，你侬我侬，朝夕厮守，过了一段罗宾逊式的孤岛生活（其他家人都住在莫斯科）。度完蜜月，伊利亚和娇

---

① 列夫·托尔斯泰的子嗣中，唯伊利亚一支"枝繁叶茂"，人才辈出。伊利亚的长女安娜十月革命后依然留居国内，其夫巴·斯·波波夫教授作为著名作家米哈伊尔·布尔加乔夫的朋友，不惜以身犯险藏匿这位异见分子的部分手稿，其高风亮节，堪为俄罗斯知识分子之典范。第二次世界大战后，伊利亚·利沃维奇的两个儿子：侨居南斯拉夫的伊利亚和弗拉基米尔顺利归国；他们的后裔包括"雅斯纳雅·波良纳音乐园地"经理弗拉基米尔·托尔斯泰、美术家娜塔丽娅·托尔斯塔娅、电视制作人彼得·托尔斯泰、费克尔·托尔斯泰。

妻索涅契卡移居切尔恩县格里涅夫卡村——托尔斯泰早先以妻子索菲娅的名义购置的一处产业，期间真切地体验到了自己一无所长、一直生活在父母卵翼呵护之下的窘境，着手打理家庭事务。可惜他不具备经营天分，勉为其难，苦不堪言。

托尔斯泰另外的子女对婚姻之事都不太上心。谢尔盖·利沃维奇1895年结婚，时年32岁。这桩婚姻基础并不牢固，谢尔盖的人生因此大受影响。塔季亚娜的情路也非常坎坷，在经历多起订婚—悔婚的折腾之后，于35岁那年嫁于年长自己许多岁的马·斯·苏霍京为妻，对方膝下并已育有儿女。列夫·利沃维奇30岁那年结婚，对方是瑞典商人维斯托尔隆德之女。最后是列·尼·托尔斯泰爱女玛莎的婚事，按当时的标准，出阁年龄也稍稍偏大（28周岁）。玛莎的婚姻比较奇特，丈夫是其姑母玛丽亚·尼古拉耶芙娜的嫡孙科林卡·奥勃良斯基。此君身无长物、家无余财，用俗话讲，就是“穷得叮当响”的一个人。

托尔斯泰老来所生各位子女的命运：萨莎一生未嫁，于95岁高龄辞世；另两个儿子：安德烈有过2次婚姻，米哈伊尔“从一而终”，两人均家丁兴旺、籽实离离。

19世纪80年代的托尔斯泰，家庭事务已不再单纯，枝枝蔓蔓，层出不穷。除了理顺各方面关系之外，还要开源节流，供养雪球一般越滚越大的家族，托尔斯泰肩头的担子有多重，可想而知。

可是，托尔斯泰没有挑起也不想挑这副重担。就像不食人间烟火的天外来客，托尔斯泰的日记以及与妻子的往来信件中，很少触及利益攸关的话题。他唯一关注过的问题只有一个：孩子们生活条件太过优裕，长大后有可能成为贪图享乐、不劳而获的寄生虫。他在给妻子的信中不厌其烦地阐述这个道理；进入19世纪80年代之后，“亲爱的朋友”弗·格·切尔特科夫也成了他诉苦的对象。

索菲娅言语间一旦夹杂有钱财一类的字眼，托尔斯泰马上产生过激反应，轻则冷眼相向，重则暴跳如雷。1884年10月，索菲娅给远在雅斯纳雅·波良纳的丈夫寄过一封信，内附“必不可少的开支”清单：

（单位：卢布）

英国女教师	30
夫人	50
保险费	267
卡舍芙斯卡娅	40

捐赠杜马	200
学费	47
捐税	80
俄语教师玛莎	36
教育开支	203

工资：

日常杂项薪水开支合计	98
厨师	15
洗衣女工	40
听差	15
锯木工	60
车夫	15
谢辽沙	40
保姆	8
肉、面、油等各类食品	150
院落清扫工	8
零食，煤炭，烟草等	150
杜尼亚沙	8
女厨	4
面包女工	25
烧水工	5
打蜡上光工	5
塔季亚娜	6
牛马饲喂费用	75
弗拉莎	8
更夫	2
乳娘	5
伊利亚，塔妮娅，列利亚，玛莎补贴合计	12

房产税	50
月支出总计	**910**

托尔斯泰读完妻子的信札，反应相当的冷静超然，很有绅士风度。以他的素性，如果他对妻子横挑鼻子竖挑眼，指责她小题大做、斤斤计较，这原也是情理之中的事。但他没有这么做，他的复函措辞非常克制：

“亲爱的，你把钱财问题看得太重了，账算得这么细，我都生气了。你的信里对家事一字不提，谁生病了、谁结婚了、谁生孩子了、谁亡故了、谁读书上进了、谁干了好事或者坏事，这才是信里应该写的。经营家庭是我们的工作，随心所欲而已，又没有什么固定的章法。”

偌大一份家业，人丁兴旺、事务繁杂，光应付年龄跨度过大、心理特征及性格特点殊异的一帮子女，就不是一件轻松的事。可托尔斯泰举重若轻，声称持家“没有固定的章法”“随心所欲而已”，仿佛面对的不是有个人好恶和行事方式各异、长短共存瑕瑜互见的大活人，而是一堆牵线木偶。有一种未经证实的说法，声称托尔斯泰放弃财产不仅与他“弃恶从善”的道德追求有关，其实内中也有他摆脱财务困扰的因素。托尔斯泰有他的处世哲学，蝇营狗苟、唯利是图，这样的人生与他的天性格格不入。他直言不讳地告诫妻子：“不要遮挡我的阳光！”——这口气，跟古希腊以桶为屋、大白天打着灯笼找“真人”的提奥奇尼斯有得一比。他在金钱问题上的疏朗态度对年长的子女影响很大，玛莎的品性便酷肖乃父。

“她瘦高身材、矫捷灵活，长着一头金色的秀发，这方面跟母亲差堪仿佛；但她浅蓝色的眼睛、深陷的眼窝、轮廓分明的面孔，又与父亲有几分相像。”伊利亚如是描述自己的妹妹——玛莎，“她性情温驯、言谈举止柔和端庄，给人一种怯如惊兔的感觉。她是我们子女中第一个察知父亲内心孤独的人，也是第一个抛别亲友阵营、勇敢地站到父亲身边的人。”

塔季亚娜1890年末的日记却另有一番说辞。她说，最近一段时间，母亲深感自己在那个家里茕茕孑立、形影相吊，被厚重的孤独感压得喘不过气来。

“我更加同情妈妈，因为其一，她除了这个家，再没有别的信仰——没有自己的信仰、也不服膺爸爸的信仰；其二，她说过许多不中听的话、做过许多不理智的事情，很孤立，子女都站在爸爸的一边，她知道自己很孤立；其三，她和爸爸的爱显然是不对等的，她付出的感情更多、情意更加深厚——时至今日，父亲的一句温言软语，都能让她欢喜雀跃。她最大的不幸就在于言不顾行、不讲逻辑，给嫌弃她的人留下了太多的口实。”

20世纪90年代托尔斯泰夫妇强弱之势与上一个十年相比较发生了一些微妙变化，丈夫托尔斯泰已经走出了孤家寡人的困局，得到俄罗斯乃至国际社会的广泛认同，声誉日隆。他的新作无一例外地遭到书报检查机构封禁，难以通过正规出版渠道与读者见面，但手抄本、打印稿却风靡天下，加上口耳相传等手段，效果比直接印行更加显著。至于托尔斯泰作品在国外的出版发行情况，风头之健，可谓史无前例：各语种译本塞道盈途，读者面极其广泛。托尔斯泰热在欧洲主要国家间的兴起，还得归功于切尔特科夫。索菲娅·安德烈耶芙娜曾经断言，丈夫的新书没有什么价值，感兴趣的读者屈指可数。她的预言破产了。

比判断失误更可怕的是，她的家、她的精神堡垒濒临倒塌，“黑色的阴霾”遮天蔽日，掩盖了这一家人的前景。危难关头，索菲娅与生俱来的民族坚韧性和阶级狭隘性充分表露了出来：她接受不了失败的结局。

“老来凄凉的命运，看来无法逃避。”索菲娅在1890年的日记中哀叹道，“托尔斯泰的身边老是围绕着一帮自我标榜为信徒的怪人。今天早上就来了这么一位所谓的‘信徒’：面色黝黑阴沉、曾因传播革命思想被流配西伯利亚，灵魂估计跟外表一样阴暗。他的身边还带着一位犹太女人，两人以‘夫妻’相称，其实就是同居关系。就是这么一个女人，比留科夫还是玛莎居然带到楼下房间内热情接待，实在让人心寒。作为良家女子，我的女儿怎么能跟社会盲流沆瀣一气？看到丈夫一副安之若素的样子，我气急败坏地嚷了起来：‘你一辈子都是这样，总是跟下三烂为伍。可我接受不了这样的生活，不想让自己的亲生女儿跟这些人来往。’他什么话也没说，只是打了一个哈哈，怒气冲冲地走了出去。”

玛莎爱上了比留科夫，一门心思地想着嫁于此人为妻。切尔特科夫在这一家也是人气颇旺：塔尼娅喜欢他，托尔斯泰的一个儿子也喜欢他。父母间起了纷争，子女们自然倾向于父亲一方：托尔斯泰代表的是先进文化，更何况跟他站在一起的，还有切尔特科夫、比留科夫等才华横溢的社会贤达人士。

但是，子女的态度有违客观公允，可以说是错误的。偌大一份家业，是索菲娅·安德烈耶芙娜用她的双肩撑起来的。列夫·尼古拉耶维奇每生事端，打击都落在妻子索菲娅的身上；如果不是她拼力周旋，这个家可能不会出现欣欣向荣的气象。可她不具备丈夫的社会优势：她没有“亲爱的朋友”、没有同盟者，在与丈夫旷日持久的角逐中，她只能孤军奋战。索菲娅整日面对的是一个奇特的家庭，托尔斯泰从来就没让她消停过：忽而醉心于皮鞋制作工艺，忽而直接致函新帝、为谋杀老沙皇的凶手开脱罪责，忽而天天跑教堂，忽而又在斋戒期间当着孩子的面大吃特吃鱼肉馅饼，或者醉心农业改造，亲自下地劳作，拿把铁锹剖庄稼地，鼓捣长得好好的麦子。这样的事接二连三地发生，索菲娅疲于应付、早已心力交瘁。

托尔斯泰本身就是一个“怪人”，做事神神道道的，神龙见首不见尾，但他又不是弃家庭于不顾、偏执一端不计其余的人。他竭一生之力积聚的家庭财富，包括多处产业，其中莫斯科市内家用设施齐备、牛马车驾俱全、仆役成群，论规模不亚于庄园的哈莫夫尼科夫宅邸，他都留给了家人，事实上也就是拱手让给了妻子。但从法律的角度看，他任何时候都可以随意处置名下产业、剥夺妻子儿女的继承权。

1890年2月，托尔斯泰在日记中写下了一部新剧的构思——《关于人生：一位看到光明并希望用这片光明驱散头顶的阴影时，骤然发现暗影越来越重的人发出的绝望呻吟》，这一主题断断续续一直写到1900年，最后还是在弃诸一边的剧本《光明烛耀黑暗》中有所体现。这是一部“纯个人”作品，托尔斯泰在自传中将其与中篇小说《魔鬼》相提并论。剧本内容不仅涉及他放弃个人财产背后的种种隐情，更有他对妻子戏剧化个性的探究和剖析。

剧本塑造的主人公、饱读《福音书》的尼古拉·伊万诺维奇·萨伦采夫，决定践行耶稣基督的教诲，将所有的私产拿出来资助穷人，过自食其力的生活。此举自然会伤及其他家庭成员的利益，包括妻子玛丽亚·伊万诺芙娜，子女斯捷潘、瓦妮娅、柳芭、米茜、卡佳。那部剧本人物繁杂、角色众多——地主、官员、神甫、宪兵、医生，各色人等粉墨登场，其中最重要的角色是萨伦采夫的内妹亚历山德拉·伊万诺芙娜·科霍夫采娃及其丈夫彼得·谢苗诺维奇。自传式剧情脉络分明、人物原型清晰可辨，托尔斯泰一家人——列夫·托尔斯泰、索菲娅·安德烈耶芙娜、他们的孩子、库兹明斯基夫妇的风采，跃然纸上。

亚历山德拉·伊万诺芙娜·科霍夫采娃，这个人物是剧本中最引人关注的人物。与姐姐不同，她一眼看穿了萨伦采夫家庭闹剧的本质：姐夫行事荒唐，姐姐玛丽亚·伊万诺芙娜应该将所有家庭财产划归到自己的名下。这就是托尔斯泰对塔季亚娜·安德烈耶芙娜·库兹明斯卡娅现实立场的定位。这部戏剧为托尔斯泰的婚姻做了最好的注脚：如果他娶的不是索妮娅，而是坐等塔妮娅长成，那么面对他的未来将是怎样……托尔斯泰一旦冒出犯傻的苗头，塔季亚娜会毫不犹豫地宣布自己的丈夫患上了精神病！

托尔斯泰对玛丽亚·伊万诺芙娜（原型：索菲娅·安德烈耶芙娜）这个角色的处理，手法上要复杂得多。她乐于接受丈夫的任何观念信仰，因为她毫无保留地爱着他。但她关注的重点、她生命的全部意义，悉数落在了孩子身上。她本身视金钱如粪土，她跟丈夫在放弃财产这个问题上的分歧源于勇挑家庭重担、捍卫子女的利益。在她眼里，财产是一具十字架，既然她深爱着的丈夫不愿意背负，她只能无怨无悔地扛到自己的肩上。所以，主人公夫妇之间的矛盾冲突，既有信仰的原因，也有家庭责任方面的因素。

剧作中，尼古拉·伊万诺维奇给妻子下的定义出人意料："狡猾的孩子"。

"尼古拉·伊万诺维奇：小孩子！纯粹是小孩了！狡猾的女人！对了，狡猾的孩子！"

从内容结构上看，剧本没有写完，但主题已经交代清楚。迫于家庭压力，尼古拉·伊万诺维奇在转移家庭财产至妻子名下的法律文书上签了字，蓄谋与一位神秘人物——亚历山大·彼得罗维奇在"身无分文"的情况下前往高加索。关于这位"神秘人物"的身份背景，后文仅有一句简单的提示："衣衫褴褛"。

迫于妻子施加的重重压力，最后未能成行的尼古拉·伊万诺维奇只能举首问天、向上帝祷告：

"上帝，难道我追随你就是误入歧途？我没有错！请为我指点迷津，我的天父！"

在签署财产转移法律文书前，尼古拉·伊万诺维奇正告妻子：

"如果我将一切都交给了你，那么我就得走，我们将不再同处一个屋檐下。眼睁睁地看着你处置曾经属于我的产业、压榨依附在这片土地上的农民的血汗、稍有过错就将他们关入囚笼，这样的生活我无法面对。何去何从，你选择吧！"

妻子的选择决定丈夫的去留。如果她选择了财产，他只能净身出户。今天不走，明天也得走。

19世纪90年代托尔斯泰一家上演的现实版家庭剧，线索远比《光明烛耀黑暗》

繁复。1892年7月，当托尔斯泰在分割名下资产、各按一定份额转交妻子儿女的法律文本上签字的时候，他事实上已经做了将近十年的甩手掌柜。1883年5月，托尔斯泰在有图拉省公证员别拉波罗多夫现场监督的情况下签署了产业转移协议，确认妻子对其名下所有财产的处分权，包括无须征得他的同意即可自作主张整体或部分出让一切有形无形资产、与第三方签订任何涉及产业的法律文书，以及无条件支配产业经营收益等。

有趣的是，托尔斯泰在钱财问题上放得很松、在人的问题上却管得很紧：协议规定，未经他的同意，索菲娅不得出行、更不能随意变更住址。1886年，索菲娅因母亲去世，不得不赶赴雅尔塔治丧，托尔斯泰为此专门书写了一份“补充协议”，赋予妻子“1886年在俄罗斯境内自由行动、自选居处”的权利。

既然托尔斯泰放弃财产的事实已形成十年，并且法律已为这样的行为做了背书，那为什么还要狗尾续貂、再签订一份1892年协议？须知这份协议跟前十年的那一份截然不同，在给托尔斯泰及其家人制造伦理灾难的同时，从法律角度看也给他们带来了沉重的负担（仅协议内容的推敲及文本的草拟，先后耗去了整整一年的时光）。第二份协议实际意义不大，却为早现嫌隙的托尔斯泰一家平添了许多裂痕。另外，协议名义上的受益人索菲娅·安德烈耶芙娜想要的早得到了，不想要的却凭空加进了许多：这份协议对她不利。

早在1883年，托尔斯泰夫妇就曾签过一份“和平友好协议”。根据协议内容，“恶”（托尔斯泰的定义）或者“十字架”（索菲娅·安德烈耶芙娜的理解）由妻子一力承当，丈夫从此告别与“恶”朝夕面对的日子。无须再签署有违本心的文件，也不用担心授人以柄、让那些潜伏在阴暗角落里的人逮着机会跳出来，攻击他离经叛道、不信上帝，这就是托尔斯泰追求的目标——轻装上阵，过理想化的生活。

成了名副其实的一家之主，索菲娅无分巨细、事必躬亲，忙得不亦乐乎。

与此同时，托尔斯泰还寄希望于跟家人达成共识，捐出所有的财产，过那种劳苦大众日出而作、日落而息的生活。他认为，作为一次建设新生活的有益尝试，即便将来沦落到衣食无着的境地，也是大义当前、在所不辞。他自己早就做好了心理与技能两方面的准备：制作皮鞋、劈柴、耕地、收麦刈草、修建农家小屋，这些苦力活他没有一样不干的。平心而论，索菲娅也不是养尊处优的贵妇人。她工于针线，阖家老小的衣服鞋袜，都出自她那一双巧手。她毕其一生，从来没有踏出国门一步。她年轻时一度出入舞厅，但很快就洗尽铅华、返璞归真，过上了循规蹈矩的家庭生活。索菲娅·安德烈耶芙娜的一生是奉献的一生，她对丈夫付出的赤诚与厚爱，连她的妹妹塔妮娅都觉得匪夷所思。如果她嫁的是另一个托尔斯泰，我们有理由相信，她会义无反顾地跟着丈夫一路走下去，哪怕是披鹑衣、钻牛棚，哪怕是吃糠咽菜，哪怕是浪迹天涯！

但她不会让自己的孩子受罪！更何况她的孩子禀性各异，适应不了千篇一律的生活。

一家人中完全站在父亲一边的，只有玛莎一人。拥有天使般无私无尘的美好心灵、对人类怀有大爱、以服务他人为快乐之本的玛莎不属于这个世界，根本不知道世道艰险、人心难测；若论幼稚单纯，真跟蹒跚学步的瓦涅奇卡有得一比，难怪伊利亚用“怯如惊兔”这样的字眼形容她。她精神上向父亲靠拢、物质上向母亲靠拢，穷其一生都未能建立起像样的生活。

对于玛莎其人，小列夫·利沃维奇1890年的日记中有一些描述，读来饶有趣味：“玛莎满脑子装的都是父亲的一套——不对，她整个人都淹没在父亲的那一套里。一提起父亲，她说得天花乱坠、如数家珍；谈到别的事，她总是懵懵懂懂、云山雾罩的，真不知道她将来会怎么样。”

他另一则日记中写道：“……玛莎妹妹穿着一条长裤，紧绷绷地缠在纤瘦的双腿上，长得像一根麻秆！就知道吃斋奉教，愚蠢的家伙……”

不过小列夫和塔季亚娜对父亲许诺财产的行为均持赞成态度，塔季亚娜1890年的一则日记就是明证：

“父母失和、家宅不宁，列夫（指父子列夫·托尔斯泰中的儿子。——作者注）的心情大受影响。他曾经发牢骚说：让财产都见鬼去吧，que cela finesse[①]。我想，一下子变得一无所有，这也未见得是什么坏事，反正对我们的生活不会造成多大的影响。列夫有奖学金，足够维持学业；谢廖沙可以继续在军队中服役；伊利亚到政府部门寻一份差事；玛莎嫁给鲍沙（指比留科夫。——作者注）得了；至于小弟小妹，送到孤儿院里，活下来是不成问题的。然后妈妈吃救济，爸爸随玛莎、鲍

① 只要耳根能清静下来就好（法语）。——作者注

沙他们一家过日子，这样的结局不也很好。”

总之，根据塔季亚娜的说法，没钱人也能好好地活下去。那么放弃财产究竟有什么弊端？“我们还会跟以前一样，抱定同样的理想信念、追求同样的人生目标，但有些人会心生怨怼，恨父母将他们置于万劫不复的境地。”

“怨愤”的种子早已潜滋暗长了起来——最先成家的伊利亚，要求父母分给他应得的那份家产。托尔斯泰的家里发生了男权宗法制农村家庭司空见惯的事件：成年子女结婚后，都要自立门户，摆脱父亲的控制。几世同堂只是一个美好的愿景，现实生活中鲜有存在。至于托尔斯泰最崇拜的苏塔耶夫式家庭——有活大家干、有饭大家吃、有物大家用，那样的理想天国，估计梦中也难见几回。托尔斯泰的新家庭运动注定失败，因为不需要索菲娅·安德烈耶芙娜从中作梗，子女这一关就过不了：他们都有建立“核心家庭”的天然需求。

不管有意还是无意，伊利亚是托尔斯泰一家财产侵害的始作俑者。对索菲娅·安德烈耶芙娜来说，分家意味着人丁的减少、财富的流失，有百弊而无一利，她肯定不愿意看到这样的结局。

伊利亚的婚姻改变了托尔斯泰家的生活氛围。前有所行，后必效焉，“分家”从此成了大家挂在嘴边的话题——除了父亲和玛莎。

伊利亚携年轻妻子生活在格里涅夫卡。这处产业记在索菲娅的名下，所以在她看来，她当然有权利干预儿子的生活。

索菲娅·安德烈耶芙娜日记片断：

“伊利亚莫名其妙地对我说：‘我不会为你们卖命的！’我一听气不打一处来：‘我从来没有指望过你，我有管事的！’他也发脾气：‘我就是管事的！’‘可掌事的是我！’我可能太累了，也可能被他钱啊产业啊一类喋喋不休的纠缠惹烦了，我当时大光其火，说了很难听的话：‘干什么！有事找你爸说去，他不是向着你吗？你真烦人，见鬼去吧你！’”托尔斯泰对伊利亚一向青眼有加——不过他对子女的真实态度，恐怕除了一流心理学家，谁也猜不透。

“我们的父子关系非常微妙，微妙到让人不忍直视。”伊利亚·利沃维奇回忆，“某些敏感问题他总是不愿谈，仿佛这些问题会触及他灵魂深处的隐痛。

“我们之间发生过的一件轶事，我至今记忆犹新。我们一家人在莫斯科生活期间，父亲有一次在我的房间里写稿子，就趴在我的写字桌上。我当时正好想换件衣服，不经意间直闯了进去。”

“我的床隔在屏风后面。我换衣服的时候，我们相互看不到对方。

“听到我迈入的脚步声，父亲头也不回地说：

“‘伊利亚，是你吗？’

“‘是的。’

“‘你一个人吗？把门关上。现在谁也听不到咱们说话了，咱们也一个看不见一个，有什么话都可以开诚布公地说出来，用不着害臊。告诉我，你第一次跟女人发生关系的时候多大？’

“‘我说截至目前，我跟女人还没有过那一类接触。这时候我听到他那边突然传来叹息声、啜泣声，到最后竟然这变成了号啕大哭——哭得跟受了委屈的小孩子一样。’

“我也忍不住哭了起来。我们就这样隔着一袭薄薄的帏幔相对泣啼，任幸福的泪水放纵地奔流。我们当时都敞开了心扉，不羞不臊、不遮不掩，每一滴泪水都是那么纯洁、那么晶莹剔透，荡涤着我们心灵深处积淀的尘埃、赐予我们无边广大的幸福。那一刻是我人生经历中最美妙的瞬间，此前未曾经历、此后再未出现。”

伊利亚对父亲的感情非常深厚。托尔斯泰众子女中，伊利亚的长相最肖乃父。及至晚年，旅居美国的伊利亚更是像足了父亲，几至以假乱真的地步。好莱坞电影厂商拿列夫·托尔斯泰暮年的照片比对过伊利亚真人以后，如获至宝，遂延请他出演一部纪实电影，扮演父亲一角。伊利亚的长相很到位，但拍出来的电影很失败——好莱坞的一片苦心，最后都付诸流水了。伊利亚结婚较早，在托尔斯泰家下一代中率先建立起了自己的家庭。但后来的一些表现，实在让人不敢恭维——强迫母亲（注意，是母亲！父亲在此事件中始终作壁上观！）将格里涅夫卡划拨给他。母亲当然不能答应他：狮子的口张得太大了，咬到别人应得的份额上了！索菲娅·安德烈耶芙娜这一时期的日记清清楚楚地表明，托尔斯泰1892年正式签署放弃所有财产的声明，与其说是他们夫妻的动议，毋宁说是迫于情势——伊利亚婚后欲求不满，托尔斯泰已经无力左右局势。

“麻烦出在伊利亚一人身上。”索菲娅1891年——正式分家前一年——的一则日记中写道，“他是个极端利己主义者，贪得无厌，这也许跟他拥有了自己的家庭有关。别的孩子就没有他那么自私，都懂得利益当前先为别人打算的道理。列沃奇卡偏爱伊利亚，对他的致命缺点视而不见。这一回他也准备放弃原则，满足伊利亚的一切不合理要求。如此一而再，再而三地迁就纵容，只能助长伊利亚的气焰，到头来如何收场！好在格里涅夫卡在我的名下，如果不能通过抓阄的方式分给所有的子女，我宁肯牢牢地掌握在自己手里——对奥乌辛尼科沃的处置办法，也依照此例。我绝不容许自己的家庭变成弱肉强食的丛林、让大孩子肆意侵犯小孩子的权益……一触及这类话题，列沃奇卡的心就会沉下去。我的心情何尝不沉重——甚至比他的还要沉重十倍。但为了保护亲生骨肉的利益，我不得不挺身而出。”

财产方面久割不舍，来自家庭内部的重重障碍首先无法逾越，托尔斯泰遂决定“金盆洗手”，先将自己解放出来。他正式宣布“放弃一切个人财产”，但他的放弃是有前提条件的：转授给妻子儿女，由他们各按比例分享其中的一部分。当下之势，这也是解决问题的唯一办法。不过，这样的做法有损索菲娅·安德烈耶芙娜的家庭权威和个人利益，这一点毋庸置疑。丈夫“求仁得仁，斯已矣”，现在是无事一身轻；孩子们也各自得到了一份产业，从此可以各安天命。留给她的是雅斯纳雅·波良纳（与尚未成年的瓦涅奇卡捆绑在一起），此外还有照顾丈夫、维系家庭的责任。

“1891年7月[①]，我们兄弟姐妹倾巢出动，听从父亲的召唤前往雅斯纳雅·波良纳讨论分家的事。”据谢尔盖·利沃维奇回忆，“所有的产业加到一起（包括母亲后来添置的两处小产业：奥乌辛尼科沃、格里涅夫卡），总共估价50万卢布；父亲拟将这笔财产平均分成9份，母亲及我们子女各占1份，每份价值约为5.5万卢布。大家讨论后一致认定这样的分法公平合理，完全接受了父亲的产业分割方案：雅斯纳雅·波良纳顶两份，一份归母亲，另外一份划拨到年纪尚幼在母亲监护下生活的伊万名下；尼科尔斯科耶—维亚杰姆斯科耶与格里涅夫卡合起来分成三份：我得到的一份带有庄院，作为补偿我另行支付塔妮娅2.8万卢布；玛莎得到的是尼科尔科耶地界的中段；伊利亚除已经占用的格里涅夫卡外，还获得了普罗塔索夫村的所有权，可谓如愿以偿；塔季亚娜得到同为母亲出手置办的产业——奥乌辛尼科沃，外加我补偿的2.8万卢布现金；列夫的是一份莫斯科的住宅，外带萨马尔产业的一部分，该

① 记忆有误，此事发生在1891年4月中旬。——作者注

处产业剩余的部分由家中最小的三个子女（伊万由母亲监护，不计在内）平分；玛莎奉行父亲的无产主义信念，她应得而拒绝领受的那一部分资产转由母亲掌管。

“我动员母亲将玛莎那份产业以5.5万卢布原价出让给我，母亲答应了。这么一来我的债务一下子飚升到8.3万卢布，每俄亩产业负债额高达近100卢布。我想到的偿债办法是抵押贷款、出售树林。”

参与者的回忆录、日记等大量原始证据表明，托尔斯泰家这次牵扯到各方利益的分产活动开展得非常顺利，仅有的一点纷争就是玛莎公然拒绝接受财产，这在兄弟姐妹的眼里是违抗父命的行为，“不可理喻”——如果说这也算“纷争”的话，那也只是因逊让而起，绝非觊觎更大的份额，这充分说明了一个问题：托尔斯泰家风严正，每个家庭成员的道德品质无可挑剔。

“父亲通知分家，我们兄弟姐妹齐集斯特拉斯诺。”塔季亚娜在日记中写道，“其实这是父亲的主意，大家当时并没有提过类似的要求。尽管事由父亲起，但当我们涌到他的办公室里听他讲解财产分割方案时，他似乎对我们的心思了如指掌，不等我们发问就急促地回应道：‘是的，我知道为了你们的利益，我必须在放弃财产的文件上签字。’——落寞凄凉之情，溢于言表。他淡泊名利，对身外之物无欲无求；现在让他在处分财产的文件上签字，等于确认他早已放弃的权利，这使他的心情倍感沉重。就像被判处绞刑的罪犯不得不伸长脖子、套上绞索，在不可逆转的命运面前垂下头颅。父亲的处境让人痛彻心扉，但一想到化解母亲与伊利亚之间的矛盾纠葛舍此再无他途，我只能配合父亲的举动，尽儿女的义务。玛莎断然拒绝领受她的那一份产业，真羡慕她的勇气。”

玛莎初而果决、终而尴尬，出嫁后生活陷入困顿的她，不得不放下架子向母亲追索属于她的那份产业。

托尔斯泰不想将一生置下的产业传诸子孙，他想全部拿出来分发给农民。子女们聚在一起，违背父亲的意愿分割属于父亲的产业，大家心里多多少少都有一种负罪感；至于托尔斯泰本人，眼睁睁地看着子嗣肢解自己毕生心血凝聚而成的果实，‘好像我已经不在人世’（托尔斯泰本人语），他的情绪也不会好；母亲也是这一场家庭变故的受害者，成年子女不孝不悌、侵害少不更事的小弟弟和小妹妹利益的行为，深深刺痛了她的心。年长子女中玛莎首先发难，以不接受应得份额的方式，将这场饕餮盛宴的参与者推上道德审判的被告席。而尚未成年的两个孩子，萨莎和瓦涅奇卡，对眼前发生的事到底意味着什么一无所知，根本左右不了局势。后来母亲每每讲起雅斯纳雅·波良纳的归属，瓦涅奇卡还顿足抗议，声称那片土地“属于大家”。可以预见，如果托尔斯泰家这个最小的孩子不在7岁那年夭亡，雅斯纳雅·波良纳上空阴云难散，家宅将永无宁日。

“裂帛之变”既没有给托尔斯泰家带来任何物质利益，也未能提升任何人的精神福祉。托尔斯泰的儿子很多方面酷肖乃父，年轻时都喜欢赌博饮酒、迷恋茨冈女郎，持家理财方面的禀赋也差堪仿佛。索菲娅与她那一帮宝贝儿子的往来信函表明，从伊利亚、列夫、安德烈到弟兄中最理智的谢尔盖，大家都有浪荡成性的特点，时不时身陷债务危机，不得不求助于他们唯一的靠山——母亲索菲娅·安德烈耶芙娜。

老年托尔斯泰视财富如寇雠，但他又无力摆脱这一“生之大恶”，求得精神上的解脱。这个“大恶”形同鬼魅，总是伴随在他的左右，搅得他食不甘味、寝不安枕。版税问题，就是他挥之不去的“梦魇”之一。

左右支绌

为了对托尔斯泰的财产构成有个整体把握，厘清固定资产与版权收益之间的关系，这里引入一些数据资料，以资佐证。

托尔斯泰最赚钱的一处产业位于萨马尔草原。这块托尔斯泰整体购买的地皮投入小、产出大，地价连年见长。要不是托尔斯泰时不时心血来潮搞他的农牧业实验，诸如培育英国或巴什基尔良驹之类，那块宝地每年都可以带来稳定的租金收入。图拉的产业可是徒有其表，论收益与萨马尔草原产业有天渊之别。

很多不明就里的人认为，对于托尔斯泰这样的“大贵族大地主”来说，版税、稿费收入无关痛痒，取之不济其富、舍之不添其穷。其实这是一个误解。持这种观点的人，对托尔斯泰家的内部事务可能一无所知。

雅斯纳雅·波良纳不是膏腴之地，投入多、产出少，操心大、收效微，亏空年年都有，收入却不值一哂，日常用度全靠其他产业支撑。用时下流行的话来说，雅斯纳雅·波良纳就是一个黑洞，其存在就是为了吞噬周围的物质。

托尔斯泰宣布放弃财产，管理家庭产业的重担落到索菲娅·安德烈耶芙娜的肩头之后，女主人编制过雅斯纳雅·波良纳《正常与不良投资清单》，庄园管理员塔季亚娜·瓦西里耶芙娜·科莫罗娃的一篇文章引用过这份清单。“截至1913年1月，（雅斯纳雅·波良纳）攒下偌大一份家业：27匹马、26头母牛、1头公牛、24头小牛、11头猪、9头绵羊、78只家禽。截至1912年12月20日，草料场里尚存有880普特燕麦、800普特另10俄磅[①]黑麦、6普特另36俄磅黑麦粉；另有青贮饲料5垛约合400普特、三叶草饲料2垛约合1200普特、燕麦3垛计130捆、黑麦2垛计150捆、马铃薯共重400普特。”

“地里还种了不少白菜、黄瓜、各类浆果、香瓜、鞠菁等，”塔季亚娜·瓦西里耶芙娜说，“1914年，仅黄瓜种子一项就采购了3俄磅，试想培育的菜园有多大！”

跟这位雅斯纳雅·波良纳遗民风范的庄园管理员交流，真是一种莫大的享受！无论是出于共同的人性还是女性特有的慈心柔肠，她言语间对追随托尔斯泰浪迹天涯的那群人经受的磨难不时流露出深切的同情，闻之令人唏嘘不已。

我跟这位管理员一起查阅过索菲娅·安德烈耶芙娜亲自编制的账目——这位英雄母亲、“圣女中的圣女”不大信任她的管家科林加。如此庞大的产业，女主人何以事必躬亲、非要将自己搞得焦头烂额？她统摄全局、铁腕治家，为什么到头来却逼走了自己伟大的丈夫？

1910年，雅斯纳雅·波良纳各项收入合计：4626卢布49戈比；各项支出合计：4523卢布11戈比；收支相抵，结余103卢布38戈比。

1911年，雅斯纳雅·波良纳的经济状况好于往年，收入6371卢布93戈比、支出5633卢布46戈比，索菲娅·安德烈耶芙娜获得738卢布47戈比的纯收益。这笔钱她记入1912年账目中的“盈余”项下，全部用于追加投资，而个人消费方面则做到了备极节俭：连一件新衣服都没有添置。

笼罩在托尔斯泰家族肇始之地上空的迷雾，至此徐徐散开。

雅斯纳雅·波良纳的支出项目很明显：工资（1690卢布76戈比）、修缮（308卢布20戈比）、种子及草料款（411卢布36戈比）、生产器具的添置及维修（228卢

① 普特、俄磅，俄制单位；1普特=16.38千克，1俄磅=409.5克。——译者注

布75戈比）、工人膳食费用（114卢布45戈比），以及一些临时性开支，诸如“为巡防员购买羊皮袄”（10卢布）[①]，但是收入到底来自哪里？

雅斯纳雅·波良纳的大宗收入来自草场（1200卢布4戈比），其次是耕作农业收益（342卢布50戈比），再次是剩余奶产品变卖收入（258卢布95戈比）及牛羊对外销售收入（147卢布50戈比）；小额营收项目有：毛皮销售（13卢布65戈比），野味销售（22卢布60戈比）；此外还有上述“巡防员”创造的收入：对盗伐树木、踩踏草场等不良分子执行的罚款，1910年累计15卢布。

读完这一组数字，有一个问题发人深省：难道为了这区区15卢布的罚款，最后竟然酿成了托尔斯泰夫妻反目、丈夫离家出走的悲剧？难道这位伟大的作家、杰出的人文主义者决定远离故土、抛别家人，仅仅是出于恻隐之心，看不惯巡防员用套索牵着犯禁的农民走出丛林，就像凌辱陷阱中的野兽？

这是一种先入为主的错觉。雅斯纳雅·波良纳地瘠民贫，如果索菲娅·安德烈耶芙娜不精打细算，他们的日子将难以为继。得之则盈、失之则亏，每一个戈比都马虎不得，这就是索菲娅面对的生活。

根据塔·瓦·科莫罗娃的说法，索菲娅·安德烈耶芙娜有两位助手：管家，园丁兼养蜂人。雅斯纳雅·波良纳供养20名仆役，相关开支（工资+生活费）占庄园总支出额的三分之一。剩余的三分之二支出由建筑及附着物、生产工具增置、缮修、维护费用构成，没有一项开支与娱乐活动有关：这是一份纯农业生产与农村地主家庭生活账单。

“收入”项下最大一笔资金的来源不是草场、不是粮食生产，也不是牛奶销售：该笔款只附有一句简单的说明：“收自索·安·托尔斯塔娅伯爵夫人”（本人手书），这笔钱是怎么得来的，账本中只字未提。

索菲娅·安德烈耶芙娜针对雅斯纳雅·波良纳的现金投入年均200卢布以上，1910年该项“收入”高达2521卢布20戈比；1911年略低：2491卢布92戈比。如果抛开雅斯纳雅·波良纳的年度总账，详审月度账目表，许多细节随即浮出水面：1912年11月，收入256卢布84戈比，支出256卢布60戈比，结余24戈比；其中“收入”项

---

① 此处及1910年后损坏类资料中提到的“巡防人员”，系索菲娅·安德烈耶芙娜为了应对“内贼”猖獗的不利局面而组建的私家保安队。

下列明“100卢布收自索·安·托尔斯塔娅”。

很明显，为了维持1912年11月的收支平衡，伯爵夫人不得不自掏腰包，数额还相当巨大：100卢布。分家之后，索菲娅失去了其他经济来源，只有雅斯纳雅·波良纳一地可守，那她的2000卢布由何而来？从分家到作为贵族遗孀接受政府年金（1万卢布）这段时间内，她唯一的产业外营收渠道就是托尔斯泰作品的销售。

版权噩梦

托尔斯泰夫妇1883年签署的框架协议从头到尾都没有出现“版权”一词，但其中的一些条款规定托尔斯泰生前创作收益均归妻子索菲娅支配；而1991年的“补充条款”对相关内容作了一些修订，索菲娅的“版权”有了严格的时间约定：那就是仅限1881年前面世的托尔斯泰作品。托尔斯泰的版税是一笔可观的收入，莫斯科之家的维护费用、全家人日常用度之支、以及其他繁复庞杂的开支，均仰赖这笔资金的支撑。

托尔斯泰声名日著，他的版税收益也呈几何级数式的增长态势。虽然他于1991年宣布正式放弃其后个人全部作品的著作权，但唯利是图的出版商依然奢望垄断托尔斯泰作品的出版发行。这位世不二出的伟大作家走到生命尽头的那一刻，国外出版家估算其版权总值直逼1000万金卢布，而索菲娅独享的部分即达100万金卢布！

一边是天文数字一般的创作收益，一边是锱铢必较的家计，托尔斯泰一家复杂微妙的人际关系，概由此起。只有窥破个中端倪，我们才能理解托尔斯泰家庭问题的方方面面，更加同情和敬重这个家庭。连自己的最后一件衬衫都愿意剥下来披到穷人身上的父亲固然可敬可爱，面对百万卢布的巨大损失尚能处之泰然，做人的境界更非一般。

19世纪80年代起，托尔斯泰在个人财产问题上所持的清教徒式的淡泊态度屡屡诱发家庭矛盾，这原本是情理之中的事；但是尖锐的矛盾并没有导致这个家庭走向解体，这才是可圈可点的地方。

对父亲的顶礼膜拜、对母亲尴尬处境的体谅，将这一家人牢牢地联接在一起。类似的问题摊到不具备如此强大凝聚力的家庭，土崩瓦解是必然的结局。

自19世纪90年代初期始直至作家撒手人寰之前后，托尔斯泰的家庭矛盾一直是公众话题。铺天盖地的报道、纷纷扬扬的流言，将托尔斯泰一家推上了道德审判席。素有歇斯底里倾向的索菲娅·安德烈耶芙娜不堪其扰，精神几近崩溃。

托尔斯泰数位年长的儿子也难以幸免。1890年5月8日，《新时代》摘要发表了俄罗斯主教公会年报（1887年编）的部分内容，声称1887年的托尔斯泰“已经不能跟以前一样大手大脚地资助农民，因为儿子们限制了他的财权”。这是赤裸裸的谎言。同年5月27日，三兄弟谢尔盖、伊利亚、列夫联手在该报发表声明，用事实反驳主教公会以讹传讹、误导舆论的行为。不过在谣言大行其道的时代，真理的声音总是微弱的，类似的声明不仅起不到明事理、正视听的作用，反而给公众留下了“欲盖弥彰”的印象。

平心而论19世纪90年代的托尔斯泰家庭确实是波谲云诡、暗潮汹涌。1891年对于这一家人来说是一道分水岭：过了这一年，他们享有的那点可怜的隐私权不复存在，一大家人被绑上了列夫·托尔斯泰的战车，接受舆论的吊打。自1880年代起愈演愈烈的家庭矛盾，即导致托尔斯泰的两次“离家出走”（1884，1885）；1891年的危机自然也不会雪落无痕，最终都爆发出来，那就是1895—1897年的家庭变故。

1891年的分产风波（1892年正式生效）过后，托尔斯泰属意放弃一切著作权（版权）收益。此举本与其他人毫不相干，托尔斯泰的子女们未必对这个问题感兴趣。问题出在索菲娅·安德烈耶芙娜身上。根据1883年协议，她是丈夫创作收益的实际享有者。另外，作为丈夫所有作品的出版发行人，除了利益考量，她还投入了太多的个人感情。

托尔斯泰世界观逆转前完成的早期作品都凝聚着妻子的心血（自传体三部曲《童年》《少年》《青年》以及《谢瓦斯托波尔故事集》除外），她扮演着抄写员、创作顾问，甚至文稿审查官的多重角色。譬如，托尔斯泰就是听从妻子的建议，从《战争与和平》的最终审定稿中删去了爱伦·库拉金娜洗浴场景的露骨描写。她告诫丈夫，那些文字有伤风化，如不剔除，可能会被书报检查当局贴上限制阅读的标签，失去广大青少年读者。

托尔斯泰放弃著作权的行为不仅“伤财”，更兼“伤智”：作为丈夫创作活动全程参与者的索菲娅，付出的全部心血，就这样毁于一旦。故此，与她为了成全子女的前程、甘愿放弃本属于她的产业不同，在著作权保卫战中，她不惜与丈夫公开叫板，表现出不屈不挠的顽强态度。

总而言之，1883年托尔斯泰即将自己全部作品的版权转授给了妻子。这一时期，他的思想境界已经发生了质的变化，自认为利用版权牟利跟垄断土地剥削农民一样，不合道德伦理。故此，他将牟利——“恶之象征”——的重担加到妻子的肩上，并维持这种状态直至19世纪90年代。那么90年代他为什么又出尔反尔、重提版权归属问题？担心自己的妻子不堪“恶”之重负？

1891年11月，也就是正式分家3个月之后，偏居雅斯纳雅·波良纳的列夫·托尔斯泰致函身在莫斯科的妻子，建议她亲自发布媒体文告，声明他放弃1881年后作品版权的原则立场，语气温婉、极尽款曲，颇有几分连哄带骗的味道：

“我这些天一直想着放弃近期著述的全部版权，只是未能痛下决心。现在我觉得，如果读者对你工匠一般讨价还价的剥削行为提出一点批评意见，也许有助于提高你的思想认识。你应该以致编辑函的形式，委托报社发布公告。譬如你可以这样写：

“‘尊敬的马·格先生，此请借贵刊一角，发表如下声明：

“‘我的丈夫列夫·尼古拉耶维奇·托尔斯泰宣布放弃近期作品版权，任何报刊及出版社均可随意登载引用、印刷发行相关著述，不带任何附加条件、无须支付任何报酬。’”

托尔斯泰信中的“工匠”一词实有所指，其人真名为马特维·尼基季奇·鲁缅采夫，索菲娅·安德烈耶芙娜编辑出版的托尔斯泰作品，概由其人经销。他们两人在《托尔斯泰文集》第13卷的定价策略上一唱一和、配合默契。鲁缅采夫曾经如是告诫女主人：该卷文集收录了托尔斯泰一篇引起颇大争议的小说——《克莱采奏鸣曲》，故此销量巨大；如果索菲娅擅自降低重印本的价格，势必引起首批购买者的不满，到时候库房玻璃不保，苏沃林发行低价版《普希金文集》的悲剧将重演。

在托尔斯泰文章的价格上大做文章，此举引起作家本人的强烈不满；文集的设计风格也入不了作家的法眼：满纸“堕落下流”的市侩气，完全背离广大民众的审美趣味。尽管托尔斯泰对妻子的所作所为无一认可，但他写给妻子的信还是字斟句酌、小心翼翼，从维护妻子利益的角度出发，奉劝妻子放弃唯利是图的想法做法。当然，托尔斯泰的劝妻书是留有余地的：1881年前的作品，他已视作妻子的合法财产，予取予夺，概由妻子做主，他从来没有动过染指相关版权事务的念头。

问题出在《托尔斯泰文集》第13卷上！本书的问世模糊了托尔斯泰作品的时间

界限，1881年这道分水岭已然形同虚设。主观臆断很简单，但是放到文化市场大背景下，情形就大不一样了。托尔斯泰对个人创作历程的阶段划分再精当、再微妙，读者也无心探究个中细辛。读者关注的是艺术创新、是阅读体验，而此卷的精华，就是《克莱采奏鸣曲》。

《克莱采奏鸣曲》的创作过程一波三折。托尔斯泰数易其稿，但直到付梓的那一刻，对故事情节的合理性尚存疑问——在强烈的嫉妒心理驱使之下，一位贵族丧心病狂地杀死了自己的妻子。作品面世后，作家还为过于血腥的结局良心不安、自责不已。面对雪片般飞来的攻击、诘问信函，托尔斯泰迈出了身为作家最忌惮的一步：专门撰写了一篇后记，剖白自己的创作构想。

小说的出版过程比创作本身更富戏剧性。问题出在索菲娅身上：她极度厌恶这篇东西。除了“厌恶”，我们找不到更加合适的字眼形容她对这篇小说的看法。不过意见归意见，为了此作的顺利面世，她还是殚精竭虑、使尽了浑身解数。

索菲娅·安德烈耶芙娜在日记中详细记录了她1891年4月赶赴彼得堡为《托尔斯泰文集》第13卷被快报检察机关封杀一事向沙皇陈情的前因后果，甚至撰写专文《我的彼得堡之行》细述其事。今日翻开作家夫人的手笔，读来倍觉心酸：一家人之间的守望相助，经济利益考量，伟人伴侣的自尊和虚荣，用实际行动向世人展示，自己并不是小说中的悍妇……万般愁绪，尽付笔端。

谒见亚历山大三世成果颇丰：索菲娅·安德烈耶芙娜不仅获得了《托尔斯泰文集》第13卷出版发行的特许权，亚历山大三世甚至答应亲自担纲审查托尔斯泰的后续作品。索菲娅·安德烈耶芙娜沾沾自喜，认为自己完成了一件常人难以企及的壮举；可她的丈夫并不这样看，他觉得妻子的行为使自己颜面扫地。托尔斯泰夫妇在文学创作事业上珠联璧合的协作关系，至此土崩瓦解。

创作和发表《克莱采奏鸣曲》的1890—1891年，托尔斯泰家再遇多事之秋。小列夫·利沃维奇陷入医学上不能解释病因的深度抑郁；玛莎想及早出阁，嫁给比留科夫：尽管比留科夫是彻头彻尾的托尔斯泰主义者，但托尔斯泰夫妇并不看好这桩婚姻；伊利亚表现出极度自私的一面：高堂父母俱在，竟然提出分割财产的无理要求。人同此情、情同此理，大家可想而知。此外，怀疑妻子动机不纯的托尔斯泰，剥夺了索菲娅誊抄手稿的权利，这使他们的夫妻关系雪上加霜。不无滑稽意味的是，作为托尔斯泰作品的编辑出版者、经销者及版权持有人，索菲娅有权更动《克莱采奏鸣曲》手稿，增删润色、移筋动骨，全在一人而已。索菲娅希望通过《托尔斯泰文集》第13卷大赚一笔，因为读者的期望值很高。这部书初遭封禁，继传绯闻：皇室盛传托尔斯泰创作《克莱采奏鸣曲》，纯属妒火中烧，意在报复温良贤惠、并无半点过失的妻子。

这是一个难解的死结。要么躬身引巡、从此不问丈夫的事业；要么横下心来继续行使已经取得的各项权利，不惮于拂丈夫托尔斯泰的逆鳞——摆在索菲娅·安德烈耶芙娜面前的，只有这两条路可走。

索菲娅·安德烈耶芙娜干了些什么？委屈、愤懑。她已被丈夫排除到严肃的创作活动之外，原本属于她的位置，现在已经被女儿玛莎、塔妮娅占据；她唯一能做的，就是背着丈夫抄写他的早年日记——19世纪60年代初，托尔斯泰得意扬扬地拿出来显摆、强迫她从头听到尾的那些日记。时过境迁，现在的托尔斯泰别说在她面前卖弄风骚、就是她主动凑过去，他也会冷眼相加：少年荒唐事，如今不堪提。1890年秋天起，他开始关注日记的事，能找到的稿本全都藏了起来。可他没想到的是，工于心计的妻子早就拿走了他的部分原件：白天藏在手提箱底、晚上拿出来誊抄。

索菲娅·安德烈耶芙娜的行径颇有几分受虐狂的味道。这些日记不是用字写成的，而是用刺堆成的，浸淫其中，除了被扎到遍体鳞伤、心中累积起对丈夫的点点仇恨外，她看不到任何有益身心健康的东西。

“他不懂爱情——天生如此。”她在自己的日记中下了这样的定论。

“……我太高看他了，以至于没有看清楚——或者虽然看到了却不愿意承认——他的精神世界里只有感性，没有理性或者更深层次的感情。”

她还在丈夫的日记里发现了这样的文字：“没有爱。只有肉欲和婚姻生活的需要。”这句话成为压倒骆驼的最后一根稻草，令她彻底崩溃！“要是29年前读到这些乱七八糟的东西，我无论如何都不会嫁给他……”

这些日记片断也让她联想到《克莱采奏鸣曲》，这段时间她正在校对这篇文稿。凭着女性特有的嗅觉，索菲娅·安德烈耶芙娜知道这篇小说的背后一定有托尔斯泰暗昧体验的影子。小说主人公波兹德内舍夫的忏悔如此真切、如此悲伤震撼人心，非亲历者难以为之。“肉欲—妒忌—杀人”，这就是索菲娅眼里托尔斯泰处理他们夫妻关系的三部曲。特别是最近一段时间，这样的情感逻辑在托尔斯泰的身上体现得尤其明显，只是她并没有从剥夺他人生命的角度去理解和剖析丈夫的杀人行为。“他出于本性，一直在扼杀我。”她在日记中写道。这说明了一个问题：托尔斯泰并非众人猜测的那样对妻子心怀嫉妒，而是与妻子日渐疏离。而导致他们夫妻离心离德的深层原因，就是肉欲——未能满足的肉欲。

“列沃奇卡早期日记的内容与《克莱采奏鸣曲》的情节何其相似！”索菲娅·安德烈耶芙娜在自己的日记中发出这样的慨叹，“恨我飞蛾扑火，不幸坠入情网，任凭饕餮肉欲的蜘蛛吸干最后一滴血。”

列夫·托尔斯泰的《克莱采奏鸣曲》向世人展示了一道杀机重重的无底洞，潜藏在暗幕中的魔鬼到处游走，猎食两性欲望的纽带联结起来的夫妻。作为托尔斯泰生活上的妻子、事业上的伴侣，索菲娅对丈夫在小说中表达的理念、主题有良好的把握。她厌恶这“满纸荒唐言”，但为了《克莱采奏鸣曲》的出版，她还是付出了艰辛的劳动——可以说不遗余力。

1891年4月，索菲娅·安德烈耶芙娜在卜居彼得堡等候沙皇召见的日子里，曾就上演托尔斯泰的剧本《教育的果实》一事与皇家剧院的院长约·亚·乌谢沃罗日斯基进行过积极磋商。这部戏剧的命运比《克莱采奏鸣曲》好不到哪里去：甫一问世便遭到书报检察机关的封禁，公共剧院内禁止演出。看到《新时代》刊发的皇家大剧院新剧预告中有《教育的果实》，索菲娅·安德烈耶芙娜当下赶过去声张版权。与乌谢沃罗日斯基院长的交涉情况，她在个人日记中做过详细的记录。捧读这些文字，心里可谓是五味杂陈。首先，她以丈夫不希望自己的剧本成为少数人的专利为由，拒绝了剧院方提出的垄断该剧演出权的要求；另一方面她又大摆主人翁的架子，跟剧院方负责人讨价还价、讨不到便宜便在心里骂那伙人是“下流胚”。乌谢沃罗日斯基以票房收入的10%为代价，从索菲娅的手中购得《教育的果实》一剧的演出权外加私营剧院演出收入分成（如果不授予他此项权利，他给出的这一比例仅为5%）。赤裸裸的剥削，搞得索菲娅心浮气躁。好在索菲娅不是等闲之辈，她最后不仅绑定了10%的分成率，还做到了版权与演出权的剥离：只授予皇家大剧院演出权，版权亦然牢牢掌握在托尔斯泰夫人的手里。经验老到的“文化掮客”，出手自然不同凡响！

索菲娅准备怎么使用这笔资金？“我的儿子谢廖沙准备将这笔钱投入玛丽亚皇后的慈善事业，我很想这么做。”她在日记中写道，“但我有9个孩子，个个正需要花钱。那么大的资金缺口，我怎么填补？”

自接到丈夫关于发布媒体公告、宣布放弃版权声索的建议那一刻起，索菲娅就开始了她阳奉阴违、颠覆丈夫主张的行动。她那么做的动机究竟是什么？是不是受到单纯趋利心理的驱使？——当然不是。索菲娅是位个性复杂的女性，她怕失去赚钱的机会，怕控制不了家庭局面，更怕失去声闻四达的作家丈夫、控制不了她的“列沃奇卡”。切尔特科夫《媒介》的巨大成功，特别是丈夫寄予那位“民间出版家”的关爱，吞噬着兼具出版人——还是丈夫作品的专业出版经营者——与妻子双重身份的索菲娅的自尊与自爱。丈夫是她的，丈夫的事业也是她的，她不愿接受与他人分享自己的丈夫这样的现实。

索菲娅的问题就出在这里。

1890年的托尔斯泰世界观发生了质的跨越，他不再是一般意义上的男人或者作家。他是一座人性的丰碑、思想的高塔，能与之分庭抗礼的，在俄罗斯只有皇权与教会这另外的两极。他的声望如隆冬雪原上滚动的雪球，滚过欧洲、美洲、亚洲，滚过佛教、印度教、伊斯兰教世界，愈滚愈大、益行益坚。以他的建树，足可跻身老子、孔子、叔本华、尼采等先贤后哲之行列。十年积聚，20世纪初叶前后的雅斯纳雅·波良纳已经成了文明摇篮、思想圣地，来自世界各地的朝圣者麇集于此，一睹当代最伟大老人、最睿智导帅的风采。

“垄断”这样的伟人，无异痴人说梦：托尔斯泰是世界人民的财富。索菲娅必须正视这个现实、接受这样的现实，首先与切尔特科夫达成妥协，安安静静地做一颗皓月之周明灭的微星。托尔斯泰已经不是9个孩子的父亲，他是世界人民的父亲；托尔斯泰也不是图拉省内一地主，他耕耘的是世界文明；托尔斯泰也不是谁的掌中物，不可能为了满足任何人的虚荣心而隐其光芒。

别以为托尔斯泰夫人不明事理、不知个中曲直。有一种甚嚣尘上的说法，直指索菲娅以操控自己的丈夫为能事，这是严重的误解。她复杂的个性、她的教养，还有她女性特有的自尊心，不能容忍相濡以沫30年的伴侣没有一句解释、不给她权衡利弊和决定去留的机会，就这么不声不响地离开她、投奔外部阵营。

但大局既定、木已成舟，她只能选择妥协。

托尔斯泰要求妻子公开发表放弃版权声明的信函发出去好久，等来的却是她的对抗（“……她一张脸憋得通红，怒气冲冲地说：好了，我会发表的……之后是一大堆唧唧哝哝的抱怨。”——他在日记中写道）。托尔斯泰明白，求得妻子的谅解和支持，已经不复可能。

1891年7月21日，托尔斯泰在雅斯纳雅·波良纳断然宣布，他将直接致函媒体，表达放弃版权的意愿。她知道情势已不可逆转，但思想总是转不过弯子，没法接受那样的结果。

“我们相互攻击，言语多有不堪。”索菲娅在日记中写道，“我指责他沽名钓誉、虚荣心太强，他骂我眼里只有钱，说这个世界上再没有比我更贪恋、更愚蠢的女人。”吵到最后，托尔斯泰大发雷霆，只顾直着嗓子大喊：“滚！快滚！”索菲娅抱着必死的决心“滚”出了家门，准备跟安娜·卡列尼娜一样卧轨自杀。

“必死的决心”到底有多大，这个不好认定。索菲娅想自杀不是一回两回了，不过最后都活了下来。这一回她在札记薄中留下了自己思想的轨迹：“家里的事由不得我了”，故此决定结束自己的生命。事实上，托尔斯泰放弃版权意味着在以后的家庭经济活动中不再扮演任何角色、不再发挥任何作用，家庭重担从此真正落到了索菲娅一人肩上。托尔斯泰此举也剥夺了她利用丈夫的后期作品牟利的机会，后续作品市场反应再热烈，也将与她无关。再说，在媒体上堂而皇之地发表那样的声明，无异于向世人展示他们夫妻关系岌岌可危的现状，家丑外扬。索菲娅·安德烈耶芙娜“深知丈夫的所作所为侵犯了家庭利益，对家人来说是不公正的，并且第一次意识到此举昭示夫妻不和的家庭关系现状，将作为妻子的她置于舆论的风口浪尖”。

她在“大脑一片混沌”的情况下，独自一人跑向科兹洛夫卡火车站。夜幕已经降临，但她没有恐惧的感觉。她的心底回旋着一个念头：“目的没有达到就这么回家，颜面何存？”她此刻的精神状态与安娜·卡列尼娜如出一辙，唯一的区别就在于，她没有服用大剂量鸦片。

所幸她在半道上遇到自己的妹夫，妹妹塔妮娅的丈夫亚历山大·库兹明斯基。他乘晚班火车从科兹洛夫卡返回，看到大姨子那副狼狈相，诧异莫名。索菲娅·安德烈耶芙娜说她只是出来散会儿步，希望妹夫不要管她。看到她神色迷乱、语无伦次的样子，库兹明斯基坚持护送她回家……

索菲娅·安德烈耶芙娜的日记中对此事件有详细的记录。她说，妹夫护送她到雅斯纳雅·波良纳后，即告辞回家，她则径直奔向花园内的那口池塘。她一门心思寻求解脱，满脑子只有一个念头："与其日夕面对处处掣肘的生活，莫若一死了之。"有什么野兽窜出丛林，直向她这边奔过来。她眼睛近视，看不清到底是狗、狐狸，还是狼。

这只野兽成了索菲娅·安德烈耶芙娜的救星。受到惊吓的她不敢继续前行，反身跑进小儿子瓦涅奇卡的房间。"他已经上床睡觉了，看到我心神不安地闯进来，开始一遍又一遍地安慰我：'妈妈，我的妈妈！'"

没过多久，丈夫也进了小儿子的房间。他情绪高涨，还吻了她，好像白天的纷争根本没有发生过。他向妻子保证，只要她有半点不悦，绝对不会擅自发布放弃版权的声明。

那一夜留在索菲娅·安德烈耶芙娜记忆中的东西，除了不堪，还是不堪：先是死亡深渊边的独自徘徊，再是可憎的《克莱采奏鸣曲》。这部小说的情节萦绕在她的脑际，噩梦一般困扰、毒化着她的灵魂。她知道，《克莱采奏鸣曲》的意义远不止小说本身。此书的问世，标志着他们夫妻生活一个阶段的终结。互道晚安以后，她正告托尔斯泰：而后她不会再行夫妻大伦。丈夫的回应是：如此最好。但她觉得丈夫言不由衷，根本不相信他的诺言。

9月19日，《俄罗斯导报》首先刊出、各大媒体竞相转载托尔斯泰的一封公开信："本人1886年版之12卷本文集、1891年版之第13卷以及此后推出的所有出版物中，凡1881年及以后完成的作品，国内外所有出版商及演出机构均可无条件印行、翻译、改编、表演。"

托尔斯泰发表公开信的日期一再迁延，就是为了兑现夫妻承诺，给索菲娅留足时间发售由她编印的新版书：内含《克莱采奏鸣曲》的《托尔斯泰文集》第13卷。此函见报后，《克莱采奏鸣曲》及1881年以来撰写的一应作品，包括后续创作，将作为公版读物任由全世界无偿使用，索菲娅垄断版权的时代宣告终结。"盗版合法化"，这就是托尔斯泰放弃版权行为的实质。

所有"出版商及演出机构"无偿使用，这意味着什么？均等的权利是否意味着均等的机会？首先，谁捷足先登，率先出版或得到翻译脚本，谁就能赚个盆满钵溢。出版商们关注的焦点从版权购买转移到"初夜权"的争夺上，纷纷打起"时间经济"牌。特别是国外出版商，他们出版托尔斯泰作品的外文译本需要支付翻译作者一定费用，恶性竞争有可能导致血本无归；俄罗斯作家的慷慨大度，对他们来说是隔山的春雨、云外的星光，没有任何实际意义。当然，围绕在作家、出版商周围的文化贩子利益当头，也不希望大家一拥而上，抢走托尔斯泰新焙的蛋糕。

其次，“合法盗版”只是托尔斯泰的个人行为，并没有法律依据。一旦这位作家撒手西去，他的子孙后代有权收回其父其祖所有作品的版权。托尔斯泰垂垂老矣，留给大家发财的时间不多了。

通过在《俄罗斯导报》发表一笺信函，托尔斯泰本希望跳出聚敛个人财富这一“恶之渊薮”。他做出的牺牲不可谓不大，他的精神境界不可谓不崇高；就像行走在俄罗斯大地上的骑士，双肩一抖，便将攀附在自己身上的大小魔鬼甩得七零八落。但是“魔鬼”并没有就此离去，而是潜藏在阴暗的角落里，等待反戈一击的机会。

版权问题就是这样的魔鬼，托尔斯泰的噩梦并没有结束。

谁之过?

从就事论事的角度出发看托尔斯泰夫妻的关系，他们的意见分歧或许与年老体衰、生理功能下降的托尔斯泰，以及虽然年轻许多（17周岁）却也步入老年的索菲娅床笫失和，夫妻生活渐疏有关。这不是主观臆测，索菲娅日记亦屡有提及这方面的问题：

“列夫·尼古拉耶维奇的家庭生活观念越来越淡漠。虽然他内心的某个角落里还残存着那么一点对我、对女儿的爱，因为这是他精神力量的源泉之一，但他留给我们的，只是匆匆远去的背影。日甚一日的孤独感吞噬了我的灵魂，整个家庭的重担落在我一个人的肩头。”

这是一位被抛诸情感荒漠之上的女人发出的撕心裂肺的呐喊，其中最灼人眼目的一个词就是“匆匆”。这篇日记写于1894年。10年前的1884年，托尔斯泰第一次离家出走；而1894年后，托尔斯泰与家人共同生活了长达15年之久。单从现象上看，托尔斯泰的离去与“匆匆”并不搭界。

大女婿马·斯·苏霍京的日记与索菲娅的说法印证，不过时间推后了16年：“看得出来，列夫·尼古拉耶维奇对妻子的态度非常冷淡。这些年，特别是今年，游走在大家面前的也许只是一具躯壳，生命早就从这具躯壳中点点流失。”

托尔斯泰本人19世纪90年代的日记、书信反映正常，我们从中看不到任何夫妻关系趋冷的证据。1896年，托尔斯泰在写给妻子的一封信中说：“你总是问我这个问题：我是不是爱着你的全部。我对你的感情此生不渝，因为我们携手同行、相互关爱、相互扶持等夫妻间的应有之义，我们都有。不对，我们之间存在某种缺憾——表面上信仰有分歧。我之使用了‘表面’一词，因为我觉得，我们的内心深处是一样的，我们的分歧总有消弭的一天。美好的往日、孩子、对自身缺点的内省、怜惜、难以自抑的渴望，这一切在你我之间筑起一道牢不可破的精神堤坝，将我们联结成一个整体。”

“难以自抑的渴望”指的是什么？毋庸讳言，就是夫妻性爱。年逾70尚贪床帏之乐，听来多少有些滑稽。

这段时间，音乐演奏家、作曲家谢·伊·塔涅耶夫频频造访哈莫夫尼卡，还把雅斯纳雅·波良纳当成自家消暑的别墅，整个夏天都赖着不走，托尔斯泰吃了不少醋，那醋坛子眼看着满得流出来了。索菲娅爱好音乐（这方面他们夫妻还真是趣味相投、琴瑟和谐），有表演才华，可惜结婚过早、婚后又俗务缠身，心有块垒、久而未浇。正所谓爱屋而及乌，爱音乐而及音乐家，索菲娅对这位柴可夫斯基的高足青眼相看，引得家中年长的儿子们都对她产生了看法。托尔斯泰遵从社交礼仪，表面上对此人以礼相待（听他演奏的音乐、聊天、下棋等），暗地里却向妻子下了最后通牒：要么跟他断绝联系，要么我跟断绝关系！

1897年2月，索菲娅准备赶赴彼得堡聆听塔涅耶夫的节目彩排。远在尼科尔斯科耶—奥勃良尼诺沃的托尔斯泰得到消息，当即发函阻挠：

“一个与我们只是泛泛之交的泛泛之辈，居然在我们来日无多的晚年生活中掀起轩然大波，实在让人倍感痛苦和耻辱。此人何时何地演出何节目，你一概了如指掌。你这么做，欲置我等于何地？”

这一年的5月，托尔斯泰的醋劲达到了巅峰。其时他在雅斯纳雅·波良纳，妻子在莫斯科。为了安抚他那颗受伤的心，索菲娅不得不移就枕席。

索菲娅刚返回莫斯科，托尔斯泰的信就追过来了。那封信极尽缠绵，根本不像年过七十的耄耋老者所书，倒有几分青春鼎盛的恩爱夫妻幽思不绝的味道，某些地方简直不堪引用。

托尔斯泰的信开宗明义，劈头来一句“不宜示人”。

“你的到来是我此生经历过的最美妙的时刻，我的激情从未如此汹涌澎湃过——而这一切发生在69岁的我与一位53岁的女人之间……美好的夏日是生命的狂欢——丁香枝枝绽白，椴树株株含苞；花园里密密匝匝的枝叶间，斑鸠、黄鹂的叫声此起彼伏；而夜莺的啼啭，每在夜幕拉开的时候从窗外传来，如此悦耳动听、如此销魂蚀骨。现在是晚上，星月灼灼，如同新洗，空气中弥漫着丁香与桦树的缕缕浓香。向晚时分你走后不久，谢廖沙（指其子谢尔盖。——作者注）又来了。他敲打我的窗户，我还当你中道返回，兴奋地叫了一声‘索妮娅’。可我听到的是谢廖沙的回应，而不是你的声音。”

托尔斯泰的好心情没有持续多久。短短一周内，他给妻子写了第二封信，被醋意渍透了的那颗心难耐煎熬，居然拿离婚恐吓索菲娅：

“你跟塔涅耶夫的关系给我带来的不是一般的难受，而是心如刀绞般的难受。在这种状态下苦度时光，我觉得身心健康受到极大的损害，只恐命不久矣。无心工作、无法生活，最近一年我是怎么过来的，你心知肚明。我骂过你，我求过你，最近一段时间我都觉得无话可说了。我苦心焦思劝诫你，你不仅不思幡然悔悟，反而变本加厉，与对方走得更近。看得出来，你是准备一条路走到黑，这辈子都不会回头的。”

他上纲上线，指明5条出路让妻子选择：

1） 与塔涅耶夫断绝来往。“不说再见、不通书信、老死不相往来、不留纪念照片……从自己的生活中彻底抹去这么一个人”；

2） 他自我流放到国外去，走出索菲娅的生活；

3） 如果她满脑子想的还是塔涅耶夫，那么一起投奔国外去卿卿我我；

4） 维持现状，就当红杏从未出过墙：这样的生活对他托尔斯泰来说，毋宁阿鼻地狱；

5） 改变自己的男女关系理念，听任事态发展。明月照江、波澜不惊，这样的结局也许最美好，但他未必有那么好的心态。

这封信托尔斯泰最终没有发出。第二天，他只身前往皮拉戈沃省亲（兄长谢尔盖居于此处）散心。7月，对托尔斯泰家暗潮汹涌的现状一无所知的塔涅耶夫再次来到雅斯纳雅·波良纳。也是在此君逗留期间，托尔斯泰写下了他那封最雄辩、最著名的辞家告妻书：

“……印度人六十而隐，信徒老而别居，无非是想远离扰攘红尘、日夕面对万能的主。我也想效先贤而随后哲，去恶从善，寻求心灵的净土。即便不能上沐天光、下承惠泽，至少我余下的人生能自主自由地度过，与良知同在，与信仰同在。”

掷地有声的语言，感人肺腑的情操。难怪伊万·布宁在《托尔斯泰的解放》一书中引用这段话时一唱三叹，惊为神来之笔。他引用这段话，不仅仅是为一代文豪的胸襟气度、锦绣文章所折服，他认为这一番表白道破了隐藏在托尔斯泰离家出走这一事件背后的玄机。“印度人六十而隐，信徒老而别居，无非是想远离扰攘红尘、日夕面对万能的主。”从一定的角度看，布宁的观点是对的：托尔斯泰写下这段话的时候，确实心存此想；13年后当他终于成行，企图遁世却不幸离世的那一刻，此心亦然未改。

托尔斯泰离家出走背后的世界观问题相当复杂（不少大哲学家、宗教问题研究专家曾就此展开过深入细致的探究，相关文献典籍塞道盈途），但又十分明朗：就像一汪清平如镜的澄湖，白云苍狗，如衬其里；飞鸟流星，如掠其波；托尔斯泰1897年的一封普通家书中寥寥几句话，便折射出这一问题的全部要义。天才与庸才的区别，就在这里。天才高视阔步、特立独行，持家而不囿于家，能透过家庭矛盾看穿人生，透过人性参悟神性；庸才只能高山仰止，一代接一代地解读天才行为蕴含的思想密码，从中生发出一大堆的“理念”“准则”。殊不知虫有翅而难以高飞、草有根而不能参天，伟人的命运和成就，平常人等或思而不得，或得而难行，努力和成功历来都不是因果关系。

托尔斯泰构思时间最长的“剧本”是离家出走：前后历时25年。同样有主题、有纲要，甚至形诸纸端；同样“数易其稿”，有过漫长的完善细节的过程。然后剧本创作完成后，时间却不大合适：秋末冬初湿冷的季节里，他没法遁入山林、埋迹荒野。

然而托尔斯泰的信中却另有说法。

“如果将我的计划摆到桌面上，一定会招来不必要的麻烦。无休无止的争论、挽留、恳求等也许会动摇我的决心，影响计划的执行。我不想看到这样的结局。我不辞而别，实属情非得已。要是我的行为给你们，特别是给你——塔妮娅——带来了痛苦，请原谅我，不要因此而对我心生怨愤。就此作别，也请不要打听我的下落；我意既决，寻找没有任何意义。”

与妻子无法相处是托尔斯泰踏上离家出走道路的主要原因之一。整个19世纪90年代，托尔斯泰的家庭生活宛如《克莱采奏鸣曲》的情节重现，戾气充斥着夫妻感情生活的狭小空间。19世纪50年代，托尔斯泰曾致函耶戈尔斯卡娅，雄心勃勃地谈起自己的家庭建设计划。他所有的目标几乎都实现了，唯一的遗憾是，他自己出了岔子。传承家风、光大祖业、垂范妻子儿女、造福子孙万代……曾经的意气风发，如今零落成泥；过往的精神支柱，已成冢中沉棺。他疲惫，他厌倦，他不想再履行家庭义务，他只想抖落一身的尘埃、寻求与世隔绝的生活。

但是，这个世界呈现给他的视野是模糊的，他的前景一片渺茫。教会的猜忌、政府的排斥，还有社会舆论的不见容，铺就他坎坷不平的道路，伴随他走向末日——他的末日，也是这个世界的末日。他曾经殚精竭虑、上下求索，试图找到扶大厦于将倾的社会支柱，并从农村协作组织中看到了新世纪的曙光——人尽其力、物尽其用、奉法守教、老有所归，没有人投机取巧，没有人谎言欺世；不存在少数人试图凌驾于大众之上靠榨取别人的血汗过骄奢淫逸的生活，平生造孽无数却以基督徒自居，而多数人蝇营狗苟、劳苦终日，到头来落得食不能果腹、衣不能蔽体、老无所依、病无可医的下场。他想另辟蹊径、将宗教教义与世俗道德规范融为一体，淳化社会风气、建立公序良俗。他一直沿着这条道路走过青年、走过中年、走过老年，虽然踉跄过、迷失过，但始终未改初衷。“苟日新，日日新”，他就是戮力践行中国先哲言论的典范。他在人性中发掘神性，认定人性是神性的一部分；他倡导“泛爱论”，认为只有爱才能帮助世人脱离苦厄、臻于至善，而最终达到神人合一之境界。他对作为传宗接代基本单位的家庭丧失了兴趣，因为他不再关注人口再生产这一主题，就像不关心兔子的繁衍一样。《战争与和平》《安娜·卡列尼娜》等传世名作出自他的笔下，有关家庭伦理、个人操守等方方面面的问题，他发表的意见够多、分析得也够深刻透辟；时至今日，还没有哪位作家能出其右。

也就在这个时候，塔涅耶夫出现了，在托尔斯泰家里导演了一出活生生的《克莱采奏鸣曲》——不过角色出现了反转。《克莱采奏鸣曲》中，打翻男主人公波兹德内舍夫醋坛子的是一位小提琴家，此君论学识修为，自不能与塔涅耶夫同日而语。“小提琴家”只是个德不修、智不彰、行不检、艺不精的粗鄙小人；而塔涅耶夫可不是“野夫”，他头顶多个耀眼的光环：柴可夫斯基门下最杰出的弟子、顶尖作曲家、音乐教育业内巨擘。不过恰似鬼使神差一般，托尔斯泰在《克莱采奏鸣曲》中塑造的可是一个不男不女、巧言令色的阴柔角色，“媚态满溢的杏眼、谄笑盈盈的红唇、发蜡抹得油光可鉴的小胡子，还有紧跟潮流的发型；那张脸也可圈可点：没有一点棱角，倒有几分流气；算不得丑陋，却与俊朗无缘，男人见了生厌、女人见了却蛮喜欢；其人最大的看点是发育异常良好的大屁股，跟大夏天吃肥的骡子有得一拼……”

塔涅耶夫栖身托尔斯泰家的楔房，在雅斯纳雅·波良纳度过整个夏天。他忽儿吹拉弹唱，忽儿找托尔斯泰的一众子女下棋，言笑晏晏、风度翩翩，引得索菲娅心如撞鹿、魂不守舍。她在日记中写道，她曾经一个人跑到花园里，与瓦涅奇卡的亡灵（！）对话：“我对谢尔盖·伊万诺维奇的情感违反道德了吗？今天，他拉开了我们，因为他怜惜自己的父亲，不过我知道，他并没有责怪我的意思；谢尔盖·伊万诺维奇是他带到我身边来的，当然不会夺走。”这是间歇性精神失常的典型表现：丧子之痛与女性生理期的自然刺激，加剧了她的情感纷乱（参见其本人的日记，内中对这一问题有自省性描述）。

索菲娅·安德烈耶芙娜讲述情感危机的日记不多，仅限7月5—6日这两天。7月8日，心绪在夏日里萧索的托尔斯泰准备悄然离家，并写下了那封著名的效法印度教徒归隐山林的信札。世人不知道的是，此信还有姊妹篇。可惜这两封信辗转抵达索菲娅案头的时候，她的丈夫已不在人世。托尔斯泰宅心仁厚，虽然妻子行为乖张有失女范，但念在她幼子新丧精神几近崩溃的份上，没有在这个时候离开她；离家出走的念头只能作为一份“腹稿”，压在他的心底。至于那两封信，他写成后藏在办公室沙发的漆布蒙皮下面，至死都没有示人。这一不合常理的举动说明了一个问题：托尔斯泰去意已决，只是在等待合适的时机。

1907年，托尔斯泰认为时机已经成熟，将此前写成的那两封信交给了女婿尼·里·奥勃良斯基——女儿玛莎的丈夫；玛莎死后，奥勃良斯基转托马·斯·苏霍京保管；托尔斯泰死后，苏霍京遵嘱将这些信件交付到索菲娅·安德烈耶芙娜的手上。

这两封信在索菲娅手上的命运大不一样：一封读完后当即被撕了个粉碎，另一封（提及印度人的那一封）则逃过了一劫，有幸保存了下来。

符合逻辑的解释是：被撕掉的那封信涉及塔涅耶夫的问题。时过境迁，1910年的索菲娅已经不存在为情所困的问题。留下来的那封信则不同，一方面符合托尔斯泰出走时的心境，一方面又只字未提索菲娅的行状。托尔斯泰在两封信中声明：离家出走是基于个人世界观的行为。

1897年的冲突不是孤立事件，是19世纪90年代托尔斯泰夫妇交恶、家庭基石日渐松动的一个缩影。1895年，也就是给托尔斯泰夫妇晚年生活带来无尽哀伤的瓦涅奇卡夭亡事件发生前不久，索菲娅就已经呷上丈夫的醋了：托尔斯泰与《北方导报》年轻漂亮的出版人丽·亚·古列维奇打得火热，引得索菲娅妒火中烧。

《北方导报》19世纪90年代曾是俄罗斯最有影响的文艺刊物之一，品味高雅、理念先进，契诃夫、列斯科夫、高尔基等一流作家压轴，索洛古伯、巴尔蒙特、吉皮乌斯、梅列日科夫斯基诸人捧场，该刊的作家阵容非常强大。俄罗斯象征主义文艺思潮，即发端于此。在古列维奇如簧巧舌的游说之下，托尔斯泰欣欣然应命，将自己的新作《主人与仆人》交由该刊发表。索菲娅·安德烈耶芙娜那颗敏感的心，都让此举揉碎了！

托尔斯泰剥夺了妻子对其作品的处置权，索菲娅对此耿耿于怀，至死都不肯原谅。托尔斯泰将自己的部分作品交由“民间读物”、塞京的印刷工坊炮制出来的《媒介》刊载，此举还没有触及她的痛处；而他将字字珠玑、精妙绝伦的新作双手奉送给高端时尚的刊物，是可忍，孰不可忍！以道德楷模自居的托尔斯泰，何以头不顾尾、虚荣至此？！索菲娅觉得她终于逮着了丈夫的把柄，在这个问题上有充足的理由抨击他的不当行为。

种种迹象表明，古列维奇诱引托尔斯泰向《北方导报》投稿的手段花样翻新，甚至不惜动用色相——正是这一点终于点燃了索菲娅心头郁积的怒火。切尔特科夫、比留科夫惨淡经营《媒介》，拿托尔斯泰的作品张目是一回事——他们没有赚钱；“小阴谋家、半犹太人古列维奇极尽阿谀奉承之能事，隔三岔五套取托尔斯泰的作品是另一回事。”索菲娅·安德烈耶芙娜1895年初的日记，充满炝人的火药味，但她的判断力并没有稍降：她认为丈夫笔锋尚健，写出来的小说“堪称精品”。索菲娅的文学鉴赏能力无可挑剔，她能分辨出优劣。她对托尔斯泰作品的评价散见于书信、日记中，每言必中、恰切到位，虽一流批评家无过于此。托尔斯泰的“肥水”流向外人田的时候，索菲娅·安德烈耶芙娜正在张罗《托尔斯泰文集》第13卷的再版工作，与她心仪的杰作失之交臂，无疑是一大恨事。“列夫·尼古拉耶维奇发表作品，现在是分文不取。廉价书系《媒介》面向大众，为买不起书的人们提供精神食粮，他为这类刊物义务供稿情有可原；我编的第13卷无缘收入他的《主人与仆人》，这也可以理解：他不想让我利用他的作品赚钱。可这个古列维奇是怎么回事？我怒气填胸，我不会让这个人假托尔斯泰之手以售其奸，我一定能找到对付她的办法！”

事业劲敌、情场潜敌，加上托尔斯泰顾新不念旧的决绝态度，索菲娅的心里五味杂陈。

托尔斯泰的“薄幸”有其深层原因：不让家人利用他的作品攫金，已经成为他奉行不逮的铁律。男人的率直倔强和对妻子的成见，几乎导致了托尔斯泰夫妇劳燕分飞的结果。1895年2月21日，托尔斯泰在莫斯科的家里再一次宣布，他准备永远离开这个家。索菲娅·安德烈耶芙娜在日记中忠实还原了事件过程，直指导致这场闹剧发生的罪魁祸首就是古列维奇。“列沃奇卡气冲斗牛，一下子跳起来跑上二楼。穿戴整齐后他又出现了，当下宣称他这就走，永不回头。”

索菲娅·安德烈耶芙娜当时的反应耐人寻味。“我的脑子里灵光一闪：他这是在玩瞒天过海的招数！他的心在别的女人身上，他在找离开我的理由。”怨妇情结撕裂了索菲娅的心。她妒火中烧，凌乱中女人的本能发挥了作用——以动制静、先下手（这一次是“下腿”）为强：“我完全失去了自我控制能力，为了不让他抢占先机离我而去，我拔腿奔到了街上，看到他追了出来，便借坡下驴在拐角处停下了脚步。我外面只穿着一件罩衫，他的模样也很狼狈：上衣都没来得及披，就穿着背心背带裤满大街跑。我脑子里一片混沌，唯求速死、不愿苟活。记得当时我大放悲声，嚷着让警察抓我去治安所、去疯人院……去哪里都行，就是别带我回家。列沃奇卡抓住我的衣服一顿生拉硬拽，我身子失去了平衡，滑倒在冰雪路面上。我的罩衫下面只有一件短睡衣，脚上也只套着一双便鞋，袜子都没穿，寒意如刀如针，削肌刺骨。”

其时瓦涅奇卡已经病入膏肓，被伤寒病折磨得死去活来——两天后，托尔斯泰夫妇这位最小的孩子宣告不治。

数年后，索菲娅·安德烈耶芙娜的回忆录《我的人生》完成，其中最动人的篇章就是《瓦涅奇卡之殇》。这部自传与其夫的有关作品相较不遑多让，可视作托尔斯泰作品序列的有益补充。瓦涅奇卡死后葬于帕克罗夫附近的尼科尔斯科耶墓地内，旁边就是托尔斯泰夫妇的另一个儿子——阿廖沙的坟墓。索菲娅对葬仪述之甚详，且多处提及列夫·托尔斯泰，从不同侧面刻画了哲人兼基督教精神传播者的托尔斯泰面对丧子之痛时的反应：如何看待爱子的夭折？放在不死不灭、无边广大的宇宙大背景下，人的生死应该如何理解？如果不是索菲娅坚持以东正教规定的方式举办死者葬仪，一贯持反形式主义宗教观的托尔斯泰又将如何料理爱子的后事？

“瓦涅奇卡的葬礼结束了，一切恍若噩梦——不对，不是噩梦，是伟大的精神考验。感谢天上的慈父，伟大的主。谢谢你。”两周后，托尔斯泰的精神状态有所好转，开始把幼子瓦涅奇卡的死视作。“来自天堂的喜讯”“上帝的仁慈”“摆脱尘世虚妄、接近万能之主的美事”。他在日记中如是描述自己的妻子：“索妮娅悲怆不已，还不能站在宗教的高度思考发生的不幸事件……舐犊情深，她对子女的感情始终停留在动物本能的层次上：心在子女，以呵护子女为人生要务。她只知道为子女而活，不知为世界、为上帝而死。”

不近人情的言论！

尽管磕磕绊绊的事常有发生，19世纪90年代并不是托尔斯泰夫妇相互关系的趋冷期；恰恰相反，从情感交流的活跃程度来看，这一时期倒有几分初恋的味道，堪称夫妻生活的又一巅峰期。托尔斯泰不是有宗教狂热主义倾向的“印度教徒”，不会为了一念之诚抛弃家庭、遁迹山林。他是性情复杂的俄罗斯人，既坚强又软弱，既率直又敏感，既有智慧又有嫉妒心，既温厚体贴又冷酷无情——他的精神世界是一面多棱镜，折射出来的是色彩斑斓的炫光。

至于索菲娅·安德烈耶芙娜，她的心理状态在中篇小说《谁之过？》（1892—1893）——索菲娅版《克莱采奏鸣曲》——中有淋漓尽致的表述。

索菲娅手稿的标题页是这样写的：《谁之过？为列夫·托尔斯泰〈克莱采奏鸣曲〉而作，列夫·托尔斯泰夫人》。仅就标题全文看，索菲娅有向乃夫发难的意图。寥寥数字，“列夫·托尔斯泰”这个名字出现了两次：第一次是以《克莱采奏鸣曲》作者的身份出现，第二次以丈夫的身份出现。这说明了一个问题：索菲娅是从两个角度理解《克莱采奏鸣曲》的，其一是文学批评家的角度，其二是准备向丈夫进言的妻子的角度。此文写成后终老箧中，百年之后才被重新翻了出来，刊于1994年的《十月》杂志。不是全本，而是作为家庭读物大肆删削后的节本。

单从文学角度看，《谁之过？》是一部成功的作品，不过小说中有待商榷的情节也不少。标题包含的两个视角，正文中少了一个：她只拿身为人夫妄发厥论的列夫·托尔斯泰说事，罔顾列夫·托尔斯泰大匠运斤、用艺术真实映射生活赤裸裸的一面这一事实。当托尔斯泰坠入深渊找不到出路的时候，身为人妻的索菲娅却站在崖顶，大声数落丈夫的不智："别人不跳，你为什么要跳？"

自传体小说最耐读的地方不在哲思、不在心理分析，而在女主人公——也就是索菲娅·安德烈耶芙娜——情思绵转、爱恨难测的内心世界的剖白与托尔斯泰夫妇婚后生活的记录上。从这个意义上看，《谁之过？》不是《克莱采奏鸣曲》的颠覆之作，而是《安娜·卡列尼娜》中的主要人物吉蒂和列文爱情婚姻的延续，亦即托尔斯泰夫妇现实生活的写照。同样的世界，不一样的眼光，演绎出大相径庭的艺术映象——托尔斯泰的《克莱采奏鸣曲》，和索菲娅的《谁之过？》。

《谁之过？》的故事情节是这样的[①]：

安娜是一位理想主义色彩非常浓厚的姑娘，普拉佐尔斯基公爵对她一见钟情。不过公爵之爱肉欲多于情义，爱情基础是畸形的、不牢固的。他向安娜求婚并最终抱得美人归，但他奉为人间至乐的纵欲无度的生活，蜜月未尽便暴露出问题：他17岁的妻子接受不了那样的生活方式，志不得伸、心常郁郁。有鉴于此，他转而关注实业，将精力投放到家庭经济建设方面。他们的孩子接二连三地来到世上，心地纯良的安娜却等来了一场精神浩劫：她偶然得知她的公爵丈夫婚前有过一段艳遇，情人是一位名叫阿林娜的农妇。10年光阴，弹指而过，这一天他们家来了一位客人，公爵的老朋友，从国外归来的德米特里·阿列克谢耶维奇·别赫梅捷夫。他的妻子在国外生活，他们的夫妻关系非常紧张。这个病恹恹的男子心思绵密、颇有才华，头顶哲学家、美术家以及别的什么家等等多重光环，他善体人意的一面深深地吸引了安娜。野郎有情、家妾有意，两人很快擦出了婚外情的火花。普拉佐尔斯基公爵胸中的那团妒火，顺理成章地燃烧了起来。只可惜天妒英才，身患顽疾（肺结核）的别赫梅捷夫眼见得命不久矣，遂起意浪迹天涯、埋骨国外。他将所有的朋友召集到自己的庄园里，与他们一一道别。安娜孤身一人赶来赴会，左右开弓、同时开罪妻子和朋友的普拉佐尔斯基公爵没有赴约。别赫梅捷夫邀请安娜同车游览庄园风光，一路上温言软语、极尽款曲——也就是发乎情而止乎理的那点事儿，他们相互

① 文中对索菲娅·安德烈耶芙娜《谁之过？》的引用部分均系本书译者编译，与国内其他译本在人名等专用称谓的译法上可能有出入。——译者注

间并没有任何暧昧的举动。可公爵丈夫并不这么想。他的脑子里闪徊着妻子出轨的种种不堪镜头，一俟安娜到家，便随手抓起一截沉重的镇纸，劈头盖脸向她掷了过去。镇纸击中了安娜的额角，也夺走了她的生命。弥留之际，她向丈夫坦露心迹，表明她守身如玉、忠心事夫诸情状，并原谅了她的杀人犯丈夫。

别赫梅捷夫这个人物有其原型，那便是托尔斯泰一家的密友兼邻居：列昂尼德·德米特里耶维奇·乌鲁索夫。这个人我们前面已有提及，他是托尔斯泰首批追随者中的一员。此君学养过人、八面玲珑，对托尔斯泰宣扬的那一套推崇备至。《我的信仰是什么》《福音书》这两部托尔斯泰的论文集，就是他最先译成法文的。这个人颇得托尔斯泰阖家老小包括索菲娅的欢心，连仆人都对他深怀好感。由于妻子生活在巴黎，乌鲁索夫经常出国探望她。1885年，罹患结核病的乌鲁索夫在克里米亚溘然长逝，随侍在侧的只有幼子谢尔盖一人。有一点值得注意：列夫·托尔斯泰跟他这位朋友的关系并没有发展到水火不容的地步，晚景凄凉的乌鲁索夫奔赴克里米亚的绝地之旅，就是托尔斯泰一路护送过去的。

索菲娅对乌鲁索夫确实怀有柏拉图式的爱情，这是不争的事实；此外她那篇自传体小说《谁之过？》也是献给作家费特的——费特去世的那一年，索菲娅方始动笔。

索菲娅对丈夫的忠诚度不容置疑，可疑的是她对丈夫的看法。她塑造普拉佐尔斯基公爵这个反面人物，笔端饱蘸着愤怒与鄙夷，而这个人物的原型就是她的丈夫——列夫·托尔斯泰。

初识安娜的那一刻，普拉佐尔斯基公爵的心里便充满了邪恶的欲念："……他在想象中剥去了她最后的衣衫，亵玩她修长的双腿和少女柔腻强健的胴体。"他给自己撑腰打气："我必须占有这个小孩。我已经无力自拔。"索菲娅笔下赤裸裸的情欲驱使下的婚姻，与列文、吉蒂的爱情旅行相去太远。而在托尔斯泰的眼里，列文、吉蒂的结合，便是他与"亲爱的索涅契卡"缔结良缘整个过程的忠实再现。

公爵也是个拾人牙慧的思想家。"他年轻时去过很多地方，过着纸醉金迷的生活。及其稍长，厌倦尘世浮华、心事渐趋淡泊的公爵归居乡里，晨夕与哲学书籍为伴，以知识渊深见解独到的思想家自居。眼高而手低、思浅而望深，这是公爵的致命弱点。他笔耕甚勤，经常发表一些文章；在普通读者的眼里，其人俨然当代一大名哲。不过他的'学术'糊弄得了大众，却瞒不过精英，真正的学人知道他那点见识根本上不了台面。他那些文章都是东拼西凑的思想杂烩，昔哲今贤都是他剽窃的对象，老调新咏都是他翻唱的蓝本。要说创见，他的脑子里可是挤不出一星半点。不过他剽窃的手法是如此高明，慢慢地拉起了自己的山头。不明就里的人们捧读他的作品，每有如饮甘露如沐春风的感觉。些许微不足道的成功极大地满足了公爵的虚荣心，其人乐不可支、个性极度膨胀……”

《谁之过？》对“公爵”亦即托尔斯泰的评价，总体上非常不堪。言及其人的思想意识，往往离不开“兽性”二字；谈到其人下榻的旅馆，免不了强调其“龌龊肮脏”。

相反，一提到安娜，也就是作者自己，索菲娅用上了所有想得出来的清辞丽句。安娜的形象如此高大，高大到一般的女人难望其项背、只有圣母玛利亚才能与之平起平坐的地步。“她是虔诚的基督徒，素性纯洁而高贵。”“她天资聪颖、趣味高雅，用她自带及公爵馈赠的装饰起来的房间，美而不艳、清新脱俗，公爵看到后惊为人间仙阁。”“以前那位翩若柔柳清淡如菊的女孩，渐渐出落成健康端庄、精力充沛、拥有成熟女性动人魅力的家庭主妇。她夙兴夜寐，将家庭事务打理得井井有条；她母爱澎湃，身边总是围绕着她那4个宝贝子女……”“她含嗔带怒的时候仪态依然优雅：玉颜凝霜、正气凛然，黑色的双眸更显幽暗。”

公爵对待他这位娇妻美眷的态度只能用“下流无耻”来形容：肉体上凌辱她、精神上漠视她。身心两方面备受折磨的她暗自寻思：“难道我们女人的命运就是用身体哺育孩子、用身体侍奉丈夫？并且是毕其一生、永不得歇？我的人生去哪里了？我去哪里了？那个一度满怀憧憬、追求理想、虔诚而笃定的我到底去了哪里？”

苦闷彷徨中，别赫梅捷夫出现了。

还是《克莱采奏鸣曲》的主题，不过换成了女人的视角，诠释自然不同。《克莱采奏鸣曲》是精神世界几近崩塌的波兹德内舍夫的内心独白，但作者不存在心理健康问题；《谁之过？》则不然：索菲娅使用经典叙述手法罗织故事，但字里行间散发着缕缕荒诞不经的气味。

安娜唯一的弱点是妒忌。尽管对丈夫不存好感，但她对丈夫唯命是从，生怕捋着他的倒毛、弄到他离家出走。“为了将丈夫留在身边，她使尽了浑身解数。他知道丈夫在意她的什么。虽然她不想曲意逢迎，但又没有别的办法。”

她的嫉妒心极度膨胀，忌恨阿林娜、忌恨所有丈夫婚前交往过的女人，心理几至扭曲。“她跟丈夫的关系极不正常。”“她怨气难遣、情绪特别容易激动，经常涨红着一张脸，要求丈夫如实交代以前的那些荒唐事。”“为了拴住丈夫，她只能放弃自尊、用冶姿媚态博取他的欢心。每念及此，她恶心欲呕。”

看来，小说主人公怪诞的家庭伦理和离奇的夫妻关系，责任不在公爵一人。对此，小说作者心知肚明。别赫梅捷夫的出现，还有他的友谊之所以能够摇曳安娜的心旌，是因为此人不食人间烟火、超脱饮食男女。她激不起他的欲念，因为他的欲念早被疾患消磨殆尽；他也不会撩拨她的寸心，让她在思念、妒忌的精神魔域中苦苦挣扎、迷失本性。别赫梅捷夫病入膏肓，他留在这个世界的日子已经不多了。作为男人的别赫梅捷夫已经死了，不会对女性构成任何威胁。别赫梅捷夫是最好的朋友，无后顾之忧的那种朋友。

《谁之过？》写实多于虚构，反映的是作者索菲娅婚后的心路历程。就像夫妻斗嘴，索菲娅用她的《谁之过？》，向丈夫托尔斯泰的《克莱采奏鸣曲》发起反击，反转被颠倒的黑白、伸张被扭曲的正义。这部中篇小说立意高远、道貌岸然，与其夫一唱三叹、感人至深却又不乏洪水猛兽一般湮没心智之力量的《克莱采奏鸣曲》形成鲜明的对照。她塑造了一位被“魔鬼丈夫”把玩于股掌之上的完美女性，为了追逐阳光生活，不惜以身犯险，与“天使男人”建立了纯洁美好的友谊。这份友谊在带给她心灵雨露恩泽的同时，也给她招来了杀身之祸：视女性如玩物的邪淫丈夫推己及人，在毫无根据的猜疑驱使之下，丧心病狂地杀死了妻子。但索菲娅驾驭题材的能力似乎有很大的局限性，从头至尾，“谁之过？”这个问题都没有得到很好的解决。大错已铸，这是谁之过？到底谁有过？

第八章

漂亮玩具

如果在辗转奥普季纳、进入夏莫尔金修道院前，托尔斯泰的行程还有那么一点谋定而后动的味道的话，那从步出夏莫尔金的那一刻起，他们的行为就只能用“落荒而逃”来形容了。就连一贯唯父亲马首是瞻、在这次出逃行动中坚定站在父亲一边的萨莎，陪伴父亲行至罗斯托夫后也察觉到苗头有点不对。他（他们）犯了一个不可逆转的错误，一个无论理由多么充分，都不能自圆其说的错误，一个谁都无法承担后果的错误。

首先她清醒地认识到，现在不是一位饱受薄情寡义、贪鄙狡诈、以要横撒泼为能事的悍妻欺凌的大作家精心策划了一场胜利大逃亡的问题，而是一位年逾八旬、命悬一线、最需要待在家里享受妻子的关怀呵护而颐养天年的老人，居然踏上了天涯不归路的问题。

阿斯塔波沃悲剧并非自阿斯塔波沃始，而是发端于火车驶离科泽尔斯克的那一刻。“4点钟左右父亲召唤我，说他感到身上发冷。”亚历山德拉·利沃芙娜·托尔斯塔娅（即托尔斯泰的小女儿萨莎——译者注）在日记中写道，“我在他的身上加盖了几件衣物，并且量了一下他的体温——他发烧了。我突然感到全身懈怠，想坐下来休息一会儿。我的情绪非常低落，已经失去了走下去的信心。二等车厢和着车轮撞击钢轨的节奏，将我们带向未知的远方。我们的周围是一大帮未知的人们，挤成一堆，抽着烟卷，好奇地打量着我们。冰冷的车厢，冰冷的旅程，空气污浊得令人窒息。层层叠叠的衣服下面蜷缩着我的父亲，他轻声呻吟着，清癯的头颅深陷在枕头里，被病魔折磨得气若游丝。我知道父亲现在最需要什么。他需要脱掉衣服躺进温暖柔软的被窝里，喝一点热粥热汤……火车在奔驰，前路越来越凄迷……我们这是奔向何方？下一站在哪里？我们的家在哪里？”

这是冰冷的真相浮出水面的时刻。前一天还显得那么重要、那么贴心贴肺的问题，此一刻全部散入空茫，宛然一场迷梦：托尔斯泰的那些日记——东掖西藏、生怕落到妻子手里的那些日记；躲在树林里写下的遗嘱；索菲娅·安德烈耶芙娜和切尔特科夫的对立；崇尚俭约的托尔斯泰不得不在雅斯纳雅·波良纳享受的“奢华生活”。现在摆在大家面前的问题只有一个：26岁的未婚姑娘和同样年轻而缺乏经验的女友（芭芭拉·费奥克利托娃）、忠诚有余而专业水平不足的医生（马科维茨基），就这么一个蹩脚的团队如何护送一位气息奄奄的老人浪迹天涯？“他需要脱掉衣服躺进温暖柔软的被窝里，喝一点热粥热汤”，可这一拨人只能眼睁睁地看着托尔斯泰受罪，一筹莫展。这还只是一个开头。数日后，身陷阿斯塔波沃的萨莎在随身携带的记事本上写道：“（唉，想起来真让人害臊）我帮助父亲……”萨莎协助聚焦在托尔斯泰周围的一大帮医生做了什么，这不重要；重要的是长于贵族之家的千金小姐，不得不以母亲哺育儿子、妻子伺候丈夫的方式与父亲的身体打交道。她感到非常羞耻……

驶过别列夫车站，包厢里只剩下列夫·尼古拉耶维奇一人。有一阵子他感觉自己的身体状况有所好转，但据同行的马科维茨基指证，这一路上他要么躺着、要么坐着，从来就没有站起来过。坐在隔壁包厢里休息的萨莎、费奥克利托娃、马科维茨基诸人轮番察看过托尔斯泰的情形，发现他神态安详、似无大碍。

列夫·尼古拉耶维奇心情大好：手边放着从夏莫尔金妹妹处“租借”来的《阅读圈》——他亲自编选的一套读物，还有同样取自妹妹玛丽亚处、但不是“租借”而是“偷来”的《诺沃谢洛夫宗教论文集》——佳作为伴，夫复何求？

二等车厢条件不错，小包间内有沙发，有茶几，放只小酒精炉就可以煮咖啡，无须向乘务人员讨茶水喝（列夫·尼古拉耶维奇很久不喝茶了，他喝不含咖啡因的制品咖啡）；必要的时候，还可以熬燕麦粥、菜汤，就着干面包充一下饥。他们一行自打科泽尔斯克车站登车并安顿停当后，萨莎就张罗好了一切。老人胃口不错，除了吃完平时的定量外，还加了两枚溏心鸡蛋。

不顺心的事也发生过一桩：上车的时候，列夫·尼古拉耶维奇撞伤了脸。《安娜·卡列尼娜》的作者一跟火车打交道就吃亏：出远门却将钱包落在车站小店的柜台上，里面装的是全部盘缠；上个厕所，手指头却夹进了便桶的缝隙里，怎么也拔不出来——这一切说明了一个问题：托尔斯泰怕火车，乘车期间神经极度紧张。看来，肺结核不仅损害他的内脏，还影响到他大脑功能的正常发挥。难怪一出雅斯纳雅·波良纳，马科维茨基就注意到托尔斯泰身体协调能力欠佳，意识也出了问题：脚步踉跄、睡意蒙眬、频繁打呵欠（声音还不小，隔壁房里都听得到）。此外，托尔斯泰的脾气也变得有点怪：马科维茨基给他裹衣服，他吵；萨莎试图关闭冷风直灌的车窗，他也吵；此前从轻便马车上爬下来，举步登上车站月台的时候，他在第一级石阶处就一脚踏空，绊了一跤……种种异象，不胜枚举。

在戈尔巴乔沃站与唐科夫站间的运行区间内，列夫·尼古拉耶维奇开始犯迷糊——这是发病的征兆。他全身瑟瑟发抖，请求身边的人帮他裹紧外衣。他抱怨后背发冷，不过没有出现胸痛、气结、咳嗽一类症状。马科维茨基量了一下体温，38.1摄氏度；6点钟再量，38.5摄氏度。高烧伴随心律不齐，看来高加索之行已不复可能。

列夫·尼古拉耶维奇同路人此时的心情，真是难描难画。他们的行动方案——虽然是旅途中草草拟就，虽然谈不上周详，但毕竟是一份“方案”、一份行动指南——被托尔斯泰的病情全盘推翻。现在他们只知道自己从何处来，却不知道向何处去，而车轮敲击钢轨的声音撞击着他们的心房，提醒他们托尔斯泰的健康问题必须得到妥善的处置，否则后果不堪设想。

马科维茨基不止一次提到一个细节：他们本想去一趟科泽尔斯克医院，但车夫以迟则赶不上火车为由，一路狂奔没有停车。从离开雅斯纳雅·波良纳的那一刻起，列夫·尼古拉耶维奇的命运就掌握在马车夫、列车员、车站站长的手里。甚至修士一句“因为赶不上马车的趟儿”托尔斯泰可能见不上修道院长的话，就改变了列夫·尼古拉耶维奇的行程安排——命运的巧合。

因为萨莎的车夫留在夏莫尔金过夜，托尔斯泰动了赶早出发的念头。可惜他们碰上了邋遢马车夫，生生将马车赶成了牛车，误了当天第一班火车不说，大伙儿还差一点在半道上失散。好在列夫·尼古拉耶维奇、马科维茨基他们乘坐的那辆马车一路赶得急，竟然赶上了本应该误点的一趟火车——好事耶？坏事耶？如果他们的车夫少加一把劲，那么托尔斯泰就有充足的时间去科泽尔医院看病了。

探知托尔斯泰的病情不容耽搁，马科维茨基应该最先找谁？毋庸置疑，应该是列车员。要点热水，另外打听有医院的城镇最近的是哪一个，还有多久就能赶到，等等。

经过一番斟酌，他们决定挨到科兹洛夫。

本次列车经过的站点是这样的：科泽尔斯克—别列夫—戈尔巴乔沃—沃洛瓦—唐科夫—阿斯塔波沃—拉嫩伯格—博戈雅夫连斯克—科兹洛夫—格里亚济—格拉夫斯卡—沃罗涅日—利斯季—米列罗沃—诺沃切尔卡斯克—罗斯托夫。

有经验的列车员建议医生带着病人在科兹洛夫下车，因为无论唐科夫、阿斯塔波沃、拉嫩伯格，还是博戈雅夫连斯克，都是人烟稀少的小站，根本没有就诊条件。

但托尔斯泰一行于傍晚6：35便在阿斯塔波沃下了车。显而易见，作为医生的马科维茨基憋不住了，选择在碰到的第一个大站下车。唐科夫偏僻荒凉，阿斯塔波沃站看上去不小，虽然那里也没有医院。

下车后，马科维茨基第一时间应该向谁求助？自然是火车站长。“火车站长就站在月台上，我急匆匆赶了过去，告诉他列·尼·托尔斯泰在火车上，这会儿生病了，需要卧床休息，请他接纳……我还打听了一下他的房间条件。”

看到一位面色苍白得跟失了血一样的绅士大踏步过来，操着外语口音很重的俄语宣称列夫·托尔斯泰（！）驾临本站，还生了病，想借他（！）的房间稍事休息，这不是无稽之谈吗？火车站长伊万·伊万诺维奇·奥佐林吃了一惊，后退不迭。从常规故理出发，此话听起来确实荒唐。这个点子是谁出的？又是那个列车员：此刻他就站在马科维茨基旁边，向奥佐林保证医生所言非虚。

奥佐林是拉脱维亚人，路德教信徒；其妻系德裔萨拉托夫人，托尔斯泰的拥趸，对托尔斯泰“一切向善”“勿以暴力抗恶”那一套说教深信不疑。站长毫不犹豫地接受了医生的请求，为了让托尔斯泰一行从容下车，他还特意延长了列车的滞留时间。不过当时他职责在身，没法马上脱离工作岗位照顾托尔斯泰（还有好几列火车需要他调度）。托尔斯泰起初被安排到女士候车室休息，那里宽敞整洁、空气清新，空荡荡的不见一位等车的女士。列夫·尼古拉耶维奇心绪大为好转，裹紧外套、竖起翻领，优哉游哉地踱出候车室，来到月台上散步；马科维茨基扶着他的一条胳膊，有一搭没一搭地从旁护持着他。砭人肌骨的寒风不断地吹过来，天气越来越冷了。托尔斯泰踅回女士候车室，跨坐在长沙发的边缘。他缩着脖子、双手抱胸插在袖筒里，没多久便打起了盹，身子仄歪向一边。马科维茨基递给他一只枕头，老人表示他并不需要。

托尔斯泰瑟瑟缩缩地抖成一团，毛皮大衣都穿上身了。但他一直硬撑着没有躺下去，因为这个时候的懈怠也许意味着死亡。坚持，坚持，再坚持——他躺在火车站长奥佐林家的房间里，在生与死的边缘徘徊了差不多一周之久。在他漫长而光辉的一生走到尽头的那一刻，他还在向众人昭示、向自己证明，生无可恋、死无可惧，死亡是生命最后的辉煌，比懵懂之初生更庄严，比混沌之人生更神圣。死亡是智慧的结晶，死亡是生命的巅峰。

主人与仆人

言及19世纪90年代托尔斯泰的家庭矛盾，有一个人不能不提，那就是弗拉基米尔·戈利高里耶维奇·切尔特科夫。这个人在激化托尔斯泰夫妻矛盾、推高托尔斯泰家庭风波等方面“居功至伟”。

有些东西只可意会、不可言传。但请关注一个事实：索菲娅·安德烈耶芙娜对丈夫圈子中活动的各色人等都保持着和平友好的态度，甚至爱上了好几位丈夫的朋友，譬如费特，譬如乌鲁索夫，但她自始至终见不得这位切尔特科夫，这是为什么？

如果索菲娅是天生的排他主义者，仇视所有觊觎她的家庭阵地、试图与她分享丈夫的精神财富和丈夫的思想感情的人们，费特、季亚科夫、乌鲁索夫、古谢夫、布尔加科夫、比留科夫诸人也应该有所领教，但他们无一认为索菲娅是那样的女人。

托尔斯泰之家，无论雅斯纳雅·波良纳的那个家，还是哈莫夫尼卡的那个家，都是贫富概不拒、贤愚均可及的开放场所，任何人在这里都能得到主人的礼遇、仆役的照顾。切尔特科夫本人也曾体验过托尔斯泰一家人、包括女主人的善意和温暖。及至后来关系交恶，索菲娅还对切尔特科夫的家庭表示过殷殷关切之情，与其妻加丽娅（即安娜·康丝坦丁诺芙娜。——作者注）互通声息，与其母伊丽莎白·伊万诺芙娜相与过从。悉心指导家庭生活，系统传授闺闱知识，产子后又代为物色合适的乳娘……凡此种种，足见索菲娅对切尔特科夫一家的浓情厚谊。切尔特科夫母子分离的10年内（1897—1907），索菲娅也没少关怀其老来孤独的母亲。切尔特科夫一次感染疟疾，索菲娅甚至找来图拉的医生，亲自带着前去诊疗。

切尔特科夫也不止一次地向列夫·尼古拉耶维奇保证，他对索菲娅·安德烈耶芙娜素无恶意。不过对于托尔斯泰别的朋友来说，他们根本想不到这个问题，所以切尔特科夫的言论多少有一点欲盖弥彰的意味。索菲娅在托尔斯泰身边的位置，大家心照不宣；切尔特科夫的问题就在于明知索菲娅的地位无可替代，还想在某些方面取而代之。

索菲娅·安德烈耶芙娜与切尔特科夫之间矛盾重重，并且屡发冲突，根源就在这里。他们争夺的不是托尔斯泰精神世界中的地盘，因为那个世界浩渺无际，完全容得下他们两个人；他们争夺的是自己在托尔斯身边的现实位置，而这个位置是无法分享的。同样强势的两个人发生碰撞，明争暗斗，在所难免。

托尔斯泰与切尔特科夫于1883年相识。匆匆一晤后，切尔特科夫即折返沃罗涅日省，回到父母产业所在地利津诺夫卡。归乡之后，切尔特科夫不仅频频致函托尔斯泰，还寄一些书、写作纲要过来，有时候甚至连自己的日记都一并奉上。这些行为给托尔斯泰留下了一个印象：切尔特科夫是一位心无旁骛的忠诚之士；现在占据此人全身心的，就是他——托尔斯泰。当然，这个“身心”，指的只是精神交流的层面。

切尔特科夫在写给列夫·尼古拉耶维奇的信中经常使用“吾兄”“兄长”一类字眼，托尔斯泰的回信则较少称兄道弟，多数情况下使用“亲爱的”这一表述语。对于托尔斯泰来说，切尔特科夫只是“亲爱的朋友”；反过来，切尔特科夫视托尔斯泰如长兄，如导师，包含更多尊崇与忠诚的成分。

切尔特科夫来得正是时候。思想认识、价值观念发生转化并以全新面目示人的托尔斯泰处境十分微妙，朋友目如异类、家人视同威胁，颇有几分众叛亲离的味道。值此艰难时刻，切尔特科夫是唯一对他推心置腹、亦步亦趋的人物。患难之交，没齿难忘，他们的友谊有牢固的基础。

列夫·尼古拉耶维奇与切尔特科夫间的关系也经历过一波三折的阶段。19世纪80年代初叶的切尔特科夫虽然年轻，但也不是白纸一张，信仰追求诸方面与托尔斯泰多有龃龉。举个例子：关于耶稣基督的神性、实体性及复活传说的现实可能性等问题，他们两个曾经展开过一场辩论，深受母亲和帕什科夫影响的切尔特科夫，这个时期还对圣教传说笃信不疑；托尔斯泰巧妙运用避敌锋锐、攻敌之不能守的战略战术，一句“我向来对神秘主义敬而远之”，便将切尔特科夫的论点击得七零八落。

神秘主义，无知者的精神消遣，讲求理性与知性的文明人不屑于此。

“自谓耶稣基督的门徒，我们每天都有很多重要的事去做，不容忽视、不容延宕的大事，焉有时间与神秘主义打交道。好仆人不一定要了解主人生活的方方面面、细枝末节；只有奸仆才会四处嗅探，察看主人有几个孩子、吃什么饭菜、穿什么衣服，嘴勤手懒、心思活络，散布的谣言永远比做过的活儿多。作为上帝的仆人，最重要的是我们每一个人都要从内心深处承认万能的主，并践行主的意旨；至于主的模样、主的行藏，我从不揣摸，也无从揣知。因为我很清楚，我和主不在同一个等级，我永远是仆，主永远是主。”

“主与仆”的观念经过托尔斯泰的10年酝酿，最后演化为一部中篇小说——《主人与仆人》，其时切尔特科夫已经从耶稣的神性、复活、赎罪等宗教传说的藩篱中完全解放了出来，与托尔斯泰在其心目中的位置也从志同道合的朋友上升到导师、主人的层次。他对索菲娅·安德烈耶芙娜的成见，即与他对列夫·尼古拉耶维奇的膜拜有关：荧烛之光，竟敢与日月争辉！与乃夫托尔斯泰相比，她索菲娅就是个女仆，她有什么资格对托尔斯泰说三道四？！虽然她是托尔斯泰的妻子，白天相依为命、晚上同床共枕，还一起哺育了那么一堆孩子，这些在切尔特科夫眼里，根本不能成为她与托尔斯泰分庭抗礼的资本。

对切尔特科夫的腹诽，托尔斯泰安之若素。他从来不曾当着切尔特科夫的面为自己的妻子辩护，指出他的看法有失偏颇，也没有就切尔特科夫与妻子的矛盾纠葛围绕的焦点，诸如放弃私有财产、版权收益，将托尔斯泰本人的日记交给切尔特科夫使用和保管等问题，表明原则立场、采取果断措施。

切尔特科夫对待托尔斯泰所求甚多，实为以仆人之名，行主人之实，这样的态度本身就是一大悖谬。而且这位“主人”在切尔特科夫心目中的位置非寻常可比：他就是神，他就是上帝。上帝跟一个女人相濡以沫，此等事荒唐无稽、亘古未闻！托尔斯泰在那个家中有多么孤独落寞，切尔特科夫是感同身受；但他不知道的一面是：他心中的“上帝”其实凡心颇重，丝毫不排斥天伦之乐！

当然，切尔特科夫与托尔斯泰家人的关系也有过惠风和畅的日子。他喜欢过塔季亚娜·利沃芙娜、玛丽亚·利沃芙娜两姊妹，对谢尔盖·利沃维奇颇有好感，更与列夫·利沃维奇打得火热；至于索菲娅·安德烈耶芙娜，他们一开始也不是那种针尖麦芒式的尖锐对立。有据可考，他曾写信告诫托尔斯泰，不要用自己的权威

“压迫”子女。

不过总体看来，切尔特科夫在与托尔斯泰一家人相互关系的处理上，看法和表现均不尽人意。托尔斯泰是伟人，托尔斯泰是“一家之主”，在伟大的托尔斯泰面前，妻子儿女充其量就是一群“奴仆”——托尔斯泰本人所持的立场与此迥乎不同，但并没有做过改变切尔特科夫个人偏见的任何努力。

基于这一观念，切尔特科夫认为“上帝”托尔斯泰的“奴仆”中，无人能出其右。拔高自己、贬低别人，全然不顾列夫·尼古拉耶维奇与妻子儿女关系的特殊性，切尔特科夫的问题，概源于此。

他不辞辛劳创办价廉物美的民间读物《媒介》，推广托尔斯泰的作品；他一手策划将托尔斯泰的作品译成外文，推向国外出版市场；外放英国期间，他纵横捭阖、建立起完整的图书出版与报刊推介网络，所为者，无外乎托尔斯泰一人；他披肝沥胆，向托尔斯泰建议充当其文学遗产的维护人。切尔特科夫第一个联想到，如果托尔斯泰的手稿得不到有效保护，迟早都会散佚殆尽。事实上，托尔斯泰的手迹得以保存至今，还是拜切尔特科夫之赐：索菲娅·安德烈耶芙娜精心保管丈夫的遗墨，先存鲁缅采夫博物馆，后转历史博物馆，显而易见是受了竞争对手的启发。

还在1893年12月，索菲娅·安德烈耶芙娜曾就托尔斯泰私印《我的信仰是什么？》书稿一事，致函妹妹塔妮娅表达强烈的不满：“他无视书报检察机关的禁令，公然印刷50册样书并免费分发给彼得堡高层人物。这些人腰缠万贯，即便给我们400卢布，也算是个补偿。而依据法律规定，禁书手稿本应焚毁。”

与索菲娅·安德烈耶芙娜形成鲜明对照的是，切尔特科夫自掏腰包从国外买来胶版，冒着被当局发现后迫害的危险，在沃罗涅日自家的庄园里大量印刷托尔斯泰的禁书。

为了从托尔斯泰的书，包括视如洪水猛兽的《克莱采奏鸣曲》上赚取最大的利润，索菲娅·安德烈耶芙娜绞尽了脑汁；与之相反，为了理顺“廉价书系”《媒介》的出版发行事务，筹集资金成立托尔斯泰图书域外出版机构，切尔特科夫费尽了周折。难能可贵的是，切尔特科夫经营托尔斯泰图书取得的收入全部用于后续推广活动，个人并无贪占。与索菲娅·安德烈耶芙娜的锱铢必较相比，他事“主”至诚的行为更能打动人心。

除了这些客观原因，托尔斯泰夫妻关系日渐疏远还有一些主观层面的因素。列夫·尼古拉耶维奇老来练达、心思益见绵密，而事事从家庭利益出发的索菲娅·安德烈耶芙娜少了几分纤巧、多了些许霸气，动不动歇斯底里发作，偶尔还隆重推出自杀的闹剧，托尔斯泰早就不堪其扰；切尔特科夫含蓄蕴藉、不为已甚，除了与托尔斯泰声气相投之外，还有从善如流的个性特点，连自己的婚姻大事都拿出来跟托尔斯泰商量，最后还是在“恩师”的点拨下与加丽娅·迪特里赫斯小姐缔结良缘的。加丽娅是列夫·托尔斯泰的崇拜者，她身体虚弱、疾病缠身。有次她久病在床，恰在生命危殆、朝不虑夕的关键时刻，托尔斯泰造访她家，而她的病情也奇迹般地出现了转机。托尔斯泰赋予她第二次生命，是她不折不扣的大救星。就是这么一位“天使老人”，在自己的家里却成了“克星”：其子列夫·利沃维奇的忧郁症，即与他大有关系。

我们在前面的章节中已经提到过，与生理功能旺盛的丈夫日夕相伴的索菲娅·安德烈耶芙娜，一直渴望拥有一位心心相印而两情不相悦的异性朋友；这方面托尔斯泰与其妻还真是志同道合：他也渴望拥有一位红颜知己——不是那种对他唯唯谨谨的女信徒，而是一位善体人意、解颐释怀的女性。然而托尔斯泰观念保守，除了母亲、妻子，别的女人不可能在他的心目中占据一席之地；兼有索菲娅这位擅长呷醋的妻子严防死守，托尔斯泰与异性非正常接触的大门，早就锁死了。

切尔特科夫从任何角度看都是托尔斯泰的最佳搭档，出身名门望族，与托尔斯泰一样没有完成大学学业，但凭着旺盛的求知欲，获得了常人难望项背的学术涵养。他是个理想主义者，注重精神追求、于物无所好。他的年龄也是一个优势：在子女们日渐疏离的情况下，托尔斯泰的父爱迁移到了切尔特科夫身上。

切尔特科夫集多种优点于一身，可以称得上是位出类拔萃的人物。不过他的性情中有一种说不清道不明的阴柔之气，这也许与他“长于女人之手”有关。弗拉基米尔·切尔特科夫的父亲亡故后，托尔斯泰就曾在日记中大发感慨：“母亲能把他揉成面团。”后面又加了一段补充说明：“没人管的女人是可怕的动物。”在家里，切尔特科夫扮演的是好丈夫、好父亲的角色，警方对他的评价是“温厚善良、性格软弱”——这个定义耐人寻味。

如果据此断定切尔特科夫是托尔斯泰的“精神情人”，那就有牵强附会之嫌。不过他写给托尔斯泰的某些信，字里行间渗透着怀人不遇、唯望携手天涯的“第三者”情怀。

“第三者”

判断失误，这种事在我们每个人的身上都曾发生过，可是这一次索菲娅不可能犯错。凭着女人与生俱来的特殊嗅觉，她发现丈夫与切尔特科夫的关系非同一般 。“漂亮玩具”“第三者”：争斗最激烈的时候，这么难听的字眼，她都当着切尔特科夫的面抛了出来。

在切尔特科夫写给托尔斯泰的头几封信中，索菲娅·安德烈耶芙娜嗅探出某种可疑的味道，并且以她特有的率直指了出来。19世纪80年代，托尔斯泰夫妇间有一条协议：任何一方的个人日记、往来书信，必须向对方公开。在与切尔特科夫相识3个月后的1884年1月30日，她从莫斯科致函远在雅斯纳雅·波良纳的丈夫，信中就有这么一段话：“随函附寄切尔特科夫写给你的那封信。难道你愿意戴着有色眼镜看人，对某些人只看优点却对其暴露出来的缺陷视而不见？如此闭目塞听，跟盲瞽之人还有什么区别！”

这个感叹号用得特别有意思。索菲娅及其子女的日记、回忆录中均曾提到，切尔特科夫的出现给他们一家人带来了莫大的惊喜。托尔斯泰说他是“光焰照人的骑士”，一干子女都被他迷得神魂颠倒。在宫廷环境中长大、见惯冠带人士的托尔斯泰夫人，对他人的身份地位一向非常敏感，而切尔特科夫的出身，足以让她刮目相看：他不是托尔斯泰惯常交往的那种“黑人”。然而，正是这么一个从各方面看都无可挑剔的豪门贵胄，几封信下来就引起了她的戒备，甚至影响到她的心绪——她激动了。

切尔特科夫到底说了些什么，居然让见多识广的索菲娅大动肝火？——他在信中再三再四地邀请托尔斯泰到利津诺夫卡他的庄园里做客，声称有3位农家子弟拜投在他的门下学习教义；由于截至目前尚未形成明确的信仰，故此他对自己传道授业的资质有诸多疑虑。“我的宗教观念、我对耶稣基督的认识正处于发展变化期，以己昏昏，使人昭昭，我有什么资格训导他人？——不，列夫·尼古拉耶维奇，请到我们家里来，鼓励我、指导我、帮我渡过眼前的难关。这里不能没有您……”

这是切尔特科夫第一次提出非分要求、扰乱托尔斯泰家的生活秩序。一个年轻人，与托尔斯泰相识不出3个月，居然要求一位年近60的老人大冬天跑到沃罗涅日去看他！览毕此信，托尔斯泰吃了一惊。

切尔特科夫自知冒昧，及时做了忏悔：“关于上封信所言之事，您的回应很大程度上讲是对的。记得那封信发出后，我心里甚感惴惴不安，第二天就想到再寄一函，对其中的不当提议表示追悔。”——切尔特科夫意识到自己的言行超越了底线。不过他并没有痛改前非的意思，信中使用的措辞越来越露骨：“我很想知道您在哪里、正在干什么，这样的念头整天在我的脑子里萦回，挥之不去……”

托尔斯泰投桃报李，回函也是别有一番滋味：“您的每一封信都让我心潮起伏。”

尽管言语间情真词切，但对切尔特科夫其人的性格特点，托尔斯泰却另有一番认识：此人心理健康存在问题。“谈谈读完大札之后的感受：您的信写得太肉麻了，读得人毛骨悚然——您可千万别疯了。”相识不到一年，托尔斯泰就做过一个与弗拉基米尔·戈利高里耶维奇有关的梦。他在日记中对梦境做过这样的描述：“梦到切尔特科夫，瘦得如同风中飘摆的一具衣架，突然毫无来由地大跳起舞来。我真真切切地看到，他疯了。”

声称切尔特科夫心理不健康的，非只托尔斯泰一人，其中就有托尔斯泰家的希腊拉丁语教师瓦·费·拉祖尔斯基。他在日记中如是描述切尔特科夫：“神经系统不健全的人，这就是他给我留下的印象。他对水温无感，不知道为什么见了水就躲。他也不知道天气的冷暖，寒风彻骨的大冬天，对他来说跟盛夏没有区别。”

切尔特科夫自己承认他患有臆想症，总觉得有人迫害他。

交到切尔特科夫这样的朋友，托尔斯泰一开始就意识到，他余生的旅伴与他一生的伴侣，都是心智不全的人。切尔特科夫非常精明强干，不过他的韧性大有问题，热诚与怠惰此消彼长，恰如潮起潮落。在英国，他先是毫无必要地强迫自己的搭档没日没夜地干活，没多久便心志磨灭、意气消沉，停下了全部手头的工作。这些情况，托尔斯泰了如指掌。

1898年，托尔斯泰与切尔特科夫并肩战斗，帮助反仪式主义教徒徙居加拿大，期间列夫·尼古拉耶维奇给远在英国的他女士们漂亮朋友写过这样一封信：

“您讲求条理的结果是慢条斯理，疲惫拖沓，干劲与日俱减，到最后总是大事未了，而先作壁上观——站得高，看得少。此外，由于身体健康原因，您的情绪波动性太大，先是满腔热忱，后又萎靡不振。基于这些问题，我不得不说，出类拔萃的个人素质决定了您是一位绝佳的合作伙伴，但您做事有欠踏实。”

切尔特科夫不唯个性复杂，待人接物也不算友好。从比留科夫到布尔加科夫、萨莎，无论合作伙伴还是知交故友，他身边的人最后都会舍他而去。“矢志不渝”喜欢他、袒护他的朋友，唯托尔斯泰一人而已。

索菲娅·安德烈耶芙娜一开始就不大看好切尔特科夫这个人。在她眼里，此人与托尔斯泰堂前来来往往的那些“黑人”一样，都是威胁家庭安宁的危险分子。尽管成见颇深，1885年彼得堡一晤，索菲娅还是被这个年轻人的魅力迷得晕头转向。这就是切尔特科夫的个性迷局：面对面人人喜欢，转过身个个讨厌。

同年3月，索菲娅从莫斯科写信给雅斯纳雅·波良纳的丈夫：“今天收到切尔特科夫的一封短信，要求发还他送来的部分你的文稿。他在信中说：‘我常常想起您、想起你们一家人，感觉你们就是我的亲人，不是远亲，而是近亲。不知道这是好事还是坏事。不过我认为，这是好事。’典型的切尔特科夫风格！”

这封大套近乎的信，拿在索菲娅的手里应如一枚烫手山芋！

“伯爵夫人，现有一事相求，烦请雅鉴：请邮寄列夫·尼古拉耶维奇近作之石印清样，样稿就搁在他办公室写字台后面的文件柜里，总共10~12本小册子。”

女主人不甚了了的事，切尔特科夫说来如数家珍。看来他对哈莫夫尼克托尔斯泰家的宅邸摸了个一清二楚。

切尔特科夫的唐突引起了不少人的反感，唯独列夫·尼古拉耶维奇视而不见。

或者他是揣着明白装糊涂？

1887年前，索菲娅·安德烈耶芙娜虽然对切尔特科夫心存芥蒂，但两人的关系不愠不火，还算过得去。切尔特科夫知道自己不讨幸喜，只能用插科打诨弥补共同语言的缺失。至于托尔斯泰夫人，她没有幽默天赋，但幽默感还是有的，懂得欣赏别人善意的玩笑。

在1885年3月15日写给丈夫的信中，索菲娅·安德烈耶芙娜引用了与费特初次见面时那位作家说过的话：“列夫·尼古拉耶维奇跟切尔特科夫沆瀣一气，捉对儿打破了人们对奇迹的信仰。既然大家认定面包和美酒就是上帝的血肉，饮食等于赎罪这样的传说，他们为什么一定要将美丽的梦想击得粉碎？农夫打着油灯闯入黑暗的洞穴，本想借助灯光寻到出路；你却跑过去吹灭了灯火，告诉农夫灯油可以用来刷皮鞋，全然不顾一个事实：那个农夫根本没有穿鞋！”

切尔特科夫可是开不起玩笑的那种人，别说一般人，托尔斯泰这样他奉若神明的人都概莫能外。有一次在饭桌上，托尔斯泰拍了一下他那流光溢彩的秃顶（稀稀落落的头发下面盖着一块红斑，这块斑且有不断扩大地盘的趋势），有蚊子！随着“啪”一声脆响，大家都笑了起来。切尔特科夫面红耳赤地大叫道：“列夫·尼古拉耶维奇，蚊子也有生命，您怎么能杀生害命！”此言一出，大家都愣住了，适才的快活一下子凝成了尴尬。

“切尔特科夫大爱泛滥，发下永不杀生的宏愿以后，跳蚤、臭虫、蚊子、苍蝇可是有福了：大家伙儿可以随便吸他的血，不用担心受到任何惩罚、甚至丧失生命。”瓦·费·拉祖尔斯基在日记中写道。这位家庭教师在回忆录中提到这么一件与切尔特科夫有关的轶事：“有次他叫来一个农夫帮自己干活，任务完成后农夫要酒喝。切尔特科夫跑出来对那位农夫说，酒不能喝，但他可以用省下来的酒钱买本书或者《圣经》相赠。随后他拿出一本酗酒有害健康的宣传小册子，一字一板地宣读给那位农夫听。”

如果说托尔斯泰只是锲而不舍的探索者，那么切尔特科夫就是执着一念的狂热分子。不知从何时起，他执着的那一念就变成了托尔斯泰主义。可惜托尔斯泰主义并不是一成不变的教条，随着时间的推移，某些观点甚至会发生180度惊天大逆转。譬如，托尔斯泰曾经是家庭至上主义者，及至后来又变成了家庭的掘墓人。作为托尔斯泰主义狂热分子，切尔特科夫一路追得非常辛苦，可是最后抓到手的，无非是一些鸿泥雪爪式的认知片断，体现不了托尔斯泰的思想动态。

作为严肃的思想家，托尔斯泰不可能无视自己发表过的言论。跟抱残守缺的切尔特科夫辩论，不啻左右手互搏，对他来说是一件难事。托尔斯泰不得不在栽培他那位“首席大弟子”上费一番周折，把最成熟的“托尔斯泰主义”填塞到他的脑子里去。有些时候，他还得仰这位坚定的托尔斯泰主义者的鼻息，听从他的建议、服从他的安排。譬如《克莱采奏鸣曲》的后记，就是在切尔特科夫的授意下完成的。

有一天，列夫·尼古拉耶维奇吩咐索菲娅给他找一封列宾的来信。她在信件堆中翻拣的时候，不经意间看到了切尔特科夫的信札。切尔特科夫在信中对自己的妻子加丽娅大加赞扬，并且对托尔斯泰的不幸境遇表达了深切的同情。

“读完那封信，我彻底崩溃了。”索菲娅·安德烈耶芙娜说。

切尔特科夫的“同情函”对索菲娅·安德烈耶芙娜的身心造成了重创，很多年后她还耿耿于怀。这个不难理解。切尔特科夫在1887年4月18—20日的信中，并没有指名道姓地驳白她。他用的是含沙射影的手法，讲了很多加丽娅的好处，说他们夫妻是天生一对、地造一双，生活在一起有多么幸福，等等。“……我们之间灵犀互通、无话不谈。赐予我这么完美的妻子、让我拥有幸福美满的生活，我真不知道应该怎么感谢上帝才好。”之后是露骨的暗示，“联想到许多人享受不到夫妻同心的无上之福，其中包括比我更配拥有这种生活的人，我每每心下黯然，不知所以。”

这封信字字如锤，敲打在索菲娅·安德烈耶芙娜的心头。1887年3月初，她在日记中写下了这么一段文字：“切尔特科夫来信了。这个人我实在喜欢不起来：愚钝、狡诈、偏执、心无善念。但他崇拜列夫·尼古拉耶维奇，以此博得丈夫的欢心。”3天后她又追述，“必须跟切尔特科夫决裂。他谎言欺世、用心不良，集各种人性的阴暗于一身。”这不是一般的指责，这是宣战，这是向她命运的宿敌亮剑！

然而，看一眼列夫·尼古拉耶维奇写给切尔特科夫的信，就是知道索菲娅剑未出鞘，就已经败下了阵。切尔特科夫对他人的私生活妄自置喙，托尔斯泰不仅没有指责他的不智，反而一再感谢他的理解和同情：“惠函收悉，读后如沐春风。信中所言，俱属佳音：母慈妻贤，生活美满；您的个人追求也可圈可点。您的信鼓舞人心，我爱您。”

索菲娅·安德烈耶芙娜手中的剑应该砍向谁？切尔特科夫，还是自己的丈夫？！

切尔特科夫怎么会在自己的信中妄言托尔斯泰遇人不淑，并且喋喋不休地表达自己对托尔斯泰的同情？须知截至1887年，切尔特科夫只是蜻蜓点水式地造访过几次托尔斯泰家，不可能对他们夫妻生活之秘辛有过多的了解。当然，也有一种可能是他听信谣言，对索菲娅·安德烈耶芙娜有了先入为主的偏见。捕风捉影、入人以罪，切尔特科夫应该知道他在信中发表那样的言论是不恰当的。他之所以敢那么做，也许跟托尔斯泰的暗中怂恿有关。

还在1884年3月27日，托尔斯泰在写给“亲爱的朋友”的一封信中，先是讲到两件当天遇到的可怕的事（一名被警察局羁押的雏妓、冻饿而死的洗衣女工赤裸裸的尸体），而后就开始大倒苦水：“耻辱让我难以下笔，耻辱让我不忍苟活。我们家没吃完的鲟鱼肉都发臭了，整整5条鲟鱼！可是有些人却饿死了！我给大家讲述看到的这一幕幕人间惨剧，他们不仅不表示同情，反而认为我不可理喻——现实如此，谁也改变不了，有什么说头？现在我只能跪地祈祷：我的上帝，请向我昭示一条光明的道路，教我如何自处、教我如何生活，将我灵魂深处的负罪感荡涤干净吧！”

这封信的原件在托尔斯泰本人的要求下，切尔特科夫最后焚毁了。不过切尔特科夫在毁信前将内容详尽抄录了下来，故此得以留传后世。两人建立通讯联系之初，托尔斯泰就曾一再强调，但凡含有敏感内容或牵涉隐私的信件，切尔特科夫阅后必须立即销毁。迨至个人关系热络到一定程度后，切尔特科夫请求导师允许他保存私信，条件是不在托尔斯泰生前向任何人展示。

1883—1887年，托尔斯泰在写给切尔特科夫的信里常发感慨，不止一次讲到自己在家里形单影只，没有一个人理解他、没有一个人愿意听他的话。问题这就来了：享尽夫妻天伦的年轻男子乍听这些言论，心中将作何想？19世纪60年代，列夫·尼古拉耶维奇与索菲娅又何尝不是琴瑟和谐、伉俪情深？

托尔斯泰和切尔特科夫的书信往还是在怎样的家庭背景下展开的？加丽娅很乖巧、切尔特科夫很幸福，可托尔斯泰夫妻呢？请看索菲娅·安德烈耶芙娜1887年3月6日的日记："身心俱疲。伊利亚老是神神秘秘的，日子过得乱七八糟。游手好闲，酗酒，撒谎成性，身边围着一大帮狐朋狗友；而最主要的是：精神空虚，自甘下流。谢廖沙去了图拉，明天他们的农民银行有会议。塔妮娅和列瓦什么也不干，一天到晚就知道打牌。看着他们一个比一个顽劣，我却无计可施，痛感自己丧失了教育孩子的能力……找不到人生的支点……”

托尔斯泰的家庭危机四伏，虽未訇然崩塌，却也摇摇欲坠。切尔特科夫的信之所以能够重创索菲娅·安德烈耶芙娜，也与其道出了她内心深处的隐忧有关。

计算机科技中有一个术语叫“格式兼容性”，索菲娅·安德烈耶芙娜的家庭教养、行为习惯以及人生经历，注定她与丈夫之间会出现“兼容性”差的问题。托尔斯泰在与切尔特科夫进行推心置腹的书信交流之后，再次面对妻子时就得调适心态、转换思维“格式”。

1885年，切尔特科夫致函列夫·尼古拉耶维奇，信中言道：“您为什么不让您的大儿子介入您的工作，帮助您整理手迹书卷？您确实需要家人的协助……您写的每一个字，对我们来说都是无价之宝。想到您的墨迹因疏于看护而散失，热爱您的人都会痛心疾首。”

寥寥数语，一下子击中了托尔斯泰的软肋。家人的漠不关心，一直是托尔斯泰最头痛的事。他在日记中不止一次哀叹生子不少，但个个疏浪、不堪大用。他经常写信告诫不在身边的儿子们坚持走上帝指引的正道，远离亵渎神明的异端邪说，摒弃贪鄙自私等德之大污，不要酗酒、不得赌博，一写就是长篇大论，一写就是一大堆，然后逐一分发给他那群不求上进的儿子——言之谆谆，望心何切，仿佛寄居天涯的父亲通过笔墨寄托舐犊之情，而不是与子女共处一个屋檐下的托尔斯泰在耳提面命。

切尔特科夫省事多了。他不仅不需要教诲，他还忙着教诲别人。从一定意义上说，这个年轻人双肩担道义，在追求真理的道路上与托尔斯泰携手前行。单以此论，其过人之处不容抹杀。

连索菲娅·安德烈耶芙娜都承认："我以前指责切尔特科夫巧言令色、对列夫·尼古拉耶维奇极尽阿谀奉承之能事，其实这样的看法有失公正。切尔特科夫如痴如狂地爱着托尔斯泰，完全生活在托尔斯泰的影子里。托尔斯泰的思想、托尔斯泰的著述、甚至托尔斯泰的身影——他用照相机记录生活中的托尔斯泰就是明证——是他生命的全部意义。切尔特科夫中人之资，不以智慧见长。他的全部智慧，就是托尔斯泰的著作、托尔斯泰的思想、托尔斯泰的生活。为此，作为托尔斯泰的妻子，我应该向他表示感谢。"

这一番言论写成于托尔斯泰离家出走之前。

无限的忠诚带来的是广泛的权利，切尔特科夫在自己的导师面前从来不思收敛行藏。在《媒介》丛刊上登载《高加索的俘虏》，他敢要求托尔斯泰订正（！）文句，因为他认为原文有词不达意之嫌（！）。须知这部中篇小说是托尔斯泰心目中最成功的作品，自我评价远在《战争与和平》之上。奇怪的是，托尔斯泰竟然乐颠颠地接受了切尔特科夫的建议！"您指出来的那些句子确实应该删掉，谢谢您大雅斧正！此请自行处置。"事实上，切尔特科夫在托尔斯泰的后期创作活动中扮演着共同撰稿人的角色，因为托尔斯泰非常看重编辑人员的校对工作，认为编辑是创作的延续和有机组成部分。

而最重要的是——手稿！天才的手迹，一个字也不能丢。从19世纪80年代起直到托尔斯泰离世，切尔特科夫将出自作家笔下的每一页字纸都誊抄了一遍，并邀请列夫·尼古拉耶维奇的次女，当时担任父亲秘书工作的玛丽亚，将托尔斯泰的后续手墨，包括日记和书信，全部重抄一份寄给他。1890年春天，他直接要求托尔斯泰将自己的日记交给他，以便由他誊写并摘抄其中的哲言，编纂"托尔斯泰思想集录”。而托尔斯泰日记意义非凡，诚如作家最后一任秘书瓦·弗·布尔加乔夫所言：“那就是赤裸裸的托尔斯泰，无遮无掩。”显而易见，切尔特科夫觊觎无遮无掩的托尔斯泰。

不过从客观公正的立场出发，切尔特科夫染指托尔斯泰的日记，并非无风起浪之举，托尔斯泰本人就曾表达过将日记、书信交给此人处置的意愿。“托尔斯泰思想集录”，这个创意确实让列夫·尼古拉耶维奇心旌摇荡了好一阵子。“您处理本人往来信件的思路，确实振奋人心……”托尔斯泰在1890年4月8日写给切尔特科夫的一封信中说，“如果说那些信件中有什么闪光的东西，那也是上帝的杰作，我充其只是扮演了一个代言人的角色、不敢贪天之功以为己有。您的工作不仅能发挥启迪民智的作用，于我也是一个反思过程、一种鼓励和鞭策，故此对谁的帮助更大，我还是世人？遽难定论。”

还有一桩事实：托尔斯泰结识切尔特科夫不久，便主动向他提供了自己1884年的全部日记，其中部分内容涉及家庭隐私。托尔斯泰笔锋所向，索菲娅·安德烈耶芙娜及长大成人诸儿子，均成为大肆挞伐的对象。多年后托尔斯泰自知失策，遂向切尔特科夫提出归还日记的要求。只可惜这一亡羊补牢之举已经丧失了意义：切尔特科夫业已抄写了多份日记副本，部分私藏外，部分交由其近卫军团的战友，时任莫斯科警察局局长，1905年后升任彼得堡总督的德·费·特列波夫保管。满纸敏感言论的日记落入警察头子之手，这是托尔斯泰始料未及的。警方从此盯上了他，“托尔斯泰分子”自然也受到了牵连，一个个被当局清查了出来，流放到设在高加索、西伯利亚的训诫营里服苦役。

1885—1888年，托尔斯泰抛开了坚持多年的习惯，撰写的日记屈指可数。1889年，他重起炉灶，又开始将写日记当成生活的一部分，不忘奋笔于昼暗灯昏时分。切尔特科夫的嗅觉是灵敏的、判断是准确的——日记是托尔斯泰最有价值的精神遗产之一。也基于这一认识，他1890年春天明确要求列夫·尼古拉耶维奇将所有的个人日记交给他，以免所托非人、造成无法弥补的损失。毋庸赘言，托尔斯泰的后续日记，自有玛丽亚·利沃芙娜源源不断地输送给他。

这一次，托尔斯泰又一次轻而易举地答应了切尔特科夫的请求：“我决定将自己装订成册的两本日记寄给您，但有可用，尽可取之，不必征求我的意见。以后还有什么好的建议，请尽管提出来。”

1890年4月21日，雅斯纳雅·波良纳来了一位特殊的客人——伊·伊·戈尔布诺夫—帕萨多夫，一位文学家、托尔斯泰主义者、切尔特科夫《媒介》丛刊的合伙人。他此行的目的有两项：第一项是从列夫·尼古拉耶维奇处取走《克莱采奏鸣曲》手稿，送给彼得堡的切尔特科夫；第二项，也是最重要的一项，是接收转送托尔斯泰的日记。不过托尔斯泰临时起意，没有如约交出装订好的日记簿。他在捎给切尔特科夫的短札中说："我决定暂留日记，至于原因，容瓦妮娅后作解释。"

原因出自一人：那就是夫人索菲娅。得知丈夫准备将日记托付给切尔特科夫保管，她心中大为不悦并表示坚决反对。她可不想将自己的老伴拱手送人——须知日记就是托尔斯泰，那里面披露了太多属于整个家庭的不宣之秘以及他们夫妇双方的个人隐私。当然，事涉家人的荣誉，她的顾虑有其合理的一面。如果切尔特科夫手中握有托尔斯泰的日记，那就有了要挟索菲娅的资本。授人以柄、作法自毙，索菲娅不会容任这样的结果出现。

早在1885年，身在英国的切尔特科夫就曾写信唆使托尔斯泰抛别家庭。好在索菲娅·安德烈耶芙娜没看到那封信，否则他们间的战火不会迟至1887年才爆发。

切尔特科夫在信中写道："……心知您可能会指责我谮越，但在爱心的驱使之下，我还是想犯颜直谏。您曾经说过，您生活的环境与您的信仰格格不入。以我个人之愚见，您的说法完全正确。您之所以会产生离家出走的念头，是有客观原因的。如果据此妄下断语，说您格调不高、品行有问题，我绝对不能苟同。逆势而为、随机应变，这是强者的表现；而畏葸不前，或者随波逐流，那才是弱者的专利。耶稣基督就是人生有为的典范，基督教精神就是弃暗而投明。"

切尔特科夫其人性情一贯晦暗荏弱，但论起托尔斯泰的家事就像换了一个人，逻辑严整、头头是道。如果您，列夫·尼古拉耶维奇，想做再世基督——您完全有资格这么想——那么请就此离开自己的家，让"死人各埋自家的死者"去吧！

1890年4月，没有拿到托尔斯泰日记的切尔特科夫心有不甘，于5月份又打发另一位代理人——勒热夫斯克自家庄园的管理人马特维·奇斯佳科夫——去了一趟雅斯纳雅·波良纳。有迹象表明，切尔特科夫"锲而不舍"的精神惹恼了托尔斯泰。他在日记中写道："切尔特科夫又来了。还是为着日记的事。他，切尔特科夫，就怕我人死后日记也没了下落，这怎么可能？再说我确实不能把日记交给他——得罪……"

这个没了下文的"得罪"，直指索菲娅·安德烈耶芙娜。当然，托尔斯泰也不想委屈了切尔特科夫，何况奇斯佳科夫还为他带来了加丽娅的肖像画——足见切尔特科夫一家把他当成了自己人。

托尔斯泰的回信极尽款曲："不能如约奉上日记，我深感遗憾。前信言及将个人日记托付外人保管，不仅有悖常理，且有出卖隐私伤害自家夫人感情之虞，实属考虑欠周、借故推诿。为赎前过，今郑重承诺，本人将相机交接日记稿本，以慰切切守望之情……日记在我处有夫人、小女打点，亦能得到妥善保管，幸勿挂怀。"

索菲娅保管托尔斯泰的日记！此言一出，切尔特科夫不仅不能释怀，只恐从此寝食难安。其实这一说法也是托词。根据索菲娅同期撰写的日记判断，托尔斯泰自1890年起就对妻子有了戒心，所写日记东掖西藏，她连看一眼的机会都没有。为了誊抄副本，她只能乘丈夫熟睡之际，半夜三更翻找出来抄上那么几页。

索菲娅·安德烈耶芙娜是位疑心颇重、嫉妒心很强的女人，玛丽亚也不是对他人言听计从的易与之辈——也是从1890年起，厌倦了切尔特科夫代理人角色的她开始对自己的工作表达不满。此外她还注意到，尽管切尔特科夫的关注颇能打动托尔斯泰的心，但其软磨硬泡的态度最终招来托尔斯泰的反感：他珍惜思想自由，接受不了被绑架的人生。

1890年夏天，玛丽亚给切尔特科夫写过两封信，声言无法完成摘抄父亲的日记、书信的任务。"在父亲神圣的精神世界里扒拉、向外界展示个人隐私和整个家庭的不宣之秘，常感芒刺在背、难以下笔。我不会再请求父亲标记重点内容并进行转录，这样的做法，想来亦非父亲所愿。"信中部分内容还直接披露了列夫·尼古拉耶维奇的态度："我确信，父亲在他的有生之年内，并不希望自己的日记公之于世。"

此外，在写给切尔特科夫的信中，托尔斯泰本人也摆明了原则立场："亲爱的朋友，请理解我的做法，幸勿心生怨怼。联想到自己信手拈来的文字将会转呈他人，我内心的感受不是简单的有所顾忌，而是觳觫震栗。请不要用社会需要一类冠冕堂皇的理由绑架我的意志，唯望推己及人、体察我的苦衷，放弃搜集属个人资料的书信、日记的做法。如蒙谅解，我心方得稍安。最近一段时间每有所得，都会想到与您分享。诚望加强书信联系，以资交流。"

切尔特科夫表面上做出了让步的姿态，在写给玛丽亚·利沃芙娜的信中说"此事到此为止”，并向列夫·尼古拉耶维奇保证“悉遵教诲”，坦言“深悔当初虑事单纯，导致今日之变”。

不无讽刺意味的是，切尔特科夫在表达殷殷“悔过”之情的同时，不忘继续扮演“精神遗产继承人”的角色。

在写给列夫·尼古拉耶维奇的信中，他不再索要日记，转而指名道姓地要求玛莎（即玛丽亚·利沃芙娜。——译者注）亲自操办，将托尔斯泰与各色人等间“内容充实、不涉个人隐私”的往来信函悉数交给他，并信誓旦旦地宣称在未获本人允准之前，绝不拿信件内容示人：“您不希望出现在思想集录中的文字，本人概不述及。该书付印前将提交您本人亲自审阅，料无遗珠之憾、穿凿之嫌。”

话说到这个份上，岂能再让“亲爱的朋友失望”？托尔斯泰很快发出了示好的信号：“部分信件已托玛莎誊抄，不日当奉寄。”

切尔特科夫在写给玛丽亚·利沃芙娜的信中反复强调：“抄件请注明月份日期、当事人姓名，以备查考。”

与切尔特科夫相比，担当父亲秘书工作的玛丽亚·利沃芙娜文字工作经验明显不足，加之身为人妻人母（虽然出嫁较晚），有自己的家庭事务需要打理，切尔特科夫自然而然地成为托尔斯泰身边的固定工作人员。如果能与索菲娅·安德烈耶芙娜做一些简单的分工，双方各司其职、各尽其责，冲突或可避免。然而以切尔特科夫向来独断专行、缺乏与人沟通之能力、不知妥协退让为何物的性格，以及唯托尔斯泰马首是瞻、不将其他人看在眼里的态度，与托尔斯泰家人的矛盾无可避免。

1892年5月，切尔特科夫与托尔斯泰家人之间爆发了新的冲突。其时托尔斯泰会同女儿在梁赞省别吉切夫卡举办赈济饥民募捐活动，其妻索菲娅参与资金管理。切尔特科夫为善不甘人后，也在沃罗涅日省从事类似的活动。面对人类劫难，共同的关注拉近了与托尔斯泰一家人的距离。身处莫斯科的索菲娅与远在别吉切夫卡的托尔斯泰守望相助，不畏舟车劳顿频频来往，久违的关爱再度温暖了两人日渐凄冷的心。“塔妮娅抓住我不放，一副惶惶不可终日的样子。和悦温馨的感觉在我们心头流淌，仿佛昨日重现。”1891年12月，他在写给安·安·托尔斯塔娅的一封信中说。“跟索妮娅两情融融，关系犹胜往日。”——托尔斯泰在写给尼·尼·盖辛的信中如是标榜他们夫妻生活的新境界。

索菲娅·安德烈耶芙娜与切尔特科夫的关系，似乎也出现了转机。托尔斯泰夫人还亲自牵头组织，发送数车救灾物资给切尔特科夫。托尔斯泰在广泛参与社会活动的同时，坚持《天国在你们心中》的写作。他先将初稿寄给了切尔特科夫，后又要求发还本人再行校勘。出于安全方面的考虑，切尔特科夫将稿件寄给了索菲娅·安德烈耶芙娜。此举激起了托尔斯泰夫人强烈的情感反弹，“第三者”之厄彻底破坏了曙光乍显的双方关系。

索菲娅·安德烈耶芙娜的问责信是怎么写的，现已无从查考，不过仔细研读切尔特科夫的回函，不难从中揣知一二。她直斥切尔特科夫剥削“身心俱疲神经出现问题的老人”，切尔特科夫对此深以为憾。

切尔特科夫将索菲娅指责他的信及他的答复一并寄给了托尔斯泰。他希望托尔斯泰站在客观公正的立场上，为妻子的不当言论作个见证。托尔斯泰不得不站出来，温言软语安抚这位无过受责委屈莫名的年轻人：

“您说得对，不过她的冲动也情有可原。您从我身上看到的东西，有些她根本看不到……”

切尔特科夫写给索菲娅的回信比较长，措辞也很不友好。他教育作家夫人：“牵扯到托尔斯泰的问题，我们应该坚定不移地执行他的每一项意愿。”关于托尔斯泰的身心健康问题，他并不认同索菲娅的说法，“在我看来，列夫·尼古拉耶维奇不仅不是神经衰弱的耄耋老者，恰恰相反，他比所有围绕在他周围的人神经更健康、心理更平衡、身体更年轻、精力更充沛　　我耳闻目睹的一切，无不向我证明这一事实。”最后他直言不讳地告诫托尔斯泰夫人，“……无论您存心如何，您的所作所为与列夫·尼古拉耶维奇的意志背道而驰。您带给他的，除了精神上的折磨，便是生活上的艰辛。”

自觉理亏、又忍受不了切尔特科夫百般指责的索菲娅，同样将求助的目光投向了远在别吉切夫卡的托尔斯泰：“前不久切尔特科夫给我写了一封信，因措辞太过尖刻，我忍无可忍之下复函予以辩驳，语言自然不大中听。我不知道落入手中的文稿是你亲自捉刀抄写的，还怪他不知进退给你添麻烦。切尔特科夫大光其火，抓住这一点就是不放。我已经向他道过歉了，可这个又愚钝又好钻牛角尖的家伙就是对我不依不饶！不可理喻的可怜虫，鼠目寸光、心胸何其狭隘！”在向丈夫诉苦的同时，索菲娅也给切尔特科夫写了一封回书，只是口气冷淡得多，字里行间散发出居高临下的味道：“我如影随形精心照料他30年，无须向任何人包括您在内讨教事夫之道。”

实际上，从切尔特科夫出现的那一刻起，托尔斯泰的人生就被劈成了两半，一半属于以索菲娅为代表的现实家庭，另一半属于切尔特科夫代为构建的虚拟家庭。

切尔特科夫对托尔斯泰的吸引力，部分还来自双方聚少离多、时时挂怀的交往状态。“睁开眼就开始等您的大札，闭上眼满脑子都是您的身影。对您的想念，无时消歇、无处不在。您最近这是怎么了？为什么音讯杳杳、行踪寂寂？……想无得罪之处，何以冷漠至此？”

这封很有“诗情画意”的信写成于1892年9月27日。这份“情感诱饵”甫一下水，切尔特科夫就迫不及待地咬了钩。10月1日，他给托尔斯泰写了一封长信，对索菲娅及以之为代表的一干家人横挑鼻子竖挑眼，批了个体无完肤：将“宫廷仕宦”习气带到了家里，搞得托尔斯泰无所适从；慕名而来的托尔斯泰的追随者，走后无不扼腕叹息；连托尔斯泰最宠爱的女儿玛莎也不争气，一点也不支持父亲的工作（其实这是污蔑、不实之言。切尔特科夫摇唇鼓舌，终于报了玛丽亚的一箭之仇：她曾拒绝誊抄托尔斯泰的日记、书信，挖了他的墙角）。

托尔斯泰本人对此信的反应如何？——验证了其妻索菲娅1884年所下的断语：一说切尔特科夫，托尔斯泰马上变成了闭目塞听的瞎子聋子。“鲍沙（指比留科夫。——作者注）昨晚跟我在一起。他给我朗读了一遍您的来信，结末大发感慨：这封信写得多好！他的看法太公正了！我接住话茬说：我方才正在思量这个人。慈和，善良，向来唯唯谨谨、不为已甚，非常诚恳踏实的一个人。但凡与他有过一面半面之缘的人，没有一个不喜欢他的……我同样爱着您。”

不合常理的漂亮话说得太多，难免会飞出丑闻。

一张照片背后的故事

1894年12月，数位最著名的“托尔斯泰主义者”——切尔特科夫、比留科夫、戈尔布诺夫—帕萨多夫、特列古博耶、波波夫——请求托尔斯泰赏光去一趟“梅耶照相馆”，与他们一道拍照留念。对于这样的要求，托尔斯泰会断然拒绝吗？当然不会！推远拥趸、自绝于人，托尔斯泰岂能干出这等事！再说，照片一旦见报，“托尔斯泰派”的存在便有了铁证，其正面负面各种宣传效应，等闲求之不得。与俄罗斯皇族有亲缘关系、又在警界高官间行走的切尔特科夫，应该清楚其中的利害关系。

得知托尔斯泰一干人照相的事，索菲娅·安德烈耶芙娜采取了果断措施：从梅耶照相馆取回所有底片，当即予以销毁。“托尔斯泰主义者”愤愤不平，觉得索菲娅的手伸得太长。“鲍沙（即比留科夫。——作者注）来了。”索菲娅·安德烈耶芙娜在1895年1月8日的日记中写道，“他一张嘴就指责我，我则反唇相讥。一帮无聊的黑人，诱骗列夫·尼古拉耶维奇跟他们拍合影，真是不知道天高地厚！我言语过激，女儿们（指玛莎和塔妮娅。——作者注）面露不悦，列夫怒气冲冲，其他人惊得目瞪口呆。我气得脑子发木，控制不了自己。什么人拍合影照？大中学毕业生、野餐聚会者、小团伙！托尔斯泰分子聚在一起合影留念，不是拉帮结伙，那是干什么？！招摇过市、哗众取宠，到头来却是贻人笑柄。我可不能让这帮人将我的列夫·尼古拉耶维奇从神坛上拉下来、拽入万劫不复的深渊！隔天一大早我就去了照相馆，将所有的底片取了回来。好在照相馆的人还没有洗印一张照片出来，一场丑闻，有望消于无形。聪敏的德籍摄影师梅耶完全理解我的苦衷，毫不犹豫地交出了底片。”

1月10日晚上，索菲娅·安德烈耶芙娜关好卧室的大门，独自一人毁掉了取回的原片。她在日记中还提到一个细节：她试图用钻石耳坠抠下托尔斯泰的头像，但没有成功。

托尔斯泰对妻子此举的真实看法不得而知，不过根据他一贯的表现，应该不会达到雷霆震怒的地步。他在1894年12月31日的日记中写道：“切尔特科夫来过一趟，还在为照片的事怄气。索妮娅·安德烈耶芙娜做事还是那么蛮横鲁莽、不计后果，这不好。”

在这里，除了将托尔斯泰视作个人资源、唯恐别人沾到一点光等嫉妒心理在作怪外，对整个家庭命运的担忧，也是驱使索菲娅采取极端行动的原因之一。沦为“持不同政见者”的妻子，她差不多已经认命了。但是，眼看着丈夫掉入帮派主义泥潭，她无论如何都不能坐视不管：“铁血总监”波别多诺斯采夫对这类人的态度，她了如指掌。何况高层核心圈内已传出风声，当局已经痛下决心，准备将托尔斯泰流放国外。

1891年4月晋见沙皇之后，自信满满的索菲娅·安德烈耶芙娜认为丈夫有望摆脱书报检察机关的跟踪监视。不过，托尔斯泰还真不是罩得住的灯——越黑的地方，越能放光。这不，时隔不到一年，他就给她制造了新的麻烦。1892年1月14日，英国《每日电讯报》刊发了埃米利亚·迪隆翻译的托尔斯泰作品《论饥荒》，这篇论文在国内可是属于封禁对象。22日，保守刊物《莫斯科信使报》将论文部分内容予以转载，还兴致勃勃地配发了一段编者按语："托尔斯泰伯爵的信札是一篇战斗檄文，是向整个世界现存社会经济秩序发起总攻的号角。伯爵这篇雄文的宣传力度，恐怕只有不讲原则不存底线的社会主义谬论堪与媲美，我们国内见不得光的地下宣传已经难望其项背了。"

这是赤裸裸的告发，但不是诬告。托尔斯泰确实吹响了"向整个世界现存社会经济秩序发起总攻的号角"，就差鼓吹暴力了。他当时正在撰写《天国在你们心中》，"不以暴力抗恶"这一托尔斯泰主义核心价值观轮廓渐成，所以他反对任何形式的暴力：暴政，还有暴力革命。思想很深刻，但了解内情的人又有几个？

托尔斯泰的作品在《莫斯科信使报》发表之后，索菲娅忧心如焚、惶惶不可终日。不过宫中也传出了一些关乎托尔斯泰命运的重大利好消息——1月30日亚历山大三世约谈内务部长杜尔诺沃，向他发出了"停止一切调查活动"的指令——这个"调查"，虽未明言涉及的对象是谁，但熟悉皇家政治的人都知道非托尔斯泰及其姑妈兼皇室守护神安·安·托尔斯塔娅两人。沙皇直言不讳地说："我不想冒天下之大不韪，成就他受苦受难的圣者形象。"还有另一版本的流言……塔·安·库兹明斯卡娅在写给姐姐的信说："我从各种不同渠道得到同样的消息：沙皇这一次真的生气了，声称为了托尔斯泰一人破例接见了他的妻子。可他的好心换来了什么？被出卖给俄罗斯的宿敌——英国……"根据当时流行的说法，沙皇专门召集了一次内阁会议，讨论将托尔斯驱逐出境的问题。

"你一篇文章毁了我们一家。"索菲娅·安德烈耶芙娜写信责备远在别吉切夫卡的丈夫，"你的爱在哪里？你的不对抗主义在哪里？作为9个孩子的父亲，你没有权利牺牲我们。别说你是站在基督徒的立场上写那篇文章的，恶语伤人，干善心何事？现今我方寸已乱，不知道怎么办才好。但有一点很清楚：听任事态发展下去，对大家都没好处。"

2月8日，彷徨无计的索菲娅一整天趴在房间里，给内务部及《政府公报》编务机构撰写陈情书；此外还收阅了一封妹妹从莫斯科发来的信函。妹妹在信中说，

“危险正在一步步逼近”，索菲娅“必须马上行动起来”，亲赴首都（沙俄时期，俄罗斯首都是彼得堡。——译者注）处理危局。

《论饥荒》一文掀起的最后一波是，时任莫斯科总督的谢尔盖·亚历山大耶维奇大公以私人名义约见索菲娅，告诉她沙皇就等托尔斯泰发布一份文告，撇清自己与那篇备受争议的英文版论文之间的关系。

“……他们静等你做出反应，在《政府公报》上发表带有个人签名的公开声明，以正视听。据我所知，列沃奇卡，除了《政府公报》一刊，其余出版物均无权发布你的广告，希望这是受命于沙皇本人、体现亚历山大三世良苦用心的善意举措……期望打开你的下一封来信的时候，看到你函装的公告；如若得偿所愿，则我心之欢畅，必如扫尽阴霾见天日。如果你一意孤行、拒绝向当局低头，我就得再度打起精神，赶赴彼得堡斡旋此事。如果我的所作所为比上次还要过分，那也是情势所迫，莫谓言之不预也……”

针对妻子的要求，托尔斯泰这次又做出了让步。“亲爱的朋友，近日为《莫斯科信使报》恶意曲解《论饥荒》一文，陷我于不义诸般情由，您苦心焦思，奔走谢尔盖·亚历山大耶维奇（不明所指，原文如此。——作者注）门下，为此我深感愧疚。——事实上，这一切都是空穴来风，我发表的言论本身并没有出格的地方。再说，关于大饥荒问题，我此前就曾公开发声，言辞之激烈，与这篇文章相较有过之而无不及，有什么大惊小怪的？现在是舆情在起作用：某些心怀叵测的人通过操纵舆论，达到绑架民意的目的；就像滚雪球一样，平地滚出一座小山来。自责书我是写了，并且写得非常认真，字斟句酌，一丝不苟，既表达了我的心声，也对强加在我身上的污蔑不实之词逐一进行了反驳，故此再无更动措辞的必要。”

在2月12日致《政府公报》的陈情书中，托尔斯泰首先撇清了自己与出版方的关系，声称他“与《英国每日电讯报》素无往来，也不曾有过片言只字的书信联系”。他说，“《论饥荒》一文之所以能在俄罗斯国内掀起舆论的轩然大波，这跟翻译人员处理原文不当有关（天马行空无所羁绊式的翻译风格，造成英文版本词不达意漏洞百出的后果）。用大写字体突出显示的论文摘要，也是建立在英译本基础上的，捕风捉影、妄自穿凿，完全违背了原作之大旨。”

作为名满天下的作家、德高望重的老人，迫于当局施加的强大压力，面对整个世界低下那颗高贵的头颅——无论从哪个角度看，这都是托尔斯泰的耻辱。他委曲求全的行为背后，是索菲娅的期待。托尔斯泰与《论饥荒》一文的译者——埃米利亚·迪隆有过一面之缘并一直保持着联系。1890年，这位英国人漂洋过海来到俄罗斯，风尘仆仆地走进到雅斯纳雅·波良纳，拜会列夫·尼古拉耶维奇一家人。1891年11月，原本投寄给《哲学心理学研究》杂志的《论饥荒》一文未获快报检察机关的通过，长期留滞编辑部得不到发表，当时身在别吉切夫卡的托尔斯泰心有不甘，写信嘱托索菲娅将那篇文章的副本发付迪隆。《每日电讯报》刊载《论饥荒》一文，肇始之人还是他托尔斯泰，对此他们夫妇双方心照不宣。此外，1891年秋即宣布放弃个人作品版权包括译著版权的他，对该文英译稿的质量问题未置一词。现在当局要他站出来指证译作粗制滥造，这让他情何以堪？

托尔斯泰阳奉阴违，报应自然来得很快。《政府公报》没有接受他的自辩书，官方机构配合默契，不给他提供任何辩白的机会。“今日收到《每日电讯报》通知，他们拒绝刊发你那份自辩书。”远在别吉切夫卡的索菲娅·安德烈耶芙娜写信告诉丈夫，“列沃奇卡，让你写情况说明的点子是我出的，此请原谅我的幼稚单纯。从现在起，我发誓绝不会再插足此项事务。我那封信是在莫斯科大公授意之下写的，事情闹到这一步，不知他做何感想。”

官方反应冷淡，民办刊物却另有一番态度：公开信最后还是见报了。托尔斯泰当时正忙于赈灾，辗转梁赞各地办粥棚（仅其一人名下开办的粥棚，即达170余处），早将这桩事搁到了一边。“看在上帝的份上，我亲爱的朋友，别再纠结这件事了。风水轮流转，我们有翻身的时候，不要老是把自己看成弱者、受害者。”

托尔斯泰出尔反尔，《论饥荒》的英译者迪隆却无辜受累、颜面扫地。他将托尔斯泰写给他的信发给了《公民报》《莫斯科信使报》，并多方证明他的翻译不存在任何问题。一来一往，这回栽了个灰头土脸的，倒成了《莫斯科信使报》回译大失水准，将托尔斯泰的文章弄得面目全非。《莫斯科信使报》自然不肯示弱，当下赤膊上阵，与作者、译者打起了笔墨官司。

这件事上切尔特科夫的表现可圈可点。他没有落井下石，抓住托尔斯泰撇清的行为大放厥词。他打心眼里同情自己的“导师”，只是假澄清事实真相之名，行离间托尔斯泰夫妻关系之实：那封公开信是他主动草拟的吗？如果“不是出自本意”，那他为什么还要接过别人的石头，砸自己的脚？——这场闹剧的导演是谁，他其实早已了然于胸。他想利用这个难得的机会，好好戏弄一下他的竞争对手——自视甚高的索菲娅·安德烈耶芙娜。

冰冻三尺非一日之寒。迨至1894年，一张普普通通的合影照片，终于在衔恨久远的索菲娅心头掀起了怒涛。她摆出了角斗的架势，最后又铩羽而归——她的丈夫列沃奇卡站在切尔特科夫的一边。生怕“亲爱的朋友”受一点委屈的托尔斯泰，不得不一迭连声地向切尔特科夫道歉：“家人仁爱不施，伤及您的感情、您以及所有参与照相的朋友与我个人之间的关系，为此我心情甚感沉重……恳请敞开博大的胸怀，容常人所不能容，原谅我，原谅我的家人。”

用不了多久，托尔斯泰的两个女儿玛莎和塔妮娅，将首先意识到自己对切尔特科夫一直有误解。带有明显倾向性、凡事都站在维护母亲的立场上说话的托尔斯泰家的两个千金，这回也向切尔特科夫当面道歉了——连她们自己都觉得不可思议。其实仔细琢磨一下，这一切很好理解。如果说索菲娅·安德烈耶芙娜一切行为背后的原始驱动力是嫉妒和担忧，那么托尔斯泰家孩子们的动机就要单纯得多：他们只知道嫉妒，尚不知为亲人担惊受怕是什么滋味。托尔斯泰一家人拍的合影照片很多，具有纪念意义和资料价值，留存至今广为人知的摄影佳作也不少。须发皆白、瘦骨嶙峋的托尔斯泰，身边围着一大拨子女：从胡子拉碴的壮士到蹒跚学步的幼儿——萨莎、瓦涅奇卡——不同的年龄段，同一张照片，阵容之强大，令人咂舌。当然，占据照片中心位置的，永远都是索菲娅·安德烈耶芙娜。除了家人内部合影，托尔斯泰与“托尔斯泰主义者”（或者更准确地说是“切尔特科夫主义者”）一起拍的照片也多有流传。这类照片中索菲娅不见了，托尔斯泰身边空出来的位置，自然由喜欢玩鹊巢鸠占那一套的切尔特科夫占据。

喜欢无过道歉的人

不知从何时起，托尔斯泰形成了一个固定的习惯：有事没事向切尔特科夫道歉。脚踩两只船、拥有两个“家”的托尔斯泰过着双面人的生活，确实无法满足切尔特科夫的所有愿望和要求，就像无法事事如索菲娅所愿一样。妻子的话好说，大不了吵个架闹场别扭弄出一些动静如威胁她离家出走等，无可无不可，索菲娅不也经常威胁他要自杀吗？这一套在切尔特科夫那里是万万用不得的，这就有了他的“肉体伴侣”和“精神伴侣”待遇上的差别。

集体照事件发生前的1894年10月，托尔斯泰就曾为10年前犯过的一个错误向切尔特科夫道过一次歉：由于那会儿对“亲爱的朋友”太爱太信任了，托尔斯泰一时头脑发热，将1884年的日记一股脑儿送给了切尔特科夫。

事情的前因后果是这样的。1894年3月，托尔斯泰再三再四地向切尔特科夫表示，他想来一趟沃罗涅日，看望住在偏远乡村的切尔特科夫和加丽娅。不用说，妨碍托尔斯泰成行的最大阻力来自索菲娅·安德烈耶芙娜：她锲而不舍，一次次挫败了丈夫的图谋。心之所向，九牛难拉，托尔斯泰最终还是达到了目的。3月25日，他带着女儿玛莎跑到勒热夫斯克斯克，在切尔特科夫家里度过了一段欢乐时光，一直住到4月1日。返回莫斯科之后，托尔斯泰马上写了一封热情洋溢的信，感谢切尔特科夫夫妇的款待，声言勒热夫之行是他近日来“最美好的回忆”。切尔特科夫家的一切让托尔斯泰心动：家道，老夫人（因为儿子切尔特科夫的缘故，她对托尔斯泰怀有敌意），加丽娅，还有大费周章抚养大的孩子季马。跟瓦涅奇卡不一样的是，切尔特科夫夫妇可没有那么惯孩子，小家伙连个像样的玩具都没有。

托尔斯泰对切尔特科夫两夫妇特别上心，回到莫斯科后还亲赴当地药材市场，购买了10俄磅天冬草寄给病中的加丽娅。不过这些天冬草质量有问题，并不合用。托尔斯泰找到药贩子严厉申斥了一番，连忙弄了些质量合格的药材寄出去，同时向切尔特科夫夫妇道歉不迭。这段时间托尔斯泰使命在身：受切尔特科夫之托，在雅斯纳雅·波良纳一带为他们张罗一处临时住所。加丽娅适应不了沃罗涅日的气候，身体健康每况愈下，图拉不存在这个问题。图拉的天气适合加丽娅，切尔特科夫却无福消受。他在雅斯纳雅·波良纳待不了多久必发疟疾，一旦回到勒热夫斯克，此顽疾便不药而愈。托尔斯泰在写给切尔特科夫的信中频频使用“效劳”一词：世界上最伟大的作家之一，梦想有机会为“亲爱的朋友”“效劳”，这是真情流露，还是服务人类这一思想境界的体现，谁也说不清楚。

托尔斯泰将搜集到的房源列成目录，附上草图及说明发送给切尔特科夫定夺，可谓用心良苦。索菲娅·安德烈耶芙娜一路风尘从莫斯科赶过来，进门发现丈夫不着家，一问才知道托尔斯泰最近一段时间满世界乱跑、忙着给切尔特科夫两夫妻张罗避暑消夏的安乐窝，当时心头燃起的那股无名火，怎一个炽烈了得！她不喜欢这一对儿冤家是小事，关键是她最爱的小妹塔季亚娜·库兹明斯卡娅，得着消息便明确表示不屑与此等人为伍，从此不再踏足雅斯纳雅·波良纳的土地。要知道自从她嫁入托尔斯泰家后，这位小妹每年必来雅斯纳雅·波良纳，在那里度过整个夏天。

索菲娅·安德烈耶芙娜不是按捺得住性子的人，她当即提笔给切尔特科夫写了一封信。这封信里写了什么，现在已经无从查考，有迹可循的是切尔特科夫的复函："借此机会，我想向您说明一点，索菲娅·安德烈耶芙娜，能与你我共同敬重和热爱的列夫·尼古拉耶维奇朝夕相处，我内心无比欢欣。"为烦劳托尔斯泰的大驾，切尔特科夫先向伯爵夫人表达了歉意，紧接着又为自己开脱罪责：他没有鲁莽到对托尔斯泰伯爵颐指气使的地步，他只想让伯爵替他张声，委托子女帮这个忙的。

事情闹到这一步，夹在中间的托尔斯泰又得亲自出马，向切尔特科夫表达歉意了："她怕受到冷落……如果您问我：她欢不欢迎你们，我的答复是：不；如果您问我本人是怎么想的，问你们应不应该来，那么我要说：我的态度很明确，你们应该来。"

风口浪尖上的托尔斯泰置妻子、妻妹的感受于不顾，完全倒向了切尔特科夫。而肇事者切尔特科夫安然享受着托尔斯泰的恩宠，根本想不到这种情况下他最明智的做法，就是躬身引退、成全托尔斯泰家人的愿望。

5月18日，切尔特科夫举家徙居与雅斯纳雅·波良纳相距5俄里的杰明卡村。山没有走向穆罕默德，穆罕默德循山而去[①]，索菲娅·安德烈耶芙娜周期性的噩梦又开始了。最见不得的切尔特科夫打上门来，从"心心相印"到"身身相近"，步步向托尔斯泰靠拢，她现在已经是退无可退、忍无可忍了。

切尔特科夫乔迁新居后成了托尔斯泰家的座上常客，几乎是一天一趟频繁造访雅斯纳雅·波良纳。托尔斯泰给他的待遇也出奇地优厚：工作期间允许"亲爱的朋友"自由出入办公室。这项特权，别说托尔斯泰的一众子女，就连索菲娅·安德烈耶芙娜也不敢奢望。切尔特科夫的生活能力跟他的导师一样差，顾头不顾尾，丢三落四。他在托尔斯泰家的池塘里洗澡，有一次居然遗落了背带。他捎来字条让托尔斯泰全家动员起来帮他找一找，结果当然是没有找到；他还让托尔斯泰代为张罗一

① 典出《可兰经》。穆罕默德带领门徒游方传教，途遇一座大山。穆罕默德对门徒们说：只要他发出召唤，山就会走过来。他对着大山朗叫，大山却岿然不动；于是默罕默德又说：山不就我，我当就山，然后带领门徒爬过了大山。——译者注

辆轻便马车，5俄里的“长路”他实在坚持不下来——林林总总乱七八糟的要求，只要是切尔特科夫提出来的，托尔斯泰都会乐呵呵地照办。

就在此时——1894年5月，就在此地——杰明卡，切尔特科夫犯了一个致命的错误，差一点失去了托尔斯泰的信任——他纳凉不误正事、度假还干工作，这次还带来了托尔斯泰的日记，一有闲工夫就坐下来抄写几页；其中包括制作完副本的日记以及原件被警察局长特列波夫扣留的1884年的日记。

在逗留杰明卡的那些日子里，切尔特科夫生了重病。托尔斯泰夫人闻讯坐立不安，有一次还延来名医、倍道兼程奔回雅斯纳雅·波良纳为他治病。露冷霜高的8月，度完假回到勒热夫斯克的切尔特科夫担心来日无多，遂将一只装有托尔斯泰手稿的提箱托付给玛丽亚·利沃芙娜暂管。翻检手提箱的过程中，玛丽亚看到了阕闻日久的托尔斯泰手迹，其中包括命运多舛的1884年日记合订本。这段时间列夫·尼古拉耶维奇正经历着世界观的裂解，性情大变，日记中多有攻击其妻索菲娅、其子谢尔盖的过激言论。玛莎读了个大概，意识到日记内容一旦披露，势必会引起一场家庭风暴，随即带上日记本到父亲处求教。

托尔斯泰吓了一跳。

围绕这批个人日记的归宿，托尔斯泰写给弗·格·切尔特科夫的信再次表明，从结识“亲爱的朋友”那一天起他就深受两面性思维的困扰。一方面他为10年前一时失察、将内容敏感的日记转手外人而自责；另一方面，他又首鼠两端，在是否将业已收回的日记再次发送给切尔特科夫的问题上态度一变再变、始终拿不定主意。

“日记收回，保存我处。”托尔斯泰在信中写道，“原件寄出后请销毁本字条。您手头的那些日记请勿誊抄，摘录与公共话题有关的内容后，请即发还我。您处现在共有几本我的日记？——我改变主意了：日记还是寄给您吧！不过您要答应我，最后都要处理掉，一字不留。”

显而易见，托尔斯泰已经乱了章法。切尔特科夫不仅左右着他的一举一动，还影响到他的思想意识。

切尔特科夫在此事上的表现十分微妙。当着托尔斯泰的面撒谎，断然否定部分日记已经落入他人之手，这样的事他做不出来。因为他清楚，那么做无异自毁干城，谎言一旦揭穿，托尔斯泰对他的信任、他们的友谊，均将毁于一旦。他的回函貌似无懈可击，所言句句属实，只是隐瞒了第三者的身份。特列波夫摇身一变，在他的信中成了“可靠的朋友”。切尔特科夫深刻反省了自己的行为，就没有按照事先约定严格保管托尔斯泰日记一事忏悔了一番，而后笔锋一转、切入正题：

“因一己之过，给您带来了麻烦，为此我良心备受谴责。除此之外，我的心中还有更深的忧虑：您还会一如既往地信任我、容许我接触您的手稿？您会不会改变主意，阻止玛丽亚·利沃芙娜向我发送您那些交由她保管的日记？”

从这些表述中可以得出一个结论：托尔斯泰后期日记多在切尔特科夫处，只有最后一段时间撰写的一小部分由于其本人生病、被迫外出等原因没有来得及抄写，压在托尔斯泰之女玛丽亚处。其实切尔特科夫当时的处境并不好：比留科夫、波波夫寓所被搜查，作为同路人的他如履薄冰，每天都在等待头上的那柄悬剑落下来——没多久，厄运便如期而至：他家遭到当局的搜查，他本人3年后亦被发流到英国。

切尔特科夫是一位勇士。他百折不回，在流落国外的日子里也千方百计地利用国外媒体平台，从事托尔斯泰违禁作品的非法传播活动。1894年10月，对切尔特科夫一家怀有好感、即便打压也是恩威并施的沙皇亚历山大三世驾崩，主教公会总监波别多诺斯采夫就没有那么客气了。山雨欲来风满楼，重重压力下的切尔特科夫加快了托尔斯泰日记的抄写速度。抛别家园、远离故国，托尔斯泰日记成了切尔特科夫感受“业师”心灵律动的唯一通道。

对于掌握在切尔特科夫手中的日记，托尔斯泰提出了甄别处理方案：“抄件、摘要等请即销毁，不需要的原件请悉数发还。”

托尔斯泰一度握有日记备份，但他并没有下手处理，这是为什么？在归还日记原件的问题上，他态度犹疑、模棱两可，这又是为什么？明知落入切尔特科夫之手的日记里有诋毁妻子和女儿的内容，但他的表现还是那么镇定、那么从容，只是轻描淡写地要求对方涂抹一下，免贻后患——他对切尔特科夫何以如此信任、如此体己，竟至于不怕在此人面前自曝家丑？

超越友情

对于切尔特科夫来说，跟索菲娅·安德烈耶芙娜及托尔斯泰家的那帮孩子们斗智斗勇玩心计，已经成了其日常生活中的应有之义。先是1892年9月他在写给托尔斯泰的信中谤责其女玛莎办事不力、不配做乃父以至他切尔特科夫的秘书，后于1895年1月兴风作浪，试图离间托尔斯泰与其另一位女儿塔季亚娜的关系。因合影照事件遭其暴露最后演变成一场丑闻，一直耿耿于怀的切尔特科夫在写给列夫·托尔斯泰的信中对塔季亚娜大肆诋毁："我看错过人……但在塔季亚娜·利沃芙娜的问题上，我的看法绝对准确。您分割在您看来本不属于自己的家产，此举已经超越了思辨性错误的范畴，而是有动机有结果的现实错误，给所有反对您的人制造口实，无异于授人以柄；而塔季亚娜作为您的爱女，竟然为了满足一己之私欲，怀着不可告人之目的自始至终利用您，其冷酷阴鸷，可见一斑。有朝一日她功成名就，自然会拿今日之事做文章，欺骗不明真相的人们。"

"亲爱的朋友，大札收悉，阅之心胆俱寒。唯思久未得到您的音讯，此信足慰切切思念之情。"托尔斯泰如是答复。

同在1895年，切尔特科夫从自己身上扒下一件夹克，寄给了千里之外的托尔斯泰。"兹奉寄夹克一件，虽然陈旧，但密密麻麻的每一个针脚中都凝聚着我们家人的情意（这件夹克是母亲应我的要求特意从国外带回来的。听说送给您穿，瓦·亚·帕什克夫狠下了一番修修补补的功夫，只是效果欠佳）。这件衣服看上去破破烂烂的，正合您的品味。秋日天气转凉，骑马、骑自行车（那年托尔斯泰学会了骑自行车。——作者注）外出，此衣正好抵御轻寒。衣服穿在您的身上，温暖常在我的心中。"

托尔斯泰马上写了一封答谢信，措辞极尽温婉："不期你们会送我这么好的夹克，在此谨表谢忱。我会永远想念您、想念加丽娅……"

19世纪是感情泛滥的世纪，那个年代的人行为严谨、感情细腻，精神世界之秘辛，远非现代人所可想象。在雅斯纳雅·波良纳，切尔特科夫两夫妻处处留踪；从夹克到背带、从手表到照片，这些都是维系感情的纽带。托尔斯泰临终前夕使用的自来水笔，就是切尔特科夫赠送的英国货。——切尔特科夫与托尔斯泰物质上的授受关系，在阿斯塔波沃才达到顶峰：伟人入殓时穿的衬裤，取自切尔特科夫。

切尔特科夫曾经向托尔斯泰提过一个建议：选定他，切尔特科夫，做自己的"精神遗产继承人"。他授意托尔斯泰将他的函件及他随后奉上的托尔斯泰日记摘抄件一并打包，确认"季马奇卡（切尔特科夫之子）"为法定受让人。他嘱咐托尔斯泰一定要"注意保密"，免致具体操作过程中横生枝节："我会在该邮包上标注除您之外、任何人不得拆阅的字样，这么一来我便可以打消重重顾虑，随心所欲地抄录日记、在信中表达自己的心声，就像跪在上帝面前忏悔一样。故请严守秘密，禁绝他人染指邮包的行为。”

对于切尔特科夫不无滑稽意味的“打包”“保密”一类要求，托尔斯泰再一次采取了迁就的态度，“惠函收悉。所嘱之事，悉数办结，勿虑。”——这是托尔斯泰的答复。

1895是托尔斯泰一家有史以来最悲惨的一年。5月，瓦涅奇卡夭折，索菲娅·安德烈耶芙娜大受刺激，出现精神失常的症状并愈演愈烈，列夫·尼古拉耶维奇风采不再，似乎是刹那间从体态健硕、孔武有力的壮汉变成了佝腰缩背、白发苍苍的老人。1895年，是索菲娅·安德烈耶芙娜真正意识到托尔斯泰大限将至的一年，开始思考丈夫身后自家令名还能否保得住这个问题的一年。

4月，经受失子之痛的索菲娅只身来到基辅散心，在妹妹的陪伴下排遣无尽的忧伤。逗留基辅期间，她在写给托尔斯泰的信中六次（！）提到亡故的小儿子。基辅归来后，索菲娅像变了一个人，开始疯狂地迷恋音乐……还有音乐家塔涅耶夫。这一回托尔斯泰倒是表现得相当克制，认定妻子不堪幼子新丧的折磨、精神上出了问题。

这是一个原因，但不是全部。索菲娅·安德烈耶芙娜屡败屡战，与切尔特科夫的较量还在继续。

日记上的硝烟

19世纪90年代中期，预感丈夫末日将至的索菲娅·安德烈耶芙娜开始密切关注托尔斯泰日记的下落。她担心日记中有丑化她的言论，一旦公之于世，会对她的个人形象造成损害。“我应该多写日记，用我手中的笔自证清白。可惜现在才想到这些，晚了。”1895年1月1日，她在札记簿中写道。虽然知之不详，但她清楚托尔斯泰不会在日记中只说她的好话。她动念写一部书，站在自己的立场上诠释她与天才作家共同度过的峥嵘岁月：没有写完的回忆录《我的人生》，就是在这样的信念支撑下发轫的。

惊悉托尔斯泰的日记落入宿敌切尔特科夫之手，索菲娅·安德烈耶芙娜从此寝食难安。更有甚者，她相濡以沫的丈夫居然与外人沆瀣一气，剥夺了她接触这些日记的权利。1895年10月托尔斯泰的戏剧《黑暗的力量》上演，准备赶往彼得堡参加首映式的索菲娅给丈夫留下了一道信札。这封信充公暴露了索菲娅·安德烈耶芙娜强悍性情中暴戾的一面，读之令人扼腕叹息。

“连日来我的心情一直非常沉重，就像压着一块沉甸甸的石头。有些话我想当面跟你讲清楚，但又不敢开口。一怕影响你的情绪，二怕给自己招来莫斯科之夜那样的横祸（即前文所述索菲娅与丈夫发生争执，大冬天的夜里衣衫不整跑上莫斯科街头一事。——作者注）。明知后果难料，但我还得最后一次（希望不会有下次）吐露一下心声，因为我再也无法忍受这撕心裂肺般的苦痛。你在自己的日记中为什么一提到我的名字就怨言冲天？你为什么一而再，再而三地往我的身上泼污水，让世人、让我们的子孙后代把我当成失行背德、以伤害自己的丈夫为能事的戾妇？装出一副受害者的样子能给你带来多少好处，你想过吗？你的行为对我的损害有多大，你又想过吗？……

“瓦涅奇卡死后（想想他临终时可怜巴巴的祈求：‘爸爸，不要欺负我妈妈！’），你信誓旦旦地说，一定抹掉日记中所有对我不利的言论。可你出尔反尔，将自己的谎言踩在了脚下，难道你是怕不把我刻画成十恶不赦的施害者、不把自己标榜成扛着家庭十字架苦度人生的受害者，你死后就没有人膜拜你了吗？

“有朝一日尘归尘、土归土，人世间不再有你我的时候，谁又能厘清真相、为我正名？就因为你那些不负责任的言论，我将落下千古骂名……”

自觉理亏、心怀愧疚的托尔斯泰在10月13日的日记中写道：“……我收回所有针对她的攻击性言论。在此我郑重声明，我的日记中但凡指责她的文字，均属气头上妄发厥议，与客观事实不符，有失客观公允。她性情急躁、行动鲁莽，为此我没少生她的气。但正如费特所言，每一位妻子都是丈夫的贤内助。她就是我的贤内助，对此我现在深信不疑。公平而论，她是一位理想的妻子——忠诚坦荡、持家有道、拥有基督徒博爱宽厚的情操、极富自我牺牲精神，是人生旅途上不可多得的伴侣。瓦涅奇卡夭亡之后，我看到了她人性中最光辉的一面。”

10月25日，打发妻子前往彼得堡后，托尔斯泰又写下了这么一段感人肺腑的话：“她是如此落寞、如此凄凉、如此哀伤，我不觉间心生怜悯。我是她唯一的精神支柱，她内心深处最怕的事，莫过于我因相互距离过大（指索菲娅跟不上他精神追求的步伐。——作者注）而嫌弃她。请千万勿作此想。知你赶不上我的脚步，更知你踽踽独行的艰辛。你走在我身后的影子是我永恒的牵挂，我对你的爱无以复加……”

10月12日读罢妻子的留言，托尔斯泰当即提笔给切尔特科夫写了一封信，明确要求对方将所有的日记寄还给他，“特致此函，请将存放贵处的日记悉数寄来。”

切尔特科夫再无转换的余地，不得不归还那批浸透硝烟的日记。不过他并没有忘记向托尔斯泰约法三章：“请委托令爱保管日记，万不可留在自己身边，否则一旦贵体违和、事发不测，日记的命运就成了问题。”

切尔特科夫最后还是做了手脚：1889年、1890年、1891年的日记，他如约返还，但扣下了1884年的全部日记——正是这一年的日记中，托尔斯泰对妻子索菲娅诟詈最频。“十字架”“挂在脖子上的磨盘”……这些难听的大帽子，就是那一年扣到索菲娅头上的。“遵嘱从头到尾研读了一遍当年的日记，并对其中不恰当的言辞进行了涂抹或剪除处理。”切尔特科大在写给托尔斯泰的信中说。看得出来，切尔特科夫还真是当仁不让，干脆把自己当成了托尔斯泰的道德审判员。

从19世纪90年代起，围绕托尔斯泰日记展开的一场没有硝烟的战争，一直延续到托尔斯泰本人逃离雅斯纳雅·波良纳的那一天。战争的一方是切尔特科夫——最大的愿望就是保护原汁原味的托尔斯泰精神遗产；战争的另一方是索菲娅·安德烈耶芙娜——最大的愿望就是按照自己的口味重新加工托尔斯泰的日记。

两边的棍子打过来，受伤的永远是托尔斯泰。

第九章

放逐与遗嘱

托尔斯泰在阿斯塔波沃下车后便钻进候车大厅内休息，萨莎、费奥克利托娃还在车上收拾行李。他们的目的地是诺沃切尔卡斯克，现在变化仓促，行李事前没来得及收拾。“我们进入候车室的时候，父亲穿着自己的那件灰色大衣，手里拄根拐杖，已经坐在女士候车室[①]里休息了。他两唇翕动、全身发抖，瑟缩着像秋风里一片将落未落的枯叶。看他支持不住，我劝他躺在沙发上休息，但是他断然拒绝了我的请求。女士候车室的大门紧闭着，门外是一大群期望一睹托尔斯泰容颜的好奇旅客。时不时有女性乘客闯进来，一面道歉一面踅近穿衣镜，束发整冠、顾盼自怜一番，然后掀门而去……”

“我们护持父亲穿过候车大厅的时候，好奇的旅客聚拢在周围，默默地打量着我们。”萨莎接着写道，“父亲所过之处，旅客纷纷摘下帽子，鞠躬示敬。父亲步履蹒跚，几无举步之力，但他还是挣扎着举手过头，向每一位旅客殷殷致意。”

候车大厅内出现的一幕，马科维茨基的札记中也有提及。医生以为他们全是等待发车的旅客，还特别强调这些人“穿着得体、仪容整洁”。其实他们是站务人员，《俄罗斯导报》记者康丝坦丁·奥尔洛夫就混在这群人中间。

在火车站长奥佐林吩咐家人收拾床铺、迎候病人上门小憩的当儿，大厅里发生了一件让人哭笑不得的事。不过马科维茨基认为，那是善意的尴尬，体现的是大家对托尔斯泰的敬畏之情。看到托尔斯泰体力耗尽，深恐心脏出现问题的医生提议大家搭把手抬托尔斯泰前往奥佐林家；但怎么抬，由谁抬，这是个问题。包括康丝坦

① 候车大厅内专为女性乘客设置的封闭区域。——作者注

丁·奥尔洛夫在内，一干旁观者中没有一个人挺身而出，向马科维茨基和两位姑娘假以援手。摘帽，鞠躬，就是不肯前挪一步。这可不是一般的病人，这是列夫·托尔斯泰！碰不得的！

终于有人站了出来，从背后抓住了托尔斯泰的一只手。事后得知，这个人祖上在雅斯纳雅·波良纳生活，其父就是在那里出生的。步出月台的时候，又有一位车站保安赶了过来，轻轻地揪住托尔斯泰的衣袂，在前面引路。

一行人没走出多远，托尔斯泰就不行了。"他身子前倾"，已经无力自持，大家都停下了脚步。

行至奥佐林家，托尔斯泰并没有立即上床休息。他和身蜷缩在沙发里，衣服帽子未脱，手里还拄着那根拐杖，马科维茨基把这一切归咎于床铺太冷。关于当时的情形，萨莎的回忆录中有更加翔实完备的描述：

"床铺收拾好以后，我们建议父亲躺下来休息。他以环境跟平时不一样不方便睡觉为由，拒绝了我们的请求。他这话一说出口，我就明白过来了：他发烧过度，思维已不大清晰。他以为这是在自己的家里，房间收拾成这样，他一时不能适应……

"我实在没法睡。整理一下房间吧，床边连桌子凳子都没有。

"做好这一切后，他又要求在桌子上摆好蜡烛、火柴、笔记本、小手电筒，布置得跟家里一模一样。"

萨莎的说法得到奥佐林的证实。费尽周折逃出雅斯纳雅·波良纳，坐着火车一路颠簸到外省，托尔斯泰居然认为自己还在家里、还为房间摆设异乎寻常而纳闷，怎不让人忽突震栗？

马科维茨基关心的是另外的事。房间里得生个火炉，得烤几块热砖给托尔斯泰暖腿，得准备一点热水，诸如此类。如果马科维茨基的话可信，那么托尔斯泰在沙发上坐一阵子后，意识即完全恢复了清醒。他让人叫来了奥佐林夫妇，为自己给他们平添了诸多麻烦而频频道歉，对他们能于危难中容留自己表达了真挚谢意。托尔斯泰的话深深打动了主人，他们一迭连声地表示招待不周，为隔壁房里孩子们吵闹不休影响伯爵大人休息赔了许多不是。

"那是天使的声音，怎么会影响到我的休息。"列夫·尼古拉耶维奇说。

……数日后，托尔斯泰对坐在他床边的塔季亚娜说："索菲娅的负担太重了。

许多事我们没处理好。”——她清楚父亲心里想的是什么，却明知故问：“你说什么呀，爸爸？”“索菲娅，索菲娅的负担太重了……”他喃喃地说。

话音未落，托尔斯泰便陷入了昏迷状态。

一个世纪的终结

托尔斯泰的跨世纪之旅坎坷凄迷，一路走来备极艰辛。“19世纪最后5年是我父亲一生之中经历的最黑暗的一段时间。”谢尔盖·利沃维奇在回忆录中写道，“1895年，我最小的弟弟瓦涅奇卡夭折。他在这个世界上逗留的时间虽然只有短短的7年，却以超乎一般儿童的聪颖乖巧博得父母的宠爱。他的离去似乎夺走了母亲的生趣，她原先就有所表现的歇斯底里症状，日渐加重了。

“这5年内，我的两位小妹，塔季亚娜、玛丽亚，先后出嫁；偏爱女儿的父亲饱受燕去巢空、老来寂寞的煎熬。但他还是强打起精神，在与消极情绪的抗争中时光。

“曾经儿女绕膝、宾客盈门的老家，现在只剩下亚历山德拉一个陪伴父母。她现在是我们家最小的孩子，1900年方满16周岁。我们这些做儿子的都散居各地，拥有各自的生活，老宅里空荡荡的，透着沉寂，透着荒凉，透着挥之不去的阴郁气息……”

20世纪前夜，托尔斯泰夫妇相互关系也正处于风雨如晦的低谷，不要说相携相扶享受落日迟暮一类愿景，他们甚至连数落对方、拌几句嘴吵一场架的心思都没有了。雅斯纳雅·波良纳大地变成了没有鲜花的荒原原野，雅斯纳雅·波良纳的天空布满了阴霾，雅斯纳雅·波良纳的庄园里游荡着两具形容枯槁心如死灰的幽灵。1900年11月23日，索菲娅·安德烈耶芙娜在日记中写下这么一段日记：“琢磨了很久，但始终猜不透丈夫生命的源泉在哪里。现在他枯坐终日，不谈作品、不说心事，似乎已从我的世界里走了出来，渐行渐远。”

事实上，这一时期的托尔斯泰绝不是妻子索菲娅眼里的那具“行尸走肉”。他很忙，忙着思考，忙着创作，忙着参与社会生活；他学习尼采、龙勃罗梭的思想，他关注发生在菲律宾、德兰士瓦的战争；他接见过高尔基（“大家对这个人的评价相当高，我也很喜欢他。真正的民间文学家”），他观赏过契诃夫的新剧《万尼亚舅舅》

并且很受触动；他依然积极投身反仪式主义教派成员的移民活动，对这些人在加拿大的生活状况深表关注。他还写论文杂感，讲爱国主义，讲拜金主义；他研读心理学家冯特、凯夫丁诸人的著述，声称“受益匪浅”；他再度捡起孔夫子的书，读了个不亦乐乎；而最能说明问题的是，他最优秀的剧作《活尸》就是这段时间创作完成的。

托尔斯泰1990年的日记内涵丰富、字字珠玑：“人生就是自我突破的过程。”——像这类启迪智慧、发人深省的句子，日记中俯拾即是。这段时间的日记里托尔斯泰没少写婚姻、没少对女人品头论足，不过内中再也看不到索菲娅的影子。

19世纪末期托尔斯泰的家庭还经受过另一场打击。住在雅斯纳雅·波良纳的列夫·利沃维奇和他的瑞典籍妻子多拉生育的第一个孩子，托尔斯泰家的第三代列夫，列夫三世，夭折了。三代列夫的合影照片还在，画面还是那么温馨感人，但那个坐在爷爷膝头的孩子不见了。小列夫死后，母亲多拉不愿淹留伤心之地，带着丈夫回到了瑞典。

托尔斯泰的放逐

对于托尔斯泰来说，20世纪以一场狂风暴雨式的事件肇始，一场关乎个人、震动社会、对历史产生深远影响的事件——他被逐出东正教会。20世纪末，这一事件又沉渣泛起，成为文化领域内的热议话题：托尔斯泰到底是被开除出教，还是暂时性的挂起教友资格？对宗教问题感兴趣的世俗作家、评论家，尤其热衷于厘清此间分野。“根本不存在驱逐出教一说！只是暂时性的放逐！”这是时人最流行的解读。

好像只要持此一说，就能改变什么似的。

2月24日，《教会通讯》发布了一份文件，主教公会20～22日会议审议通过的《关于革除托尔斯泰伯爵教籍的决议》（文号557，以下简称《决议》），文件声明，“在他做出必要的忏悔之前，东正教会将不再以教众视之。”

教会公文涉及面颇广，列出了托尔斯泰的“种种不端”，以下所列即可见其一斑。站在客观公允的立场上看问题，教会的做法无可指摘。

“否定上帝的存在，否认三位一体圣教义理，就万能的主创造宇宙一说妄以厥议；

“否认耶稣基督是人间的神；

“否认耶稣基督为了全人类的福祉牺牲自己，否认受苦受难是自我救赎之道；

“否认耶稣非婚生人子的身世；

“否认圣母玛利亚以处子之身生下圣主耶稣；

“否认灵魂不灭和身后报偿的存在；

“否定圣教之神秘力量，否认圣灵的庇护；

“玷污圣器，亵渎最神圣的圣餐仪式。”

每一项指控言之凿凿，托尔斯泰似已用自己的行为做过背书。当然，有些说法表面上仍有牵强附会之嫌，例如人死后生命还会以另外的形式（至于以怎样的形式，目前还不得而知）延续这一说法，托尔斯泰就从来没有否认过；他也不否定此生饱受磨难（物质上的困乏、精神上的苦厄）、死后必得报偿的教喻——只是他的理解背离了基督教真义，多少带有离经叛道的意味。

身受“道统正教”的挞伐、世界观转化前后写下那么多不守教规的文字，直至抛出将饮食男女描写得如此不堪的《复活》之后，教会与托尔斯泰分道扬镳，已经成了定局。托尔斯泰不言宗教，教会对他的处罚——发布逐出教会的文告——也就失去了意义。

解说托尔斯泰宗教观与正统东正教的分歧，那不是三言两句讲得清楚的问题。这方面的工作，现有格奥尔基·奥列汉诺夫神父潜心研究，期望他的大作早日面世，为我们拨开蒙在托尔斯泰与教会关系上的重重迷雾。

对我们来说，重要的是主教公会做出那项决定的原委，以及其出台的时间节点。

问题很简单：主教公会为什么要发那一通文告？为什么要大张旗鼓地驱逐一位早已脱教的局外人？明知世纪之交的俄罗斯社会意识混乱、国运风雨飘摇，为什么还要制造麻烦、倾覆国器？这一切都是迄今为止无人能解的谜题。

主教公会的文告中“虔诚”一词频繁出现，大有排除异己、将“害群之马”托尔斯泰逐出信众队伍的气势。所有“虔诚”的东正教徒自当积极响应请教公会的号召，明辨是非，与托尔斯泰这样的异教徒保持距离。立场不坚定的人应该思考这么一个问题：你们站在谁的一边？教会还是托尔斯泰？将见解差异拖入零和游戏的泥潭，这就是教会在错误的时间与错误的人展开的一场较量。

假定教会的决策完全合理，那么其幕后主导者又是谁？主教公会的通告中指称的“信仰魔障”到底可怕到什么程度，以至于使托尔斯泰这样的思想巨人陷入万劫不复的深渊，并引起东正教核心人物的特别关注？既然托尔斯泰已被定性为“异教徒”，那么教会为什么不乘势而为，干脆将他一棍子打死？

有一种流行的说法，主教公会557号决议的始作俑者是主教公会总监康丝坦丁·彼得诺维奇·波别多诺斯采夫。后人一致认为这是道貌岸然的波别多诺斯采夫有意实施的挟嫌报复的行为，因为托尔斯泰晚年创作的名著《复活》一书中冷酷无情、尸位素餐的官僚托波罗夫影射到了他。不过这一切都是世人的揣测，没有任何证据表明主教公会炮制557号决议、将托尔斯泰逐出教门的幕后推手就是这位波别多诺斯采夫。

熟悉内幕的主教公会内部人物瓦西里·米哈伊罗维奇·斯科沃尔佐夫指称，波别多诺斯采夫反对发布托尔斯泰逐出教会一案的决议[①]，并且自始至终保留这一个人意见。波别多诺斯采夫的立场尽人皆知：不碰托尔斯泰，但不放过托尔斯泰主义者。主教公会决议“碰到了”托尔斯泰，这违反了他的原则，他未必接受得了。不过前有都主教安东尼（瓦德科夫斯基）不断施加压力，其后更站着另一位宗教界领袖人物、托尔斯泰的宿敌，他除了屈服，别无选择。至于这位神秘人物到底是什么来头，斯科沃尔佐夫并没有指名道姓地点出来。

托尔斯泰屡发“异端邪说”，四面树敌。喀山神学院资深老教授亚历山大·费多罗维奇·古谢夫[②]舞动如椽巨笔，写过一系列批驳他的论辩文章、专著。这位神学家与大作家有缘，1880年代，他在西奥多修道院一度主持审理彼什科夫（高尔基）自杀案，并于4年后开除了高尔基的教籍。不过一位位卑言轻的普通大学教授，未

① 参见谢尔盖·利沃维奇·费尔索夫《雅斯纳雅·波良纳论文集——2008》。——作者注

② 亚历山大·费多罗维奇·古谢夫（Гусев Александр Федорович，1842—1904），毕业于彼得堡神学院，喀山神学院护教学系教授，著述等身的神学大师，《佛教、基督教道德理想内涵的比较研究》（“Нравственный идеал буддизма в отношении к христианству”，硕士论文，1874）《论道德对形而上学的宗教、哲学的依赖性》（“Зависимость морали от религиозной или философской метафизики”，莫斯科，1886）、《论宗教礼仪的必要性，兼驳列·尼·托尔斯泰》（喀山，1890）、《列·尼·托尔斯泰宗教与道德思想学说的本质》（“О сущности религиозно-нравственного учения Л.Н. Толстого”，喀山，1902）等书的作者。——译者注

必左右得了都主教的意见。

托尔斯泰的论敌中不乏重量级人物，其中包括喀琅施塔得的约安神父，一位名满俄罗斯的传教士、创造神迹的异人、主教公会的成员。不过约安神父只是“公众人物”，在宗教等级架构中地位并非尊崇，故而对主教公会的影响力乏善可陈，那份责罚托尔斯泰的文件后面也没有他的签名；其次，如果喀琅施塔得的约安神父得偿所愿，那么托尔斯泰受到的处罚将不是简简单单的放逐，而是当众处死，而是车裂，而是枭首、刖足、砍胳膊。约安神父对托尔斯泰的仇视几至不共戴天的地步，其论战托尔斯泰的文字，语言之狠毒严苛，让人不忍卒读——那是赤裸裸的破口大骂，跟理性辩论不相比符。迨至1908年，自知末日将至的他还在日记中向上帝喃喃祈祷：不要让八十老儿托尔斯泰活到圣母圣诞节：“这家伙可没少说亵渎圣母玛利亚的话！”“让那一具散发着腐臭气味的行尸走肉从地球上消失，阿门！晚9时。”——这就是约安神父的晚祷。

俄罗斯人的胸怀，不可谓不宽广！

由此可见，托尔斯泰的放逐跟这位喀琅施塔得神父关系不大：他要的不是这个结果。

瓦·米·斯科沃尔佐夫在回忆录中提到过对都主教安东尼具有影响力的人物圈子，其中包括安东尼（赫拉波维茨基）、谢尔盖（斯特拉戈罗德斯基）、佴诺肯季（别列耶夫）、安东宁（戈拉诺夫斯基）、米哈伊尔（谢苗诺夫）等。他还暗示主教公会对托尔斯泰的处罚措施与波别多诺斯采夫无涉，推波助澜的是教会当局，他无力回天。不管两任沙皇，还是主教公会总监，都没有想过“动”托尔斯泰。

有趣的是，斯科沃尔佐夫指认的几位“圈内人”，诸如喀琅施塔得的约安神父等，没有一个在放逐托尔斯泰的文件上签字。

在文件上签字的除了安东尼（瓦德科夫斯基）之外，还有基辅—加利西亚都主教费奥格诺斯特、莫斯科—科洛马都主教弗拉基米尔、霍尔姆—华沙大主教杰罗姆、基什涅夫—霍京主教亚科夫、鲍里斯主教、马克尔主教。

从这份名单可以看出，整个事件的主导者还是安东尼（瓦德科夫斯基）。

最耐人寻味的事件发生了：尽管情非所愿，波别多诺斯采夫还是草拟了驱逐托尔斯泰出教的文件，主教公会只是对文字做了一点加工润饰，为其披上了一层托尔斯泰主动脱教的面纱。此外，《决议》并没有以诅咒“大肆传播异端邪说”的托尔斯泰伯爵收笔——1881年即在对亚历山大三世影响力的较量中结怨，此后摩擦不断，波别多诺斯采夫完全有理由憎恨托尔斯泰——而不是为托尔斯泰祈祷，这些文字想必并非出自波别多诺斯采夫之手。“谨此见证托尔斯泰脱离教会，我们一并为他祈祷。万能我主，指引他忏悔、指引他走上真理之路！仁慈我主，拯救罪人的灵魂、让迷途的羔羊回归你的圣殿。阿门！”

主教公会文件中对托尔斯泰的文学才华赞美有加，并将其归结为上帝的恩赐。敏感的读者从中不难发现教会与托尔斯泰双方面对的困局：伟大的作家，烛耀俄罗斯大地的天才，“离开了生他养他的母亲——东正教会，利用自己的天赋蛊惑民众，散布对耶稣基督、对教会不利的言论，瓦解民众对祖国、对东正教的信仰。”

谁能说教会的指控是无中生有？托尔斯泰不唯有过，站在教会的角度看问题，应该是“罪孽深重”。离经叛道的托尔斯泰最后不得不逃离他的天堂——雅斯纳雅·波良纳，直奔他深爱的妹妹玛丽亚所在的夏莫尔金修道院而去，可谓天道冥冥、造化弄人。

不过在俄罗斯，敏感的读者实属凤毛麟角，加之文件出现的时机不对，更没有人把握得了个中细谨。20世纪初期的俄罗斯风雨飘摇，1905—1907年的暴力革命和斯托雷平紧随其后的血腥报复撼动了社会根基，来自政府方面的任何过激举措，都有可能引起动荡。更何况此时的托尔斯泰声名大著，“避其暮归、击其锋锐”，对教会形象、对政府权威有百害而无一利。

由此可见，主教公会犯了一个致命错误。单就通告的内容来看，确无任何不当之处。问题出在文件发布的时机不对：俄罗斯今非昔比，托尔斯泰也不是中世纪的骑士，不是用理性思维而是凭一时的头脑发热散播不着边际的奇谈怪论。这项决定出台的时间与谢肉节相去不远，而按照基督教约定俗成的传统，谢肉节期间的重要活动之一就是诅咒异教徒和反贼——最后一轮诅咒发生在18世纪，针对的具体人物，便是大名鼎鼎的盖特曼、马泽帕①。不过自1801年以来，正式宗教

① 盖特曼：源自乌克兰语“Гетьман”，15—18世纪波兰、乌克兰、立陶宛大公国（1569至1795年称为波兰—立陶宛联邦）军队指挥官的头衔，地位仅次于君主。旧时哥萨克武装沿用“盖特曼”称呼其首领。马泽帕[1639（1644?）—1709]，波兰籍乌克兰人，出生于白采尔科维地方的乌克兰小贵族之家，受过良好教育，基辅高等学堂毕业后，又深造于华沙的耶稣会高等学堂。风流成性、毫无信义可言的左岸乌克兰盖特曼，客观上加快了乌克兰并入俄罗斯的进程。——译者注

活动场合不再使用“异教徒”一词，1869年更从宗教名词术语中彻底剔除；即便面对的是马泽帕、奥特列皮耶夫这样在教会看来十恶不赦的罪人，这些词也被禁止使用。

就像作家库普林一篇平平无奇的小说中描写的那样，托尔斯泰还没有“邪恶”到遗臭万年的地步，所以他的大名也不是恶行的代名词，被世界各地的东正教徒挂在嘴边诅咒。问题不在托尔斯泰个人身上，而在主教公会决议的口径上。对于俄罗斯社会各行业、各阶层人士来说，那份《决议》充其量就是对托尔斯泰的“放逐”，再没有别的引申含义。从工人农民到在校学生、从大学教授到普通神甫，大家对这一事件的理解，从来都没有脱离这两个字的字面意思。主教公会的决议勾起俄罗斯民众对教会流放、迫害异见人士的阴暗记忆，不过这一回流放的不是名不见经传的普通人，而是当代伟人、俄罗斯的荣光！民心之向背，岂是一纸《决议》能改变的。

1901年3月4日，彼得堡喀山广场爆发了大规模示威游行，抗议当局迫害托尔斯泰。官方出动了警察，事件最后以警民发生肢体冲突、部分流行者严重受伤收场。

29日，进步团体艺术展会挂出了列宾的作品——《祈祷中的托尔斯泰》，群众自发敬献的鲜花摆满展位。生怕再生骚乱的地方当局再次出马，授意展会组织方撤掉了这幅画。

类似大小事件层出不穷、罄竹难书。托尔斯泰遭到教会当局放逐的消息传出去之后，各地发来的慰问函、贺电（！）每天直如雪片般飞来，在雅斯纳雅·波良纳的案头堆积如山。

瓦西里·罗赞诺夫撰文批评托尔斯泰，义正词严、声色俱厉，标题就很能说明问题：《论列·尼·托尔斯泰伯爵之放逐》。文中写道：“托尔斯泰执迷不悟，著书立说散布自己的错误思想，在罪恶的道路上愈走愈远。这是他一个人的问题，一例个案，也是观念畸化这一宗教信仰领域内重大问题的体现——19世纪信仰迷失的典型案例。畸形的橡树也是树，站在生物学家的立场上宣称这样的树不可能在大地上生长，无异闭目塞听、自欺欺人之举。对于这类歪脖子橡树，最好的处置措施就是铁腕矫形（彼得大帝的一系列举措就是成功的先例）。截至目前，主教公会在处理托尔斯泰伯爵的类似问题上投鼠忌器，一直没有采取果断关乎俄罗斯宗教意识形态纯洁性的重大措施。现在，这关键性的一步终于跨出去了。与其说这项决定震慑了托尔斯泰伯爵，不如说震撼了整个社会：动摇的不是托尔斯泰的学说，而是俄罗斯人民的信仰。”

主教公会的决议一石激起千重浪，教会自身也出现了立场分歧。托尔斯泰拥趸众多，不仅普通教民，神职人员中都有他的信徒。主教公会兵锋所指，不仅使他们敬重的托尔斯泰受辱，更使教众心目中皓若日月的东正教蒙尘。

克谢诺丰特在一封信札中写道：“在宗教当局的严格监督之下，主教公会的决议得到了广泛的贯彻落实。”“但凡立场不坚定、与主教公会唱对台戏的教友，一例受到诅咒。”“托尔斯泰是闲云野鹤式的人物，从来不把自己当东正教徒看，教会自然没有权利诅咒教外之人，就像没有权利诅咒教派分子、路德教徒、天主教徒一样。”“如果想抨击托尔斯泰的涉教观点，就得将他的全部言论整理出来，并且召开听证会听取他的辩护意见。罗马教皇仅凭一面之词就可以入人以罪的时代，早已一去不复返了。”

对首都彼得堡发生的一切知之不详的克谢诺丰特，将托尔斯泰的放逐多半归罪于波别多诺斯采夫，少半归罪于喀琅施塔得的约安神父——他与此人有过数面之缘，在他眼里，这个被大众传得神乎其神的人物，充其量就是个“有百害而无一利的神汉”。此事发生后，朝野震动，纠缠细节性的东西已经失去了任何意义。克谢诺丰特的信透露出一些关键信息：“我对整件事的前因后果有足够深刻的了解，因为我们当中不少人收到了主教公会发布的通告。大家都对这个问题感兴趣，几乎所有教堂、修道院里的神职人员都分化成两大阵营：拍手称快的（占有主流）的一方，和同情托尔斯泰、担心此举撕裂俄罗斯社会的一方。”

克谢诺丰特发表了一些客观公允的言论，但指望他秉持中立态度是不现实的，毕竟他是教会中人。发声的还有维亚杰姆斯基，一位作家、旅行家，两度造访雅斯纳雅·波良纳并深为托尔斯泰的人格魅力所折服：“那个我有幸一睹丰采的慈祥老人、那个亲自为客人收拾房间掌灯铺床的老人、那个坐在茶炉后面眉开眼笑的老人、那个望着初次登门惴惴不安的客人开一些里不伤外不损的小玩笑的老人，说他是一个反叛耶稣基督的人、没有信仰的人，我怎么相信？一个怜贫抚孤、对人类存有仁心大爱的人，怎么会是恶人？古道热肠、荫蔽故里，所有向他登门求助的人，谁不曾领受过他的恩惠！整个克拉皮文县没有诅咒他的仇人，有的只是祷告上帝赐予他健康长寿的乡邻。”

与世俗神职人员相比，修道士对托尔斯泰的态度显得更加复杂化和多元化。安甫罗西神父三度与他移席畅谈，这不是偶然现象；夏莫尔金修道院一干僧众对他顶礼膜拜，这不是偶然现象；托尔斯泰最后一次踏足奥普季纳教堂，却与他一贯看重的约瑟夫神父缘悭一面，为此他深以为憾，这也不是偶然现象；本堂神甫目睹他受冷遇的情形，戚戚然心有不忍，这也不是偶然现象！

神甫从托尔斯泰的身上看到了圣徒的影子。他不是用表面的虔诚和口头的祈祷侍奉上帝的，他用的是行动。他的所作所为，比绝大多数衣冠僧侣更符合普度众生的神旨，遑论不食人间烟火的高阶教士。是的，这位老人性情是有些乖张，当得起罗赞诺夫赐予的“歪脖子橡树”之名。他的涉教言论确实不堪入耳，这一点不容否认。不过因言废人、过莫大焉：他用一生的善念和懿行，为自己塑造了一座使徒的丰碑。

托尔斯泰离家出走的前夜在笔记本上打过一份草稿，是一封写给妻子的信：“我所做的一切符合人之常情，成千上万的老人都有这样的想法或采取过类似的行动。预感末日将至的人们都会厌倦生活、厌恶周围环境，都想遁入介乎生死之间的空门。笃信宗教的人多会选择寺院，但我没有信仰，寺院的大门不会向我敞开。我唯一的归宿，便是远离尘嚣、独自一人度过人生最后的一段时光。”考虑到托尔斯泰与教会的恩怨纠葛，他写这一通草稿时的心情不难理解。正式留言中，提到寺院的文字已经悉数消失。不过要关注一个事实：托尔斯泰不是走出家门的，他是逃出来的。他最担心的事，莫过于家人发现他的去向。故此他从致索菲娅的信中抹去与寺院有关的内容，难料不是出于掩盖行踪的考虑。须知他出门后心无旁骛，当下直奔夏莫尔金修道院而去；再说结合当时的情形，除了投奔妹妹，他确实没有别的出路。

种种迹象表明，主教公会的处罚在社会上掀起了轩然大波，但对托尔斯泰本人却没有产生多大的影响。据称事件发生后，托尔斯泰也就轻描淡写地问了一句话：提到“诅咒”了吗？得悉教会文告中并没有出现这个词，托尔斯泰似乎还有些吃惊。既然没有诅咒，为什么还要多此一举？他在日记中称主教公会的决议不可理喻，认为往来雅斯纳雅·波良纳的客人在此事上反应过激，小题大做。其实列夫·尼古拉耶维奇早已放下这段过节，潜心创作他的《哈吉·穆拉特》去了。

不过对主教公会的处罚，托尔斯泰不能不做出适当的回应。他提笔写过一笺答复，同样是倾注了大量心力，字斟句酌，数易其稿，直至4月末才告完工。

列夫·尼古拉耶维奇的自辩书以柯勒律治诗中的一句箴言打头："爱宗教甚于爱真理的人，迟早会囿于偏见、困于教堂，成为偏执一端、爱教派观念甚于爱耶稣基督的狂热分子，最后沦落为党同伐异、唯我独尊的自我中心主义者。"

利用一句箴言，托尔斯泰表达的信念是：坚持真理，以真理为准绳衡量世间万物，包括宗教，这才是人间至道。以此看来，宗教在托尔斯泰眼里已经不是真理的象征、人生道路上的灯塔。

托尔斯泰在自辩书中指出了主教公会的裁决本身存在的二义性问题。如果是驱逐出教，那么为什么不恪守教规走完应有的程序？如果只是一纸"此人不属东正教"的说明，"……那岂不是偷梁换柱、欲盖弥彰之举？既然昭告天下，那就意味着驱逐，本人与东正教的关系亦不言而喻。"

"认定我有脱离东正教的情节，此举无可厚非。我脱离的是一个宗教组织，不是宗教本身。我没有颠覆基督教的任何图谋——相反，我此生最大的心愿，便是不遗余力地事奉上帝。"

不无遗憾的是，托尔斯泰的自辩书字里行间渗透着对教会的不恭。"对于气息奄奄行将升入天堂的孩子来说，最重要的事是抓紧时间施洗、唱诵尽人皆知的那几句经文……"托尔斯泰的说法不大准确，掺杂了不少狡辩的成分，"我从来没有在传播个人思想方面枉费心力。"这个"枉费心力"该怎么解释？库什涅列夫私印的《我的信仰是什么？》一书在彼得堡高层人士中流传，这笔账应该算到谁的头上？他那些攻击教会的杂文是怎么落到切尔特科夫手中的？这些文章一路漂洋过海、最后在英国曝光，为此弹冠相庆的又是谁？

与主教公会的文告不同，托尔斯泰的自辩书写得相当冗长，陈述个人思想占了很大一部分篇幅。文章末尾，作者对自己的观点认识作了一个概括性的表述："唯望远离尘世独自一个人生活、独自一个人死去（我也自知来日无多），改变信仰已不复可能。我有充分的思想准备，就在我信仰的神那里寻找身后的归宿。"

换言之：不要对我指手画脚！

托尔斯泰的个性，至此暴露无遗。

在对待主教公会的裁决这个问题上，伯爵夫人索菲娅·安德烈耶芙娜的态度与乃夫托尔斯泰大相径庭。为了保护伟大的丈夫，她历尽艰辛，付出了常人难以想象的努力。她没有忘记此前与波别多诺斯采夫达成的默契，没有忘记沙皇亚历山大三世及皇后对她的礼遇，主教公会何以逆天而行、公然迫害她的丈夫！伯爵夫人咽不下这口气，她决定奋起反击。

她亲笔书写了一份申诉材料，递送波别多诺斯采夫及三位在主教公会裁定书上签字的都主教。申诉书被译成了多个外语版本，一时间广为流传。

“平心而论，我的申诉书传播速度之快、波及范围之广，列夫·尼古拉耶维奇的手稿都望尘莫及。”索菲娅·安德烈耶芙娜一战告捷，心焰大炽，“上帝指引我成此壮举，我不敢贪天之功以为己有。”看到妻子洋洋自得的样子，托尔斯泰心生隐忧：“这些宗教问题意蕴深远、莫测高深，古今典籍可谓汗牛充栋；现在你居然写信跟他们辩理，这不是以卵击石是什么？”——托尔斯泰的认识非常清醒，对妻子的指责恰如其分。

与深爱的丈夫并肩战斗，只此一念便足以激发索菲娅的斗志。只可惜托尔斯泰并不领她的情。尽管索菲娅自称在她的抚慰撺掇之下，托尔斯泰反应非常热烈；但我们有理由相信，托尔斯泰的热情肯定没有投注在反击教会上。

伯爵夫人的信登载在《教会通讯》非官方页面上，随后附有安东尼（瓦血块科夫）大主教的批复。

“我认为教会是一个抽象的概念。”索菲娅对教会的性质做了这么一个界定，恕不知此言既出，她已经站到了教会的对立面，等待她有可能是“脱教”的命运，“我的丈夫一向慈悲为怀，敬奉的是悲天悯人的真上帝。难道这个世界上就没有一位正直的神甫，肯为他祈祷、为他举办葬仪？退一步讲，如果我支付报酬足够丰厚，难道就买不通一个‘见利忘义’神甫？”索菲娅·安德烈耶芙娜按照自己的思维逻辑大放厥词，在攻击教会的同时将自己置于道德审判的被告席上。

都主教的批复杀伤力很大：“教会是耶稣基督的信徒组成的，您也承认自己是其中的一员。”他先是老调重弹，然后才切入正题，“我不相信有哪位神甫，即便如您所说的‘见利忘义’之徒，敢冒天下之大不韪为伯爵举办葬仪，因为这么做的后果是极其严重的：礼葬教外之人，就是亵渎宗教仪式、背叛上帝之法。何况您的丈夫有自己的信仰，他未必希望身后受到这样的礼遇，我们又何必强人所难、制造一些不必要的麻烦……”

伯爵夫人的悲剧就在这里：笃信宗教，却嫁给了一个骨子里反宗教的男人；既想做一名安安静静的基督徒，又要极力捍卫丈夫的荣誉。陷入两难境地的她，不可能找到出路。

这些天托尔斯泰家发生了一件事，索菲娅在这个家里地位的复杂性、处境的微妙性显露无遗。3月末，她决定举办一次全家人参与、为期一周的斋戒祈祷活动，可小女儿萨莎态度消极，表现出抵触情绪。她叫萨莎做晚祷，萨莎不仅不配合，还公开叫嚣自己不是耶稣的信徒，无须摆那一套架势。索菲娅·安德烈耶芙娜无计可施，气得哭了起来；萨莎也是一肚子委屈，只好跑到父亲那里讨要说法。

“我觉得你应该听妈妈的话。”托尔斯泰建议，“只要妈妈开心就行了，别的都是小事。”萨莎听从了父亲的劝告，陪母亲做完了晚祷——至于斋戒，她没有参与，母亲也没有坚持。

克里米亚，巨星明灭

索菲娅·安德烈耶芙娜的信和都主教安东尼的批复中都出现了一个词：“葬仪”，仿佛谈论的不是还在世间游走的大活人，而是一具停放在木板上的死尸。

1901年的托尔斯泰已届72岁高龄，不过身体尚健，除了腿有点跛、情绪比较低落、时不时想到死之外，别无大碍。此时谈论他的葬礼，未免为时过早。

伯爵夫人致教会当局的申诉书中提到一件事：“主教公会秘密知会各地教堂，授意神职人员不得为托尔斯泰举办葬礼。”安东尼在批复函中承认了这一点，且言明此事发生在主教公会“决议”出台之前。“去年一度传出托尔斯泰伯爵病危的消息，各大报刊竞相报道。当时主教公会就面临这么一个难题：放弃信仰、自绝于东正教会的人，死后该不该循基督徒之例出殡，覆圣油、做祷祝。这是一个不容回避的问题，主教公会当时做出的决断是：如果托尔斯泰至死不悟，拒绝皈依我教，则可不举办仪式。其间没有任何胁迫，主教公会只是秉公办事。”

安东尼的答复原封不动地出现在各大媒体上。坦承主教公会在托尔斯泰葬礼问题上发挥的作用，无形中带出了1901年557号决议案的前因后果。有趣的是波别多诺斯采夫所持的立场：他明确反对驱逐托尔斯泰出教，而不是赞成或者附议主教公会的决定。根据瓦·米哈·斯科沃尔佐夫的说法，莫斯科神甫曾就托尔斯泰死后是否举办葬礼一事向主教公会呈递过请示函，他在向波别多诺斯采夫总监汇报相关情况时，冷冰冰地说："捣碎这个名字激起的舆论风波够大了，再拂逆他的本意、剥夺他以基督徒的名义下葬的资格，这无异于火上浇油、混淆视听，除了给俄罗斯社会带来观念分歧和认识错乱，还能产生什么积极效果？在我看来，最明智的做法还是冷处理：不要碰这个人。"

主教公会急于出台557号决议案，显然是出于对托尔斯泰末日将至的担心。《教会通讯》中刊出的《决议》根据内容判断，也是针对神职人员而发，与普通教众无关。主教公会明文规定在先，作家死后不会再有安魂弥撒、追思会一类祭奠活动。教会未雨绸缪，对托尔斯泰的死早已定下适当的应对策略：保持沉默，心存怜悯。对托尔斯泰的放逐只是死后的放逐，与其有生之年的个人名誉无关，主教公会的良苦用心，至此昭然若揭。

与教会强势人物有过密切交往、了解台前幕后演绎的一系列故事、就"放逐"托尔斯泰一事留下大量文字记录的瓦西里·罗赞诺夫也持此观点。他在一篇文章中写道，托尔斯泰之放逐完全是咎由自取：《复活》的个别章节格调低俗，满纸荒唐，拿礼拜活动等宗教仪式说事，"极尽嬉笑怒骂之能事"，确实触动了教会的底线。不过主教公会并没有因此大兴问罪之师。对托尔斯泰的处罚，事实上源于地方神甫的告发——基于托尔斯泰的种种叛教言论，他们不知道这个人死后该怎么安葬，不得不提请东正教最高当局做出裁决。罗赞诺夫认为，托尔斯泰之见逐纯属变出一时之举，主教公会一方不存在任何预谋。

主教公会作法自毙，最后将自己赶入了一条死胡同。托尔斯泰死后，成千上万的东正教徒希望教堂敞开大门，允许他们面对万能的主，为他们敬爱的作家祈祷。离经叛道的托尔斯泰只是一个传闻，而伟大的作家托尔斯泰，却是有目共睹的。托尔斯泰的反教会言论都在国外媒体平台上发表，国内只有小范围的非法传播；对于绝大多数忠心耿耿的俄罗斯人来说，托尔斯泰是白璧无瑕的一代大师。再说托尔斯泰论文不是人人都读得懂的，《教条主义神学观之批判》，对于学养不足的人来说就是天书。

《复活》中有几段描写监狱内附设的一所教堂做礼拜的情形，这就是罗赞诺夫所说的"满纸荒唐"。不过俄文版做了一些净化工作，对教会不利的言论已经悉数删减。最初的版本中不存在的文字，译成外文未见得会收编进去，因为译者参考的是《田园》杂志上的连载。仰赖切尔特科夫的私人关系，该书英文版内容完整、一字未删。也是在他的策划运作下，其一手掌控的“自由之声出版社”推出了该书的俄文全本。

无所不知的罗赞诺夫都在没有见过《复活》真章的情况下，仅凭道听途说对《复活》大肆挞伐，这一点耐人寻味。那么在图文并茂的《田园》杂志从头到尾看过一遍小说的普通读者，又作何想？

切尔特科夫的举动招致托尔斯泰亲属的诸多不满，女婿马・斯・苏霍京就在日记中抱怨，托尔斯泰拒绝个人作品的版权，牙慧都让切尔特科夫拾去了：列夫・尼古拉耶维奇的新作什么时候出版、在哪里出版、怎样出版，一切都取决于这个切尔特科夫！

主教公会的决议发布之后，托尔斯泰的死亡也成了周围人关注的问题。不过这只是时间上的契合，两者并没有因果联系。1901—1902年的那个冬天，托尔斯泰两度垂危，当时他住在克里米亚加斯普拉的崇拜者潘宁娜伯爵夫人提供的豪华别墅里。肺炎发作（考虑到他的年龄、冬季严酷的气候，以及身边没有抗生素一类药物等情况，肺炎几乎是不治之症），紧接着又是伤寒，那个时候的托尔斯泰可以说是命悬一线。

可是托尔斯泰不仅活过来了，还一活就是8年，这是上帝创造的奇迹，也是索菲娅及其他家人精心照料的结果。

期间发生过多少感人肺腑的故事，本人在此不拟详述……

不过死而复生的托尔斯泰“躺在棺材里”祝福契诃夫、高尔基一事，倒是值得一提。托尔斯泰的祝福别具一格，他没有表达什么良好的祝愿，而是抓住契诃夫的剧作劈头盖脸地批评了一通。要知道戏剧创作是契诃夫一生成就之所在，就是凭那些在托尔斯泰眼里不值一哂的剧作，契诃夫博得了不朽的声名，成为20世纪、21世纪读者心目中与莎士比亚并驾齐驱的人物。不过话说回来，莎士比亚也提不起托尔斯泰的兴趣。

小列夫・托尔斯泰风尘仆仆赶来看望不太欣赏戏剧的老列夫・托尔斯泰的场面，倒是极富戏剧性。小列夫・利沃维奇与父亲观点相左，前不久刚抛出他的鸿篇巨制——《探索与和解》[①]，一部思想性方面与乃父背道而驰、艺术性方面却完全继承了乃父衣钵的长篇小说。列夫·利沃维奇想借此机会向父亲讨教，听听他对这部小说的意见。病中的老托尔斯泰没有足够的力量跟儿子尝试探讨沉重的话题，为此提笔给儿子写了一封长信。小列夫·利沃维奇接受不了父亲的观点，当着众多亲属的面，将父亲的信撕了个粉碎，然后摔门而去。

托尔斯泰滞留克里米亚的日子里发生的一切不及细述，因为那不是三两页文字交代得清楚的。就在克里米亚，就在死生难料的托尔斯泰僵卧其上的病榻边，挟持其人的灵魂、争夺其人的遗产，种种明争暗斗的闹剧在一幕接一幕地上演。当时陪伴托尔斯泰的，除了本人的亲属，还有切尔特科夫的朋党。巴维尔·亚历山大罗维奇·布朗热——托尔斯泰的崇拜者，曾为编纂其人充满东方智慧的著述倾注过大量心力的铁路公司职员，便是其中的一员。托尔斯泰去往克里米亚时乘坐的独立包厢，正是此人利用职务之便特意安排的。布朗热崇拜托尔斯泰，但他更忠诚于切尔特科夫，一举一动唯此人马首是瞻。

在加斯普拉负责照顾托尔斯泰的，还有切尔特科夫的妻妹奥尔加·康丝坦丁诺芙娜·托尔斯塔娅（娘家姓氏：迪特里赫斯。——作者注），托尔斯泰的儿媳妇（安德烈·利沃维奇的妻子），及妹妹安娜·康丝坦丁诺芙娜·切尔特科娃（加丽娅）。在此期间，切尔特科夫的朋友、托尔斯泰的斯洛伐克籍拥趸阿尔伯特·斯卡尔温引来了一位特殊的客人——杜·彼·马科维茨基，列夫·尼古拉耶维奇·托尔斯泰后来居上的心腹股肱。

切尔特科夫的恐慌可以理解。20世纪初叶，他先是代理托尔斯泰全部作品的国外版权事宜，成为作家事实上的经纪人，后又得到法律上的认可。那段时间切尔特科夫一直在英国一处小地方生活，生活在与伦敦相距150英里的克赖斯特彻奇，住在其母购置的一幢别墅里。切尔特科夫在那里开办了一家小型印刷厂，还着手筹建托尔斯泰手稿陈列室，忙得不亦乐乎。这间陈列室不同凡响，独体建筑，装备最新科技产品，煤气炉和特制通风装备可以保证恒温恒湿的室内环境。另外防火防盗工作也做得非常扎实，设施齐全、报警系统到位。夜间任何人想闯入占地面积巨大的贮

① “Поиски и примирения”，列夫·利沃维奇·托尔斯泰。——译者注

藏室，别说登堂入室，碰一下门把手都会引发雷鸣般的警报声。钢筋水泥浇铸的建筑体也非常坚固，即便遇上最强烈的地震，房子也只会倒塌、不会解体。万事俱备，只欠东风——如果托尔斯泰不以正式遗嘱的形式确认他对个人手稿的处分权，那么他所有的努力都会失去意义。难怪克里米亚卧病事件发生后，切尔特科夫便展开了遗嘱攻势，将托尔斯泰逼出了雅斯纳雅·波良纳。

围绕托尔斯泰其人，还有一场战争正在如火如荼地展开：灵魂争夺战。

托尔斯泰辗转克里米亚期间，都主教安东尼（瓦德科夫斯基）给托尔斯塔娅伯爵夫人写了第二封信，还是他主动草拟的。列夫·尼古拉耶维奇的女婿米哈伊尔·苏霍京对都主教写信的动机产生了深切的怀疑，直指主教公会迫于驱逐托尔斯泰出教后民意形成的舆论压力，急于挽回影响，想趁着托尔斯泰还有一口气，重新将他纳入东正教的怀抱。苏霍京是一位观念正统、循规蹈矩的乡村贵族，对岳父大人以弘扬理性之名向教会频频发难的举动一向不以为然。有证据表明，他跟喀琅施塔得的约安神父——岳父托尔斯泰的最大论敌——有过接触。由此可见，他的看法不偏不倚，值得采信。

瓦德科夫斯基个性鲜明、盛气凌人，这给托尔斯泰一方与教会的沟通平添了一些变数。此人阅历丰富、受过良好的教育，是前彼得堡神学院院长，牛津、剑桥两大学名誉教授，彼得堡教主教，主教公会核心人物，头顶无数光环的他不会成为某项“集体决策”的忠实执行者。格奥尔基·奥列汉诺夫所谓的“示大爱于作家”他到底有没有做到，我们无从得知，不过他那封信倒是写得情真词切、感人肺腑，与同为写给伯爵夫人但措辞上明显冷淡和理性许多且冷嘲热讽之痕迹散见各处的第一封信大相径庭。

当托尔斯泰的死真正摆上议事日程的时候，主教公会《决议》的性质便发生了微妙的转化。一颗烛耀全人类的文学巨星陨落克里米亚，主教公会何以自处？——毫无疑问，在不明真相的世人眼里，托尔斯泰就是反抗教会当局的英雄、为真理赴汤蹈火的烈士。

工于心计的波别多诺斯采夫是对的：作为托尔斯泰对立面的教会一方，这个时候谁敢出头，谁必落骂名。站在世俗角度看问题，托尔斯泰的死对于登基不久的沙皇尼古拉，乃至整个皇室来说都是一场灾难：内生事端、外损形象，俄罗斯从此颜面扫地。

瓦德科夫斯基决意放下架子给索菲娅·尼古拉耶芙娜写信，那是各种个人和社会环境因素共同作用的结果：都主教本人的愿望、沙皇尼古拉的意旨、托尔斯泰的“放逐”的舆论压力，等等。

都主教的信篇幅不长，现全文转呈于次：

1902年2月11日

尊敬的伯爵夫人：

我觉得有必要再给您写一封信，此念既生，无以慰解。每每念及尊夫列夫·尼古拉耶维奇之事，辄有痛心疾首之感。七十高龄，又染恶疾，身体健康每况愈下，此节大家有目共睹。前曾盛传伯爵已大去，风信流言，如兔起鹘落。当然，生死各有定数，我们每个人的生命都握于上帝之手；万能的主欲伯爵不死，伯爵必有康复之日。唯愿我主仁慈，体察我等怜生悯死之大愿，稍假天年于托尔斯泰伯爵，则我等之志，俱各得偿矣。然而天道冥冥、上意难测，也许上帝已经做好了准备，安排天使迎接托尔斯泰的灵魂升入天堂。伯爵大去之日，抑或指日可待。

每念及此，我心常有隐忧。伯爵主动放弃东正教会，不承认耶稣基督是万能的神，抛弃我们一生中仅有的生命之光，自绝于多灾多难、可敬可爱的俄罗斯人民。心里没有耶稣基督，等于这个世界上没有太阳。没有太阳，世界上不会有生物；没有耶稣基督，人也不会有生命。托尔斯泰伯爵不信耶稣基督，远离笃信上帝的人民，孑然一身、形影相吊，那样的人生是多么不幸……心如坚冰、身似飘蓬，精神上备受煎熬！以这样的心态面对死亡，灵魂何以自安！

伯爵夫人，难道您不想倾尽心力，改变您相伴一生、情深意浓的丈夫，让耶稣基督的圣光透进他的心灵？难道您忍心看着他至死不悟，无缘领受饱蘸基督之血、赐予信众平静快乐与生命力的神秘圣餐，就这么黯然离世？发挥您的智慧和情感，说服伯爵、祈求伯爵，让他在踏上人生旅程的终点前回归圣教吧！他与教会的和解是回荡在俄罗斯大地上的福音、全国乃至全世界信仰东正教的人民值得庆贺的节日、天地两界的幸事。伯爵热爱俄罗斯人民，在民众共同秉持的信仰里半生探索、一世徘徊，却始终未得其门而入，实足令人叹惋。万能的上帝，用你普惠世人的仁慈感化他、坚定他的信仰，让他至少在临死之前投入你的怀抱，与俄罗斯教民打成一片！远离民众、心无神灵，就这样孤孤单单地离开人世，那是何等凄苦悲凉的一件事！深孚众望、万民爱戴的托尔斯泰伯爵不与教会和解、坚持走背离耶稣基督的道路，我不忍心看到这样的结局。仁静善良的伯爵夫人，祈求他转变观念，将自己的灵魂毫无保留地交给天上的主、交给主的荣耀永驻的地方——人间的教堂！祈求他回归我主，带给所有俄罗斯大地上繁衍生息的人们一个喜庆的节日！上帝会彰显圣迹，帮助您说动心如坚石的托尔斯泰伯爵，在你们的心里注入愉悦的圣光。

您忠诚的仆人，圣彼得堡都主教，安东尼敬上。

安东尼的信有两条平等的线索，一条引向伯爵夫人，一条引向托尔斯泰伯爵本人。都主教安东尼很清楚，伯爵夫人完全有可能与丈夫共享他的来信。他在信中不吝笔墨，不时掺入对索菲娅·安德烈耶芙娜的溢美之词，声称只有她具备用爱和信仰化解托尔斯泰心头的严冰、将他拉入耶稣基督怀抱的力量。这是第一条线索。

第二条线索——赞美所有热爱耶稣基督、信奉东正教的俄罗斯人民——完全是针对列夫·尼古拉耶维奇而发。

瓦德科夫斯基不知道，也不可能知道，跟教会格格不入的托尔斯泰对部分俄罗斯农民脱离教会的行为，其实是持否定态度的。

托尔斯泰的宗教观貌似存在自相矛盾的地方，其实事不尽然。个人信仰和民众的精神状态，在托尔斯泰心目中从来不是同一个概念。他清楚，农民一旦脱离教会，那就意味着诸神的毁灭和信念的迷失，而他只不过是与带有自身偏见的教派保持距离。他跟教派主义者的关系相当复杂，不能用简单的认同或者反对来概括。譬如他对阉人就有很大的偏见，他不认为阉割不是解决两性关系迷局的正当途径。反仪式主义者是他密集交往过的一个宗教派别，他不止一次帮助过蒙难的反仪式主义者移民加拿大；但他的日记暴露了他的真实想法：他对这些人的态度是有所保留的。众所周知，托尔斯泰既不理解也不喜欢所谓的“托尔斯泰主义者”；除了切尔特科夫、比留科夫、布朗热、古谢夫、马科维茨基等私交甚厚的朋友，别的追随者他一概不愿与闻。农民当着他的面诟詈神甫，他也不大赞成：他觉得这些人存心不良、着意迎合他的个人品位——在他们的心目中，托尔斯泰就是一面与教会分庭抗礼的旗帜。他的复杂性还表现在一方面与教会保持相当的距离，另一方面却又与普通教士、乡村神甫打得火热，对这些人表现出极大的尊重。

瓦德科夫斯基读过托尔斯泰的《忏悔录》，知道托尔斯泰嫉妒普通人的单纯，为自己不能像这些人一样信任教会、认定神有创造奇迹的能力而深自抱憾。《忏悔录》描述作者的心路历程，换个角度看就是"智慧的痛苦"。

瓦德科夫斯基在致索菲娅·安德烈耶芙娜的信中一再拿俄罗斯民众说事，可谓用心良苦：因为他清楚除了民心，再也找不到任何理由说服托尔斯泰临死前投入教会的怀抱，哪怕只是做做样子。他那些感慨，无疑是针对托尔斯泰伯爵本人而发的。他是东正教会的领军人物之一，但在托尔斯泰身上他不相信神能创造奇迹。让这位顽固不化的老人刹那间顿悟、改弦易辙拜投到东正教门下，谈何容易。

很遗憾，瓦德科夫斯基的策略未能克功奏效。

都主教的大札确实感动了伯爵夫人。她在日记中写道，读罢瓦德科夫斯基的信函，她当即向丈夫转告内容并祈求他"跟尘世间的一切，包括教会和解"。索菲娅笃信东正教，认为教会是"全世界"唯一经得起考验的机构设施。除了坚定的信仰，她还有需要满足的个人意愿：她夭亡的子女，包括她最疼爱的瓦涅奇卡，都是以东正教规定的礼仪规范安葬的。现在轮到了她的丈夫，她不想破这个例。可她好说歹说，托尔斯泰就是不买账："和解一词免谈。我死的时候心里不存积怨、不生歹念，何来和解一说？跟教会这一类云山雾罩的东西和解，这个我办不到。"

这些话事实上成了托尔斯泰的遗言。伯爵夫人收阅都主教信札的那一天，托尔斯泰的身体非常虚弱。为了不让他因器官功能衰竭而死，医生只能通过频繁施用樟脑维持他的心跳。当时他的四肢已经失温失灵，剧烈的疼痛折磨得他死去活来。他只能蜷作一团，向右侧卧着等待时间。也是在这一天，索菲娅第一次看到丈夫的眼神出现了微妙的变化：以往那种"游移着求生欲望的混沌不见了，代之以充满平静祥和之气的澄澈"。她在日记中写下了自己的当时所做的祷告："我的上帝，减轻他的痛苦，让他轻松一点上路吧！"

克里米亚健康危机过后，还有一位东正教当局高阶人士对托尔斯泰的信仰产生过深远影响，这个人就是图拉主教帕尔芬宁（列维茨基）。1909年1月21日，这位图拉主教在雅斯纳雅·波良纳与作家见过一次面，两人进行了长时间的交谈。根据双方事先的约定，谈话内容没有向外界透露，因此他们具体说了些什么，我们不得而知。

这次见面是帕尔芬尼提议的，事后还在报刊上发表了两人会谈的消息，声称托尔斯泰发出由衷的感慨："我们的谈话过程跟所有基督徒在牧师面前忏悔一样。"但托尔斯泰日记所载内容与主教的说法相去甚远："昨天主教来访，我们进行了还算真诚的交流。我小心翼翼地陪他说话，没有将我对教会的看法完全抖搂出来。"——不过显而易见，帕尔芬尼这么做，完全是顺着托尔斯泰的意思。

尽管观念相左信仰不同，帕尔芬尼还是在托尔斯泰的心目中留下了良好的印象。全程陪同这次会面的托尔斯泰私人秘书尼古拉·古谢夫在日记中写道：托尔斯泰对这次会面"非常满意"，与主教分手的时候还流了泪，称赞他"勇气可嘉"，并一再道谢。

根据一鳞半爪的信息判断，这次会谈其实并没有见诸报端的描述那么简单。两人胸中各有块垒待浇，首先帕尔芬尼主教是谋定而动，他唯一的目的是拉拢托尔斯泰入教。不过他讲究策略，没有给作家施加任何精神压力，托尔斯泰对他感铭不已的地方，就在这里。

托尔斯泰的目的是向主教显露自己的心迹：他不是宗教信仰的敌人。《俄罗斯导报》记者斯皮罗写过一篇通讯报道，详细记述托尔斯泰伯爵与帕尔芬尼主教的会谈过程。根据他的说法，托尔斯泰发表了一通重要声明："……我对他说，教会令人不愉快的地方只有一点：有些人（写信人、以及所有抓住他的信仰说三道四的神职人员）指责我毁灭了俄罗斯人民的信仰，不知此话从何说起。我毕生致力于彰显教会的力量，力主民不可无信仰的观念。不管何种信仰，每个人都应该有所秉持；没有信仰的人是世界上最可怕的动物。"

斯皮罗指证，托尔斯泰曾经向帕尔芬尼讲起过发生在雅斯纳雅·波良纳的一件事。有次他在村子里散步，透过一孔开着的窗户看到一位老妪跪在地上，一面捶打膝盖一面祷告上帝。这个女人列夫·尼古拉耶维奇早就认识，年轻时轻薄放荡、臭名远扬。落幕时分，溜达了大半天的托尔斯泰打道回府，路过那扇窗户时又向里面觑了一眼。那位老妇依然长跪在地，虔诚地祈祷着……

"这才是真正的祈祷！我们每个人都应该这么祈祷，心中有上帝，把自己的命运托付给上帝——亵渎足以让人跪地祈祷、茶饭不思、宠辱皆忘的信仰，我一直认为是天下最大的犯罪。他们的虔诚和热诚是我们这些所谓接受过良好教育的知识分子难以企及的：要么目空一切，要么虚与委蛇，宗教成了这部分人装潢门面的工具。”他说。

托尔斯泰不否定宗教、不反对仪式，他痛恨的是伪信徒、假道学。《复活》中有一个情节，讲到主人公卡秋莎·玛丝洛娃在羁押所附设小教堂领取圣餐的过程。这位出身卑微、天资过人的女囚之所以落得身陷缧绁的下场，还是拜学厚德薄、有教养而无信仰的纨绔子弟聂赫留朵夫所赐。这位肉体和精神上备受摧残的女人，现在又加了一道符咒：带着一颗伤痕累累的心，在监狱里忏悔，忏悔她从来没有犯过的罪孽。

托尔斯泰是文艺复兴精神的继承者、乃祖乃父家学渊源之衣钵传人，奉宗教仪式若神明，这一点他做不到。接受过现代教育的知识分子会接受教会宣讲的那一套，他也不相信。向斯皮罗交代自己与帕尔芬尼主教交流结果的时候，托尔斯泰说过这样的话：“我跟他讲，我收到过大量神职人员的来信，上门赐教的神甫我也接待过不少。他们良好的初衷和真诚的态度常使我深自感怀，但让我背叛自己满足他们的愿望，实在是比登天还难。”

托尔斯泰一生中从来没有发表过抨击教会的言论，只是在《阅读圈》《每日阅读》等大众教育读物中辑录了一些与教会信条有龃龉摩擦之处的言论。列夫·尼古拉耶维奇对东方远古宗教，诸如佛教、印度教的认同度远高于基督教，心之所归、意之所使，原非外部力量所可驾驭。

在针对老熟人、图拉监狱教堂神甫德米特里·托洛茨基的劝告信撰写的复函中，托尔斯泰说：“亲爱的德米特里兄弟，您怎么想到给我写这样的信？我可从来未染指您的宗教信仰、奉劝您摆脱一无是处的教会。你现在所做的一切，就是将千千万万的无辜民众推入万劫不复的深渊，可您丝毫没有意识到这一点。我是个一只脚已经踏进棺材的将死之人，您为什么不让我平静度日？如果我是小孩子、没有宗教观念的壮汉，或者目不识丁不知教会为何物的雅库特人，您的努力还有一点意义。可我是82岁的老人，对东正教的了解并不比您逊色多少。现在您邀请我加入的宗教团体，好多年前我已经放弃了，并且是经过长期的思想斗争和精神磨难后放弃的。我放弃的是一个叫作东正教的宗教团体，而不是万能的神，不是真正体现上帝意志的基督教。正是这一信仰的存在，我才得以拥有平静祥和的人生，乐享天年，臻于至善；并于此垂暮之年，怀着迎接新生命到来的心情，等待自己的末日。因为我知道，死与生一样，都是上帝对人类的大爱。”

这封复函的结尾部分读来似曾相识，与托尔斯泰在克里米亚的病榻之上写给都主教安东尼的那封信如出一辙。所幸写那封信的时候伯爵夫人随侍在侧，托尔斯泰再三思虑后决定压下来不发。索菲娅口述完瓦德科夫斯基来函的内容，托尔斯泰当即告知夫人：“写信告诉他，我最后的祷告是这样的：‘我从你的身边来，又回到你的身边去。一切听从主的安排。’”

第一份遗嘱

托尔斯泰立过6份遗嘱，时间分别在1895年、1904年、1908年、1909年（2份）、1910年。如果再加上由切尔特科夫以“第三方”名义起草、托尔斯泰本人签字而确认切尔特科夫特别权利的“解释条款”，前后加起来就是7份遗嘱了。

不过这只是世人知道的一部分，托尔斯泰立过的遗嘱比这个数字多得多。从19世纪70年代末期开始，整个19世纪80年代托尔斯泰的日记中充斥着与遗嘱差堪仿佛的文字，内容涉及他的个人精神遗产的处置问题。

以此看来，他的第一份“非正式”遗嘱以日记的形式书写，也就不足为奇了。1895年2月21日，作家尼古拉·谢苗诺维奇·列斯科夫病故。他写过一份“临终请求”：“丧事越简越好。”托尔斯泰获悉此事，经过一番深思熟虑后决定效仿这位朋友的做法，于同年3月27日对自己的身后之事作了安排。

托尔斯泰的首份遗嘱内容上与1910年的最后版本大相径庭，充其量也就是懵懂无知的小孩子信手涂鸦的产物。也正因为此，这份遗嘱才是不掺杂任何无妄之念和道德缺陷的、最纯粹最自然的精神流露。

托尔斯泰的首份遗嘱“立不逢时”：与妻子索菲娅的关系恶化，不唯情感几至破裂、日常交流都陷入困难，以往其乐融融的家庭生活氛围，诚如水流花谢，荡然无存。这一年的4月，托尔斯泰夫妇的掌上明珠瓦涅奇卡不幸夭亡。这个孩子鹤立鸡群，在列夫·尼古拉耶维奇眼里是众多子女中唯一继其血脉、得其真传的后嗣；索菲娅对这个儿子更是宠爱有加，老蚌生珠，命之所系。他是托尔斯泰夫妻最后的一个孩子，也是维持家庭完整性的最后一点希望。瓦涅奇卡死后，索菲娅·安德烈耶芙娜生无所欢，精神长堤彻底崩决——其子谢尔盖·利沃维奇·托尔斯泰所录母亲委顿凄迷诸情状，令人掩面不忍卒读；列夫·尼古拉耶维奇惨不至此，生命的意义对他来说还是存在的，但他的日记中频频提及幼子之死，措辞怪诞离奇，令人费解（“谢谢你，你的父亲。谢谢你。”）——他的精神世界已经蒙受了重创。

托尔斯泰夫妻的出路只有一条：投入上帝的怀抱。为爱子之殁感谢上帝，托尔斯泰的思想境界已经达到了“存天理、灭人欲”的高度。路过那道门槛，他已经不是为七情六欲所困的常人，而是上帝的使徒、人间的先知。世间的悲欢离合，在他都是上帝的杰作，都值得庆幸。世间大悲，莫过于老年丧子。经过精神炼狱煎熬之后的托尔斯泰没有沉沦，相反，他的灵魂得到了升华：“人生如苦海慈航。你活着，而你隔壁的房间里，凝聚着你全部的爱与希望的孩子却魂归天国。死亡是他的定数。死亡也是我的归宿。”

但是，生活不是参禅悟道，不能伴着削肉剔骨之痛苦度时光。托尔斯泰写下这段感悟之后，似乎一夜间变成了耄耋老者，支撑他在夕阳晚景之下蹒跚前行的，不是生之希望，而是死之等待。他的第一份遗嘱就是在这样的背景下产生的。

“我的遗嘱内容大致如此。”列夫·尼古拉耶维奇在日记中写道，“如果不再另立遗嘱，当以此为准。”

他要求将自己“葬在最廉价的公墓；如果墓地坐落在城区，那就拣选最便宜的棺材——跟穷人等同对待，不要献花，也不要摆花圈，致辞一类告别礼仪辄可免除。如果一定要讲，不得动用神甫、唱礼班。主持和参与葬仪的人过意不去的话，唱礼活动可以举办，但一定要从简：尽量少花钱、少耗费时间。”

他要求治丧人员不要给自己写悼词；至于个人的大量手稿，他全部托付给妻子索菲娅、切尔特科夫、斯特拉霍夫三人处置（最先提出的人选名单是两位女儿：塔妮娅、玛莎，但他最后又划掉了，旁边还做了一个注释：“女儿们不应参与此事”）。他没有给儿子指派类似的任务，这不是缺乏父爱的表现，而是因为他非常清楚，他们根本就不是那块料：“不了解我的思想，把握不了我的思路，把我的手稿交给他们保管，恐有拣沙遗珠之虞。”

婚前撰写的那部分日记，他起初的想法是全部销毁（“……我没有想过掩人耳目、欺世盗名、埋葬自己的斑斑劣迹……我只是不想让除了自曝罪愆之外没有任何意义的文字，给世人造成一些错误的认识”），而后又改变了主意，建议保管那部分日记。“这些日记至少表明了一点：虽然年轻时我行事荒唐，但上帝并没有因此抛弃我。及至垂暮之年，我才开始真正理解上帝、热爱上帝。”

托尔斯泰要求后代将他的全部公之于众，放弃任何版权诉求。他只是带着商量的口吻鼓励后代发扬高风亮节，但并没有做出明确的安排。“若能照办，善莫大焉；如果拒绝我的提议，那也是你们自己的事情，想来你们也没有那么高的境界。近十年来，看到我的作品继续扮演着牟利工具的角色，这是我这辈子最不能释怀的憾事。”

表面看来，他的后事安排得非常恰当，与他有关的各方的利益都得到了很好的照顾。至于个人财产，三年前他已经分割给了家人。这份遗嘱内容比较幼稚，有些愿望根本不可能实现。譬如他要求死后不写悼词、不发表墓前讲话，这个谁会照办不误？

从法律角度看，托尔斯泰的第一份遗嘱也有诸多漏洞。譬如他认为1881年后的个人作品从面世那一天起就属于全人类，他1891年公开发表的放弃版权的声明具有永久法律约束力，故此在遗嘱中对该声明涉及的东西只字未提。

事实情况不尽如此。设若列夫·托尔斯泰没能熬过1895年的那场大病，他的全部作品享有的版权均将自然过渡给他的亲属，而他的门徒兼“亲爱的朋友”切尔特科夫能否接触到这些文化遗产，那还得看遗属的心情。说到心情，至少索菲娅·安德烈耶芙娜好不到哪里去。托尔斯泰在世时与其过招无数且屡落下风的索菲娅，不会再有什么心情与切尔特科夫纠缠。

还有一个客观因素需要考虑：托尔斯泰的妻子、儿女都缺钱花。

托尔斯泰的第一份遗嘱没有任何法律效力，勉强可以算作向家人安排后事。除了缺少公证环节外，“违法施为”也是一个致命伤：根据俄罗斯帝国颁布的法律，文学艺术作品的版权等无形财产只能属于作者或法定代表人，不能共享。

托尔斯泰1891年发表的自我放弃版权的声明本来没有法理依据，不影响他作为个人作品权益享有者的地位，在他的有生之年，这一地位是无可撼动的。允任妻子拿他的早年作品赚钱，后期作品免费提供给出版商赚钱，这只是他一厢情愿的做法，跟法律扯不上一点关系。

利之所至，众必趋之。围绕托尔斯泰作品的版权问题，作家在世时业已燃起了遍地硝烟。他的爱妻兼出版家索菲娅·安德烈耶芙娜、《媒介》丛刊出版方、久居国外的切尔特科夫及俄罗斯国内出版商，各据一端互不相让，官司经常打到作家那里，托尔斯泰左右支绌、苦不堪言。托尔斯泰背弃承诺，将《主人与仆人》等新作提供给《北方导报》一类时尚刊物发表，自家却分不到一杯羹，妻子大为不满；俄罗斯的出版商没把切尔特科夫放在眼里，这让自命托尔斯泰的使徒、渴望享受托尔斯泰每部作品"初夜权"的切尔特科夫情何以堪！俄罗斯法律本没有这类"初夜权"的规定，他手中唯一的筹码就是作家本人的意愿——别人的意愿从来都是随风飘摆的东西，谁也难保能永远把玩于自己的股掌之上。

"切尔特科夫指望在托尔斯泰的作品问世前得到手稿的副本并组织翻译出版，赢得与俄文原版同步发布英译本的先机，夺占市场。"米哈伊尔·弗拉基米罗维奇·穆拉托夫如是说。这是个利益攸关的问题，切尔特科夫为此还专门给托尔斯泰写过一封信：

"为了切实保障《媒介》丛刊国际版的权益，所有接触您的翻译人员均应告知与我联系，并请勿向这些人提供您的原作，这是我们已经达成的共识。您的作品在俄罗斯正式出版或通过其他渠道传播前，我就应该收到您的文稿，这个时间差不要少于三周。"

切尔特科夫的焦虑可以理解。他与外国出版商洽谈译著出版事宜，不可能自曝托尔斯泰不遵守版权法的隐情。这位作家脍炙人口的作品是免费提供的，只要俄文版一面世，任何人都可以无偿利用。有此好事，慧眼识珠的国外书商自然会一拥而上，组织人马翻译出版。

切尔特科夫面临的问题不止这些。托尔斯泰既是写作大师，也是修改大师，真正实现了"文章不厌百回改"的创作信条。他不仅在手稿上大动斧钺，清样、大样等也不放过，每道校对程序都要狠下一番精雕细琢的功夫。切尔特科夫得向国外合作者提供权威文本，这么一来他根本无从着手。作为托尔斯泰的学生和忠实追随者，他希望得到老师任何一部作品的终极版本。如果俄罗斯方面捷足先登、率先出版经过订正的托尔斯泰作品，他迟迟发布的英译本却跟原作相去太远，这让他情何以堪？所以他不得不动用特殊影响力，向托尔斯泰提出推迟俄文原版推出时间的要求。此节一经披露，俄罗斯出版圈唏嘘一片。

这些问题每一样都是沉重的包袱，压得托尔斯泰透不过气来。他在1897年12月

13日写给切尔特科夫的一封信中说："我为钱写书的时候，每部书的出版都是我的福音；自从放弃版权收益后，每部书的出版都成了我的噩梦。"

总之，切尔特科夫和妻子两头较量，托尔斯泰左右为难。索菲娅·安德烈耶芙娜对丈夫的第一份遗嘱持完全否定的态度。

列夫·托尔斯泰的女儿玛丽亚·利沃芙娜瞒着母亲，于1901年誊抄了一份遗嘱的副本。索菲娅·安德烈耶芙娜知道丈夫手头留有1895年间写成的日记，但她并没有特别留意，因为遗嘱连同那一时期撰写的日记、丈夫的其他手稿悉数妥存于鲁缅采夫博物馆，她没有读过，自然也不知道具体内容。托尔斯泰父女遮遮掩掩、不肯让她窥破遗嘱的端倪，本身表明了他们的态度：怕她反应过激，节外生枝。

克里米亚之行结束后，隐瞒遗嘱的做法是否明智引起了托尔斯泰的怀疑。经历过生死考验的他非常清楚，死亡对他来说已不是遥遥无期的事，长则数年，短则数月甚至数日，死神也许就会降临。1902年10月，索菲娅·安德烈耶芙娜获悉遗嘱隐情，大为恼火（根据推断，是儿子伊利亚走漏了风声）。

"偶然得悉丈夫立过遗嘱，我的心情很不愉快。列夫·尼古拉耶维奇将自己心血和汗水的结晶无偿奉献给世人，我觉得这既不恰当、也没有意义。我热爱自己的家庭，无时无刻不在为这个家庭的幸福美满着想。但我认为将家人的文学艺术作品拱手送人，这无异于割肉饲虎——给那些原本赚得盆满钵溢的出版巨头如马尔克斯、采特林之流的人物创造捞取超额利润的机会而已。我直言不讳地告诉列夫·尼古拉耶维奇，如果他走在我前面，我不会执行他的遗嘱。在他的有生之年内，为了照顾他的情绪我不会主张应得的权利；他死后我会收回所有依据法律规定理应由我们享受的版权，因为那个时候他已经没有什么情绪需要我照顾了。"

索菲娅·安德烈耶芙娜毫不含糊地要求丈夫收回遗嘱并将正本及所有的副本转交给她。事情闹到了摊牌的地步，托尔斯泰照例只有屈从的份儿。玛莎对母亲的所作所为甚为不满，她跟她的丈夫当下提出了抗议：托尔斯泰一夕气绝，他们马上公开遗嘱。

索菲娅·安德烈耶芙娜犯了一个致命错误：她当时最明智的选择是保持缄默，而不是大叫大嚷。须知王牌在她的手中：法律是她的坚强后盾。

"他这是逆天而行，完全背离了人性。可他不能因一己之私，毁掉整个家庭。"索菲娅·安德烈耶芙娜在《我的人生》中写道。

我们不妨反过来问一个问题：托尔斯泰此举无非是放弃一部分经济利益，何以招致“毁灭”人性、毁掉整个家庭的可怕后果?

托尔斯泰想用自己的实际行动昭示人生的真谛、说服家人接受他的想法。但他不是强人所难的那种硬汉，一旦察知家人态度抵牾反应消极，他会毫不犹豫地改变初衷、做出最大限度的让步——包括让利于妻子儿女。“给孩子们分家产，这是我犯下的不可饶恕的错误。”他在1910年的一篇日记中写道，“我害了大家，也害了女儿。现在回过头来看自己做过的一切，真是罪无可逭。”——在这里，托尔斯泰的行为是对是错已经不重要了，重要的是，“一着之失”痛悔余生，他的晚年生活都是在良知的煎熬中辗转度过的。

他第一份遗嘱的命运也未能逃出这一窠臼。他立遗嘱的目标很清楚：不让妻子儿女坐享其成、利用他的遗荣过不劳而获的生活。15年后的托尔斯泰，在这个问题上态度愈加决绝：“不能剥削千千万万迫切需要精神食粮的读者，为安德烈一味沉溺花天酒地的生活、列夫穷奢极欲到处胡搞创造条件（见列夫·托尔斯泰日记，1910年7月29日。——作者注）。”

索菲娅·安德烈耶芙娜拒绝接受托尔斯泰的第一份遗嘱，某些间接因素提供了完美的解释。首先，她对那位背着她与父亲另搞一套的女儿——玛丽亚·利沃芙娜心怀不满。这个女儿出尔反尔，先是推拒1891年分得的那份家产；出嫁后日子难以为继，又跑回来向她索要自己应得的份额。在索菲娅看来，老父亲堵塞家人的获利渠道，谁都可以凑热闹，唯独她玛莎不能瞎掺和。其次，这段时间索菲娅·安德烈耶芙娜正致力于托尔斯泰新作的编辑出版工作，已经投进了不少钱。如果列夫·尼古拉耶维奇在这个节骨眼上撒手人寰，而他那“荒诞不经的遗嘱”又公之于世，那么这个家庭注定会陷入财务危机。

1902年7月，启蒙出版社总裁采特林找上索菲娅·安德烈耶芙娜的门来，以百万卢布的巨额版税一次性买断托尔斯泰作品的版权。索菲娅·安德烈耶芙娜不为所动，断然否决了采特林的提案。可就在她纵横捭阖与他人讨价还价、拒绝那笔差不多可以让她及她的子女们终生衣食无忧的巨款时，她的丈夫和女儿居然背着她上下其手、干着出卖她的勾当。是可忍，孰不可忍?

问题和答案

1904年3月，切尔特科夫认为时机已经成熟，应该正式确立自己“托尔斯泰精神遗产继承人”这一地位。意识到从法律角度看背着索菲娅·安德烈耶芙娜及其子女搞小动作绝对行不通，他伙同自己的秘书布里格斯给远在雅斯纳雅·波良纳的托尔斯泰发了一道“便函”，谋求一劳永逸地解决这个问题。切尔特科夫的便函是用打字机打印的，托尔斯泰的答复则是手写稿。现将他们两人的往来信札按“问—答”一一对应关系分列于下：

“1.您希望载于1891年9月16日《俄罗斯导报》上的声明（指放弃版权的声明。——作者注），在您生前身后均能严格执行吗？”

“我希望本人自1881年以来所著作品，以及身后所留全部文稿成为公共资源，任何机构都可以随时出版或者发表，任何人不得以任何理由据为私有财产。”

“2.如果您大去之后所遗文稿编辑出版工作出现一些障碍，譬如有关人员意见分歧无法达成共识，您希望谁主持大局、拥有最终发言权？”

“我认为大局应由我的妻子和瓦·格·切尔特科夫主持。此二人是我指定的遗稿整理人，取舍编校及处理结果、出版方式等，概由他们负责。”

“3.如果您大去之后我还能留存人世，那么您希望我们之间关于由我充当您的国外版权事务总代理的书面约定继续发挥效力吗？”

“希望我死后我的全部作品的翻译与国外出版事宜，概由瓦·格·切尔特科夫独家代理。”

“4.您愿意委托我全权处理您生前交付我处保管的所有手稿，并授予我指定本人身后第三方代理人的权利吗？”

“兹授予瓦·格·切尔特科夫处置本人留于彼处之全部文稿的权利，受让人死后此项权利理应转移给我的妻子，或者图书馆、大学、科研机构等位于俄罗斯境内的公共机构设施。”

“5.您愿意授予我此项权利，允许我无条件调阅由您的妻子索菲娅·安德烈耶芙娜或者您另外的亲属保管的手稿？”

“非常希望瓦·格·切尔特科夫遍览本人遗稿，并从中筛选出合适的内容摘抄、发表、结集出版。”

这封写于1904年3月13日的复函，对托尔斯泰1895年所立遗嘱的部分内容进行了补充，进一步明确了权责关系。不过这封信跟原遗嘱一样没有法律效力，因为他坚持的1881年后个人作品属于“全人类”的原则，直接违背当时的法律规定。他在信中还一再套用法律术语为自己的主张做背书，着实令人忍俊不禁。

托尔斯泰无限扩大了切尔特科夫处置个人手稿的权力：他可以接触、使用托尔斯泰的全部手稿，包括存放在索菲娅处的手稿；而由其本人保管的那部分手稿则除他一人之外、任何人无权染指；索菲娅·安德烈耶芙娜只能忝居图书馆、大学等公共设施之列，等这个人死后顺势而上；至于那一班子女，列夫·托尔斯泰从头到尾只字未提。

托尔斯泰这份事实上具备遗嘱性质的书面材料中，切尔特科夫作为其精神遗产唯一“法定代理人”的地位得到了确认。他获得编辑出版相关著作的权利，索菲娅只能充当配角，扮演一些助手、中介之类的小角色，另外还得向切尔特科夫双手奉上她长期以来珍藏身边的丈夫手迹。好在她手中还握有托尔斯泰1881年前全部作品的版权，否则机关算尽、一世辛劳，落得个鸡飞蛋打的下场，这让她如何甘心！

从往来函件的字里行间可以读出一条信息，托尔斯泰敲定第二份遗嘱的过程并不简单，他绞尽脑汁、试图将法律与人情两者结合起来，炮制一份左右逢源八面玲珑的遗嘱，造成的后果是完全丧失法律文书的效力、彻底蜕变成诉诸当事各方良知的“临终嘱咐”。

“除了现藏于贵处的手稿您可以任意处置外，相信我的妻子（假如她先您一步辞世）、孩子也不会违背我的意愿，截留您需要的文稿、对抗您的工作的。”托尔斯泰在信中写道。他的“相信”明显底气不足。家人在他死后会不会跳出来跟切尔特科夫分庭抗礼，他没法下定论。

善体人意的托尔斯泰意识到他“亲爱的朋友”心绪不宁，不仅原谅了切尔特科夫当着他的面大谈特谈他死期将至这一莽撞行为，还变着法儿说一些好话，抚慰他那颗忐忑不安的心。信的末尾是一段言辞恳切感人肺腑的文字：

“对您在我的故纸堆上已经付出和即将付出的辛勤劳动，我在此深表感谢。能与您这样的人并肩携手，这是我晚年生活中有幸得遇的莫大安慰之一。”

这些冠冕堂皇的言论背后掩盖的真相是：切尔特科夫咄咄逼人的气势还有他那些要求“通过法律途径确认”的权利，搞得托尔斯泰进退维谷、如坐针毡。迨至最后，失去耐心的托尔斯泰在写给"朋友"的第二封信中夹枪带棒、直陈不满。切尔特科夫将这封信交给儿子藏了起来，信封上还标注了"保密"字样（这封信直到1961年才破土而出，得与世人相见）。托尔斯泰写道：

"毋庸讳言，我亲爱的朋友切尔特科夫，您和布里格斯的信实在让人大伤脑筋……我之所以感到不满，并不是因为您翻来覆去拿我的死说事、拿我那些本来不值一哂却被人为赋予巨大价值的手稿说事，而是因为大札流露出一种令人难以容忍的霸道气息。责任，义务，必须……总是这一套说辞，与人为善、信者恒立，这些最基本的人际关系准则都没有了。我有一种预感，总是觉得自己被拖入了一个无底深渊，脚下踩的是罪恶的土壤、周围弥漫着仇恨的空气。此前我写信回答了您提出的一切问题，且此信业已发出。如果您现在撕毁了我的信并将其付之一炬，我不仅不会因此衔怨，反而会暗自庆幸！"

托尔斯泰的立场比较复杂，许多地方令人费解。深知围绕他的精神遗产，利益各方明争暗斗、暗流汹涌，他却没有跟处理家庭财产纠纷一样干脆利落地将大家召集到一起，一劳永逸地解决问题，而是本着"不以暴力抗恶"的原则，与切尔特科夫私相授受，共同对付他的妻子索菲娅·安德烈耶芙娜。但他不知道他们缠结的阴谋不受法律保护，起不了防范索菲娅的作用；精明如切尔特科夫者，也是当局者迷，没有窥破个中秘辛。只有一纸建立在人情基础上的空文，而且是托尔斯泰不大满意的空文，没有任何有效的法律文书——这就是托尔斯泰的遗嘱。

拉托尔斯泰入"法律之彀"，切尔特科夫并没有就此止步，半途而废从来都不是他的风格。"他想得到的，总是要千方百计地弄到手。"弗·格·切尔特科夫传记的作者马·瓦·穆拉托夫如是评价这个人物。

谁之过？

托尔斯泰的第三封遗嘱经本人口授、秘书尼·尼·古谢夫记录整理而成，其雏形同样以简札的形式出现在他1908年8月21日——作家80华诞前两周——的日记中。这段时间托尔斯泰沉疴在身，双腿不听使唤，整日缠绵病床，行动只能靠轮椅。自度末日将至的托尔斯泰决定立一份遗嘱，作为终极版本取代此前草拟的同类文件。

“首先声明一点，如果我的后人能将我的作品免费提供给世人使用，这无疑是一桩幸事；如果他们做不到这一点，那么《识字课本》《阅读圈》这两部启蒙教育教材必须作为公版书廉价供应市场。其次有件小得不能再小的事需要说明一下：葬我之躯时，不要举办任何仪式。棺材用普通的木头做一个即可，运到扎卡兹林间绿地埋葬，正对那条河沟。生有时、死有地，葬身之地是不能不选的。”

这是托尔斯泰立的第一个有效遗嘱。他为自己拣选的坟场，后人再未更动。老扎卡兹林间绿地是托尔斯泰一家人通力协作建设家园的见证，阅读过托尔斯泰“自传三部曲”的读者对这个地方耳熟能详。日薄西山的托尔斯泰想到归葬于此，先是口头透露这个意愿（向几位女儿），后又列入正式遗嘱，魂系桑梓、故土难离，也可以说是人性使然。

这份遗嘱的剩余部分再次重复了前两份遗嘱合法性经不起推敲的缺陷。第一，托尔斯泰使用商量而不是指令的口气拟定各项条款，这不符合遗嘱规范；第二点，他再次表达了放弃个人版权、向全社会开放部分作品使用权的愿望，这样的要求根本得不到司法支持。

托尔斯泰1908年8月11日立下的遗嘱与农民教派主义分子苏塔耶夫的理想——倡导不治个人财产的生活理念——遥相呼应，这一点很有象征意义。“万物皆备于我，一切皆在当下”，这是苏塔耶夫的人生箴言。“万物不拘于时。”这是托尔斯泰向自己的秘书口授过的话，“我之内、时之外，便是不死不生的永恒福缘。”

托尔斯泰的自我中心主义世界观限制了他对法律层面上“物之属性”的理解，他的许多观点、认识是他的家人不能理解也不能接受的。但别人不支持的立场也是立场，托尔斯泰有足够的理由坚守自己的立场，直到通过一纸遗嘱向子孙后代、向法律界人士，乃至向全世界的人昭示自己的主张。他的所作所为，无疑印证了他的世界观。

他的所作所为，也无疑会伤害一个人——他最钟爱的朋友、他的家人最反感的敌人——切尔特科夫。于情于理，切尔特科夫的友谊是他不能践踏、不能超越的，他的人格不允许他跨出这一步。切尔特科夫胸中也有块垒待浇：本来属于托尔斯泰个人的精神遗产，其本人愿意公诸社会，作为局外人的他却不想放手。

首先，他素性固执强悍，不会轻言放弃。许多跟他打过交道、后来又因他那让人不堪重负的性格先后离开他的人，多曾提及这一点：“盛气凌人，自我中心主义导致的盛气凌人，常常会演化为丝毫不顾及他人感受的独断专行。”列夫·托尔斯泰的最后一任秘书瓦·弗·布尔加乔夫说。托尔斯泰的女儿亚历山德拉·利沃芙娜也在回忆录中讲到切尔特科夫不好相处，连自己的亲友都深自受累。“暴君”，这是他的朋友兼同道中人巴·伊·比留科夫赐给他的封号。

其次，做一点换位思考，我们不难理解切尔特科夫的心情。他崇拜托尔斯泰，从认识的那一天起到溘然长逝的那一天，一个敬仰就是一辈子。从他的生命中夺走托尔斯泰，这跟直接要他的命没有多大差别。索菲娅·安德烈耶芙娜也不是易与的主儿，这么两个人碰到一起，针尖对麦芒，相互忍让、分工合作之类对谁来说都是不可能的事。托尔斯泰夹缝求存，只能徒叹奈何。

再次，索菲娅·安德烈耶芙娜的精神状态和她护犊心切、唯子女利益是务的一贯作风，确实有碍于贯彻落实托尔斯泰的遗志。站在瓦·格·切尔特科夫的立场上看问题，凭什么让他离开托尔斯泰、放弃他几乎是为之奋斗一生的事业？他有什么理由交出已经掌握在自己手中，妥善保存于英国他专门修建的博物馆，并且像对待自己的眼珠一样珍爱有加的托尔斯泰的精神遗产？为了仇视他的作家夫人？为了托尔斯泰那一帮沉湎酒色、挥金如土的儿子？这么做将置导师于何地？他放弃著作专利、惠及大众的遗愿谁来执行？能够忠实践行托尔斯泰意志的，唯他切尔特科夫一人而已——举凡了解切尔特科夫其人的人，无论朋友还是敌人，均不否认这一点。

如果世人能分清楚披着羊皮的狼和真正的绵羊，那么围绕托尔斯泰遗嘱形成的妖氛就会不攻自破。很可惜，遗嘱事件中只有托尔斯泰一只绵羊，别人都是蹲守在旁边等着分食的狼，他没有办法以一己之躯满足各方的欲望。事态已经恶化到不可收拾的地步，法律、道德再也左右不了这些人的行为……当所有规范人际关系的手段都失去作用的时候，再言合理解决矛盾分歧，无异于痴人说梦。

托尔斯泰的壮举创造了一道文化市场上前所未有的风景线，其中的一大景观就是：从他抛出放弃版权的那一刻直到1909年，卷入这场旋风的人——包括资深出版家切尔特科夫之流人物——并没有认识清楚此举的意义及法律后果，自始至终都处于“盲目操作”的状态。他苦心孤诣协助托尔斯泰炮制的前三份遗嘱不符合司法精神，等于一纸空文。

斯德哥尔摩危机

垂暮之年的托尔斯泰越来越随和达观，原有的个性如冰雪融于春泥、轻风滑过枝梢，点点滴滴汇入神性的泉源。恶语伤人之类的行为，他越老越于心不忍；倘若一时不慎说了冒犯他人尊严的话，他私下里也会难受很久。

1909年3月23日，切尔特科夫被图拉省当局逐出省境之后，托尔斯泰来到与雅斯纳雅·波良纳毗邻的契里亚琴卡。切尔特科夫的妻子安娜·康丝坦丁诺芙娜（加丽娅）、儿子弗拉基米尔（季马）还没有离开。一位外交部上校武官奉首相斯托雷平之命，正在村子里调查切尔特科夫。托尔斯泰伯爵在路上邂逅此人，手也没握招呼也没打，加快步伐一头钻进了房子里。没过多久他又走了出来，就自己傲慢无礼的举动向武官先生道了歉，还殷勤攀谈了一小会儿，借此理顺与对方的关系。不过心理上大受委屈的上校先生谈兴全无，两人的谈话在尴尬的气氛中草草收场。托尔斯泰深以此事为憾事，很长时间都不能释怀。“我坐着马车赶到那里，一路上还不住地提醒自己：你肯定会跟那个人打交道，早想到关系是第一要务。可真正到了那一刻……”这是他向尼·尼·古谢夫忏悔时说过的话。

“我的行径是可耻可怕的。”当着亚历山大·鲍里索维奇·戈尔登维泽尔的面，托尔斯泰自责不已，“我可以向他直陈我对他正在从事的那项工作的看法，公开指责他替朝廷张目陷害忠良。但他那么做只是例行公事，作为一个人我应该尊重他、给他适当的礼遇。可是回头想一想，我当时的行为真的是大失水准！我这样阅尽沧桑的老人，居然会犯这样的错误，真是不可饶恕！这段时间我食不甘味、寝不安枕，半夜惊醒过来，念及这件事都会慨然叹息（列夫·尼古拉耶维奇说到这里，还真沉重地叹了一口气）：这事太丢人了！”

托尔斯泰特立独行，本来视国家法度如无物。他最后不得不给自己套上法律的枷锁，这到底是拜何人所赐？关于这一问题，史上素无定论，嫌疑最大的当数切尔特科夫。可事实情况是，将托尔斯泰推上法制轨道的不是别人，正是他的妻子索菲娅·安德烈耶芙娜。

托尔斯泰暮年在思想上、心理上发生的巨大变化，身为人妻的索菲娅洞若观火。她在日记中写过这么一段话：

“今年（1908年。——作者注）列夫·尼古拉耶维奇身体上发生了明显的变化，一下子苍老了许多。他的生活如常进行，但已老态毕现。看得出来，他现在已经成了神游物外、超凡脱俗的高人，貌似还喜欢出外散散步、喜欢享受美食、喜欢斟杯圣拉斐尔节期间酒业协会送给他的礼品酒小啜几口、喜欢玩纸牌游戏、喜欢下棋，可他的身心已经分离——身体按惯性正常运转，灵魂却早已出窍。大病之后列夫·尼古拉耶维奇彻底变了一个人，许多他身上固有的东西不见了，包括对我、对周围环境的依赖性，为此我心痛不已。不知道别人是不是发现了这个问题。”

多么深刻的见解！多么精当的描述！如果她一直保持这样的思维敏感度，就应该理解随着末日的临近，托尔斯泰已经开始有意识地剪断红尘牵绊、一步一步地向上帝靠拢，就应该收敛自己的行迹，不再横刀立马干扰丈夫最后的行程。

1908年6月，切尔特科夫携家人从英国赶回俄罗斯，暂居于科兹洛夫车站附近扎谢卡村的别墅里。

同年12月8日，索菲娅·安德烈耶芙娜在日记中写道：“切尔特科夫是我们家的座上常客，几乎无日不到。昨天晚上他钻进列夫·尼古拉耶维奇的办公室里，俩人兴致勃勃地讨论起胸前画十字的宗教礼仪来。我在客厅里不经意间听到了他们的谈话内容。列夫·尼古拉耶维奇说，他画十字已经成了习惯；祈祷过程中到了那个环节，即使心里什么也没想，手部动作也会自然而然地做出来。切尔特科夫就此发表宏论说，身体剧烈疼痛抑或咽气的那一刻，列夫·尼古拉耶维奇都会做出手画十字的动作，让周围的误以为他皈依了东正教。为了澄清事实，切尔特科夫将列夫·尼古拉耶维奇的话原原本本地记录了下来。”

托尔斯泰画个十字，都会招来种种物议！

托尔斯泰爱东正教，切尔特科夫吃醋；托尔斯泰爱过别的女人，妻子索菲娅吃醋。1909年初，短篇小说《巴维尔·库德里亚什》杀青之后，索菲娅在日记中发泄过自己的不满：

“他要是有那么一点点心，就不应该给小说女主人公起个泼妇的名字，叫什么阿克辛妮娅！”

如果说阿克辛妮娅（住址没变，还在雅斯纳雅·波良纳；不过人变得太多了：年轻时乏善可陈，这会更是人老珠黄）给了索菲娅一只醋瓶子，那么切尔特科夫给她的就是一个醋坛子。现在这个可耻的“第三者”、这件中看不中用的“漂亮玩具”，每天堪堪打上门来，在她的眼皮底下与她的丈夫合谋算计她，索菲娅·安德烈耶芙娜胸中翻腾的妒火，已经烧穿了理性的篱笆：她的情绪失去了控制。

索菲娅·安德烈耶芙娜是性情中人，阴晴不定、喜怒无常。1909年3月，频遭举报的切尔特科夫被图拉地方当局勒令3日内离境。听到消息的索菲娅·安德烈耶芙娜义愤填膺，反应之激烈，与乃夫托尔斯泰相比有过之而无不及。“听闻切尔特科夫将被逐出图拉省境，大家都哭了。”她在日记中写道。她甚至冒着被当局迫害的风险，在报刊上发表为她的宿敌请命的文章：“切尔特科夫的遭际传递出一条信息：胆敢阅读、传播托尔斯泰著作者，将受到法律的严惩。我们就是这样报答一位行将就木的老人、一个在世界范围内为俄罗斯争得不朽声名的作家的……”

历史总是会重演，这一幕与2001年她为了捍卫丈夫的权益、以一己之力与主教公会周旋的往事何其相似。不过那时候她是为自己心爱的丈夫而战，现在她是为自己一向深恶痛绝的切尔特科夫请命。她这么做无关个人修养，出发点还在照顾列夫·尼古拉耶维奇的情绪。“……列夫·尼古拉耶维奇情绪低落……列夫·尼古拉耶维奇的腿肿得厉害。”

索菲娅·安德烈耶芙娜写那封公开信的动机是什么，是公民意识的爆发，还是护夫心切的表现，我们无从揣知。“……列夫·尼古拉耶维奇的心脏不好”，“……他的身体状况较前大有好转，但他并不爱护自己”，“列夫·尼古拉耶维奇在床上躺了一整天，一副睡恹恹病怏怏的样子。看得出来，他在等待那可怕的一刻。”

福无双降、祸不单行，恰在这个节骨眼上，孙女塔纽什卡生病了。初暖乍寒的3月，索妮娅每天都得带着小孙女到外面散步，一老一少、一里一外，她得两头兼顾，整日价只有疲于奔命的份儿。

谁这个时候没有麻烦？又是谁制造了这些麻烦？切尔特科夫不见容于当局，惶惶如丧家之犬；托尔斯泰与他“亲爱的朋友”失去联系，日子过得苦不堪言；夫人索菲娅经受的可是双重打击：一方面担心丈夫的健康，一方面又为丈夫心有旁骛、惦念她的死敌切尔特科夫而忧愤不已。

这是一个无人能解的死结，出路只有一条：快刀斩乱麻。

这些问题的背后还潜藏着一个巨大的危机：托尔斯泰眼看着来日无多，他一死，版权纠葛将再度浮出水面。每次去莫斯科办事，历史博物馆都是索菲娅·安德烈耶芙娜的必到之地：那里存放着她名下的托尔斯泰手稿，但有工夫她都会整理、记录一番。当时她还不知道，托尔斯泰已经将这部分手稿的处置权转交给了切尔特科夫；她的女儿塔季亚娜早就风雨兼程直奔彼得堡，到斯托雷平首相那里走门路、通关节，为切尔特科夫还乡铺平道路。真相大白以后，索菲娅·安德烈耶芙娜的心情久久难以平静。“我不知道那个人到底招回来没有。他们有事总是瞒着我。”事实上政府拒绝了托尔斯泰父女的要求，切尔特科夫返回图拉的希望彻底破灭了。他搬到了莫斯科省，寄居格列克辛诺庄园。

那段时间，定居瑞典的列夫·利沃维奇与父亲托尔斯泰关系也相当紧张。有次回国省亲，他在雅斯纳雅·波良纳小住了几日，就与父亲就闹得很不愉快。当时列夫·利沃维奇对雕塑兴趣正浓，准备用胶泥抟制一尊父亲托尔斯泰的雕像。不过托尔斯泰一去科奇塔（其大女婿马·斯·苏霍京的庄园，位于图拉、奥尔洛夫两省交界处。——译者注），他便毁掉了自己的杰作，匆匆返回瑞典。

戈尔登维泽尔夫人提供的说法是这样的：“列夫·尼古拉耶维奇去了苏霍京家，大家都不知道他何时能回雅斯纳雅·波良纳。有消息说他本周末即回，可直到星期六都没见着他的影子。索菲娅·安德烈耶芙娜照例不大高兴，而列夫·利沃维奇干脆发起了飙。父亲不尊重他的工作，一去多日不归，也不知道尽他做模特摆造型的义务，根本就没把他的雕塑工作放在眼里！他将自己的半拉子作品打了个粉碎，和拌了的胶泥裹作一团，搅了个稀巴烂，然后气咻咻地折回他的瑞典去了。”

1909年7月，瑞典方面邀请托尔斯泰亲赴斯德哥尔摩，作一场关于18世纪国际和平进程的专题演讲。托尔斯泰跃跃欲试，连择日启程的报告都拟好了。索菲娅掌握清楚丈夫的意向后，心下大为不安——她怕丈夫出国。

“索菲娅·安德烈耶芙娜一夜没合眼。”托尔斯泰在日记中将妻子当时的反应记录了下来，“我心里不踏实，钻进她的房间里察探过一回情形。她又丧失了理智。”

索菲娅·安德烈耶芙娜为什么会频频“失去理智”？马科维茨基的生活札记和托尔斯泰私人秘书古谢夫的日记，为我们道出了部分原委。

托尔斯泰的斯德哥尔摩之行，切尔特科夫将以助手的身份陪同前往。同行的还有托尔斯泰的小女儿，当时心理上完全依赖切尔特科夫的萨莎。这一阵容本身给索菲娅·安德烈耶芙娜造成了一种错觉：丈夫托尔斯泰将她的敌人聚集到自己的羽翼下，准备远走高飞，并且是一去不复返！

这段时间托尔斯泰的两个儿子——安德烈和米哈伊尔——也在雅斯纳雅·波良纳。他们俩都站在母亲一边，与切尔特科夫势若水火。当然，他们这么做的目的很明显：维护个人利益。

1909年夏天，作客雅斯纳雅·波良纳的还有一位托尔斯泰家的亲属，律师伊万·瓦西里耶维奇·杰尼辛科。他与米哈伊尔间有过一席对话，随后又将交谈内容全盘端给了古谢夫：

“他站在我面前，腆着一张囚犯脸问我：‘告诉我，伊万·瓦西里耶维奇，妈妈背着父亲经营他的书合法吗？’我直言不讳地指出这是法律不允许的，并且反问了他一句：你们这么做对得起父亲吗？他知道后会作何想？他撑着一张难描难画的笑脸，又追问了一句：‘那子女呢？’看到他那副不达目的誓不团体的样子，我不得不正告他：‘从法律角度看，背主谋财那一套是行不通的。这种事瞒得住一时、瞒不了一世，列夫·尼古拉耶维奇迟早会发现隐情。到了那个时候，他会给你们一个说法：你们恶意利用此前达成的协议谋财，我要收回所有的承诺。你们能不能发列夫·尼古拉耶维奇的财，全要看他的心情，都是他一句话的事。’”

此处提到地“协议”指托尔斯泰1993年授予妻子索菲娅编辑出版个人作品一事，不过该协议并没有规定该项权利还可以转让。

担心切尔特科夫利用斯德哥尔摩之行对托尔斯泰老人施加影响、哀恸他更动遗嘱内容以逞其险恶用心的，可不止索菲娅·安德烈耶芙娜一人，紧随其后的就有安德烈·利沃维奇。获悉父亲在古谢夫的房间内给女儿萨莎及其闺蜜费奥克利托娃朗读过切尔特科夫的来信，安德烈·利沃维奇将费奥克利托娃堵在餐厅里，百般套问那封信的内容：

“他读的是什么东西？”

“一封信。”

“谁写来的？”

“不知道。就讲了些谁开的农民银行的事。”

“不对吧！没提到这信是切尔特科夫发来的吗？”

“不清楚。信里写了些什么，列夫·尼古拉耶维奇并没有全部读出来。”

“他要勾引我父亲去斯德哥尔摩！下流胚子！他这是要把我父亲推上一条不归路！”

“不是这么回事。瑞典方面的意向是列夫·尼古拉耶维奇从报纸上看到的，切尔特科夫跟这事一点关系都没有。”

"他不是要跟父亲一起去吗？"

"是有这个意思。"

"萨莎也想去瑞典兜一圈儿，对不对？"

"什么兜一圈儿？她是跟着父亲办正事。"

索菲娅·安德烈耶芙娜脑子里灵光一闪，遽然意识到托尔斯泰身边的那些人想下毒害死她，负责具体实施的人就是托尔斯泰的私人医生马科维茨基。她当时做好了两手准备：一方面设置重重障碍不让丈夫成行；另一方面又打点行装准备与丈夫偕行，为此还专门买了一条新长裙。她一生中从未踏出俄罗斯国门一步，所以准备工作做得非常扎实。她有一种不祥的预感：这次他们夫妻相伴出行，最后活着回来的只能有一个，不是丈夫魂断天涯，就是她命丧异乡。

事情越闹越大。7月27日，她当着丈夫的面拽过一瓶吗啡，企图服毒自杀。

托尔斯泰劈手夺过瓶子，顺着楼梯扔了下去。

托尔斯泰的瑞典之行，就这么泡汤了。

1909年是关注托尔斯泰遗嘱问题的各方见真章的一年，身在雅斯纳雅·波良纳的伊·瓦·杰尼辛科首先给大家上了一堂法律课，让大家明白什么样的遗嘱才会受到法律的保护。其时索菲娅·安德烈耶芙娜正为《媒介》丛刊及其他一些出版机构未经许可转载《识字课本》部分内容折腾，其中涉及托尔斯泰19世纪70年代的版权作品（如《高加索的俘虏》）。她折腾的力度不小，准备将这些单位一并告上法庭。她认为自己的合法权益受到了侵害，为此专门委托心腹人士跟律师接触，寻找代理人筹写诉状。律师提出的问题是：索菲娅起诉的依据是什么？有协议——索菲娅一方答复。律师解释说，私相授受性质的协议并没有法律效力，打官司的时候起不到任何作用。没有托尔斯泰的授权委托书，索菲娅不具备起诉人的资格。

托尔斯泰不仅拒不给付索菲娅相关文件，并且对她打压民间出版活动的行为深表不满。为了打击妻子的气焰，他甚至决定剥夺她的各项权利，不让她继续染指个人作品的版权问题。

"1909年7月，我就住在雅斯纳雅·波良纳。"杰尼辛科对前后事态做了详尽和描述，"列夫·尼古拉耶维奇·托尔斯泰张罗去斯德哥尔摩参加世界和平大会，索菲娅·安德烈耶芙娜对此持反对态度。这件事闹得沸沸扬扬，索菲娅·安德烈耶芙娜因为不愿意看到丈夫达成此行，急火攻心都给整出病来了。

“有次她把我专门招到她的卧室，向我展示完托尔斯泰很久以前立下的那份由她“代理一切事务”的协议，问我能不能将协议中列明的各项权利转授他人，诸如委托他人代理托尔斯泰个人作品出版事宜。而她提到的重点问题是：能不能据此协议起诉谢尔根科及某军事学院的某位教师：他们未经许可在自己编辑出版的文集中收录了托尔斯泰的作品，给她造成了巨大的经济损失……

“此事发生后不久的一天，我跟妻子、孩子一起到花园里摘浆果，妻子因故指使我去楔房看一看。我走在繁花如幛的林荫道上，冷不丁跟列夫·尼古拉耶维奇打了个照面。他佝腰缩背、面色阴郁憔悴、双目灰暗无神，气色之差，为我平生之仅见。一看到我的身影，他便快步奔了过来，紧紧抓住我的一只手，眼里满含着泪水诉起苦来：

“‘伊万·瓦西里耶维奇，亲爱的，看看她是怎么对待我的！她向我索要起诉别人盗版的授权委托书！这种事我怎么做得出来……这是要我出尔反尔呀！’

“我们并肩走在林荫道上，托尔斯泰沉默一忽儿之后又讲了起来：‘我有大事相求，只是我今天我说过的话，您千万别向任何人透露，包括萨莎。请帮我撰写一份声明，晓喻全世界我一生创作的所有文字，不分时段，不拘内容，任何人都可以免费使用……’”

托尔斯泰7月12日的日记中写道：“昨晚索菲娅·安德烈耶芙娜喋喋不休地讲盗版、讲起诉，我的心情极其沉重。我是将死之人，哪怕是最后一个月、最后一天、最后一个小时，她都抓住我不放，不让我的耳根享受片刻的清静。我已经无话可说。再说对于她那种人，我就是说了，也等于白说。”

写下这段话的前夜，托尔斯泰决计奔赴斯德哥尔摩。“我已经下了去什德哥尔摩（原文如此，笔误出自托尔斯泰之手。——作者注）。心情大好。”

“法绳”之舞

1922年，切尔特科夫所著《托尔斯泰的出走》一书出版。该书的作者上下其手舞文弄墨，将自己参与托尔斯泰正式遗嘱草拟工作的历史旧账推了个一干二净。他指称，这份遗嘱的出台，本身就是作家夫人及其部分子女无德无良的证明。

切尔特科夫的书一经面世，舆论界一片哗然，质疑之声不绝于耳。高尔基在德国柏林出版的刊物《对话》上发表了一篇反驳切尔特科夫不当言论的文章，对索菲娅作了相对客观中肯的评价——尽管他对这位依附在作家身上的贵妇人并无好感。

“我不知道这些年来围着列夫·托尔斯泰转的那些人中间，到底谁是正常人，谁又有心理疾病。”高尔基说，“我有一个疑问有待解答：既然作家的妻子精神不正常，那么与她保持日常接触的正常人为什么对此视而不见、没有采取适当的隔离措施。”

索菲娅的心理疾病是个让所有人心痛的问题。除了与她关系最切近的亲人，外人对这个问题无权置喙。可出于种种顾虑，他们一直不愿触及这一话题。这个问题属于家庭隐私的范畴，时至今日评论界还是讳莫如深。不过有一点是清楚的：索菲娅没有主观恶意。失去自控力的人，本来就不应该对自己的行为负责。索菲娅对自己身上存在的问题心知肚明，她为此精神上备受煎熬。平心而论，她才是自己的最大受害者。

关于索菲娅的精神状态，高尔基做过一番解释：

“托尔斯泰的家里到底发生了什么？

“一位与伟大的作家同时又是个性独具、反叛心理极强的活生生的人共同生活长达半个世纪之久的女人，一位与丈夫风雨同舟，同时扮演生活上的伴侣、精神上的挚友、工作上的助手等多种角色的女人，累了。她的累，人人都能理解。

“当她，一位风中残烛一般的老妪，看到与她相濡以沫的伟人丈夫，与这个世界握别的时候，她孤单，她成了人人弃之如敝屣的多余人，她的内心有着无尽的苦闷彷徨。

“她的苦恼源自舆论的不公正。有人想将她，索菲娅·托尔斯塔娅，从她坚守的位置上推下来，指斥她不讲个人道德，跨越了人与坏人之间的那道分界线。

“怨气在她的心头郁积，她失去了理智。

“众叛亲离，黯然离世。她死后享受到的不是哀荣，而是耻辱。盖棺而不能论定，她的行状一再被人们翻出来，成为公众津津乐道的谈资。

“这，就是真相。令人扼腕叹息的真相。”

切尔特科夫参与了托尔斯泰遗嘱草拟的全过程，发挥的作用还不小。

首先，切尔特科夫不介入托尔斯泰的家庭事务，这份遗嘱就不会出现。了解托尔斯泰性格、禀赋各方面特点的人都知道，这份合法遗嘱的起草对他来说并非轻而易举之事。字斟句酌、数易其稿（！），这位用自己的文笔感动了世界的人，却在一份短短的遗嘱上耗尽了心力。问题还不在他一贯坚持的“精神领域内的问题独立解决、不向政府寻求帮助”的信条上，而在他的才具、特别是晚年的道德情操和思维模式上。签署夫妻阋墙父子离心的法律文件，在他看来就是倡导骨肉相残的恶习，家庭责任感与社会使命感不允许他跨过这道底线。

其次，切尔特科夫在自己的书中隐瞒了一个事实：1904年他要求托尔斯泰回答的一些“小问题”，其实就是他设定的遗嘱内容，不过迟至1909年，他才知悉自己提出的要求根本不符合法律规定、得不到司法保护。即使因为不懂法，在操作托尔斯泰的遗嘱方面屡屡失手，切尔特科夫还是没少折腾，甚至还曾拉托尔斯泰下水、在他居住的格列克辛诺庄园里签下第一份“合法遗嘱”。

切尔特科夫在书中宣称，“我被政府强制迁离期间，他（指列夫·托尔斯泰。——作者注）才决定立遗嘱的，时间上没有重合点，我根本没有机会左右他的想法。”他的说法完全正确，但他的三个忠实盟友：萨莎、古谢夫、马科维茨基始终不离托尔斯泰左右，无须他本人抛头露面，他的意志也能不折不扣地落到实处，他没有写；授意托尔斯泰的私人秘书古谢夫、布尔加乔夫往来奔走于他在雅斯纳雅·波良纳的暂居地与托尔斯泰家的庄园之间，写信详告托尔斯泰每日行状及家中事务（！）——这已经超出了亲友间互表关切的范畴，这是跟踪监视，这是赤裸裸的告密行为——这些，他也没有写。

最后，切尔特科夫在被驱离图拉省的那段岁月里，曾经三番五次写信要求托尔斯泰以法律文书的形式确立其对作家每一部（篇）作品的代理权——这个，他更是只字未提。他得寸进尺的做法令托尔斯泰大伤脑筋，但托尔斯泰碍于情面，对他的要求无不应允。

关爱切尔特科夫到不讲原则的地步，这是托尔斯泰一生精神生活的巨大谜题之一。无论是书信来往、还是面对面的交流，切尔特科夫都不惮于插足托尔斯泰家的内部事务，公然挑拨托尔斯泰与妻女的关系。须知托尔斯泰爱妻子、爱女儿，胜过世间的一切！蹊跷之处就在于切尔特科夫每一次都能顺利得手、凯歌高奏——每一次！

“我亲爱的朋友，惠函收悉，心甚惴惴。谢谢您。令我甚感绝望的事非止一端。您在信中对自己的打算语焉不详，而我一直在静候佳音——此其一也。另外，不知从何年何月起，我的文风变得糙砺晦涩，笔端凝滞，满纸荒唐，所有的作品看上去就像一个个‘魔鬼’；于今所望者，唯读者不要责之过切而已。”托尔斯泰在写成于科奇塔、发往格列克辛诺的一封信中如是说。

这里的“作品”是否实有所指？如果是，那么指的又是什么？切尔特科夫编纂文学基金会成立50周年纪念文集，要求托尔斯泰奉献他的中篇小说《魔鬼》。这篇小说托尔斯泰写成后生怕妻子发现，藏匿沙发套内20年之久；不过小说最后不仅未能逃过索菲娅·安德烈耶芙娜的法眼，还惹得她雷霆震怒，夹枪带棒一顿批驳，把托尔斯泰骂了个狗血喷头。托尔斯泰坦言，因为索菲娅·安德烈耶芙娜推定这篇小说的创作时间在1881年前，所以交由切尔特科夫出版会引起纠纷。切尔特科夫明知故犯，这不是粗暴践踏索菲娅的权利、干预托尔斯泰的家庭内部事务又是什么？更何况这是对托尔斯泰作品的觊觎——他矢志不渝追求的终极目标，不就是攫取托尔斯泰全部作品的版权吗？

1909年12月，不堪困扰的托尔斯泰不得不写信正式授权切尔特科夫“全面代理列·尼·托尔斯泰新作出版事务”。多年努力，一朝报偿，切尔特科夫充当“导师”唯一合法代理人的美梦，终于实现了。一时间出现在俄罗斯境内各大报刊（《新俄罗斯》《俄罗斯导报》《俄罗斯新闻》）上有托尔斯泰亲笔签名的“致切尔特科夫旗下编辑部”的公开信，只是“托尔斯泰遗嘱”的一部分，所谓的“冰山一角”。

最后一点，谈到与托尔斯泰“强制隔离”的问题，切尔特科夫患上了“选择性健忘症”：1909年6月30日、7月1日，他与托尔斯泰两次“邂逅”距科奇塔仅3.5公里之遥的苏沃洛沃，为他们的“欢聚”牵线搭桥的，正是列夫·托尔斯泰的女儿塔季亚娜·苏霍京娜。这两次接触都是地下进行的，就瞒着一个索菲娅·安德烈耶芙娜。丈夫这段时间在科奇塔的女儿家做客，私下搞什么活动，她就是想管也鞭长莫及。苏沃洛沃归奥尔洛夫省（与图拉省接壤）管辖，切尔特科夫被禁足的范围只限图拉一省，所以从法律的角度看他们的会晤无可厚非。

他们凑到一起密谋些什么？

根据当时恰好也在科奇塔逗留的马科维茨基的说法，“切尔特科夫的话题太过沉重，托尔斯泰谈完最后一次话，回来的时候显得非常疲倦。”7月2日，托尔斯泰一觉睡到上午9点，睡醒后还赖在床上，一副无精打采的样子。这一天他什么也没干，就玩了一阵纸牌，然后又倒头大睡。“他的脉搏不正常，比平时跳得缓慢。”马科维茨基详细察看了一番托尔斯泰的健康状况，还报出了精确的脉搏频率，“下午4点他卧床休息，脉搏60次，据我所知，托尔斯泰的正常脉搏是72次，体温也稍微高点儿：36.6摄氏度。有烧心、背凉、打寒战、全身冰冷等综合性症状。”

托尔斯泰就是拖着这么一个病体回到雅斯纳雅·波良纳的，而“烧心”的事正在前方等着他：斯德哥尔摩危机。

自投罗网

托尔斯泰的第一份遗嘱是谁代写的？作家本人连续两年来沉疴在身（濒临死亡），秘书古谢夫在日记中明言其常犯晕厥，伴随失忆。此病一旦发作，托尔斯泰会将前尘往事忘个一干二净，连妻子儿女孙子的名字都想不起来，见了面也当陌生人看。除了向身边人打听哈莫夫尼克怎么走之外，更荒唐的是他居然学会了“招魂术”，冷不丁会问一些让人毛骨悚然的问题：昨天晚上“米坚卡大哥”来过没有？——德米特里·尼古拉耶维奇·托尔斯泰（列夫·托尔斯泰的长兄，“米坚卡系其昵称”。——译者注）1856年就去世了，差不多半个世纪后古谢夫才来到雅斯纳雅·波良纳充任他的秘书。托尔斯泰70年代名作《安娜·卡列尼娜》中曾借助人物角色对这位长兄的死状有过大段大段的描述。

在草拟第一份正式遗嘱前不久的1909年7月，列夫·托尔斯泰就已经表现出严重的失忆症状，竟然忘了雅斯纳雅·波良纳的每一寸土地都不再属于他的事实，整天念叨着要将这一份产业分配给穷人。如果不是证据确凿，托尔斯泰健忘到这样的程度，还真是匪夷所思！

托尔斯泰7月23日的日记：“我决定交出土地，昨天晚上还跟伊万·瓦西里耶维奇说起这事。想从这些肮脏罪恶的产业中解放出来，还真不容易。上帝帮助我！上帝帮助我！上帝帮助我！”

我们知道他跟律师杰尼辛科探讨过版权出让问题。以托尔斯泰当时的精神状态，分内和分外已无差别，难料他不会越俎代庖、讨论从1882年起即分属他人的土地如何才得出手的技术细节。

托尔斯泰之女塔季亚娜·利沃芙娜的日记证实了上述推测。“……那年7月我住在雅斯纳雅，感觉当时的家庭气氛相当压抑。有一次他陡然向我提起，私有土地是他最大的精神负担。父亲不正常的表现，令我诧异莫名。”

“爸爸，你现在一块土地也没有啊！”

“怎么会没有？雅斯纳雅·波良纳不就是我的吗？”

“不是！你全分给子女了，包括雅斯纳雅·波良纳以外的土地！”

他打断我的话头，要求我做出解释：

“好，你给我说说情况，详细一点。”

我在这里提醒一句，在此期间，列夫·尼古拉耶维奇在切尔特科夫和萨莎的陪同之下，正准备向斯德哥尔摩进发。综合托尔斯泰各方面的表现，他的妻子索菲娅千方百计阻止他，也许事出有因？以此看来，发疯的不是索菲娅，而是那些明里暗里撺掇托尔斯泰达成此行的人。一位失忆症患者，怎么想得到前往瑞典？！

7月30日，迫于妻子施加的巨大压力，托尔斯泰几乎放弃了去瑞典的打算。有次私人医生马科维茨基正对托尔斯泰实施腿部按摩，他冷不丁提出这么一个问题：

“我当您是我最亲密、最谦逊、最有涵养的朋友，现在请回答我：我想出国，护照怎么办理？”

护照话题一直延续到第二天的晚上，马科维茨基向托尔斯泰详细解说了办理流程。

“非常复杂。”托尔斯泰说，“不能偷渡吗？”

8月21日，托尔斯泰当着众多家人的面故发惊人之语，估计返老还童的愿望非常迫切：

“如果上帝把造人的权利交给我，我会让人类倒着活：生出来的时候一个个都是老头子，然后越活越年轻，直到活成婴儿。”

8月28日，作家年满81周岁。“我的岁数是3的立方。”吃早餐的时候，他开玩笑说[①]。

9月2日，格列克辛诺展开了一场疯狂大搜集活动。切尔特科夫声称，托尔斯泰寓居外地期间，雅斯纳雅·波良纳遭到警方的浩劫，警察卷走了他的全部手稿。

---

① 托尔斯泰算错了：81是3的4次方。——作者注

张皇失措的老人当即向马科维茨基发出警报："把所有拿得动的东西都带出来：手稿、尚未截稿的新作、书籍等，火速递送给他。"

从雅斯纳雅·波良纳到格列克辛诺，中间要经过莫斯科。托尔斯泰多年未曾踏足这座全俄罗斯最大的城市，一切都变得那么陌生。铁轨马车在街头奔驰，电声音乐在空气中摇曳；齐默尔曼乐器商店里，最新潮的电唱设备琳琅满目；想聆听一流钢琴家弹奏出来的天籁之音，现在都不用排队买票上剧院音乐厅了。坐落在哈莫夫尼克街区的托尔斯泰家也有一番新气象：安装了一部电话。这些科技发明使托尔斯泰的神经大受刺激。"入眼都是新事物，他一副如履薄冰、如临大敌的架势。"戈尔登维泽尔如是描述托尔斯泰对"奇技淫巧"所持的态度。

观念和行为的因果联系并不是必然的，这一点在托尔斯泰的身上得到了很好的诠释。尽管对科技进步持否定态度，这并不妨碍托尔斯泰享受新产品带来的乐趣。他一头钻进齐默尔曼的音乐器材店里，把玩着人家货架上的电唱机，又哼又哈乐不可支，那模样跟看到新玩具的小孩子毫无二致。店方当然知道如何开发商机，他们将电唱机打包借给了托尔斯泰，允许他带着这件新奇玩具去格列克辛诺一游——作家满足了好奇心、店家做足了免费的广告，互利双赢，皆大欢喜。

托尔斯泰在格列克辛诺逗留期间撰写的日记（1909年9月5—18日）也让人匪夷所思。他不缺乏智慧，但他的智慧太过纯净，纯净到跟儿童别无二致。他的这些文字在成熟练达的人眼里，就是童稚呓语、不值一哂。上帝如何、幸福是什么、关于爱情、如何解析梦境……托尔斯泰在日记中提到一场怪梦，梦到他跟长兄谢尔盖外出打猎；梦中他手里拿的不是猎枪，而是一支单簧管；他们一路走到海边（为什么是大海？），看到水里漂着一些小船——不过这些看上去像船的东西，其实就是天鹅。"开枪！"谢尔盖叫了起来。托尔斯泰举起单簧管塞到嘴里，可就是吹不响。谢尔盖开枪了，巨大的枪声惊醒了托尔斯泰……醒后他遽然发现，突入窗户的大风吹倒了窗帘后面的围屏。

托尔斯泰疏于事功，切尔特科夫抓住机会粉墨登场，大包大揽处理一切与托尔斯泰有关的事务。他故伎重施，以警方搜查格列克辛诺为名，将托尔斯泰的全部手稿转移到了英国。

9月17日——亦即签署遗嘱的前一天，托尔斯泰在树林里溜达，一不小心转了向，左冲右突就是找不到回家的路。就在他一筹莫展心急火燎的当儿，切尔特科夫突然钻了出来！他是循着托尔斯泰的足迹，一路跟踪而至的。

第二天，托尔斯泰又迷路了。带他回家的，还是切尔特科夫。

托尔斯泰散步归来，坐在长凳上继续给他的外孙索妮娅、伊柳沙讲他的“保留童话”——黄瓜的故事：“有个小男孩钻进了菜园，看到地上躺着一根黄瓜。就这么长的一根黄瓜（用手指庆比画黄瓜的长度）。小孩子捡起黄瓜，‘咔嚓—咔嚓’——三两口便吃掉了。”“怎么没咬碎？”伊柳沙不高兴了，“假的！假的！我一直看着呢，我就看姥爷怎么往嘴里塞黄瓜！这一回他没塞！”“你怎么能说姥爷使诈？太不脸了！”姐姐索妮娅不高兴了，“你这不是欺负姥爷嘛！”

就在这一天，托尔斯泰签署了他的遗嘱。

谨此声明，我1881年1月1日后创作的各类已版书籍，以及此前及以后撰写但未公开发表、出版的手稿，我死后均提供社会无偿使用，任何人不得以任何借口据为私有。此望我身后所留文稿一概交由弗拉基米尔·戈利高里耶维奇·切尔特科夫保管，确保该人在我死后依然享有处置全权，在完全免费的前提下向有出版需求的社会各方提供稿样。弗拉基米尔·戈利高里耶维奇·切尔特科夫死后相关权益受让人选，亦由该人自行择定。

列夫·尼古拉耶维奇·托尔斯泰

格列克辛诺

1909年9月18日

此遗嘱系列夫·尼古拉耶维奇·托尔斯泰在精神状态完全正常的情况下签署，体现本人真实意图。现场证明人：

自由艺术家亚历山大·鲍里索维奇·戈尔登维泽尔；地主阿列克谢·彼得罗维奇·谢尔根科；地主亚历山大·瓦西里耶维奇·卡拉切夫；亚历山德拉·托尔斯塔娅

托尔斯泰的归程声势浩大，聚在库尔斯克的欢送者塞道盈途，少说也有5000余众，挤得整个车站水泄不通。这一回出手相救的还是切尔特科夫，不过好事坏事都是他一手策划的：他事先向报界透露了托尔斯泰的行踪。马车一到库尔斯克，托尔斯泰就陷入深度昏迷，直到9月20日才悠悠醒转过来。“……我什么都想不起来了。他们声称我当时还说过话，不过没聊几句就晕了过去，人事不省。如果就这么死过去，那该有多好！”

故纸与故人

托尔斯泰的第一份正式遗嘱是本人亲自执笔撰写的。不过拿这份遗嘱与托尔斯泰日记中的相关内容略作比较，我们不难得出一个结论：这个“亲自”是打了折扣的，那份遗嘱的语言风格，跟我们熟悉的托尔斯泰相去太远。有人做了手脚，这个人到底是谁?

切尔特科夫在《托尔斯泰的出走》一书中从未正面回答这个问题，我们根本找不到一句“托尔斯泰写遗嘱”之类的话，有的只是“托尔斯泰做好了立遗嘱的准备”等含糊其辞的表述。有思想准备，并不意味着付诸实施。如果托尔斯泰没有动手，那么谁最有可能代他捉刀?

鲍里斯·迈拉赫所著《托尔斯泰：从离家出走到溘然长逝》一书对这个这个问题有所提及。作者认为，托尔斯泰遗嘱的语言风格、上下文揭示的写作背景，都与远在英国的切尔特科夫会同其秘书布利格斯于1904年炮制的那些“小问题”有异曲同工之妙，而托尔斯泰的肯定性答复无疑构成了遗嘱的主体内容。

不妨略举数例：

“小问题”(1904)：“您是否愿意授予我处置您已经转交或即将转交的全部手稿的权利，生前出版事宜由本人全权代理、死后相关权益由本人指定的人选继承?”

遗嘱(1909)：“此望我身后所留文稿一概交由弗拉基米尔·戈利高里耶维奇·切尔特科夫保管，确保该人在我死后依然享有处置全权，在完全免费的前提下向有出版需求的社会各方提供稿样。弗拉基米尔·戈利高里耶维奇·切尔特科夫死后相关权益受让人选，亦由该人自行择定……”

1909年9月18日到底发生了什么？为什么明争暗斗几十年、素来互有胜负一对冤家，切尔特科夫独在此日一击而中，将索菲娅完全排除到托尔斯泰文字遗产管理权剥夺殆尽？并且这一切就发生在她的眼皮底下——在她亲赴格列克辛诺探视托尔斯泰的当儿？

有了破坏丈夫斯德哥尔摩之行的先例，再剥夺托尔斯泰前往格列克辛诺探望女儿女婿，此等不通人性的行为，索菲娅·安德烈耶芙娜还真做不出来。衍至这样的结局，实出她的意料之外。代价虽大，她也不能不做出妥协的姿态。“列夫·尼古拉耶维奇跟切尔特科夫沆瀣一气，这是我最大的心病。”索菲娅·安德烈耶芙娜在9月2日的《每日一记》中写道：“朋比为奸，令人难以忍受。”（9月3日札记）。9月5日，托尔斯泰抵达格列克辛诺，其妹玛丽亚携女儿丽莎返回夏莫尔金——她们母女此前在兄嫂处做客。雅斯纳雅·波良纳人去楼空，一片死寂。身边没有了托尔斯泰，索菲娅的精神世界轰然崩塌，曾经充满欢声笑语的家园，现在变成了人人避之犹恐不及的坟场。

“没有列夫·尼古拉耶维奇的雅斯纳雅·波良纳是什么样子，你根本没法想象！”1909年6月，戈尔登维泽尔夫人在写给丈夫的信中说，“如此安静，安静到悄没声息，安静到孤苦凄迷。”

玛丽亚母女离开雅斯纳雅·波良纳的那一天，戈尔登维泽尔夫妇恰从莫斯科那边赶了过来。他们向索菲娅·安德烈耶芙娜讲述了托尔斯泰在莫斯科的行状，从齐默尔曼乐器行的新奇体验，到漫步库兹涅茨大桥，再到民众的追随，事无巨细娓娓道来，听得索菲娅·安德烈耶芙娜妒火中烧。她当下决定打点行装追随丈夫而去，9月8日即已抵达莫斯科，转道格列克辛诺。托尔斯泰亲自到车站迎接爱妻，态度“无比和悦温婉”。女儿女婿一家人也不错，表现得相当热情厚道：“友好，礼貌周至，做事漂亮。”可她没待多久便折返莫斯科，9月10—12日一直在那里奔波——去了一趟银行，处理了一些出版方面的积务；稍得闲暇便前往历史博物馆，整理她存放该处的托尔斯泰手稿；她的腿也出了问题，期间还看过一回医生。9月13日，处理完手头急务的她回返格列克辛诺。

她双脚一踏进女儿的家，就感觉到气氛有些反常。跟她同行的还有她的小女儿萨莎，当时也在莫斯科办事，办完后搭乘她的马车顺道看望父亲和切尔特科夫。

车站上迎候她们母女的还是托尔斯泰。索菲娅·安德烈耶芙娜上车时一不小心崴伤了有病的那条腿，疼得哼哼唧唧呻吟了一路。大家扶她到床上休息，还给她请了大夫。吃午饭的时候她倒是也上了餐桌，据当时在场的戈尔登维泽尔讲，“索菲娅·安德烈耶芙娜情绪不佳，凶巴巴的一副找茬老太婆的架势。看得出来，她已经做好了充分的思想准备，一有风吹草动便会投入战斗。”9月17日，托尔斯泰遗嘱正式签字的前一天，索菲娅跟切尔特科夫大吵了一架。此事有案可等稽，切尔特科夫的年轻秘书阿廖沙・谢尔根科记录了全过程。

1909年9月的格列克辛诺之行，给阿廖沙・谢尔根科留下了鲜明深刻而又不无滑稽意味的印象。仰赖有一位文学批评家兼托尔斯泰传记作者的父亲彼得・谢尔根科这层关系，谢廖沙14岁那年就结识了声名赫赫的大作家，但他对托尔斯泰夫妻关系之秘辛却不甚了了。谢尔根科一大家口人崇拜的偶像，正是“伟大的列夫”。彼得・谢尔根科夫妇生活在乡下，育有8个子女，日出而作、日落而息，过着典型的农民生活。这一家人每年过得最隆重的节日，便是列夫・托尔斯泰的诞辰。切尔特科夫慧眼识珠，远走英国时单单带上了年轻的“托尔斯泰主义者”——阿廖沙充任他的秘书。

切尔特科夫在英国和格列克辛诺两地的生活有什么异同，阿廖沙一清二楚。英国的生活有多么枯燥沉闷，格列克辛诺的生活就有多么幸福温馨。

“随迁英国不久，我就发觉这里（切尔特科夫家）缺少家庭气氛。大家各怀异志、貌合神离，就像一帮羁旅天涯的陌路人，偶然相聚在同一屋檐下。生于人丁兴旺之家、尽享父慈母爱兄弟天伦，长到20岁突然进入一个陌生的环境，日日咀嚼一份孤寂落寞，我的心里总怀着丝丝缕缕的惆怅。”

格列克辛诺却另有一番气象。“两个家庭，两个世界，生活氛围天差地别。”阿廖沙不禁大发感慨。

切尔特科夫和加丽娅关注的重点是生活安排，地主邻居送了一些西兰花给他们，围绕这些菜怎么做才适合老人的胃口这个问题，这对贤伉俪讨论了大半天。到底“鲜切”好呢，还是“干焙”“腌制”好？切尔特科夫赤膊上阵，亲自调配托尔斯泰的食谱。饭菜味鲜美、人情味浓厚，格列克辛诺的饭桌上总是洋溢着喜庆祥和的气氛。

“列夫・尼古拉耶维奇坐在饭桌的尾端，其他人列在两翼——大家都很随意，饭厅里有说有笑，其乐融融，乍看就像一家几代人聚在一起吃饭，而列夫・尼古拉耶维奇就是这些人的长辈。”谢尔根科写道，“真是一个和睦美好的大家庭。”

索菲娅・安德烈耶芙娜的看法与此类似。难怪当她得知丈夫将与她分乘两辆马车前往莫斯科时，会抓住切尔特科夫不放，说了一些不大中听的话。“他们安排我和索妮娅分开来走，她生气了，我只好走过去安慰她。”托尔斯泰在日记中写道，“她生病了，身体非常虚弱，实在让人揪心。听了我的解释，她的情绪虽没有完全稳定下来，但怨气已解。她豁达大度地说：原谅我一时丧失理智，我很感动。诸如此类道歉的话，她说了好多。”

这段日记写于9月17日。

第二天，托尔斯泰签署了遗嘱。

忠心事主的保皇主义者

“切尔特科夫家里的一切都入不了她的法眼：‘乱七八糟的，根本没有章法。’大家共用一张桌子，伊利亚·瓦西里耶维奇（托尔斯泰家的仆役）居然跟她平起平坐。她的耐心受到最大的挑战，已经达到了忍无可忍的地步。”萨莎如此描述她的母亲在格列克辛诺的“悲惨际遇”，“如果再让她察知父亲在这里签署遗嘱的蛛丝马迹，后果不堪设想……遗嘱是我誊抄的，父亲签字时还拉了3名公证人。我给切尔特科夫提供了一份遗嘱的抄件，原件在我的手里。切尔特科夫让我带上遗嘱去莫斯科，找穆拉维耶夫律师咨询一下文本的法律效力问题。”

“他立遗嘱的事我完全不知情，那段时间我们被强制隔离。”切尔特科夫在他的大作中宣称，“我没有怂恿列夫·尼古拉耶维奇立‘合法遗嘱’，因为我觉得他不会同意……”

这份遗嘱的背后有太多秘而未宣的阴谋，而其炮制和出台的时间又恰在托尔斯泰的生活完全透明化、一言一行均不可能逃过公众视野的情形之下。一位没有隐私的伟人，立遗嘱这样的大事居然能做到密不透风，怎不令人疑窦顿生。

“简明扼要起见，这些文件的来龙去脉，本人不拟细述。”切尔特科夫在《托尔斯泰的出走》一书中一面自我标榜，一面巨细无比地描述托尔斯泰1895年所立遗嘱的全部内容及相关背景，同时不忘倒打一耙，揭露索菲娅居心不良企图藏匿证据的恶行。

亚历山德拉·利沃芙娜其后不久与切尔特科夫关系恶化，并逐渐划清了界限。她写的两卷本回忆录（各分卷有独立书名，即《父亲》《女儿》），回忆录中很少述及切尔特科夫在父亲立遗嘱这件事上发挥的作用，但她还是点到了一个事实：她赶赴莫斯科找大名鼎鼎的尼基塔·穆拉维耶夫律师——为教派分子辩护是他司法实践的杰作，另外他对托尔斯泰也特别关照——征求意见，就是受切尔特科夫其人指使。正所谓“风起于青萍之末，盛怒于土囊之口”，就因为遗嘱牵出的法律问题，穷于应付的托尔斯泰最后不得不抛别雅斯纳雅·波良纳，踏上一条天涯不归路。

穆拉维耶夫的意见很明确：版权属于私权范畴，向全社会馈赠于法无据，不能施行；至于向具体的单个或者多名自然人、法人赠送，那就要看是不是持有人的真实意图了。托尔斯泰游戏大俄罗斯帝国法律凡14年，这一道槛是跨不过去了。

看来，想立一份法律上站得住脚的遗嘱，当务之急还是选定继承人。如果托尔斯泰不想条分缕析地指明个人文学遗产的受让人及各自继承的具体范围，那么按亲缘关系序列，他死后所有遗产包括精神遗产将自然过渡到妻子儿女名下。根据非法条款排除原则，不具继承资格的受让主体即使写入遗嘱，也得不到法律支持。

第一份遭穆拉维耶夫否决后，托尔斯泰起手草拟了第二份遗嘱。此举的始作俑者当然非切尔特科夫莫属，只不过他自命清高，矢口否认绑架托尔斯泰意志的事实。可惜事实胜于雄辩：1909年10月26日、11月1日，他两度打发年轻助手费多尔·斯特拉霍夫赶赴雅斯纳雅·波良纳，找托尔斯泰修补遗嘱中存在的法律漏洞，这是他无论如何都毁灭不了的铁证。

格奥尔基·奥列汉诺夫所著《列·尼·托尔斯泰身边的弗·格·切尔特科夫》①一书中录入萨莎写给切尔特科夫的两封信，落款分别是1909年10月11日、27日。根据这两封信的内容判断，托尔斯泰第二份披上合法外衣的遗嘱，毫无疑问是索菲娅·安德烈耶芙娜的宿敌切尔特科夫团队精心炮制的。

10月11日函件（最具说服力）：“连日来我一直在思考父亲的遗嘱问题。我觉得最切实可行的办法是先起草文本、再由父亲本人及第三方证人签字确认。还有一点，父亲可在生前向众位儿子宣示自己的真实意图，免致身后出现不虑之虞。3日前我曾就这些问题当面向父亲讨教，并谈起我专赶莫斯科向相关专家咨询、穆拉维耶夫律师直言认为第一份遗嘱不具可行性、有必要推倒重写等情况。父亲的说法是：‘另立遗嘱的事可以考虑，回到图拉后就马上办理；至于趁还有一口气向诸子交

① Георги, z Ореханов,《В.Г.Чертков в жизни Л.Н.Толстого》, 莫斯科：东正教圣吉洪诺夫大学出版社版，2014。——译者注

代后事，这样的做法值得商榷，搞不好就是弄巧成拙。生前叮咛一遍，死后还拿出一份内容一模一样的遗嘱，儿子会怎么看这个问题？父亲怀疑自己的亲生儿子会违抗遗命，故此处处设防、步步下套！譬如谢廖沙就会起这样的心思。'父亲的意思明摆着，他勉为其难、该做的一切全都做了，下一步究竟怎么办，一切取决于您。关于1881年前后全部著作的版权问题，现在能不能摆出来谈？塔妮娅不日将至，故此请早做定夺。她一来肯定会搅局，我们功败垂成的可能性很大。"

以此看来，第二份所谓"合法遗嘱"的出台不仅背着索菲娅·安德烈耶芙娜，就连家庭纷争中坚定地站在父亲一边的谢尔盖、塔季亚娜也给瞒了个结实。这份遗嘱是切尔特科夫团队一手策划出来的杰作，托尔斯泰家人一方只有萨莎一人参与其中。这封信最令人发指的地方，就是她居然代天行事，企图伙同切尔特科夫剥夺母亲依法享有的1881年前那部分托尔斯泰作品的版权。

萨莎那段时间对母亲极度反感，并且她的成见绝非空穴来风。还在童年时代，她就听人说起过，1884年，就在自己降生的那一夜前不久，父亲愤而离家，拉开了此后不止一次的"离家出走"闹剧的序幕。她还从别人的口中得知自己差一点胎死腹中：母亲怀孕期间，曾经找过图拉的助产士引产。幸亏助产士拒绝了她，她才有机会看到这个花团锦簇的世界。当然，助产士的决绝成就了一条鲜活的生命，索菲娅为此深感欣慰。饶是如此，母亲对这位渡尽劫难才修成正果的女儿并没有给予特殊眷顾，冷漠、疏远是家常便饭，时不时还要大肆申斥；心中衔怨的萨莎投桃报李，明里顶撞、暗里对抗，将叛逆女儿的角色演绎到了极致。

她有没有向父亲提过剥夺母亲及诸位兄长经营其任何一部作品的权利之类的建议？根据她那两封信的内容，可以断定她是托尔斯泰第二封遗嘱的知情者，但不是主导者。

仔细研读这一时期托尔斯泰的日记、书信，我们不难得出一个结论：他荒于冗务，根本不具备决机断事的积极心态；至少在没有外界因素施加压力的情况下，他是绝不会无风起浪、自寻烦恼的。

然而在萨莎、切尔特科夫、费多尔·阿列克谢耶维奇·斯特拉霍夫诸人的笔下，列夫·托尔斯泰剥夺妻子文学遗产全部继承权的行为，不仅与他们无涉，甚至大大出乎他们的意料。

"他迅即钻进了自己的那间办公室，还招呼我和萨莎一起进去。"费·阿·斯特拉霍夫如此描述他第一次登门拜访托尔斯泰的经历，‘我最近做出了一项极端决定，你们听了一定会大吃一惊。’他满面地对我们俩笑着说，‘我要做一名plus royaliste que le roi[①]。我想把自己的全部作品都交给你，萨莎。无一例外，包括以前我发布公告赋予他人代理全权的作品。’他的话如同晴天霹雳，惊得我们俩目瞪口呆：‘你一个人’‘全部作品’。他发表此番言论的口气非常轻松随意，仿佛谈论的不是牵一发而动全身的大事，而是乡间小道上奇遇。”

“1909年11月1日，父亲签署了他的新遗嘱，文本是穆拉维耶夫准备的。”亚历山德拉·利沃芙娜在加快录中写道，“父亲起初想将他一应作品的版权交付与他关系最融洽的三位儿女：谢廖沙、塔妮娅，还有我，经由我们料理版权公益化事务。可有一天早上我前脚刚踏进他的办公室，他便突然来了一句：‘萨莎，我决定让你做唯一继承人。’然后用满期冀的目光打量着我。我百感交集，一时不知说什么才好。如山的责任压上了我的肩头，我知道自己已被推上了风口浪尖，随之而来的必然是众人的攻击、同胞的猜忌；但与充盈我全身心的骄傲、幸福感比起来，再大的牺牲也算不得什么。

“‘你为什么一言不发？’父亲探问道。

“我将自己的顾虑讲了出来。

“‘不要畏葸不前。’他坚定地说，口气不容置辩，‘你是家人中唯一留在我身边的一个，我今托以身后大事，完全合乎常理。如果你先死，’说到这里，父亲慈祥地展颜一笑，‘塔妮娅就是第二顺序继承人。’”

我们没有理由怀疑这些记录的真实性和可靠性。雅斯纳雅·波良纳不正常的家庭空气，完全有可能导致托尔斯泰采取极端措施，自觉自愿将身后大事托付萨莎一人、指定她充当自己全部精神遗产的唯一继承人。他的言论，完全符合他当时的心态。

不过托尔斯泰的精神负担并未因此有所减轻。遍观此间他写的日记，我们看不到一星半点解脱的迹象。

10月26日：“直到凌晨3点还不能入眠，心情烦闷，但尚不至悲观。醒得很迟。

---

① 比皇帝还坚定的保皇主义者。——作者注

索菲娅·安德烈耶芙娜回家了，我感到很高兴。不过她一脸阴霾、一副随时准备找茬起衅的样子……斯特拉霍夫也来了。整个上午无所事事。切尔特科夫的信写得不错，道出了我的心声。跟斯特拉霍夫谈了切尔特科夫嘱办之事，因为牵扯到政府方面，我的思想压力很大。感觉还是得办法好，快刀斩乱麻，简便易行。唯望回到从前，1882年以前……晚上再跟斯特拉霍夫聊起白天未决之事，我答应了切尔特科夫的一切要求。后悔没有当面跟他说，这个话题太沉重，我今避之犹恐不及。”

切尔特科夫百密一疏，打发的信使抵达雅斯纳雅·波良纳的时间，恰与从莫斯科一路赶来的索菲娅·安德烈耶芙娜在同一天，他那个团队毕其功于一役、彻底解决托尔斯泰遗嘱问题的计划，差一点落得个鸡飞蛋打的下场。托尔斯泰有精神压力，这一点自不待言，问题是他还犯了迷糊：1881年这个重要的时间节点，在他的日记中变成“1882年”了。

“……身体疲弱、精神倦怠，只恐命不久矣。”托尔斯泰在10月28日的日记中写道；“……嗜睡。”（10月29日）；“心神不定，伴有心急苦闷症状。失眠严重，两小时（指晚间睡眠时长）”（10月31日，亦即签署遗嘱的前夜）。病体孱弱、精神状态迷离恍惚，这样的状态下草签遗嘱，托尔斯泰如何应付得了！

这一切还只是按常理推断，而托尔斯泰当时的情形，已经大大超出了常理的范围：个中细谨，只需看一眼萨莎10月27日写给切尔特科夫的一封信，便可勘破。

“弗拉基米尔·戈利高里耶维奇：有关父亲遗嘱事务，想必斯特拉霍夫已尽数妥交。不过我还有一些个人意见，兹告阁下，甚望悉知。

1）此事不可借助任何渠道、以任何一种形式对外宣泄。如果我的家人探知消息，父亲以后将须臾不得安宁。歇斯底里、吞吗啡自杀、呼天抢地……斯德哥尔摩事件殷鉴未远，相信收不回遗嘱、毁不掉字据，（母亲）绝不会善罢甘休。半点风声都走漏不得，列夫·尼古拉耶维奇的意见与我略同；

2）我和父亲一致认为，谢廖沙沉溺牌桌赌场，殊不可靠。

至于塔妮娅，当我问及她是否愿意经手父亲的手稿时，她的回答是：‘我为什么放着钱不拿，自断财路呢？这些钱流到那几个弟兄的手里，除了大肆挥霍还能干什么正事？截留他们的钱等于做善事，帮助他们改邪归正。’看来我们家里现在只剩下我一个人孤军奋战了。朋友们，你们大家看看我是否值得信任，能不能担当起如此重大的责任……我是我们家里最小的孩子，也是最不受人待见的异类；现在让我独当一面，从家人的手里夺走这笔钱财！我知道此举必然干犯众怒，但大义所在，我岂能退缩。有朝一日父亲舍我而去，这个世界上弥足珍贵的东西，对我来说就只有父亲的思想了。请鉴此情，于事早做决断，并请尽快打发戈尔登维泽尔互通信息。往来人等，务必拣选节假日行动，免生枝节。如果有需要我签署的文件，随时候召。”

卫国战争前夕，侨居国外的塔·利·苏霍京娜—托尔斯塔娅写信告诉小弟米哈伊尔：“是谁唯恐天下不乱、一直在处心积虑地搞小动作（指加大父母之间的裂痕。——作者注）？这个人就是萨莎。她使起坏来，切尔特科夫也望尘莫及。她太年轻了，她的眼里只有父亲。她以为离开了母亲，父亲的日子就好过了。”

读罢萨莎写给切尔特科夫的那封信，不由人不对她心生同情。充满个人英雄主义气概和自我牺牲精神，与外人联手对抗自己的生身母亲，殊不知她干的是为他人作嫁衣裳的勾当，而受益者只是切尔特科夫一人。

如果将切尔特科夫换成另外一个人，一个觊觎他人财产、唯利是图的商人，那么围绕托尔斯泰遗嘱展开的一系列近乎“肮脏”交易的运作都可以认定为犯罪。但切尔特科夫与众不同的地方在于：他没有私欲、他追求的不是私利。相反，他以一人之力而敢为天下先，在主动担当起如山重责的同时，也将自己置于道德良知的审判席上，是非曲直尽付他人说，可谓心昭日月、气壮山河。他认为自己从事的是正义的事业，他的目标只有一个：就是不择手段地维护导师的形象，不让托尔斯泰的家人利用亲缘关系大发死人财、玷污“圣人”的令名。

11月1日，托尔斯泰在日记中写下这么一段话：“戈尔登维泽尔和斯特拉霍夫今天来找我，带来了切尔特科夫准备的文本。我交出了一切。相当烦闷。”

灾难

如果将1910年6月22日以后雅斯纳雅·波良纳形成的以及与其有关的文字资料全部搜集起来，再从头到尾仔细研读一遍，稍有心智都接受不了那样的现实。切尔特科夫团队伙同托尔斯泰炮制了一份剥夺合法继承人——作家的亲属——继承文学遗产的权利，然后针插不透水泼不进地隐瞒了半年之久。真相浮出水面后，一时流言四起，变出萧墙，托尔斯泰家几乎炸开了锅。

这是一场史无前例世不二出的荒诞剧，要从中发掘出谁是正角、谁是反角，既不好界定，也没有这个必要。每个角色都很努力，但都不知道该怎么表演；剧情也比较离奇古怪：莎士比亚笔下的“李尔王”、果戈理塑造的“塔拉斯·布尔巴”同台表演，看得人眼花缭乱。

无论托尔斯泰如何逃避，问题总是接踵而至。他对亲生子女疑心重重横加防范的行径，他最近几年来背后做过的手脚，这一切他死后终会水落石出，为此他经常良心不安；萨莎跟两位姐姐的关系闹得很僵。最后，1909年11月1日签署的遗嘱“第二版”，也有严重的法律漏洞：如果萨莎死于急症，来不及交代后事，那么谁是托尔斯泰文学遗产的下一任经管人？

1910年夏天，萨莎健康状况急转直下，出现了肺结核的早期症状。遗传性肺病是托尔斯泰家族的噩梦：托尔斯泰的两位哥哥——德米特里、尼古拉，均死于肺结核；托尔斯泰本人穷其一生都在跟肺病做斗争：因为怀疑自己身患此顽疾，他每隔一段时间都要跑到萨马尔草原做一回马奶酒浴。托尔斯泰一家人共同的朋友、作家契诃夫，即于1904年死于肺结核。

萨莎决定去克里米亚疗养。在那里她得到了很好的救治，没过多久就站了起来。另外，为了配合医生的治疗，她遵嘱放弃了素食主义，克里米亚之行改变了她的生活方式。

萨莎的病也是托尔斯泰离家出走的重要原因之一。他选择南逃（去保加利亚或者高加索），也是为了照顾女儿的病情。1910年夏天，有关托尔斯泰文学遗产的问题又一次摆在了大家的面前：倘若萨莎天不假年，归在她名下的那部分作品、手稿，到底该如何处置？这个问题首先牵扯到切尔特科夫，他涉事最深，利害关系最大。没有了这位全权代理人，托尔斯泰的遗嘱就是废纸一张，切尔特科夫机关算尽，最后落得个鸡飞蛋打的下场，岂不冤枉！1909年秋天完美收场的那场大戏，1910年6—7月间又得重演了。

对妻子的表现大为不满的托尔斯泰离家出走，跑到他“亲爱的朋友”那里避心闲，陪同人员有刚从克里米亚治病归来但身体还比较虚弱的萨莎、马科维茨基、年轻秘书瓦连京·布尔加科夫。切尔特科夫此时已搬离了格列克辛诺，住在莫斯科省梅谢尔斯科耶村附近的奥特拉德诺耶庄园里。跟1909年那回一样，托尔斯泰的出走自然也有序幕：夫妻惊天动地的争吵，还有托尔斯泰的晕厥。

托尔斯泰夫妻的口角起自家里的那个切尔克斯人阿赫梅特——索菲娅借鉴邻近地主的做法雇来的保安，专司雅斯纳雅·波良纳庄园的巡查任务。这个切尔克斯人既不酗酒、也不受贿，对农夫一点情面都不讲。有一天，托尔斯泰看到阿赫梅特用鞭子套住他以前办雅斯纳雅·波良纳农民子弟学校时教过的高足、现在也已上了年纪的普罗科菲·弗拉索夫的脖子，扯着人家到处走；还有一回，他撞上的一个年轻人怯怯地问他：树林里可以走吗？“怎么不能？随便走。”托尔斯泰吃了一惊。“切尔克斯人逮着了就毒打，我们不敢走……”

6月12—23日逗留梅谢尔斯科耶村期间，托尔斯泰身心两方面俱得歇息，精神状态大为好转。他笔耕不辍，旬日内写下两篇小作品（其中一篇是具有探索创新意义的心理小说杰作《无心》）、校改了一遍《人生之路》。他一有空就出门到周边地带溜达，跟当地人多有交流。期间他还参观过附近的两家精神病院，跟病人攀谈、了解他们的内心世界，对这一人类特殊群体生存状态表现出浓厚的兴趣。对精神病人的境遇听过不少、也读过不少（譬如契诃夫的《第六病室》）的托尔斯泰，心里一直有个疑问：在俄罗斯，疯子吃得饱、穿得暖，生活条件比绝大多数农夫好得多。“文疯子”（没有暴力倾向的一类精神病患者）大部分寄居在农夫家，政府提供的补贴每月高达9卢布，这么一来国家减轻了管护负担，农民也跟着沾点儿光，互利双赢、皆大欢喜；“武疯子”（有暴力倾向的一类）待遇也不错：不挨打、不受气，圈养在墙面做过软化处理、装有抗击打玻璃的特殊病房里。

托尔斯泰接触过的精神病人中，有一位曾经手持利斧直接砍向护理人员；另有一位更加有趣：那家伙善于伪装、显而易见是个冒牌货，因犯下故意杀人的大罪，原被判处绞刑。这个装疯卖傻的病人很有一套，知识渊博、辩才无碍，具备跟托尔斯泰分庭抗礼的气魄。后来发现，此人果然非同凡响：他读过所有托尔斯泰的文章。天才碰到崇拜天才的疯子，托尔斯泰当时吃惊不小。“少安勿躁，请您先问问他的尊姓大名。”医生淡淡地向托尔斯泰提了个建议。“我是彼得一世。”“病人”立马蔫了下来。托尔斯泰慧眼识人，他看得出这个装沙皇的人已经装得很累了。

这些梅谢尔斯科耶奇遇，托尔斯泰全都原原本本地写信告诉了妻子：“我们大家都很好，勿念。昨天我骑马去了一趟收容女精神病人的村子……她们都很有趣。3俄里外托洛茨基科耶村有家专门收治危重精神病人的医院，据称收容的患者达到1000人以上；那边来了几个医生邀我去他们医院看电影，我答应得便就去。”

托尔斯泰的言论经过索菲娅·安德烈耶芙娜那颗发热的头脑加工处理，马上形成了一个逻辑链条：自己的病；丈夫投奔切尔特科夫；丈夫对精神病院陡然产生了莫大的兴趣……他跟切尔特科夫狼狈为奸，想送她去精神病院！

托尔斯泰肯定不会起这样的念头，不过他这段时间关注精神病人的问题，却也不是空穴来风。这年夏天他写过一篇文章：《论疯癫》；回到雅斯纳雅·波良纳以后，他又系统研读了一遍谢尔盖·谢尔盖耶维奇的《心理学教程》，确证索菲娅·安德烈耶芙娜精神不正常。

滞留奥特拉德诺耶期间，托尔斯泰在日记中写过这样的话："以德报怨、以爱感化，与索妮娅这样的人斗争，我只能这么做。"——日记很快落到妻子的手中，她从丈夫的表白中只看到两个字："斗争"。

挨至6月22日，索菲娅·安德烈耶芙娜的行为已然失控。

这一天，她假借费奥克利托娃之名向丈夫、女儿发了一封电报（她担心以自己的名义发出去的东西没有公信力，对方只会当成痴人说梦，不予理睬）："索菲娅·安德烈耶芙娜精神崩溃、深度失眠、朝夕以泪洗面，脉搏100次，请我代发此电报。瓦丽娅。"之后她转换角色，以自己的名义发电报央求丈夫作速回家。6月23日，她收到了回电："如可明日即回。如情况严重，当连夜赶来。"这一回是"如可"两个字闯了大祸。索菲娅是明眼人，她从这俩没肝没肺的字上一眼看出：电报是切尔特科夫的杰作。

费奥克利托娃日记证实（不过有一点需要说明：她的日记，可信度是打了折扣的），索菲娅·安德烈耶芙娜这次歇斯底里发作，诱因就是托尔斯泰的遗嘱。她一口咬定梅谢尔斯科耶是个陷阱，丈夫在那里受到切尔特科夫和萨莎的双重裹挟，目的就是要让他签署那份损害家庭利益的遗嘱（她当时还蒙在鼓里，不知道那份遗嘱的签字手续已经办结）。她已经认定托尔斯泰跟切尔特科夫频频造访精神病院，自有不可告人之目的：给她好物色一个"好去处"。她当着费奥克利托娃的面大叫大嚷，她不会接受这样的安排，她宁愿自杀！她还写好了遗言，声称一旦自己遭遇不测，她会让儿子拿到报社公开发表，让世人看清丈夫的真实面目——货真价实的杀人犯。

正所谓冰火两重天。在索菲娅·安德烈耶芙娜呼天抢地的同时，奥特拉德诺耶传来了"喜讯"：当局放松了对切尔特科夫的监管，允许他在母亲逗留期间暂居契里亚琴卡。雅斯纳雅·波良纳近在咫尺，大家都看得明白，这是政府大开方便之门，对托尔斯泰师徒的交往采取了放任自流的态度——切尔特科夫不得踏入图拉省域的禁令，从此成为一纸空文。胸无城府的托尔斯泰迫不及待地将这个好消息传递给妻子，希望妻子能分享他的快乐。

夫妻关系发展到这一步——互不理解，互不体贴，看得到对方的身形，猜不透对方的心思，这样的家庭生活确实是一场深重的灾难。索菲娅·安德烈耶芙娜最担心的，就是托尔斯泰引狼入室——为了接近切尔特科夫，千方百计地躲避她，大有不将其逐出门外誓不罢休的意味。而托尔斯泰则另有一番心思：切尔特科夫这么优秀的人，妻子还要横挑鼻子竖挑眼，态度那么恶劣，实属不可理喻！若非老髦昏聩，他何以看不到切尔特科夫处心积虑地将索菲娅排除到他的文学遗产继承人圈子之外？何以不念半个世纪耳鬓厮磨的夫妻感情？何以不理解一位膝下育有众多子女的母亲拳拳护犊之情？何以看不到妻子已经心力交瘁、精神接近崩溃的现实？

他，她，他们

1910年6月23日，托尔斯泰和萨莎返回雅斯纳雅·波良纳。7月27日，切尔特科夫以陪护母亲的名义来到契里亚琴卡，开始每天出入托尔斯泰之家的幸福生活。伯爵夫人气得快发疯了。

奉萨莎的电召，托尔斯泰家的女婿、聪明过人的马·斯·苏霍京和女儿塔·利·苏霍京娜也来了。苏霍京在日记中对岳母大人的心病做了一番分析，试图剖明病因、对症下药：

“1）她深爱丈夫，爱到病态的地步。情欲在她精神生活中占据依然占据着很重要的位置——65岁的妻子对81岁的丈夫怀有如此深切的眷恋和渴望，确实有悖常理。可想而知，她的欲望是很难满足的。

“2）爱之深、妒之切。嫉妒心理过强一直是索菲娅·安德烈耶芙娜的性格顽疾，不过她以前妒忌的对象是女人，托尔斯泰作为男人，能够理解她的心情也能从中体验到情感游戏的乐趣。可她现在妒忌的是切尔特科夫，一个大男人，她那发热的头脑里整天闪徊的肮脏画面，令托尔斯泰倍感耻辱。

“3）被伤害的自尊。这一点可以理解。某些牵扯隐私过深的文字，托尔斯泰不让自己的妻子过目，却拱手交给了切尔特科夫，然后经由切尔特科夫之手转交给黔首黎民出身的秘书誊抄：堂堂伯爵夫人，颜面何存？！

“4）贪权。她的权威被切尔特科夫瓦解，鹊巢鸠占，她不能容忍。

“5）重利。列夫·尼古拉耶维奇的手稿价值不菲，这个尽人皆知，问题是索菲娅·安德烈耶芙娜无限夸大了其内在价值。在她的心目中，丈夫的墨迹字字珠玑、句句无价；可是经切尔特科夫这么一鼓捣，丈夫身后不会给她、给她亲爱的安德留沙（指其子安德烈·利沃维奇。——译者注）留下片言只字。

“6）性格中固有的歇斯底里成分。这个当然是索菲娅行为的制约因素之一。一点就着，容易擦枪走火；一旦发作起来，完全丧失理智：她不正常的行为，肯定与她不正常的心理有关。

“7）担心自己死后的荣誉。托尔斯泰日记一旦发表，世人当如何看她索菲娅·安德烈耶芙娜的‘为人’？托尔斯泰肩头卸不掉的十字架？辛劳一生，最后落得个千秋骂名，这让她如何甘心？”

苏霍京的“七点”概括很全面，我们再没有必要狗尾续貂；不过设身处地为索菲娅·安德烈耶芙娜着想，有些地方还是值得商榷（作为托尔斯泰家的至亲，不知道他为什么没有考虑到鲜有来往的高尔基一眼看出来的问题：与19世纪最复杂的人共同生活半个世纪、养育了13个孩子的索菲娅，已经心力交瘁）。诠释岳父托尔斯泰的行为，苏霍京更有大失水准的嫌疑。

“他更加难于捉摸。当他暴跳如雷、情绪处于白热化状态、颤声驳斥她的种种言论时，虽然看上去一副凶巴巴的样子——站立不稳、浑身发抖、面色苍白、气喘如牛，但他的内心世界很好理解、也很容易把握；而当他表现出极度的宽容和忍耐、对待妻子索菲娅温情脉脉、但爱意中又掺杂着太多居高临下的成分时，他才显得心数渊薮、深不可测——此时的托尔斯泰不是血肉之躯，而是一抹幻影，一抹表现个人涵养、践行‘不以暴力抗恶’人生态度的幻影。

“他每天早上都会穿戴整齐外出散步，晨练归来便着手工作，一直忙到早点准备停当；吃完早饭，他照例会骑一匹马到荒郊野外溜达；午饭前休息、饭后下棋，这是他雷打不动的习惯；对切尔特科夫的恩宠历久弥新、对妻子的嫌恶与日俱增——他曾经向女儿玛莎坦露心迹：‘我一听到她急急忙忙奔向我办公室的脚步声，恼得两只手抖个不住。’随着时光的流逝、年龄的增长，托尔斯泰渐渐磨平了棱角，原先血脉贲张式的懊恼，变成了冷眼旁观式的淡定，”

问题就出在这里：索菲娅·安德烈耶芙娜是一个“透明人”，心口如一，好与坏大家都看在眼里；托尔斯泰在夫妻关系的处理上则含蓄了许多，喜怒不形于色、好恶不达于言，他的心思都写在日记，特别是私密日记里——而他着意防范的对象，正是他那位贤伉俪。

托尔斯泰日记展示了其家庭生活特别是夫妻关系方面的困局。一方面，他在当时俄罗斯心理学权威人士格利高里·伊万诺维奇·罗索利莫做出索菲娅精神失常的诊断前，就意识到妻子患有心理疾病。1910年夏秋之际的雅斯纳雅·波良纳噩梦是事态发展的必然，他早就开始关注妻子的精神问题并在自己的日记表达了深深的忧虑[①]。由此可见，托尔斯泰在奥特拉德诺耶所言准备用“以德报怨、以爱感化”的方式“与索菲娅这样的人斗争”，事实上只是彰明他对付一位精神病患者应该持有的原则立场，与普通意义上化解人与人之间矛盾摩擦的姿态无关。他斗争的对象不是索菲娅，而是她的“精神病”。

有鉴于此，他对罗索利莫教授的雅斯纳雅·波良纳之行的过激反应出人意料。索菲娅·安德烈耶芙娜的精神状态令罗索利莫震惊，这位阅人无数的资深专家直言不讳地说，他根本想不到托尔斯泰是怎样跟这样的女人朝夕相处的。他的诊断是明确的，没有任何回寰的余地：“退化性双重人格：偏执狂、癔症性格，畸形膨胀的占有欲。”

如果诚如苏霍京所说，托尔斯泰一直对妻子深怀“鄙视”，那么罗索利莫的诊断无疑是敲在他心头的一记重锤。有了这份诊断，他有足够的理由要求对妻子采取隔离措施，他那些早已步入中年甚至老年的子嗣也不会有什么异议。

托尔斯泰对这份诊断的态度又是如何？

“罗索利莫算什么学者，简直愚蠢到家了！”他在7月20日的日记中写道。“读了罗索利莫谈索菲娅·安德烈耶芙娜的信，愚不可及！”——他在“秘不示人”的私

---

① 此引2例。1884年日记，其一：“可怜的索菲娅，她现在那么仇恨我。我的上帝，我祈求你的帮助。如果我必须背负这副沉重的十字架，那就加给我吧！我不怕负重前行，我不怕半路累垮。可是我没法承受心灵的煎熬——太痛、太可怕，那不是一个简单的沉重、艰难概括得了的。帮助我！”；其二：“早上我们聊起一些事情，她突然雷霆震怒，冲到我跟前一顿臭骂，直到发泄完胸中怨气。我什么都没有说，但我的心情非常沉重。她情绪完全失控了，发疯般地跑了出去；我怕她出事，紧赶慢赶追了出去。”

密日记中又发表了一通感慨。

托尔斯泰的私密日记篇篇涉及索涅契卡。“我对她的爱是全心合意毫无保留的爱，这种爱不可能给予第二个人，譬如列夫（指其子列夫·利沃维奇。——作者注）。”“她好可怜，我是多么怜惜她！”“她好像发现了我的小日记，并且拿走了。现在遗嘱的事全抖搂出来了：谁写的、见证人是谁、受益人又是谁、里面写了些什么——自然跟我的作品有关，她全知道了。她肯定会算经济账，金钱上的损失会给她带来莫大的痛苦——她更担心我夺走她已经拥有的那部分出版经营权。疑神疑鬼、惶惶不可终日，可怜的女人。”“一夜迷迷糊糊，满脑子想着跟她争斗的事。半夜醒了一回，睡过去以后又在梦里见到同样的一幕（此札写于离家出走的前夜：1910年10月27日）。”

这本秘密日记也记录了妻子不一样的行迹，以及自己的思想感情。“索菲娅·安德烈耶芙娜看上去心静如水，但深不可测，感觉就像个陌生人。”“最近一段时间心态异常，一大早情绪忧闷，无缘无故地生她的气。我应该宽容一点，愉悦她、呵护她，但心之所使，我实在做不到。”“她对我没有任何敌意，但是虚与委蛇的交流方式毒化了夫妻关系。”最后，也是最具杀伤力的自白：“最近经常思考自己的婚姻，这是一场命运开的玩笑。我没有爱过她，结婚只是情势所迫、不得已而为之。”

最后这一段话似乎为苏霍京所下的断语做了背书，不过苏霍京对托尔斯泰的评价还是相当中肯。他在日记中写道：“我认为，如即使从来都没有爱过索菲娅，但他不会舍她而去，他的良知良觉、他的悲悯心肠，还有他长期共同生活养成的习惯，不容许他抛弃病中的妻子。有一天我跟他聊起索菲娅，他不假思索地说：‘我非常挂念她。她不在身边的时候，我总会想，我自己都觉得这不可思议。’”

8月29—30日、12月12日，这些妻子外出、独居科奇塔的日子里托尔斯泰撰写的日记，充分证明他所言非虚。“索菲娅·安德烈耶芙娜流着眼泪走了……我累了，累到筋疲力尽。晚上我独自灯下读书，为她的安危忧心不已。”（12月12日）“临别时她向所有的人道了歉，恳请大家原谅她的种种过失，场面非常感人。对她的怜爱之情，在我的心里悄然涌动……临睡前，我躲在床上给她写了一封短信。”（8月29日）“远则念、近则怨，此心何日得安！”（8月30日）

托尔斯泰对妻子索菲娅的感情如何，在走向漫长人生最后一站的那一刻他又是如何处理夫妻关系的，他本人的日记是唯一的见证，没有人能站在第三者的立场上为我们提供客观的证据。而托尔斯泰的日记里，除了些许幽怨，更多的是爱、是依赖、是同情、是忐忑、对她随时都有可能爆发的坏脾气的忧惧，也许幽怨、恐慌就是爱的形式、心的轨迹。一走了之的念头始终在他的大脑里盘旋，但他犹豫再三，一直下不了决心，给人绕树三匝、鸣而不去的凄凉之感。因为他知道，他的出走，对抱病在身的妻子来说不啻晴天霹雳，造成的精神打击是毁灭性的。

然而“第三者”的存在强烈刺激着她敏感而脆弱的神经。伴随愈演愈烈的家庭矛盾，她的精神长堤日渐崩决。

对于母亲的悲剧人生，塔·利·苏霍京娜—托尔斯塔娅有深刻的认识。20世纪30年代旅居期间，她在写给兄长谢尔盖·利沃维奇的信中一针见血地指出：

“父亲是爱母亲的，他的爱深沉而执着。如果没有爱的牵绊，也许他早已离家出走了。母亲无休无止地跟父亲作对，发起脾气来不讲分寸、一再突破底线，没有足够的耐心，一般人根本忍受不了她。在伤害别人的同时，她也牺牲了自己：一个只会寻仇的人是没有人生的。不过她也有自己的独到之处：她有理想、有抱负、朝气蓬勃、精明强干；与生俱来的亲和力，更助她在事业的舞台上纵横捭阖、每击必中。她一直在孜孜不懈地完善自我、尽力克服自身缺陷和弱点，父亲能看到她身上的这些积极面，并为此感怀不已。他对她的怜惜珍爱之情，如江河湖海一般绵绵不绝。如果没有爱的支撑，他早已弃她而去。”

“当然，我们双方至少在一个问题上都有过错：我们没有干预切尔特科夫和萨莎的阴谋活动。任何破坏父母双方关系、影响他们安度晚年的因素，我们都有责任及时祛除。”

“……你让萨莎一人承担1910年遗嘱事件的全部罪责，我认为有失公允。不妨设身处地替她想一想：她孤身一人蛰居雅斯纳雅·波良纳，在她眼里，格列克辛诺发生的一切是惊天动地的大事。另外，父亲指定她为唯一的文化遗产继承人，受宠若惊的她头脑难免发热，忘了自己的代理人身份。站在客观公正的立场上看问题，整个事件中谁也没有罪错，包括切尔特科夫。切尔特科夫何许人？若非披着‘托尔斯泰密友、托尔斯泰个人作品出版商、托尔斯泰衣钵传人’的光鲜外衣，他充其量就是个藉藉无名的小贵族，无所作为、毫无建树。如果他不能让自己的‘恩师’利用遗嘱的形式确认他的权利，那么他一生的心血将付之流水、他揣的抱负将化为烟云，他的自尊心、他的虚荣心，不允许他坐视这样的结果出现。他抓住托尔斯泰不放，情有可原。”

切尔特科夫和托尔斯泰的儿子们

要了解切尔特科夫的复杂人格，我们还须多方着力。

他的某些行为，在常人看来不可思议。获悉索菲娅·安德烈耶芙娜对他的所作所为切齿痛恨，他自1910年6月末始，每天都会去一趟（有时候还不止此数）雅斯纳雅·波良纳，当着女主人的面与她的丈夫私谈密议，敲定大旨就在于损害索菲娅利益的“合法遗嘱”文本。

从一定意义上讲，雅斯纳雅·波良纳啸聚了一大帮女主人索菲娅·安德烈耶芙娜的敌人：近则萨莎、远则她指定的个人回忆录誊稿人费奥克利托娃，这些人无不视她如寇雠。在索菲娅与切尔特科夫的冲突中，马科维茨基、戈尔登维泽尔旗帜鲜明地站在切尔特科夫一边。她亲自出马雇佣切尔克斯人对付农民，那些人当然不会念她的好。托尔斯泰对她用情至深，但在她看来，丈夫伙同外人、处处与她作对，也是她的敌人——她嫉妒在丈夫面前讨巧的切尔特科夫，甚于任何一个向丈夫献媚的女人：这一点她自己毫不隐瞒，托尔斯泰也因此大吃苦头。

世界观逆转期的托尔斯泰，一度尝尽了孤独落寞的滋味；而在他的人生即将画上句号的那一时期，索菲娅·安德烈耶芙娜变成了不折不扣的孤家寡人，且两人均在各自的失落期内获得“疯子”的“美誉”：先是众人怀疑托尔斯泰精神失常，后又大家公认索菲娅要么真疯，要么装疯，俨然疯老太婆一个。

最后一个值得关注的情况：尽管罗索利莫言之凿凿地证明索菲娅·安德烈耶芙娜精神严重失常，但她的反对者们无一认可这位顶级心理学家的诊断书。他们包括索菲娅的众多女儿在内一致认为她根本没病，只不过利用装疯以售其奸。打字员费奥克利托娃的看法尤其不堪，她的日记中充满对这位雅斯纳雅·波良纳女主人的攻击性言论。

费奥克利托娃指称，索菲娅·安德烈耶芙娜因为怀疑托尔斯泰与切尔特科夫沆瀣一气，躲在梅谢尔斯科耶拟定以剥夺她的所有权益为目标的遗嘱，所以开始“装疯卖傻”。当时她正策划出版一部托尔斯泰的著作，准备等丈夫死后大赚一笔。现在托尔斯泰吃里爬外，眼看着要将她的盘中之物全部夺走送给那个她恨之入骨的切尔特科夫，这不是要她的命吗？她对存放于切尔特科夫处的托尔斯泰自1900年始迄今为止撰写的日记（此前的日记由她本人一手经管，保存于历史博物馆）表现出病态的关心，原因也在这里。这些日记中有没有类似1895年版、现被她封存于历史博物馆的“日记体遗嘱”？费奥克利托娃证实，萨莎曾经应托尔斯泰之请，将他的日记从切尔特科夫处一股脑儿搬到雅斯纳雅·波良纳；索菲娅·安德烈耶芙娜从头到尾一字不漏地翻阅了一遍日记内容，嘴里还念念有词：“这里面到底有没有遗嘱？”根据费奥克利托娃的说法，为了让托尔斯泰交出臆想中的遗嘱，索菲娅从软语相求到威胁恫吓再到撒泼发疯，机关算尽、手段用尽。后来她将丈夫的私密日记骗到手，从中发现了遗嘱确实存在的确凿证据，局面一下子变得不可收拾。费奥克利托娃还说，索菲娅·安德烈耶芙娜之所以上蹿下跳闹个不休，完全是因为有幕后推手——她的两位宝贝儿子列夫和安德烈——在兴风作浪。

20世纪30年代，托尔斯泰传记作者尼·尼·古谢夫即已对费奥克利托娃的日记做过编辑整理，准备付梓出版。但该项计划终遭搁置，显然与其措辞过于尖刻有关。费奥克利托娃的日记是对索菲娅最彻底的揭露、最无情的鞭挞。别人妄发厥议犹有一说，索菲娅亲招的麾下帮手竟然叛出军门、反戈一击，这就不由人不作它想。颇具悲剧意味的是：费奥克利托娃的意见出自一人之口，却代表了大家的心声——拥夫反妻，这是与托尔斯泰夫妇稍有瓜葛的人士普遍持有的立场。与强势暴戾、唯利是图的妻子索菲娅相比，丈夫托尔斯泰恪守中庸之道，性情直爽如塔拉斯·布尔巴，从善如流似李尔王，其人格魅力，令人折服。

众叛亲离的索菲娅·安德烈耶芙娜为了壮大自己的阵营，急切间将她的两个儿子列夫、安德烈招至雅斯纳雅·波良纳——他们是她最后的壁垒。事实证明，拉山头树反帜的做法是她最大的失策：因为儿子的出现，托尔斯泰终于痛下决心，立意剥夺所有家庭成员继承其文学遗产的权利。

“列夫跑过来凑热闹了。”托尔斯泰在7月4日的日记中写道，“分子不大，分母

∞[1]。”托尔斯泰喜欢用分数评价一个人的素质：分子代表自身价值，分母代表自我评价。托尔斯泰父子两代人之间的关系已势同水火，儿子的雅斯纳雅·波良纳之行，就是父亲的精神苦旅。他找出种种理由说服自己对儿子们好一点，只可惜努力甚巨、收效甚微，一点作用都没有。

“诸子中当数安德烈和列夫心机最重，只是重的程度各有不同而已。”托尔斯泰在日记中写道，“有些人从来不会用上帝的法则思考问题，安德烈就是这一类人。不过不要忘记，这些人的心里还是有上帝的。”“列夫·利沃维奇令人难以忍受，他还要搬到这里住。”

经过补充修订的托尔斯泰第三份遗嘱在切尔特科夫位于契里亚琴卡的家里签署前数日，托尔斯泰与其子列夫·利沃维奇之间发生了激烈的争吵。这一次，以母亲守护者自居的列夫·利沃维奇出言不逊，公然侮辱了自己的父亲。

“苟延残喘、生不如死，多么惨淡的夜晚！”托尔斯泰在7月11日的日记中写道，“比这个夜晚更加可怕的，是列夫·利沃维奇。他对我跳脚大骂，使用的言语是那么难听，也只有小孩子才骂得出口……”

7月10日晚上，索菲娅·安德烈耶芙娜逼托尔斯泰交出藏匿在切尔特科夫处的日记，托尔斯泰断然拒绝。于是她一径儿跑到丈夫房间外面的阳台上，直挺挺躺倒在地干号了起来。她在日记中写下这么一段话：“常记得就在这一方阳台上，我第一次感受到列夫·尼古拉耶维奇对我如火般炽热的爱情。那时候，我还是一位纯真如梦的少女。那是一个寒冷的夜晚，但我的心头涌动的，是一阵阵热浪：爱于斯，死于斯，这就是我的宿命。”

托尔斯泰听不下去，赶出来劝妻子回自己的房间。她口口声声嚷着要宰了那个切尔特科夫，然后拔转身子跑到花园里，在湿漉漉的草地上躺了下来——可身上就穿着一袭薄薄的长裙。当时夜色正浓，在卷毛狮子狗“侯爵”的帮助下，大家好不容易才找到她。可是无论别人怎么动员，她就是不挪脚步，声称托尔斯泰不来，她就不走。

列夫·利沃维奇闻言，当即奔父亲而去。

---

① ∞：数学符号，代表“无穷大”。——译者注

“‘她不肯回房，说你把她赶了出来。’我对父亲说。

“‘啊！啊！我的上帝！’父亲大叫起来，‘她说的不是事实！太滑稽了！简直让人难以忍受！’

“‘你就去一趟吧！’我说，‘你不请，她是不会回来的。’

“‘不，不！’他机械地重复着这几个字，表情绝望而痛苦，‘我不去！’

“‘你是她的丈夫，’我怒气冲冲地嚷了起来，‘你有责任解决争端。’

我吼声未落，父亲面色大变。他怯怯地打量了我一眼，然后跨出房门，趿拉趿拉地向花园里走去，一路上再未说一句话。”

这一幕经列夫·利沃维奇本人之手转述出来，看着也不是那么友善，与父慈子敬的家庭伦理气氛相去太远；戈尔登维泽尔提供的版本，更是不堪寓目：“索菲娅·安德烈耶芙娜不依不饶，一迭连声地只叫托尔斯泰出面。列夫·利沃维奇气势汹汹地打上父亲的门，又是吼又是骂的，‘混蛋’这么难听的字眼都用上了。”

戈尔登维泽尔6月17日的日记提到一件事：托尔斯泰在契里亚琴卡重抄了一遍遗嘱，除了萨莎之外，又新增一位女儿塔季亚娜为自己文学遗产的继承人。

“切尔特科夫带托尔斯泰上了楼（指切尔特科夫家位于契里亚琴卡的楼。——作者注），托尔斯泰主动向我打招呼，还跟我握过两回手。他坐在一条板凳上，客气地请求我将他交给我的那份由穆拉维耶夫草拟的遗嘱读出来。这份遗嘱增加了一条新内容：如亚历山德拉·利沃芙娜死在列夫·尼古拉耶维奇之前，则第二顺序继承人塔季亚娜·利沃芙娜将依法享有全部继承权，其他方面与前一个版本如出一辙。

“托尔斯泰情绪波动很大这并没有影响他的工作。他下笔如流水，又快又准，略无瑕疵。听写完全部内容，他满意地对我说：

“‘很好，非常好。’”

可惜天下事，往往不能尽如人意。

《托尔斯泰年谱——1913年卷》中影印发表的遗嘱文本前有一段切尔特科夫撰写的导言，其中谈到这份遗嘱存在的问题：“在内容方面几臻完美的同时，出现了一些形式上的错误，诸如一眼看得出来的漏词现象。”

托尔斯泰的抄件漏掉了哪些词？“立嘱人列夫·尼古拉耶维奇·托尔斯泰在意识清楚、思维正常的情况下亲自执笔拟定条款、自行签字确认生效”这段话里，

“在意识清楚、思维正常的情况下”这一长串表述赫然不见了，代之以“列夫·尼古拉耶维奇·托尔斯泰伯爵亲自执笔拟定条款、自行签字确认生效”字样。重大疏漏不容忽视，切尔特科夫团队不得不采取补救措施，敦请托尔斯泰重抄相关页面，将“在意识清楚、思维正常的情况下”这段说明性文字加了进去。

补救工作是做到位了，不过那是5天之后的事。

密谋

托尔斯泰是个讲迷信的人，抄写遗嘱时偏偏漏掉了“在意识清楚、思维正常的情况下”这段话，他应该有所反思。6月22日，他在格鲁芒特[①]林地内重抄了一遍遗嘱并签署了姓名——这就是他最终版本的遗嘱。

关于这份遗嘱的来历，切尔特科夫年轻的私人秘书谢尔根科在他的加快录中有详尽的陈述。

“列夫·尼古拉耶维奇坐在一截木桩上，取下别在工装上衣口袋里的那枝英国自来水笔，让我们把自己的要求全部讲出来。我递给他一沓纸，还有一块写字用的垫板；亚历山大·鲍里索维奇（此指戈尔登维泽尔。——作者注）则取出遗嘱蓝本，摊开来托到他的眼皮底下供他参考。列夫·尼古拉耶维奇跷起二郎腿，将放有纸张的垫板搁到膝盖上，然后开始奋笔疾书：‘一九一零年六月廿二日’，发现原本应该写成‘廿二’的日期落款出现了笔误——多划了一个杠，他取过一张白纸准备重写一遍，可转念一想又将举在手里的纸放到了一边，讪讪地笑着说：

“‘就这样吧！大不了他们说我不识字。’

“紧接着他又加了一句：

---

① 格鲁芒特：俄文原名Грумонт、Грумант、Грумонд（3种衍生拼写法），发音源自“格陵兰”。欧洲人于11世纪发现格陵兰岛这片冰雪世界，首次踏足的丹麦人认为该岛一直向东延伸、地域面积极其广大，囊括了后来名之为斯匹茨卑尔根群岛或斯瓦尔巴群岛（архипелаг Шпицберген、Свальбард、Грумант），俄罗斯沿海居民将这座扑朔迷离的大岛叫作“格鲁芒特群岛”（архипелаг Грумант）或格龙兰大陆（Грунландская земля）。雅斯纳雅·波良纳的原主人、列夫·托尔斯泰的外祖父尼古拉·沃尔康斯基过一任阿尔汉格尔斯克边疆区的总督，卸任还乡后，他决定在领地内择一村落命名为“格鲁芒特”，纪念他极北苦寒之地的服务生涯。——作者注

关于格陵兰岛的发现史与治史有多个流行的版本，译者只负责忠实再现本书内容，对其真伪不持立场。——译者注

“‘我在后面用阿拉伯数字标注一下，以免引起歧义。’

“他在‘月’字后面加了一对括号，中间填上了数字‘22’。”

“坐在木桩之上本来就不舒服，还要瞅草稿上密密麻麻的字迹，列夫·尼古拉耶维奇苦不堪言。他吩咐亚历山大·鲍里索维奇将文本朗读出来，听写比照抄省事得多。亚历山大·鲍里索维奇如其所请，字正腔圆地读了起来。列夫·尼古拉耶维奇听得非常认真，书写也尽量做到工整明晰、字清句断。遇到需要跨行书写的长单词，他还依循旧有的书写规范，在每行的起首、结尾处都标上了连字符——他写重要的信件时，本来就有标注双连字符的习惯。

“他誊写的第一页遗嘱文面前紧后松，版式看上去很不协调。刚开始抄写时，他留的单词间距、行距都很小。写了一阵子发现草稿接近页面过半，而他手底下的抄件上还留有大量的空白，决定改变一下布局风格：

“‘看来要写得疏朗一些，不然没法子换页。’——后续各行的间距明显增大了。

“抄完遗嘱轮到签名环节时，他问了一句：

“‘伯爵’两个字要不要写？

“我们的回答是可写可不写，他选择了不写。

“接下来是证明人签字，我们都按法律文书的规范写上了自己的名字。一切形式走完之后，列夫·尼古拉耶维奇向我们大家道了一声谢：

“‘好了，谢谢你们！’”

切尔特科夫给托尔斯泰提递过一页纸，上面载有很重要的遗嘱附则。根据附加声明，托尔斯泰的一应著述、手稿的处分权归切尔特科夫所有，萨莎的继承人身份只是一个徒有其名、并无其实的形式。

就在名义上是协助托尔斯泰拟定遗嘱、实际上是明火执仗劫夺索菲娅·安德烈耶芙娜合法权益的那天晚上，切尔特科夫堂而皇之地跑到雅斯纳雅·波良纳拜访托尔斯泰夫妇。敢在那样的情况下与女主人四目相对、谈笑风生，切尔特科夫的心肠可谓坚逾岩石！他的举止行藏，非常人所可逆料；他的所作所为，直叫人汗毛倒竖……

瓦连京·布尔加科夫写道：“回忆起那一晚的情形，索菲娅·安德烈耶芙娜的直觉之敏锐、之准确，让人叹为观止：她察觉到发生了什么不可逆转的大事，心神极不安定。”她“对客人、对所有在场的人都极不友好，态度极具挑衅性。态度如此，大家心里的感受如何，可想而知。满屋子的人头若悬剑，都直挺挺地坐着，气氛十分沉闷尴尬。切尔特科夫更像吃了一根椽子一样，梗着脖子杵在那里，铁青着脸一言不发。餐桌上热气扑面，沸腾的茶炊发出嗞嗞的声响，鲜红的蔗莓盘点染着雪白的桌布，令人馋涎欲滴。但是此情此境景，谁也无心享受眼前的美食。枯坐未久，大家都起身离座，散了”。

这就是托尔斯泰遗嘱酿造的家庭空气。一方面，精神上已经备受刺激的索菲娅，满脑子都是失去丈夫的臆想和由此导致的嫉恨焦灼，以及对子女利益受损的忧虑；另一方面，雷打不动的切尔特科夫鼠窃狗偷，就在她的眼皮底下，将她最珍惜的这两样东西据为己有。此外，切尔特科夫的精神是否正常，没有心理医生的诊断证明，谁也说不清楚，不过从他个人的种种表现看，值得怀疑。

有一天，索菲娅·安德烈耶芙娜和瓦连京·布尔加科夫同乘一辆车前往契里亚琴卡。切尔特科夫的母亲伊丽莎白·伊万诺芙娜驾临此地，伯爵夫人此行旨在结识这位“故人”之母。半路上，索菲娅央求布尔加科夫帮她一个忙，将存放在切尔特科夫家的托尔斯泰日记要回来。

“他们抄没抄都无所谓，只要把原件还给我就行！”她说，“列夫·尼古拉耶维奇之前的日记都是由我保管的……告诉切尔特科夫，如果他肯归还日记，我的心就安定下来了……我会感念他的好处、投桃报李的！以后他可以天天到我们家来，我们携手合作，一起为列夫·尼古拉耶维奇效力……您愿意替我说话吗？……看在上帝的份上，把我的意思讲给他听一听！”

一到契里亚琴卡，布尔加科夫即向切尔特科夫转达了索菲娅·安德烈耶芙娜的意思。他在日记中对切尔特科夫的反应有如下记录：

“听完我的话，切尔特科夫血脉贲张，反应相当激烈。

“‘怎么？’他泛白的眼珠子在大眼眶里滴溜溜地打着转儿，语气亢奋地反诘我，‘你马上过去问问她，托尔斯泰的日记到底在哪里？这跟我有什么关系？！’

“话犹未落，切尔特科夫突然做出一个奇怪的表情，还向我吐了一下舌头——这些大出我的意料之外。”

“你是白痴！所有人都知道，你就是个不折不扣的白痴！”当着一众人等的面，已经返回雅斯纳雅·波良纳的托尔斯泰如此斥骂切尔特科夫。

2个月后，托尔斯泰离家出走的悲剧发生了……

“他们把我撕成了碎片……”

索菲娅·安德烈耶芙娜最大的心病之一，就是列夫·托尔斯泰1900年以来的日记。这些日记有一部分由切尔特科夫保管，另一部分在其丈夫的授意下存放到莫斯科银行“列夫账户”专用保险箱中。一俟托尔斯泰从梅谢尔斯科耶归来，索菲娅便开始软磨硬泡加威胁，要求丈夫取回切尔特科夫处的存稿，全部交到她的手上。托尔斯泰没有答应她的要求，因为他担心妻子会消灭所有对她不利、有损她的伟大形象的文字。

1910年6月14日，塔季亚娜·利沃芙娜应父亲之请，当着母亲的面将日记手稿存入俄罗斯国家银行图拉分行“托尔斯泰”账号，试图以妥协换取和平、化解索菲娅对切尔特科夫的敌意。

可是事情到此远未结束。索菲娅·安德烈耶芙娜穷追猛打、不依不饶，一副不把保险柜钥匙搞到手誓不罢休的样子。看来，托尔斯泰日记中藏有遗嘱，在她眼里就是铁板钉钉的事实了。戈尔登维泽尔指称，萨莎奉命提取日记的那一天，翘首以待的不仅索菲娅一人，还有列夫·利沃维奇——他在雅斯纳雅·波良纳花园外的“大道”上蹲守了一天，那架势不像是等人，倒像是剪径。日记锁入保险柜后，索菲娅·安德烈耶芙娜意味深长地对女儿塔季亚娜·利沃芙娜说：

“有朝一日，你们大家都会理解我、感激我的。”

日记转移阵地后的第二天，索菲娅·安德烈耶芙娜就迫不及待地发动了下一场战役：她跪倒在托尔斯泰的脚下，祈求丈夫将保险柜的钥匙交给她保管。她清楚切尔特科夫处有丈夫日记的副本，只有将正本抓到手里，她才有反戈一击的资本。遭到丈夫拒绝后，她颠儿颠儿跑到自己的房间里，甫一进门就大叫大嚷起来：她把一整瓶鸦片酊喝下去了！托尔斯泰当时正打她房间的窗下经过，听到喊叫声，吓得差一点没背过气去。尽他那一双老腿之所能，托尔斯泰急急忙忙地奔上楼梯，最后发现这只是一出闹剧：索菲娅·安德烈耶芙娜承认自己什么都没喝，她那么扯着嗓子喊就是为了吓唬吓唬他。她在日记中坦言，这一幕表演确实拙劣，她为此自惭不已。但是情势所迫，她当时确实昏了头、控制不了自己。

7月25日，伯爵夫人怀揣一瓶鸦片酊，乘坐一辆轻便马车赶往图拉迎接儿子安德烈。她脑子里浑浑噩噩的，一会儿想自杀，一会儿想出走。出发前她堪堪留下一张字条，意在自己遭遇不测后，同情她的家人可以拿给各大媒体公开发表，替她主持公道："风平浪静的雅斯纳雅·波良纳发生了非同寻常的大事。索菲娅·安德烈耶芙娜·托尔斯塔娅伯爵夫人离家出走，离开了她忠心侍奉丈夫48年之久、奉若圭臬的那片热土，风烛残年之际却不得不黯然离开。究其原因，就是年纪老迈、体弱智衰的列夫·尼古……生不能主其身，已经完全落入切……夫之手，任其摆布。由于精神大受刺激，心智大受影响的伯爵夫人旬月来两召专业医生诊治，无奈病因不除，沉疴安治！延至今日，伯爵夫人已经无法忍受切……夫不呼即来、挥之不去、在自家宅院里呼风唤雨的煎熬，带着一颗破碎的心远走他乡。"

在火车站，安德烈一眼看出母亲的神色有异，强邀她与自己一同回到雅斯纳雅·波良纳庄园。

7月27日，列夫（此指儿子列夫·利沃维奇。——译者注）纠集安德烈一起拷问萨莎：父亲有没有写过遗嘱？及至后来，安德烈·利沃维奇干脆跑到父亲那里，质问他有没有写过安排身后事宜一类的东西。撒谎，这样的事托尔斯泰做不出来；实话直说，当时的情形也不容许他这么做。他非常清楚，这个时候他一旦透露出半点实情，妻子、儿子的怨气都会发泄到萨莎一人身上。现在儿子步步进逼，迫于情势他只能搪塞：这个问题，他现在不想讨论。典型的不打自招——他的儿子岂能听不出弦外之音？

从这一刻起，托尔斯泰泥足深陷、再也无力自拔。承认立过遗嘱，始作俑者切尔特科夫不会沦为众矢之的（遗嘱中没有出现他的名字），而他的小女儿——托尔斯泰家中的黑马、不受人待见的萨莎成了替罪羊；拒不承认，那就意味着他以后的日子将在堆起的谎言中度过，这是他自己不能忍受的。

事实上，托尔斯泰8月15日"无限期探望"住在科奇塔的塔季亚娜，就是离家出走的首次尝试。想要落个耳根清净，避开纠缠不休的索菲娅·安德烈耶芙娜，还有她极度反感、一再要求丈夫与之划清界限的"无耻第三者"——切尔特科夫，除了女儿女婿家，他已经无处可去。

不知绝情为何物的人，根本猜不透索菲娅·安德烈耶芙娜的居心。种种迹象表明，涉及丈夫的遗嘱问题，她已经完全抛弃了理性。左右她的行为的，是无端的嫉恨、黑色的贪欲。她暗昧的灵魂深处也会时不时透进一缕阳光。在这"间歇性发作"的短暂瞬间里，她有过忏悔、产生过洗心革面善待他人的念头。托尔斯泰一直在耐心地等待这样的瞬间，即使在那末日奔逃的短短数日内，也没有放弃最后的期望。

托尔斯泰在10月31日发自夏莫尔金的信中说："……目前我还不能回家。"——作者特意在"目前"二字上加了着重号，强调离家出走只是权宜之计，他有回归雅斯纳雅·波良纳的打算。这封信未发的草稿中，托尔斯泰的心思表达得更加清楚："调适心态……坦然面对发生的一切。我不在身边，尝试安排好自己的生活。有病积极治疗。人一旦发现你的态度有所转变，我们还有可能和平相处的话，我会回来的。不过现在回家对我来说意味着自杀，因为那样的生活我熬不过一个星期。"

在切尔特科夫和他的"战友"包括萨莎眼里，索菲娅转变无望，托尔斯泰回归桑梓的可能性不大。对切尔特科夫素怀好感的塔季亚娜·利沃芙娜，这个时候也憋不住了，写信央求父亲早点儿离开契里亚琴卡，不要在那里盘桓过久充当斗牛士手里的红布、一再惹母亲发火闹事。切尔特科夫可是另有打算：他逆势而为，大兴土木为托尔斯泰修建临时栖身之所：一座拥有多个内室并附设洗澡间的大砖房，豪华得引起了托尔斯泰本人的强烈不满……为一位来日无多的老人建造这样的房子，切尔特科夫到底打的什么主意？——答案只有一个：托尔斯泰会死，尸骨会归葬雅斯纳雅·波良纳；但他的不朽声名不会死，这座房子连同他留下的大量手稿就是他的"生祠"，死后会成为万民瞻仰的圣地。他的目标实现了，不过只是部分实现：从1910年末到第一次世界大战爆发，"托尔斯泰朝圣者"心目中确实有两个圣地：雅斯纳雅·波良纳，契里亚琴卡。可惜世界大战连同后续发生的十月革命的炮火，将他的美梦击成了碎片。

保存的手稿被托尔斯泰收缴，切尔特科夫清楚这是伯爵夫人做的手脚。不甘心失败的他，决定采取相应的措施予以回击。

瓦连京·布尔加科夫写道："芭芭拉·米哈伊诺芙娜（即费奥克利托娃。——作者注）告诉我：与切尔特科夫关系亲近的人齐集契里亚琴卡，其中包括他的死党阿廖沙·谢尔根科、奥·康·托尔斯塔娅（与安娜·康丝坦丁诺芙娜是同胞姐妹）、亚历山德拉·利沃芙娜、戈尔登维泽尔夫妇等人。他们一拥而上，赶着将托尔斯泰日记中暴露索菲娅·安德烈耶芙娜阴暗面的部分抄了下来，因为他们认为手稿一旦落入伯爵夫人之手，她会毁掉这部分内容。这项工程全部完结之后，切尔特科夫才将原稿打包发还给雅斯纳雅·波良纳。在办理交割手续的时候，切尔特科夫站在契里亚琴卡自家的屋檐下，曾对亚历山德拉·利沃芙娜扬起包裹，在空中划了个大十字，以示胜利。抛别托尔斯泰手稿，切尔特科夫如丧考妣，内心的纠结难以言状……”

切尔特科夫这个轻浮的动作，也表达了他对萨莎长期以来与自己并肩作战、共同对付亲生母亲的一系列举动的赞赏和感激。

寄送日记之前，切尔特科夫给托尔斯泰写过一封信，将他比作“受苦受难的当世耶稣”。“耶稣基督受难日那天被强加于身的痛楚是多么锥心刺骨，今天我算是才真正体味到了。公众在辱骂、在诋毁、在嘲笑，他的血在一点一滴地流，而与他声气相投的人却只能站在远处，默默地看着他痛苦而缓慢地走向生命的尽头……”这是最露骨的奉承，不过话出自“亲爱的朋友”之口，托尔斯泰便能甘之如饴。“今天收到巴特的一封信。深受感动。”“巴特”是“托尔斯泰主义者”对切尔特科夫的惯用称谓，这一回他也用上了。

索菲娅·安德烈耶芙娜强迫丈夫断绝与切尔特科夫的来往后，切尔特科夫以眼还眼、以牙还牙，也采取了相应的报复措施：警告托尔斯泰睁大眼睛，看清楚他的贤内助和儿子们在他的脚下布置的陷阱。

“从过去到现在，她的心里始终酝酿着一个不可告人的阴谋，在您与我之间拉开一道不可逾越的鸿沟，可能的话还想让萨莎跟您保持距离，目的就是伙同一众儿子劫夺您的日记，或者将您的日记翻个底朝天，窥探其中有没有剥夺家人文学遗产继承权的遗嘱一类的东西：如果没有，他们会紧紧盯住您直到您咽气，不给您任何下笔的机会；如果有，他们会一直将您软禁在雅斯纳雅·波良纳，直到操纵无良医生开具出您患老年痴呆所立遗嘱不具法律效力的证明那一天。”

公然污蔑、大肆告密，这就是切尔特科夫此信的实质。不无遗憾的是，此信也道破了索菲娅及其诸子的本来面目。马科维茨基在自己的“札记”中写道：“索菲娅·安德烈耶芙娜讲了自己的计划：列夫·尼古拉耶维奇的遗嘱问题一旦坐实，她要面见沙皇诉说苦衷，渲染自己一家人的处境有多么艰难，恳求沙皇裁定丈夫的遗嘱无效，还她继承丈夫遗产的合法权利。她还跟三个小儿子密谋过一个行动方案：宣称列夫·托尔斯泰精神失常，自动终止遗嘱的执行。”

谢尔盖·利沃维奇·托尔斯泰1933年就这段“札记”发表过评论，并没有质疑马科维茨基的说法。“那段时间我就在雅斯纳雅·波良纳生活，我承认，关于列夫·托尔斯泰患老年痴呆、行事不密的话题有人提起过，但还没有发展到妄称其患有精神病的地步。须知索菲娅·安德烈耶芙娜、安德烈·利沃维奇、列夫·利沃维奇三人很清楚，我、塔季亚娜·利沃芙娜、亚历山德拉·利沃芙娜、可能还包括伊利亚·利沃维奇都不会听任他们这么糟蹋父亲的声名。他们当时头脑发热，根本没有意识到这种做法卑鄙荒唐、人所不齿……”

如果索菲娅老谋深算、行事诡秘，那么她肯定不会逢人就讲丈夫的坏话，以致干犯众怒，惹得那些原本同情她的人都临机反水。就连立场最坚定的列夫·利沃维奇，间或也表示看不下去，粗声大嗓地提醒母亲说话注意分寸。她公然宣称托尔斯泰爱上了切尔特科夫，她现在已经是个名副其实的寡妇。她一直在静等托尔斯泰咽气，她把他装到棺材里去。如果有人肯站出来打死他，她一点意见都没有。她晚上不让丈夫睡觉、白天不让丈夫跟任何人单独相处，过一阵子就拿自杀讹诈丈夫，总之一对老夫老妻斗个不眠不休，如果索菲娅·安德烈耶芙娜是个有心机的人，又何至于此？！

无论索菲娅闹得多凶，托尔斯泰一概默然承受。他在写给切尔特科夫的信中还多方为妻子辩解，希望博得他那位“亲爱的朋友”的谅解和同情。

“……她很安静，很平和，我担心再挑事端会破坏目前的家庭生活气氛，故此不拟与您晤面。”（托尔斯泰日记：7月31日）

“……她精神倦怠、心思恍惚，在这种情况下，除了一腔怜悯，我于她已然不存一星半点的芥蒂嫌隙，遑论contrecarrer[①]。”（托尔斯泰日记：8月14日）

“……深切同情她，对她此刻浮泛心里的煎熬感同身受。近日怜心犹重，几不能自持。”（托尔斯泰日记：8月14日）

“孤卧寒床，辗转难眠，由于大受刺激而迷离失常的大脑里反复琢磨一个问题：除了儿子，身边再也找不到一个关爱她的人；她是游走在世界边缘的孤鸿、世人眼中的负担……每念及此，怎不令人心生悲悯。”（托尔斯泰日记：8月25日）

“她是那么痛苦，因为她战胜不了自己。”（托尔斯泰日记：9月9日）

---

① 对抗（法文）。——作者注

托尔斯泰试图用厚重的人性打动切尔特科夫的心，但他凄切哀婉的文字击打在切尔特科夫的铁石心肠上，根本留不下任何痕迹。这位伯爵夫人的宿敌当下最担心的，就是他的导师软下来，顺从妻子的意愿修改遗嘱。事实证明，他的顾虑并不是多余的。

7月30日，巴·伊·比留科夫携夫人来到雅斯纳雅·波良纳。作为“信得过的人”，托尔斯泰将自己的苦闷和家里围绕遗嘱发生的一切和盘托给了比留科夫。“鲍沙（比留科夫的昵称。——译者注）”直言不讳地告诉列夫·尼古拉耶维奇，遗嘱事关伦理，对家人隐瞒是错误的。索菲娅·安德烈耶芙娜一见着比留科夫就大倒苦水，显而易见，她的悲苦处境激起了比留科夫的同情。比留科夫看人虑事一向客观，不曲不枉、不为己甚是他的过人之处。在他看来，雅斯纳雅·波良纳发生的变故不可思议，震惊之余，他向托尔斯泰表达了自己深深的忧虑。托尔斯泰似有所悟，对自身行为的合理性产生了怀疑。

“差一点铸成大错，我现在算是彻底明白了。”托尔斯泰在日记中抒发感慨，“应该将所有法定拥有继承权的人召集起来，向他们说明情况，秘而不宣不是解决问题的办法。我也向切尔特科夫发去一信，告知他我最近的想法。”——这封信宛如一把尖刀，直接扎在了切尔特科夫的心上。

“昨晚与鲍沙一夕长谈，他一针见血地指出，隐瞒遗嘱是我的重大过失。遗嘱可立可不立：不立则可，顺天应命而已；要立就得公开透明，向当事人讲清楚利害得失。他说得对，我现在真是追悔莫及。我错就错在先入为主，认定我的继承人俱各不怀好意，然后以此为理由大搞暗箱操作；我错就错在为了达到一己之目的、为起草一份‘形式上合法’的遗嘱豕奔狼突，主动接近一贯压迫我的政府。现在我清楚地看到，目前的乱局系我一人导致。应该放下一切，听任事态自然发展……”

这是托尔斯泰写给切尔特科夫的信！闭上眼睛想一想，一个自1904年以来绞尽脑汁拉托尔斯泰入彀、使用令人匪夷所思的暗昧手段谋求满足一己之欲的人，看了这封信会作何想！“放下一切”，这句话对切尔特科夫来说意味着什么？不就是将一切发还给列夫·尼古拉耶维奇的法定继承人——也就是他的妻子儿女吗？

切尔特科夫的回应就是8月11日写给托尔斯泰的一封长信。托尔斯泰突然转变立场，一笺简札犹如晴天霹雳，将切尔特科夫击得晕头转向。差不多10天后他才回过神来，写下这封他称之为“报告函”的东西。他在信中向托尔斯泰回顾了那份遗嘱草拟的过程和背景，讲了托尔斯泰签署遗嘱的动机和信念——他几乎是扎扎实实地写了一遍托尔斯泰传关键部分的内容，好像托尔斯泰本人不知道他干了些什么、正准备干什么似的。托尔斯泰又改变了主意。

“因在树林中散步，随身未带纸张，故以小纸片书就本便函，请谅。自昨收悉大札，我忧思甚深，无以自解。您的信勾起了我两方面的思虑：其一是对自己、对家人麻木不仁、唯利是图诸般行径的厌恶——如此落落大端，我居然视而未见，这是不能容忍的；其二是我在前一封信中出尔反尔、对自己以前的行为表达出反悔之意，给您带来了精神上的痛苦和打击，在此我深表歉意。读完您的来信，我意识到巴维尔·伊万诺维奇（即比留科夫。——译者注）错了，而我闻风而动、完全站在他的立场上看问题，认为自己此前对您的支持违反了原则、做法欠妥等，我也完全错了。”

乍一看托尔斯泰就是一只风信鸡，风向哪边吹，就跟着往那边倒，事实上问题并没有这么简单。他的言论，无疑体现了他复杂的世界观和深刻的思想。他不想利用“可恶的司法权威”解决个人问题，他相信只要对立的双方能坦诚相见、本着求同存异的原则积极寻找出路，事情会有一个圆满的结局。他想树起“爱与亲善”的大纛，让打得难解难分的两大阵营握手言和。他是这场战争的当事一方，他要践行自己的信念，用“不以暴力抗恶”征服各路人马。1904年他回应切尔特科夫提出的“小问题”，要求对方自觉销毁相关资料，他奉行的是这一信念；现在他号召切尔特科夫不计前嫌、与索菲娅·安德烈耶芙娜携手合作、遭到拒绝后马上改弦易辙，遵循的也是这一原则。他在进行一场悄无声息的暗战，他在坚守“不以暴力抗恶”的最后一道防线。

如果切尔特科夫对“导师”的立场有足够的了解，那么他不可能不理解托尔斯泰在信中表达的苦衷：“一意孤行，在损害她（指索菲娅·安德烈耶芙娜。——作者注）的利益、违背她的意愿的道路上愈走愈远，到头来竟然成了给她办好事，这样的说法我表示不敢苟同。退一步讲，即使事实诚如所言，我也不会那么做。除了个人行为准则方面的考虑外，经验还告诉我：固执己见只能给我带来无尽的痛苦，而妥协退让能使我获得精神上的解脱，甚至某种不可名状的欢乐。”

如果切尔特科夫的心思足够绵密，那么他应该意识到，托尔斯泰这番话……是针对一个疯子说的：推心置腹，却又无可奈何，因为疯子是不堪与论的。

回过头来再看看切尔特科夫的“报告函”。他在信中牵强附会、罗织说辞，声称藏匿托尔斯泰遗嘱是“为了维护索菲娅·安德烈耶芙娜的利益”，如此荒诞不经的言论，与疯子的胡言乱语有什么区别？“您还在世，她一旦察知遗嘱的内容，得悉她多年来挖空心思安排部署的一切均将灰飞烟灭，只等您死后攫取您所有著述的计划化为泡影，绝望和仇恨会彻底淹没她的心智，促使她采取疯狂的报复行动，不仅葬送您的人生、损害您的健康，更有可能走向极端，自伤自残、自毁干城。而最可怕的是，为了达到个人目的，她会想方设法迫您就范，做出丧尽天良的事来……”

到这一步，“正常人”切尔特科夫与“疯婆子”索菲娅·安德烈耶芙娜还有什么区别？一个拿自杀威胁自己的丈夫、要求丈夫交出遗嘱；一个拿妻子的自杀要挟其夫、死死抓住本该由他人家庭自行研判处理的遗嘱不放而隐瞒遗嘱伤妻害子之本质，谁的意念更其诞妄？谁的举动更加疯狂？

索菲娅·安德烈耶芙娜一路跟定托尔斯泰，跑到科奇塔女儿女婿家里亦然跟丈夫缠斗不休，她的行为有让人齿冷的地方。不过伯爵夫人中途回雅斯纳雅·波良纳短暂居留，前脚刚走，戈尔登维泽尔的信就到了，里面还着意附上了费奥克利托娃的日记片断——当然不是旌表伯爵夫人举止得体的谀辞，难道这不是告密，而是讲究德行操守的文明人做得出来的事？马·斯·苏霍京在日记中写到有关情况：

“雅斯纳雅·波良纳住着一位名叫芭芭拉·米哈伊诺芙娜·费奥克利托娃的人，索菲娅·安德烈耶芙娜的打字员，萨莎的同龄人、知己、耳目，总之就是这么一个角色。这位芭芭拉·米哈伊诺芙娜跟很多人一样，也有写日记的习惯。她的日记断档三天：恰与索菲娅·安德烈耶芙娜在雅斯纳雅·波良纳度过的那段时间吻合。亚·鲍·戈尔登维泽尔撕走了这部分日记，伙同安·康·切尔特科娃、芭·米·费奥克利托娃诸人抄写复制后寄给了列夫·尼古拉耶维奇。日记内容大致是这样的：索菲娅·安德烈耶芙娜吃得好睡得好，精神饱满，喜气洋洋，一看就知道浑身上下没有一点毛病（跟在科奇塔的时候判若两人）。她有事没事就跟芭芭拉·米哈伊诺芙娜搭讪，诅咒她那老不死的老丈夫。一句话，索菲娅·安德烈耶芙娜不是有嘴巴无脑瓜的碎嘴婆，她是既下流无耻又阴险奸恶的麦克白夫人。

“为了离间托尔斯泰夫妻的关系，达到让切尔特科夫一手掌握列夫·尼古拉耶维奇全部作品支配权这一不可告人的目的，那份谎言编结的告密信充分体现了人性的堕落、险恶、下流，读之令人作呕。那天晚上我辗转反侧，久久不能入睡。”

苏霍京大为不解的是，就是那样一份低级幼稚不值一哂的告密信，托尔斯泰却读得津津有味。其实托尔斯泰本人也在日记中提及此事，从一个侧面证实苏霍京所言非虚：“戈尔登维泽尔寄来了芭芭拉·米哈伊诺芙娜部分日记的抄件，令人震惊。”

是什么让阅尽沧桑的托尔斯泰震惊？日记内容？告密行为本身？

托尔斯泰当时的心情，可以通过其从科奇塔开拔前往雅斯纳雅·波良纳之前写给切尔特科夫的信中窥知一二。“我只想说明一点，最近一段时间你们的对抗已经从‘勾心’演变成了‘斗角’，双方各不相让，以眼还眼、以牙还牙；你就是这样听从良心的召唤、践行对上帝的承诺的。我现在退无可退，没法再作壁上观了。”

他在日记中写道，“回家前我考虑了方方面面的情况，觉得有些事到放手一搏的时候了，迟必生乱……”

在科奇塔躲避一个半月之久的托尔斯泰，踏上归程的时候似乎已经胸有成竹。不过他究竟打定了什么样的主意，外人无从知晓。

不过忍耐肯定是托尔斯泰计划的一部分。先是索菲娅从他的靴筒里盗走他的私密小日记本，从中发现了他写过遗嘱的直接证据；后有切尔特科夫为了报复索菲娅强制隔离他与“恩师”，写信指责托尔斯泰言不顾行、首鼠两端，缠七夹八将托尔斯泰驳了个体无完肤。托尔斯泰两头受气，满腹冤屈只能发泄在日记里：“他们把我撕成了碎片。我的脑子里只有一个念头：不如就此离家出走，一了百了。”收到切尔特科夫谴责信的第二天，他当即提笔写了一封措辞严厉的回函，自他们交往以来首次（！）严正警告他不要插手他们夫妇间的私事：“我们的问题我自会想办法解决，并且已经着手解决；外人的干预在这里只会添乱，根本起不到任何作用。我之所求，唯对得起天地良心、符合上帝之法而已。您的信深深刺痛了我，我有一种被撕成两半的感觉，不知下一步当何去何从……”

现在才知道自己被撕成了两半，托尔斯泰的觉醒来得太晚了。他已经成了夹道之犬，两边是逐之不歇的人群；而他的前路已经堵塞，一死之外，别无他途。索菲娅·安德烈耶芙娜，切尔特科夫，都想独占他的文学遗产、都想掳走他的灵魂，奈何一己血肉之躯安得满足双方之欲……尽管身若飘蓬而四方雷动，托尔斯泰还是操起了他那根如椽巨笔，开始创作他平生最后一篇小说：《世间没有罪人》。这篇经过三次修订、最终未能完稿的小说，开篇第一句是：“我的命运离奇怪诞。”

萨莎被赶出家门之后，托尔斯泰的状况迅速恶化，以前的晕厥变成了垂死的抽搐：他僵直的身躯横在床上，痉挛发作的时候几个壮汉都按不住。情况危殆，不容家人朋友间相互怄气，索菲娅·安德烈耶芙娜和一生仇视她的女儿萨莎，这个时候不得不握手言和；切尔特科夫也获得索菲娅的恩准，得以跨入雅斯纳雅·波良纳庄园的大门。一俟托尔斯泰病情好转，一切又恢复了老样子……

10月27日后半夜，托尔斯泰逃离了家园。

第十章

冰雨

行至阿斯塔波沃，托尔斯泰身上残存的最后一点力气消失了，不过他的视力并没有衰退。从候车室到火车站长奥佐林家短短一段路程，托尔斯泰走得很不容易。就像一只腿断翼折的鹰，纵有一双俯瞰天下、明察秋毫的锐眼，现在却寸步难行。

奥佐林家的小屋位于斜坡之下，一段台阶从车站平台直拖至他家的屋后。天色已晚，“从候车室出发前，握定列夫·尼古拉耶维奇一只手的站务员提醒他前面有台阶。他回答道：‘没什么，没什么，我看得清的。’”奥佐林回忆当夜的情形，“临进我家大门前，那位站务员又提醒了他一次，他的答复跟原先的一样。走廊里光线很暗，另一位站务员吆喝着掌灯，列夫·尼古拉耶维奇急忙阻止：‘别麻烦了，我看得见，我什么都看得见。’”

好在此后的一个星期里，托尔斯泰避开了外界的风霜。10月6日，秋雨下了整整一个晚上，寒冬的气息到处弥漫。“天气跟蜷缩在家里的阿斯塔波沃人一样，阴冷、压抑。”记者弗·阿·戈特瓦尔德写道，“大地上结了一层薄冰，漆黑的夜幕筛下连绵不绝的雨滴或者雪霰，打在萧索的大地上，打在沉郁的心田里……我想象不到这个世界上还有比那个夜晚更可怕的东西。夜色如墨，信号灯发出的红光，鬼火一般在铁路线上游弋。老房子前面破败的小花园里，几株白桦在幢幢暗影里战栗，蒙着一层冰凌的树枝上跃动着凄寒的反光。偶有冷风吹过，干硬的枯枝碰撞摇曳，发出钟磬一般的轻响，幽远、哀伤，宛然徘徊在旷野里的怨妇一路洒下的呻吟，未曾入耳，已然心折。”

“总部问责，我当何以面对？”

从科泽尔斯克到阿斯塔波沃，跟踪托尔斯泰一行的不唯《俄罗斯导报》记者康丝坦丁·奥尔洛夫一人，还有警察队伍。

托尔斯泰一行登上火车不久，别洛夫警察当局就给库尔金诺火车站拍发了一封电报：“12号抵达后立即查车，查清作家列夫·托尔斯泰是否在车上；如在，问明离乘车站并电告本人。警官普什科夫。”发报时间是10月31日3：20。两个半小时后，丹科夫——阿斯塔波沃前最后一个大站——有了回应：“乘坐12号车，持二等车厢票，离乘站：顿河罗斯托夫。士官戴金。”

再过两小时，一封从阿斯塔波沃发往叶列茨的电报摆上铁路警署地方分支机构宪兵大尉米·尼·萨维茨基的案头：“搭乘12号车的作家托尔斯泰伯爵身染重病，火车站长奥佐林携其到自己家中休息。士官费利波夫。”

11月1日上午10点，莫斯科—卡梅申铁路宪兵总管利沃夫少将亲自致电萨维茨基：“就649号情况作出答复。”萨维茨基的答复迟迟未至，直到晚上7点才有了音讯：“列夫·尼古拉耶维奇在马科维茨基医生及两位亲属陪同下抵达阿斯塔波沃，途中染病，现宿于火车站长寓所。”

现代人要厘清沙俄时期复杂的宪警体系运转秘辛，殊非易事。不过有一点非常清楚：诺沃切尔卡斯克风平浪静，并没有展开针对托尔斯泰的秘密调查活动；往来电文只字未提越境的问题，说明当局也没有怀疑作家使用伪造的护照逃国。

宪兵大尉米哈伊尔·尼古拉耶维奇·萨维茨基在托尔斯泰离家出走事件中扮演了一个非常“特殊”的角色：他不仅受命追查托尔斯泰的下落并负责直接向莫斯科警方高层汇报，还承担阿斯塔波沃一方治安之重任，算得上是个关键人物。

不过叶列茨在奥尔洛夫省境内，掌控托尔斯泰一行最初3天在图拉省的活动，萨维茨基也是鞭长莫及。客观原因造成的反应迟钝，令莫斯科上司对他的工作大表不满。当各大报刊竞相发表记者从第一线发来的与托尔斯泰一行有关的新闻报道时，这位宪警先生却一言不发、表现得相当沉稳。也许他还未能参透上峰的深意，对“特殊角色”的认同度有待提高。阿斯塔波沃火了，全国乃至地方报刊的记者纷至沓来，弹丸小站里人满为患。奥佐林站长腾不出房间，不得不提请上司准许他动用驻泊的车厢，安顿这些外来客。而“钦差大臣”萨维茨基11月3日还在叶列茨，拿抄自马路摊上随处可见的报刊上登载的文章应付差事：

“12号车两次鸣笛后，鉴于托尔斯泰病情危重、医生已然发出警报的实情，作家之女请求火车站长提供方便、给他们找一个歇脚的地方。阿斯塔波沃别无去处，火车站长将托尔斯泰一行直接引至自己的寓所。”

就在这一天，利沃夫将军给他拍发过一份密电（！），要求他务必赶往阿斯塔波沃控制局势，并带5名宪兵偕行①。利沃夫的电报3点发出，萨维茨基却一直迁延未行。向晚时分，阿斯塔波沃宪警费利波夫发来警报：“《早报》《俄罗斯导报》《消息报》《言论报》《莫斯科之声》《新世纪》《彼得堡电讯社》均派记者进驻，明晨11点梁赞省长抵达阿斯塔波沃。”身在叶列茨的萨维茨基发出遥控指令：“致：阿斯塔波沃，士官费利波夫。着令来客不得驻留车站。本人明日晚即达。站长家之外，别处一律不得容留来访人士。除前期抵达4人外，站长家亦不得再行接纳任何人。萨维茨基大尉。”

但是，阿斯塔波沃无法拒绝蜂拥而至的记者。为了防止局面失控，梁赞—乌拉尔地区铁路事务总监、办公地点设在萨拉托夫的德·阿·马特伦宁斯基，这个时候不得不站出来，电告麾下阿斯塔波沃火车站的站长奥佐林：“兹特授权你站1—2日内动用一节二等备用车厢安置来自彼得堡、莫斯科或其他地区的记者，并预先声明厢列随时候征，用于运送兵员。”

与此同时，他还致电梁赞—乌拉尔铁路阿斯塔波沃段长克利亚索夫斯基，让他准备一间临时病房，生好火炉之外，配齐床褥。他还要求在未接到允许采访的正式通知前，严格限制记者靠近托尔斯泰居所。

接到萨维茨基禁止接纳外来人员的指令，士官费利波夫封门闭户，明确要求记者及闲杂人等不得入室扰民、不得动用闲置车厢栖身。11月4日晚及次日凌晨，他两次致电宪兵大尉萨维茨基，告知相关情况。阿斯塔波沃火车站的局面渐呈失控，心急火燎的马特伦宁斯基于11月4日致电萨维茨基：“情形危殆，兹请允许滞留阿斯塔波沃车站的外来人员，包括托尔斯泰伯爵的眷属以及其余一干人等就地借宿，或

① 电报原文：“发往：叶列茨或其他萨维茨基驻在地。宪兵总部令：密切关注25309- 14756 - 29393 - 43537 - 30819- 58676 - 64726 – 5监管39535 - 68676 - 71958-43269 - 58568 - 65242- 47514 – 6发送56642 - 53835 - 26586 - 77185 - 95869 - 71419-13475-46474-839260-67971-95434-25471 -519-688。利沃夫少将。”

利用交站内停靠车厢小栖。目今之势，一村一落已难容浩浩人流。请即定夺，并盼赐复。”“凡带护照者，一律放行；”大尉回电明示应急措施，“其余人等处置办法亦当即日决定，请候至晚间答复。”

萨维茨基同日收到将军的加急密电：“要求每日函告阿斯塔波沃车站治安，如遇紧急情况即当拍发电报。今未得任何消息，总部问责，我当何以面对？！”向晚时分，萨维茨基赶至阿斯塔波沃。目睹病榻之侧上演的种种阴谋，他因缘际会，无意间成了托尔斯泰末日最有价值的见证人之一。

帝国在颤抖

1910年10月31日—11月7日，藉藉无名的梁赞—乌拉尔大铁路阿斯塔波沃站成了整个大俄罗斯、甚至全世界人民关注的中心。

这不是一个伟人抑或普通人的生命走向尽头的7天，这是决定帝国命运的7天，是整个地球为之凝眸的7天。无数俄罗斯人，社会地位不同、信仰各异的俄罗斯人——铁路工人、农民、神职人员、医生、记者、警察、报务员、省长、各部门各级别的官员乃至首辅斯托雷平、沙皇尼古拉二世，都被吸引到阿斯塔波沃这个与其说铁路枢纽、不如称之为精神枢纽和信仰旋涡的地方。

而最令人拍案称奇的地方，还在于面对这位溘然长逝的世纪老人，没有人不深受良心的煎熬。大家都觉得列夫·托尔斯泰的离家出走及至枕道而殁，自己罪无可道，他们都想卸下压在心头的道德重荷，推放到上司、僚属、亲友的肩上。一个人的颓然倒下——且其死完全可以归咎于家事不谐、归咎于私人关系的措置失当，最终撼动的，却是俄罗斯帝国大厦的基石。

11月3日，《俄罗斯晨报》记者谢·谢·拉耶茨基报道：“发报机一直响个不停。交通部、铁道部国家管理部门以及卡卢日、梁赞、唐波夫、图拉诸地省长不间断地发布调度指令、问询一线情况；图拉省府派出专员直抵阿斯塔波沃，了解现场信息、应对突发事件；来自全国各地的慰问电，如提前到来的雪片一般飞向托尔斯泰的家人。”

11月4日，梁赞省长亚历山大·尼古拉耶维奇·奥勃良斯基公爵来到阿斯塔波沃。麇集街头的记者带来的麻烦不少，他使出阴招下令关闭车站便利店，试图饿走那拨人马。记者们被逼无奈，只好集体上书利沃夫将军。几经周折，奥勃良斯基最终收回成命。吃的问题解决了，但住的问题依然存在。“阿斯塔波沃车站急需大量床铺被褥……”“速运10—15盏玻璃罩灯至阿斯塔波沃。务必扎实包装，以防破损。”梁赞—乌拉尔铁路后勤保障主管官员、驻所在阿斯塔波沃邻站萨拉托夫的梁沃伦斯基紧急发电请求支援。

梁赞省长起初想连托尔斯泰一同撵走，从此一了百了，落个耳根清静。11月2日，利沃夫向萨维茨基拍发了一封密电，内称“电告相关人员允许列夫·托尔斯泰暂住车站公寓，省长当知情况危殆，须立即调派医务人员予以救治；并当配备生活设施，病情好转前，不宜放行。”

列夫·托尔斯泰客死自己的辖区内，梁赞省长的处境相当尴尬。更何况这位名动天下的大作家与政府、与教会关系不睦，这后事如何料理，奥勃良斯基公爵心中没底。揽读由其本人拍发给时任斯托雷平助理、内务部长的巴维尔·戈利高里耶维奇·库尔洛夫将军的密电，这位省长面临的处境一目了然：“恳请批示并询都主教之意见，本地神甫可否为托尔斯泰举办祈福活动。昨日曾派员面咨神甫，神甫于此事多有推诿。此请建议都主教不予允准，妥否请详察。”

托尔斯泰病危，俄罗斯帝国在颤抖！偏远小站一位普通神甫为列夫·尼古拉耶维奇祈福，此等微末小事，居然上升到省长、内务部长、都主教定夺的层次，人有病、国有殇，其影响力可见一斑。

1902年托尔斯泰抱病克里米亚，主教分会的态度也相当微妙。一位垂暮之年的老人，又值身染恶疾朝不保夕之际，教会愤然下手将之驱逐出教，沙皇内心的不满溢于言表。11月4日，阿斯塔波沃收到都主教安东尼的来信。都主教在信中言辞恳切地敦请托尔斯泰伯爵转变立场，重新投入东正教的怀抱。不过根据奥勃良斯基公爵发给库尔洛夫的电报推断，不难得出都主教恩威并施迫人就范的“良苦用心”：在笼络托尔斯泰的同时，明令禁止当地神甫为托尔斯泰祈福。

很遗憾，根据不太可靠的文字资料——谢尔盖·米哈伊洛维奇·特鲁方诺夫（曾任东正教修士司祭）记录戈利高里·拉斯普京行状的书：《神圣的魔鬼》[①]——记

① 谢尔盖·米哈伊洛维奇·特鲁方诺夫，《神圣的魔鬼》, Святой чорт Записки о Распутине / Бывш. иер. Илиодор Сергей Труфанов с предисловием С. П. Мельгунова. - Изд. 2-е . - Москва : Тип. Т-ва Рябушинских, 1917. - XV, 187, [1] с. ; 27 см .——译者注

载，拉斯普京一次与沙皇谈起列夫·尼古拉耶维奇，“老爹（指尼古拉二世。——作者注）说，如果他们（指主教。——作者注）一味宠着那个列·尼·托尔斯泰，这个人将至死不悟。事实上他们的立场非常坚定，前前后后跟他进行过思想交流的，无外乎就一个帕尔芬尼。他们的灵魂是多么的高傲！”

沙皇直指图拉主教帕尔芬尼之名，这一点完全可信。这位主教1909年曾与托尔斯泰有送一面之缘，当时留给作家的印象非常好。托尔斯泰弥留之际，主教公会还曾将他如至彼得堡，试图利用此人游说托尔斯泰皈依东正教。

帕尔芬尼的目标没有达成，也失去了达成的可能——他11月7日上午9点抵达阿斯塔波沃火车站，而托尔斯泰已于3小时前逝世。此番延误带有主观故意的倾向，因为他11月4日即已从莫斯科出发，根本不存在时间来不及的问题。明知不可为而为之，都主教无此雅兴——不仅熟知托尔斯泰的品性，通过阅读媒体报道，都主教对阿斯塔波沃的局势也是了如指掌。帕尔芬尼清楚，有切尔特科夫和萨莎护持左右，他连接近托尔斯泰病榻的机会都没有。

辞别阿斯塔波沃前，帕尔芬尼与宪兵大尉萨维茨基、列夫·托尔斯泰之子安德烈·利沃维奇有过一席交谈，打听托尔斯泰死前是否有过与东正教和解的意念表示。避开身边守护者，专找与托尔斯泰没有正面接触的人了解情况，帕尔芬尼主教这么做是有其深意的。不过无论萨维茨基，还是安德烈·利沃维奇，列夫·托尔斯泰诸子中唯一笃信东正教的一个，都没有就列夫·尼古拉耶维奇是否持有反教会立场这一问题，向主教做出明确回应。更有甚者：安德烈表示他们一家人一致同意以世俗之礼埋葬托尔斯泰，教会完全可以袖手旁观。帕尔芬尼在递交主教公会的报告中指出：“我甚感困惑，当时还表示过怀疑：‘令堂一年半前也曾当着我的面谈过这一问题，她的意见正好相反……’安德烈的答复是，其母伤心过度，已经改变了立场，‘此外，她现在心智受损，根本无法与人交流；我的兄弟对葬仪是否由教会主持漠不关心，姐妹则全部持反对态度……’”

帕尔芬尼急流勇退的做法是明智的，另一位神甫瓦尔索诺菲，随机应变的能力就没有他那么好了。同主教会中人，这位都主教在托尔斯泰与东正教的对决中泥足深陷，一直坚持到最后一刻。

最后一搏

围绕瓦尔索诺菲的阿斯塔波沃之行、其与弥留之际的托尔斯泰病榻之侧交流的详情，众说纷纭、几成神话。如果将所有虚构的故事串成一个整体，情节大致如下：

逃离雅斯纳雅·波良纳之后，托尔斯泰想过回归东正教会。先投奥普季纳修道院，他的用意很明显：留置院内事奉天主、颐养天年，但自尊心又不容许他拜伏院长门下。迫于情势，他不得不撵走循踪而至的萨莎，黯然离去。行至阿斯塔波沃，僵卧病榻之上的托尔斯泰自知大限将至，顿生忏悔之意，便向奥普季纳修道院发去一封电报，表达了与瓦尔索诺菲一晤的愿望。都主教得着消息，带着对礼风尘仆仆地赶来探视托尔斯泰，不料切尔特科夫和托尔斯泰的小女儿萨莎从中作梗，竟与作家缘悭一面。这两个以托尔斯泰使徒自命的人，也没有准许信仰东正教的准遗孀索菲娅接近丈夫。

这一套谎言不难揭穿。许多业已浮出水面的史实，早已证明其荒诞无稽。然而，证伪永远比证实来得容易，这套说辞中究竟包含有多少真相的成分，这才是我们最关注的东西。

同时代人列夫·季哈米洛夫就托尔斯泰之死，曾经发表过自己的看法："非同寻常的结局……信念冲突、思想斗争，也许是托尔斯泰末日的象征。他想皈依天主，但撒旦劫持了他的灵魂。"

季哈米洛夫的说法未必准确，但意蕴深远。不幸的是，触及托尔斯泰末路方面的话题，世人习惯于用"撒旦"一词影射围绕在作家周围的具体人物；而瓦尔索诺菲的阿斯塔波沃之行也常遭过度解读，被赋予了太多理想化的色彩。

托尔斯泰没有给奥普季纳修道院发过电报，所谓的约见瓦尔索诺菲主教诸般情由，自然是空穴来风。对相关问题做过深入研究的格奥尔基·奥列汉诺夫神甫，也坦然承认这一点。

追根溯源，谣言起于一份巴西东正教刊物（圣保罗《弗拉基米尔消息报》1956年第62期上发表过一篇文章，奥普季纳修道院长伊诺肯季的前事务助理撰写的回忆录。该文指出，奥普季纳修道院可能收到过一封托尔斯泰列夫·尼古拉耶维奇发来的电报，请求约瑟夫神甫前往阿斯塔波沃火车站一叙）。约瑟夫神甫因沉疴在身不能成行，院众决定请瓦尔索诺菲主教亲自出马，满足托尔斯泰临终前的要求。

“显而易见，伊诺肯季在这里犯了一个错误。”格奥尔基·奥列汉诺夫写道，“至于主什么会出现这个问题，理由很简单：伊诺肯季妄自穿凿，先凭主观臆想凭空虚构出托尔斯泰的来电，次在子虚乌有的‘托尔斯泰电’与时任卡卢日主教的维尼亚明（后转至穆拉托夫）拍发的电报之间建立起某种因果联系。维尼亚明曾奉主教公会之命，约请修士司祭约瑟夫前往阿斯塔波沃火车站，代表教会探问病中的列·尼·托尔斯泰伯爵……”

“托尔斯泰电”也许确实存在，不过由于教会长期以来讳莫如深，久之便成了历史悬案。与托尔斯泰之殁有关、发自阿斯塔波沃的函电，包括萨维茨基的密电，均一字不漏地保存了下来并屡屡见诸报端。迫于皇室、首相府施加的重重压力，主教公会特意派遣帕尔芬尼搜寻托尔斯泰与东正教和解的直接、间接证据，希望能捕捉到一点蛛丝马迹，终结教会与这位文坛巨子之间的过节，功行圆满、皆大欢喜。得悉托尔斯泰本人“至死不悟”，帕尔芬尼决定退而求其次：试探其亲属的态度，看他们有没有为逝者举办宗教葬礼的想法，得到的还是否定性的答复。托尔斯泰的电报无疑是主教公会借坡下驴的道具，可惜不唯托尔斯泰不给他们提供这样的道具，连他的家人也不想为他们铺就放下身段的台阶。滞留阿斯塔波沃期间，作家只给切尔特科夫发过一封电报，还是口授内容让萨莎代发的。

奥普季纳修道院编修的《年谱》中，没有一字提到托尔斯泰的电报。相反，卡卢日主教拍发电报的事，该文献中却有详细的记载。瓦尔索诺菲之所以现身阿斯塔波沃火车站，该电报无疑是最好的解释。

“昨天，即当月（11月。——作者注）4日上午收到卡卢日主教的电报，述及奉请教公会之命，着前院长、修士大司祭约瑟夫前往梁赞—乌拉尔铁路阿斯塔波沃火车站，向旅途中偶染风寒一病不起的列夫·托尔斯泰伯爵宣示主之关怀，以期在主的荣耀感召之下，他能够消除对东正教的成见。修道院复电说明约瑟夫神甫久病在床，不过本人决定慨然赴命的情况，院长体恤约瑟夫疾苦，并建议瓦尔索诺菲神父代行其事。维尼亚明主教很快做了批复，主教公会尽如所请，奥普季纳修道院可以另择他人。院长继发一电报，就临机处置策略问题，诸如托尔斯泰表示忏悔的情况下可否对其施洗、正式纳其入教等请示主教的意见。维尼亚明主教批示，与托尔斯泰正面接触的人是主的信使，有责任向卡卢日主教报告托尔斯泰的反应，以便转呈主教公会妥处。4日晚，约瑟夫神甫致电阿斯塔波沃火车站长询问托尔斯泰的下落——如果其人尚在，他次日晚间赶至车站后可否一晤；如果已走，那么具体去了什么地方。车站答称应家属之请，托尔斯泰伯爵留置养病。瓦尔索诺菲院长当日一早即行出发，赶往阿斯塔波沃火车站面见托尔斯泰伯爵，完成主教公会安排的任务。”

托尔斯泰无心、奥普季纳修道院无意，极力化解教会与作家之矛盾、促成托尔斯泰在生命的最后一刻皈依东正教的，是主教公会。奥普季纳修道院长的阿斯塔波沃之行，是主教公会一手策划的，其扮演的角色充其量就是个“信使”。

瓦尔索诺菲一到阿斯塔波沃，就发现自己举步维艰。一方面他的适度无法与托尔斯泰本人敬重的约瑟夫相比（托尔斯泰离家出走前期，曾在奥普季纳修道院外盘桓，寻求与约瑟夫见面的机会）；其次，他此行名不正言不顺，不敢透露一点奉主教公会之命往见托尔斯泰的信息，因为他深知，此举将使主教公会颜面扫地；再次，无论列夫·尼古拉耶维奇本人，抑或当时差不多齐集阿斯塔波沃的托尔斯泰家属（缺席的只有时在巴黎的列夫·利沃维奇一人），都未曾约请过教会中人——“送货上门”，这终归不是什么值得炫耀的体面事。

瓦尔索诺菲神甫处境之尴尬，几与宪兵大尉萨维茨基有得一比（他们命运的轨迹确实有很多重合的地方：神甫有军旅生涯背景，退役上校）。主教公会1901年挑起的乌龙事件本与他无一丁半点的关系，最后黑锅背到了他一个人身上。在啸聚阿斯塔波沃的那一班新闻记者眼里，他就是个出乖露丑的“哥萨克传令兵”，人人讥诮的对象。

记者对瓦尔索诺菲的不恭并不止于表面上的揶揄。根据记者从阿斯塔波沃发出的电报，瓦尔索诺菲不仅被封口，还受命就自己为什么突然造访这个偏远小站发布站不住脚的理由。坚不吐实、漫天扯谎，这就是站在托尔斯泰身边的人对教会、对瓦尔索诺菲的看法。

亚·费·阿弗列赫，《早报》：“奥普季纳修道院院长瓦尔索诺菲大驾光临，陪同的还有一位修士司祭庞特莱蒙（实为奥普季纳的医生。——作者注）。据后者所言，瓦尔索诺菲直接受主教公会节制，不过瓦尔索诺菲对此矢口否认。他声称，他乘车出行只为靓神布道，非专奔托尔斯泰而来，更与主教公会无关。”

巴·亚·维林斯基，《基辅思潮》：“修道院长告诉我，他不认识托尔斯泰，此番只是路过阿斯塔波沃火车站，随后还要继续他的朝圣旅行。”

亚·亚·叶比方斯基，《早报》：“神父在记者会上宣布，他此番出行的目的是朝圣，顺路探问一下托尔斯泰的病情。他告诉安德烈·利沃维奇，列夫·托尔斯泰路过奥普季纳修道院的时候，也曾谋求与他一晤。”

加尔涅斯：“神甫此行可以说一无所得。他们商量好乘夜探访托尔斯泰，可大门落锁，他们被挡在了外面。管家受命对暗号放人，他们未获告知，吃了一通闭门羹。”

内容大同小异的这一类电报汗牛充栋，不暇引用。后来忝居东正教圣徒之列、当时年事已高的修道院长受到的冷遇，充分说明主教公会1910年的裁决不得人心。驱逐谁不行，偏偏相中了托尔斯泰！主教公会真有眼光！耍笔杆子的那班人里，还有谁比托尔斯泰虔诚！这阵子跑到阿斯塔波沃火车站舞文弄墨、公然蔑视主教公会的记者，就不见有一人被逐出教会！

托尔斯泰的亲属对待老神甫的态度也不怎么友好。获悉托尔斯泰离家出走后投奔的第一站是奥普季纳修道院，萨莎拼尽全力封锁瓦尔索诺菲到访的消息，阻断父亲与教会和解的最后一丝希望。她这么做有她自己的理由：医生吩咐病人需要静养，外人不便打扰。基于这一原因，托尔斯泰的其他子女，包括谢尔盖和塔季亚娜，也没有坚持向父亲禀明瓦尔索诺菲候见、安东尼都主教曾发过慰问电的情况。这个理由看上去堂而皇之，实则很难站得住脚。克里米亚那场大病也差一点要了托尔斯泰的命，就在他生死挣扎之际，妻子索菲娅曾备极详细地谈起安东尼的信，托尔斯泰的心跳也没有骤停。由此可见，托尔斯泰当时对教会不抱敌意。可惜这一回他与教会的联系被家人隔绝，濒死那一刻他的心里究做何想，我们已经无从察知。

人未死而心已埋，一曲哀歌，余音未绝……

备用车道

切尔特科夫在其所著《托尔斯泰的出走》一书中抛出托尔斯泰弥留之际，他是唯一被作家召至阿斯塔波沃火车站的人，以此证明作家对他的信任度无与伦比、并为那份所有托尔斯泰文学遗产处分权几乎是尽落他一人之手的遗嘱做背书。萨莎、马科维茨基的日记，也从侧面证实了这一点。但此一说法也有蹊跷：截至目前，我们没有发现托尔斯泰召唤切尔特科夫的电报。类似的电报有，不过是萨莎代发的。与此同时，托尔斯泰还向女儿口授了另外一封内容相左的电报。两封电报同时发出，具体时间是11月上午10：30。

11月1日上午，马科维茨基写道，托尔斯泰感觉自己的精神有所恢复，体温也降到了摄氏36.2摄氏度。“列夫·尼古拉耶维奇说，他感觉身体有所好转，可以上路了。”紧接着委托萨莎向切尔特科夫拍发了一份电报，电文是：“昨晚染病。旅客皆见我身体虚弱、步履蹒跚。今日情况好转，我等将再度起行。相机采取行动并电告近况。尼古拉电。”

无论怎么解读，这么一通简短的电报也看不出“托尔斯泰电召切尔特科夫往见”的意思。恰恰相反，我们看到的是托尔斯泰叮嘱他那位“亲爱的朋友”静观时变，“相机采取行动”。到底“采取”什么“行动”，托尔斯泰逗留夏莫尔金修道院期间也向切尔特科夫做过交代：密切关注索菲娅·安德烈耶芙娜的动态，但有所作，立即告知。萨莎拍发父亲电报的时候夹带了一封自己的私电：“昨天在阿斯塔波沃站下车。父亲高烧不退，伴晕厥。今日一早体温恢复正常，现又发恶寒症状。继行已无可能，父亲颇有见您之意。”

如果托尔斯泰确曾向切尔特科夫发出过邀请，那他就是个背信弃义之徒，违背他在1910年7月14日寄给妻子的信中誓言：

“……如果你不接受我提出的条件，从此安于现状、悠游度日，那么我将收回永不离开你的承诺，远走高飞。当然，我不会去找切尔特科夫，并且在此立誓，永不让其人靠近我生活的地盘。我之所以离开你，是因为我们实在没法同处一个屋檐下。”

以托尔斯泰逃离雅斯纳雅·波良纳前后及其滞留阿斯塔波沃期间的身心健康状态，他是否还有足够的理性力量坚守道德约束，这个已成未定之数。不过托尔斯泰有见切尔特科夫最后一面的强烈愿望，这一点毋庸置疑……

在妻子的淫威下被迫答应与切尔特科夫断绝来往，这是托尔斯泰离家出走的原因之一。出逃前夜他给弗拉基米尔·戈利高里耶维奇写过一封情深辞切的信，读后不容人怀疑他们俩人间有着坚不可摧的友情：

“近些日子里第一次感受到，没有您的日子苦不堪言……

“心里有太深的感受，太多的想法，但没有人堪与诉说。因为我非常清楚，知我者，一人而已。”

困于阿斯塔波沃病榻之上的托尔斯泰，在写给子女的信中满含歉意地说：“亲爱的孩子们，我的谢廖沙，我的塔妮娅，我没有召你们前来，希望你们不要怪罪我。我也相信，你们完全能勉够体谅我的苦衷。落下你们的母亲、弟兄单独召见你们俩，这对他们来说是巨大的精神打击，他们，特别是你们的母亲将无以承受。你们俩首先应该理解，我撇开家人约见切尔特科夫是有原因的，他身份特殊，没有人可以取代他的位置。他为我后半生孜孜以求的事业而献身，虽然我的认识有可能存在偏差，至少目前我认为，与其说他在为我效命，毋宁说他在造福包括你们在内的全人类。”

此信明确传递出一条信息：以他、切尔特科夫、他的家庭为顶点的“三角关系”怪圈，托尔斯泰至死都未能打破。他不肯见孩子们最后一面，声称那么做会伤透妻子的心；但他约见的那个人——切尔特科夫，恰是索菲娅·安德烈耶芙娜的眼中钉、肉中刺，她最不愿意看到出现在丈夫身边的人。“身份特殊”，这就是他给家人提供的冠冕堂皇的理由。

另外托尔斯泰的信也不是全无漏洞，稍加琢磨，就能挑出一些错误，譬如他的世界观发生转变的时间，在他的笔下提前了整整10年。前矛后盾，逻辑混乱（口头上对妻子备极体谅，为了照顾妻子的情绪甚至放弃了与子女见面的机会；实际上背弃对妻子的承诺，将本应远避三十里的切尔特科夫招至床前），这一切表明托尔斯泰的灵魂已经游走在生与死边缘，即将摆脱尘世生活的羁绊。

同日他向萨莎口述了一段心理独白：“上帝是无边广大的存在，人只是活动于其中的一分子。不生不灭、永续永存的事物，世间只有上帝。人是上帝的生命形式，行走在宇宙间，与上帝的造物（其他生命体）相互依存。爱是联结人的生命与宇宙间其他生灵的纽带，爱不是上帝，但爱心近乎神性。爱得越多，存在就越是真实完美。”

托尔斯泰在自己的家里体验不到“真实完美的存在感”，他的目标是人间大爱。但是他的泛爱主义是有前提条件的：切尔特科夫超越一切。

毋庸讳言，托尔斯泰本人也深知这一点。丈夫离家出走后，索菲娅·安德烈耶芙娜不得不放下身段，谋求与切尔特科夫和解。利用布尔加科夫居间作阀，她传话邀请切尔特科夫到雅斯纳雅·波良纳做客。但是，切尔特科夫并没有接受她递来的橄榄枝，她碰了一鼻子灰……

“我只身返回雅斯纳雅·波良纳，大家都觉得不可思议。”布尔加科夫回忆，“索菲娅·安德烈耶芙娜主动示好，切尔特科夫居然会视若无物，这是任何人始料不及的。

“……弗拉基米尔·戈利高里耶维奇听我说起索菲娅·安德烈耶芙娜的盛意，起初表示可以到雅斯纳雅·波良纳走一遭。不过沉吟片刻后，他又改变了主意。

“‘我有必要这么做吗？’他说，‘看她在我面前卑躬屈节、请求我的宽恕？……她这是挖好了陷阱等我跳：让我替她张目，给托尔斯泰发电报。’”

索菲娅·安德烈耶芙娜布下的玄机，在弗拉基米尔·戈利高里耶维奇脑子里打个回旋，竟被他一语道破。托尔斯塔娅夫人此刻只有一个想法：不择手段，唯求丈夫回头。与强迫丈夫与切尔特科夫划清界限一样，这一次她又犯了一个错误。托尔斯泰外柔内刚，他可以忍受妻子强加在他身上的一切枷锁，但他不能容忍任何人践踏他内心的自由。他的“精神自我”，是拗不弯、折不断的。

将对手打倒在地、以胜利者的面目出现的切尔特科夫，直到此时此刻还在精心布局，唯恐他的死对头索菲娅·安德烈耶芙娜咸鱼翻身、占得一时之利，所用手段也不尽光明正大，有些甚至不像男人所为。他用一贯的冷酷无情（也许冷漠就是他最强烈的情绪反应），粉碎了“敌人”握手言和的最后一丝希望。视列夫·尼古拉耶维奇为自己的人生导师，他写给索菲娅·安德烈耶芙娜的信却外呈温厚内怀阴毒，伯爵夫人读后心胆俱寒：

“道貌岸然的小人！”

索菲娅·安德烈耶芙娜用心良苦，在遭受切尔特科夫的冷遇前，她就准备好了发给丈夫的电文：“深感无奈。已与切尔特科夫和解。身子虚弱，健康每况愈下。原谅我的过失，再见。”这是她试图将丈夫拉回到自己身边的最后一搏。明显的心机、惯用的伎俩。她已不吝此身，临死前与她的死对头、丈夫名下“亲爱的朋友”言归于好。知道自己的那点心思被勘破、被戳穿、被扼杀，恼羞成怒的索菲娅将切尔特科夫的来电撕了个粉碎，随手丢进了字纸篓里。那堆躺在垃圾堆中的电报“遗骸”被切尔特科夫拍了照片，保存在他的博物馆里。

切尔特科夫第一时间就赶到了托尔斯泰的身边。先他而至的还有调拨来的医生、神甫，再早些时候来的就是托尔斯泰的家人。其时已至11月2日。“上午9点钟光景，弗拉基米尔·戈利高里耶维奇携其私人秘书阿·彼·谢尔根科来了。”亚历山德拉·利沃芙娜在回忆录中写道，“数月未得谋面，父亲与他相见的场面非常感人。他们俩都哭了。我无法抑制如泉如瀑般涌出的泪水，跑到隔壁房间里大哭了一场。”

弗拉基米尔·戈利高里耶维奇的回忆录详细记载了他此次与托尔斯泰的会谈过程：“……我一进门就发现托尔斯泰躺在病床上，看上去非常虚弱，但意识非常清楚。看到我出现在身边，他非常高兴。我小心翼翼地抓住他伸过来的手，吻了一下。我看到两滴老泪从他的眼眶里沁了出来，但他很快就回过神来，问我家下是否安好……并当即转入正题，开始谈论他最关注的问题。他语气颇为热切地告诉我，目前的当务之急是不惜一切代价、坚决阻止索菲娅·安德烈耶芙娜前来探望他，其间还不止一次地问起她最近的动向如何，焦灼之情，溢于言表。当我亲口告诉他索菲娅近日表示将遵从他的意愿、绝不会尾随而至谋求与他见面的时候，他的情绪快慰了许多，之后一整天再未触及大人的话题。”

托尔斯泰害怕妻子打上门来，这是事实。10月31日晚，他直喊了一夜的梦话：

“滚……滚……快点赶走她……”

列夫·托尔斯泰有没有说过“不惜一切代价”，这一点有待商榷。如此毫无人情味的言语，似非托尔斯泰所能发，倒是颇合切尔特科夫的风格。诚然，切尔特科夫做到了“不惜一切代价”阻断托尔斯泰与其妻乃至其子女的联络通道，“不惜一切代价”将他们挡在阿斯塔波沃火车站外。

在此仅举一例。拜切尔特科夫之赐，谢尔盖·利沃维奇险失与父告别的机会。切尔特科夫抵达阿斯塔波沃火车站前后，萨莎给她这位哥哥发过2封内容大相径庭的电报。第一封电报发于11月1日晚间，其中写道：

“情形不容乐观。速带尼基京（一位医生。——作者注）前来。父嘱仅通知你与姐姐2人，余皆不告。”

莫斯科收到这封电报的时候，谢尔盖·利沃维奇已踏上归程，妻子紧急转发给尚在旅途中的丈夫。谢尔盖收到电报后，在戈尔巴乔沃站换乘别一趟火车，倍道兼程赶往阿斯塔波沃。

11月2日上午弗拉基米尔·戈利高里耶维奇大驾光临阿斯塔波沃后半小时，阿斯塔波沃向谢尔盖·利沃维奇发出另一封电报，署名是萨莎。电报未按常规渠道直发莫斯科，而是莫名其妙地插入了切尔特科夫的妻子安娜·康丝坦丁诺芙娜这道中间环节：

"父嘱你们不必前来，详情随后函告。暂无生命危险，勿虑。如情况有变，自当随时告知。"[①]

切尔特科夫是最不想看到行将就木的托尔斯泰身边出现其亲友的人，当然，萨莎算是个特例，此外还有塔季亚娜。弗拉基米尔·戈利高里耶维奇在当天——亦即11月2日上午拍发给其妻的电报中，要求对方将自己驾临阿斯塔波沃的消息告诉托尔斯泰的这位女儿（事实上这道手续也未获照办。托尔斯泰病情危重后落脚的具体地点，塔季亚娜跟母亲索菲娅·安德烈耶芙娜一样，也是经由康丝坦丁·奥尔洛夫拍发的电报得知的）。这位女儿在列夫·尼古拉耶维奇逃离家园之前，还曾忝列乃父文学遗产第三顺序继承人（前两位依次为弗拉基米尔·戈利高里耶维奇、萨莎），想来与呼风唤雨的切尔特科夫关系不差。不过她当时的立场已经发生了变化。托尔斯泰立有遗嘱的风声，就是她吹进母亲索菲娅的耳朵的，与托尔斯泰日记无关。

切尔特科夫最怕的事，莫过于索菲娅·安德烈耶芙娜的出现。列夫·尼古拉耶维奇性情宽厚忍让，妻子大气一吹，他这根墙头草就倒了；另外立那样的遗嘱，他的态度也当初就比较勉强。关键时刻索菲娅·安德烈耶芙娜再跳出来搅一下局，譬如拿儿孙说事、哭天抢地给托尔斯泰施加心理压力——须知妻子在自己的丈夫面前，永远有撒泼的权利——他苦心经营起来的一切就会訇然崩塌。

操这份心的不唯切尔特科夫一人，还有托尔斯泰。此一刻他真正做到了"畏妻如虎"：索菲娅完全有可能利用这个机会挑起遗嘱之争，将他逼到修改遗嘱、要么最后摊牌的地步，到头来弄得灰头土脸的肯定是他——如此偏向切尔特科夫，他们俩狼狈为奸的罪名算是坐实了。先就因"臭味相投"屡遭诟病，现在有了这份遗嘱，这"狼"和这"狈"的尾巴明明白白都拴到一起了！

---

① 这两封内容互有龃龉的电报，托尔斯泰死后其子女一致认为是假他人之名以售其奸的"伪作"，拍发局本身就不在阿斯塔波沃，而在图拉省的雅森基，伪造者就是切尔特科夫的朋党。相关情况，瓦·尼·阿布罗西莫娃、格·弗·克拉耶诺夫主编的《雅斯纳雅·波良纳文体——2006年编》有详细说明。这段历史公案牵扯托尔斯泰老境凄凉、大去之日被人为隔离，未能与妻子、儿女见上一面的问题及其背后波谲云诡的继承权斗争，向来是一个热议话题。——作者注

有此重重顾虑，列夫·尼古拉耶维奇与弗拉基米尔·戈利高里耶维奇甫一见面就絮絮叨叨说个不住，想来也是情非得已了。

“我们谁也没有说话。列夫·尼古拉耶维奇向我伸出了一只手，我向前俯下了身子。他嘴唇翕动了几下，轻声对我说：‘看我，都成这个样子了。’

“我：‘怎么了？不舒服吗？’

“列·托尔斯泰：‘虚弱，四肢无力。’

“沉默片刻之后，他接着说：

“‘加丽娅没拦你吗？’

“我：‘没有。她为什么要拦着我呢？没有拦。’

“稍后他问我，索菲娅·安德烈耶芙娜那边有没有大夫来过——不对，不是看病的医生，是心理医生，我做了肯定的回答。他追问道：‘是不是罗索利莫？’我回答说，不是这个人。

“又是半晌沉默，之后他幽幽地问我：

“‘尊母伊丽莎白·伊万诺芙娜现在住哪里？’

“我：‘在戛纳。她发过一封电报，问您的健康状况怎样。’

“列·托尔斯泰：‘怎么？难道那边的人都知道了？’”

没有一句话触及宗教信仰问题！一场东拉西扯的对话，没有主题没有目的，充满暗昧、晦涩的意味。至少经过切尔特科夫本人的转译，给人留下这样的印象。

他吻过托尔斯泰的手，用他那双因罹患湿疹老是装在橡胶手套里的手抓住病人伸过来的手，举至唇边触碰了一下。托尔斯泰虽然极度衰弱，但他双目尚健，观察力依旧敏锐。仅仅过了一天，他发现切尔特科夫脱去了手套，关切地问起其人的湿疹是否有所好转。关心加丽娅的感受、关心远在戛纳养病的切尔特科夫之母，托尔斯泰的胸怀令人感动。不过他的表现有悖常理，细思之心下颇有五味杂陈之感。生命危殆、朝不虑夕，这个时候心里还惦着别家，唯独不顾念自己的亲人，这是怎样的精神境界！

步切尔特科夫的后尘，又有好几位“托尔斯泰主义者”先后赶至阿斯塔波沃：戈尔登维泽尔、戈尔布诺夫－帕萨多夫、布朗热……这些人随时进出托尔斯泰的病房，聊天、问候病人，气氛相当和悦融洽；托尔斯泰也是温言软语、还不时向他们报以亲切的微笑，可谓极尽待客之道。

一边是托尔斯泰与外人互通款曲，另一边是他的妻子、儿子（伊利亚、安德烈、米哈伊尔）蜷缩在阿斯塔波沃火车站备用车道上停放的车厢里，进退维谷、惶惶不可终日（提醒一下，获得乃父欢心的谢尔盖、塔季亚娜、萨莎一直陪护于病榻之侧）。一到白天，3位已经上了年纪的儿子堪堪钻进奥佐林的公寓里，却只能望着父亲病房的大门，守在廊下发呆。他们不敢贸然闯入父亲的领地，再说别人也不放他们进门。索菲娅·安德烈耶芙娜有那个勇气，但医生及众子女一致认为，托尔斯泰病情危重受不得半点刺激，所以她不仅不能跑到丈夫面前造次，就连她已经赶到阿斯塔波沃的消息，也被瞒了个严严实实。

“……母亲逗留阿斯塔波沃火车站期间，有人拍过一张她的照片。”列夫·利沃维奇在回忆录中写道，“举止失范、穿着邋遢，扒在垂死的父亲借住的房间外，探头张望，侧耳倾听屋内的动静。就像一个罪孽深重、良心备受煎熬、被命运的重锤击倒在地的犯人，一个沦落街头的乞丐，她站在小屋的窗户下，陪伴她的丈夫、她的列沃奇卡走完最后一程，而她的人生、她的肉体、她的灵魂，也在一墙之隔的外面，走向漫漫寂灭之路。”

“他完全像个小孩子……”

芭芭拉·费奥克利托娃在日记中写道，索菲娅·安德烈耶芙娜就在他的病房外徘徊，托尔斯泰对此心知肚明。长达将近半个世纪的婚姻生活，夫妻间自然灵犀互通，芭芭拉的说法完全站得住脚。幼受父亲教诲绝不说半句谎言的萨莎、谢尔盖、塔季亚娜，肯定不会信誓旦旦地向父亲保证，母亲还好端端地住在雅斯纳雅·波良纳。他们最合乎情理的做法，无非是顾左右而言他，或者保持缄默。不将母亲扯进来，谢尔盖已经撒过一次谎了：他向乃父解释这次见面的原因，说自己只是偶然路过此地无意中撞到父亲染病！

托尔斯泰的房间里人头攒动，很多时候都是乱糟糟的，以致什么时候飞进来一只索菲娅·安德烈耶芙娜亲手缝制的枕头，谁都没有察觉——不对，托尔斯泰本人发现了。骨子里不懂撒谎的马科维茨基首先做了坦白交代：她是塔季亚娜·利沃芙娜带过来的（同乘的还有好几个弟兄）。托尔斯泰并没有深究此事，只说他想见一见长女。

“他气息微弱，说话断断续续；这会儿虽然提高了嗓门，但给人声嘶力竭的感觉：‘看你，穿得多工整体面。’”塔季亚娜在写给丈夫的信中原原本本地转述了父亲的话，“‘我告诉他，我对他的品位一直不敢苟同，说完又笑了笑。他话锋一转切入正题，向我打听起妈妈的近况，这可是最让我悬心的话题。我不敢坦言相告妈妈已经来到阿斯塔波沃的事实，更没有勇气公然撒谎。好在他的问题不那么直接，还给我留下了那么一点回旋的余地。

“‘她跟谁在一起？’

“‘安德烈和米沙。’

“‘米沙也来了？’

“‘是。他们态度很坚决，只要你不放口话，他们绝对就让妈妈过来烦你。’

“‘安德烈是怎么想的？’

“‘一样。他们很懂事，想方设法安慰妈妈，受的罪够大了。’

“‘告诉我，她现在整天干些什么？说具体点。’

“‘爸爸，这个你最好不要打听，我说出来你会难受的。’

“他激动了，我说一句他插一句，说得上气不接下气，言语间老泪纵横：

“‘告诉我，告诉我，对我来说还有什么比这个更重要？！’接着开始盘问跟她在一直的还有些谁、医生怎么样一类问题。我说那个女医生很好，在谢尔盖·谢尔盖耶维奇·科尔萨科夫身边工作3年半之久，资历深厚、医术高超，不过人我们已经打发了。

“‘你妈妈喜欢她吗？’

“‘喜欢。’

“好，再说点别的。她吃饭怎么样？

“‘还行。她现在知道照顾自己了，是见你一面的信念支撑她一路走过来的。’

“‘她收到我的信了吗？’

“‘收到了。’

“‘态度怎么样？’”

这是一个子女不愿面对、不愿回答的问题，也是困扰托尔斯泰本人、给他的良心带来无尽煎熬的问题。就像他避而不谈大家共同关注的主要问题一样——有些人怕他谈论相关话题，有些人则满怀期冀地等他张口——他也没有就妻子索菲娅·安德烈耶芙娜可否探视他这个问题明确表态。

对妻子张声，意味着出卖切尔特科夫。夫妻相对，不可能不触及遗嘱这个心结。现在问题还不在放弃大笔收入上，而在他背着发妻、与他人沆瀣一气出卖家庭利益这个问题上。哪怕到了咽气的份上，他也得给索菲娅一个说法。妻子跟着他走过了半个世纪的风雨历程，口阖眼闭之际，不用她发难，他得说个明白。停尸床边的夫妻对决——情势发展到那一步，谁都无法直视。灵魂深处的鞭笞，何等的耻辱与苦痛！

相似的一幕也曾在1891年上演，只是反转了剧情：他背过眼去，在妻子和众子女间分割家产。“就像继承遗产一样。”那一出戏何尝不是耻辱，因为他还活着。健康的托尔斯泰被处分遗产，现在他已经身处坟墓的边缘，有些人还不让他处理后事，将欠下的对索菲娅的一个交代推到无限远的将来，就像那一次寻奥普季纳修道院长不遇、专等下一回邂逅一样。那一次他也曾心存奢望，法律问题在他爱着、并且爱着他的那些人中间，大可借助道德力量化解。更早的以前他也曾闭目塞听，对世人皆罪这一生存悲剧熟视无睹，唯见善的花朵在身边摇曳，不见恶的土壤横亘天涯。

世人皆罪，世人皆痛。一对有精神障碍的人依偎在托尔斯泰的羽翼之下，恨不能将他撕成两半、分而享之。他们相互攻击、志在必得，而作为“战利品”的托尔斯泰却对双方抱着拳拳赤子之心、希望他们和和气气地享用自己。“你们怎么连这点道理都不懂，为什么不退一步想呢……这么简单的事……你们为什么办不到呢！”病入膏肓的托尔斯泰在睡梦中反复念叨着这几句话——仅仅过了两天，他便撒手人寰。

“他之所以说那样的梦话，也许是因为解释不清楚我们该怎么想、怎么办，从而急怒攻心。”谢尔盖·利沃维奇在回忆录中写道，“他到底想说什么，我们只能猜测，却不知道答案。”

6日一大早他坐起来了，对身边看护他的人一字一板地说：“建议你们记住一点：世界上受苦受难的人非止列夫·托尔斯泰一个，你们为什么视而不见、偏偏盯住我一个人不放？”这段话前无头后无尾，究竟应该如何理解？

让我清静一下！——就这么简单？

根据马科维茨基的记录，病中的托尔斯泰挂在嘴角话是：“别叫醒我”“别打扰我”“别给我灌（药）”。

弥留之际，托尔斯泰的床边守着6个医生。

看到那些陌生的面孔，托尔斯泰曾经向身边亲友发问：“这些亲爱的朋友都是谁呀？”

当尼基京医生提议对病人施行灌肠术的时候，托尔斯泰一口回绝：“一切上帝都安排好了。”大家问他需要什么，他的回答是：“我需要别人尽量不要烦我。”

“他完全像个孩子！”擦洗完父亲的身子，萨莎喟叹道。

“这样的病人，我一辈子都没有见过！”从莫斯科专程赶来为托尔斯泰看病的巴·斯·乌索夫医生说。当他将胳膊伸至托尔斯泰身后，扶他坐起来检查身体的时候，托尔斯泰突然抱住他，给了他一个热烈的拥吻。

托尔斯泰的病房里，每天都有一位身形瘦小名叫马尔福什卡的女孩定时造访——她的工作职责就是打扫这间屋子。聚在托尔斯泰身边的人都没有留意到她，在此后撰写的回忆文章里也从未提到过她。

可托尔斯泰注意到了。他对这个女孩的命运产生了兴趣。

“列夫·尼古拉耶维奇问她嫁人了没有。”这是奥佐林的回忆，“得知她尚未婚配，他点头称赏：‘这就对了！’”

回光返照笼罩下的托尔斯泰，有一天意味深长地对那位小个子姑娘说：“你轻点儿，别把小桌子打翻了。”

临死之前，托尔斯泰出现了幻视：他看到了两个女人。

一个女人吓着了他。看到她的面孔来去晃荡，他急忙命人关上了窗户。他看到的可能是妻子的面孔（这一回也许不是幻视，而是从窗户外面冒出一头的索菲娅·安德烈耶芙娜）。第二个女人显而易见颇得他的欢心：他睁大双眼，面对天花板上的幻象大声呼唤：“玛莎！玛莎！”“我浑身起了一层鸡皮疙瘩！”谢尔盖·利沃维奇·托尔斯泰在回忆录中写道，“我清楚，他看到了我的妹妹，他最宠爱的玛莎·利沃芙娜（玛莎1906年11月死于肺结核）。”

托尔斯泰一生中出现过3个名叫玛丽亚[①]的女人，个个都是他的最爱：女儿，妹

① “玛莎”是“玛丽亚”的昵称。——译者注

妹，妈妈……

母亲玛丽亚·尼古拉耶芙娜·托尔斯塔娅在小列沃奇卡2岁的那年就去世了。母亲走得匆促，除了一方剪影形式的浮雕，什么图像资料都没有留下。他想不起母亲的面容，一生思念，晚年尤见如饥似渴——超凡脱俗的幻影和返老还童般对母亲的眷恋之情交织在一起，在他的心里汇成情感的洪流。1906年3月他在一张小纸片上写道："一整天郁闷烦乱，唯不知忧从何来。向晚心情渐好，有思情慕爱之意。只想做一个小孩子，投入爱怜之人怀中大哭一场，在所爱之人的抚慰中体验空阔无边的愉悦。可谁的怀抱永远向我敞开？挨个儿比照一遍，我爱的人中没有我找的人。难道我就这么无倚无靠吗？回归童年吧，投入母亲的怀抱！

"对！对！就是亲爱的妈妈！我生而未能呼唤这个神圣的称谓，但我知道，妈妈对我的爱比泉水澄澈、比太阳温暖，崇高如星月经天、质朴如春风抚草。那不是高高在上的神旨，而是触手可及的母爱。母爱激发我的向善之心，母爱引导我疲惫的脚步。你，亲爱的妈妈，爱我、安慰我！"

有一次，这两个女人同时出现在托尔斯泰面前。亚历山德拉·利沃芙娜回忆："白天卧室需要通风，父亲被带到另一房间。迨至返回原处，父亲定睛瞅着床对面的玻璃门，向值班守护他的芭芭拉·米哈伊诺芙娜问了个奇怪的问题：

"'玻璃门外面是啥？'

"'走廊。'

"'走廊外面呢？'

"'门廊、台阶。'

"这当儿我进了屋子。

"'这门锁上了吗？'父亲扭头看着我，问道。

"我回答说锁上了。

"'奇怪！我清清楚楚地看到门外有两个女人在打量我。'

"我们都向他打保证，这样的事是不可能的，因为门廊也是锁着的。

"他神色不安地瞅着外面，显而易见受到了惊吓。

"我和芭芭拉扯起毛毯，将门玻璃遮了起来。

"'哦，这一下好多了。'父亲长吁了一口气，转过身子向着墙壁，再也听不到声息。"

读至此处，我不禁联想到普希金的几行诗：

欢乐已弃我而去，一对游移的幻影，
在我的眼前骤然闪现；
那灵动柔婉的身姿，包孕着命运对我的垂青，
宛然朗朗白日里突降的天使，在长空下起舞妙曼。
怎奈翕动的羽翼之上，还有火光粼粼的长剑，
我的天使在等待……伺机将我的心刺穿。
她们冷冷地看着我，用死神苍凉的语言，
向我讲述尘世的逸乐与泉下的凄寒。

本诗引自亚历山大·谢尔盖耶维奇·普希金1828年诗稿：《追忆》[①]。这一年，列夫·托尔斯泰降临人世。

除了诗化的诠释，我们还可以提供托尔斯泰“幻视”现象的散文注脚。列夫·托尔斯泰腾出房间通风的时候，索菲娅·安德烈耶芙娜乘隙从正对病房的门廊里闯了进来（该处平时关锁），藏身穿堂。“我和亚历山德罗芙娜·利沃芙娜前出至穿堂，赫然发现索菲娅·安德烈耶芙娜也在那里。”戈尔登维泽尔写道，“我们劝她到外面去。她的唐突行为令我们深感不安。可就在这个时候，一家电影制片企业的工作人员堪堪赶过来，要给索菲娅·安德烈耶芙娜拍短片！我们推开廊门的那一瞬间，工作人员已在台阶一侧摆好了摄像机，其摇动卷片手柄发出的嗞啦嗞啦的声音，清晰可闻。亚历山德罗芙娜·利沃芙娜吃了一惊，拔转身子跑了回去。”

濒死那一刻，除了肉体的折磨（马科维茨基11月6日之记录：“列夫·尼古拉耶维奇在床上不停地打滚，忽而大喘粗气，忽而声息全无，期间喊叫声不断”），他的心里还有别样的痛苦：围绕在他周围的那些人，谁也不知道他正在经历什么——他失声了。

“父亲要我们拿过纸笔记录他说的话，但这已经不复可能。时断时续、口齿不

① 普希金原诗标题：Воспоминание，写作时间：1828年5月19日。——译者注

清，我们谁也不知道他在说什么。”亚历山德拉·利沃芙娜在回忆录中写道，“当他要求我们将记下的东西读出来念给他听的时候，我们一个个呆若木鸡。可他就是不依不饶，还在那里一个劲地催促我们：

“‘读！快读！’

“我们试着把他的呓语记录下来，可惜自始至终听不出一点头绪。他对我们的表现大感失望，一迭连声地要求我们朗读并没有形诸纸端的东西。”

病床边的那一拨人无计可施，只好拿托尔斯泰早年编纂的文化教育读物——《阅读圈》虚与周旋。马科维茨基在工作札记中写道：“上午10点钟，半迷半醒的托尔斯泰一再敦促我们‘不要停下来’。我们拿来一本《阅读圈》，几人轮流读给他听：我首开先河，接下来是芭芭拉·米哈伊诺芙娜，最后是塔季亚娜·利沃芙娜。托尔斯泰对女儿塔季亚娜青眼有加，轮到她读的时候还插了话，称她为‘亲爱的塔妮娅’。

“11月5日是繁忙的一天。我们偷梁换柱，用《阅读圈》充当托尔斯泰临终语录，前前后后朗读了3遍。

“估摸‘语录’到煞尾的时候，大家都停止了朗读。列夫·尼古拉耶维奇急了，唧唧哝哝地嚷了起来：

“‘喂，然后呢？这个地方是怎么写的？’——他咬定青山不放松，在这个问题上纠缠了好几遍——‘这个地方是怎么写的？找一找……算了，我知道现在从你们那里问不出个什么来。’”

11月3日，托尔斯泰写了他平生最后一篇日记：“我的计划是这样的。Fais ce que doit, adv[①]……成人达己。”

魂归天国之前数小时，托尔斯泰对大儿子谢尔盖说的最后一句完整的话是：“谢廖沙……我内心深处……爱着那么多人……我爱所有人。”谢尔盖当时心慌意乱，没有听明白父亲的意思；好在马科维茨基也守在床头，这番话他听得一清二楚。

“从染病到去世，”亚历山德拉·利沃芙娜在回忆录中写道，“尽管高烧不退，

---

① 尽人事，听天命（法语）。——作者注

尽管心力接近衰竭，尽管忍受着肉体疼痛的巨大折磨，父亲的意识却始终格外清醒；只此一点，即让我觉得匪夷所思。身边发生的一切，从落落大端到细枝末节，没有一件能逃过他的眼睛。譬如，当大家都跑到外面或透气或做事、房间里只剩下他和我的时候，他开始计算来阿斯塔波沃看望他的亲友一共有多少个。他算出来的结果是：总共有9个。”

意识格外清醒，却无力表达自己当时正在经受的煎熬，这对托尔斯泰来说是肉体与精神的双重折磨。他想以友好的态度示人，想向所有奔他而来的人展露自己那颗感恩的心。虽然他偶有脾气不好的时候，小孩子似的推开伸向自己的针头、灌肠器，发几句“不要烦我”之类的牢骚，但他思维清楚、目光敏锐，除了身体会出现异动、败坏他的情绪之外，他羁留尘世的最后一段时光称得上安详和悦而不失尊严。

“走！走！”僵卧病榻之上的托尔斯泰经常喃喃自语。11月5日晚间，他还真的采取了逃跑行动……

“我们双人值班、对父亲的看护非常严密。”亚历山德拉·利沃芙娜回忆，“那次其他人因故外出，父亲病床边只剩下我一个人。我看到父亲睡意蒙眬，起初没有任何防备。这个时候他突然动了起来，先是扶着枕头欠起上半身、后又将双腿垂至床下，动静很大。我的心骤然一紧，急忙凑过去问道：‘你怎么了，爸爸？’‘别管我，让我走！’他旋说旋晃动身子，试图翻身下床。我吓了一跳，因为我清楚他这一站，我根本护持不了他，摔跤是避免不了的。我温言软语地劝慰他，想方设法打消他下地的念头。可他拒不配合，大叫大嚷着推开我：‘放开我！放开我！你怎么敢拦我！放开我！’央求发挥不了作用，用强又没那勇气，我只能呼叫后援：大夫！大夫！快到这儿来！这个时段值班的好像是谢苗诺夫斯基，听到我惶急的喊叫声，他急急忙忙跑了进来，后面还跟着芭芭拉·米哈伊诺芙娜。我们一唱一和、连哄带骗，终于将他哄回了被窝。”

托尔斯泰最不能忍受的，就是大夫在给他注射的樟脑液里掺进了吗啡。他对毒品有一种天然的恐惧，一贯视之如洪水猛兽。19世纪60年代初他有一次伤了手，腕关节脱臼，大夫治疗时给他施行了局部麻醉。他对这种通过外部强制干预消灭人类意识活动的麻醉术本来极不认同，当时潜意识一直在跟药物作用相抗衡，以致医生不得不采取极端措施，连注2次双倍剂量的吗啡。

这一次，当医生建议通过注射吗啡减轻濒死痛苦的时候，舌头已经不听使唤的列夫·尼古拉耶维奇还拼命反对："我不要麻药……别给我打麻药！"

"注射了一剂吗啡，列夫·尼古拉耶维奇的呼吸更加粗重。"马科维茨基写道，"他已经陷入了半昏迷状态，不停地说着胡话：

"'我现在要去一个地方，一到那里就再也用不着麻烦别人了……你们走开，不要打扰我……我走，走得远远的……'"

麻醉药发挥作用后，大家才放进了索菲娅·安德烈耶芙娜——他的妻子。提议喊她进来见丈夫最后一面的是一位医生，要么是乌索夫，要么是贝尔肯盖姆。"她先是站在一边，上上下下仔细打量了一阵父亲；谢尔盖·利沃维奇·托尔斯泰在回忆录中写道，"然后平静地走近病床，躬下身子亲吻了一下父亲的额角，跪倒在床边向父亲道歉：'原谅我……'她后面还说了好些话，可惜我一句都没有听清。"

11月7日凌晨3点，托尔斯泰睁开双眼，清醒了过来。有人将一支蜡烛举到他的眼前，他皱了皱眉头，脸转向另一边。

马科维茨基趋前几步，建议父亲喝点水："口太干了，喝口水濡一濡，列夫·尼古拉耶维奇。"医生用不容置辩的口气下了一道命令，托尔斯泰顺从地吮吸了一小口递至嘴边的水。此后除了轻微的喘息声，他的身上再也看不到生命的迹象。

1910年11月7日，6点过5分，列夫·尼古拉耶维奇·托尔斯泰溘然长逝……

马科维茨基一手托住下巴，另一只手抹了一把合上了逝者的眼睛。"我蒙上了托尔斯泰的眼睛。"——这是他在札记中的表述。托尔斯泰死后，大家很快就散了。这些天昼夜折腾，人人都累了，需要休息。托尔斯泰的一众子女走了，妻子索菲娅·安德烈耶芙娜也走了。"整栋公寓里就剩下我和马科维茨基两个人。"奥佐林回忆，"我走进马科维茨基的房间，看到他一个人孤零零地坐在那里，头颅低低垂、面色阴郁。察觉到我进门的动静，他扭头望着我，用德语说：'爱，友谊，忠诚，什么都挡不住死神的脚步。'"

后　记

翻看1910年11月整个俄罗斯的报刊资料，心头的感觉难以言表。先前我们就曾提到那个时期办报风格：头版几乎全都留给了广告，还是小到滑稽程度的日用品促销小广告，包括私人兜售单件剩余用品——小狗一条出售，有意者联系——的小帖子，给人鹑衣百结的感觉。然而这年的11月8日，所有报刊的头版都改变了面目，镶在黑框内的托尔斯泰大幅肖像被摆到了最显要的位置：前额突出，眼窝深陷，凝敛而敏锐的目光散射着穿透灵魂的力量。“托尔斯泰逝世”，这不是一条简单的新闻，而是回响在俄罗斯上空的雷声，照亮俄罗斯每一个角落的闪电，振聋发聩、炫目刺心。俄罗斯大地颤抖了，抖落了风尘，抖落了私欲，抖落了现代文明带来的喧嚣。至少在这一天里，蝇营狗苟的人们抛下了一切，将自己的灵魂交给了伟大、交给了崇高、交给了弥足珍贵的普世价值。

高翔于生命之上的价值……

托尔斯泰的遗体安放在橡木棺内，棺盖上没有十字架。“用这种棺材装列夫·尼古拉耶维奇，我死了只配躺在几块薄木板钉成的小匣子里。”作家的遗孀见此情景，不禁悲从中来。

丈夫气绝，索菲娅·安德烈耶芙娜精神崩溃，连着晕厥了好几次。回过神来以后，她默默走近丈夫的停尸床，在床头上坐了下来。“她抚摸着那具曾经是她丈夫、现在却阴阳两隔的尸体冰冷的额头，脸上浮现出坚毅的神色。”《俄罗斯导报》记者康丝坦丁·奥尔洛夫写道，“一切都结束了。这个世界上最明亮的那盏灯，骤然寂灭。她顿了顿，又开始抚摸那一方凸起的额头，嗓门压得低低的，喃喃自语：‘我的心肝，我的人生。’”

11月7日从早至晚，阿斯塔波沃火车站工作人员、附近居民获准向托尔斯泰的遗体告别。东正教友向帕尔芬尼主教集体诚愿，要求允许他们在火车站小教堂里为亡者做安灵弥撒。帕尔芬尼以主教公会有约在先为由，拒绝了教友的申请。“解铃还须系铃人，这事得主教公会出面。”瓦尔索诺菲神甫说。他撂下一句话：列夫再强大，也难逃生死之定数。没过多久，他就和帕尔芬尼主教踏上了归程。

奥佐林的公寓周围，《记忆永恒》的歌声此起彼伏。《萨拉托夫之页》记者指称，仅11月7日一个早上，进出奥佐林公寓瞻仰托尔斯泰遗容的来客，即达3000多人。

托尔斯泰的灵堂里花团锦簇，遗体周边摆满了花圈。当地知识分子奉赠的花圈上写着“谨献爱的先驱”字样，中小学校学生的赠言更加真挚动人：“献给伟大的爷爷——小小崇拜者敬挽”。

凌晨1∶15，载有托尔斯泰灵柩的列车从阿斯塔波沃出发，驶往雅斯纳雅·波良纳方向，车厢上标着“辎重”字样（将契诃夫遗体运往莫斯科的车厢上悬有“牡蛎”标示牌）。托尔斯泰的“逃亡之路”足够漫长，归程走了一天一夜。有一个问题大家一直拿不定主意：下车过夜选择哪一站好——戈尔巴乔沃，还是科兹洛夫镇的扎谢卡车站？经过一番讨论，大家最后敲定的是戈尔巴乔沃，因为科兹洛夫镇已经聚集了成千上万的人，警方怕托尔斯泰的到来会引起骚乱。9日6∶30，火车抵达扎谢卡站，从这里出发直到雅斯纳雅·波良纳，再没有交通工具可以利用，棺木需要大家肩扛手抬。车站上回荡着《记忆永恒》的歌声，没有人指挥的乐队、庞大的合唱队伍，歌声显得不那么整齐，但旋律是如此的沉郁、苍凉，划破了黎明前阴冷潮湿的黑暗。迎柩队伍的前面打着一面手写的条幅：“列夫·尼古拉耶维奇！慈心大爱，永志不忘！雅斯纳雅·波良纳的农民，你留在身后的孤儿”。横幅制作粗糙，一生难得动几回笔墨的农民不会规划版面，大大小小的字母挤成一团，有些单词不得不掐头去尾、略去部分字母。上午11点，托尔斯泰的棺椁在众人的扶持之下，缓缓进入雅斯纳雅·波良纳。

托尔斯泰的葬礼确如其生前所请，“没有神甫的焚香祈祷、没有唱诗班的赞礼”，更没有冠冕堂的墓前致辞。站在众人面前发表演讲的，只有托尔斯泰家的老朋友，老戏迷、革命家列奥诺德·苏列尔日茨基，向大家解释托尔斯泰的葬礼办得如此简单的原因。棺椁放入墓仓的那一刻，大家都跪了下来；受地方当局委派维持现场秩序的警察无所适从，木桩子似的杵在原地。“跪下！”警察听到众人的喊声，犹犹豫豫地跪了下来。

托尔斯泰的下葬时间是：1910年11月，下午3点钟。

托尔斯泰死后，诸子一致表示接受父亲遗嘱里所做的安排。

索菲娅·安德烈耶芙娜跟女儿萨莎讨论过历史博物馆收藏的那部分托尔斯泰手稿的处置方案，俄罗斯议会参院也明确表态，支持她对这部分自奉如致富圭臬的先夫遗产的所有权。她亲手将丈夫的手迹存入了历史博物馆，但历史总是站在她的反面，让她受尽命运的嘲弄。报刊连篇累牍地登出有关她的新闻，有些报道几近毁谤污蔑，她那颗早已破碎的心被悬到大众道德审判的十字架上。时间是弥合人际关系裂痕的良药，索菲娅·安德烈耶芙娜与女儿萨莎的分歧与日俱减，鼓唇弄舌之徒少了炒作的题材，流言蜚语自然消失。不过索菲娅命运的轨迹并没有因为母女情感的回暖而有所改变：她最终还是死于萨莎之手。

丈夫亡故后，索菲娅·安德烈耶芙娜彻底变了一个人。不过与19世纪70—80年代托尔斯泰的转变不同，她世界观的转化是悄没声息间完成的，轻松、自如，水到渠成。子女各奔前程，丈夫先她而去，索菲娅·安德烈耶芙娜一个人留在雅斯纳雅·波良纳，茕茕孑立、形影相吊，亲历十月革命、内战初起，看着红军扑灭邓尼金武装、将大俄罗斯帝国残存的尊严践踏殆尽，然后带着自己残存的那点尊严与荣誉，走到生命的尽头。

“母亲晚年淡泊宁静、与世无争。”塔季亚娜·利沃芙娜在回忆录中写道，“父亲海关时希望她做到的事，她大部分做到了。她变了，变成了他梦寐以求的那种贤妻良母，变成了他愿意为之牺牲荣誉、牺牲一切的那种女人。她的心与与父亲贴得更近，接受了父亲的素食主义生活方式……老来寂寞的她，讲得最多的是她夭折的小儿子（瓦涅契卡。作者注）和她的丈夫。有一次她幽幽地对我说，她经常想起我们的父亲，‘我对他不好，这是我此生最大的悔恨。’”

伯爵夫人的眼睛有问题，随着年事渐高，视力一天不如一天。但她有一个习惯：每天都要出门走一段长路，在丈夫的坟头黯然伫立，清除坟茔周边的杂草……

阅读她历年写了又改、改了又写的遗嘱，谁都会悄焉动容。她有什么财产需要通过立遗嘱的形式在子女间分割？雅斯纳雅·波良纳早就让女儿萨莎和切尔特科夫买走分给农民了，用的还是绿莹莹的她的丈夫列夫·托尔斯泰晚年作品获得的收入。他们这么做，完全符合丈夫遗嘱所列条款。几个儿子都不是省油的灯，旧账未还、又添新债，几年下来逐渐掏空了她那点私蓄。“他们中间就没有一个生活过得幸福如意的，每念及此，我心痛难忍。”她在日记中写道，“他们不懂生活，只知道在不切实际的幻想中过日子……”

“今天伊利亚找我来了，我给了他1000卢布。他很可怜，没有一点出息。他还有一个毛病，怨天尤人，唯独不检讨自己。”

“米沙来过了，拿走了1800卢布……”

“安德留沙找上门来，从我这里拿走了2000卢布……”

“安德留沙今天来了，他身体还没有全康复复；陪护他同来的还有伊利亚，我给了他6000卢布，算是对他念兄弟情的报偿。他见钱眼开，乐不可支。”

“多拉说，列瓦（即列夫·利沃维奇。——译者注）赌博输了将近5万卢布。可怜的多拉！挺着个大肚子，还为不争气的丈夫操心。现在看来，列夫·尼古拉耶维奇宁赠农夫十丈、不帮儿子一尺的做法是对的。只知道吃喝吃喝玩乐加赌钱，多少钱都填不满他们的窟窿。不省心，不懂事，活得像只可怜虫！我这一死，真不知道他们以后怎么活！”

留存于世的索菲娅·安德烈耶芙娜遗嘱版本多至7个，与列夫·尼古拉耶维奇一样都标明了草拟时间。她的第一份遗嘱立于1909年，列明自己名下的各样财产并标明由谁继承，其中包括房地产、家具什物、金银首饰等等。当年伙同切尔特科夫策划托尔斯泰遗嘱、侵犯母亲合法权益的萨莎（当时母亲尚不知女儿行径），她也有遗物相赠：“我母所留银柄眼镜一副、金手镯一只，镶金光玉髓心饰一件，镶珠石榴石胸针一枚。”遗产继承人除了子女、孙子女，还有厨师、管家、裁缝，姓名均用全称——各人均得到一笔有价证券，足见其用心良苦。1913年版的遗嘱中，女儿塔季亚娜、萨莎的名字不见了。她们俩独吞其父文学作品后续收益，索菲娅还有她那一众儿子只能靠边站，对此她不能释怀。半年后她修改了遗嘱，2个女儿又被纳入遗产继承人行列：塔季亚娜得到的是住宅及附属地段，萨莎得到的是现金。1916年版遗嘱划去了安德烈的名字：他本年度去世。1918年8月，她重新草拟了一份遗嘱，内容是在世诸子女均分她的遗产；同年10月16日，她以此为蓝本另拟了一份遗嘱也是她的“终极版遗嘱”，强调了“均分遗产”的原则。

在人生的最后一段旅程，孤独是她挥之不去的“旅伴”。女儿塔季亚娜一家住在科奇塔，那里有崇拜她的外孙女塔涅契卡——不过也就是隔乡可望、朝夕不得相见的情分。萨莎上前线伏了护理员，另外她的儿子米哈伊尔应征入伍、孙子安德烈·伊里奇志愿参军，她家的管家、仆役、农夫也多被征召。伊利亚、列夫满世界乱跑，开办其父托尔斯泰的讲座。“十月革命”及紧跟其后的内战让她备尝艰辛，真正体验到了“穷困潦倒”的滋味。若非与红色政权打成一片，又顾念旧情不弃托尔斯泰遗孀的文学家彼得·阿列克谢耶维奇·谢尔根科伸出援助之手，她完全也可能沦落成街头饿殍。

索菲娅·安德烈耶芙娜最后一篇日记中出现的文字：“战火漫延到雅斯纳雅·波良纳。”“通往图拉的大道上，辎重车队、牛车、行人络绎不绝，听说都是从奥廖尔及南方地区逃出来的难民。”（1919年10月）。这些难民是她人生长卷中载入日记的最后一页。

这一年的10月，她在清洗窗户的时候着了凉，很快便死于肺部感染。她患的病跟丈夫一样，去世的月份也跟丈夫相同：11月，差别就是中间隔了9年。这9年里，她每天都琢磨同样的问题：丈夫心里到底想的是什么？他为什么要离家出走？答案太过扑朔迷离，她始终没有理出头绪。不过她的日记中有一句话，从这段历史公案中引出了深刻的哲思，可谓神来之笔：

“往事既不可解，永世难得其解。”